PHILIP SHENON

JFK
CASO ABIERTO

Philip Shenon, el exitoso autor de *The Commission: The Uncensored History of the 9/11 Investigation*, fue periodista de *The New York Times* por más de 25 años. Como corresponsal de *The New York Times* en Washington, D.C., cubrió la información sobre el Pentágono, el Departamento de Justicia y el Departamento de Estado. Vive y escribe en Washington, D.C.

JFK

CASO ABIERTO

JFK
CASO ABIERTO

La historia secreta del asesinato de Kennedy

PHILIP SHENON

Traducción de
Jorge Martín Mendoza Toraya
José Francisco Varela Fuentes
Ana Marimón Driben

Vintage Español
Una división de Random House LLC
Nueva York

A la memoria de mi padre,
Peter Warren Shenon,
cuya ternura de corazón y sentido de la justicia
se nutrieron en la California
que Earl Warren ayudó a construir

"El asesinato de John Fitzgerald Kennedy, acontecido el 22 de noviembre de 1963, fue un cruel y traumatizante acto de violencia perpetrado contra un hombre, una familia, una nación; un acto en contra de toda la humanidad."

Informe de la Comisión Presidencial sobre el Asesinato del Presidente Kennedy, 24 de septiembre de 1964

PREGUNTA: ¿Le comentó algo sobre su viaje a México?

MARINA OSWALD: Sí, me dijo que visitó las dos embajadas, que no obtuvo nada, que la gente que ahí trabaja es muy, muy burocrática.

PREGUNTA: ¿Le preguntó qué hizo el resto del tiempo?

MARINA OSWALD: Sí. Creo que dijo haber asistido a una corrida de toros, que hizo un poco de turismo y pasó la mayor parte de su tiempo en museos.

PREGUNTA: ¿Le habló de alguien que hubiese conocido allí?

MARINA OSWALD: No. Dijo que no le gustaban las muchachas mexicanas.

Testimonio de Marina Oswald a la Comisión Warren, 3 de febrero de 1964

Contenido

Prólogo

No hay manera de saber con exactitud en qué momento abrazó Charles William Thomas la idea del suicidio. ¿Quién podría saber, en realidad, algo así? Años después, investigadores al servicio del Congreso sólo podían ofrecer sus más sólidas sospechas sobre qué habría llevado a Thomas, un antiguo diplomático estadounidense que prestó la mayor parte de su servicio activo en África y América Latina, finalmente a quitarse la vida. El lunes 12 de abril de 1971, cerca de la 4:00 pm, puso un arma en su cabeza en el segundo piso de la pequeña casa rentada donde vivía con su familia, cerca de las márgenes del río Potomac, en Washington, D. C. Su esposa, en el piso inferior, pensó en primera instancia que el calentador de agua había estallado.

Cierto es que dos años antes, en el verano de 1969, Thomas había tenido razones para sentirse descorazonado. A los 45 años de edad, con una esposa y dos hijas pequeñas que mantener, sabía que su carrera profesional en el Departamento de Estado había llegado a su fin. Era un hecho, aun cuando seguía sin poder desentrañar las razones de su retiro forzoso de un trabajo que amaba y que creía —y *sabía*— que desempeñaba bien. El departamento había adoptado, desde bastante tiempo atrás, una política de "subir o salir" respecto a los elementos de su cuerpo diplomático, parecida a la implementada por las fuerzas armadas. O se obtenía un ascenso en las filas o la carrera del integrante terminaba. Y, puesto que se le había negado su promoción a otra embajada en el extranjero y su traslado a un escritorio como supervisor en Washington, Thomas fue "seleccionado para salir"; ésa era la terminología orwelliana utilizada por el departamento para ejecutar un despido. Después de 18 años satisfactorios, en su mayor parte felices, de recorrer el mundo en nombre de su país, se le comunicó que ya no tenía empleo.

Al principio supuso que se trataba de un error, como en su momento lo diría su esposa, Cynthia. Su expediente personal era ejemplar e incluía un reporte de inspección reciente que lo describía como "uno de los funcionarios de mayor valía" dentro del Departamento de Estado, cuya promoción debía haber ocurrido "mucho tiempo antes". Una vez ocurrida su "selección para salir", sin embargo, no era sencillo apelar la decisión. A Thomas, un hombre orgulloso, a menudo estoico, le pareció desmoralizante incluso intentarlo. Ya había comenzado a guardar en una caja sus pertenencias en su oficina y a preguntarse si, a su edad, era posible comenzar una nueva carrera.

Tenía un tema pendiente con el departamento antes de partir. Así pues, el 25 de julio de 1969 terminó de mecanografiar un memorándum de tres páginas y una carta que le serviría como portada, el cual remitió a su superior máximo en esa instancia gubernamental: William P. Rogers, secretario de Estado del entonces presidente Richard Nixon. A Thomas quizás sus colegas le habrían dicho que resultaba un tanto presuntuoso que un diplomático de medio pelo se dirigiera por escrito de forma directa al secretario, pero él tenía razones para creer que acudir a Rogers era su única esperanza real de recibir la atención de alguien. Thomas no intentaba mantener su empleo; era demasiado tarde para ello, como le comunicó a su familia. En cambio, el memo era un último intento por resolver lo que había sido —aparte de enigma de su despido— el misterio más grande y desconcertante de su vida profesional. Rogers era nuevo en el Departamento de Estado, pues había asumido el puesto apenas seis meses antes junto con el resto del gabinete de Nixon. Thomas esperaba que Rogers estuviera dispuesto a cuestionar a los diplomáticos de carrera del departamento que —durante casi cuatro años— habían ignorado la extraordinaria historia que Thomas intentaba contarles.

En el margen superior de cada página del documento, Thomas había escrito —y subrayado— la palabra "CONFIDENCIAL".

"Estimado señor secretario", comenzó. "En la conclusión de mis asuntos en el Departamento de Estado, hay un tema pendiente que, creo, merece su atención."

El memo llevaba un título: "Asunto: investigación sobre Lee Harvey Oswald en México".

Su tono era formal y afable, lo cual correspondía muy bien al carácter de Charles Williams Thomas, quien empleaba su nombre intermedio en la correspondencia oficial para evitar confusiones con otro Charles W. Thomas que trabaja también en el departamento. Deseaba ser recordado como un diplomático —ser un diplomático— hasta el final. Sabía que su memo contenía información potencialmente explosiva en materia de seguridad nacional y pretendía tener cuidado de no parecer imprudente. No le interesaba abandonar el Departamento de Estado con la reputación de ser un desquiciado teórico de conspiraciones. A finales de la década de 1960 abundaban los "buscadores de la verdad", cobardes y en búsqueda de ocupar los titulares, que difundían la existencia de conspiraciones en el asesinato del presidente Kennedy. Thomas no deseaba que se le metiera en el mismo saco que ellos en los libros de historia... ni en los expedientes personales clasificados del Departamento de Estado, en todo caso. Su memorándum no contenía un lenguaje que revelara a los demonios personales que lo llevarían a quitarse la vida dos años después.

El secretario Rogers habría tenido fácil acceso a los detalles de la vida profesional de Thomas y éstos eran impresionantes. Thomas era un hombre que se había forjado a sí mismo, un niño huérfano que había crecido en la casa de su hermana mayor en Fort Wayne, Indiana. Prestó servicio como piloto de guerra en la armada durante la segunda Guerra Mundial para después matricularse en la Universidad Northwestern en Evanston, Illinois, donde obtendría su certificado de bachiller y un diploma en leyes. Los idiomas eran su fuerte; hablaba con fluidez francés y español, y a lo largo de los años adquirió conocimientos medianamente competentes de alemán, italiano, portugués y lengua criolla; esta última había sido una valiosa herramienta durante el desempeño de un puesto diplomático en Haití. Después de asistir a Northwestern estudió en Europa y se doctoró de derecho internacional por la Universidad de París. En 1951 se unió al Departamento de Estado e inicialmente se desempeñó en puestos en situaciones adversas en África Occidental, donde, a pesar de varios brotes de malaria, se le recordaba por su buen humor y entusiasmo. Sus amigos decían que era "un diplomático como sacado de película": medía 1.80 metros, era rubio, bien parecido al estilo académico, de fácil palabra y encantador. A principios de su carrera, sus colegas daban por hecho que estaba destinado a alcanzar el rango de embajador.

En 1964 Thomas recibió el nombramiento de agregado político en la embajada de Estados Unidos en México, el cual desempeñó durante casi tres años. La ciudad de México se consideraba una asignación de especial importancia en la década de 1960 debido a que la metrópoli era una zona caliente de la Guerra Fría: el equivalente latinoamericano de Berlín o Viena. Las embajadas de Cuba y la Unión Soviética eran las más grandes apostadas en América Latina en el caso de ambos gobiernos comunistas. Y las actividades de los diplomáticos soviéticos y cubanos, y el gran número de espías que se hacían pasar por diplomáticos, podían estar bajo vigilancia de Estados Unidos con ayuda de las agencias policiacas mexicanas, normalmente dispuestas a cooperar. La CIA creía que la embajada rusa en México era la base de la KGB para sus "operaciones húmedas" —asesinatos, en la jerga de la CIA— en el Hemisferio Occidental. (Habría sido demasiado arriesgado para la KGB llevar a cabo dichas operaciones desde la embajada rusa en Washington). La ciudad de México ya había sido antes escenario de actos violentos ordenados por el Kremlin. En 1940 el líder soviético, Joseph Stalin, envió asesinos a la urbe mexicana para asesinar a León Trotsky, su rival, quien vivía ahí en el exilio.

La reputación de la ciudad de México como un centro de intrigas de la Guerra Fría se vería reforzada con la revelación de que Lee Harvey Oswald la había visitado pocas semanas antes del asesinato del presidente John F. Kennedy en Dallas el 22 de noviembre de 1963. Reportes noticiosos revelaron detalles del viaje de Oswald a México durante los días subsecuentes al magnicidio y dieron vida a algunas de las teorías conspirativas más serias sobre la participación de extranjeros en el asesinato. Cada aspecto de la estancia de Oswald en la ciudad de México, la cual se había reportado duró sólo seis días, era motivo de sospecha. Marxista autoproclamado, Oswald, quien no ocultaba sus tendencias comunistas incluso mientras prestó servicio en el cuerpo de Marines de Estados Unidos, visitó las embajadas de Cuba y la Unión Soviética en la ciudad de México. Al parecer, su intención había sido obtener visas que le hubieran permitido, al cabo, desertar hacia territorio cubano. Ése sería su segundo intento de defección. Ya había intentado renunciar a su nacionalidad estadounidense cuando viajó a la Unión Soviética en 1959, sólo para decidir regresar a Estados Unidos tres años después, argumentando que había llegado a repudiar el estilo de comunismo moscovita, repleto de corruptelas mezquinas y una burocracia laberíntica. Su expectativa era que Fidel Castro y sus seguidores en La Habana mostraran mayor lealtad a los ideales marxistas.

En septiembre de 1964, la comisión presidencial encabezada por el ministro presidente de la Suprema Corte de Estados Unidos, Earl Warren, que investigó el asesinato de Kennedy, conocida por la opinión pública casi desde su inicio como la Comisión Warren, identificó a Oswald como el asesino y concluyó que éste había actuado solo. En un reporte final emitido al término de 10 meses de investigación, la comisión de siete integrantes aseveró que no había encontrado pruebas de una conspiración, nacional o extranjera. "No se encontró evidencia de que alguien hubiera ayudado a Oswald en la planeación o en la ejecución del asesinato", se lee en el reporte. Mientras que la comisión no pudo establecer con certeza cuáles habían sido los móviles de Oswald, el informe indicaba que el asesino sufría de disturbios emocionales y pudo haber decidido matar al presidente debido a un "profundamente arraigado resentimiento contra toda la sociedad" y un "ansia de ocupar un lugar en la historia".

En los últimos días de su paso por el Departamento de Estado, en el verano de 1969, eran esas conclusiones las que Charles Thomas deseaba que alguien dentro del gobierno revisara. ¿Era posible que la Comisión Warren se hubiera equivocado? El memorándum de Thomas a Rogers, el secretario de Estado, contenía información sobre el viaje de Oswald a México en 1963 que amenazaba con "reabrir el debate sobre la verdadera naturaleza del asesinato de Kennedy y dañar la credibilidad del Reporte Warren... En vista de que yo fui el funcionario de la embajada que obtuvo esta información de inteligencia, siento una responsabilidad de ver qué ocurre con ella hasta su evaluación final", explicaba. "Dadas las circunstancias, es improbable que cualquier investigación adicional de este tema tenga lugar alguna vez a menos que así lo ordene un funcionario de alto rango en Washington."

Los detalles de lo que Thomas ahora sabía eran tan complejos que éste sintió la necesidad de asignar un número a cada párrafo del documento. Anexó varios documentos más llenos de referencias a nombres marcadamente en español y oscuras ubicaciones en la ciudad de México; ofrecían éstos una cronología de sucesos ocurridos mucho tiempo atrás. Su mensaje central, sin embargo, era éste: la

Comisión Warren había pasado por alto —o no había tenido oportunidad de revisar— informes de inteligencia que indicaban que un ardid para matar a Kennedy podía haber sido maquinado o cuando menos alentado por diplomáticos y espías cubanos asentados en la capital mexicana, y que Oswald conoció a esta red de espías en septiembre de 1963 mediante una vivaz mujer mexicana seguidora de la revolución de Castro.

Esa joven, como le indicaron a Thomas, había sido amante de Oswald por un breve momento en la ciudad de México.

Mientras redactaba el memorándum, Thomas debió haberse percatado de cuán improbable —incluso absurdo— podía parecerle a sus futuros ex colegas del Departamento de Estado. Si cualquier parte de la información resultaba cierta, ¿cómo pudo la Comisión Warren no haber dado con ella?

En el cuerpo del documento, Thomas identificaba a la fuente principal de la información en su poder: Elena Garro, una popular novelista mexicana aclamada por la crítica durante la década de 1960. Su nombre destacaba más todavía por su matrimonio con uno de los más encumbrados escritores y poetas de México, Octavio Paz, quien años después recibiría el Premio Nobel de Literatura. Mujer de agudo ingenio y carácter veleidoso, Garro, quien estaba en la mitad de su cuarta década de vida cuando conoció a Thomas, hablaba varias lenguas y había vivido en Europa durante varios años antes de regresar a México, en 1963. Se había graduado tanto por la Universidad de California en Berkeley como, al igual que Thomas, por la Universidad de París.

Habían trabado amistad en el animado circuito social de la ciudad de México y, en diciembre de 1965, ella le ofreció al diplomático estadounidense una historia angustiante. Le reveló —con renuencia, como indicaría Thomas— que ella había conocido a Oswald en una fiesta de simpatizantes de Castro durante la visita del joven en el otoño de 1963.

Se trataba de una "fiesta de twist" —en alusión a una exitosa canción de Chubby Checker, tremendamente popular también en México— en la que Oswald no era el único estadounidense presente, de acuerdo con Garro. Lee había estado en compañía de dos jóvenes de apariencia *beatnik*, compatriotas suyos. "Era evidente que los tres eran amigos porque los vio al día siguiente por casualidad caminando juntos por la calle", escribió Thomas. En la fiesta, Oswald vestía un suéter negro y "mantuvo una tendencia a guardar silencio y permanecer con la vista fija en el suelo", recordaba Garro. La escritora no habló con ninguno de los estadounidenses ni supo sus nombres. Según decía, no se enteró del nombre de Oswald sino hasta que miró su fotografía en los periódicos mexicanos y en la televisión una vez que hubo ocurrido el asesinato.

Un diplomático cubano de alto rango estaba también en la fiesta, dijo ella. Eusebio Azque, quien ostentaba el título de cónsul y dirigía la oficina de visas en la embajada isleña. (En el memorándum, Thomas señalaba que otras tareas de Azque incluían el espionaje; la embajada de Estados Unidos creía que era un elemento de alto nivel del servicio de espionaje de Castro, la Dirección General de Inteligencia, o DGI). Fue la oficina consular de Azque en la ciudad de México la que Oswald había visitado con la expectativa de obtener un visado cubano.

Garro, feroz anticomunista, aborrecía al diplomático cubano. Según le dijo a Thomas, antes del asesinato de Kennedy ella había escuchado a Azque hablar abiertamente de su esperanza de que alguien asesinara al presidente estadounidense, debido a la amenaza que Kennedy representaba para la sobrevivencia del gobierno de Castro. La crisis de los misiles de Cuba en octubre de 1962 y la desastrosa invasión a Bahía de Cochinos orquestada por la CIA hacía un año habrían sido acontecimientos aún frescos en la memoria de Azque. Garro recordaba una fiesta en la que ella y otros convidados escucharon sin querer una "acalorada discusión" en la que Azque apoyaba la idea de que "la única solución era matarlo". Matar al presidente Kennedy.

En la fiesta se encontraba también, de acuerdo con Garro, una muchacha mexicana de 26 años de edad de notable belleza que trabajaba para Azque en el consulado: Silvia Tirado de Durán, pariente política de Garro. Durán era una franca socialista y partidaria de Castro, lo cual ayudaba a explicar la razón por la que había obtenido un empleo en la embajada cubana. Thomas encontró una copia del reporte de la Comisión Warren en la biblioteca de la embajada estadounidense y observó que el nombre Durán aparecía en repetidas ocasiones; la comisión determinó que había sido ella quien trató con Oswald durante las visitas de éste a la misión cubana en México. Ella le había ayudado a llenar su solicitud de visa y, al parecer, había ido más lejos. El nombre Durán seguido de un número telefónico figuraban en la libreta de direcciones recuperada entre las pertenencias de Oswald.

Garro le dijo a Thomas que Durán nunca le simpatizó debido tanto a su tendencia política izquierdista como a su escandalosa vida personal. Tirado estaba casada con el primo de Garro, pero en la ciudad de México era un secreto a voces el tórrido romance que Silvia mantuvo tres años antes con el embajador de Cuba en México, quien también era casado; éste le había prometido abandonar a su esposa para estar con ella. "Garro jamás había tenido ninguna relación con Silvia, a la que detestaba y consideraba una puta", escribió Thomas.

No fue sino hasta poco después del asesinato de Kennedy cuando Garro, según recordaría, supo que Durán se había hecho amante de Oswald por un corto periodo de tiempo. Garro le relató a Thomas que Durán, además de mantener relaciones íntimas con Oswald, le presentó a partidarios de Castro por toda la ciudad, cubanos y mexicanos por igual. Fue ella quien hizo los arreglos para que Oswald fuera invitado a la fiesta. "Ella era su amante", le insistió Garro a Thomas. "Era de todos sabido que Silvia Durán era amante de Oswald."

Thomas le preguntó a Garro si le había contado esta historia a alguien más. Ésta le explicó que, durante casi un año después del magnicidio, había guardado silencio, temerosa de que la información que poseía pudiera poner en riesgo su propia seguridad o la integridad de su hija, entonces de 26 años de edad, quien también recordaba haber visto a Oswald en aquella fiesta. En el otoño de 1964, sin embargo, poco después de que la Comisión Warren hubiera terminado su investigación, ella reunió el valor necesario para entrevistarse con funcionarios de la embajada estadounidense en la ciudad de México y contarles lo que sabía. Para su sorpresa, según dijo, no supo nada más de la embajada después.

En su memorándum dirigido al secretario de Estado, Thomas tuvo buen cuidado de reconocer la posibilidad de que todo fuera ficción, un relato que le había sido ofrecido por una excepcionalmente talentosa novelista mexicana. Garro, admitía Thomas, tenía fama de poseer una imaginación vívida y era posible que su postura política matizara sus percepciones; era posible que también la mujer, sin más, hubiera confundido a otro joven en la fiesta con Oswald. "Yo sabía que Garro era una especie de anticomunista profesional proclive a ver una conspiración comunista detrás de cualquier suceso político desafortunado", escribió Thomas. "Una investigación escrupulosa de estas conjeturas podría, tal vez, explicarlas". Con todo, era necesaria una segunda revisión del relato de la historia, agregó. "Sería sencillo y práctico ocultar todo esto afirmando que Garro no es una fuente fidedigna de información en vista de que es una persona dominada por las emociones, con una opinión clara y de carácter artístico", continuó. "Pero con base en los datos que he presentado, creo, tras cavilarlo mucho, que este tema justifica una investigación más profunda."

De acuerdo con su memorándum, los colegas de mayor nivel de Thomas en la embajada estaban al tanto de las declaraciones de Garro porque él se las había referido. Les enviaba por escrito extensos informes después de cada una de las conversaciones que mantuvo con ella en 1965. Reservó un tiempo durante el día de Navidad de aquel año para redactar un memorándum —fechado el 25 de diciembre— en el que reproducía lo que ella le había platicado esa mañana durante una fiesta propia del día feriado. Thomas se cercioraba de que sus memos le llegaran de manera directa a Winston *Win* Scott, jefe de la estación de la CIA en México. Scott, hombre cortés de 56 años de edad oriundo de Alabama, contaba con fuentes en los niveles más altos del gobierno mexicano, incluida una serie de presidentes del país que buscaban su protección y cuyos colaboradores más cercanos se habían convertido en algunos de los informantes de la CIA mejor pagados en todo el país. Muchos funcionarios mexicanos consideraban a Scott, quien había asumido el cargo en 1956, como un hombre mucho más poderoso que cualquiera de los embajadores estadounidenses con los que éste hubiera trabajado. Sus subalternos sabían que también ejercía una influencia extraordinaria en las oficinas centrales de la CIA en Langley, Virginia, en cierta medida debido a su amistad de décadas con James Jesus Angleton, director de contrainteligencia de la CIA, el principal "cazador de soplones" de la agencia. Ambos habían formado parte del organismo desde su fundación en 1947.

En su memorándum dirigido a Rogers, Thomas aseguraba que Scott y otros miembros de la embajada no habían dado seguimiento a la información que vinculaba a Oswald con los cubanos. Después de expresiones iniciales de interés, Scott básicamente ignoró los datos en poder de Thomas, incluso cuando éste intentó plantear las preguntas una vez más en 1967, mientras se preparaba para abandonar México con el objeto de ocupar un nuevo puesto en Washington.

Thomas reconocía que "incluso si todos las argumentaciones del memorándum adjunto fueran ciertas, éstas no comprobarían, por sí mismas, que hubiera existido una conspiración para asesinar al presidente Kennedy". Pero concluía su carta a Rogers con la advertencia del peligro que significaba para el gobierno que las declaraciones de Garro, no comprobadas pero aún sin investigación, llegaran a conocerse fuera del Departamento de Estado y de la CIA. "Si se hicieran públicas, quienes han intentado desacreditar el Informe Warren podrían tener un día libre especulando sobre sus implicaciones", escribió Thomas. "La credibilidad del Informe Warren se vería mermada más todavía si se supiera que se tenía conocimiento de dichas acusaciones pero nunca se investigaron de manera adecuada."

El último día de trabajo de Thomas en el Departamento de Estado fue el 31 de julio de 1969, apenas seis días después de la fecha estampada en el memorándum que había despachado al secretario Rogers. No está claro, según los expedientes del departamento, si Thomas recibió de inmediato notificación sobre el curso que había seguido su memo, pero sí que el departamento transmitió la información a la CIA. El 29 de agosto, en una carta estampada con el rótulo "CONFIDENCIAL", la División de Investigación Protectora del Departamento de Estado le solicitó a la CIA por escrito una evaluación del material de Thomas. Entregó a la agencia el memo y varios documentos de apoyo.

Poco menos de tres semanas después, la CIA envió su cortante respuesta. Su contenido íntegro decía:

ASUNTO: Charles William Thomas
En referencia al memorándum del 28 de agosto de 1969. Hemos examinado la documentación adjunta; no vemos necesidad de implementar acción futura. Una copia de esta respuesta ha sido enviada al Buró Federal de Investigación y al Servicio Secreto de Estados Unidos.

El memorándum llevaba las firmas de Angleton, jefe de contrainteligencia de la CIA, y de uno de sus subalternos, Raymond Rocca. Thomas recibió noticia del desaire de la CIA y, hasta donde llegó a ser de su conocimiento, allí terminó el curso de su documento; en apariencia, nada restaba por hacer.

Después de su suicidio, dos años después, *The Washington Post* publicó un obituario de 186 palabras que hacía una fugaz referencia a la manera en que había muerto: "La Policía informó que la causa de muerte fueron heridas por arma de fuego". (En realidad, su certificado de defunción identificaba una sola herida: en la sien derecha.) Después de peticiones de su familia, los investigadores del Congreso revisaron su expediente personal y determinaron que Thomas había sido "seleccionado fuera" del Departamento de Estado por error. Una equivocación administrativa le había costado su carrera, o así parecía: un importante documento de desempeño laboral que respaldaba su promoción había quedado fuera de su expediente personal por razones que jamás fueron explicadas con entereza.

Los investigadores del Congreso sospecharon después que otros factores habían influido en la decisión de obligar a Thomas a abandonar el departamento, entre ellos su tentativa persistente pero no bienvenida de lograr que alguien diera seguimiento a las acusaciones de Garro. "Siempre creí que [su expulsión] estuvo ligada, de alguna forma, a sus cuestionamientos sobre Oswald", declararía uno de los investigadores que había llevado a cabo las pesquisas ordenadas por la Cámara de Representantes. "Era imposible demostrarlo, sin embargo. Si lo obligaron a irse por el tema de la ciudad de México, lo hicieron con una palmada en la espalda." Hubo rumores en México de que uno de los subalternos de Win Scott en la embajada de la capital mexicana había lanzado una campaña por lo bajo en desprestigio de Thomas, por razones que los numerosos amigos de éste en México jamás pudieron desentrañar.

El antiguo senador por Indiana, Birch Bayh, presidente del Comité Especial de la Cámara sobre Inteligencia de 1979 a 1981, ayudó a la familia de Thomas a obtener algunas de las prestaciones por concepto de pensión que inicialmente les fueron negadas tras el suicidio de Charles. Bayh diría que intervino en primer lugar, en buena medida porque Thomas tenía raíces familiares profundas en Indiana. En una entrevista concedida en 2013, señaló que seguía estando perplejo por el despido de Thomas. "Nunca tuvo sentido", señaló Bayh, quien insistió en que en ningún momento fue informado de ninguna relación entre el fallecido diplomático y la investigación del asesinato de Kennedy. El antiguo senador indicaría que él no podía necesariamente establecer una conexión entre la destitución y lo que supo —e intentó exponer— en la ciudad de México. "Pero algo ocurrió con Charles Thomas", concluiría Bayh. "Su gobierno lo orilló a la muerte con su asedio".

Una tarde-noche de la primavera de 2008, sonó el teléfono de mi escritorio en la oficina de Washington de *The New York Times*. Llamaba alguien desconocido para mí hasta entonces: un prominente abogado estadounidense que había comenzado su carrera profesional casi medio siglo antes como investigador en la Comisión Warren. "Tiene usted que contar nuestra historia", me dijo. "Ya no somos jóvenes, pero muchos de los que formamos parte de la comisión aquí seguimos y ésta podría ser nuestra última oportunidad de explicar lo que en realidad ocurrió." Se había decidido a llamarme, me dijo, por las generosas críticas que yo había recibido ese mismo año después de la publicación de mi primer libro, una historia de la comisión gubernamental que investigó los ataques terroristas del 11 de septiembre de 2001. Mi interlocutor se ofreció a hacer todo cuanto estuviera en sus manos para ayudarme con un relato similar sobre la Comisión Warren, siempre y cuando él quedara en el anonimato frente a sus antiguos colegas como el hombre que hubo sugerido la idea. "No quiero ser el culpable cuando encuentre usted los aspectos poco halagadores de este asunto", me dijo, y agregó sobre la historia detrás de la comisión: es "el mejor relato detectivesco que haya usted conocido".

Así pues, comenzó un proyecto de cinco años de labor periodística para armar las piezas de la historia interna de la investigación más importante y peor comprendida de un homicidio del siglo XX: la Comisión Warren sobre el asesinato del presidente Kennedy. El ministro presidente Warren y los otros seis comisionados fallecieron mucho tiempo antes de que yo comenzara a trabajar en este libro —el último sobreviviente, el ex presidente Gerald Ford, murió en 2006—, pero el hombre al otro lado de la línea tenía razón en que la mayoría de los entonces jóvenes abogados que se encargaron del verdadero trabajo detectivesco en 1964 seguían con vida. Y agradezco que casi todos ellos hayan accedido a entrevistarse conmigo.

Por desgracia, el tiempo se ha llevado a algunas de mis fuentes. Algunos de los investigadores de la comisión y otras figuras clave que me concedieron entrevistas para este libro han muerto; mención especial merece el fallecimiento de Arlen Specter, el antiguo senador representante del estado de Pennsylvania, quien fungió en su momento como abogado *junior* dentro del equipo de trabajo de la comisión. Este libro es, en consecuencia, el testamento de todos ellos en lo que toca al trabajo de la comisión y acerca del asesinato de Kennedy. Fui el último periodista en entrevistar al antiguo agente especial James Hosty, testigo central ante la Comisión Warren por haber tenido a su cargo la vigilancia de Lee Harvey Oswald en Dallas durante los meses anteriores al magnicidio. Hosty enfrentó cuestionamientos por las razones por las que él y sus colegas del FBI no habían sido capaces de detener a Oswald. En entrevistas poco antes de su muerte, ocurrida en junio de 2011, Hosty insistió en que él se había convertido en el chivo expiatorio —tanto dentro del FBI como en la Comisión Warren— por la incompetencia y la duplicidad de otros en el gobierno.

Pero mientras que *JFK: caso abierto* comenzó como una tentativa de escribir la primera crónica articulada de la historia oculta de la Comisión Warren, se ha convertido en algo mucho mayor y, es mi creencia, más importante. De muchas maneras, este libro es un recuento de mi descubrimiento de todo lo que no se ha dicho todavía de la verdad del asesinato de Kennedy y de todas las evidencias sobre el magnicidio que se ocultaron o destruyeron —hechas trizas, incineradas o borradas— antes de que pudieran llegar a manos de la comisión. Funcionarios de alto nivel tanto en la CIA como en el FBI ocultaron información al panel, al parecer, con la esperanza de ocultar cuánto en realidad sabían sobre Lee Harvey Oswald y la potencial amenaza que representaba. Asimismo, este libro revelará por primera vez cómo se pasó por alto o se amenazó para que guardaran silencio importantes testigos de los acontecimientos que rodearon el asesinato del presidente. La labor periodística para este libro me llevó a lugares y me presentó con personas que jamás habría imaginado que serían tan importantes para entender la muerte de Kennedy.

Me volví víctima de la doble maldición que persigue a quien intenta acercarse un poco más a la verdad sobre el asesinato. Es la condena de encontrar muy poca información o demasiada. Realicé el sorprendente, casi simultáneo, descubrimiento de cuántos elementos probatorios vitales relacionados con el homicidio del presidente Kennedy habían desaparecido y de cuántos se habían preservado. Hoy sobra en el registro público el material sobre el asesinato, incluidos las literalmente millones de páginas de archivos otrora secretos del gobierno que ningún reportero o investigador puede afirmar que ha revisado en su totalidad. Colecciones enteras de evidencia siguen sin someterse al examen acucioso de los investigadores, casi exactamente 50 años después de los sucesos que describen. Fui el primer investigador, por ejemplo, en tener acceso irrestricto a los papeles de Charles Thomas, entre ellos el registro de su lucha por lograr que sus colegas prestaran atención a la inquietante historia de Oswald y la "fiesta de twist" en la ciudad de México; y no vi el material sino hasta 2013.

Los expedientes de la Comisión Warren —cuyo nombre oficial fue Comisión Presidencial sobre el Asesinato del Presidente Kennedy— ocupan más de 10 metros cúbicos de espacio en anaqueles en depósitos bajo vigilancia con clima controlado en el Archivo de la Nación, ubicado en College Park, Maryland, justo a las afueras de Washington, D. C. Miles de objetos relacionados con la comisión comparten ese espacio, como es el caso del rifle Mannlicher-Carcano de 6.5 milímetros y fabricación italiana, el arma homicida encontrada en el sexto piso del Almacén de Libros Escolares de Texas, así como la casi intacta bala de tres centímetros, de centro de plomo y casquillo de cobre, que fuera descubierta en una camilla del Hospital Memorial Parkland en Dallas la tarde del asesinato. El equipo de trabajo de la comisión —aunque no la comisión misma, un punto significativo— llegó a la conclusión de que la bala, disparada desde el rifle que Oswald adquirió por 21 dólares a vuelta de correo, atravesó los cuerpos tanto de Kennedy como del entonces gobernador de Texas, John Connally, según un escenario que llegó a ser conocido como la "teoría de una sola bala".

El traje de color rosa vestido por Jacqueline Kennedy durante el desfile presidencial se encuentra bajo resguardo en el mismo complejo moderno, parecido a una fortaleza, en los suburbios de Maryland. El traje, una imitación de manufactura nacional de estilo Chanel, y uno de los atuendos preferidos del presidente (la señora Kennedy "luce radiante en él", le había dicho el mandatario a una de sus amistades) se conserva en un contenedor libre de ácidos en una bóveda sin ventanas. Ésta se mantiene a una temperatura de 18.3

a 20 grados centígrados y a una humedad de 40 por ciento. El aire filtrado dentro de la cámara se sustituye seis veces cada hora para permitir la preservación del delicado tejido en lana que aún lleva las manchas de sangre del presidente. El paradero del icónico sombrero rosa sin ala de la primera dama es un misterio; lo último que se supo es que estaba bajo custodia de su antigua secretaria personal. Otra bóveda, mantenida a una temperatura constante de menos cuatro grados Celsius, resguarda una pequeña cinta de celuloide que, se cree, por los especialistas del Archivo de la Nación, es el fragmento de película más visto en la historia de las imágenes en movimiento. En esos 486 cuadros de película Kodachrome de 8 mm a color, donde un fabricante de ropa femenina de Dallas, Abraham Zapruder, capturó las imágenes más terribles del asesinato gracias a su cámara casera Bell & Howell.

Gran parte de la documentación personal de Warren provenientes de la comisión que lleva su nombre se encuentra almacenada en la Biblioteca del Congreso, a unos cuantos minutos de su antiguo despacho en la Suprema Corte si uno recorre la distancia a pie y toma para ello el sendero que baja por la calle Primera. Warren, quien murió en 1974, quedaría tal vez atónito hoy al saber que millones de estadounidenses lo conocen principalmente por haber dirigido la Comisión Warren y no por su trabajo como ministro presidente; un ejercicio de 16 años que cambió la historia.

La decisión de conservar la vasta biblioteca de reportes de investigación y la evidencia física reunidas por la Comisión Warren, que hoy se resguarda en el Archivo de la Nación y en la Biblioteca del Congreso, obedeció a la intención de dar certeza a la opinión pública; una prueba de la transparencia y la diligencia de la comisión. Tan sólo en el Archivo de la Nación se almacenan más de cinco millones de páginas de documentos relacionados con el asesinato. Pero la verdad sobre la Comisión Warren, como casi todos los historiadores y otros investigadores serios reconocerán, incluidos aquellos que respaldan sin reserva sus descubrimientos, es que su investigación mostró defectos desde el primer momento. La comisión cometió errores severos. No logró dar seguimiento a elementos probatorios y a testigos importantes debido a las limitaciones impuestas a la investigación por el hombre que la dirigió, el ministro presidente Warren. Con frecuencia, éste pareció estar más interesado en proteger el legado de su querido amigo el presidente Kennedy y de la familia Kennedy, que en llegar al fondo de los hechos sobre la muerte del mandatario.

En lo que atañe al asesinato, la historia será mucho más amable con los abogados sobrevivientes del equipo de trabajo de la comisión, así como con su antiguo historiador interno, quien revela en este libro lo que en verdad ocurrió dentro de la Comisión Warren. Una gran parte de este libro es su historia, contada desde su propia mirada. Los abogados, la mayoría por entonces en su tercera o cuarta décadas de vida, fueron reclutados de prestigiosas escuelas de leyes, bufetes y fiscalías de todo el país. La mayoría de ellos se encuentra ahora en el final de una larga carrera del ejercicio de las leyes o del servicio público. Para algunos de ellos, las entrevistas para este libro significaron la primera vez en que hablaron en detalle, con certeza frente a algún periodista, sobre el trabajo de la comisión. Muchos habían guardado silencio durante décadas, temerosos de ser arrastrados hacia debates públicos desagradables y con frecuencia perdidos de antemano frente a los ejércitos de teóricos de las conspiraciones. Sin excepción, todos y cada uno de estos hombres —la única mujer entre ellos, Alfredda Scobey, murió en 2001— conservaban el orgullo que significaba su trabajo individual en la comisión. Muchos, sin embargo, se mostraron indignados al descubrir cuánta evidencia no se les permitió escrutar. Y son las evidencias, lo saben bien, las que siguen reescribiendo la historia del asesinato de Kennedy.

PRIMERA PARTE

Del 22 al 29 de noviembre de 1963

El féretro con los restos del presidente J. F. Kennedy descansa
en la Rotonda del Capitolio, 25 de noviembre de 1963

1

HOGAR DEL COMANDANTE JAMES HUMES
Bethesda, Maryland, Estados Unidos
Sábado 23 de noviembre de 1963

Pocas horas habían transcurrido desde el traslado del cadáver del presidente a Washington cuando las pruebas relacionadas con el magnicidio habían comenzado a desaparecer de los archivos gubernamentales. Las notas tomadas por los patólogos militares durante la autopsia, así como el borrador original del informe forense, fueron incinerados.

El comandante naval y médico James Humes revelaría después que había quedado paralizado frente a la idea de que su manejo del papeleo hospitalario la noche del sábado 23 de noviembre pudiera juzgarse como el primer paso del despliegue de una cortina de humo de parte del gobierno. Con todo, admitiría, debió actuar con mayor prudencia. "Lo ocurrido fue decisión sólo mía, únicamente mía", recordaría. "De nadie más."

Cerca de las 11:00 horas de aquella noche, el patólogo de entonces, de 38 años de edad, se sentó a la mesa de cartas del salón familiar de su hogar en Bethesda, una localidad que forma parte de la periferia suburbana de Washington, D. C., en Maryland, y se dispuso a revisar sus notas del hospital. Dio por sentado que pasaría horas enteras en la escritura y corrección del informe forense final. Había encendido la chimenea, que le procuraba un poco de calor en aquella noche de principios de invierno.

La noche anterior había dirigido al trío de patólogos que se habían hecho cargo de practicar la autopsia al presidente en el Centro Médico Naval de Bethesda. Aquel sábado no había tenido el tiempo suficiente, durante las horas diurnas, para terminar con el papeleo, según afirmaría. Así pues, ahora se encontraba sentado con la esperanza de encontrar energías para poner punto final a su informe en paz. Debía entregar una copia definitiva a sus colegas para que la firmaran; el grupo había recibido órdenes de entregar el informe a la Casa Blanca la noche del domingo. Humes estaba exhausto. Había podido dormir algunas horas esa tarde, pero permaneció en vela toda la noche del viernes. "Estuve en la morgue desde las 7:30 de la noche hasta las 5:30 de la mañana", declararía posteriormente. "En ningún momento abandoné la sala".

Fue durante la tarde del viernes, mientras los terribles reportes surgían a cuentagotas desde Dallas, cuando Humes, el patólogo de mayor renombre en Bethesda, supo que supervisaría el examen post mórtem del presidente. Se le indicó que esperara la llegada del cadáver en cuestión de horas.

Jacqueline Kennedy se había resistido en un principio a la idea de una autopsia; la imagen del cuerpo de su marido sobre una fría plancha de acero para disecciones parecía un horror más en un día atestado de ellos. "*No es necesario* que se haga", le había comentado al médico de cabecera del presidente, el almirante George Burkley, mientras volaban a bordo del *Air Force One* de Dallas a Washington. Iba sentada junto al féretro con los restos del presidente en el compartimento trasero de la aeronave. Burkley, quien había demostrado ser un amigo leal y discreto de la familia Kennedy la persuadió amablemente de que tenía que practicarse la necropsia. La primera dama se había sentido siempre tranquila por el hecho de que el médico era, al igual que ella, un fiel católico romano, y uno especialmente devoto, por lo que en aquel momento habría confiado en su consejo casi por sobre cualquier otro. Él le recordó que su marido había sido víctima de un crimen y que una autopsia era un requisito legal. Le dio a escoger entre el Centro Médico Militar Walter Reed en Washington y el hospital naval en Bethesda. Poco menos de 13 kilómetros separaban a ambos hospitales. "Por supuesto, el presidente perteneció a la Marina", Burkley le recordó.

"Por supuesto", respondió ella. "Bethesda."

Incluso algunos médicos de la Marina cuestionarían esa decisión. El veterano patólogo del ejército en el hospital Walter Reed contaba con una experiencia mucho más vasta en el análisis de heridas de bala que sus colegas de la Marina. (Bastaba el simple hecho de que los soldados son más proclives a morir por heridas de bala que los marinos.) El comandante J. Thornton Boswell, otro patólogo de Bethesda, asignado como asistente de Humes, consideró "tonto" que la autopsia se realizara en el hospital de la Marina en vista de los otros recursos cercanos. Le parecía que el cuerpo del presidente debía haber sido trasladado al Instituto de Patología de las Fuerzas Armadas en el centro de Washington, un centro de investigación del Departamento de Defensa que se hacía cargo de las autopsias médico-legales más complejas de todas las dependencias de las fuerzas armadas. Ni Humes ni Boswell tenían credenciales en patología forense, la rama de la patología que se especializa en las muertes violentas o inesperadas, por lo que al equipo se integró un tercer miembro: el doctor Pierre Finck, patólogo forense del Instituto de las Fuerzas Armadas. Finck era teniente coronel en el cuerpo médico del ejército.

Como carta de recomendación de Bethesda, sin embargo, habría bastado su sala de autopsias. La morgue en su totalidad había sido remodelada y equipada con sofisticado instrumental médico y de comunicaciones. "Acabábamos de mudarnos apenas dos meses antes", recordaría Humes. "Todo era nuevo." La sala de autopsias era espaciosa según las normas de los hospitales militares, medía casi 8.5 por 9 metros, con una mesa de disección de acero empotrada al centro. El espacio fungía también como auditorio con una sala de observación que se extendía a lo largo de una de sus paredes, la cual daba cabida hasta a 30 personas —por lo regular médicos residentes o visitantes—, desde donde se apreciaban los procedimientos. Había, además, una cámara de circuito cerrado de televisión para que los interesados en los Institutos Nacionales para la Salud, al otro lado de la calle, y de la clínica médica de la Base Andrews de la Fuerza Aérea, a algunas manzanas de distancia, pudieran observar también. (Humes diría después que le habría gustado que alguien encendiera la cámara aquella noche para terminar con la "ridícula especulación" en torno a lo que ahí ocurrió.) La morgue contaba con grandes estanterías refrigeradas capaces de albergar hasta a seis cadáveres, así como un área de regaderas para los médicos. La noche de la autopsia del presidente, los patólogos necesitarían cada centímetro cuadrado disponible.

El cuerpo del presidente arribó cerca de las 7:30 pm. El ataúd de bronce fue llevado sobre una carretilla fúnebre desde una rampa de carga en la calle. El cuerpo fue retirado con sumo cuidado del féretro y —después de haber tomado placas y fotografías de cada parte— fue colocado en la mesa de autopsias, donde permanecería la mayor parte de las siguientes 10 horas. Las heridas en el cráneo no eran reconocibles a simple vista ya que la cabeza había sido cubierta con sábanas en Dallas. Después de retirar las telas empapadas en sangre, Humes ordenó que fueran lavadas de inmediato. "Teníamos una lavadora en la morgue y las puso en su interior", recordaría Boswell.

A Humes le preocupó desde el primer momento que cualquier objeto extraído de la sala de autopsias llegara a convertirse en un grotesco "recuerdo" en alguna feria de pueblo: "Él no quería que las sábanas aparecieran alguna vez en un establo de Kansas".

La autopsia fue "un circo de tres pistas", se quejaría Boswell. Decenas de personas —doctores y enfermeras de la Marina, radiólogos y fotógrafos médicos, agentes del Servicio Secreto y del FBI, oficiales militares y administrativos del hospital— estaban ora en la morgue ora empujando la puerta para que se les permitiera entrar. Los patólogos declararían que los agentes del Servicio Secreto que habían acompañado el cuerpo hasta Bethesda, entre ellos algunos que habían estado presentes en Dallas aquel día, se mostraban frenéticos, llenos de energía nerviosa. El hombre al que habían jurado proteger hasta con su propia vida, yacía muerto. ¿Qué protegían ahora? "Su estado emocional era tal que corrían como gallinas sin cabeza, y nosotros entendíamos su situación", diría Boswell después.

Burkley, el médico del presidente, había acompañado el cuerpo a Bethesda e intentó tomar el control de la autopsia en un principio. Como almirante normalmente habría estado en posición de dar órdenes a los patólogos de la Armada, de menor rango, pero su formación era de médico internista y cardiólogo, y sus recomendaciones enfrentaron de inmediato la furiosa resistencia de Humes y del resto de los patólogos. Al principio, Burkley trató de argumentar que una autopsia completa no era necesaria. El presunto asesino estaba bajo arresto y pocas dudas cabían de su culpabilidad, por lo que Burkley declaró que no había necesidad de procedimientos que pudieran desfigurar severamente el cuerpo del presidente. Sabía que la familia Kennedy sopesaba la decisión de mantener el ataúd abierto para que el cuerpo pudiera ser admirado antes de su sepultura. Burkley deseaba que la autopsia se limitara "sólo a encontrar las balas", diría Boswell.

Humes rechazó la idea del almirante calificándola de absurda dado el riesgo de que algún aspecto importante pasara inadvertido en el caso de un examen post mórtem ejecutado al vapor, así que Burkley desistió, aunque insistió en que se apresuraran. "La principal preocupación de George Burkley era que termináramos tan pronto como pudiéramos", declararía Humes posteriormente, recordando haberse sentido molesto al respecto. Burkley parecía inquieto sobre todo por el efecto de la demora en el ánimo de la señora Kennedy, quien esperaba junto a Robert Kennedy y otros miembros de la familia y amigos en la suite VIP del hospital, en el piso 17. Ella había anunciado que no se marcharía de Bethesda mientras no pudiera llevarse consigo el cadáver de su esposo. Humes declararía que se le encogía el corazón al pensar por lo que la viuda estaría pasando; sabía que ella vestía todavía el traje rosa con manchas de sangre que él había visto en televisión. (Se había rehusado a cambiar de ropa. "Que vean lo que han hecho", le había dicho desafiante a Burkley.) Con todo, pese a la compasión que experimentaba por la señora Kennedy, Humes se sentía presionado por su presencia en el hospital. "Nos atormentaba y causó dificultades", recordaría.

Burkley tenía una petición más que hacer a los médicos que practicaban la autopsia y fue insistente al respecto. Pidió a Humes que le prometiera que el informe de los patólogos ocultaría un dato importante sobre la salud del presidente, sin relación alguna con el asesinato. No quería que se mencionara la condición de las glándulas adrenales del presidente. El médico de la Casa Blanca sabía que una inspección de las glándulas adrenales revelaría que el presidente —a pesar de negarlo en público durante años— padecía una enfermedad crónica que comprometía su vida, la enfermedad de Addison, que consiste en una deficiencia de dichas glándulas, que se ubican encima de los riñones, las cuales no producen suficientes hormonas. Aunque Kennedy mostraba un semblante rubicundo y de buena salud, Burkley sabía que ello se debía al maquillaje y a otros trucos para las cámaras. El presidente sobrevivía gracias a que recibía suplementos hormonales diarios, incluidas altas dosis de testosterona.

Humes, ansioso por comenzar, accedió a la solicitud. "Le prometió a George Burkley que nunca hablaría de las glándulas adrenales [del presidente] sino hasta que todos los integrantes entonces vivos de la familia Kennedy hubieran muerto, o algo por el estilo", diría

Boswell, quien se adhirió al plan, aun cuando éste constituía una flagrante violación al protocolo. Días después de la autopsia, Burkley buscó nuevamente a Humes con otra demanda secreta, ahora relacionada con el tratamiento del cerebro del presidente, que había sido retirado del cráneo para su análisis. Tal como Burkley lo pidió, Humes entregó a la Casa Blanca el cerebro, que había sido conservado en un cubo de acero en formaldehído en Bethesda para que pudiera ser inhumado con toda discreción con el cuerpo del presidente.*

"Me señaló sin cortapisas que la decisión estaba tomada y que él se llevaría el cerebro para entregarlo a Robert Kennedy", recordaría Humes.

El trabajo de Humes en la noche de la autopsia se vio obstaculizado por otras razones. Durante las horas que procedieron a la muerte del presidente, el temor de que el asesinato fuese obra de una conspiración y de que los conspiradores pudieran asestar otro golpe fue objeto de febriles discusiones en los pasillos de Bethesda. Mientras que Humes y sus colegas se disponían a trabajar, no podían evitar escucharlos afirmar que los rusos o los cubanos podían estar detrás del asesinato y que Lyndon Johnson, quien había rendido protesta como presidente pocas horas antes, podía ser el siguiente objetivo.

Los médicos comenzaron a sentirse inquietos por su propia seguridad. Si se trataba de una conspiración, los autores tal vez quisieran ocultar la verdad de cómo había muerto con exactitud el presidente. ¿Era posible que los patólogos de Bethesda fueran también silencia-

---

* El paradero del cerebro de Kennedy se sumó a la lista de misterios. En 1979, un panel especial del Congreso que investigó por segunda ocasión el asesinato del presidente, el Comité Especial de la Cámara para Asesinatos, informó que el doctor Burkley le hizo saber que él mismo le había entregado a la antigua secretaria de Kennedy, Evelyn Lincoln, un cubo de acero inoxidable sellado que contenía el cerebro, quien en 1964 lo almacenó durante un tiempo en el Archivo de la Nación. El comité no pudo rastrear la ubicación del cerebro con certeza después de ese punto. En su informe final, el comité anunciaría que el antiguo profesor de la Escuela de Leyes de Yale, Burke Marshall, representante de los ejecutores testamentarios de Kennedy, le había transmitido sus sospechas de que Robert Kennedy había obtenido a la postre el cerebro y otras evidencias de la autopsia y había "dispuesto de dichos materiales por su cuenta, sin informar a nadie". De acuerdo con Marshall, "a Robert Kennedy le inquietaba que dichos materiales fueran exhibidos al público en el futuro en algún instituto como el Smithsoniano y deseaba deshacerse de ellos para descartar esa posibilidad".

dos, o sus pruebas les fueran arrebatadas y destruidas? "Al parecer, podía haber algún tipo de camarilla" detrás de la muerte de Kennedy, recordaría Boswell haber pensado. "Cualquiera podía ser asesinado." El superior de Humes estaba tan alarmado por la probable amenaza que ordenó a Boswell que se asegurara de que Humes, quien había asumido la responsabilidad de escribir el informe forense, regresara a salvo a su hogar. "Así que subí a mi auto, detrás del de Jim Humes, y lo seguí a su casa", diría Boswell.

Cuando Humes franqueó la puerta principal de su morada, cerca de las 7:00 am, no tuvo oportunidad de poner sus ideas en orden, mucho menos de dormir. Aquella mañana estaba planeado que llevaría a su hijo a la iglesia para su primera comunión —Humes estaba decidido a estar presente— y sabía que era necesario que regresara a Bethesda en cuestión de pocas horas para tener una conversación telefónica con los médicos del Hospital Memorial de Parkland, en Dallas, quienes habían intentado, en vano, salvar la vida de Kennedy. Humes reconocería posteriormente que debía haber dejado la sala de autopsias para hablar con los doctores de Parkland en algún momento de la noche del viernes, pero que se hallaba bajo una enorme presión para finalizar el procedimiento. "No había manera de que saliéramos de la sala", afirmaría Humes. "Tienen que entender la situación, aquella situación histérica que existía. Que hayamos logrado mantener la cordura tan bien como lo hicimos, me resulta sorprendente."

La llamada del sábado al doctor Malcolm Perry, médico en jefe de Parkland que atendió a Kennedy, resolvió un misterio central para Humes. Entre los galenos de Dallas o Bethesda no había duda sobre la causa de muerte del presidente: la enorme herida en la cabeza, provocada por una bala que destrozó gran parte del hemisferio derecho de su cerebro, una imagen capturada en terribles fotografías. El misterio versaba sobre la bala que al parecer había impactado primero al presidente, la cual entró cerca de su nuca o cuello y debía de haber permanecido relativamente intacta al haber pasado a través de tejido suave. ¿A dónde había ido? Los patólogos de Bethesda no pudieron encontrar una herida obvia de salida.

Humes y sus colegas lidiaron con la pregunta durante horas; ésa fue una de las razones por las que la autopsia demoró tanto. "Sometí el cuerpo del presidente a un examen con rayos x de pies a cabeza, por la sencilla razón de que en ocasiones los proyectiles se comportan de forma muy extraña dentro de un cuerpo humano", afirmaría Humes. Las balas con frecuencia zigzaguean una vez que golpean la carne aun cuando sean disparadas desde un ángulo directo, explicaría. "Podía haber estado en su muslo o en sus glúteos. Podía haber estado en cualquier condenada parte." Mientras trabajaban, Humes y sus colegas discutieron la improbable posibilidad de que la bala hubiera caído por el orificio de entrada cuando el presidente recibió masaje cardiaco para tratar de restaurar su pulso; especulación que se coló en el informe de los agentes del FBI que presenciaron la necropsia.

Durante la conversación telefónica, Perry ofreció una explicación sobre la bala faltante. Los médicos de Parkland le habían practicado al presidente una traqueotomía, realizando una aparatosa incisión en la tráquea para permitirle respirar, exactamente en el punto donde había habido una pequeña herida sobre la parte frontal de la garganta, cerca del nudo de la corbata. ¿Acaso había salido por ahí la bala? "En el momento en que mencionó ese hecho se encendió una luz y dijimos: 'Ajá, ya sabemos dónde pudo haber terminado el proyectil'", diría Humes. La traqueotomía, dio por sentado, había destruido evidencia acerca del orificio de salida. Los médicos nunca podrían estar seguros de dónde pudo haber aterrizado aquella bala, pero ahora cuando menos creían saber dónde había terminado: fuera de la garganta del presidente.

La noche de aquel sábado, mientras Humes estaba sentado a la mesa de cartas cerca de la chimenea, en la sala de su casa, advirtió que manchas de sangre —la sangre del presidente— salpicaban cada página de sus notas sobre la autopsia, así como cada hoja del borrador del informe forense. Posteriormente recordaría haber sentido repulsión por las manchas.

Lenta y cuidadosamente comenzó a transcribir los datos de sus notas en hojas de papel limpio. "Me senté y copié palabra por palabra de lo que tenía en papel en blanco", diría Humes después. Tardó horas. Su gastada copia del *Diccionario médico de Stedman* estaba al alcance de su mano: no deseaba cometer un solo error de ortografía en el informe que entregaría a la Casa Blanca.

Sólo Humes supo qué lo motivo a actuar como lo hizo en seguida. ¿Contenían el informe original de la autopsia y sus notas errores bochornosos que quería corregir? ¿Ajustó la ubicación de los orificios de entrada y salida de las balas? Además de cumplir su promesa a Burkley de eliminar cualquier referencia a las glándulas adrenales del presidente, ¿omitió algún otro tipo de información? ¿Le ordenaron hacerlo? Sea cual fuere la razón, a excepción del nuevo borrador, Humes decidió —sentado frente a su mesa de cartas— destruir cada hoja de papel bajo su custodia. Estaba decidido, afirmaría después, a evitar que los documentos manchados de sangre cayeran en manos de "saqueadores de tumbas".

Años después, admitiría que entonces no alcanzó a comprender por completo las implicaciones de sus actos y reconocería que éstos pudieron haber contribuido a alimentar las teorías conspiratorias que lo perseguirían por el resto de sus días. Intentaría reconstruir su lógica: "Cuando me di cuenta de que había manchas de sangre en los documentos que había preparado, me dije: 'Nadie va a obtenerlos nunca'".

Humes hojeó por última vez las notas y el informe forense originales antes de levantarse y caminar hacia la chimenea. Entregó al fuego las páginas manchadas de sangre del borrador original del informe forense y las observó convertirse en cenizas. Arrojó entonces a la llameante chimenea las notas de su puño y letra que había tomado en la sala de examinaciones.

"Todo lo que tenía en mis manos, excepto el informe final, lo quemé", informaría después. "No quise que quedara nada. Punto."

Motel Executive Inn
Dallas, Texas
Sábado 23 de noviembre de 1963

En la ciudad donde había sido asesinado el presidente, la destrucción de evidencia comenzó un día después del asesinato. El viernes, pocas horas después de enterarse de la detención de su esposo, Marina Oswald había recordado aquellas "estúpidas fotografías" que le había tomado a Lee en el patio trasero de la desvencijada casa de Nueva Orleans donde habían vivido tiempo atrás en ese mismo año. Las imágenes mostraban a un Lee que sonreía con aires de suficiencia, vestido de negro, empuñando con una mano el rifle que había comprado a vuelta de correo, mientras que en la otra sostenía ediciones recientes de dos periódicos izquierdistas, *The Militant* y *The Worker*. También se podía observar una pistola en una funda que traía a la cadera.

La noche del viernes, después de rendir declaraciones preliminares al FBI y a la policía de Dallas, a Marina se le permitió regresar a la casa de Ruth Paine, una amiga suya de la ciudad que hablaba un poco de ruso. Marina, la hermosa muchacha rusa de 22 años de edad que se había casado con Oswald durante su fallido intento de deserción hacia la Unión Soviética, había estado viviendo en el hogar de Paine durante varias semanas de aquel año, mientras que Oswald habitaba en otro sitio, primero en Nueva Orleans, mientras buscaba un empleo.

Al volver a la casa buscó las fotografías, las cuales había escondido en un álbum de retratos infantiles, y se las mostró a su suegra, Marguerite Oswald. Las dos mujeres apenas si se conocían una a la otra —Lee había dicho siempre que odiaba a su madre y por ello se negaba a verla— y las dos señoras Oswald se habían reunido sólo a causa del asesinato. Marina sabía apenas algunas palabras en inglés.

"Mamá, mamá", dijo Marina, mientras le mostraba a su suegra las fotos.

La madre de Oswald se mostró muy impresionada por la imagen de su hijo armado y respondió sin vacilar: "Escóndelas", de acuerdo con el testimonio de su nuera.

Marina declararía que hizo lo que su suegra le indicó y metió las fotografías en uno de sus zapatos.

Al día siguiente, sábado, después de responder a más preguntas de la policía durante varias horas, su suegra se acercó a ella y le preguntó dónde estaban ocultas las fotografías.

Marina señaló sus pies. "Quémalas", le dijo Marguerite a su nuera, según el relato de Marina. "Quémalas ahora mismo."

Una vez más, la muchacha hizo lo que su suegra le indicó. Esa tarde, ella y su suegra fueron trasladadas por el Servicio Secreto a un pequeño motel, el Executive Inn, cerca del aeropuerto Love Field. Marina dijo que encontró un cenicero en el cuarto del motel, puso las fotos dentro y entonces encendió un fósforo, acercando la llama a la esquina de uno de los retratos. El grueso papel fotográfico ardió con dificultad, recordaría la joven, por lo que fueron necesarios varios fósforos para terminar el trabajo. Su suegra insistiría después en que la decisión de destruir las fotografías había sido sólo de Marina, pero admitió que ella estuvo presente en la habitación y observó cómo su nuera las destruyó. Admitiría también que ella —y no Marina— fue quien tomó el cenicero y lo vació sobre el excusado: "Yo arrojé los pedazos rotos y los restos medio quemados por el inodoro", explicaría después la madre de Oswald. "Y no se dijo más."

Oficina regional del Buró Federal
de Investigación (FBI) en Dallas
Dallas, Texas
Domingo 24 de noviembre de 1963

Ese fin de semana las evidencias comenzaron a desaparecer también de los archivos del FBI. Cerca de las 6:00 pm del domingo, el agente especial del FBI, James Hosty, fue convocado al despacho de su superior, Gordon Shanklin, el agente especial a cargo de la oficina regional de Dallas. De acuerdo con Hosty, Shanklin deslizó un documento sobre su escritorio.

"Deshazte de esto", le ordenó Shanklin, "Oswald está muerto. No habrá juicio." Siete horas antes, Oswald había sido abatido a tiros por Jack Ruby en el cuartel general de la policía de Dallas, en una escena estremecedora transmitida en vivo por la televisión nacional.

Shanklin asintió con la cabeza en dirección de la hoja de papel y repitió la orden a Hosty, un hombre de mentón cuadrado y 39 años de edad que había entrado al FBI como empleado administrativo un decenio atrás, una trayectoria laboral común para los agentes de campo del buró. "Deshazte de esto", reiteró Shanklin.

Hosty no necesitó escuchar la orden por tercera vez. Reconoció el papel; se trataba de una nota manuscrita que Oswald había entregado en persona en esa oficina del buró a principios de noviembre, en la que aparentemente advertía al buró que dejara de asediar a su esposa, rusa de nacimiento.

"Si no dejan de molestar a mi esposa, tomaré las medidas necesarias", había escrito Oswald, de acuerdo con el relato posterior de Hosty. La recepcionista del FBI que recibió la nota de las manos de Oswald señaló que a su parecer éste sonaba "demente, tal vez peligroso".

Hosty y Shanklin podían imaginar perfectamente qué sucedería si J. Edgar Hoover se enteraba de la existencia de la nota. Ésta constituía una prueba de que el buró había tenido contacto con Oswald pocos días antes del asesinato; de que había entablado comunicación cara a cara con la esposa de Oswald: de que Oswald había estado en esa oficina de Dallas, en persona. En pocas palabras, la nota podría leerse como un elemento probatorio de que el buró —específicamente Hosty y Shanklin— habían dejado pasar la oportunidad de detener a Oswald antes de que éste abatiera al presidente.

Y la nota ofrecía indicio del alcance de las pesquisas de varios meses de duración respecto a Oswald. La verdad, Hosty y Shanklin lo sabían, era que la oficina del FBI en Dallas había mantenido desde marzo un expediente abierto con el caso de Oswald por considerarlo una amenaza potencial a la seguridad nacional. Oswald había regresado a Estados Unidos el año anterior después de su frustrada deserción a Rusia, y el FBI sospechaba que quizás había vuelto para fungir como espía para la Unión Soviética.

Shanklin no apartó la mirada de la nota, en espera de que Hosty la recogiera.

Hosty tenía mucho que proteger. Una esposa y ocho hijos que dependían de su salario de 9 000 dólares al año. Además, en el FBI se obedecían las órdenes sin hacer preguntas; incluso una tan grave y casi con certeza ilegal, como la de destruir una evidencia vital que involucraba al hombre que acababa de matar al presidente.

Hosty cogió la nota, abandonó la oficina de Shanklin y caminó unos metros a lo largo de un pasillo hasta el baño de hombres. Entró en uno de los apartados y cerró la puerta. Procedió a hacer trizas la nota, arrojando los restos al excusado de porcelana blanca. Cuando hubo terminado, tiró de la pesada manija de madera conectada a la cadena de metal para dejar correr el agua. Dejó pasar un momento y tiró de la cadena una vez más. Después aseveraría que deseaba asegurarse de que cada trozo de papel hubiera desaparecido.

2

Sala de Conferencias de los Ministros
Suprema Corte
Washington, D. C.
Viernes 22 de noviembre de 1963

El llamado a la pesada puerta de madera de roble fue inesperado. Los jueces de la Suprema Corte durante su conferencia de cada viernes se veían interrumpidos sólo excepcionalmente. Era una tradición que los empleados de la Corte los interrumpieran sólo en caso de emergencia, o una situación similar, y les entregaran información en la Sala de Conferencias sólo mediante notas deslizadas por debajo de la puerta. El ministro presidente de la Suprema Corte, Earl Warren, en su onceavo año en la Corte, había llegado a ponderar el valor de éstas y otras tradiciones en apariencia arcanas solamente porque imponían órdenes cordiales a un grupo de nueve hombres de voluntad férrea —algunos de los cuales se despreciaban entre sí al grado de odiarse—, quienes habían accedido a pasar el resto de su vida laboral en ese lugar. El viernes 22 de noviembre de 1963, poco después de la 1:30 pm, los jueces escucharon un golpe a la puerta. Por tradición, respondía el miembro más joven de la Corte; así, el ministro Arthur Goldberg, quien se había integrado al tribunal un año antes, se puso de pie en silencio, se dirigió a la puerta y abrió. Cogió la nota de una sola página, cerró la puerta y la entregó al ministro presidente de la Corte. Warren leyó el mensaje mecanografiado por su secretaria personal, Margaret McHugh, en silencio. En seguida se puso de pie y lo leyó en voz alta a sus colegas:

"El presidente fue presa de un ataque con armas de fuego mientras su auto avanzaba en una caravana en Dallas. Se desconoce la gravedad de sus heridas".

Los miembros de la Corte, recordaría Warren posteriormente, estaban "impactados de manera inenarrable" y se retiraron a sus propios despachos. "Se dijo poco, pero creo que cada uno de nosotros, atónito por la noticia, se dirigió adonde pudiera escuchar los informes por radio de la tragedia." (De hecho, algunos de los ministros y sus equipos de trabajo se reunieron en la oficina del ministro William Brennan, quien tenía una televisión y estaba atento a la cobertura de Walter Cronkite para CBS.) Warren se dirigió a su propio despacho donde escuchó la radio "hasta que se perdió toda esperanza", recordaría. "En quizás media, o tres cuartos de hora, llegó la noticia de que el presidente había muerto; era casi imposible de creer."

Warren y los demás ministros tenían un motivo especial para sentirse abatidos: apenas 36 horas antes habían sido los invitados del presidente y la señora Kennedy en una recepción en la residencia privada de la familia presidencial, en el segundo piso de la Casa Blanca. "No podíamos olvidar lo amistosa y alegre que fue esa ocasión", recordaría Warren. "Fue una velada encantadora." No olvidaba cómo los ministros habían entablado en aquel entonces una animada conversación sobre el inminente viaje de Kennedy a Texas, programado para comenzar a la mañana siguiente.

La gira de recaudación de fondos, de dos días de duración y que abarcaría cinco ciudades, dio mucho de qué hablar entre los círculos oficiales de Washington ya que, para muchos, parecía políticamente arriesgada. El presidente había recibido advertencias de la posibilidad de enfrentarse a manifestantes de derecha, sobre todo en una ciudad tan conservadora como Dallas. "La Gran D", como gustaban de llamar a esa urbe sus promotores, era hogar de varios grupos de extrema derecha y tenía reputación de tratar de manera descortés, incluso ignominiosa, a los políticos prominentes que la visitaban. Tan sólo un mes antes, el embajador de Kennedy para las Naciones Unidas, el ex senador Adlai Stevenson, había sido acosado afuera de su hotel en Dallas por manifestantes anti-Naciones Unidas, entre ellos una ceñuda ama de casa que lo golpeó en la cabeza con un cartel de cartón que decía: "ABAJO LA ONU". Durante la campaña de 1960, el entonces líder de la mayoría en el Senado, Lyndon Johnson, de Texas, candidato a la vicepresidencia en dupla con Kennedy, y su esposa, Lady Bird, se vieron inmersos en medio de un enjambre de cientos de vociferantes detractores de Kennedy al intentar cruzar una avenida en el centro de Dallas para llegar al salón del hotel Adolphus, para un almuerzo-mitin. Un manifestante cargaba una copia de una pancarta de la campaña de Johnson con las palabras "JUDAS SONRIENTE" pintarrajeadas encima, mientras que otro escupió a la señora Johnson, quien describiría los cerca de 30 minutos que tardaron en atravesar el *lobby* del edificio como uno de los momentos más aterradores de su vida.

Warren recordaría sobre la recepción en la Casa Blanca: "En son de broma exhortamos al presidente a que tuviera cuidado 'allá abajo, con esos tejanos salvajes'; desde luego, la idea de un problema real, del tipo que fuera, estaba lejos de nuestra mente".

En el recuerdo de los colegas de la Suprema Corte quedó registrado el momento en que, después de recibir la confirmación de la muerte del presidente, los ojos del ministro presidente se anegaron en lágrimas y cómo durante días deambuló al borde del llanto. Que Warren adoraba a John Kennedy no era un secreto en la Corte, aun cuando ello lo exponía a ser acusado de parcialidad en favor del presidente por parte de la oposición republicana. El cariño que Warren sentía era casi paternal, admitiría él mismo. El magnicidio fue como "perder a uno de mis propios ojos", declararía. "Los días y las noches que le siguieron fueron lo más parecido a una pesadilla que cualquier episodio por el que yo hubiera atravesado hasta entonces."

Una generación entera separaba al presidente de la nación del presidente de la Suprema Corte. Kennedy murió a la edad de 46 años; el día del atentado, Warren tenía 72 años. En aquel hombre, Warren había visto el liderazgo visionario y progresista que él mismo había esperado llevar a la Casa Blanca cuando se postuló a la presidencia del país en 1952. Warren había sido el tremendamente popular gobernador de California de 1943 a 1953, y, aunque había pertenecido toda su vida al Partido Republicano, el nivel de popularidad del que gozaba en su estado natal rebasaba las divisiones partidistas. Le enorgullecía el hecho de que sus aplastantes triunfos en tres elecciones por la gubernatura habían abarcado los votos de una enorme parte, si no es que la mayoría, de los demócratas de California.

Como gobernador, aplicó políticas que encolerizaron a muchos republicanos conservadores, antiimpuestos. Warren fue el artífice de enormes inversiones en educación superior y transporte y elevó la recaudación fiscal por gravámenes a la gasolina por más de mil millones de dólares —cifra prácticamente inédita a la sazón en el caso de un gobierno estatal— para pagar la construcción de las autopistas futuristas de California, hecho que se convirtió en modelo para un sistema nacional. Después de la segunda Guerra Mundial creó proyectos de obras públicas siguiendo el ejemplo del "Nuevo Trato" a nivel estatal para combatir el desempleo, especialmente entre los veteranos. Su esfuerzo por establecer un sistema universal de salud para los californianos fue desbaratado por una agresiva campaña de cabildeo de la Asociación Médica de California, que etiquetó al plan como "medicina socializada".

A lo largo de la década de 1940, la figura de Warren siguió despuntando: en 1948 fue electo para contender por la vicepresidencia por el partido republicano en fórmula con el entonces gobernador de Nueva York, Thomas E. Dewey. Después de la inesperada derrota de Dewey frente al presidente en funciones Harry Truman, Warren regresó a California y comenzó a considerar su propia candidatura a la Oficina Oval. En 1952 se lanzó en campaña, sólo para ser socavado por otro prominente republicano californiano, el senador Richard M. Nixon, quien encabezó un levantamiento entre los líderes del GOP ("Grand Old Party", como se conoce también al Partido Republicano) en favor del general Dwight D. Eisenhower. La jugada de Nixon selló la nominación de Eisenhower, quien logró una victoria decisiva aquel noviembre, con Nixon en las papeletas como su vicepresidente. La relación entre ambos políticos sería infausta por el resto de sus vidas. El entusiasmo de Warren por la victoria de Kennedy en las elecciones de 1960 se debió, además, a que significó la derrota de Nixon.

Pese a todo, Warren tenía razones para estar agradecido con Eisenhower, quien lo puso en la Suprema Corte. Era el cumplimiento de una promesa hecha por Eisenhower poco después de las elecciones de 1952, aparentemente en gratitud por el supuesto apoyo a todo pulmón que Warren le había manifestado tras haber obtenido la candidatura republicana. Eventualmente Eisenhower lamentaría la decisión; después sería citado con frecuencia describiendo la nominación de Warren a la Corte como "el más estúpido error que cometí". Se informó que el presidente enfureció ante las resoluciones de amplios efectos que la Corte al mando de Warren falló en apoyo de los derechos y las libertades civiles, cuyo primer ejemplo fue el caso de "Brown *vs.* La Junta de Educación" en 1954, cuando la Corte ordenó el fin de la segregación racial en el sistema de escuelas públicas del país. Para Warren, la elección de John F. Kennedy significó un giro de 360 grados. El nuevo presidente entabló contacto personal con el hombre al frente de la Suprema Corte, en un intento por cultivar una amistad sincera. Warren y su esposa, Nina, recibían invitaciones a destellantes recepciones y cenas en la Casa Blanca, donde conocieron a las celebridades de Hollywood y Palm Beach, amigos del presidente Kennedy. Habiendo sido criado en el polvoriento y abrasador poblado de Bakersfield, en California, Warren, hijo de un trabajador ferroviario, con frecuencia podía parecer deslumbrado en presencia de Kennedy. El apoyo presidencial se extendía mucho más allá de las invitaciones a cenar. El mandatario tomaba la palabra en público con frecuencia para expresar su admiración a Warren y a las resoluciones de la Corte. El ministro presidente lo agradecía, en especial ante la acalorada, y con frecuencia furibunda, respuesta a las decisiones de la Corte en materia de derechos civiles. Gran parte del país sentía aversión personal por Warren, quien había llegado a acostumbrarse a las constantes amenazas de muerte que llegaban a la Corte por vía postal o telefónica. Para cuando sobrevino el asesinato de Kennedy, una campaña nacional que promovía un proceso de desafuero en su contra llevaba varios años en marcha. En Dallas era común observar carteles y calcomanías en las defensas de los autos con la leyenda: "DESTITUCIÓN PARA EARL WARREN" el día en que el presidente fue muerto allí.

Pocas horas después del magnicidio, Warren ordenó que su equipo de trabajo emitiera un comunicado que reflejara su suposición de que el presidente había sido asesinado porque, tal como Warren mismo, se había atrevido a hacer frente a los males del racismo y otras injusticias. "Un gran y honesto presidente ha sido martirizado como consecuencia del odio y el encono que han sembrado en la vida de nuestra nación los intolerantes", escribió Warren. El pronunciamiento fue entregado a los reporteros antes del anuncio, pocas horas después, en ese mismo día, del arresto en Plaza Dealey de Lee Harvey Oswald, un empleado del Almacén de Libros Escolares de Texas, de 24 años de edad.

Aquella tarde, Warren recibió la notificación de que el nuevo presidente, Lyndon Baines Johnson, regresaba a Washington a bordo del *Air Force One*; el avión presidencial transportaba también el féretro de bronce que contenía los restos mortales de su predecesor. La Casa Blanca convocó al presidente de la Suprema Corte, junto con los líderes del Congreso y los integrantes del gabinete de Kennedy, a la Base Andrews de la Fuerza Aérea en Maryland, a pocos kilómetros hacia el sureste de la capital estadounidense, para recibir al nuevo presidente. Uno de los empleados de la Suprema Corte llevó en auto a Warren y el ministro presidente observó sombríamente el aterrizaje del avión cerca de las 6:00 pm. Vio al presidente Johnson salir de la aeronave, seguido de Jacqueline Kennedy, quien vestía aún el mismo traje rosa del desfile. Warren escribiría después sus impresiones del momento: "Fue una imagen desgarradora, un nuevo presidente entristecido y la viuda del presidente caído, aún con la ropa manchada de sangre que llevaba después de que su esposo, herido de muerte, se desplomara en su regazo". Se mantuvo a un costado del avión mientras el féretro descendía lentamente desde una puerta trasera para pasajeros.

A la mañana siguiente él y otros ministros fueron invitados a una muestra privada del ataúd en la Sala Este de la Casa Blanca. A Warren se le unió su esposa, Nina, quien esperó de pie, llorando, en el pórtico norte de la Casa Blanca, al auto que la llevaría de regreso a casa. Warren no la acompañó. De la Casa Blanca se trasladó a la Corte, donde pasó gran parte del día "en espera de algún tipo de información sobre qué iba a suceder". La ciudad, en efecto, había dejado de funcionar. "Todo el aparato gubernamental estaba cerrado", anotó. "Era como si el mundo hubiera dejado de moverse."

Muchos habitantes de la capital estadounidense recordarían que su luto se mezclaba con miedo. El Pentágono y otras instalaciones militares por todo Washington estaban en estado de alerta máxima debido a la preocupación de que el asesinato del presidente hubiera sido ejecutado por agentes de la Unión Soviética o Cuba; un acto de guerra que podía significar que un enfrentamiento nuclear era inminente. Para algunos en Washington, entre ellos el presidente Johnson, la sensación de nerviosismo, incluso apocalíptico, durante ese fin de semana, fue similar a la que habían experimentado apenas un año antes, durante la crisis de los misiles en Cuba.

Gran parte del resto de aquel fin de semana fue para Warren una serie de imágenes entre brumas. Recordaba haber regresado a su hogar el sábado al anochecer, a su departamento en el ala residencial del Hotel Sheraton Park, en un arbolado barrio del noroeste de Washington, y haber visto televisión durante horas enteras "escuchando las versiones y los rumores desaforados que permeaban el aire". Al igual que millones de estadounidenses, estaba viviendo —por primera vez— el desarrollo de una tragedia nacional en una titilante pantalla de televisión. Le pareció "repugnante" estar sentado, en medio del aturdimiento, recibiendo las imágenes en blanco y negro: la repetición, una y otra vez, de escenas del magnicidio y de las primeras imágenes de Oswald bajo arresto. "Pero al parecer no había otra cosa que hacer." Cerca de las 9:00 pm sonó el teléfono. Descolgó y quedó sorprendido al escuchar la suave, pero ahora intensamente solemne voz de la señora Kennedy, que llamaba de la Casa Blanca. Le preguntó si estaba dispuesto a pronunciar un breve panegírico por su esposo en la rotonda del Capitolio la tarde siguiente; el féretro sería llevado a la rotonda para ser expuesto en público antes de su sepultura. "Por poco y quedo sin palabras al escuchar su voz en persona pidiéndome hablar en la ceremonia", Warren recordaba. "Y, por supuesto, le dije que así lo haría."

Cogió una libreta amarilla e intentó esbozar un tributo al presidente caído, pero pronto se dio por vencido. Estaba demasiado aturdido y cansado para escribir algo con valor alguno. "Me resultaba simplemente imposible plasmar pensamientos en el papel", diría. Se fue a la cama alrededor de la medianoche con la esperanza de encontrar inspiración en la mañana. Se levantó antes de las 7:00 am y retomó su trabajo, temeroso de no terminar el homenaje a tiempo. La ceremonia estaba programada para comenzar a la 1:00 pm. Aproximadamente a las 11:20 am, mientras seguía escribiendo, su hija Dorothy entró a toda prisa en la habitación.

"¡Papi, acaban de matar a Oswald!"

Warren se disgustó por la interrupción. "Oh, Dorothy, no prestes atención a todos esos rumores disparatados, sólo conseguirán confundirte."

"Pero, papi", respondió la joven, "acabo de verlos hacerlo."

Warren se apresuró hacia el televisor y vio la repetición del pietaje que mostraba a Oswald esposado y rodeado por agentes de la policía mientras era conducido hacia una patrulla al tiempo en que el empresario de un club nocturno de Dallas, de nombre Jack Ruby, le disparaba a quemarropa. No era claro si Oswald sobreviviría a las heridas. A pesar de este nuevo motivo de conmoción, Warren se impuso regresar a su libreta. Tenía menos de un ahora para terminar el panegírico y pedirle a Nina que lo mecanografiara antes de que salieran a toda prisa para atravesar la ciudad hasta Capitol Hill. Gracias a la ayuda de elementos de la policía que reconocieron al ministro presidente y le abrieron paso entre las abarrotadas calles, los Warren consiguieron llegar al Capitolio a tiempo. El ministro presidente de la Suprema Corte era uno de los tres oradores en la ceremonia; los otros habían sido escogidos para representar a las dos cámaras del Congreso: el portavoz de la Cámara de Representantes, John W. Mc-Cormack, de Massachusetts, y el líder de la mayoría en el Senado, Mike Mansfield, de Montana, ambos demócratas.

Las tres elegías fueron breves. La de Warren fue, por mucho, la de composición más enfática y, al parecer, la que más sintió en lo personal su autor.

"John Fitzgerald Kennedy, un gran y honesto presidente, amigo de todas las personas de buena voluntad; un convencido de la dignidad y la igualdad de todos los seres humanos; un luchador en pos de la justicia; un apóstol de la paz, nos ha sido arrancado por la bala de un asesino", comenzó. "Tal vez nunca conozcamos los motivos de un insensato desdichado para cometer este horrible acto, pero sí sabemos que actos como éste ocurren comúnmente bajo el estímulo de fuerzas del odio y la malevolencia como las que hoy corroen las venas de la vida estadounidense. ¡Qué precio pagamos por ese fanatismo!"

"Si realmente amamos a este país; si en verdad amamos la justicia y la piedad; si con fervor deseamos hacer de ésta una mejor nación para las generaciones que nos sucederán, podemos, cuando menos, renunciar al odio que consume a las personas", continuó. "¿Es demasiado esperar que el martirio de nuestro amado presidente pueda reblandecer incluso los corazones de quienes rechazarían la idea del asesinato pero no cesan de inocular el veneno que instiga en otros el deseo de cometerlo?"

Warren se sentía orgulloso de su elegía y la publicó íntegra en sus memorias, pero su alabanza efusiva, desmedida, a Kennedy cayó en algunos miembros de la audiencia como un acto inapropiado para un ministro presidente de la Suprema Corte, en vista de que era su responsabilidad estar por encima de cualquier simpatía. ¿Habría pronunciado una elegía parecida en el caso de Eisenhower? Casi con certeza, no.

★ ★ ★

Robert Kennedy comentaría después entre amigos que los comentarios de Warren no habían sido de su agrado. "Me pareció inapropiado hablar de odio", dijo. Otros políticos en Washington se sintieron aún más ofendidos. Las palabras de Warren en denuncia de las "fuerzas del odio" y su "veneno" fueron tomadas de inmediato por muchos prominentes opositores a Kennedy en el Congreso como un ataque dirigido a ellos, en particular por los segregacionistas sureños que se habían contrapuesto al presidente respecto a la legislación en materia de derechos civiles. Su indignación aumentó cuando quedó claro que Lee Harvey Oswald era producto de fuerzas políticas que no guardaban ninguna relación con ellos. Si los primeros informes eran correctos, Oswald era un joven marxista que había intentado alguna vez desertar hacia la Unión Soviética y quien admiraba abiertamente a Fidel Castro.

El senador Richard Brevard Russell Jr., el demócrata de Georgia que presidía el Comité de Servicios Armados y quien era considerado por muchos como el hombre más poderoso en el Senado, les confió a sus colegas que había enfurecido al escuchar la elegía de Warren. Russell, casi con certeza el estratega legislativo más brillante de su generación, era un acérrimo segregacionista. Casi todos los días, Russell compilaba sus ideas con anotaciones en pequeñas y rosadas libretas de notas que guardaba en el saco de su traje; las libretas con hojas color de rosa fueron recogidas después por su secretaria y archivadas. En una de esas hojas, escrita a mano para sí mismo, Russell describió el elogio como "la acusación absoluta de Warren contra el Sur".

Podía bastar la sola mención de Warren para que Russell enfureciera. Así ocurriría desde 1954, con el caso "Brown *vs.* La Junta de Educación", en cuyo fallo veía Russell el comienzo de una campaña de la Suprema Corte para socavar lo que él siempre había llamado "el estilo de vida sureño". El sentir de Russell respecto al presidente abatido era, sin embargo, muy diferente. Más allá de sus diferencias de postura respecto a los derechos civiles, Kennedy siempre había sido de su agrado. Algunos reporteros recordaban haber visto a Russell, la tarde del asesinato, en un vestíbulo frente al piso del Senado, encorvado sobre un gabinete que contenía los "teletipos" que imprimían los cables noticiosos de Associated Press y United Press International. Russell leía en voz alta los boletines llegados de Dallas a sus colegas, mientras las lágrimas surcaban su rostro.

Si un hecho podía ser motivo de consuelo aquel día para Russell, de 66 años de edad, era que conocía —y apreciaba enormemente— al hombre que ocuparía a partir de entonces la Oficina Oval. Podría decirse que Lyndon Johnson era su amigo más cercano; el nuevo presidente había sido el protegido más devoto de Russell durante los años en que coincidieron en el Senado. Johnson llamaba a Russell "el viejo maestro" y lo trataba como se trata a un tío querido. Le debía al oriundo del estado de Georgia gran parte de su éxito en el Congreso y, como líder de la mayoría en el Senado, había apoyado alguna vez la oposición de Russell a importantes iniciativas de ley en materia de derechos civiles.

Pronto, sin embargo, Russell tendría una razón para sentirse hondamente decepcionado por su ex protegido. En uno de sus primeros actos como presidente, Johnson decidió coaccionar a su antiguo colega en el Senado —chantajearlo, mejor dicho— para que trabajara con el hombre a quien, más que a ningún otro en Washington, Russell despreciaba: Earl Warren.

Para ser un hombre de 38 años de edad, Robert Kennedy había acumulado un número extraordinario de poderosos enemigos. En un trágico giro del destino, se enteró de la muerte de su hermano por uno de ellos, el director del FBI, J. Edgar Hoover.

Segundos después de ser informado por la oficina regional del buró en Dallas sobre el tiroteo en Plaza Dealey, Hoover tomó el auricular del teléfono en su oficina y llamó a Hickory Hill, una finca construida en la época de la Guerra Civil con más de 24 kilómetros cuadrados de extensión, ubicada en los suburbios de Washington, Virginia, propiedad de Kennedy. Ethel, esposa del entonces fiscal general de la nación, respondió el teléfono, al tiempo que su esposo almorzaba con Robert Morgenthau, el fiscal de la nación en Manhattan, sándwiches de atún en el patio. Habían estado conversando en torno a la lucha de Kennedy contra el crimen organizado. Era una tarde sorprendentemente calurosa de noviembre, tanto que el fiscal general se había echado un chapuzón en su alberca mientras Morgenthau charlaba con Ethel.

Ethel descolgó el auricular blanco e hizo señas a su esposo: "Es J. Edgar Hoover".

Kennedy se dirigió hacia el aparato; sabía que se trataba de un asunto importante ya que Hoover nunca lo llamaba a casa. "Sí, director", dijo.

"Tengo noticias para usted", atajó Hoover. "Le dispararon al presidente". Le informó a continuación que creía que las heridas del mandatario eran graves y que volvería a llamar cuando tuviera más información. Entonces la señal se interrumpió.

Años después, Robert Kennedy aún recordaría la frialdad en la voz de Hoover, como si hubiera llamado para tratar algún asunto rutinario del Departamento de Justicia. El tono de Hoover, evocaría amargamente Kennedy, era "menos vehemente a como sería si estuviera informando el hecho de que había descubierto a un comunista entre el profesorado de la Universidad Howard".*

Morgenthau recordaría al paso del tiempo que Kennedy reaccionó ante la noticia con horror y un dolor profundo e inconsolable. Después de la llamada de Hoover, Kennedy se desplomó en los brazos de su esposa, con una mano contra la boca, como quien desea ahogar un grito.

John Kennedy era su hermano mayor y su mejor amigo, y el hecho de que Robert Kennedy fuera además el fiscal general de Estados Unidos —el funcionario de más alto nivel a cargo de mantener el orden público— parecía pasar a segundo término en esos primeros minutos. Ethel llevó a su marido a la recámara de ambos,

---

* Bajo la dirección de Hoover, el FBI se había entregado, desde varios años, a la búsqueda de indicios de partidarios comunistas en las principales universidades estadounidenses; algunos se encontraron entre la plantilla de la Universidad Howard, históricamente la universidad negra en Washington, D. C.

en la planta alta, para que esperara noticias definitivas de Texas, y condujo a Morgenthau hacia un aparato televisor que se encontraba en la planta baja.

Los colaboradores más cercanos de Kennedy inundaron el camino a Hickory Hill esa tarde. Después del anuncio oficial de la muerte de su hermano, aproximadamente a la 1:00 pm, hora local, el fiscal general salió de su recámara y descendió por las escaleras. Con lentitud, se desplazó entre sus colaboradores y amigos, recibiendo sus condolencias y agradeciéndoles por su colaboración durante la presidencia de su hermano. A unos pocos les hizo comentarios en voz baja en los que dejaba ver que lo agobiaba cierto sentimiento de culpa; que de algún modo era responsable de lo ocurrido. Al parecer, creía que algún despiadado y poderoso enemigo de la administración Kennedy —y, de manera precisa, dentro del Departamento de Justicia a su cargo— estaba detrás del asesinato. "Ha habido tanto odio", le reveló a uno de sus subalternos de mayor confianza, Ed Guthman, vocero de prensa. "Creía que ellos vendrían tras uno de nosotros. Creía que sería yo." Al recordar el intercambio, Guthman afirmaría que Kennedy nunca especificó a quiénes se refería con "ellos".

Posteriormente, Kennedy le confiaría a un puñado de amigos que sospechó en un principio que el magnicidio había sido obra de algún elemento de la Agencia Central de Inteligencia (CIA). Era una idea estremecedora, pero él estaba al tanto de que en el organismo de espionaje había quienes jamás le perdonaron a su hermano el desastre de Bahía de Cochinos, en 1961, cuando exiliados cubanos entrenados por la CIA habían fracasado en su intento de invadir Cuba y derrocar al gobierno de Fidel Castro. Aunque la culpa del "fiasco" recaería al final en la torpe actuación de la CIA, algunos veteranos de la agencia se sentían agraviados por la decisión del presidente de no ordenar apoyo aéreo para rescatar a las guerrillas cuando la operación comenzó a tomar un mal rumbo. Después de la debacle, Kennedy destituyó al director de la CIA, Allen Dulles, y, se reportó, juró "partir a la CIA en mil pedazos y arrojarlos al viento".

Una hora después del asesinato, Robert Kennedy telefoneó a la CIA para ordenar que John McCone, el ex empresario industrial californiano que había sucedido a Dulles, se presentara de inmediato en Hickory Hill. McCone llegó en cuestión de minutos —las oficinas centrales de la CIA en los suburbios de Langley, Virginia, se encontraban a corta distancia en auto— y Kennedy lo invitó a dar un lúgubre paseo por el jardín. McCone le expresó sus condolencias sólo para quedar pasmado ante la pregunta que el fiscal general le hizo: ¿mató la CIA al presidente?

"Le pregunté a McCone... si ellos habían asesinado a mi hermano, y se lo pregunté de una manera en que no pudiera mentirme", recordaría Kennedy.

McCone le aseguró a Kennedy que la CIA no había tenido ningún nexo con el homicidio, y le dio su palabra en cuanto hombre de fe, como un correligionario católico.

Kennedy diría luego que aceptó la negación de McCone. Pero, si la CIA no asesinó al presidente, ¿quién o qué lo hizo? La lista de enemigos jurados de Robert Kennedy era tal vez, bien visto, más larga que la de su hermano, y muchos tenían los motivos y las posibilidades de despachar a un asesino a Texas. El asesinato no había exigido una maquinación sofisticada o a un francotirador profesional, eso quedaba claro. Los primeros informes indicaban que su hermano y el gobernador de Texas, Connally, quien había resultado herido de gravedad durante el tiroteo porque iba a bordo de la limusina del presidente, habían sido blancos fáciles debido a la lentitud con la que avanzaba la caravana.

¿Podía haber sido la mafia, a la que Robert Kennedy había convertido en su objetivo a lo largo de gran parte de su vida profesional, primero como investigador para el Congreso y ahora como fiscal general? ¿O el asesinato del presidente podía haber sido ordenado por un líder sindical corrupto, acaso el patibulario dirigente de los camioneros Jimmy Hoffa, otro objetivo del Departamento de Justicia de Kennedy? ¿O habían perpetrado el crimen sureños racistas, iracundos por las políticas en materia de derechos civiles de la administración Kennedy?

Cabía también la posibilidad de que al presidente lo hubiera asesinado un enemigo extranjero. Ningún amigo de Kennedy recordaría nunca que a lo largo de aquellas primeras horas, éste ofreciera indicio de que sospechara fuertemente que detrás del asesinato estuviera la Unión Soviética; Moscú debía de saber que era improbable que una administración sucesora le diera al Kremlin un trato distinto. Un sospechoso más plausible era Cuba. Estados Unidos había estado a punto de ser arrastrado a una guerra nuclear con Cuba durante la crisis de los misiles el año anterior. Y Robert Kennedy estaba consciente, tal vez en mayor grado que su hermano, de que Fidel Castro podía tener razones para desear la muerte de John F. Kennedy.

En lugar de esperar a que otros investigaran el asesinato y, tal vez sensible al riesgo político que podría entrañar una pesquisa independiente, Kennedy emprendió su propia investigación privada esa misma tarde. Cogió el teléfono en Hickory Hill y llamó a amigos y aliados políticos con influyentes contactos en todo el país, pidiéndoles su ayuda para determinar la verdad detrás del homicidio de su hermano. Llamó a Walter Sheridan, un investigador de confianza del Departamento de Justicia, experto en temas de infiltración del crimen organizado en asociaciones laborales, y en el Sindicato de Camioneros, a quien le solicitó que investigara si Hoffa habría estado involucrado. Telefoneó también a Julius Draznin, un destacado abogado laboralista de Chicago quien contaba con fuentes dentro del crimen organizado; quería saber si Draznin podía descubrir algún vínculo de la mafia en el asesinato.

Al parecer, desde el primer momento a Robert Kennedy le fue imposible aceptar la idea de que Lee Harvey Oswald hubiera actuado solo.

3

Viernes 22 de noviembre de 1963

Lyndon Johnson creía en las conspiraciones. Esa forma de pensar había probado su valía a lo largo de una poco probable carrera política que lo había llevado de los matorrales del centro de Texas al Capitolio y ahora, sorpresivamente, a la Oficina Oval como el nuevo presidente. Sus antiguos colegas en el Senado consideraban que el cauteloso, sediento de poder, texano de 57 años tenía ojos en la espalda y que más valía que Dios amparara a quienes se atrevieran a acechar y a conspirar contra él. Johnson era capaz de cualquier cosa —mentir, lo menos— para lidiar con sus enemigos. Desde siempre, parecía capaz de adivinar cada vez que se incubaba un complot en su contra, lo cual permitía explicar la paranoia y el pesimismo omnipresentes y amenazantes que el político, de manera habitual, lograba esconder del ojo público. Con frecuencia se había sentido humillado durante sus tres años como vicepresidente, pero enmascaraba su abatimiento bajo capas de lo que algunos de los colaboradores de Kennedy describían con crueldad como su faceta de "tío Pan-de-elote", personificación del texano burdo, sobrado de sí mismo, que escupe al comer y que parecía tan fuera de lugar entre la gente sofisticada de Massachusetts.

Con razonable frecuencia, sus sospechas conspirativas probaban ser acertadas. Ahora, en Dallas, en sus primeros minutos marcados por el pánico como el trigésimo sexto presidente de Estados Unidos, estaba convencido de que el homicidio de su predecesor podía ser el primer paso de una conspiración comunista extranjera para derrocar al gobierno. Temía que su presidencia durara apenas lo suficiente para verse lanzar las ojivas nucleares que acabarían con el mundo.

"¿En qué momento nos alcanzarán los misiles?", recordaría después haber pensado para sus adentros aquella tarde. "Por mi mente pasó la idea de que si le habían disparado a nuestro presidente, ¿a quién le dispararían después?"

Lo aterrorizaba pensar que seguía su turno. Después de todo, él y Lady Bird Johnson habían formado parte de la caravana, en una limusina descapotable sólo dos autos detrás del vehículo del presidente. Una bala perdida podía haberlos herido también. John Connally, amigo cercano y protegido de Johnson, era uno de los pasajeros de la limusina de Kennedy y había sido gravemente herido. Durante las primeras horas no había certeza de si Connally sobreviviría al daño que le había causado una bala de rifle de 6.5 mm que le había perforado la espalda y había salido por su pecho.

Una de las primeras órdenes de Johnson como comandante en jefe iba dirigida, en específico, a impedir que él mismo fuera asesinado. Una vez confirmada la muerte de Kennedy, cerca de la 1:00 pm, Johnson dio instrucciones al secretario de prensa de la Casa Blanca, Malcolm Kilduff, para que aplazara los reportes a la prensa hasta que él y su esposa hubieran salido a salvo del Hospital Parkland hacia el aeropuerto Love Field de Dallas, donde el *Air Force One* esperaba desde la llegada de Kennedy esa mañana. Johnson temía que el asesino de Kennedy rondara aún las calles, al acecho. "No sabemos si se trata de una conspiración comunista o no", le dijo a Kilduff. El asesino podría estar "detrás de mí, como estuvieron tras el presidente Kennedy; no lo sabemos".

Después de un frenético trayecto a través de Dallas en un auto de la policía sin marcar y con la sirena apagada por indicación de Johnson para evitar llamar la atención hacia los pasajeros encorvados en el asiento trasero, el recién nombrado presidente llegó al aeropuerto y trepó rápidamente por la escalerilla del avión cerca de la 1:40 pm, hora de Dallas. (La diferencia de horario en Washington era de una hora, alrededor de las 2:40 pm.) Habían transcurrido aproximadamente 70 minutos desde que en Plaza Dealey habían resonado los disparos. Temerosos de que hubiera francotiradores escondidos en el aeropuerto, agentes del Servicio Secreto "se apresuraron a recorrer el interior antes que nosotros, cerraron las ventanillas y las dos puertas detrás de nosotros", relataría Johnson tiempo después sobre el episodio a bordo del avión.

Recordaría haber experimentado una ligera sensación de alivio al encontrarse dentro del regio avión presidencial, rodeado de la parafernalia del poder, incluidos teléfonos y otros equipos de comunicación que le habrían permitido entrar en contacto con casi cualquier persona del planeta en cuestión de minutos. Como siempre, la sola presencia de un teléfono era motivo de tranquilidad para Johnson. Pocos políticos trataban tantos asuntos por teléfono como Johnson; para él un aparato receptor era, al mismo tiempo, un instrumento de seducción política y un arma. Durante sus años en la presidencia, muchas de esas conversaciones fueron grabadas y transcritas, un secreto que pocos de sus interlocutores sabían.

Aunque los agentes del Servicio Secreto querían partir tan pronto como Johnson llegara a Love Field, éste no permitió que el avión despegara hasta que Jacqueline Kennedy estuviera abordo. La señora Kennedy, aún en el hospital, se había rehusado a retirarse sin el cuerpo de su esposo, hecho que había suscitado una pugna entre los agentes del Servicio Secreto y el responsable del servicio forense de Dallas. (Inicialmente, el forense solicitó que el cadáver del presidente permaneciera en esa ciudad para que se le practicara la autopsia, como lo exigía la legislación local; al cabo, los agentes prácticamente lo apartaron del camino de un empellón.) Los Johnson esperaron en Love Field otros 35 minutos llenos de tensión antes de que la carroza fúnebre Cadillac blanca como la nieve, que transportaba a la señora Kennedy y el ataúd de bronce, se estacionara junto a la aeronave.

Minutos antes de la partida, Sarah Hughes, juez federal de distrito de Dallas y una amiga de la familia Johnson cuya nominación a la judicatura federal había corrido por cuenta del entonces vicepresidente, se apresuró a abordar para celebrar la ceremonia de protesta. Johnson juró como presidente de pie, a un costado de una abatida señora Kennedy. El fotógrafo de la Casa Blanca que captó la escena abandonó a toda prisa el *Air Force One* antes de que se cerraran las puertas, con la instrucción de entregar la imagen a Associated Press y a otros servicios noticiosos tan pronto como fuera posible como una prueba para el mundo de la transición del poder presidencial. Minutos después, la aeronave aceleraba sobre la pista y remontaba el cielo en un ángulo que los pasajeros recordarían como casi vertical. Dos horas y 11 minutos después, aterrizaba en la Base Andrews de la Fuerza Aérea en Maryland.

Aquella noche, mientras Jacqueline y Robert Kennedy esperaban en el hospital naval de Bethesda a que la autopsia concluyera, Johnson ponía manos a la obra para asumir el control con determinación. Sus colaboradores quedarían maravillados más tarde con la seguridad que mostró durante las primeras horas en el poder. Después de un trayecto en helicóptero de sólo siete minutos entre la Base Andrews y la Casa Blanca, hizo un breve acto de presencia en la puerta de la Oficina Oval, acaso al considerar que era una insolencia estar en ese despacho tan poco tiempo después del asesinato. Entonces atravesó una calle cerrada y entró en el antiguo Edificio de Oficinas Ejecutivas, donde se encontraban sus oficinas de la vicepresidencia, en las que llevaría a cabo reuniones y efectuaría una serie de llamadas telefónicas.

Recibió un informe militar del secretario de Defensa, Robert McNamara. Las primeras noticias eran tranquilizadoras. No había indicios de un avance militar soviético o de otros adversarios extranjeros después del magnicidio. A pesar de ello, las fuerzas armadas estadounidenses se mantendrían en alerta máxima de manera indefinida.

El reporte desde Dallas no era tan alentador. Aunque no había señales inmediatas de que Oswald tuviera cómplices, tanto el FBI como la CIA contaban con detalles alarmantes sobre su pasado, como su intento por renunciar a la ciudadanía estadounidense y desertar en pos de Rusia cuatro años antes. Desde su regreso a Estados Unidos en 1962, el FBI había seguido los pasos de Oswald y su esposa —rusa de nacimiento— de manera esporádica, pues sospechaba que pudieran fungir como agentes soviéticos. La CIA informó que había puesto bajo vigilancia a Oswald cuando éste estuvo en la ciudad de México en septiembre; sus razones para viajar no eran del todo claras.

En las reuniones de trabajo a las que convocó esa noche y al día siguiente con los colaboradores de mayor rango de Kennedy, Johnson se comprometió a dar continuidad a las políticas del gobierno de su antecesor e insinuó su intención de conservar a todo el gabinete; quería que la gente supiera que sus puestos estaban seguros. Johnson empleó las mismas palabras una y otra vez: "Los necesito a ustedes más de lo que los necesitaba el presidente Kennedy".

Desde sus primeras horas en el cargo, Johnson realizó esfuerzos que consideraba valientes para reconfortar y buscar la guía de Robert Kennedy. Pero si el nuevo presidente abrigaba cualquier esperanza de que la conmoción provocada por los eventos en Dallas pudiera suavizar la relación entre ambos, estaba equivocado. El fiscal general había aborrecido desde siempre a Johnson y la situación no cambiaría, incluso después de que Kennedy aceptara continuar al frente del Departamento de Justicia. A diferencia de su hermano mayor, quien siempre mostró un carácter excepcionalmente apacible, dispuesto a hacer las paces con sus adversarios, Robert Kennedy era capaz de enconos amargos, irracionales incluso. Parecía que la sangre le subía a la cabeza cuando lidiaba con hombres como Jimmy Hoffa, J. Edgar Hoover y, tal vez en mayor medida que todos, con Johnson. A puerta cerrada, lo describía como "mezquino, implacable, despiadado... un animal, en muchos sentidos". Kennedy estaba conmocionado, no concebía que Johnson —un hombre "incapaz de decir la verdad"— hubiera tomado el lugar de su hermano en la Casa Blanca.

Cerca de las 7:00 pm, en su primera noche como presidente, Johnson telefoneó a J. Edgar Hoover. No fue precisamente una sorpresa: con toda probabilidad, Johnson esperaba que el director del FBI tuviera la información más reciente sobre la investigación en Dallas. Y había otras razones de peso para que Johnson se pusiera en contacto con Hoover esa noche: para recordarle al director del FBI sus años de leal amistad. A lo largo de las décadas que siguieron, con frecuencia caería en el olvido que en noviembre de 1963 la sobrevivencia política de Johnson estaba en duda a causa de una investigación por corrupción que avanzaba con rapidez y que involucraba a un cabildero de Washington que alguna vez había sido uno de los asistentes más cercanos de Johnson en el Senado. El FBI estaba a cargo de la supervisión de algunas partes de la pesquisa.

A Bobby Baker, el cabildero, se le conocía como "Pequeño Lyndon". Se le acusaba de sobornar a legisladores y de prácticamente regentear un autodenominado "club social" en Capitol Hill —el "Quorum Club"—, que de hecho tenía la doble función de prostíbulo *de facto* para miembros del Congreso y funcionarios de la Casa Blanca. El caso Baker había representado una amenaza tanto para el presidente Kennedy como para Johnson. La vida extramarital de Kennedy no era un secreto para Hoover, quien seguía muy de cerca las acusaciones contra Baker, entre ellas una que señalaba al cabildero como el facilitador para arreglar encuentros entre Kennedy y una belleza oriunda de Alemania del Este, quien se rumoraba era una espía comunista.

Durante la semana anterior al asesinato, Baker comenzó a revelar a cuentagotas sus secretos sobre Kennedy y Johnson al columnista Andrew *Drew* Pearson, la pluma más afamada y temida de Washington. La columna de Pearson, "El Carrusel de Washington", reproducida en diarios de todo el país, y escrita con la ayuda de su colaborador Jack Anderson, era una mezcla de política seria y chismorreos procaces sobre los poderosos, muchas veces completamente equivocados. Pearson tenía fuentes por doquier, incluidos asistentes de alto rango en la Casa Blanca, funcionarios del gabinete y otros en las más altas esferas del gobierno. Algunas de sus fuentes filtraban información a Pearson porque le temían; otras hablaban con él porque admiraban con sinceridad su valentía para exponer la corrupción y la hipocresía en Washington. Quepa decir en su favor que Pearson había sido uno de los primeros críticos del senador Joseph McCarthy.

Entre quienes admiraban a Pearson se encontraba el ministro presidente de la Suprema Corte, Earl Warren. De hecho, el columnista de 66 años de edad consideraba a Warren uno de sus amigos más cercanos y se ufanaba de ello por escrito. En tiempos en que la Corte de Warren era objeto de ataques en gran parte del país por sus resoluciones en materia de derechos y libertades civiles, el presidente de la Suprema Corte podía contar con Pearson para su defensa. Era tal su cercanía que con regularidad vacacionaban juntos. En varias columnas publicadas en septiembre Pearson escribió sobre el viaje en yate que había realizado aquel verano junto con los Warren por el Mediterráneo y el Mar Negro. Durante lo que fueron unas vacaciones de trabajo para Pearson, Warren estuvo presente cuando el columnista entrevistó al primer ministro soviético Nikita Kruschev y, después, al líder yugoslavo mariscal Josip Tito.

La tarde del jueves 21 de noviembre, menos de 24 horas antes del asesinato, Pearson se reunió con Bobby Baker en Washington. Fue su primera conversación frente a frente y el asistente del Senado metido a cabildero tenía trapos sucios que compartir. "Bobby confirmó el hecho de que el presidente se ha estado enredando con muchas mujeres", escribió Pearson en su diario personal. Una de las mujeres de Kennedy —una destacada asistente de Jacqueline Kennedy— "pedía a su casera que colocara micrófonos en su cama cada vez que Jack dormía con ella", escribió el columnista.

Johnson estaba en la mira de Pearson por el caso Baker. Ese mismo domingo 24 de noviembre estaba previsto que la columna de Pearson tuviera como objetivo al vicepresidente por sus nexos financieros con el cabildero. En su diario personal, Pearson escribió que sería un "artículo bastante devastador" que involucraría a Johnson, Baker y posibles actos de corrupción en la asignación de un contrato por un avión de combate de 7 000 millones de dólares a General Dynamics, una empresa texana.

Si Johnson quería salir indemne del caso Baker y de cualquier otro tipo de información adicional que Pearson tuviera oculta en sus libretas podía tener la certeza —tanto antes como después de que se convirtiera en presidente— de que necesitaría la ayuda de Hoover.

Johnson y Hoover eran amigos cercanos, cuando menos de acuerdo con los cínicos estándares de las amistades políticas en Washington. A lo largo de su carrera, Johnson había cortejado al director del FBI; al igual que todos en Washington, el texano entendía el valor del apoyo de Hoover. El director del buró era visto por millones de estadounidenses como el rostro de la ley y el orden; las encuestas de opinión mostraban que Hoover se mantenía como uno de los hombres con mayores índices de popularidad en el país, superiores a los de la mayoría de los presidentes a los que había servido. Johnson comprendía el riesgo, también, que Hoover podía representar para un político con secretos que ocultar. Estaba completamente consciente de que Hoover, de 68 años de edad, traficaba con los secretos —políticos, financieros, sexuales— de las figuras públicas y que existía la amenaza constante de que los secretos fueran destapados por orden o capricho de Hoover.

A lo largo de los años, los intentos de Johnson por trabar amistad con Hoover fueron serviles, en ocasiones incluso cómicos. En 1942 compró una casa en la misma calle donde vivía Hoover —mera coincidencia, insistió Johnson—, en un agradable barrio de la capital conocido como Forest Hills. Fueron vecinos durante casi 20 años. Hoover vio crecer a las dos hijas de Johnson y a veces desayunaba los domingos con su familia. "Era mi vecino cercano; y sé que quería mucho a mi perro", diría Johnson. El amor compartido del presidente y Hoover por los perros era uno de los ejes de su amistad. Cuando uno de los beagles de Johnson murió, en 1966, Hoover le obsequió otro. El presidente bautizó a su nueva mascota como "J. Edgar".

En mayo de 1964, seis meses después de verse impelido a la presidencia, Johnson firmaría una orden ejecutiva que exentaba a Hoover de la jubilación obligatoria cuando el director del FBI cumpliera 70 años de edad, al año siguiente. "La nación no puede darse el lujo de perderte", le expresó el presidente. Los motivos de Johnson no eran completamente patrióticos, como admitiría en privado, al reconocer que había mantenido a Hoover en su puesto en parte porque "prefiero tenerlo dentro de la tienda meando hacia fuera que fuera de la tienda meando hacia dentro".

En el transcurso de varias conversaciones en las semanas que siguieron al asesinato, Johnson le recordaría a Hoover —una y otra vez, casi al punto de la obsesión— su amistad. "Eres más que la cabeza del buró", le manifestó a Hoover durante una llamada telefónica a finales de noviembre. "Eres mi hermano y mi amigo personal y así ha sido por 25, 30 años... confío en tu juicio más que el de nadie en esta ciudad."

Entrada la noche del día del asesinato, Johnson regresó a su hogar a dormir —menos de cuatro horas, recordaría— antes de dirigirse a la Casa Blanca, en el centro de la ciudad a la mañana siguiente. A diferencia de la tarde anterior, esta vez se instaló en la Oficina Oval para trabajar —un acto que indignaría a Robert Kennedy, a quien pareció prematuro que Johnson ocupara el espacio de trabajo que consideraba de su hermano—. Johnson le pidió a la secretaria de Kennedy, Evelyn Lincoln, que desocupara su escritorio en 30 minutos para dar paso a su propio equipo secretarial. Lincoln accedió, pero la petición la hizo romper en llanto.

Johnson recibió un informe cerca de las 9:15 am del sábado por parte del director de la CIA, John McCone, quien tenía más noticias alarmantes sobre Oswald: las actividades de estricta vigilancia de la agencia revelaban que durante su misterioso viaje a la ciudad de México Oswald había tenido contacto con diplomáticos tanto de la embajada soviética como de la cubana. Esa tarde, McCone llamó al secretario de Estado, Dean Rusk, para alertarlo sobre la situación en México, incluidas las posibles consecuencias diplomáticas de la detención de una joven mexicana, Silvia Durán, quien trabajaba en el consulado cubano y se había reunido en persona con Oswald. La CIA había solicitado el arresto.

Cerca de las 10:00 am, Johnson volvió a hablar con Hoover; esta vez la conversación quedó grabada en el mismo sistema de cintas magnetofónicas que Kennedy usaba cuando fue presidente. Por razones que nunca se expusieron con claridad al Archivo de la Nación, que después recopiló las grabaciones de Johnson en la Casa Blanca, la cinta con la conversación de esa mañana con Hoover fue borrada, dejando solamente una transcripción autorizada oficialmente.

Al tomar el teléfono, Johnson no podía suponer sino que Hoover dominaba toda la información disponible sobre el asesinato. Finalmente, se trataba de una llamada en la que el director del FBI pondría al corriente al presidente de Estados Unidos sobre el homicidio —ocurrido un día antes— de su predecesor. En realidad, la transcripción de la conferencia telefónica, publicada décadas después, revelaría que el informe de Hoover fue un batiburrillo de desinformación. Como muchos de los subordinados de Hoover sabían, el director del FBI nunca estaba tan bien informado como pretendía estarlo; no siempre se tomaba la molestia de enterarse de todos los datos, ya que casi nadie tenía el valor suficiente para corregirlo. Era tan firme la determinación de Hoover de pasar por omnisciente, que con frecuencia caía en especulaciones o verdades a medias. Parecía incapaz de pronunciar la frase "no lo sé".

"Sólo quería informarte de una novedad que creo que es muy importante en conexión con este caso", comenzó Hoover. "Este hombre en Dallas" (Oswald) había sido acusado de la noche a la mañana del asesinato del presidente, pero "las evidencias que tienen en este momento no son muy, muy sólidas". Y agregó: "El caso, tal como se encuentra ahora, no es lo suficientemente sólido para conseguir una condena".

¿La evidencia no era lo suficientemente sólida? Ése fue el primer falso testimonio de Hoover durante la conversación, en apariencia, un intento de convencer a Johnson de que —fuese cual fuere la verdad— era imposible confiar en la investigación de la policía local de Dallas sin la supervisión estricta del FBI. Como Hoover y sus agentes apersonados en Texas sabían, la policía de la ciudad y el buró habían reunido ya una cantidad apabullante de pruebas sobre la culpabilidad de Oswald. Éste estaba bajo custodia y varios testigos podían identificarlo (posiblemente como el hombre del rifle en la ventana del Almacén de Libros Escolares de Texas, y ciertamente en la escena del asesinato de un agente de la policía estatal ocurrido pocos momentos después del magnicidio). El rifle de fabricación italiana identificado como el arma homicida —adquirido a vuelta de correo desde una armería de Chicago por un tal "A. Hidell", un alias al que Oswald recurría con regularidad, incluyendo la solicitud con apartado postal en Dallas— había sido encontrado en el almacén de libros. Por otra parte, al ser detenido, Oswald portaba una pistola que también había comprado bajo el nombre de "A. Hidell" a la misma armería por correo postal. Los indicios preliminares señalaban que era la misma pistola que había causado la muerte del oficial de policía J. D. Tippit. La billetera de Oswald contenía una identificación falsa a nombre de "A. Hidell" que mostraba su fotografía.

Hoover le informó a Johnson —de manera correcta— que el rifle comprado por correspondencia había sido pagado con un giro postal por 21 dólares. "Es casi imposible creer que con 21 dólares se pueda matar al presidente de Estados Unidos", remató. Hoover se entregó entonces a una serie de afirmaciones falsas. Le informó a Johnson que se habían encontrado documentos que contenían el seudónimo Hidell en "la casa donde él vivía, la de su madre" (falso: Oswald no había visto a su madre durante más de un año). El rifle, le aseguró Hoover, había sido "encontrado en el sexto piso del edificio desde donde había sido disparado" (cierto) aunque "las balas se dispararon desde el quinto piso" (falso), "donde se hallaron tres casquillos" (falso). También le notificó que, después del asesinato, Oswald huyó hacia un cine en el lado opuesto de la ciudad, "donde se había enfrentado a tiros con el oficial de la policía" y fue capturado (falso: Tippit fue abatido a varias calles de distancia del cine).

Johnson preguntó: "¿Han establecido más datos sobre la visita a la embajada soviética en México en septiembre?"

Hoover respondió con una aseveración que, al ser revelada años después, ayudaría a desatar una generación entera de teorías conspiratorias. Aun cuando la información que la CIA le habría entregado a Hoover era incompleta y contradictoria, el director le aseguró al presidente que alguien se había hecho pasar por Oswald en la ciudad de México y luego le insinuó que Oswald había tenido quizá un cómplice. En específico, Hoover aseguró que el viaje a México era "un aspecto confuso por la siguiente razón: aquí tenemos la cinta y la fotografía del hombre que estuvo en la embajada soviética usando el nombre de Oswald". Hoover se refería a una imagen captada por una cámara de vigilancia de la CIA que mostraba a un hombre —la

CIA había afirmado que en un principio creyó que podría tratarse de Oswald— fuera de la embajada soviética en la ciudad de México. "Esa fotografía y la cinta no corresponden ni con la voz ni con el aspecto de este hombre. Dicho de otro modo: al parecer hay una segunda persona que estuvo en la embajada soviética." Con base en información que él debería haber sabido que era incompleta, Hoover estaba dando a entender que había habido una conspiración para matar a Kennedy que implicaba a un doble de Oswald que había entrado y salido recientemente de una embajada soviética y que había estado teniendo tratos con agentes soviéticos.

Aunque muchos de los datos de Hoover eran incorrectos, tenía razón en una cosa. El FBI tenía motivos de sobra para poner en tela de juicio la competencia de la policía de Dallas. Al día siguiente —domingo 24 de noviembre—, su ineptitud permitió que Oswald fuera asesinado cuando estaba a punto de ser trasladado del cuartel de policía a la cárcel del condado. El malogrado traslado en el estacionamiento ubicado en el sótano del cuartel policiaco fue atestiguado por una multitud de reporteros, fotógrafos y equipos con cámaras de televisión. Pese a que durante la noche tanto el FBI como la policía de Dallas habían recibido por teléfono amenazas de muerte dirigidas a Oswald, las medidas de seguridad adoptadas fueron tan inadecuadas que Jack Ruby pudo abrirse paso entre los reporteros mientras portaba un revólver Colt Cobra calibre .38. Le disparó a Oswald a centímetros de distancia, frente a las cámaras de televisión que transmitían en vivo.

Oswald fue llevado a toda prisa al Hospital Parkland y tratado en la misma sala de urgencias donde el presidente Kennedy había muerto dos días antes. A la 1:07 pm fue declarado muerto.

Entre las decenas de millones de estadounidenses que fueron testigos de la ejecución televisada de Oswald ese día se encontraba el decano de la Escuela de Leyes de Yale, Eugene Rostow, un influyente demócrata cuyo hermano, Walt, había sido consejero asistente de seguridad nacional de Kennedy. El decano Rostow decidió que tenía que actuar. Percibió —al instante, como diría después— que el asesinato de Oswald socavaría la confianza pública en el gobierno, posiblemente durante generaciones enteras. La ciudadanía, en su opinión, se vería despojada de la "catarsis y la protección emocional" de un juicio que resolviera las preguntas sobre la culpabilidad de Oswald y la interrogante fundamental de si tenía o no cómplices. En la televisión, los analistas ya especulaban que el asesinato de Oswald obedecía a la necesidad de silenciarlo antes de que expusiera la existencia de una conspiración.

Justo antes de las 3:00 pm, Rostow telefoneó a la Casa Blanca para hablar con Bill Moyers, un ministro bautista de 29 años de edad oriundo de Texas que había cambiado el púlpito por la política y que se convertiría en uno de los subordinados de mayor confianza de Johnson. Rostow urgió a Moyers a transmitirle el mensaje al presidente de que era necesario establecer una comisión con amplias facultades para investigar "el caso completo del asesinato del presidente". En la conversación, grabada en cinta magnetofónica, Rostow se refiere a Oswald sólo como "ese cabrón".

"En esta situación, con el asesinato de ese infeliz, mi sugerencia es que se asigne en el futuro inmediato una comisión presidencial de ciudadanos de gran renombre, bipartidista y por encima de los intereses políticos, sin ministros de la Suprema Corte, pero con gente como Tom Dewey", aconsejó Rostow, en alusión al ex gobernador republicano del estado de Nueva York. Sugirió que la inclusión del ex vicepresidente Richard Nixon podría ser considerada. Rostow recomendaba "una comisión de siete o nueve personas... tal vez Nixon, no lo sé".

Rostow le dijo a Moyers que una comisión podría ser la única vía para que la ciudadanía quedara convencida de la verdad de cuanto había acontecido, y *seguía* aconteciendo. "Porque la opinión mundial, y la estadounidense, están tan agitadas ahora por la actuación de la policía de Dallas, que no creerán nada." Moyers fue de la opinión de Rostow y prometió que haría del conocimiento del presidente la sugerencia.

Johnson desechó al principio la idea de integrar una comisión federal; su instinto le decía que dejara la investigación en manos de las autoridades estatales en Texas. (Los funcionarios de la Casa Blanca y el Departamento de Justicia estaban sorprendidos de que el asesinato de un presidente no fuera, en esos tiempos, un delito de orden federal. Si Oswald hubiese estado vivo, habría sido juzgado de acuerdo con la legislación de homicidios de Texas.) Como texano, Johnson confiaba más que sus propios asistentes en la capacidad de la procuración de justicia de su estado natal para hacerse cargo de las consecuencias del asesinato. Le confió a un amigo que no le complacía la idea de que un grupo de "entrometidos" de Washington se aparecieran en Texas para determinar quién era el responsable de un homicidio ocurrido en las calles de Dallas.

Hubieron de pasar cuatro días más, pero Johnson cambió de opinión. Las teorías conspiratorias, sabía, comenzaban a propagarse sin control. Asesinado Oswald, escribiría Johnson, "la indignación de una nación se convirtió en escepticismo y duda... La atmósfera estaba viciada y tenía que ser purificada". Al cabo, el presidente adoptó el modelo propuesto por Rostow, con una diferencia notable. El decano de Yale tenía la firme convicción de que los ministros de la Suprema Corte no debían participar en las indagatorias; entre los juristas e historiadores de la Corte, era un hecho generalmente aceptado que la reputación de la misma se había manchado en años anteriores cada vez que sus miembros participaban en investigaciones externas. Johnson, sin embargo, insistía en lo contrario. Según dijo, él solamente consideraba a un candidato para encabezar la comisión: el ministro presidente de la Suprema Corte, Earl Warren.

"La comisión debía ser bipartidista y me pareció que necesitábamos un presidente republicano cuyas aptitudes judiciales y ecuanimidad fueran irrefutables", escribiría Johnson. Apenas conocía a Warren, pero estaba al tanto de que el ministro presidente era un republicano al que respetaban, e incluso apreciaban, muchos de los aliados demócratas del presidente, así como muchos de los corresponsales de prensa, entre ellos el poderoso, incluso amenazante, Drew Pearson. "Yo no era cercano al ministro presidente", escribiría Johnson. "Nunca habíamos pasado 10 minutos a solas, pero para mí, él era la personificación de la justicia y la equidad en este país."

4

Dallas, Texas
Sábado 23 de noviembre de 1963

El menor de sus hijos era señalado como el asesino del presidente de Estados Unidos, pero la principal causa de estupefacción de los periodistas y los oficiales de policía que se reunieron con Marguerite Oswald durante las primeras horas posteriores a la detención de Lee Harvey Oswald no era la conmoción ni la aflicción que la mujer pudiera mostrar, sino su entusiasmo. Todos recordarían cuánta energía parecía inyectare en ella el saberse participante de esta tragedia.

Durante aquellos primeros días, habría parecido una insensibilidad que alguno de los periodistas en Dallas insinuara que la señora Oswald, una enfermera de 65 años vecina del barrio Fort Worth, en realidad estaba disfrutando la situación en la que se encontraba. De la nada, se había convertido en una celebridad mundial y tenía la posibilidad de vender la historia de su hijo al mejor postor, y las ofertas venían de lugares exóticos y remotos, como Nueva York o Europa. A ratos parecía ser presa de una angustia real: algunas veces, con frecuencia frente a las cámaras, la señora Oswald rompía en llanto ante las preguntas sobre su hijo o sobre su propia circunstancia. Después de levantarse los gruesos anteojos para enjugar sus lágrimas, solía repasar con la mano su cabeza para asegurarse de que ningún mechón hubiera escapado de ese apretado peinado de cabello cano.

Con todo, si no gozaba de un placer verdadero por ser el centro de atención, a la madre de Oswald la animaba saber que todo el mundo pronto sabría su nombre. Verían su fotografía y lo recordarían. Al igual que el menor de sus hijos, deseaba febrilmente dejar una huella en el mundo, provocar que los demás se detuvieran a prestarle atención. "Soy una persona importante", les dijo a los reporteros durante los días que siguieron al asesinato, sin mostrar asomo de duda sobre la veracidad de su afirmación. "Me queda claro que también yo pasaré a la historia."

Las ansias de la señora Oswald por hablar no incluían en la misma medida el tema del distanciamiento de sus tres hijos, en especial de Lee. Un año antes de ser acusado de asesinar al presidente Kennedy, Lee había roto todo contacto con su madre. También le había negado acceso a June, su nieta de un año y medio de edad, primera hija de Lee y Marina. No fue sino hasta la tarde del arresto de su hijo cuando la señora Oswald supo que Marina había dado a luz a una segunda niña, Rachel. A la abuela le pareció cruel haber descubierto la existencia de Rachel en el momento en que Marina llevo al bebé de un mes de edad al cuartel general de la policía de Dallas.

Lee Oswald sentía, al parecer, que su madre había recibido, a lo largo de los años, lo que merecía: el abandono por parte de unos hijos que jamás habían tenido ninguna razón para amarla. El desamparo era un sentimiento que la señora Oswald conocía bien; era una constante en su vida. Dos de sus tres matrimonios habían terminado en divorcio; uno de ellos con la agravante del maltrato psicológico. El otro, el padre de Lee, un cobrador de primas de seguros de nombre Robert, había muerto de un infarto dos meses antes del nacimiento de Lee en 1939. Y cuando sus hijos eran pequeños, la mujer los abandonó durante largos periodos. A los tres años de edad, Lee se había unido a sus dos hermanos mayores en un orfanato luterano de Nueva Orleans, la Casa Hogar Infantil Belén, mientras que su madre buscaba empleo como enfermera y continuaba con la búsqueda de un nuevo esposo. Ninguno de los tres niños estaba disponible para adopción, ya que ella insistía en que regresaría por ellos —una vez que sus recursos monetarios se lo permitieran—, aun cuando entender la situación hubiera sido difícil para Lee a sus tres años de edad.

Durante los años previos al magnicidio, la señora Oswald apenas si tuvo contacto con su primogénito, John Pic, hermanastro de Lee, quien en 1963 estaba apostado con la Fuerza Aérea en San Antonio. Tenía poco contacto también con su segundo hijo, Robert, aun cuando éste y su esposa vivían cerca, en Denton, Texas. Cuando Robert estuvo frente a su madre por primera vez en el cuartel general de la policía de Dallas, pocas horas después de la detención de su hermano, el hombre de 29 años de edad quedó pasmado por la ausencia de "cualquier forma de tensión emocional" de su madre respecto a la posibilidad de que Lee acabara de matar al presidente. Su incontenible motivo de inquietud, comentó su hijo, era ella misma.

"A mí me pareció que en ese momento mi madre sintió que, por fin, estaba a punto de recibir la clase de atención que había buscado toda su vida", recordaría Robert. "Tenía un extraordinario concepto de su aptitud y su importancia." Su madre "pareció reconocer de inmediato que nunca volvería a ser tratada como una mujer ordinaria, gris e insignificante".

Ya en esas primeras horas, Robert percibía el peligro que su madre suponía para cualquier intento de conocer la verdad sobre la culpabilidad o la inocencia de Lee. Desde el primer momento, Robert aceptó para sí mismo la enorme posibilidad de que Lee fuera el homicida del presidente. Su hermano menor, Robert lo sabía, era un hombre delirante, violento y sediento de atención. La madre de ambos, sin embargo, nunca se permitiría verse agobiada con los datos sobre Lee. El magnicidio, sintió Robert, le ofrecería ahora a la mujer un escenario desde el cual dar rienda suelta al parloteo —y, hasta cierto punto, vender sus delirantes teorías conspiratorias sobre Lee y su trabajo como "agente" del gobierno—.

A Robert siempre le había enfurecido que su madre fuera capaz de parecer racional, incluso coherente, en breves ráfagas de conversación. Temía que los investigadores del gobierno y los periodistas, sin acceso a mejor información, pudieran creer de verdad lo que ella les contara.

La tarde del asesinato, a la señora Oswald la llevó de su casa en Fort Worth a Dallas, Bob Schieffer, un reportero de 26 años de edad que trabajaba en el *Fort Worth Star-Telegram*. Ella misma había llamado a la redacción del diario pidiendo ayuda para llegar a Dallas.

"Señora, este no es un sitio de taxis", le respondió Schieffer a la mujer al otro lado de la línea. "Y, además, le han disparado al presidente."

"Ya lo sé", respondió la interlocutora, casi como quien señala una obviedad. "Creen que mi hijo es el que le disparó."

Schieffer y un colega abordaron un auto y se apresuraron hacia el hogar de la señora Oswald, en el oriente de Fort Worth.

"Era una señora de baja estatura y de rostro redondo que llevaba puestos unos enormes anteojos de armazón negro y un uniforme blanco de enfermera", recordaría Schieffer de su primera impresión de la señora Oswald. "Se encontraba consternada, pero de una forma extraña." Durante casi todo el viaje, comentó, parecía menos preocupada por la muerte del presidente o la participación de su hijo en ésta que por sí misma. Expresaba con obsesión su temor de que su nuera Marina "recibiera todas las muestras de compasión, mientras que nadie 'recordaría a la madre' y que ella tal vez moriría de hambre. Atribuí su reacción a la comprensible sobrecarga emocional y no me atreví a usar sus comentarios autocompasivos en el artículo que escribí más tarde ese mismo día. Tal vez debí hacerlo". Eventualmente Schieffer, quien haría una larga carrera en noticieros para televisión, concluiría que la madre de Oswald estaba "trastornada".

Al llegar al cuartel general de la policía en Dallas, la señora Oswald y Schieffer fueron conducidos a un pequeño cuarto —acaso una sala de interrogatorios, pensó el periodista— para que ahí esperaran hasta que ella pudiera hablar con la policía sobre su hijo. Esa tarde, Marina Oswald fue llevada al mismo espacio. Las dos mujeres no se habían visto en más de un año y, debido a que Marina seguía sin apenas hablar inglés, no tenían —literalmente— casi nada que decirse.

Marina acababa de ser sometida a un primer interrogatorio por la policía y el FBI; como admitiría después, estaba aterrada. Su miedo principal era a que la separaran de sus hijos y fuera arrestada, incluso cuando le había insistido a sus interrogadores —a través de un traductor— que ella no sabía nada sobre ningún plan de su marido para asesinar al presidente. Su miedo al arresto era comprensible: sabía que habría estado en reclusión preventiva si la hubieran regresado a la Unión Soviética. "Así habría ocurrido en Rusia", explicaría después. "Aunque tu marido fuera inocente, te arrestaban hasta que todo fuera aclarado."

Marina admitiría que era probablemente natural que la sospecha recayera en ella: resultaba muy poco creíble que no estuviera al tanto, aun cuando no hubiera participado, de ningún rastro de que su marido planeaba dar muerte al presidente. Ésa era la situación de Marina Nikolaevna Prusakova, aún recién llegada de la Unión Soviética, que entró en Estados Unidos después de un apresurado matrimonio con un renegado estadounidense quien jamás había ocultado su filiación marxista. Sobre Marina pesaban acaso otras sospechas debido a los vínculos de su familia con la inteligencia rusa: uno de sus tíos trabajaba en San Petersburgo, ciudad que en aquel entonces era conocida oficialmente como Leningrado, en el ministerio del Interior ruso. Una de las primeras personas en sospechar de Marina fue su cuñado, Robert. El día del asesinato, consideró, cuando menos por un momento, que ella era parte de una conjura para matar a Kennedy, aunque cuanto más lo pensaba menos probable parecía. Era cuestión de lógica. Si los rusos hubieran iniciado una conspiración para matar a Kennedy, ¿habrían enviado a esta joven mujercita que parecía muerta de miedo y que apenas si hablaba inglés? ¿Y por qué la habrían desposado con un inadaptado como su hermano quien no tardó en endosarle dos hijos pequeños?

En los días posteriores al asesinato, las sospechas de Robert se centraron en otras personas: Ruth Paine, la mujer de voz suave, de 31 años de edad, nacida en Pensilvania, que había dado abrigo a Marina, y el esposo de Ruth, ahora separado de ella, Michael Paine, un ingeniero aeronáutico de 35 años de edad. Los Paine se habían separado ese mismo año, aunque llevaban aún una relación amistosa por el bien de sus dos hijos. Ruth, maestra de lengua rusa que conoció a Marina a través de la comunidad local de expatriados rusos, vivía en Irving, Texas, justo a las afueras de Dallas, y había recibido a Marina y a sus dos hijas en su hogar. En cumplimiento de los principios caritativos de su fe cuáquera, comentaría Ruth, no le pidió a Marina que le pagara alquiler.

Robert Oswald admitiría posteriormente que no tenía pruebas —porque, reconoció, no las había— que demostraran que los Paine tenían relación alguna con el asesinato. Con todo, Robert identificaba en la pareja algo que lo inquietaba, especialmente en Michael, quien le fue presentado en el cuartel de la policía en Dallas pocas horas después del asesinato. "No había nada en particular que pudiera señalar, pero tenía un presentimiento. Sigo sin saber por qué o cómo, pero el matrimonio Paine está involucrado de una forma u otra en ese asunto", les dijo a los investigadores. "Su apretón de manos fue muy débil, como si hubiera sujetado a un pez vivo. Su aspecto general, su rostro y, de manera mucho más particular, sus ojos, para mí tenían lo que yo describiría como una apariencia distante, como si no te estuviera mirando aunque posara su vista sobre ti." Con base en poco menos que un breve apretón de manos y una mirada distante, Robert Oswald decidió impedir todo contacto —para siempre— entre Marina y los Paine. Privó a su cuñada de una amiga leal que hablaba ruso, Ruth Paine, quien podía haberla ayudado a sortear los problemas por venir en su lengua materna. Marina jamás llegaría a dominar el inglés.

Robert Oswald fue el primero de muchos hombres que entrarían en la vida de Marina en los días posteriores al asesinato; algunos para brindarle ayuda, otros para asediar a una mujer cuya frágil belleza era con frecuencia motivo de comentarios. En fotografías parecía tan bella como una estrella de cine, siempre y cuando no sonriera; fue víctima de la precaria odontología soviética.

Después del asesinato de su esposo, perpetrado por Jack Ruby, Marina y sus hijos —así como su suegra y Robert— fueron llevados a toda prisa a un motel en las afueras de Dallas, el Hotel del Six Flags, donde se consideró que estarían a salvo. El gerente del motel, James Martin, de 31 años de edad, aceptó albergarlos de inmediato. Era época de temporada baja para el motel, que era contiguo al recientemente abierto parque de diversiones Six Flags de Texas, por lo que había espacio suficiente para los Oswald y el equipo del Servicio Secreto que los protegía.

Martin no recordaba haber sido presentado de manera formal con Marina, pero muy pronto entabló amistad con la joven viuda. El jueves siguiente se celebraría al Día de Acción de Gracias, por lo que invitó a los Oswald a cenar a su casa con su familia; Martin, su esposa y sus tres hijos. (Martin no invitó a Marguerite Oswald —un descuido, aclararía después— porque ésta había regresado a su casa en Fort Worth.) "No iban a pasar un Día de Acción de Gracias muy feliz, y la vida en esos cuartos era bastante estrecha", recordaría Martin. Marina y Robert aceptaron.

Pocos días después de la celebración, Martin —sin consultar a su esposa— le propuso a Marina que se mudara con sus hijos a la casa de la familia, de tres recámaras. "Sé que el Servicio Secreto había expresado que estaban muy preocupados respecto a dónde iría Marina después de dejar el motel. No contaban con un lugar donde instalarla y no tenían idea de adónde iría", declararía Martin. "Les dije que si no encontraban ningún lugar para ella yo con gusto los recibiría en mi hogar."

Marina no tardó en mudarse a una de las recámaras de los hijos de Martin, que era contigua a la de éste y su esposa. No le pidió a Marina el pago de alquiler ni ningún tipo de compensación para su familia, cuando menos al principio. Dos semanas después, sin embargo, Martin le propuso a Marina convertirse en su representante empresarial de tiempo completo a cambio de una comisión de 10% sobre los contratos de varias decenas de miles de dólares que le eran ofrecidos —sólo durante finales de noviembre— por vender su historia a los medios noticiosos o a las editoriales de libros. Marina estuvo de acuerdo. Martin contactó también a un abogado local que la representara; éste cobraría otro 10 por ciento.

Marina admitiría con el tiempo que había sido ingenua, y que aceptó la ayuda de esos amables estadounidenses que al parecer tenían en claro lo que hacían. Creyó que la ayudarían a establecer una nueva vida sin su marido. La imposibilidad que para ella significaba no hablar inglés provocó que su dependencia a ellos fuera incluso mayor.

Pronto, Martin dejó en claro que buscaba otro tipo de relación con Marina Oswald; deseaba ser su amante. La había cortejado casi desde el día en que se conocieron, informaría Marina después. Ella recordaría que durante el año nuevo de 1964, mientras su esposa se encontraba fuera de casa, Martin hizo sonar en el fonógrafo un disco con canciones del baladista Mario Lanza y le declaró su amor. Los embates continuaron durante semanas. "Siempre me besaba y me abrazaba cada vez que su esposa o sus hijos o los agentes del Servicio Secreto no estaban cerca."

Nuevas personas se abrían paso también en la vida de Marguerite Oswald. En los primeros días de diciembre, la señora Oswald, cuyo número telefónico aparecía en el directorio y recibía con agrado llamadas de reporteros y de casi cualquiera con la paciencia suficiente para escucharla, cogió el auricular para oír la voz de Shirley Harris Martin. La señora Martin se presentó como un ama de casa de 42 años y madre de cuatro, oriunda de Hominy, Oklahoma, quien se había obsesionado con la idea de que se había fraguado una conspiración para matar al presidente Kennedy. (No tenía ningún parentesco con el James Martin de Dallas.)

A los pocos días del asesinato, el garaje de la señora Martin había comenzado a abarrotarse con pilas de diarios y revistas con artículos sobre el asesinato; todo lo que había podido encontrar, aseguró. Era una apasionada de las novelas de misterio de Agatha Christie y había decidido que ahora enfrentaba un misterio propio que resolver: quién había matado en realidad al presidente. Pronto comenzó a escuchar y conocer acerca de compatriotas de todos los rincones del país que compartían su obsesión.

"En diciembre de 1963 llamé a la madre, la madre de Oswald, por primera vez", recordaría. "Por aquel entonces era muy razonable. Ella es todo un personaje." Después de presentarse a sí misma, la señora Martin hizo una pregunta: ¿había leído ya la señora Oswald un artículo sobre su hijo que había publicado ese mes el *National Guardian*, un semanario de Nueva York que se autoproclamaba como de izquierda radical?

El texto era un análisis en 10 mil palabras del caso —o, más bien, la ausencia de uno— contra su hijo. Titulado "Oswald, ¿inocente? El informe de un abogado", su autor era Mark Lane, un abogado criminalista, ex legislador estatal. La señora Oswald no había leído el artículo pero estaba ansiosa por hacerlo. Después de que una copia llegara por correo desde Oklahoma, emocionada, la señora Oswald localizó a Lane por teléfono. "La señora Oswald llamó y me preguntó si podíamos vernos en Dallas para considerar la posibilidad de que la representara a ella y a su hijo", declararía Lane posteriormente, trayendo a la memoria cómo la señora Oswald lo había descrito como "la única persona en Estados Unidos que está levantando dudas" sobre la culpabilidad de su hijo. Se sintió sorprendido y, naturalmente, intrigado. Pocos días después Lane volaba con rumbo a Texas, donde conoció a la señora Oswald y le ofreció integrarse a su campaña para demostrar que Lee Harvey Oswald era un hombre inocente.

En Lane, la señora Oswald encontró a su gladiador. Y en la madre de Lee Oswald, Lane encontró a su clienta ideal.

5

Viernes 29 de noviembre de 1963

Lyndon Johnson supo, desde los primeros días posteriores al asesinato, que habría quienes sospecharan que él estaba implicado en el homicidio de Kennedy. Al parecer, lo dio por sentado. Había, sencillamente, demasiadas preguntas escabrosas, obvias. Después de todo, Kennedy fue abatido en las calles de una urbe texana, su presunto asesino había sido muerto en la misma ciudad dos días después y el ambicioso ex vicepresidente —encima, texano— ocupaba ahora la Oficina Oval. Desde ya, el Departamento de Justicia había comenzado a informar que en algunas capitales del mundo campeaban ya los rumores de que Johnson había ordenado la muerte de su predecesor.

A decir verdad, la acentuada falta de tacto de Johnson a través de los años permeaba algunos aspectos de esa sospecha. Como vicepresidente, gustaba de bromear sobre las posibilidades de que Kennedy muriera mientras desempeñara el cargo; de que un asesinato o un accidente le allanaran a él el camino. Claire Booth Luce, ex congresista y esposa del fundador de Time, Inc., Henry Luce, recordaba la ocasión en que, en el baile inaugural en 1960, le preguntó a Johnson por qué había aceptado el ofrecimiento de la vicepresidencia. Ella recuerda su alegre respuesta: "Clare, ya lo consulté: uno de cada cuatro presidentes ha muerto en funciones. Soy un apostador, querida". A otras personas les había hecho comentarios parecidos.

Para Johnson era doloroso darse cuenta de que Dallas sería recordada durante mucho tiempo como la ciudad donde fue asesinado el joven y apuesto presidente, y que la imagen pública de su Texas amada había sido ensombrecida, probablemente por años. La noche del asesinato, Lady Bird le confió a su marido —no sin cierta malicia— que el único hecho que podría salvar la reputación de su estado natal era que su buen amigo el gobernador Connally había sido herido también. Sus graves heridas acallarían algunos de los rumores sobre una conspiración orquestada en Texas. Lady Bird declararía que habría estado dispuesta a que la bala la hiriera a ella y no a Connally para salvaguardar el buen nombre de Texas. "Lo único que deseo es que me hubiera pasado a mí."

Todo esto reforzaba las razones de Johnson para creer que Warren, el presidente de la Suprema Corte, tenía que encabezar la investigación. Su nombre le daría credibilidad inmediata a la comisión. Warren tenía muchos críticos en Washington y en el resto del país, pero gozaba de una reputación de honestidad personal e independencia política que podría ayudar a convencer a la ciudadanía de que nadie les ocultaría la verdad. "Teníamos que llevar al país a superar esta sangrienta tragedia", aseguraría Johnson. "La integridad personal de Warren era un elemento clave para ofrecer la certidumbre de que todos los datos serían desvelados y las conclusiones serían creíbles".

En la tarde del viernes 29 de noviembre, Johnson instruyó al asistente del fiscal general Nicholas Katzenbach y al procurador general Archibald Cox para que se reunieran con Warren en su despacho en la Corte y lo convencieran de liderar la comisión. Como fiscal general, Cox, quien se encontraba en periodo sabático de su cátedra en la Escuela de Leyes de Harvard, litigaba regularmente en presencia de Warren y otros ministros, y gozaba de la admiración del ministro presidente. Y el sentimiento era mutuo. Cox describía a Warren como "el más grande ministro presidente de la Suprema Corte desde John Marshall".

La conversación había terminado prácticamente antes de comenzar. No bien habían hablado sus visitantes antes de que Warren rechazara la petición del presidente: "Les externé que era una decisión sabia por parte del presidente formar dicha comisión pero que yo no estaba disponible para trabajar en ella", recordaría Warren.

El juez les recordó a Katzenbach y a Cox la desafortunada historia de los casos de miembros de la Corte que habían aceptado encargos fuera de las asignaciones gubernamentales. El ministro Owen Roberts recibió fuertes críticas cuando presidió la comisión que investigó los ataques a Pearl Harbor, al igual que el ministro Robert

Jackson cuando abandonó la Corte durante un año, en 1945, para supervisar los Juicios de Núremberg contra Crímenes de Guerra. El entonces ministro presidente Harlan Stone había descrito los procesos de Núremberg como un "fraude" y acusado a Jackson de haber participado en un "linchamiento a gran escala".

Warren agradeció a sus interlocutores por su visita y los despachó con la mala noticia que debían llevar a la Casa Blanca. "Katzenbach y Cox se marcharon y pensé que el tema había quedado zanjado", recordaría luego el ministro.

Pero nada estaba zanjado, como Warren estaba a punto de descubrir; Johnson estaba decidido a hacerlo cambiar de parecer. "Desde muy temprano en mi vida aprendí que a veces es necesario hacer lo imposible para cumplir con tu cometido", diría posteriormente el presidente. "No cabía en mi mente la menor duda de que el ministro presidente debía ser convencido de que era su deber aceptar la presidencia de la comisión."

Cerca de las 3:30 de esa tarde, el mandatario le pidió a una secretaria que marcara el número telefónico de la Suprema Corte para solicitar a Warren presentarse en la Casa Blanca, de inmediato. Warren desconocía el objetivo de la reunión, aunque ésta tenía carácter de "muy urgente", recordaría Warren. "Por supuesto dije que lo haría." La Casa Blanca envió una limusina.

El ministro estaba a punto de verse sometido —por primera vez, con toda su fuerza— a lo que en el Capitolio se conocía desde hace mucho como "el Tratamiento Johnson". Una potente mezcla de adulaciones, ruegos, engaños y amenazas, una especie de dominio del arte de vender que Johnson había perfeccionado en el Congreso para someter a otros a su voluntad. Funcionaba porque era una fórmula tan audaz —tan inesperada, incluso indigna— que sus víctimas quedaban a menudo tan sorprendidas que no tenían más opción que ceder.

Muchas veces en el pasado Johnson había demostrado que, de ser necesario, estaba preparado para reducir al llanto a un hombre orgulloso. En el caso de Warren, tenía listo el argumento de que el presidente de la Corte era lo único que se interponía entre el pueblo de Estados Unidos y el Día del Juicio.

"Fui escoltado dentro", diría Warren, recordando su llegada a la Oficina Oval. "Estando sólo los dos en el salón, me habló de su propuesta."

El mandatario le dijo a Warren que era necesario que cambiara de opinión. La investigación del asesinato tenía que estar bajo la dirección de alguien con la estatura de Warren, le explicó el presidente. Johnson expresó su preocupación por "las historias y los rumores descabellados que estaban surgiendo no sólo entre nuestra propia gente sino entre las de otras partes del mundo".

Johnson mencionó a los otros seis hombres que esperaba nombrar para integrar la comisión. Se trataba de un grupo impresionante. Había dos senadores: el demócrata Richard Russell, el "Gigante de Georgia", y el republicano John Sherman Cooper, de Kentucky, un respetado político moderado que había sido embajador ante la India. Había dos miembros de la Cámara de Representantes: el demócrata Hale Boggs, de Louisiana, asistente del líder de la mayoría y un hombre cercano a Kennedy, y el republicano Gerald R. Ford, de Michigan. Se sumaban además dos designados de alto nivel que, al decir de Johnson, habían sido propuestos por Robert Kennedy: el ex director de la Agencia Central de Inteligencia, Allen Dulles, y el ex presidente del Banco Mundial, John J. McCloy.

De acuerdo con Warren, el presidente mencionó que había hablado con el resto y que "ellos presentarían sus servicios si yo me encargaba de presidir la comisión". La palabra "si" era importante, lo dejó en claro Johnson; aparentemente los seis participarían sólo si Warren aceptaba dirigirlos. El presidente estaba insinuando que Warren pondría en riesgo la integración misma de la comisión si se rehusaba a aceptar la designación. Johnson recordaba haberle dicho a Warren: "Todas las candidaturas tenían por condición que el ministro presidente estuviera a cargo".

Warren se sintió halagado y sorprendido por la insinuación de que Russell —el segregacionista más poderoso en el Senado— se mostrara dispuesto a ignorar las diferencias entre ambos e insistiera en que fuera él quien encabezara el grupo de trabajo. Pese a todo, Warren declinó. Expuso sus motivos repitiendo el argumento que había desarrollado esa misma tarde a sus visitantes del Departamento de Justicia.

Johnson lo escuchó. Ejerció entonces la mayor presión posible sobre el ministro. La situación llegó a extremos: ¿estaba Warren dispuesto a desatar los peligros de una tercera Guerra Mundial? Peor aún, ¿estaba dispuesto a ser el responsable de ella? Con tal crudeza iban cargadas las frases que empleó el presidente, recordaría Warren.

"Veo que niega con la cabeza", repuso Johnson. "Pero este tema es tan importante para su país como lo fue que usted peleara en la Primera Guerra Mundial", haciéndole evocar a Warren los días en que combatió en el ejército. "No voy a ordenarle que tome esta tarea tal como le fue ordenado que entrara en servicio en 1917. Apelaré a su patriotismo."

Johnson recordaría al cabo haber dicho al ministro presidente de la Suprema Corte: "Hoy estos insensatos acusan a Kruschev de matar a Kennedy, a Castro de matar a Kennedy, a todos los demás de matar a Kennedy". Si había un ápice de verdad en las acusaciones de la existencia de una conjura comunista, o si se cometían errores en el manejo de la investigación del asesinato y se calumniaba a algún gobierno extranjero, la consecuencia podía desencadenar la guerra nuclear. Le contó a Warren rumores provenientes de la ciudad de México, según los cuales el gobierno de Castro había pagado 6500 dólares a Oswald para matar a Kennedy. "Usted sabe cuál sería la reacción del país si esta información se hiciera pública", remató el presidente.

Johnson informó al ministro presidente Warren que acababa de hablar con el secretario de Defensa, McNamara, quien le había advertido que un enfrentamiento nuclear con la Unión Soviética provocaría la muerte de decenas de millones de estadounidenses tan sólo después del primer embate. "Si Kruschev procediera contra nosotros, él podría matar a 39 millones de estadounidenses en una hora y nosotros podríamos matar a 100 millones en su país en una hora", dijo, sugiriendo que el ministro ahora era responsable de la suerte de ese número de personas. "Podría usted hablar en nombre de 39 millones de personas. Yo creo que no querría hacerlo."

Apeló al patriotismo de Warren. "Usted fue soldado en la Primera Guerra Mundial, pero no había nada que pudiera hacer en ese uniforme que se compare con lo que puede hacer por su país en este momento de tribulación", afirmó Johnson. "El presidente de los Estados Unidos te dice que tú eres el único hombre capaz de ocuparse de este asunto. No vas a negarte, ¿o sí?"

Según el recuento de Johnson, Warren "tragó saliva con fuerza y respondió: 'No, señor'".

Con orgullo un poco cruel, Johnson recordaría después que había hecho a Warren llorar: "Sus ojos se llenaron de lágrimas... Éstas brotaron, sin más. No verías nada igual".

Se desconoce la existencia de cualquier grabación de esa reunión en la Oficina Oval, pero si los relatos posteriores de Johnson y Warren son exactos, el presidente mintió abiertamente al asegurar que los otros comisionados habían estado de acuerdo en aceptar sólo a condición de que Warren encabezara el grupo. La verdad era que, con la salvedad de Russell, Johnson no había mediado palabra alguna con los demás.

Johnson telefoneó a Russell cerca de las 4:00 pm, poco antes de la reunión con Warren, e intentó persuadirlo de integrarse a la comisión. Russell rechazó la idea de inmediato. Se encontraba demasiado ocupado con sus deberes como senador, arguyó. Y su estado de salud no era bueno; Russell había padecido enfisema pulmonar durante años.

En aquella primera llamada, Johnson le pidió a Russell sugerencias de otros posibles candidatos. El presidente le dijo que tal vez intentaría reclutar a algún miembro de la Suprema Corte, aunque insinuó que quizás resultaría inútil. El nombre de Warren no se mencionó en ningún momento. "No creo lograr conseguir a ningún miembro de la Corte, pero voy a intentarlo", le mencionó a Russell, evitando decir que —en ese mismo instante— el ministro presidente estaba siendo convocado a la Casa Blanca para ser convencido de aceptar el trabajo.

Horas después, alrededor de las 9:00 pm, Johnson telefoneó por segunda vez a Russell. Tenía dos noticias incómodas que notificarle. La primera, que a pesar de sus protestas, Russell sería parte de la comisión; la segunda, que el encargado de la comisión sería —de entre todas las personas— Earl Warren, un hombre a quien Russell se refería frente a sus coetáneos de Georgia, desde mucho tiempo atrás, como un villano.

Para no correr riesgos, Johnson decidió comprometer la decisión de Russell. Antes de llamarle, ordenó a la oficina de prensa de la Casa Blanca que emitiera un comunicado en el que anunciaba la creación de la comisión y enlistara a sus integrantes, entre ellos Russell.

Johnson localizó a Russell en su hogar, en Winder, Georgia, donde el senador tomaba un descanso pocos días después de Acción de Gracias.

—¿Dick? —comenzó Johnson con un tono de voz amable y de disculpa.

—¿Sí?

—Lamento tener que molestarlo una vez más, pero necesito hacerle saber que ya hice el anuncio.

—¿Anuncio de qué?

—De esta comisión especial.

El presidente comenzó a leer en voz alta el comunicado de prensa y no tardó en llegar a los nombres de los integrantes de la comisión. Russell escuchó el nombre de Warren como presidente de la comisión y después escuchó el suyo propio.

Sonó atónito por la hipocresía de Johnson:

—Bien, pues, señor presidente, creo que no necesito expresarle mi devoción hacia su persona, pero no puedo participar en esa comisión… no podría hacerlo en ella con el ministro Warren —se trataba de una cuestión personal, aseguró—. No me agrada ese hombre. No confío en absoluto en él.

Johnson lo interrumpió, tajante.

—Dick, ya se anunció, y usted puede colaborar con quien sea por el bien de América. Este asunto tiene muchas más ramificaciones de lo que parece.

Tal como lo había hecho con Warren, Johnson citó las cifra estimada por McNamara de los casi 40 millones de estadounidenses que podrían morir en un enfrentamiento nuclear, si el magnicidio conducía a la guerra.

—Ahora, la razón por la que le solicité a Warren participar es porque es el ministro presidente de la Suprema Corte de este país, y debemos contar con los juristas más destacados que podamos tener —continuó—. La razón por la que se lo solicito es porque usted tiene el mismo temperamento, y puede hacer lo que sea por el país. Y no me venga con que no puede colaborar con cualquiera. Usted puede hacer lo que sea… Nunca le dio la espalda a su país —prosiguió Johnson—. Usted es mi hombre en esa comisión. Y va a hacerlo. No me diga lo que puede o no hacer. No puedo arrestarle. Y no le voy a poner al FBI encima. Pero puede estar seguro de que va a colaborar. Se lo prometo.

—Bien, lo sé, pero, señor presidente, debió haberme dicho que iba a nombrar a Warren —replicó Russell.

Johnson le mintió entonces a Russell, tal como le había mentido a Warren pocas horas antes.

—Se *lo* dije —respondió el presidente—. Hoy le dije que iba a nombrar al ministro presidente, cuando le llamé.

Russell sabía que era mentira, tal como las transcripciones de las llamadas de Johnson demostrarían.

—No, usted no me lo dijo.

—Lo hice —atajó Johnson.

—Habló de conseguir a alguien de la Suprema Corte. No me dijo que lo nombraría a él —respondió Russell.

—Le rogué tanto como le estoy rogando a usted.

—No ha tenido que rogarme. Usted sólo me ha comunicado.

—No, ya está hecho. Ya fue anunciado… carajo.

¿Anunciado? Russell entendió finalmente lo que Johnson había consumado: el comunicado de prensa con su nombre ya había sido entregado a los servicios de comunicación de la Casa Blanca.

—Quiere decir que ya lo difundió… —musitó Russell.

—Sí, señor, eso quise decir… Ya está en los periódicos y usted está dentro: va a ser mi hombre en esa comisión —remató Johnson.

—Creo que de alguna forma se está aprovechando de mí, señor presidente.

—No me estoy aprovechando de usted.

Johnson recordó de pronto, al parecer, con quien estaba hablando: con su mentor político, un hombre que le era más cercano que muchos miembros de su familia. Le rogó a Russell que tuviera en mente cuánto podía hacer por él ahora que era presidente:

—Voy a aprovecharme mucho de usted, amigo mío, porque usted me hizo y lo reconozco, y yo nunca olvido… Soy un discípulo de Russell, y yo no me olvido de mis amigos.

—Carajo, es que Warren no me agrada —replicó Russell.

—Bien, por supuesto que no le agrada Warren, pero le va a agradar antes de que todo acabe —continuó Johnson.

—Hasta ahora no le tengo ninguna confianza.

—¡Tiene que darle algo de crédito, maldita sea! Haga equipo con él. Ya mismo… Ahora, por Dios, quiero a un hombre en esa comisión, y ya lo tengo.

Russell se dio por vencido.

—Si es por el bien del país, sabe de sobra que lo haré y que lo voy a hacer por usted. Le pido a Dios que la próxima vez sea un poco más prudente y considerado al respecto. Por esta ocasión, por supuesto, si ya lo hizo, voy a integrarme y a decir que me parece una idea maravillosa —pronunció estas últimas palabras, "una idea maravillosa", con un tono cargado de sarcasmo.

Antes de colgar, Russell reprendió a Johnson por última vez.

—Creo que se equivocó al elegir a Warren, y sé muy bien que decidió mal al elegirme a mí, pero los dos haremos lo mejor que podamos.

—Creo que eso es justo lo que harán —replicó el presidente. "Ése es el tipo de estadounidenses que son. Buenas noches.

La semana siguiente, en la Suprema Corte, Warren tuvo que justificarse con sus compañeros ministros; les explicó por qué había estado de acuerdo en encabezar la comisión, después de insistir, durante años, qué tan malo era que los miembros de la Corte aceptaran asignaciones externas.

Después le confiaría a su amigo Drew Pearson que los otros jueces habían reaccionado con indignación, todos salvo Arthur Goldberg, el miembro más reciente a la Corte. "Excepto Arthur Goldberg, cada miembro de la Corte lo mandó al diablo", escribió Pearson en su diario. Los ministros William Brennan y John Marshall Harlan señalaron la hipocresía de Warren, recordándole cómo había insistido siempre en que "los miembros de la Corte deben ocuparse de sus asuntos y no asumir tareas extracurriculares". Warren sabía que sus colegas tenían razón al estar molestos con él. Él estaba, como admitiría luego, molesto consigo mismo.

SEGUNDA PARTE

La investigación

Cuadro núm. 371 de la filmación Zapruder,
22 de noviembre de 1963

6

El ministro presidente temía que aquella fuera una Navidad miserable y un terrible Año Nuevo. Los hijos de Warren revelarían después que el asesinato de Kennedy lo había sacudido a él y a su madre como ningún otro suceso a lo largo de la vida de sus padres. "El asesinato simplemente era algo increíble para los dos", comentaría Robert, el menor de sus seis hijos. "Los cambió." Otro de sus hijos, Earl Jr., diría que por primera vez en la vida de su padre su "tensión era muy, muy evidente". Al acceder a encargarse de la comisión, "a cada momento tenía que revivir ese trágico suceso... en realidad era muy cruel que tuviera que repasarlo una y otra vez".

Ese año le habría resultado especialmente agradable ausentarse de la ciudad esa Navidad y pasar el periodo vacacional en su hogar, al norte de California, rodeado de hijos, nietos y viejos amigos, y disfrutando el soleado y a veces cálido clima decembrino de la bahía de San Francisco. La inclemencia de los inviernos en Washington aún podía causarle sobresalto. Viajar a California durante las fiestas se había convertido en una costumbre desde que se integró a la Corte, pero esta vez, habiendo cedido ante la presión del presidente Johnson, sospechaba que se vería obligado a permanecer en Washington. Necesitaba organizar la comisión, al tiempo que se preparaba para enfrentar una larga lista de pendientes aquel invierno en la Suprema Corte. Entre los casos en espera de resolución para el año siguiente se encontraba uno crucial relacionado con la Primera Enmienda, "The New York Times *vs.* Sullivan", el cual estaba programado para discutirse el 6 de enero. Varios casos de importancia discutidos a finales de 1963 esperaban resolución. Tan sólo nueve días antes del asesinato, la Corte había celebrado la audiencia de un caso que sentaba un precedente respecto al derecho al voto, "Reynolds *vs.* Sims"; este caso le permitiría a la Corte obligar a los 50 estados del país a adoptar los principios del sufragio "una persona, un voto" para las elecciones de sus legislaturas estatales.

Para su fortuna, Warren gozaba aún de buena salud a sus 72 años de edad. Le enorgullecía seguir siendo un hombre vigoroso, entregado a su trabajo en la Corte, mientras que muchos de sus viejos colegas de la oficina del fiscal de distrito en Oakland y de las oficinas del gobernador en Sacramento se preparaban para la jubilación. Tristemente, algunos de sus viejos amigos de California ocupaban ya, desde fechas recientes, su última morada.

Al acceder a encabezar la comisión, Warren había asumido dos trabajos de tiempo completo. Decidió que no limitaría, bajo ninguna circunstancia, sus actividades en la Corte. Después de una década en el cargo —en octubre había cumplido su décimo aniversario como ministro presidente— Warren podía constatar que la Corte bajo su liderazgo estaba redefiniendo al país, guiando a Estados Unidos hacia el futuro; haciéndolo un país más justo y libre. La Corte estaba derrotando a los intolerantes y a los reaccionarios que, presentía, habían propiciado de alguna forma la atmósfera que condujo al asesinato de Kennedy. Su legado como presidente de la Suprema Corte podía llegar a ser mucho mayor que todo cuanto hubiera podido lograr si hubiera materializado sus sueños anteriores de llegar a la Casa Blanca.

Johnson y sus colaboradores le habían prometido a Warren que contaría con recursos ilimitados para conducir la comisión. A su disposición estaría el presupuesto necesario para contratar a un equipo de trabajo, encontrar oficinas y pagar cualquier clase de investigación necesaria. Pero alguien debía contratar a ese equipo y alguien debía encontrar esas oficinas. Y por ahora todas esas responsabilidades caían en sus hombros. Se esperaba que continuara a la cabeza de la Corte al tiempo que instalaba y dirigía un grupo de trabajo, equivalente a una pequeña agencia federal, para investigar el asesinato del presidente; una agencia que, si no cumplía acertadamente con sus funciones, podía llevar al país a sumirse en la guerra.

Warren sabía que necesitaba ayuda, y pronto, por lo que de inmediato entabló contacto con Warren Olney, su colaborador de mayor confianza a lo largo de su carrera en el gobierno local y estatal en California. Olney, de 59 años de edad, también originario de California, había trabajado por primera vez con Warren en 1939 en la oficina del fiscal de distrito en Oakland. Cumplía al pie de la letra con las cualidades de los asistentes más cercanos a Warren: leal, discreto y progresista; aunque esencialmente apolítico, alguien quien veía en Warren el paradigma de lo que debía ser un servidor público. El ministro presidente consideraba a Olney "un hombre por cuya integridad apostaría mi vida".

Olney había seguido a Warren a Washington. De 1953 a 1957 fue asistente del fiscal general en la división de delitos del Departamento de Justicia; de hecho, fue el principal fiscal criminal de la administración Eisenhower.

En el departamento, Olney dejó huella —al igual que su mentor Warren en la Corte— en materia de derechos civiles. Participó en la redacción de la Ley de Derechos Civiles de 1957, la primera legislación de trascendencia al respecto aprobada por el Congreso desde la Reconstrucción. En 1958 fue nombrado director de la Oficina de Administración de las Cortes de Estados Unidos, la agencia responsable de la logística en el funcionamiento del sistema de cortes federales; el puesto lo mantuvo en estrecho contacto con el ministro presidente.

Después de su reunión con Johnson en la Oficina Oval, Warren llamó a Olney y le propuso que se integrara a la comisión para desempeñar la investigación del día a día bajo el cargo de consejero general. Sería un trabajo de tiempo completo que duraría lo que la investigación demandara, dos o tres meses, estimaba Warren. Para su tranquilidad, Olney aceptó.

Warren no había conocido todavía a sus colaboradores en la comisión, pero según parece se sentía confiado en que los otros seis reaccionarían con entusiasmo a la designación. Olney era una figura bastante conocida en los círculos jurídicos de Washington; sus ex colegas del Departamento de Justicia ciertamente le profesaban admiración. Warren, según parece, creyó que todo sería una formalidad.

Hoover, el director de FBI, tenía otros planes. Los archivos del FBI no dejan en claro cómo se enteró con exactitud Hoover de la intención de Warren por nombrar a Olney, pero pocos días después de la conversación del ministro presidente con Olney, el FBI estaba al tanto de su elección y lanzó una agresiva campaña tras bambalinas para obstaculizarla. Y la campaña para contener a Olney debía ser un secreto para el ministro presidente.

En el Departamento de Justicia, Olney se había hecho de enemigos en el FBI, ya que el buró no compartía su celo por el respeto a los derechos civiles; Hoover, en particular, veía a muchos líderes activistas de los derechos civiles, en especial a Martin Luther King, como subversivos, si no comunistas. Hoover había llegado a considerar a Olney como "hostil" al FBI y lo denigraba como "el protegido de Warren", descripción empleada en los archivos del FBI.

La campaña contra Olney reflejaba el nivel de deterioro que la relación entre Hoover y Warren había alcanzado durante el cuarto de siglo que llevaban de conocerse. Cuando fungió como gobernador de California en la década de 1940, Warren llevó una relación —de amistad, pensaba— con Hoover, que le había merecido un lugar en la codiciada "lista especial de corresponsales" de funcionarios públicos con derecho a recibir ayuda del buró. Cada vez que el gobernador viajaba a Washington aprovechaba el ofrecimiento del FBI de un auto con chofer. La relación con Hoover llegó a ser tan cercana que Warren, se dice, le pidió al buró que indagara los antecedentes de un joven que cortejaba a una de sus hijas.

Pero cuando Warren llegó a la Suprema Corte en 1953 y ésta comenzó a decidir sobre los poderes del FBI, especialmente cuando los jueces ampliaban los derechos de los sospechosos de delitos, la relación con Hoover se enfrió, para no recuperarse nunca. Para el momento del asesinato de Kennedy, ésta era ya de mutuo desprecio. Warren le revelaría posteriormente a Drew Pearson su creencia de que el FBI de Hoover había desplegado durante años "tácticas al estilo de la Gestapo", entre las que se contaban la colocación ilegal de micrófonos durante investigaciones criminales de gran envergadura; dichos métodos terminaron en parte debido a las medidas tomadas por la Corte.

"Recuerdo a J. Edgar Hoover cuando tenía a 700 hombres antes de la guerra y hacía un buen trabajo", le dijo Warren a Pearson en 1966 como parte de lo que sería, supuestamente, una semblanza autorizada del ministro presidente de la Suprema Corte para la revista

Look. "Hoy cuenta con siete mil hombres y el poder se le ha subido a la cabeza. Obtiene todo el dinero que desea del Congreso y no está bajo ningún tipo de inspección." Dijo que temía que si el FBI y la CIA llegaran a fusionarse en una sola agencia "tendremos en realidad un Estado policiaco". (Warren, al parecer, se percató de que había hablado con demasiada libertad y convenció a Pearson de abandonar el artículo.)

Hoover se opuso inicialmente a la creación de una comisión independiente para investigar el homicidio de Kennedy. Sería un "circo", le dijo a Johnson en una llamada telefónica el lunes 25 de noviembre, tres días después del asesinato. Su oposición era comprensible. El FBI no estaba acostumbrado a escrutinio externo de ninguna clase; el Congreso ejercía una débil vigilancia del buró y por rutina accedía a las solicitudes de Hoover para pedir presupuestos cada vez mayores que se ejercían principalmente a discreción suya. Pero con la creación de una comisión, el FBI podía esperar un diluvio de preguntas sobre la razón por la cual no había sido capaz de detectar la amenaza que representaba Oswald, quien había estado bajo vigilancia de las oficinas regionales del buró en Dallas y Nueva Orleans durante los meses previos al asesinato. Hoover le dijo a su gente que sospechaba que una comisión podía provocar que las operaciones del FBI fueran cuestionadas en formas que pudieran amenazar la continuidad misma del buró.

Con todo, no protestó cuando el 29 de noviembre Johnson le llamó para anunciarle que había cambiado de opinión y decidido crear una comisión. La grabación de la llamada demostró que Hoover aceptó la decisión sin reparo, acaso como reflejo de su confianza en que el nuevo presidente protegería los intereses del FBI. No hay señales de que se quejara con Johnson de forma directa sobre la elección de Warren como presidente del grupo investigador.

Sin embargo, haber elegido a Olney fue lo que provocó que Hoover actuara. Con cautela, los colaboradores inmediatos de Hoover contactaron a los miembros de la comisión —con excepción de Warren— para advertirles que la reputación de Olney en el buró era la de alguien que no había apoyado el concepto de ley y orden de Hoover. Como el subdirector del FBI Cartha *Deke* DeLoach escribiría después, era "necesario que cierto número de fuentes informaran de manera confidencial a los miembros de la comisión presidencial, con excepción de Warren, sobre los antecedentes de Olney" y su "personalidad despreciable".

Warren programó la primera reunión de la Comisión Presidencial sobre el Asesinato del Presidente Kennedy —nombre oficial del panel— para las 10:00 am del jueves 5 de diciembre. El escenario fue una adornada sala de conferencias, con paredes de madera, en los Archivos Nacionales, en la avenida Pennsylvania; los responsables habían aceptado asignar un espacio a las reuniones de la comisión mientras ésta conseguía sus propias oficinas. Al entrar a la reunión ese día, el ministro presidente ignoraba, al parecer, que su primera decisión fundamental en la dirección de la investigación había sido socavada por el FBI.

Incluso antes de que se celebrara la reunión hubo señales claras de que la relación entre la comisión y el FBI sería difícil. Hoover se rehusó con molestia a la solicitud de la comisión de que enviara a un funcionario experimentado del FBI a la reunión para que respondiera algunas preguntas referentes a la situación de la investigación en Dallas. El FBI arguyó que sería más apropiado que el asistente del fiscal general Nicholas Katzenbach, quien estaba entre los convocados a la reunión de trabajo, representara al buró.

Un acto de desafío mucho más significativo, en apariencia por parte del FBI, fue una serie de filtraciones a algunos de los periodistas preferidos del buró. El 3 de diciembre, dos días antes de la reunión, Associated Press informó que el FBI estaba a punto de completar un "reporte exhaustivo" que identificaría a Oswald como "el asesino solitario que sin ayuda de nadie mató al presidente Kennedy". La nota de AP, atribuida a "fuentes gubernamentales" anónimas, decía que el FBI había determinado que Oswald —"sin cómplice alguno"— disparó tres balas a la limusina del presidente desde el Almacén de Libros Escolares de Texas. El informe del FBI revelaría que las balas primera y tercera impactaron a Kennedy, mientras que la segunda hirió a Connally. Información del mismo tenor fue filtrada a otros medios.

Para algunos de los comisionados, los artículos representaban un esfuerzo orquestado por el FBI, y probablemente por Hoover en persona, para afianzar la opinión pública respecto a la inexistencia de una conspiración para matar al presidente; ciertamente, no una conspiración que el FBI hubiera podido frustrar. El buró estaba intentando forzarlos a arribar a conclusiones antes de que hubiesen sopesado evidencia alguna, según parecía.

"Es la filtración más indignante que jamás he visto", comentó el congresista Boggs, demócrata de Louisiana, al resto de los comisionados. "Es casi seguro que provenga del FBI." El asistente del fiscal general Katzenbach estaba convencido de que Hoover y sus colaboradores inmediatos eran los responsables de la fuga de información: "No se me ocurre nadie más de quien pudiera provenir".

La reunión de aquel jueves comenzó con una ronda de apretones de manos entre los siete comisionados y Katzenbach. Tomaron asiento frente a una enorme y bella mesa de madera; la única persona ajena presente en la sala era un taquígrafo de la Corte contratado para transcribir los avances. La mayoría de las transcripciones de las sesiones ejecutivas de la comisión, clasificadas como ultrasecretas, permanecerían ocultas durante décadas.

"Estamos a punto de emprender un deber solemne y triste", comenzó Warren. "Estoy seguro de que cualquiera de nosotros preferiría estar ocupado en casi cualquier otra actividad que se le pudiera ocurrir a formar parte de una comisión de este tipo. Pero ésta es una labor tremendamente importante." El presidente Johnson "está en lo correcto al procurar tener la certeza de que la ciudadanía se enterará de todos los aspectos de esta sórdida situación o, cuando menos, hasta donde sea humanamente posible", continuó. "Me honra que considerara que yo, junto con ustedes, seamos capaces de cumplir con esta encomienda y yo la tomo con una fuerte sensación tanto de incompetencia como de humildad, porque el solo pensamiento de repasar todos estos detalles día con día me resulta verdaderamente enfermizo."

En seguida pasó a exponer su visión sobre los alcances de la comisión. Expresó que consideraba que ésta debía ser limitada y que debía concluir su trabajo tan pronto como fuera posible. De hecho, la palabra que empleó para su propuesta no fue precisamente "investigación". Su argumentación era que la comisión debía simplemente revisar las pruebas que sobre el asesinato había reunido el FBI, el Servicio Secreto y otras agencias; la responsabilidad de la comisión sería cerciorarse de que dichas investigaciones fueron adecuadas. Más allá de lo que pensase sobre Hoover, Warren al parecer creía que era posible confiar, en particular, en el FBI para llegar al fondo del asunto.

"Creo que nuestro trabajo en este caso consiste esencialmente en evaluar las evidencias, en vista de que otras instancias se ocuparon ya de recolectarlas, y me parece que en el comienzo, cuando menos, podemos asumir la premisa de que es posible confiar en los informes de las diversas agencias", declaró. Según Warren, no debía haber audiencias públicas y la comisión no debía buscar tener la facultad de citación, hecho que exigía la aprobación del Congreso. Indicó que no le parecía necesario contratar una plantilla independiente de investigadores. "No encuentro ninguna razón por la cual debiéramos duplicar las facultades del FBI y el Servicio Secreto."

Si la comisión celebrase audiencias públicas y gozase de poder de citación, sostenía Warren, podría verse desbordada por un sinnúmero de enajenados "que creen tener conocimientos en grandes conspiraciones", quienes exigirían ser llamados a testificar. "Si tenemos facultades de citación los ciudadanos estarán en espera de que las usemos. Los testigos tendrán el derecho de presentarse frente a nosotros y decirnos: 'Quiero darles este testimonio'... Y si se trata de maniacos o chiflados vamos a estar en apuros". Si la comisión no cumplía con la expectativa de llamar a los "chiflados" a testificar, "ellos van a salir y afirmar que hemos eliminado la evidencia". El buzón de Warren en la Corte estaba ya hasta el tope de cartas y tarjetas postales remitidas por personas trastornadas —algunas de ellas repletas de amenazas, escritas con apretados garabatos, como mostrarían sus archivos— que aseveraban estar listos para revelar la verdad oculta detrás de la muerte del presidente.

Dicho esto, Warren se acomodó en su asiento para escuchar las opiniones de los otros. Parecía confiar en que sus compañeros comisionados —casi todos tan ocupados en sus propias vidas como él— apreciarían la lógica de su propuesta.

En cambio, los demás lo contradijeron; algunos al extremo de la indecencia. Podía tratarse del ministro presidente, objeto de toda clase de deferencias en cualquier otro ámbito, pero Warren estaba a punto de enterarse de que muchos de esos hombres pretendían tratarlo como a un igual. Algunos de ellos —el senador Russell, John McCloy y Allen Dulles, en especial— habían ostentado el poder en Washington durante décadas, mucho antes de que Warren llegara a la capital. Y Warren tenía una razón poderosa para tomar precauciones con Gerald Ford, electo al Congreso por primera vez en 1948, debido a la cercana amistad entre el republicano de Michigan y Richard Nixon.

McCloy, un abogado, diplomático y banquero de 68 años de edad que había sido un apreciado consejero presidencial desde el gobierno de Franklin Roosevelt, y quien un año antes había sido nombrado como "la cabeza de la clase dirigente del lado Este" por la revista *Esquire*, fue el primero en confrontar al ministro presidente. Insinuó que Warren era un completo insensato por confiar en que las agencias del gobierno investigaran sus propias deficiencias. McCloy no empleó la expresión "encubrimiento" al describir lo que podrían hacer el FBI y el Servicio Secreto, pero estuvo cerca de hacerlo así. "Hay una posible culpabilidad de parte del Servicio Secreto e incluso del FBI", señaló. "Siendo la naturaleza humana como es", las agencias podrían remitir reportes "autocomplacientes" sobre lo que había ocurrido.

Warren se equivocaba también respecto a la facultad de citación, declaró McCloy. La comisión necesitaba gozar de la capacidad de obligar a los testigos a declarar, y a forzar a las agencias a entregar evidencia. Sin el poder de emitir citatorios, señaló, la comisión corría el riesgo de ser vista como inofensiva. La investigación tenía una obligación más allá de "la mera evaluación de los reportes de las agencias… Yo creo que si no tuviéramos el derecho de exigir documentación, y el derecho a citar testigos de ser necesario, la posición general de esta comisión podría de alguna forma verse disminuida". Boggs y Ford estuvieron de acuerdo.

Aparentemente sorprendido por verse cuestionado de manera tan abierta durante la primera reunión de la comisión, Warren no opuso verdadera resistencia. "Si el resto de ustedes cree que debemos gozar de facultades de citación, me parece perfecto", dijo.

En seguida, Russell objetó la sugerencia de Warren de que la comisión funcionara sin un equipo de investigadores. "Vamos a necesitar tener a alguien" que revise la marejada de documentos que fluya desde el FBI, el Servicio Secreto y otras instancias, insistió. "Espero que podamos conseguir un equipo, no un ejército, sino un grupo de hombres extremadamente preparados que sean capaces de formular un reporte que resista el escrutinio más escrupuloso de cualquier persona razonable."

Le recordó a Warren los peligros que la investigación suponía para los siete: el hecho de que si no contaban con las fuentes adecuadas para llegar a la verdad sobre el asesinato y no podían difundir a la ciudadanía las pruebas con toda claridad, la historia no se los perdonaría. Sin importar cuáles fueran sus logros durante sus largas carreras, ésta sería la labor por la que serían recordados. "La reputación de cada uno de nosotros está en riesgo en este asunto", aseveró Russell, compartiendo con el resto su enojo con Johnson. "Francamente, no sé si mis sentimientos hacia el presidente volverán a ser los mismos por haberme puesto en esta comisión... Yo le expresé mi rechazo a participar, le dije que no lo haría, pero no pude encontrar la manera de liberarme."

McCloy sugirió que la comisión encontrara un abogado "condenadamente bueno" que dirigiera al equipo como consejero general de la comisión, dándole a Warren la oportunidad de proponer a su candidato: Warren Olney. El ministro presidente dedicó varios minutos a describir la carrera profesional de Olney en California y Washington, de quien aseguró: "No conozco a ningún otro hombre que sea más honorable". Olney, en sus palabras, era "un tipo realmente hábil... No creo poder encontrar a alguien en todo el país con experiencia comparable en este campo para ese tipo de trabajo".

Sus encomios fueron tan efusivos que cualquiera que hubiera decidido impugnar la designación de Olney le habría parecido impertinente, incluso insultante, al ministro presidente. Pero tal fue lo que ocurrió; Ford encabezó el ataque. Olney era quizás "una excelente recomendación", dijo Ford, pero la estrecha relación entre Warren y Olney era bien conocida —el FBI se había encargado sigilosamente de que así fuera— y "debido a la larga relación entre él y usted, no faltaría quien, de manera injusta, tal vez, asegurara que el ministro presidente tiene dominio sobre la comisión, y se verá como su reporte más que como el reporte de todos nosotros".

"No deseo que la comisión esté dividida", afirmó Ford. "No deseo que sea la comisión de usted o la comisión de la mitad de nosotros o algo parecido."

McCloy no puso en entredicho las credenciales de Olney, pero estuvo de acuerdo con Ford en que debía buscarse con amplitud a un consejero general que inspeccionara la investigación. "Presiento que debemos buscar y encontrar al mejor hombre", asentó. "En lo personal, me gustaría revisar la candidatura de Olney por mis propios medios."

El académico Boggs al parecer percibió que Warren se sintió ofendido por los cuestionamientos sobre Olney, por lo que entró en defensa del ministro presidente. "Creo que el presidente de la comisión necesita un consejero con quien se sienta completamente a gusto", aclaró. "El ministro presidente debería contar con una persona de su total y absoluta confianza."

Warren hizo un último lance en favor de Olney; de no ser Olney, necesitaban a alguien con talento y experiencia que estuviera disponible de inmediato. El ministro presidente afirmó que necesitaba a alguien que entendiera el funcionamiento interno de las agencias del orden público del resto del gobierno sin necesidad de "meses y meses para aprender a moverse" en la capital. Formuló su petición en términos personales: "Si no cuento con un consejero a quien conozca bien y con quien pueda trabajar desde el primer día, sé que no podré ver a mi familia ni siquiera en Navidad", dijo. "Tendré que permanecer aquí cada día porque un hombre, sin importar qué tan competente sea, recién llega a Washington y no conoce aún cómo conducirse en la ciudad."

La junta de trabajo terminó a las 12:45, después de casi tres horas, mientras que la siguiente reunión quedó programada para la tarde próxima.

La sigilosa campaña de cabildeo del FBI había funcionado. Cuando los comisionados se reunieron al día siguiente —el viernes 6 de diciembre— la designación de Olney era un tema agotado. Ford, Dulles y McCoy le informaron a Warren que los tres tenían reservas respecto a Olney; McCloy reveló además que sabía que Olney "llevaba una relación francamente hostil con J. Edgar Hoover". Warren se había dado por vencido. "No me gustaría tener a alguien que no gozara de la confianza plena de la comisión", dijo. "Por tanto, hasta donde me concierne, el tema de Olney como consejero ante la comisión queda cerrado."

Durante la noche anterior, McCloy había entrado en contacto telefónico con amigos suyos en Washington y Wall Street para pedir nombres de otros abogados experimentados que pudieran cumplir con el trabajo. Varios de ellos, dijo, habían recomendado a J. Lee Rankin, quien se había desempeñado como procurador general en el gobierno de Eisenhower y ahora ejercía en Nueva York. "Rankin parece ser un hombre de gran carácter y enorme integridad", expresó.

Escuchar ese nombre fue un alivio para Warren. Rankin, un hombre de 56 años de edad originario de Nebraska, era un rostro amistoso, conocido para el ministro presidente. Como procurador general, había representado al gobierno ante la Corte en muchos de los casos más importantes en la década de 1950. En un empleo anterior, pronunció alegatos por el Departamento de Justicia en favor de los niños y sus padres en Topeka, Kansas, que habían buscado la desegregación de las escuelas de su localidad en el caso "Brown *vs.* La Junta de Educación". "Pudimos apreciar gran parte de sus cualidades en la Suprema Corte porque todos los alegatos más brillantes los ofreció él", recordó Warren. "Es un hombre espléndido en todos los aspectos... Un ser humano." Rankin, dijo Warren, no estaba "politizado en ningún sentido".

Russell recomendó que, si Warren y McCloy estaban de acuerdo, la comisión debía contratar a Rankin. El resto de los comisionados no presentó objeciones. Warren se preparó para telefonear esa noche a Rankin.

Antes de que la reunión terminara, McCloy puso sobre la mesa otra cuestión. Las discusiones entre los comisionados se habían limitado hasta ese momento en el FBI, en el Servicio Secreto y en la información que la comisión les solicitaría que entregaran. Pero, ¿y la Agencia Central de Inteligencia? ¿Se había puesto ya en contacto con ésta el ministro presidente o alguna otra persona para determinar qué sabía la agencia del asesinato, y acerca de Oswald y sus viajes a Rusia y a México?

"No, no lo he hecho", respondió Warren, "por la simple razón de que en ningún momento se me ha informado que la CIA tenga alguna clase de conocimiento sobre el tema".

"Lo tienen", espetó McCloy, al parecer mofándose por la ingenuidad del ministro presidente al insinuar que la CIA probablemente no tenía información valiosa sobre Oswald. Poniéndolo bajo presión, McCloy expuso: "¿No tendríamos que preguntarles?"

"Por supuesto que lo haremos", repuso el ministro presidente, percatándose aparentemente de que su respuesta anterior había sido insulsa. "Creo que debemos preguntarles."

Cámara de Representantes
Washington, D. C.
Jueves 12 de diciembre de 1963

Gerald Ford convocó a la reunión. Invitó al subdirector del FBI, Cartha *Deke* DeLoach, enlace principal entre el buró y el Congreso, a que visitara su oficina en Capitol Hill la mañana del jueves 12 de diciembre, una semana después de la primera junta de trabajo de la comisión investigadora del asesinato. Ford tenía un ofrecimiento para el buró. "En cuanto llegué, me dijo que deseaba hablar en la más estricta confidencialidad", DeLoach le informó por escrito a Hoover más tarde ese mismo día. "Así lo acordamos."

A lo largo de su carrera en el Congreso, Ford, al igual que Lyndon Johnson y muchos otros en Capitol Hill se habían esforzado por permanecer cerca del FBI. Con el transcurso de los años, el FBI había llegado a ver a Ford como un amigo confiable, en especial cuando, cada año, era necesario lograr apoyo para las solicitudes presupuestales del FBI. Ford pertenecía al poderoso Comité Presupuestal de la Cámara, el cual decidía cómo se distribuían las partidas presupuestales entre las agencias. Ahora, gracias a su trabajo en la comisión, Ford tendría a su alcance una nueva oportunidad para demostrar su lealtad al buró.

A sus 50 años de edad, Jerry Ford, originario de Grand Rapids, Michigan, se presentaba a sí mismo frente a sus electores como uno más de ellos; otro modesto, amable y amistoso habitante del Medio Oeste estadounidense. En Capitol Hill era conocido por ser un hombre juicioso y de buen humor, y los demócratas admiraban su enfoque internacionalista de la política exterior. Pero sus compañeros en el Congreso habían observado una faceta de Ford no siempre visible ante sus votantes de Michigan: la de un político ferozmente ambicioso, en ocasiones inmisericorde, que sabía cómo elegir a amigos y aliados que pudieran ayudarlo a impulsar su carrera. En 1948, para entrar en la Cámara, había vencido a un colega republicano en funciones. Desde sus primeros días en el Congreso, Ford sorprendió a su equipo al expresar sin tapujos su sueño de ser electo portavoz algún día. A principios de 1963 fue nombrado presidente de la Conferencia Republicana de la Cámara —el tercer mayor puesto de liderazgo del Partido Republicano en el Congreso— después de haber expulsado al titular veterano. En la elección general de 1960 trascendió que su amigo Richard Nixon, candidato presidencial republicano, había estado a punto de elegirlo como su compañero de fórmula.

Ford entabló contacto con el FBI apenas semanas después de llegar a Washington, en 1949. Aquel invierno aprovechó uno de sus primeros discursos para solicitar un aumento salarial para Hoover, anunciando que él mismo era el responsable de una enmienda presupuestal recién presentada que incrementaría el salario del director del FBI un 25% —de 14 000 a 17 500 dólares anuales—, lo cual colocaría a Hoover en la lista de los funcionarios mejor pagados del gobierno federal.* El director, en palabras del congresista, era un héroe nacional que se merecía cada centavo: "La gratificación monetaria que propone la enmienda, después de tantos años de leal y dedicado servicio, es una pequeña compensación por su invaluable contribución".

Casi 15 años después, Ford veía en su nombramiento como parte de la Comisión Warren una vía para hacerse de una reputación a nivel nacional, y, también, para reforzar su alianza con Hoover. Durante años Ford insistiría en que había rechazado la invitación del presidente Johnson para integrarse a la comisión argumentando su pesada carga de trabajo en la Cámara; sin embargo, décadas después, las grabaciones de las llamadas telefónicas de Johnson en la Casa Blanca demostrarían que, en realidad, Ford había aceptado la propuesta de Johnson con avidez y sin reparos.

A ojos del FBI, la designación de Ford implicaba tener un contacto valioso —y un defensor, en caso de ser necesario— dentro de la investigación. En un memorándum interno emitido poco después

---

* Dada la inflación, el nuevo salario de Hoover de 17 500 dólares al año sería equivalente, en 2013, aproximadamente a 171 000 dólares.

de que fuera anunciada la composición de la comisión, a finales de noviembre, Hoover escribió que era posible esperar que Ford "velara por los intereses del FBI".

Pero Ford estaba dispuesto a llevar más lejos su ayuda, tal como se lo explicó a DeLoach cuando ambos se reunieron en la oficina del congresista. Ford expresó su disposición a ser la fuente secreta del buró dentro de la comisión, en particular para ayudar a éste a mantener vigilado a Warren. La decisión final la tenía el buró. ¿Quería el FBI que fungiera como informante?

"Ford me hizo saber que le causaba cierta molestia la manera en que Warren presidía la comisión." DeLoach escribió esa misma tarde en un memorándum directamente dirigido a Hoover. "Explicó que el primer error que Warren cometió fue su intento de establecer una 'comisión de un solo hombre' postulando como consejero en jefe a Warren Olney, quien era su protegido."

Ford le informó a DeLoach que durante las discusiones iniciales de la comisión, él y otros objetaron la idea de Warren de instalar a Olney. "Warren ofreció un argumento rígido" para intentar salvar el nombramiento de Olney, le informó Ford a DeLoach, pero "hubo un acuerdo en cuanto se mencionó el nombre de Lee Rankin". El memo sugiere que Ford no estaba al tanto —o cuando menos no dispuesto a aceptar que sabía— que el FBI había organizado una campaña oculta para obstaculizar a Olney.

Y entonces puso su ofrecimiento sobre la mesa. "Ford me indicó que me mantendría plenamente informado sobre las actividades de la comisión", escribió DeLoach. "Preguntó también si podía telefonearme de vez en cuando y arreglar cuestiones sobre la investigación que ocuparan su mente. Le respondí que lo hiciera, usando cualquier medio posible. Reiteró que nuestra relación sería, desde luego, confidencial. Hemos llevado excelentes relaciones con el congresista Ford durante muchos años."

Hoover tenía razón al sentirse eufórico, y no sólo por la propuesta de Ford. El director del FBI contaba ahora con los primeros indicios de que Ford y algunos del resto de los comisionados estaban listos para confrontar de lleno al ministro presidente.

"Bien manejado", anotó al calce del memo de DeLoach.

El antiguo subdirector William Sullivan, tercero al mando en el FBI, quien rompería con Hoover años después y sería obligado al retiro anticipado, recordaba la agitación de Hoover con la propuesta de Ford de proveerles información. Con el tiempo, diría, Ford protegió al FBI al "mantenernos completamente al tanto de lo que ocurría en las reuniones a puerta cerrada… Él era nuestro hombre, nuestro informante, dentro de la Comisión Warren".

La investigación de la muerte de Kennedy sería la indagatoria criminal de mayor envergadura en la historia del buró hasta ese momento, en virtud del número de agentes y las horas-hombre que le serían dedicadas. El centro de la investigación era la ciudad de Dallas, donde se encontraban desplegados temporalmente grupos de agentes procedentes de todo el país. Algunos más fueron despachados a Nueva Orleans, donde Oswald había nacido y donde había residido durante un periodo de 1963; a Nueva York, donde había pasado parte de su juventud; y a la ciudad de México. Con todo, pocos días después del asesinato, y con certeza a principios de diciembre, Hoover parecía listo para declarar que Oswald —y sólo Oswald— era responsable por la muerte del presidente.

El domingo 24 de noviembre, día en que fue asesinado Oswald, dos días después de la muerte de Kennedy, Hoover le comentó a Walter Jenkins, uno de los principales subordinados de Johnson en la Casa Blanca, que el FBI planeaba preparar un reporte que "convencería a la opinión pública de que Oswald era el verdadero asesino". Hoover se mostraba dispuesto a desacatar la autoridad de los funcionarios de más alto poder y hacer una declaración pública de que Oswald había actuado solo. El martes 26 de noviembre, uno de sus experimentados subalternos le escribió al director un mensaje donde le expresaba la inconveniencia de emitir juicios prematuros sobre el asesinato, que incluía la determinación final de Oswald como el único tirador. "Debemos reconocer que un caso de esta magnitud no puede investigarse a fondo en el trascurso de una semana", arguyó.

Hoover estuvo en desacuerdo e hizo patente su molestia en una nota escrita a mano que anexó en la parte superior del memo en cuestión: "¿Cuándo tiempo estimas, entonces, que tomará hacerlo? Me parece que ya tenemos los hechos esenciales." Tres días después, el 29 de noviembre, Hoover le dijo al presidente Johnson durante una conversación telefónica: "Esperamos tener la investigación terminada hoy, pero probablemente sea hasta el primer día de la próxima semana".

Su cálculo resultó ser sumamente optimista, pero el lunes 9 de diciembre el FBI le entregó a la Comisión Warren un reporte de cinco tomos y 400 páginas que, como había prometido, señalaba a Oswald como el único homicida. "Elementos probatorios recogidos durante la investigación apuntan de forma concluyente a que el asesinato del presidente Kennedy fue obra de Lee Harvey Oswald, un comunista declarado", se leía en el informe. Aunque el FBI no descartaba por completo la posibilidad de una conspiración de la que Oswald formara parte, el reporte no ofreció indicios de que nadie más hubiera participado en el asesinato de Kennedy. Se señalaba, con toda claridad, que si bien el FBI había puesto bajo vigilancia a Oswald en fechas anteriores de ese mismo año ante la posibilidad de que se tratara de un espía soviético, el buró no había encontrado ninguna razón para suponer que representara una amenaza para el presidente. Fueron los hallazgos de ese informe los que habían sido filtrados a los reporteros una semana antes.

ARCHIVO DE LA NACIÓN
Washington, D. C.
Lunes 16 de diciembre de 1963

Warren y los demás comisionados se reunieron en el Archivo de la Nación para celebrar su tercera reunión de trabajo, la cual se centraría en el reporte del FBI.

Lee Rankin, recientemente integrado como consejero general, asistió a la sesión y el ministro presidente expresó su satisfacción por que Rankin pudiera asumir gran parte de la carga que implicaba organizar la investigación. "Ha estado conmigo la mayor parte del tiempo desde nuestra última reunión y hemos intentado hacernos cargo de todo el papeleo de este asunto", aseguró Warren.

El ministro presidente inició la reunión con más buenas nuevas: había encontrado un lugar de oficinas para la comisión en el recién inaugurado cuartel general de una asociación nacional de veteranos, los Veteranos de Guerras en el Extranjero (VFW por sus siglas en inglés), en la avenida Maryland. Convenientemente, el edificio de cinco pisos y fachada de mármol se encontraba a dos cuadras de la Suprema Corte, a pocos minutos a pie del Capitolio. La comisión podía ocupar todo el cuarto piso de la construcción —alrededor de tres mil metros cuadrados— y sus miembros tendrían acceso a la enorme sala de conferencias de la organización de veteranos ubicada en la planta baja para tomar declaración a testigos importantes y otras reuniones. "Ya tenemos todo lo que necesitamos", dijo Warren. La comisión contaba ya con su propio número telefónico y en breve tendría sus propias operadoras y recepcionistas, anunció. La noticia sería un alivio para el equipo de operadoras telefónicas del edificio de la Suprema Corte, que habían llegado a un verdadero estado de alarma por las extrañas y en ocasiones amenazantes llamadas de personas que aseguraban conocer algún oscuro secreto sobre el asesinato.

Warren informó también que estaba recibiendo buena cooperación de otros lados. La Administración de Servicios Generales, la agencia federal de logística, había encontrado a un administrador para que organizara la nómina de la comisión y otros asuntos contables. El Archivo de la Nación había designado a un archivista que organizara un sistema de clasificación de lo que sería sin duda un alud de documentos, muchos considerados como "ultrasecretos" o de mayor confidencialidad. "Estamos en marcha", dijo Warren.

La conversación giró entonces hacia el reporte del FBI. El juicio de la mayoría de los comisionados fue severo. Warren y varios más opinaron que el informe les parecía incompleto y confuso —de manera sorprendente— y tan mal redactado que resultaba difícil seguir su lógica de una oración a la siguiente; partes del mismo habían sido escritas en algo parecido a la taquigrafía. "Las estructuras gramaticales son malas y es obvio que no las pulieron en ningún momento", comentó McCloy.

Su alarma respecto al reporte corrió pareja a su irritación de que tantos detalles hubieran sido filtrados —al parecer por el FBI— antes de que alguien en la Casa Blanca o la comisión hubiera tenido oportunidad de leerlo. "Señores, para ser muy franco al respecto, leí el reporte dos o tres veces y no he encontrado ningún elemento que no haya aparecido en la prensa", se quejó Warren.

"No podría estar más de acuerdo", respondió Russell. "Prácticamente todo el contenido ha aparecido en la prensa en un momento u otro, un poco por aquí, otro poco por allá."

Mientras que el reporte no dejaba lugar a dudas de que el FBI consideraba a Oswald como un asesino solitario, estaba repleto de lagunas sobre los hallazgos médicos y la evidencia física recogida en Plaza Dealey. McCloy aclaró que había leído —más de una vez— las secciones sobre el rifle de Oswald y la trayectoria de las balas disparadas contra la limusina del presidente, y no encontraba coherencia en las pruebas de balística. "El tema de la balas me deja confundido", dijo. "Es demasiado insatisfactorio."

"No es concluyente en absoluto", estuvo de acuerdo Warren.

Boggs estaba completamente sorprendido de que el reporte no mencionara casi nada sobre el gobernador Connally y sus heridas poco menos que fatales. Dejó a Boggs con "un millón de preguntas".

El informe tampoco lograba ofrecer información básica sobre la biografía de Oswald y sus viajes al extranjero, entre ellos a la ciudad de México en aquel otoño. Sólo ofrecía una descripción somera de su entrenamiento en armas de fuego en el cuerpo de Marines. "Hay todo tipo de preguntas en mi cabeza", dijo Boggs. "Por ejemplo, para ser un tirador tan experto: ¿dónde realizó sus prácticas?"

Los comisionados cuestionaban por qué el reporte incluía solamente información superficial sobre Ruby, quien, según corría el rumor en Texas, podía haber conocido a Oswald. "Es obvio que se habían esforzado en documentar la vida y los hábitos de Oswald", opinó Boggs, "pero hay muy poco sobre el tal Ruby, incluyendo sus movimientos, qué estaba haciendo, cómo pudo entrar... es increíble".

Incluso Ford, el confiable defensor del FBI, admitió que el reporte "no tenía la profundidad que debía".

Las notorias deficiencias del reporte provocaron que Warren cambiara su parecer respecto a los alcances de la investigación. Debía ser mucho más amplia y durar más tiempo, admitió a regañadientes. Le comunicó a los otros miembros que ahora creía que necesitaban emitir una solicitud a todos los órdenes del gobierno para allegarse "material en bruto" sobre el asesinato. En el caso del FBI, la comisión necesitaría revisar las miles de declaraciones de los testigos y los reportes de evidencias que sus agentes habían preparado en Dallas y Washington, así como todos los informes que elaboraran en un futuro.

"Será necesario bastante tiempo para compendiar esa masa de materiales", advirtió Russell. "Creo que será necesario un camión."

"Sí", concedió Warren. "No tengo duda."

Warren estaba ahora listo también para comenzar a integrar un equipo que trabajara bajo las órdenes de Rankin. Su recomendación era que la comisión contratara los servicios de "tal vez media docena" de abogados experimentados de todo el país —en algunos casos, abogados litigantes veteranos convocados desde bufetes jurídicos prominentes a nivel nacional— para asociarlos con jóvenes y prometedores abogados, quienes se ocuparían de realizar la mayor parte de las pesquisas.

Los abogados jóvenes serían contratados de tiempo completo, mientras que a sus compañeros más experimentados se les pediría colaborar con el tiempo que tuvieran disponible; estarían divididos en equipos de dos personas; cada uno tendría bajo su responsabilidad un aspecto distinto de la investigación. Un equipo se ocuparía de la investigación completa de la vida de Oswald —"que abarcara desde el día de su nacimiento hasta el instante mismo de su homicidio"—, sugirió Warren. Otro equipo haría lo mismo en el caso de Ruby.

Los otros comisionados apoyaron la instrucción. Ninguno objetó el plan de Warren de contratar abogados —y, por el momento, sólo abogados— para realizar la investigación inicial. Los siete comisionados, abogados también, asumieron desde un inicio, al parecer, que un título en leyes era la credencial esencial para unirse al equipo de trabajo de la comisión.

Como consecuencia del lamentable reporte del FBI, Russell tuvo el valor de decir lo que otros miembros de la comisión muy probablemente pensaban: que el equipo de trabajo de la comisión necesitaba considerar la posibilidad de que el FBI se hubiera equivocado. A su decir, cabía una posibilidad de que el buró, inocente o intencionalmente, expusiera de manera errónea los hechos sobre el asesinato. Uno de los miembros del equipo, en opinión de Russell, debía actuar como "abogado del diablo a cargo del reporte del FBI" —y de todos los informes que al final entregaran la CIA y otras agencias—, uno que "leyera y analizara cada contradicción, cada argumento endeble, exactamente como si los estuviera persiguiendo". Debía haber cuando menos un miembro del equipo que evaluara dicha evidencia "como si él fuera a usarla para procesar a J. Edgar Hoover".

Ford trajo a colación otro tema. Manifestó su deseo de tener la certeza de que los abogados contratados para formar parte del equipo no tuvieran marcadas posturas políticas que pudieran influir en la investigación. "Ésta es una preocupación seria para mí y creo que debemos ser escrupulosamente cuidadosos en este sentido", mencionó. Los miembros del equipo de trabajo de la comisión no deberían "estar involucrados en un extremo o en otro."

"Creo que tampoco deberíamos tener ideólogos", expresó Warren de conformidad. "Estamos buscando abogados, no ideólogos."

La conversación se centró entonces en otras preguntas que habían sido planteadas, pero no respondidas, en el informe del FBI. Los comisionados tenían cuestionamientos, en especial sobre Marina Oswald y Ruth Paine. El informe del FBI afirmaba que Oswald, si bien no vivía bajo el mismo techo que su esposa e hijas en ese momento, había guardado su rifle en la casa de la señora Paine hasta la mañana del asesinato.

Boggs insinuó que Marina podría verse tentada a escapar a Rusia, su lugar de origen. "Es una ciudadana rusa y bien podría tomar un vuelo e irse", dijo. Dulles expresó que él también se sentía "bastante preocupado por eso", en vista de algunos informes que asentaban que Marina había escrito a la embajada rusa en Washington, antes del asesinato, para preguntar sobre la posibilidad de regresar a su país.

McCloy tenía preguntas acerca de otra mujer que, a su parecer, ocupaba un lugar central en la investigación de la comisión: Jacqueline Kennedy. Podría parecer de mal gusto, lo reconocía, pero el panel necesitaba entrevistarla tan pronto como fuera posible. La ex primera dama era, en muchos sentidos, "la testigo central" en la indagatoria. "Ella es la testigo principal sobre la forma en la que esas balas alcanzaron a su marido", insistió McCloy. "No creo que sea necesario someterla a un interrogatorio severo, pero, después de todo, se trata de una testigo que estuvo justo a un lado de su esposo cuando la bala lo golpeó." Podría tener información de la que nadie más disponga. ¿No era posible que el presidente hubiera compartido —sólo con ella— alguna inquietud sobre los peligros que podría enfrentar en Dallas, y provenientes de quién? "Sólo creo que se verá extraño si no" la interrogamos, aseveró McCloy.

McCloy se movía en muchos de los mismos círculos sociales que la familia Kennedy en Nueva York y Washington, y tenía noticias de que la señora Kennedy había comenzado ya a hablar —libremente— con algunas amistades sobre el asesinato. La joven viuda, al parecer, encontró una forma de catarsis en el hecho de compartir incluso algunos de los detalles más espantosos de lo sucedido. "Creo que es muy delicado hacerlo, pero he sabido que está preparada para hablar del asunto", le dijo McCloy a sus compañeros de comisión. "Ya he hablado con uno de los miembros de la familia al respecto."

Warren vaciló al respecto, como lo haría cada vez que el panel tocaba el tema de la familia Kennedy. La comisión apenas comenzaba a organizarse, señaló el ministro presidente; no contaba con información suficiente como para "interrogar a testigos formalmente", en especial a la ex primera dama. "Cuando se va a hablar con alguien como la señora Kennedy creo que necesitaríamos saber con exactitud qué queremos que ella nos informe."

McCloy cuestionó la opinión de Warren; demorar la entrevista con Jacqueline Kennedy era un error, señaló. "Creo que va a pasar un mes antes de que estemos en esa posibilidad y me parece peligroso."

"¿Crees que se le olvidarán las cosas, Jack?", preguntó Warren.

"Sí", respondió McCloy. "La mente te engaña. Definitivamente todo está en su memoria en este momento, y me han dicho que se encuentra en condiciones físicas para hacerlo." Sugirió a la comisión que se le solicitara a Robert Kennedy consejo sobre cómo acercarse a su cuñada: "Se puede hablar con Bobby sobre esto. Tal vez él tenga una idea".

Warren no se comprometió a cómo —o cuándo— sería entrevistada Jacqueline Kennedy. Años después, McCloy recordaría aquella conversación como una prueba de que el ministro presidente se habría mostrado demasiado protector con la señora Kennedy y el resto de su familia.

El orden del día de la comisión incluía un último asunto: cómo lidiar con la multitud de reporteros que esperaban afuera del salón de reuniones del Archivo de la Nación en espera de alguna noticia sobre las deliberaciones de la comisión. Russell, con más de 40 años de experiencia tratando con la prensa de Washington, opinó que sería peligroso dejar que los reporteros partieran con las manos vacías. "Hay que decirles algo porque es lo que esperan."

El ministro presidente estuvo de acuerdo y después de que terminó la reunión se invitó a los reporteros a que pasaran al salón. Warren anunció el establecimiento de las oficinas de la comisión en el edificio VFW y describió de manera sucinta los planes del panel para integrar un equipo de abogados. Informó a los periodistas que la comisión había comenzado la revisión del reporte del FBI y no podía hacer comentarios sobre su contenido, aunque destacó que la comisión solicitaría todas las pruebas y las declaraciones de los testigos que el FBI había recolectado. "Como entenderán, los reportes que estamos recibiendo son apenas informes resumidos de lo ocurrido, y más o menos en forma esquemática", informó a los reporteros. "Tendremos que revisar parte del material en el que se basan esos reportes."

Dio por terminada la improvisada conferencia de prensa después de unos minutos y finalizó deseando a los reporteros una feliz Navidad.

Esa tarde, Associated Press y otras agencias noticiosas publicaron artículos sobre los comentarios del ministro Warren. Pocas horas después los leyó Hoover, director del FBI, quien respondió con furia a los decires de Warren. Estaba indignado por enterarse de que Warren consideraba al reporte de varios volúmenes del FBI como "apenas" un sumario de las evidencias "en forma esquemática". La indagatoria de la comisión llevaba apenas dos semanas de vida y el ministro presidente se empeñaba en efectuar "crítica mordaz", "procurando encontrar errores en el FBI", diría Hoover. Al día siguiente, convocó al inspector James R. Malley, un veterano supervisor del FBI quien había sido nombrado como el enlace cotidiano del buró con la comisión, para darle nuevas órdenes. Si Warren y los comisionados querían ahora toda la información en bruto de la investigación, la obtendrían: cada fragmento, incluida cada pista sobre cada "lunático" que asegurara tener una respuesta al asesinato. La orden de Hoover a Malley significaba que en cuestión de días la comisión quedaría sepultada bajo decenas de miles de fojas. "Quiero que todos los reportes, tanto los de naturaleza primordial como los llamados reportes de "lunáticos' se envíen" a la comisión, le indicó Hoover a Malley. "No quiero que se retenga nada, sin importar el volumen que se alcance... En vista de que el ministro presidente lo ha solicitado, así cumpliremos con ello."

OFICINAS DEL CONGRESISTA GERALD R. FORD
Cámara de Representantes
Washington, D. C.
Martes 17 de diciembre de 1963

Al día siguiente de la reunión, Ford invitó nuevamente al subdirector del FBI, DeLoach, a su oficina en Capitol Hill, esta vez con el propósito de compartir detalles de los planes de Warren para completar la investigación de la comisión y publicar un informe final "antes de julio de 1964, cuando las campaña presidenciales comenzarán a calentarse".

Los dos hombres hablaron también de los adelantos de las conclusiones del reporte del FBI filtrados a la prensa; filtraciones que el resto de los comisionados estaban convencidos había orquestado el buró. "Una vez más, traté con sumo cuidado con el congresista el hecho de que el FBI no había tenido 'fugas' de ningún tipo", escribió DeLoach posteriormente. Le insinuó a Ford que las fugas de información provenían de otro lado: "del asistente del general Katzenbach y del Departamento de Justicia, así como desde el interior de la comisión". DeLoach insinuó que el mismo Warren estaba filtrando información a través de su amigo Drew Pearson. "Le indiqué al congresista Ford, en estricta confidencia, que al parecer el ministro presidente Warren era bastante cercano a Drew Pearson y obviamente usaba a éste de vez en cuando para hacer llegar sus ideas al público en general."

Ford terminó la conversación con una solicitud. Él y su familia estaban a punto de salir para pasar las vacaciones esquiando en Michigan. "Deseaba llevar consigo el reporte del FBI pero no contaba con un sistema completamente seguro para transportarlo", escribió DeLoach. "Le respondí que al director le habría parecido conveniente que le prestáramos uno de los portafolios que usan los agentes y que cuentan con cerradura. Él indicó que ello sería ideal y que apreciaría mucho el préstamo de un portafolios." La valija del FBI le fue entregada a Ford al día siguiente, con saludos de Hoover.

Hogar de J. Lee Rankin
Nueva York, Nueva York
Martes 17 de diciembre de 1963

Lee Rankin no pertenecía a esa clase de hombres que buscan acaparar la atención. En la década de 1960, al recordar sus años en el Departamento de Justicia, era mucho más factible que reconociera la dedicación de sus colegas al trabajo a que hiciera alarde de su propio papel como procurador general. Era la familia de Rankin, y no él mismo, quien mencionaba las amenazas que el funcionario había recibido a causa de su trabajo en el departamento, incluido un aterrador incidente ocurrido a finales de la década de 1950, cuando descubrieron una cruz en llamas frente a su casa, en los suburbios de Virginia, en Washington.

Roger, su hijo adolescente, que se había retirado de la cena para atender a los perros de la familia, fue el primero en ver la cruz de madera ardiendo que alguien había levantado en el patio. "Medía probablemente más de 1.80 metros", recordaría años después. "Allí estaba, una cruz grande, encendida."

El chico recordaba que, ni siquiera mientras se apresuraban a salir de la casa por la puerta principal a apagar las llamas con una manguera de jardín, advirtió en el rostro de su padre alguna emoción parecida al miedo, a pesar de que su familia se encontrara ya, casi con toda certeza, bajo la amenaza del Ku Klux Klan o de alguna pandilla de racistas del lugar. "Jamás expresó emociones similares, de miedo o preocupación", diría su hija, Sara, años después. "No logro recordarlo preocupado por algo. Parecía tener siempre el control de sí mismo. Era reservado, humilde, callado."

Los responsables de la cruz en llamas nunca fueron atrapados, aunque los colegas de Rankin estaban seguros de que las amenazas se debían a su trabajo en el departamento en pro de la extensión de los alcances de las leyes federales en materia de derechos civiles. Durante varios días después del incidente, agentes del FBI fueron designados para proteger a la familia; éstos permanecieron sentados en un vehículo sin marcas en la calle mientras los Rankin dormían.

J. Lee Rankin —quien no usaba su nombre de pila, James, desde la niñez— había sido reclutado en el Departamento de Justicia por el fiscal general Herbert Brownell, un correligionario de Nebraska que había coordinado la campaña presidencial de Eisenhower en 1952. Rankin, quien tenía 45 años de edad al llegar a Washington, fue nombrado inicialmente asistente del fiscal general para el asesoramiento jurídico, un prestigioso puesto en el que fungió como el abogado interno de mayor rango en el departamento. En 1956 fue designado procurador general, cargo que lo convirtió en el principal abogado de la administración en procesos llevados ante la Suprema Corte.

En ambos puestos, Rankin participó en los frentes de batalla de los esfuerzos del Departamento de Justicia por hacer cumplir las leyes del país en materia de derechos civiles frente a la violenta oposición de grupos segregacionistas. Colaboró en la redacción de los documentos legales en apoyo de los pequeños alumnos negros de Kansas en el caso "Brown *vs.* La Junta de Educación". El ministro presidente Warren había quedado siempre impresionado por el estilo sensato, impávido, de Rankin durante sus participaciones en la Suprema Corte, en especial cada vez que éste —un hombre delgado, cuyos gruesos anteojos le daban un aire solemne y académico— alegó por la expansión de la protección de las libertades y los derechos civiles. En 1962, después de que Rankin se retirara para ejercer la abogacía de manera privada en Nueva York, regresó a la Corte para alegar en favor de la Unión Estadounidense por la Libertades Civiles (ACLU, por sus siglas en inglés) en el emblemático proceso conocido como "Gideon *vs.* Wainwright", en el que la Corte dio la razón a la ACLU y ordenó que todo sujeto imputable de crimen debía contar con un abogado defensor de oficio si no podía pagarse uno.

El 6 de diciembre de 1963, Warren telefoneó a Rankin a Nueva York para ofrecerle el cargo de consejero general en la comisión del asesinato; le pidió comenzar de inmediato. Posteriormente, ambos recordarían que Rankin mostró una breve oposición a aceptar la designación, argumentando al ministro presidente que apenas comenzaba a montar su despacho privado y que no le sería tan fácil dejar Nueva York. Le advirtió a Warren que algunos miembros de la comisión tal vez no lo quisieran, probablemente en referencia a la postura del senador Russell ante el caso "Brown *vs.* La Junta de Educación" y otros casos de derechos civiles, donde él mismo había tenido injerencia. Pero Warren fue insistente y le afirmó que ya tenía la aprobación de la comisión entera. Le aseguró a Rankin que el trabajo no le exigiría un compromiso extraordinario de tiempo. "Dijo que no duraría más de dos o tres meses", recordaría Rankin.

Warren y Rankin eran republicanos de formación parecida: progresistas especialmente orgullosos de la historia del GOP como el partido de Abraham Lincoln. Ambos habían admirado al presidente Kennedy. "Mi padre quedó devastado con el asesinato", recordaría Sara Rankin. Los dos hombres compartían además cierto orgullo por sus orígenes humildes; ninguno de los dos nació en circunstancias cercanas al privilegio.

Rankin, graduado de la Escuela de Leyes de la Universidad de Nebraska, había trabajado siempre con ahínco, en ocasiones de forma obsesiva. Su esposa, Gertrude, lo urgió a que rechazara el ofrecimiento de Warren. A sus hijos les dijo que tenía miedo de que el cargo consumiera a su marido al grado de poner en riesgo su salud. Ya lo había atestiguado antes durante los años que pasaron en Washington, donde cada noche regresaba a casa con un portafolios atiborrado de documentos; ya había decepcionado a sus hijos mientras ocupaba las tardes del domingo en la lectura de documentos legales y se preparaba para el trabajo que lo esperaría en el Departamento de Justicia durante la semana siguiente.

Rankin era un perfeccionista capaz de solicitar a una secretaria, con toda gentileza, que volviera a mecanografiar una carta o un documento legal que contuvieran el más insignificante error tipográfico; no le gustaba la apariencia del corrector líquido. "Si se te iba un dedazo, tenías que empezar todo de nuevo", diría su hija, quien en ocasiones lo ayudaba con el trabajo secretarial. "Quería que la carta se viera perfecta, aunque hubieras que mecanografiarla cuatro o cinco veces."

Warren y Rankin llevaban una relación afable pero formal durante los años en que Rankin fue procurador general. Ello parecía reflejar más que nada la modestia y timidez de Rankin, quien probablemente se manifestaba reticente a considerarse a sí mismo como un posible amigo del ministro presidente, un hombre al que reverenciaba. Ahora, en la comisión, Rankin pretendía trabajar más *para* —que *con*— Warren y los demás comisionados. Él era su empleado, el jurista al que habían contratado para este trabajo. "Las decisiones sustanciales fueron todas hechas por la comisión", diría posteriormente Rankin. "Yo carecía de autoridad para ejecutarlas por virtud propia." (La deferencia de Rankin hacia la autoridad y sus exquisitos modales podrían ser la explicación de por qué él —a diferencia de Warren Olney, su ex colega en el Departamento de Justicia— no se había enemistado con J. Edgar Hoover.)

Pocas horas después de la llamada de Warren, Rankin se sentó frente a una libreta amarilla en su departamento de Sutton Place, en el lado Este de Manhattan y comenzó a esbozar cómo podría organizarse la comisión. Warren había estado de acuerdo en permitirle dividir su tiempo entre Washington y Nueva York, en el entendido de que Rankin conduciría el trabajo de la comisión por teléfono cuando éste se encontrara de vuelta en Manhattan. Rankin estableció pronto una rutina y se convirtió en viajero frecuente de Aerolíneas Eastern. "Los lunes por la mañana abordaba el primer avión que iba de Nueva York a Washington", recordaría su hijo mayor, Jim, "y entonces trabajaba todo el lunes, y todo el martes, y el miércoles en la noche regresaba a casa, con toneladas de material en su portafolios".

Rankin puso manos a la obra con rapidez en Washington, estableciendo su lugar de trabajo en el recientemente abierto Hotel Madison, a pocas calles de sus antiguas oficinas en el Departamento de Justicia. Trabajaría en su cuarto de hotel hasta que la comisión estuviera lista para mudarse a sus nuevas oficinas en Capitol Hill.

Warren le había dado a Rankin la autoridad para contratar a un equipo de abogados jóvenes, sujetos al visto bueno del ministro presidente. "Es probable que en diversas ocasiones me haya preguntado sobre alguien, pero eso se lo dejé a Rankin", recordaría luego Warren. El ministro presidente urgió a Rankin a buscar a hombres jóvenes —al parecer no se habló de la posibilidad de contratar mujeres— de diversas partes del mundo, no sólo del corredor Boston-Nueva York-Washington, de donde egresaba la mayoría de los abogados de mayor rango en el gobierno. (Warren no necesitaba recordarle a Rankin que el corredor de Boston a Washington no los había formado a ninguno de los dos.) Warren le indicó a Rankin que "deseaba hombres independientes sin conexiones que pudieran ser después motivo de vergüenza".

Rankin reclutó a uno de los primeros abogados del equipo en el Departamento de Justicia. Durante semanas después del asesinato Robert Kennedy había permanecido fuera de su oficina en la sede del departamento en avenida Pennsylvania; sus colaboradores podían constatar que su profundo duelo le permitía realizar tan sólo sus deberes esenciales. Ese hecho dejó al asistente del fiscal general Nicholas Katzenbach a cargo, quien asignó a un prometedor joven abogado perteneciente a la división de delitos, Howard Willens, de 32 años de edad, para que se desempeñara como enlace entre el departamento y la comisión. Willens, originario de Michigan y graduado siete años antes por la Escuela de Leyes de Yale, supo que su labor duraría varios meses y que él seguiría siendo parte de la nómina del departamento.

Willens llegó a la oficina de la comisión el martes 17 de diciembre. Rankin quedó impresionado de inmediato con el acomedido joven, y le pidió que considerara trabajar para la comisión de tiempo completo, como representante del Departamento de Justicia y como integrante *senior* del equipo de trabajo. Tres días después, con la aprobación de Katzenbach, Willens se integró a la comisión.

Cuestionado años después sobre si su doble papel había significado un conflicto de intereses, Willens insistiría en que no había existido ninguno, aun cuando una pregunta central que enfrentaba la comisión era si el magnicidio tenía algún nexo con las decisiones del gobierno de Kennedy en materia de política exterior, disposiciones en las que Robert Kennedy había tenido una función central, en especial en las que atañían a Cuba. "Nadie podría asegurar con seriedad que el Departamento de Justicia, encabezado por el fiscal general Kennedy, tuviera otros intereses en la investigación, salvo el sondeo más completo y honesto de todos los datos disponibles", respondería Willens. Posteriormente, algunos de los críticos de la comisión asegurarían precisamente aquello.

Rankin le pidió a Willens que lo auxiliara en la búsqueda de más abogados jóvenes, y éste se puso en contacto con amigos y colegas del Departamento de Justicia, así como con prominentes despachos jurídicos y decanos de escuelas de derecho de todo el país, para solicitar nombres de candidatos. Su búsqueda pronto se convirtió en un reflejo de sus vínculos con Yale, así como con su gran cantidad de amigos y asociados graduados de la gran rival de su alma mater, la Escuela de Leyes de Harvard, y de un puñado de otras instituciones de la élite en leyes. "Reconozco que predominan aquí los abogados de Yale y Harvard", comentó después, al revisar la lista del equipo de trabajo. Rankin estaba ansioso por contratar a algún destacado abogado negro. Dado el enorme valor que le concedía a su reputación como defensor de los derechos civiles, Rankin entendía qué tan hipócrita podría parecer de su parte —y del ministro presidente— si la comisión hiciera lo contrario. Le pareció que había un candidato obvio: William Coleman de Filadelfia, y Warren se dijo encantado con la propuesta. Coleman, de 43 años de edad, un graduado magna cum laude de la Escuela de Leyes de Harvard, se había convertido en el primer secretario negro en la historia de la Suprema Corte cuando en 1948 fue contratado por el ministro Felix Frankfurter. Incluso mientras se establecía como uno de los litigantes corporativos con mayor demanda en el país —su cartera de clientes llegaría a incluir a muchas de las corporaciones más poderosas del país, incluyendo a Ford Motor Company—, Coleman se había convertido en una figura clave tras bambalinas en el movimiento en pro de los derechos civiles. Había sido coautor del principal alegato en favor de los alumnos negros en el caso "Brown vs. La Junta de Educación".

Rankin decidió que también deseaba contar con la colaboración de su amigo Norman Redlich, un profesor de Derecho de la Universidad de Nueva York (NYU, por sus siglas en inglés), de 38 años de edad, como su jefe de asistentes. Redlich y Rankin habían trabado amistad dos años antes, cuando aquél invitó a Rankin, recién llegado a Nueva York, a que se integrara a la facultad de la NYU como profesor de tiempo parcial.

En opinión de Rankin, Redlich contaba con las cualidades que él necesitaba en un subalterno y al parecer no le causaba ningún inconveniente que el hombre nacido en el Bronx careciera de formación en derecho penal o en cualquier actividad que pudiera catalogarse como trabajo de investigación; la especialidad de Redlich era el derecho fiscal. En cuestión de días, se encontraba camino a Washington, ya que el campus permanecía cerrado por la vacaciones decembrinas hasta enero, momento en el que Redlich comenzaría a desplazarse, él también, entre Washington y Nueva York.

Rankin comentaría más tarde que en sus primeras decisiones relacionadas con la selección y la contratación del equipo de trabajo, tuvo en cuenta en todo momento la insistencia de Ford —con el acuerdo por parte de Warren— de que los integrantes del equipo que la comisión reclutara no tuvieran vínculos políticos extremos de ningún tipo. Y por lo que conocía de Redlich, no habría problema. En él, Rankin veía a un hombre parecido a sí mismo; y al ministro presidente, en todo caso. Redlich, graduado también de la Escuela de Leyes de Yale, era un hombre sumamente comprometido con los derechos y las libertades civiles. Su participación en temas de justicia social había comenzado precozmente: siendo aún estudiante en el Colegio Williams en Williamstown, Massachusetts, en la década de 1940, organizó una protesta contra la barbería de la principal calle comercial del poblado que se negaba a cortarle el cabello a los estudiantes negros. El negocio abandonó su política.

Rankin insistiría después en que no sabía nada de los vínculos de Redlich, en la década de 1950 y principios de la de 1960, con grupos en pro de las libertades civiles y los derechos civiles que J. Edgar Hoover consideraba frentes del Partido Comunista. Rankin diría que se enteró —demasiado tarde y muy a su pesar— de que el FBI mantenía un grueso expediente sobre Redlich y sus nexos con organizaciones a las que el buró etiquetaba como "subversivas".

9

El sobre sellado que contenía las fotografías de la autopsia fue enviado del hospital naval de Bethesda a las oficinas del ministro presidente en la Suprema Corte. Un inventario preparado la noche de la autopsia informaba que todas las fotos medían 4 × 5 pulgadas; 22 a color y 18 en blanco y negro.

En su carrera de 14 años como fiscal de condado en Oakland, California, ¿cuántas fotografías de autopsias había visto Warren; cientos, miles? En la brigada de homicidios de la oficina del fiscal de distrito, en el condado de Alameda, era una parte rutinaria de su trabajo —que más valía llevar a cabo con el estómago vacío— revisar fotografías de autopsias y escenas del crimen y tomar la decisión de cuáles de éstas convenía mostrar a un jurado sin correr el riesgo de que alguno de sus integrantes experimentara tal repugnancia que tuviera que salir corriendo de la sala.

Ahora, después de tantos años, Warren creía seguir teniendo un estómago fuerte. Pero las imágenes de la autopsia del presidente eran desagradables a un grado que no había imaginado. "Miré las fotografías en cuanto llegaron del hospital naval de Bethesda, y eran tan horribles que no pude conciliar el sueño durante varias noches", escribiría al respecto posteriormente. Las peores, le reveló a un amigo, eran de la cabeza del presidente, la cual había quedado "dividida, casi completamente abierta". El cráneo estaba "desintegrado".

Warren había quedado pasmado por algunos reportes noticiosos que habían comenzado a circular apenas semanas después del asesinato sobre planes en Dallas y otros lugares de abrir "museos" en conmemoración de la muerte del presidente. "El presidente apenas había sido sepultado cuando los saqueadores de tumbas comenzaron a recolectar objetos relacionados con el asesinato", escribió el ministro presidente. Algunos de los promotores de esos museos —"esos merolicos de feria", como los describió— anunciaron su intención de comprar al gobierno las armas de Oswald para ser exhibidas en vitrinas centrales. Warren recordaba haber leído que los instigadores de los museos "ofrecían hasta 10 mil dólares tan sólo por el rifle...También pretendían comprar a la familia la ropa de Oswald, su revólver, con el cual el oficial de policía Tippit había sido muerto, varios objetos procedentes del Almacén de Libros Escolares de Texas, e incluso estaban investigando la factibilidad de disponer de la ropa del presidente. También, por supuesto, querían fotografías de su cabeza".

Después de ver las fotografías con sus propios ojos, Warren resolvió que no discutiría sobre qué hacer con ellas.* Era una decisión sencilla: permanecerían guardadas para siempre, a menos que la familia Kennedy decidiera lo contrario. Nadie que no perteneciera a la familia tenía el derecho de verlas, y eso incluía a los demás miembros de la comisión y a su equipo de trabajo, decidió Warren. Ordenó que todas las fotografías de la autopsia, así como todas las placas de rayos x fueran enviadas al Departamento de Justicia, donde Robert Kennedy tendría control sobre ellas.

Warren se convenció a sí mismo de que la comisión no necesitaba las fotografías ni los rayos x, en vista de que los doctores de la Armada que habían practicado la autopsia estaban a la mano para testificar y la comisión tenía acceso irrestricto al informe por escrito de la autopsia que contenía dibujos a mano de las heridas infligidas al cuerpo del presidente. Las fotos y las placas de rayos x no tenían ningún valor en especial, declaró Warren. La comisión, aseguró, contaría con el "testimonio convincente de los médicos navales que practicaron la autopsia para establecer la causa de muerte, la entrada, la salida y la trayectoria de las balas".

---

* En sus memorias, publicadas de forma póstuma en 1977, Warren reveló que había revisado las fotos durante las pesquisas de la comisión, aunque no reveló en qué momento, con exactitud, había efectuado dicha inspección, si en 1963 o durante 1964.

Otras imágenes espeluznantes del día del asesinato estaban fuera de control de Warren. La ciudadanía ya había comenzado a ver partes del sorprendente filme casero de un fabricante de ropa para mujeres, Abraham Zapruder, quien había capturado el asesinato en su cámara de película casera Bell & Howell "Zoomatic". Zapruder, de 58 años de edad, se había ubicado cerca de un prado en Plaza Dealey a pocos metros de distancia del Almacén de Libros Escolares de Texas, punto al que los periodistas que cubrían la historia después del magnicidio habían bautizado como "el montículo de pasto".

El lunes 9 de diciembre, el encargado de prensa de Warren en la Suprema Corte, Bert Whittington, recibió una llamada telefónica de un representante de la revista *Life*, que había comprado el video de Zapruder. En su "Edición en memoria de John F. Kennedy", publicada una semana antes, *Life* había reproducido 30 fotogramas de la película, que comenzaban con una imagen de la limusina del presidente en el momento en que comenzaba a desplazarse lentamente por la calle Elm frente al almacén de libros. Publicados en blanco y negro, los fotogramas mostraban el momento en que un proyectil golpea al presidente, aparentemente en el nuca, y a éste cayendo sobre el regazo de su esposa; más adelante, en la secuencia, se aprecia a la primera dama intentando subir a la cajuela del auto en lo que los editores de la revista describieron en un pie de foto como una "penosa búsqueda de ayuda".

En esa edición, *Life* no explica a los lectores lo que había omitido: que los 26 segundos del video completo eran mucho más aterradores y que la película era a color. La revista optó por no publicar, en especial, el fotograma que congelaba el momento en que una bala impactaba la cabeza del presidente, haciendo volar buena parte del lado derecho de su cerebro en un halo de rosácea y sangrienta bruma. "Nos pareció que publicar esa macabra imagen constituía una afrenta innecesaria a la familia Kennedy y a la memoria del presidente", recordaría Richard Stolley, el corresponsal de *Life* que compró a Zapruder el material a nombre de la revista.

En su memo enviado a Warren, Whittington escribió que la revista ponía a disposición de la comisión una copia de la película completa y a color. Warren le devolvió el memo a Whittington con una nota escrita a mano en la que le pedía que contactara a *Life* de inmediato y les agradeciera su cooperación. "Sin duda vamos a querer verla y les ofreceremos consejo", escribió.

Pocos días después una copia de la filmación de Zapruder llegó a Washington y Warren tuvo oportunidad de observar por sí mismo aquellas partes que la revista había decidido no mostrar a sus lectores.

OFICINAS DE LA COMISIÓN
Washington, D. C.
Diciembre de 1963

A finales de diciembre, Rankin y Willens —el más joven de los hombres crecía en autoridad— decidieron cuál sería la estructura final del equipo de trabajo, que constaría inicialmente de un total de 15 abogados. La mayoría de éstos serían asignados a equipos de dos hombres dirigidos por un "consejero *senior*", cuyo compañero —un abogado más joven, de menor experiencia— tendría el título de "consejero *junior*".

Con el visto bueno de Warren, Rankin y Willens establecieron seis áreas de investigación. El Área 1 consistiría en la reconstrucción de la línea cronológica de todo lo ocurrido desde el momento en que el presidente Kennedy salió de la Casa Blanca el jueves 21 de noviembre, para iniciar su gira por Texas, hasta el momento en que su cadáver regresó a la Casa Blanca para ser velado en público en las horas anteriores al amanecer del sábado 23 de noviembre. El Área 2 reuniría evidencias para establecer —de forma concluyente, se esperaba— la identidad del asesino del presidente, presuntamente Oswald. El Área 3 se ocuparía de reconstruir la vida de Oswald. El trabajo del Área 4 sería el estudio de la posibilidad de que hubiera existido una conspiración extranjera, con el enfoque puesto, se dio por hecho, en la Unión Soviética y Cuba. El Área 5 se ocuparía de reconstituir la biografía de Jack Ruby e indagar cualquier posible conexión entre él y Oswald. El Área 6 investigaría la calidad de protección que había recibido el presidente Kennedy por parte del Servicio Secreto, así como la historia de los esfuerzos de los cuerpos de seguridad para proteger a otros presidentes de daño alguno.

Warren no encontró mayores dificultades para hacer la lista de nombres de abogados prominentes y con excelente reputación para los cargos de "consejeros *senior*". Eran el tipo de abogados con quienes él y Rankin habían trabajado día tras día durante décadas en sus carreras. A William Coleman se le pidió que se ocupara del Área 4 —el equipo de la "conspiración"— debido a su experiencia en temas de política exterior. Ese mismo año, Coleman se había convertido en asesor de la recién creada Agencia para el Control de Armas y el Desarme, por lo que ya contaba con privilegios de acceso en el gobierno.

Rankin recomendó a Francis Adams, un litigante de Manhattan de 59 años de edad que había pertenecido a la comisión policiaca de la ciudad de Nueva York a mediados de la década de 1950, al tiempo que Warren propuso el nombre de Albert Jenner, de 56 años de edad, socio de nombre del influyente despacho jurídico de Chicago: Raymond, Mayer, Jenner & Block, después renombrado simplemente Jenner & Block. Ambos estuvieron de acuerdo en prestar sus servicios. Adams, quien obviamente tenía experiencia en el manejo de escenas de crimen, fue asignado al Área 1, cuya consigna era la reconstrucción de los sucesos del día del asesinato. Jenner recibió responsabilidad sobre el Área 3 y la investigación del pasado de Oswald.

Warren estaba ansioso por contratar a un viejo amigo de California, Joseph Ball, de Long Beach, de 61 años de edad, uno de los abogados defensores más exitosos del estado y quien enseñaba en la escuela de leyes de la Universidad del Sur de California. Para Warren, Ball era la refutación viviente a tantos abogados del Este del país que aún daban por sentado que sus homólogos de la costa del Pacífico eran en cierto modo menos talentosos o sofisticados. A Ball le correspondió el equipo del Área 2, el cual determinaría si Oswald había sido en realidad el asesino.

Con abogados del Este, el Oeste y el Medio Oeste, Warren deseaba contar con un representante del Sur. El congresista Boggs sugirió el nombre de su coterráneo de Louisiana, Leon Hubert, de 52 años de edad, ex fiscal de distrito de Nueva Orleans y profesor de leyes en la Universidad Tulane, entonces dedicado al ejercicio privado de su profesión. Hubert asumió el mando del Área 5 y el intento de reconstruir la biografía de Ruby.

OFICINA DEL FISCAL DE DISTRITO
Filadelfia, Pennsylvania
Martes 31 de diciembre de 1963

Arlen Specter era un joven que se estaba fincando un gran prestigio en Filadelfia, su ciudad adoptiva. En 1963, cuando cumplió 33 años de edad, era asistente del fiscal de distrito y durante ese junio se convirtió en un héroe local —ciertamente en un héroe en la oficina del fiscal de distrito— después de lograr la sentencia de varios de los líderes más poderosos del Sindicato de Camioneros acusados de extorsión. Su desempeño en el proceso penal fue tan impresionante que el fiscal general Robert Kennedy citó a Specter en Washington para tener una reunión cara a cara e intentar reclutarlo en el Departamento de Justicia para colaborar en el proceso contra Jimmy Hoffa, el líder nacional del Sindicato de Camioneros. Specter rechazó el ofrecimiento, en parte, adujo, porque deseaba postularse a un cargo de elección popular en Filadelfia.

Sus colegas de la oficina del fiscal de distrito, así como sus adversarios en los tribunales, consideraban a Specter como un hombre atípicamente seguro de sí mismo, con frecuencia al grado de la altanería y la arrogancia. Specter no necesariamente contradecía esa descripción.

La llamada para reclutarlo en la comisión ocurrió en la víspera del Año Nuevo. Eran cerca de las 5:30 de aquella tarde y Specter se encontraba aún en su oficina "tratando de urdir una excusa para llegar tan tarde a casa", recordaría. Su esposa, Joan, se encontraba realizando los preparativos de la fiesta de Año Nuevo de esa noche con un grupo de amigos. Quien llamó fue Howard Willens, antiguo compañero de clase en la Escuela de Leyes de Yale. Dos semanas después de haber comenzado a trabajar para el ministro presidente Warren en la comisión del asesinato, Willens urgió a Specter a que se uniera a la investigación.

Specter declinó el ofrecimiento, argumentando las batallas en la corte de apelación que se avecinaban en el proceso de los camioneros. En la fiesta de esa noche, sin embargo, fue convencido de cambiar de opinión. Le habló a su esposa e invitados de la llamada de Willens y —para disgusto suyo, como insistiría después— la respuesta que recibió fue anónima: era su deber aceptar el encargo. "Estaban todos muy emocionados con la idea de que yo me fuera a la guerra; de pelear hasta derramar la última gota de sangre de Arlen Specter", declararía. Llamó a Willens y aceptó el trabajo.

Dos semanas después, Specter llegó a Washington y descubrió la ciudad sepultada bajo la nieve. Recorrió el arduo camino hasta la sede del VFW en Capitol Hill, donde fue bienvenido por Willens, quien lo presentó con Lee Rankin. Rankin quien, según recordaría él, era "paternal, de voz suave y humor ligero". Rankin le explicó la organización del equipo de trabajo y le informó que, dada su juventud, sería el miembro *junior* de cualquiera de las duplas a la que se integrara. En vista de que fue uno de los primeros en abogados en integrarse, tuvo opción de elegir su asignación. Eligió el Área 1, que se centraría en las actividades de Kennedy durante las últimas horas de su vida, y en el asesinato mismo. "Parecía la [tarea] más apremiante", diría Specter. No deseaba pasar esa noche en Washington; quería dormir en su propia cama en Filadelfia, por lo que llenó su maletín con algunos de los primeros reportes de investigación sobre el asesinato y regresó a la estación Washington Union para tomar un tren de regreso a casa. "El papeleo me mantendría ocupado gran parte de la semana próxima", supuso. Le informó a Rankin que planeaba regresar a Washington —de tiempo completo— varios días después.

En el tren, se instaló junto a un asiento vacío, "así podría leer parte del material, protegiéndolo de la vista de otros pasajeros". Recordaba que se dirigió rápidamente al informe de la autopsia del hospital naval de Bethesda, cuya lectura le resultó enfermiza, en especial la descripción de la herida en la cabeza de Kennedy. "Conforme fui leyendo los horribles detalles de las heridas del presidente, me sentí asqueado y deprimido."

Y el informe forense consistía, además de algunos crudos dibujos anatómicos, de sólo palabras en papel. A Specter únicamente le quedaba imaginar cómo reaccionaría al tener la oportunidad —breve, suponía— de ver las fotografías reales de la autopsia, así como las impresiones de las pruebas de rayos x del cuerpo del presidente. Como fiscal de carrera, entendía desde el primer momento el enorme valor que tendrían esas fotos y esas placas de rayos x.

10

En los primeros días de enero de 1964, David Slawson, un abogado de 32 años de edad, socio de una de los más prestigiosos despachos jurídicos de Denver, estaba ocupado con los asuntos de sus clientes. No al grado de sentirse abrumado, sólo con bastante trabajo: sus socios en Davis, Graham & Stubbs admiraban su habilidad para concentrarse, casi por completo, ante el complicado trabajo corporativo que tenía frente a sí, para apresurarse a terminarlo. A diferencia de algunos de sus socios, el egresado de Harvard no necesitaba permanecer tras su escritorio hasta altas horas de la noche para mantener a sus clientes satisfechos; le gustaba estar de regreso en casa a las 5:00 pm, si podía. No había permitido que la calidad de su trabajo se viera mermada ni siquiera en los primeros días posteriores al asesinato de Kennedy. Slawson apreciaba al presidente y quedó devastado por su muerte. Había trabajado en la campaña de Kennedy de 1960, inicialmente a petición del socio más sobresaliente de su bufete de abogados, Byron *Whizzer* White, su primer mentor en Davis Graham. White, demócrata de toda la vida, había coordinado la campaña de Kennedy en Colorado. Poco después de los comicios electorales, White dejó Denver para convertirse en asistente del fiscal general bajo el mando de Robert Kennedy en el Departamento de Justicia; en 1962 fue designado a la Suprema Corte.

Slawson había albergado la esperanza de seguir a White a Washington. Con Kennedy en la Casa Blanca, la capital de la nación gozaba de una atmósfera de *glamour* y pasión farandulesca que no había conocido en un tiempo equivalente a los años de vida de Slawson;

para muchos abogados jóvenes y ambiciosos, Washington se había convertido de súbito en el lugar donde estar. Tendría que ocurrir la muerte de Kennedy, sin embargo, para que Slawson recibiera su boleto a la capital.

La invitación llegó a principios de enero, cuando Slawson descolgó el teléfono de su oficina y escuchó la voz de un hombre a quien no conocía; era Howard Willens, quien se identificó como un abogado del Departamento de Justicia que asistía al ministro presidente Warren en la organización de la investigación del asesinato del presidente. Willens había llegado a Slawson gracias a un amigo mutuo, un abogado del Departamento de Estado que había sido condiscípulo de Slawson en Harvard. Willens preguntó si le interesaría sumarse a la comisión y Slawson se entusiasmó con la propuesta. La única condición para hacerlo, le indicó a Willens, era que sus socios del despacho necesitarían aprobar un permiso de ausencia. No había mucho que pensar, Slawson recordaría. Sería apasionante formar parte de la investigación para determinar "qué carajos había pasado" en Dallas.

Para alivio de Slawson, sus socios del bufete no tardaron en aprobar el permiso, en el entendido de que no se ausentaría más de dos o tres meses. Hizo planes para salir a Washington de inmediato. No había razón para la demora: era un hombre soltero y no tenía una novia estable, de manera que nada, salvo el trabajo, lo ligaba a Denver.

Antes de partir, se hizo a la tarea de leer toda la información que encontraba en los periódicos locales sobre el asesinato y acerca de la comisión. Obtuvo copias de *The New York Times* —un lujo en el lejano Denver de aquellos años— y leyó sobre los planes de la comisión para organizar equipos de investigadores, cada uno enfocado en un aspecto diferente del magnicidio. En especial estaba intrigado por leer sobre el equipo que investigaría la posibilidad de la existencia de una conspiración extranjera.

Para muchos de sus nuevos colegas, el equipo a cargo de investigar la "conspiración" no representaba una asignación atractiva. El FBI se mostraba insistente en decir que Oswald, y solamente Oswald, había asesinado al presidente, de forma que la dupla a cargo de la teoría de una conjura se vería probablemente enfrascada en la búsqueda de una aguja en un pajar. Slawson, sin embargo, creía tener la formación idónea para ese trabajo. Imaginaba que se trataría, en esencia, de un enigma de lógica según el cual los investigadores tendrían que desenmarañar respuestas con base en información escasa o poco concreta. Sabía poco sobre la Guerra Fría más allá de lo que leía en el periódico cada mañana, pero suponía que si los rusos o los cubanos habían participado en el asesinato habrían intentado ocultar cada elemento probatorio que apuntara a su culpabilidad.

Desde su infancia en Grand Rapids, Michigan, Slawson había sido diestro en la resolución de acertijos. Poseía la habilidad, en la tranquilidad de su mente, de resolver complicados problemas de matemáticas o ciencias. No necesitaba observar imágenes o diagramas tangibles para resolver un acertijo; era capaz de hacerlo mentalmente. Esto explicaba por qué las matemáticas y las ciencias y le habían facilitado tanto. Él originalmente soñó con ser físico. Ésa era la opción profesional que había elegido primero en el Amherst College, donde se graduó como el primero de su clase en 1953. A pesar de la timidez que lo caracterizaría a lo largo de toda su vida, era tan inteligente como popular entre sus compañeros —uno de ellos lo recordaba como el "chico de oro" de Amherst—, tanto que fue elegido presidente de su clase. Slawson ingresó después a Princeton para realizar estudios en física. Planeaba enfocarse en mecánica cuántica, la rama de la física que explica el comportamiento de los elementos más pequeños del universo: partículas subatómicas que nunca podrían ser vistas por los microscopios más potentes, sin mencionar el ojo humano. Recordaba la emoción que le ocasionaba mirar fugazmente al físico más famoso del mundo, Albert Einstein, quien había vivido en Princeton desde que huyó de la Alemania nazi en la década de 1930. "En ocasiones podías ir caminando y ahí estaba", diría Slawson.

El elemento que cambió la vida de Slawson —y lo llevó a alejarse de la ciencia— fue un episodio que observó en una pantalla de televisión, en su departamento, en Princeton, en 1954. Entre una y otra clase tomó asiento, paralizado, ante la transmisión en vivo de las audiencias que llegarían a ser conocidas como "Audiencias Ejército-McCarthy", las sesiones en el Senado que señalaban el fin definitivo de la cacería de comunistas, la era McCarthy. Slawson descubrió a un héroe en Joseph Welch, el jefe de abogados del ejército, cuyo testimonio frente al senador Joseph McCarthy se convirtió en una confrontación respecto a las aseveraciones del senador de que las instalaciones de defensa empleaban comunistas. En su momento de mayor arrojo, Welch se dirigió a McCarthy para preguntarle: "¿No tiene usted sentido de la decencia, señor?"

Eso mismo, decidió Slawson, era lo que deseaba hacer: ser un abogado que, al igual que Welch, enfrentara abusones y al mismo tiempo participara en los grandes asuntos de actualidad. "Ésa es la vida que quiero", recordaba haber pensado. Ya había comenzado a preocuparle que una carrera como físico lo aislara demasiado del resto del mundo. "No era que no amara la física", diría después, "sino que la vida que vislumbraba en el mundo de la física consistía en el trabajo enclaustrado, resolviendo largas y difíciles ecuaciones matemáticas —analizando las dimensiones de las galaxias y cosas como esas—, y pensé: 'No, no, yo no quiero hacer eso'".

Un año más tarde, después de obtener una maestría, Slawson dejó Princeton para unirse al ejército; decidió enlistarse antes de esperar ser llamado a filas. Aún con el uniforme de las fuerzas armadas se presentó al concurso de selección de la Escuela de Leyes de Harvard, y fue aceptado. Pagó la universidad a través de la Ley G. I. (un mecanismo de asistencia para veteranos militares que les permitía acceder a diversos financiamientos para reinsertarse en sociedad) y se graduó entre los primeros de su clase, lo que le granjeó un puesto de editor en el *Harvard Law Review*. Después de ese periodo, Slawson podía haberse decidido entre diversos empleos en bufetes de Nueva York, pero lo seducía la idea de trabajar en un despacho pequeño, en una ciudad pequeña, especialmente en alguna donde la vida al aire libre fuera atractiva. Denver, en su opinión, era una opción obvia ya que era amante de los deportes de montaña.

En Davis, Graham & Stubbs, Byron White tenía olfato para detectar el talento joven, por lo que solicitó que Slawson fuera asignado para trabajar con él. Trabajar con White era motivo de enorme emoción, ya que éste había sido una celebridad en Colorado durante décadas, primero como uno de los mejores corredores de futbol americano colegial en la Universidad de Colorado. Después de haber jugado profesionalmente con los Piratas de Pittsburgh (cuyo nombre cambiaría después a Acereros), White obtuvo la beca Rhodes de la Universidad de Oxford para luego matricularse en la Escuela de Leyes de Yale. Como jugador de futbol americano y como abogado —y en casi cada actividad que emprendía— "Byron era una superestrella", recordaría Slawson.

Fue White quien convirtió a Slawson en partidario de Kennedy. En la elección de 1960 Slawson planeaba votar por Adlai Stevenson, pero White ejerció presión sobre él para que lo reconsiderara. "Me dio a leer muchísimo material sobre Kennedy, así lo hice y dije: 'Sí, cambiaré [mi voto]'". White llegó entonces a un acuerdo con el despacho que le permitió a su joven protegido trabajar a tiempo parcial en la campaña de Kennedy.

Slawson se encontraba en las oficinas del despacho el 22 de noviembre, el día del asesinato; una secretaria, conmocionada, le dio la noticia. Después del anuncio de la muerte de Kennedy, el despacho cerró sus puertas por el resto del día. "A todo el mundo se le comunicó que podía irse a casa", declararía Slawson, cuyo departamento quedaba a poca distancia del despacho. "Estaba tremendamente afectado. Creo que regresé a casa bañado en lágrimas." Cuando Oswald fue asesinado, dos días después, Slawson vio la escena en televisión, con la sensación de que los sucesos habían llegado demasiado lejos para ser comprendidos. No se le ocurrió que una conspiración a gran escala —primero para matar al presidente, y luego para matar al asesino del presidente— pudiera explicar lo que estaba ocurriendo. "Sólo pensé: el mundo está enloqueciendo."

Una semana después de la llamada de Willens, Slawson iba rumbo al este, a Washington, cruzando el país desde Colorado al volante de un Buick sedan que su padre le había prestado. "Era uno de esos armatostes, con alerones, completamente inapropiado para mí." Deseaba llegar a Washington tan pronto como le fuera posible. "No tenía mucho dinero, así que conduciría tan lejos como pudiera cada día."

Finalmente llegó a Washington la noche del domingo 19 de enero —era la primera vez que estaba en la capital del país— y encontró alojamiento en un hotel barato. A la mañana siguiente, se puso un abrigo, una corbata y se presentó en las oficinas de la comisión, donde fue presentado con Willens y Rankin. No recordaba que le hubieran preguntado a qué tarea deseaba encargarse; más bien, le indicaron que sería el integrante *junior* del equipo de la "conspiración", por lo que trabajaría bajo las órdenes de William Coleman. Slawson estaba encantado; había recibido exactamente la encomienda que deseaba.

Slawson no sabía quién era Coleman, aunque quedó impresionado al enterarse de que su nuevo compañero también se había graduado entre los mejores de su clase en Harvard, y que había participado en el proceso "Brown *vs.* La Junta de Educación". Ésta era la primera vez que Slawson trabajaba de manera cercana con un abogado negro. No recordaba haberse sentido intimidado por la misión que él y Coleman recibieron. A ambos se les pedía determinar si un gobierno extranjero —con mayores probabilidades, la Unión Soviética o Cuba— había hecho asesinar al presidente de los Estados Unidos, un acontecimiento que podría con facilidad haber desatado una guerra nuclear. "No me sentía abrumado", diría Slawson; "estaba entusiasmado". Muchos de sus nuevos colegas compartían la misma sensación. "No creo haber dudado en ningún momento de mi capacidad intelectual", afirmaría Slawson. "Creo que ninguno de nosotros lo hizo."

Puso manos a la obra de inmediato. Esa tarde recibió la consigna de dirigirse al vestíbulo del edificio VFW para entrevistarse con una persona que aseguraba tener en su posesión evidencia que señalaba la existencia de una conspiración detrás del asesinato. Slawson bajó y se encontró con un hombre de cabello cano, bien vestido —llevaba abrigo y corbata—, probablemente al final de su cuarta década de vida. Al principio, el hombre se mostró razonablemente articulado y coherente. "No quise interrumpirlo porque probablemente el sujeto tenía algo", recordaría Slawson: dos horas después, el joven abogado, exasperado, se percató de que "tenía a un loco paranoico entre manos". El secreto detrás del asesinato de John F. Kennedy, aseveró el hombre, podía encontrarse en el mensaje escrito en una hoja de papel que había sido enterrada debajo de una piedra en algún lugar de Suiza. "Quería que lo lleváramos a Suiza, donde nos señalaría la roca", declararía Slawson.

Después de que el hombre se retiró del edificio, Slawson se recriminó por haber perdido tanto tiempo escuchando sus delirios. Posteriormente reparó en que la experiencia había sido valiosa. En sus primeras horas como parte del equipo de trabajo de la comisión, había aprendido que muchas personas, cuya primera impresión era la de ser testigos en sus cabales poseedores de información importante que compartir sobre el asesinato, estaban, de hecho, "locos de atar".

Slawson recordaba haber conocido a Coleman aquel viernes, día en que éste realizaba la que se convertiría en su visita semanal desde Filadelfia. Los dos hombres formaron una mancuerna cercana, libre de fricciones. Al igual que varios de los abogados *senior*, Coleman tenía planeado trabajar sólo por jornadas parciales en la investigación. Le había advertido a Warren y a Rankin que su presencia en Washington sería esporádica. Sería Slawson quien se ocuparía de hurgar en el tema y redactar sus hallazgos y, debido a la carga de trabajo que tenía en su bufete de abogados, a Slawson le pareció perfecto.

Desde las primeras etapas de su trabajo, Slawson mantuvo una mentalidad abierta respecto a la posibilidad de que el asesinato de Kennedy obedeciera a una conjura extranjera. Coleman, sin embargo, era más suspicaz. "Al principio, de verdad creí que fueron los rusos o los cubanos", diría, recordando su temor de que la investigación pudiera generar evidencias que obligaran a Estados Unidos a ir a la guerra".

Durante varias semanas, Slawson abandonó sólo en contadas ocasiones su pequeña oficina en el cuarto piso del edificio vfw. Tenía miles de páginas de documentos por leer. Él y sus nuevos colegas se estaban viendo inundados por archivos clasificados —muchos de ellos marcados como ULTRASECRETO—, provenientes del fbi y la cia. En vista de que debía enfocarse en la posibilidad de alguna conspiración extranjera, Slawson sabía que él, en mayor medida que el resto de sus compañeros, necesitaría entender a la cia y su forma de operar. Le emocionaba darse cuenta de que pronto conocería a algunos espías de verdad.

Al interactuar con la cia, Slawson creía que contaba con una fuente extraordinaria en uno de sus miembros: Allen Dulles, quien había dirigido la agencia desde 1953 y hasta su destitución en 1961, después del fracaso en Bahía de Cochinos. El retiro forzoso de Dulles no generó sorpresivamente demasiadas animadversiones entre éste y el presidente Kennedy. "Tomó su remoción con mucha dignidad y en ningún momento intentó señalar culpables", diría Robert Kennedy posteriormente: "El presidente lo tenía en muy alta estima, al igual que yo". Fue Robert Kennedy, como revelaría después el presidente Johnson, quien había recomendado a Dulles como integrante de la Comisión Warren.

Slawson daba por sentado que si la cia tenía información que ligara a Oswald con una conspiración, Dulles sabría cómo obtenerla. Pero eso era antes de que conociera a Dulles. Cuando ambos hombres fueron finalmente presentados, Slawson descubrió que el ex espía-maestro era sorprendentemente titubeante y frágil. Seguía teniendo el aspecto de "un profesor de internado", según palabras de Richard Helms, su ex subalterno en la CIA, con "el cabello cano peinado a raya, el bigote cuidadosamente recortado, vestido de *tweed* y con sus anteojos preferidos, ovalados, sin montura". Pero, a principios de 1964, a Slawson le pareció que Dulles tenía la apariencia de un maestro de escuela en mal estado de salud, después de muchos años en el retiro.

A sus 70 años de edad parecía mucho mayor. Así había sido desde Bahía de Cochinos. Robert Kennedy recordaría que Dulles "parecía como muerto en vida" en sus últimos días al frente de la CIA. "Padecía de gota, por lo que se le dificultaba caminar y todo el tiempo recargaba la cabeza sobre las manos." Su problema de gota perduraría durante su servicio en la Comisión Warren. Con frecuencia se presentaba a las oficinas de la comisión y avanzaba silenciosamente por el lugar en pantuflas, de tan dolorosos que le resultaban los zapatos.

Años más tarde, después de enterarse de lo mucho que Dulles había conocido —y posiblemente ocultado— de la comisión, Slawson aún quería tener el mejor concepto de él. Sospechaba que el otrora director de la CIA, tras la humillación que había significado su remoción de la agencia, y en la confusión de sus últimos años de vida, simplemente había olvidado muchos de los secretos más importantes que alguna vez había conocido.

11

En las primeras horas después del asesinato, el segundo al mando en la CIA, el director adjunto Richard Helms, decidió que debía poner orden en la CIA a la frenética búsqueda de información sobre el homicidio del presidente. El director de la agencia, John McCone, quien no tenía experiencia real en temas de inteligencia antes de integrarse a la CIA en 1961, estaba contento de dejar las principales decisiones sobre la investigación en manos de Helms, un oficial de carrera que era el verdadero espía-maestro de la dependencia. El 23 de noviembre, el día siguiente al asesinato, Helms creó un equipo de cerca de 30 analistas elegidos de todo Langley para que buscaran evidencias respecto a Oswald y sobre cualquier posible conspiración extranjera. En una reunión con sus subalternos esa mañana, Helms anunció que John Whitten, un veterano de la CIA de 43 años de edad, quien con frecuencia había estado a cargo de proyectos especiales para Helms, dirigiría el equipo.

El nombre real de Whitten no había sido reconocido por algunos de sus colegas, cuando menos no aquellos que lo conocían mediante la documentación que su oficina generaba. Era conocido en papel por uno de sus seudónimos aprobados por la agencia: John Scelso. Dicho nombre era el que aparecía en los documentos internos en los cuales la agencia deseaba que la verdadera identidad del agente fuera conocida por el menor número posible de personas.

En el momento en que el presidente Johnson creó la comisión para la investigación del asesinato, una semana después del atentado, Whitten, un hombre de trato áspero en ocasiones que había comenzado su carrera en inteligencia como interrogador del ejército, recibió la responsabilidad adicional de ser el enlace cotidiano con el equipo de trabajo de la comisión. En aquel entonces fungía como jefe de operativos encubiertos de la agencia en México y Centroamérica, un trabajo que había ejercido desde hacía ocho meses. Su división era conocida como WH-3 —la tercera rama de la división del Hemisferio Occidental (WH, por sus siglas en inglés) de los Servicios Clandestinos de la CIA— y era responsable de todas las actividades de espionaje estadounidense en el área que se extendía desde la frontera con México hasta la frontera sur de Panamá.

Al igual que muchos de sus colegas, Whitten no regresó a su casa la noche del 22 de noviembre. Permaneció en la agencia hasta el día siguiente, mientras la CIA recababa información sobre Oswald. Whitten descubrió lo que calificó como un modesto expediente sobre Oswald que obedecía a su intento de deserción hacia la Unión Soviética en 1959 y su regreso a Estados Unidos tres años después. Mucho más intrigantes le parecieron a Whitten los reportes de sus colegas de la CIA en México que se habían ocupado de vigilar a Oswald durante su misterioso viaje al país en septiembre.

En la junta de trabajo del 23 de noviembre, Helms les comunicó a los asistentes que Whitten gozaría de "amplias facultades" y que toda la información relacionada con el asesinato debía ser remitida a él, incluso cuando ello rompiera con la cadena de mando tradicional. Tal como Whitten recordaría después, Helms anunció que Whitten "estaría a cargo de la investigación, que nadie perteneciente a la agencia debía sostener conversaciones con nadie fuera de la agencia, incluyendo a la Comisión Warren y el Buró Federal de Investigación, sobre el asesinato de Kennedy, sin que yo estuviera presente". Whitten pensaba que Helms le había confiado la investigación porque "yo había investigado varias otras operaciones gigantescas de importancia absolutamente crítica para él a lo largo de los años y había obtenido, usted sabe, las respuestas correctas".

Entre los presentes en la oficina de Helms aquel sábado, recordaría Whitten, estaba James Jesus Angleton, el director de contrainteligencia de la CIA —el "cazador de topos", quien era responsable de la detección todo intento de las agencias espías extranjeras para infiltrar a la CIA con dobles agentes—. La presencia de Angleton en la sala siempre representó un problema para Whitten. Ambos habían tenido diversos encontronazos a lo largo de sus carreras, en especial cada vez que Whitten revisaba operativos espías que de alguna manera involucraban a Angleton. "Ninguno de los oficiales experimentados de la agencia pudo lidiar nunca con él", declararía Whitten.

Angleton, entonces de 46 años de edad, era una figura tan excéntrica y reservada como la de cualquier otra persona que trabajara en la agencia. Whitten lo consideraba como una fuerza siniestra, un hombre con mirada de halcón que albergaba una sospecha paranoide de infiltraciones comunistas en la CIA. Dentro de la agencia estaba claro que la paranoia de Angleton tenía su origen en la traición de quien fuera alguna vez su amigo cercano, Kim Philby, el espía británico de alto rango que resultó ser un topo de la KGB. Angleton padecía una "sensación de terror ante las conspiraciones extranjeras y una proclividad excesiva a la sospecha" que eran simplemente "extrañas", recordaría Whitten. Angleton, educado en Yale y criado en Europa, se regodeaba en su reputación de excéntrica anglofilia, que incluía su afición al cultivo de orquídeas y su amor a la poesía. Se embelesaba también con los secretos, a tal grado que nadie —ni siquiera Helms, su supuesto jefe— parecía saber qué planeaba en realidad. Era evidente que disfrutaba de la confusión —o, a los ojos de Whitten, el caos— que provocaba. Recreando las palabras del poeta T. S. Eliot, Angleton gustaba en describir el trabajo de la contrainteligencia como una "selva de espejos".

"Cada actividad que Angleton realizaba era muy secreta", recordaría Whitten. "En varias ocasiones durante mi carrera fui designado para investigar, manejar o supervisar investigaciones que Angleton realizaba. Esto siempre causó rencillas amargas; las rencillas más amargas." Cada vez que Helms u otros le pedían que confrontara a Angleton, Whitten lo hacía con inquietud. "Acostumbraba ir apuntando a mi póliza de seguro con el dedo, pensando en notificar a mi pariente más cercano."

Angleton tenía un abanico de responsabilidades que abarcaba mucho más que la contrainteligencia. Parte del poder del que gozaba se debía a su amistad con Hoover, el director del FBI. Sea cual fuere la rivalidad entre la CIA y el buró, ambos hombres compartían una fijación parecida por los peligros del comunismo, y sobre la Unión Soviética en particular. "Tenía contactos de enorme influencia con J. Edgar Hoover", diría Whitten sobre Angleton. A su vez, Angleton era "en extremo protector con el FBI" y "no permitiría ninguna crítica de ellos o ningún tipo de rivalidad". Whitten suponía que en ello radicaba en parte la razón por la que a él, y no a Angleton, le había sido asignada la responsabilidad de la investigación de Oswald. En un principio, Helms debió haber temido que Angleton ayudara a sus amigos del FBI a cubrir los errores que hubieran cometido durante el tiempo que vigilaron a Oswald antes del asesinato. "Una de las razones por las que Helms me dio el caso fue principalmente porque Angleton era muy cercano al FBI", declararía Whitten. "El FBI podía llegar a ser extremadamente gregario y celoso en la protección de sus intereses. Creo que J. Edgar Hoover y otros deseaban estar muy pero muy seguros de que no pudieran ser criticados, así que querían asegurar todos los datos antes de permitir que nadie más los conociera."

La influencia de Angleton se extendía también a varias de las estaciones de espionaje más importantes fuera de suelo estadounidense, las cuales eran dirigidas por sus amigos y protegidos, entre ellos Winston Scott, jefe de la base en la ciudad de México. Y tanto Angleton como Scott eran gente cercana a Allen Dulles.

Whitten admitiría que le causó cierto placer el descontento de Angleton respecto a la investigación sobre Oswald. "En las primeras etapas, el señor Angleton no tenía posibilidades de influir en el curso de la investigación, lo que fue origen de gran amargura para él", recordaría Whitten. "Guardaba mucho rencor por el hecho de que se me hubiera confiado la investigación a mí y no a él."

Creyendo que contaba con todo el apoyo de Helms, Whitten se puso a trabajar en la reconstrucción de la vida de Oswald y en comprender sus posibles motivos para matar a Kennedy. Dedicó muchísimo tiempo a leer pilas de hojas relacionadas con el asesinato. "Fuimos inundados por cables, reportes, sugerencias y alegatos provenientes de todo el mundo, y esas cosas debían ser revisadas", diría. "Hicimos a un lado casi todo lo demás y puse a un gran número de mis oficiales a rastrear nombres, analizar documentos." Una gran parte del material eran "cosas inauditas" que ligaban a Oswald con todo tipo de conspiradores, extraterrestres incluidos, recordaba.

Whitten afirmaba desconocer la existencia de Oswald, incluso su nombre, antes del asesinato de Kennedy. Aunque la estación en la ciudad de México le respondió al personal al mando de Whitten en la rama WH-3 y había despachado varios cables a las oficinas centrales aquel otoño acerca de la vigilancia que pesaba sobre Oswald durante su viaje a México, Whitten no recordaba haber visto ninguno. Ello no era una sorpresa, manifestaría, puesto que en ese tiempo Oswald era, al parecer, uno más de los "estúpidos desertores" y "chiflados" que hacían acto de presencia ocasionalmente en la capital mexicana.

De acuerdo con Whitten, varios soldados estadounidenses y trabajadores de la industria de la defensa se acercaron a la embajada rusa en la ciudad de México en las décadas de 1950 y principios de 1960 para desertar o vender secretos. Eran detectados con tal frecuencia por la estación de la CIA en la ciudad de México que Hoover, a quien por rutina se le informaba de los casos de manera que el FBI pudiera rastrear a posibles espías cuando regresaran a Estados Unidos, "solía resplandecer cada vez que pensaba en la estación de [la ciudad de] México; ésta era una de nuestras áreas más destacadas de cooperación con el FBI", afirmaría Whitten.

Whitten compartía la admiración de Hoover por la estación de la ciudad de México, y especialmente por Scott, quien "era el mejor jefe de estación que se podía tener, y era posible decir con justicia que él tenía la mejor estación en el mundo". Al mando de Scott, la estación había desarrollado una red de informantes pagados en todos los ámbitos del gobierno mexicano y entre los principales partidos políticos del país. Según Whitten, Scott también supervisaba la misión de vigilancia electrónica más extensa y sofisticada de la CIA en el mundo. Whitten revelaría que cada llamada entrante y saliente, tanto de la embajada soviética como de la cubana en la ciudad de México, era registrada por la estación de Scott; unas 30 líneas en total. Había bancos de cámaras de vigilancia de la CIA alrededor de ambas embajadas.

Whitten creía que ello explicaba por qué parte de la información sobre Oswald había tardado en llegar a las oficinas centrales de la CIA durante las semanas posteriores a su visita. Scott y su equipo eran víctimas de su propio éxito. La estación de la ciudad de México estaba inundada por una marejada de fotografías y cintas de vigilancia pendientes de revisión, las cuales debían ser traducidas y transcritas al inglés.

Whitten recordaba que de inmediato había comenzado a darle vueltas a una pregunta cuya respuesta, él sabía, la Comisión Warren y otros investigadores pretenderían conocer: dadas las extrañas condiciones de su fallida deserción a la Unión Soviética, ¿había trabajado alguna vez Oswald para la CIA? La respuesta, que a decir de Whitten no tardó en encontrar, era "no". "Oswald era el tipo de persona que jamás habría sido reclutada por ninguna agencia para trabajar al otro lado de la Cortina de Hierro o en ningún otro lugar... El estilo de vida entero de Oswald correspondía al de un joven con un muy profundo desequilibrio emocional."

Whitten diría que Helms le indicó que cooperara en todos los aspectos con la Comisión Warren, excepto en lo que atañía a la divulgación de la manera en que la CIA recababa información: "las fuentes y los métodos", en la jerga de la agencia. Le instruyó que la comisión debía permanecer ignorante de los programas de vigilancia electrónica de la CIA en la ciudad de México y en cualquier otra parte, cuando menos en un primer momento. "Nos aseguraríamos de entregarles todo en el momento en que supiéramos que podíamos hacerlo sin revelarles cómo, exactamente, obteníamos la información", recordaría Whitten. A su decir, a la CIA le preocupaba de manera especial que la existencia de los programas de intervención telefónica y vigilancia fotográfica en la ciudad de México surgieran a la luz pública, lo que pondría sobre aviso a los soviéticos y los cubanos y acabaría con la utilidad de los programas. "Nos planteábamos si revelarles esto podría innecesariamente poner en riesgo nuestra capacidad para siempre", diría Whitten. "No había ninguna razón perversa de nuestra parte para no hacérselos saber. Era, sencillamente, que no lo considerábamos de vital relevancia y deseábamos proteger a nuestras fuentes."

El frenesí reinante en las oficinas de la CIA en las primeras horas posteriores al asesinato era el mismo que en la estación de la agencia en la ciudad de México, que entonces se encontraba en el último piso de la embajada de Estados Unidos en Paseo de la Reforma, una avenida céntrica en el corazón de la capital mexicana. Al parecer Scott entendió de inmediato los cuestionamientos que enfrentaría desde Langley y Washington. Apenas unas semanas antes, la estación bajo sus riendas había realizado un operativo de vigilancia supuestamente intenso sobre el hombre que, presuntamente, acababa de matar al presidente de Estados Unidos. La estación había grabado de forma secreta llamadas telefónicas realizadas por Oswald —y acerca de Oswald— durante varios días de aquel otoño y la agencia estaba intentando determinar si sus cámaras de vigilancia habían captado la imagen de Oswald durante sus visitas a las embajadas soviética y cubana. Algunas de las transcripciones de las grabaciones habían sido marcadas como "urgentes" y enviadas de inmediato al escritorio de Scott, como mostrarían sus archivos. ¿Pudo la CIA —y su estación en la ciudad de México, en particular— haber hecho algo para detener a Oswald?

Scott era una verdadera autoridad dentro de la CIA. Matemático de formación, había comenzado un programa de doctorado en la Universidad de Michigan antes de ser alejado de la vida académica en la década de 1940 por el FBI, que lo reclutó para aplicar su talento matemático en la criptografía. Durante la segunda Guerra Mundial, Scott había trabajado en la Oficina de Servicios Estratégicos (OSS, por sus siglas en inglés), la agencia de espionaje predecesora de la CIA. En la OSS entablaría amistades para toda su vida con algunos compañeros espías —entre ellos Angleton, Dulles y Helms—, quienes se integrarían a la CIA cuando ésta se formó en septiembre de 1947.

Entre sus subalternos en México, pocos eran más cercanos a Scott que Anne Goodpasture. Ella también había comenzado su carrera en el espionaje en la OSS. Durante la segunda Guerra Mundial había sido destinada a Burma junto con una compañera agente de la OSS, Julia McWilliams, quien después cobraría fama como autora de libros de cocina bajo su nombre de casada, Julia Child. En años posteriores, Goodpasture negaría haber sido una persona siquiera cercana a Angleton, pero dentro de la agencia se entendía que Angleton era quien realmente la había enviado a México; había quedado impresionado por su diligencia durante un operativo anterior de contrainteligencia. Scott, amigo de Angleton, estuvo de acuerdo en agregarla a su equipo de trabajo en 1957, un año después de su propia llegada.

Algunas veces Goodpasture era confundida con una secretaria o mecanógrafa en las oficinas de la CIA en la ciudad de México y el sexismo de dicha suposición siempre la había molestado, afirmaría posteriormente. Ella era, de hecho, una colaboradora clave: la "mano derecha" o la "mujer de confianza" de Scott, como a él le gustaba decirle. No era una espía de calle —la mayoría de su trabajo lo realizaba en los confines de la embajada de Estados Unidos— pero conocía el arte del espionaje, incluso cómo abrir un sobre sellado de manera que nadie lo notara, una técnica conocida como "sellos y tapas". Su amistad con Scott se facilitó por sus raíces comunes en el sur de Estados Unidos; Goodpasture provenía de Tennessee. Ambos eran corteses y de voz suave. (Entre los secretos que Goodpasture guardaba estaba el de su edad exacta, la cual no aparece en muchos de sus archivos personales más importantes. En el momento de la investigación sobre Oswald sus colegas calculaban que, al igual que Scott, estaría a la mitad de sus cincuenta.) "Él era un caballero sureño", decía ella de Scott. "Creo que se consideraba a sí mismo un intelectual... Era especial en su forma de vestir, y siempre usaba trajes oscuros y camisas blancas."

A pesar del respeto mutuo, nunca hubo duda de quién estaba a cargo y quién, a fin de cuentas, mantenía los secretos: Scott. Dentro de la estación, la información fluía hacia Scott y a través de él exclusivamente, al punto de la obsesión, como recordaría ella. "Mantenía su propio conjunto de archivos clasificados, separados de aquellos de la estación, los cuales guardaba en varias cajas de seguridad en su oficina y en una caja grande en su casa", informaría. "Win jamás confió en nadie." Scott contaba con otros subalternos, recordaría ella, pero "eran asistentes más bien de nombre porque Win estaba ahí todo el tiempo" y "tomaba todas las decisiones".

Goodpasture apreciaba y respetaba a Scott, aunque creía que él no siempre decía la verdad cuando reportaba a Langley. En su opinión, ese hecho explica por qué pasaba días enteros en su escritorio; necesitaba estar presente para controlar el flujo de información y asegurarse de que nadie tuviera la oportunidad de descubrir su falta de honestidad. "Descubrirían probablemente que exageraba las cosas", le diría Goodpasture a Jefferson Morley, el escritor de Washington. "Había numerosos casos en los que alteraba las cifras. Si alguien describía una multitud de 500 personas en un periódico, él agregaba otro cero."

De acuerdo con Goodpasture, Scott comenzó a mostrarse particularmente ansioso —paranoico, incluso— después del asesinato de Kennedy, y especialmente después de la creación de la Comisión Warren. Le dejó en claro a Goodpasture y al resto de sus subordinados que tomaría el control de cada detalle de la interacción entre la estación y la comisión. Con el paso del tiempo, fue un paso adelante al mostrar un gran hermetismo frente a Goodpasture y sus colegas cada vez que se mencionaba el tema de Oswald. Goodpasture recordaría que después del asesinato, el tema simplemente no se tocaba: cuando la comisión comenzó a turnar preguntas a la CIA que debían ser respondidas desde la ciudad de México, Scott se ocupaba de ellas de manera directa. Scott no compartía las preguntas con Goodpasture, ni le pedía a ella o a sus colegas que revisaran los archivos de la estación en busca de datos. En cambio, cuando las preguntas llegaban, pedía que le trajeran los archivos sobre Oswald, buscaba una respuesta y entonces la enviaba él mismo de vuelta a Langley. Jamás se habló de la posibilidad de que Goodpasture testificara ante la Comisión Warren o que fuera interrogada por su equipo, a pesar de que ella había participado en el operativo que vigiló a Oswald. Scott, sabía ella, pretendía responder a todas las preguntas de la comisión por su cuenta.

12

AGENCIA CENTRAL DE INTELIGENCIA
Langley, Virginia
Diciembre de 1963

Para principios de diciembre, Whitten y su equipo de 30 investigadores creían tener una idea básica de la biografía de Oswald. Tenían incluso una noción preliminar de cuál había sido su motivo para matar al presidente.

Whitten preparó un reporte —recordaría que abarcaba cerca de 20 páginas— para su distribución en toda la agencia, donde resumía lo que se sabía hasta el momento. En ese punto, Whitten creía que Oswald era una especie de "lunático pro-Castro" que probablemente había actuado por cuenta propia. A pesar de los contactos de Oswald con la embajada cubana en la ciudad de México, Whitten no advertía ninguna evidencia de que el gobierno de Castro tuviera relación alguna con el asesinato. Whitten era especialista en América Latina; poseía grandes conocimientos sobre Cuba y dudaba que Castro pusiera en riesgo la sobrevivencia de su régimen al reclutar a un hombre perturbado como Oswald como asesino. Whitten confiaba al parecer en que si había más elementos que encontrar en la ciudad de México, Scott daría con ellos.

Al terminar el reporte, Whitten estaba indignado —aunque no sorprendido, declararía— cuando se enteró por colegas de la CIA de que Angleton estaba llevando a cabo su propia investigación, informal, sobre Oswald y que discutía el caso con sus amigos del FBI. "Era un desacato absoluto a las órdenes de Helms", diría. Confrontó a Angleton, quien, para asombro de Whitten, confirmó sin reparos los rumores, como si las reglas de Helms simplemente no se aplicaran a él. Reconoció que sus contactos del FBI lo actualizaban todos los días sobre la investigación del asesinato. Sin que Whitten lo supiera, Angleton había comenzado también a reunirse con el antiguo superior de ambos, Allen Dulles, que ahora formaba parte de la comisión. Whitten se quejó con Helms, quien le dejó en claro que no deseaba verse involucrado en una disputa entre sus dos subalternos. Whitten afirmaría luego que Helms jamás quiso confrontar al siempre difícil Angleton. Si Angleton estaba ocasionando problemas, le indicó Helms a Whitten, "ve y dile" que se detenga.

Whitten comenzó a preocuparse de que Angleton, dados sus cercanos lazos con Hoover y otros en el FBI, estuviera recibiendo información distinta y tal vez más valiosa que aquella que el buró compartía con él. Sus temores se hicieron realidad cuando fue invitado a la oficina del asistente del fiscal general Nicholas Katzenbach en diciembre para revisar el reporte inicial del FBI de 400 páginas sobre Oswald. Conforme avanzaba en su lectura Whitten enfurecía al descubrir cuánto ignoraba, qué cantidad de información le había ocultado el FBI. El buró había comunicado fragmentos de información, pero el equipo de Whitten conocía pocos de los detalles más importantes incluidos en el reporte del FBI, como el hecho de que Oswald había estado presuntamente involucrado en otro homicidio ese mismo año: el mayor general del ejército en retiro Edwin Walker, un destacado extremista de derecha, había sido atacado a tiros desde el exterior de su casa en Dallas, en abril.

Whitten también quedó asombrado al descubrir que Oswald llevaba una especie de diario personal y que el FBI tenía pruebas de sus nexos con activistas pro-Castro en Estados Unidos, incluido un prominente grupo conocido como Comité Pro Trato Justo a Cuba. Oswald había asegurado ser el encargado de la rama del comité en Nueva Orleans cuando vivió en Louisiana en fechas anteriores de ese mismo año. En agosto, había sido arrestado en Nueva Orleans durante un altercado en la calle con algunos cubanos anticastristas.

A medida que seguía leyendo, recordaría Whitten, se sentía humillado. Él acababa de entregar a la CIA un reporte que era, supuestamente, una semblanza detallada de Oswald. Pero al estar sentado en el Departamento de Justicia, hojeando la "vasta cantidad de información" en el documento del FBI se percató de que su propio reporte estaba tan repleto de lagunas que "al mismo tiempo resultaba caduco y redundante frente al informe del FBI". Su reporte era "inútil".

La situación le ofreció a Angleton la oportunidad de hacer a un lado a Whitten. En una junta con Helms y sus subordinados, Angleton criticó ferozmente a Whitten al describir su reporte sobre Oswald como un documento "tan lleno de errores que no sería posible enviarlo al FBI". A Whitten el comentario le pareció extraño, ya que "nunca se planeó que el reporte fuera enviado al FBI". Mientras Helms escuchaba, Whitten intentó defenderse diciendo que el FBI había acaparado con toda obviedad la información sobre Oswald que debía haber compartido desde el primer momento. Angleton ignoró la explicación y continuó con su ataque. "Me sacudió con alevosía y ventaja", concluiría Whitten.

Angleton instó a que la investigación sobre Oswald le fuera retirada a Whitten y encomendada, de inmediato, a su equipo de contrainteligencia, en particular a uno de sus subalternos de mayor confianza, Raymond Rocca. Y Helms estuvo de acuerdo. Sin más discusión, anunció en su acostumbrado tono flemático que la investigación sobre Oswald pasaría, en su totalidad, a la oficina de Angleton y que éste sería a partir de ese momento el responsable del intercambio entre la agencia y la Comisión Warren.

Whitten quedó pasmado ante el hecho de que Helms hubiera dejado atrás, al parecer, su preocupación anterior respecto a la amistad cercana entre Angleton y Hoover. De hecho, de pronto todo parecía indicar que Helms estaba ansioso por lograr que el FBI y la CIA trabajaran codo a codo en la investigación sobre Oswald. "Helms quería que condujera la investigación alguien que compartía la cama con el FBI", recordaría Whitten con amargura. "Yo no lo hacía, pero Angleton sí."

Dentro de la CIA, Helms describió la transferencia de la investigación sobre Oswald a Angleton como mera rutina; como si cualquier aspecto relacionado con la investigación pudiera considerarse como un asunto de rutina. Whitten era especialista en México y América Latina, y para el momento en que Angleton asumió la investigación, ésta se había ampliado más allá de territorio latinoamericano, hacia la Unión Soviética y otros lugares del mundo de los que Angleton tenía mayor entendimiento. "Pudimos ver que esta investigación rebasaba los límites de la ciudad de México y no tenía mucho sentido que estuviera en manos de alguien a cargo de la ciudad de México", diría Helms años después.

Richard McGarrah Helms había tenido siempre la habilidad de hacer que lo extraordinario pareciera rutinario... insípido, incluso. Como director adjunto de planeación estaba al frente de todos los operativos encubiertos de la CIA en el planeta entero. Con el cabello engominado, sus trajes hechos a la medida y su cuidadosa dicción, el hombre de 50 años de edad lucía y se escuchaba como un sofisticado espía. Hijo de un ejecutivo de la industria del aluminio, había asistido a la escuela preparatoria en Suiza y hablaba con fluidez francés y alemán. Fue introducido al mundo del espionaje cuando prestó sus servicios en la inteligencia naval durante la segunda Guerra Mundial, hecho que lo llevó a la OSS y luego a la CIA. Era conocido por su estilo sensato y su humor seco. Era típico de él terminar sus conversaciones con la frase: "Manos a la obra".

Helms les confió a sus colegas que deseaba trabajar de manera estrecha con Warren y la comisión. "Todo el empuje de la agencia era el de ser de tanta utilidad como pudiéramos e ir más allá de los límites, de ser necesario." Pero su definición de cooperación absoluta llevaba una importante advertencia. La CIA respondería a toda petición de la Comisión Warren —"cada vez que solicitaban algo, se los dábamos"—, pero él decía sentir que la CIA no tenía ninguna responsabilidad de entregar información de manera voluntaria a menos que ésta implicara de manera directa a Oswald y el asesinato. La cooperación absoluta, en la mente de Helms, no significaba que la CIA debía abrirle a la Comisión Warren todos sus registros sobre sus operaciones más secretas. Algún día podría ser criticado por esa decisión, lo sabía, pero qué importa. "El mundo es un caos", decía.

David Slawson, aún nuevo en su trabajo en la comisión, no sabía nada del conflicto interno en la CIA en torno a la investigación sobre Oswald. Dadas las circunstancias, tenía mucho que hacer. Debido a los planes de Coleman de estar en Washington sólo un día a la semana —y dada la prohibición de llamar por teléfono a Coleman para tratar información clasificada—, Slawson estaba consciente de que él se ocuparía de gran parte del trabajo.

Estaba sorprendido por la gran cantidad de material que le era remitido con los sellos "SECRETO" o "ULTRASECRETO". Resultaba especialmente sorprendente ya que, al igual que los otros jóvenes abogados, no tenía privilegios de seguridad en un principio. Se había tomado la decisión, supuestamente por Warren y Rankin, de que él y los demás abogados pudieran revisar documentos clasificados sin que se hubieran comprobado de manera íntegra sus antecedentes. Slawson y los demás estaban contentos con la decisión como para cuestionarla.

Aun cuando leía material de la CIA que había sido recabado dentro de la agencia por John Whitten, Slawson declararía después que no recordaba haberlo conocido o haber siquiera escuchado su nombre. Tampoco escuchó nunca el nombre de Angleton ni se enteró de que el jefe de contrainteligencia había sido responsable de determinar a qué información podía acceder la comisión. En cambio, pocos días después de su llegada a Washington fue presentado con Raymond Rocca.

Slawson pensaba que la CIA se había hecho un favor a sí misma al asignar al decidido Rocca, de 46 años de edad, como su enlace ante la comisión; Rocca asistía a las oficinas de la comisión casi todos los días. "Legué a apreciarlo y a confiar en él", declararía Slawson. "Era muy inteligente e intentaba ser honesto y útil a toda costa." Si la CIA escamoteaba información a la comisión, Slawson llegó a creer que ello se debía a que se le había escamoteado también a Rocca.

Rocca, originario de San Francisco, con licenciatura y maestría en historia por la Universidad de California en Berkeley, era el ejemplo típico de un oficial de la CIA que trataba con la comisión. Usualmente eran inteligentes, bien educados y elocuentes. Eran la contraparte de sus compañeros de menores ingresos del FBI y el Servicio Secreto. Slawson recordaba que le divertía —no le molestaba— el fervoroso anticomunismo de Rocca, la creencia de que "los comunistas estaban detrás de todo" lo que estaba mal en el mundo. Rocca, como recordaba Slawson, se ponía furibundo cuando se hablaba de Castro. "Un día estábamos hablando de Cuba, él estaba en un extremo de la mesa y yo en el otro, y él se levantó de pronto y dijo: '¿Fidel Castro? Ese hombre es malvado. Malvado'."

Slawson se percató pronto de que no tenía mayor opción que confiar en Rocca y en sus colegas en la CIA. La comisión prácticamente no contaba con otra fuente de la mayor parte de la información que necesitaría respecto a los interrogantes que implicaban a la Unión Soviética, Cuba y otros adversarios extranjeros que podían haber tenido alguna relación con la muerte de Kennedy. "No había manera de que yo pudiera imaginarme llevando a cabo una investigación de operativos extranjeros de inteligencia como ésta si no era a través de la CIA", recordaría Slawson. Con todo, intentó formular estrategias que le permitieran comprobar aquello que la agencia de espionaje le informaba. Desde las primeras etapas estableció la política de solicitar el mismo documento del gobierno a cada agencia que pudiera haberlo recibido. Si un reporte había sido realizado por la CIA y el Departamento de Estado, él se lo pediría a las dos dependencias. Si una de éstas no le proporcionaba una copia del documento, quedaba la posibilidad de que la otra lo hiciera. Slawson admitiría que le provocaba emoción estar en contacto con espías y enterarse de algunos de los secretos de la CIA. Las novelas y películas de espías —*El satánico Dr. No*, el primer filme basado en el personaje de James Bond, creado por Ian Fleming, se había estrenado en 1962 con éxito mundial— ocupaban por entonces un lugar central en la cultura popular estadounidense.

En enero, la CIA le ofreció a Slawson, quien aceptó con gusto, un cursillo sobre la KGB y la historia de sus connatos de asesinato. Esa plática lo llevó a creer que el asesinato de Kennedy sencillamente no entraba en los esquemas de la KGB. "Nos entregaron material informativo sobre la manera en que los espías rusos asesinaban a alguien cuando así lo deseaban", incluida una historia de todos los asesinatos cometidos por la KGB fuera de la Unión Soviética, "y ninguno de ellos se ajustaba al patrón seguido por Lee Harvey Oswald", recordaría Slawson. "Cuando los rusos hacían algo, procuraban asegurarse de no ser detectados nunca. Lo hacían parecer una muerte natural o un accidente."

Al parecer fiel a su promesa de compartir toda la información en los archivos de la CIA relacionada con el magnicidio, Rocca y otros en la agencia comenzaron a entregarle por iniciativa propia información secreta y sorprendente a Slawson. En las primeras semanas de la investigación, Rocca le dijo a Slawson que tenía información que el joven abogado no debía compartir con nadie, incluyendo a los miembros de la comisión, cuando menos de momento. Atormentado, Slawson accedió.

"Ha habido una deserción", le informó Rocca sombríamente. "Puede ser una deserción muy importante." Explicó entonces que un oficial de la KGB de rango medio, Yuri Nosenko, había desertado hacia Occidente y estaba ahora bajo custodia de la CIA. Nosenko aseguraba que había leído los archivos completos que poseía la KGB sobre Oswald durante los años que éste pasó en la Unión Soviética y que los registros probaban que no había sido reclutado por la KGB; que Oswald no era un espía soviético. El ruso seguía siendo interrogado, afirmó Rocca, pero si se confirmaba esa información, podría exonerar a los soviéticos de toda participación en el asesinato de Kennedy.

De vuelta en Langley, toda la información sobre Oswald y el asesinato era ahora canalizada a la oficina de Angleton, incluida aquella que era recabada en la ciudad de México por Winston Scott. Angleton, al igual que Whitten, consideraba a Scott un espía modelo.

El enfoque de la investigación cambió drásticamente bajo el mando de Angleton. Por razones que nunca explicó satisfactoriamente, apartó la investigación de la búsqueda de pistas de una conspiración cubana. En cambio, quiso dirigirla casi exclusivamente hacia la posibilidad de que la Unión Soviética estuviera detrás del asesinato, una idea que reflejaba su obsesión de decenios con la amenaza soviética. En opinión de sus colegas, Angleton creía que mientras que Castro era peligroso, Cuba seguía siendo una atracción menor en el largo conflicto de la Guerra Fría entre Moscú y Washington. Dentro del equipo de Angleton, otros tres analistas de contrainteligencia fueron seleccionados para trabajar con Rocca; todos eran especialistas en la KGB.

A pesar de la opinión de Angleton, Castro nunca dejó de ser la obsesión de otras figuras dentro de la CIA. Durante el gobierno de Kennedy, la agencia estableció una unidad especial, la División de Asuntos Especiales (SAS, por sus siglas en inglés), para dirigir operaciones secretas con el fin de derrocar a Castro. La SAS contaba con sus propios analistas de contrainteligencia, quienes, aunque no respondían ante Angleton, se suponía que trabajaran con su equipo. En su relación con la Comisión Warren, como demostrarían posteriormente investigadores del Congreso, Angleton pasó por alto casi por completo a la SAS; jamás se les pidió a sus analistas que buscaran evidencia de una posible conspiración cubana en la muerte del presidente.

El 20 de febrero, Angleton recibió noticias al parecer alarmantes. Uno de sus subalternos le envió un memorándum donde le informaba que cuando menos 37 documentos habían desaparecido del expediente interno sobre Oswald que la CIA había mantenido de la época anterior al asesinato. Entre los documentos faltantes había siete memos del FBI, dos documentos del Departamento de Estado y 25 cables de la CIA. Varias semanas después, cuando la Comisión Warren fue invitada por la CIA a revisar el expediente, el equipo de Angleton insistió en que éste se encontraba completo. Los registros de la comisión indican que sus investigadores nunca fueron notificados de que, cuando menos durante un tiempo, decenas de documentos sobre Oswald se habían esfumado.

13

Oficinas del ministro presidente
Suprema Corte
Washington, D. C.

Enero de 1964

Por un breve momento, Earl Warren creyó que Oswald podría haber sido parte de una conspiración extranjera. En las horas inmediatamente posteriores al asesinato, al escuchar los primeros informes sobre la deserción frustrada de Oswald hacia la Unión Soviética, el ministro presidente supuso que podría haber una conspiración que implicara a los soviéticos. "Lo único que me hizo pensar por un momento en una teoría conspiratoria fue el hecho de que Oswald había desertado en favor de Rusia", recordaría.

Pero en los días siguientes, en especial después de que los primeros reportes policiacos provenientes de Dallas parecían establecer que Oswald había sido un asesino solitario, el olfato de fiscal veterano de Warren aplastó toda sospecha de una conspiración. Estaba convencido de que Oswald había actuado solo en Plaza Dealey. Si bien se trataba de un crimen monstruoso que había cambiado el curso de la historia, Warren sospechaba que Oswald tenía muchos rasgos en común con los jóvenes rufianes, violentos, impulsivos y con frecuencia mentalmente afectados, que él había procesado en casos de homicidio cuando servía en la oficina del fiscal de distrito en Oakland durante la década de 1920. Warren creía conocer cómo funcionaba la mente de un criminal y que Oswald no habría necesitado de la ayuda de nadie para asesinar al presidente.

Una semana después del asesinato de Kennedy, Warren llegó a la conclusión de que no había tal conspiración en Dallas ni en ningún otro lado. "En ningún momento aposté por ninguna conspiración de ningún tipo", declararía después. "Tan pronto como leí que Oswald trabajaba en el Almacén de Libros Escolares de Texas y de cómo lo abandonó —fue el único empleado que desapareció—, y después de que el arma fuera encontrada, con los cartuchos, me pareció que el cuerpo del caso estaba establecido." Warren insistiría en que jamás compartió estas ideas con el equipo de trabajo de la comisión, puesto que no deseaba predisponer su investigación. Rankin diría que jamás escuchó a Warren descartar la posibilidad de una conspiración: "Nunca le escuché decir nada excepto que encontráramos la verdad".

Muchos de los jóvenes abogados recién contratados para trabajar en la comisión estarían de acuerdo después en que no escucharon al principio ninguna declaración que indicara que Warren había llegado a la conclusión temprana de que Oswald había actuado solo. Algunos de ellos se habrían sentido decepcionados de saberlo, porque habían llegado a Washington decididos a descubrir una conspiración en la muerte del presidente y estaban más que ansiosos de destaparla. "Yo di por hecho que se trataba de una conspiración", diría David Belin, un abogado de 35 años de edad procedente de Des Moines, Iowa, quien había sido contratado por recomendación de un compañero de clase de la escuela de leyes de la Universidad de Michigan que entonces estaba trabajando en el gobierno de Johnson (el compañero de clase, Roger Wilkins, después se convertiría en un importante periodista y activista en pro de los derechos civiles). Belin sospechaba que la conspiración podría haber implicado a Castro, ansioso de vengarse de Kennedy por lo ocurrido en Bahía de Cochinos y la crisis de los misiles. El homicidio de Oswald podía ser con bastante probabilidad el segundo acto de la conspiración, pensaba. "Me parecía que era muy probable que hubiera una conspiración, que Lee Harvey Oswald pudiera no ser el asesino verdadero a pesar de las aseveraciones del FBI, y que Jack Ruby había matado a Oswald para silenciarlo." Estaba realmente emocionado por su designación como el integrante *junior* del equipo para el Área 2, responsable de demostrar la identidad del asesino o los asesinos. La encomienda pondría a Belin y a su compañero, Joseph Ball, el abogado de California, en el centro de la búsqueda de cómplices.

Burt Griffin, de 31 años de edad, un ex abogado persecutor en Cleveland, también sospechaba la existencia de una conspiración antes de integrarse al equipo de trabajo de la comisión. A su parecer, un grupo de racistas, decididos a poner punto final a los avances de Kennedy en materia de derechos civiles, podía haber sido el responsable. "Mi reacción inicial fue que habían sido algunos segregacionistas sureños", diría años después. Willens había reclutado a Griffin, quien tenía también un diploma en leyes por Yale, en la comisión por sugerencia de un amigo mutuo de Ohio. A diferencia de muchos de sus jóvenes colegas, Griffin tenía experiencia en Washington, al haber trabajado en la capital tres años antes como secretario de un juez de una corte federal de apelaciones. Él y su esposa adoraban Washington y estaban emocionados por regresar. "Llamé a casa para decirle a mis esposa que iríamos a Washington y ella ya estaba empacando antes de que yo colgara."

Al ingresar a la escuela de leyes, Griffin tenía planeado aplicar su título en una carrera como periodista o en política, pero tomó el camino del derecho porque había tenido mucho éxito en Yale. En realidad, odiaba la escuela de leyes: "Nunca pensé que los miembros de la facultad estuvieran muy interesados en la educación; a ellos les interesaba satisfacer su ego con su viejo tipo de método socrático". A pesar de ello, destacó con excelencia y sus calificaciones le valieron un empleo en el periódico del colegio, *The Yale Law Journal*, "así que pensé que debía tener algún talento en la materia", diría luego. Después de su graduación, encontró con mayor claridad su camino por el mundo del derecho, incluida una estancia por dos años en la oficina del fiscal de Estados Unidos en Cleveland, su ciudad natal. Amaba su trabajo en el periódico, afirmaba; le permitía descubrir irregularidades al igual que el reportero investigador que alguna vez había planeado ser, incluso con la ventaja de tener facultad de citación.

Cuando llegó a Washington en enero, Griffin quedó sorprendido por el escaso número de sus colegas que habían sido abogados litigantes o habían tenido cualquier otra experiencia en el ámbito de la procuración de justicia. Él era el único de los abogados *junior* que había mantenido alguna vez contacto de manera importante con el FBI y les advirtió a los demás de la necesidad de ser cautelosos con las competencias del buró, y de su honestidad. Como abogado acusador en Ohio había trabajado muy de cerca con agentes de la oficina regional del FBI en Cleveland, y terminó profesando poco respeto por J. Edgar Hoover y el buró. "Eran un montón de burócratas", afirmaría. "Sostienen un gran mito sobre su capacidad." En caso de que hubiera existido una conspiración para matar al presidente, por poco sofisticada que ésta hubiera sido, Griffin no estaba convencido de que el FBI tuviera las habilidades de investigación para desvelarla. "Sólo podrían tropezarse con ella."

Y Griffin tenía sospechas más turbias sobre el buró. Desde el principio, le preocupaba que el FBI pudiera intentar ocultar toda la verdad sobre el asesinato para cubrir los errores cometidos con Oswald en Dallas. Griffin creía que el buró, en un frenético esfuerzo por blindarse a sí mismo de la acusación de haber dejado pasar inadvertidas evidencias de una conspiración, intentaría declarar como único culpable a Oswald, sin importar lo que las evidencias mostraran en realidad. "Yo pensaba que el FBI probablemente estaba intentando tender una trampa a Oswald", declararía. Algunos de sus compañeros en el equipo de trabajo de la comisión eran del mismo parecer, recordaría Griffin. Algunos de los jóvenes abogados estaban "completamente emocionados" por la posibilidad de que la comisión pudiera poner al descubierto una conspiración, sólo por la idea de que ello podría significar la desgracia para Hoover, un hombre por el que muchos de ellos sentían ya desprecio. "Estábamos decididos a demostrar que el FBI había fallado en dar con una conspiración", recordaría Griffin. "Creíamos que nos convertiríamos en héroes nacionales."

Griffin recibió el encargo de trabajar como abogado *junior* en el Área 5, la investigación de los antecedentes de Jack Ruby, y a compartir oficina con Leon Hubert, el amable hombre de Louisiana que sería su compañero *senior*. En su oficina no cabía ni un alfiler; con apenas tres metros cuadrados de espacio, ambos trabajaban en escritorios puestos uno junto al otro. Cuando se presentó con el resto de sus compañeros en la oficina, Griffin se sorprendió de encontrarse con un antiguo compañero de colegio, David Slawson, que en Amherst lo aventajaba por un año. Griffin recordaba haberse sentido intimidado: "Estaba impresionado por Slawson, miembro Phi Beta Kappa y presidente de la sociedad de alumnos. Me sentía honrado de estar ahí con Slawson".

Las reuniones de trabajo del equipo podían haber pasado por reuniones de la Liga Ivy, lo cual reflejaba la preferencia de Willens por los egresados de un puñado de universidades de élite. Si el equipo de trabajo de la comisión arruinaba la investigación, bromeaban, sus profesores de derecho en Harvard y Yale tendrían algunas explicaciones que dar. A Griffin y los otros tres graduados de Yale les correspondía un número igual de egresados de Harvard y a medida que pasaran los meses llegarían muchos abogados más con títulos de Harvard. Los egresados de Harvard: Slawson y Coleman; Samuel Stern, un abogado de Washington de 34 años de edad que había sido secretario del ministro presidente Warren y era ahora miembro del despacho Wilmer, Cutler & Pickering, y Melvin Eisenberg, quien se había graduado como el primero de la generación 1959 de la escuela de leyes de Harvard, y quien trabajaba en un importante bufete de Nueva York: Kaye Scholer.

Stern se convirtió en el responsable y único integrante del Área 6. Se encargaría de evaluar el desempeño del Servicio Secreto en Dallas, así como de investigar el historial más amplio de la forma en que los presidentes habían recibido protección de asesinos a través de los años. Era el único abogado *junior* sin un compañero *senior*. Warren consideraba que el tema podía ser manejado por un solo abogado y confiaba en la calidad del trabajo de Stern.

Aun cuando Eisenberg prácticamente acababa de integrarse a Kaye Scholer, y sabía que incluso una ausencia temporal podría poner en riesgo su ascenso a socio, se entusiasmó con la invitación para integrarse a la comisión. "Fue como cuando conocí a mi esposa", recordaría. "Desde el momento en que la conocí supe que quería casarme con ella." Por otro lado, se había desencantado de la vida laboral de un importante bufete de abogados. "En Harvard y en el periódico eres el centro del mundo y entonces, de pronto, me encontré escribiendo memos" para abogados mayores a quienes apenas si conocía. Ya había estado pensando en abandonar el derecho para comenzar una carrera como profesor de inglés.

Eisenberg recibió la consigna de trabajar como asistente de Redlich, luego de que se reconociera que, de otra manera, Redlich se habría visto sepultado bajo una montaña de papeles, y en vista de su decisión de ofrecerse como voluntario para leer cada documento que llegara a las oficinas de la comisión y decidir entonces cómo debía distribuirse el papeleo entre sus colegas. Como su primera tarea de importancia, se le pidió a Eisenberg convertirse en experto en criminología —huellas dactilares, balística, acústica, declaraciones de testigos presenciales— para identificar aquellas evidencias a las que la comisión debía prestar mayor atención y cuáles podían pasarse por alto. Dado que carecía de experiencia en la impartición de justicia, Eisenberg se volcó en los libros. La Biblioteca del Congreso se encontraba a dos calles de distancia, así que solicitó una colección de los mejores textos en la materia.

No era ningún secreto entre los abogados *junior* que la mayoría de ellos compartían la misma filiación política: eran demócratas registrados, se consideraban a sí mismos liberales y habían apoyado al presidente Kennedy. La excepción era Wesley James Liebeler, a quien sus amigos llamaban Jim, un litigante neoyorquino de 32 años de edad egresado de la Universidad de Chicago, quien había sido recomendado para la comisión por el decano de su facultad. Oriundo de Langdon, Dakota del Norte, y criado en los campos de las Grandes Llanuras, Liebeler era un republicano de naturaleza franca que gustaba de ufanarse de su intención de votar por el senador de Arizona Barry Goldwater en las elecciones presidenciales de noviembre. Sin embargo, dejaba en claro que su conservadurismo no se extendía a su vida privada, y para asombro de sus nuevos colegas, le gustaba presumir de ese hecho también. A los pocos días de su llegada a Washington, les comentó a sus colegas —y a casi cualquiera que estuviera dispuesto a escucharlo— que tenía la intención de dedicar el tiempo que permaneciera en la capital a conocer mujeres. Estar casado y tener dos hijos en Nueva York no parecía ser un impedimento para él.

Liebeler fue designado como abogado *junior* en el Área 3; él y su compañero *senior*, Albert Jenner, tendrían a su cargo investigar la vida de Oswald. Desde el primer momento, Liebeler era menos respetuoso que sus colegas en su trato con Rankin, Redlich y Willens. Le dijo a Specter que sospechaba que Willens había sido integrado a la comisión desde el Departamento de Estado como el "soplón" de Robert Kennedy, un chivato que protegería los intereses del fiscal general, fueran cuales fueren.

Rankin estaba impresionado por el recelo con el que Warren y algunos de los otros comisionados se expresaban —incluso en privado, entre ellos— sobre la posibilidad de una conspiración extranjera para matar a Kennedy. No existía ningún temor similar, diría Rankin, entre los abogados jóvenes, quienes estaban listos para seguir los hechos. Recordaba conversaciones que se dieron entre los abogados sobre qué pasaría "si descubrimos una conspiración en la que esté involucrada Cuba o la Unión Soviética" y cómo eso podría conducir a una confrontación nuclear. Y ellos no parecían estar perturbados por esa posibilidad, ni siquiera por la de ir a la guerra, recordaría Rankin. "Estaban ansiosos por obtener la información y divulgarla, sin importar a quién ayudara o perjudicara", afirmaría Rankin. "Tal vez ello se debía a la juventud y a la carencia en reconocer todos los peligros." También advirtió una determinación en los abogados del equipo —en especial en los más jóvenes, en el inicio de su carrera— para llegar a la verdad del asesinato del presidente porque sabían que "su reputación sería destruida" si participaban en cualquier actividad que pudiera catalogarse como un encubrimiento.

Slawson recordaba algunas de las primeras conversaciones entre los abogados, marcadas por el nerviosismo, sobre los rumores de que algún elemento corrupto de la CIA pudiera estar detrás del asesinato, o de que el presidente Johnson estuvo implicado. Las conversaciones eran "principalmente lúdicas", declararía. Sin embargo, ¿descubrirían los abogados que sus vidas correrían peligro si desenterraban una conspiración dentro del gobierno de Estados Unidos? Slawson recordaba haber pensado que si él y sus colegas descubrían evidencia de que el asesinato era el resultado de algún tipo de golpe de Estado, ellos debían divulgarlo lo más rápido posible, por lo menos para evitar que alguien hiciera algo para silenciarlos. "Mi teoría era que si se hacía del conocimiento público, no se atreverían a desaparecerte, porque ello sólo reforzaría a la evidencia como cierta."

El lunes 20 de enero, Warren convocó al equipo de trabajo a su primera junta. Años después, varios de los abogados recordarían la emoción que experimentaron al estar en presencia del ministro presidente, cuyos talentos como político seguían siendo notables. Warren dejó encantados a los jóvenes, al hablar con "enorme calidez y sinceridad", recordaría Griffin. De acuerdo con las minutas que sobre la junta de trabajo elaboraron Willens y Eisenberg, el ministro presidente les dijo a los integrantes del equipo que su deber era "determinar la verdad, sin importar cuál sea". Les habló de su reunión con el presidente Johnson en la Oficina Oval, y de cómo Johnson lo había convencido de aceptar la encomienda. La comisión, aseguró Warren, tenía la responsabilidad de poner punto final a los rumores que desbordaban al país, incluidos aquellos que involucraban al presidente Johnson. "El presidente expuso que circulaban los rumores más exagerados tanto en el país como más allá del continente", señaló Warren sobre su reunión con Johnson. "Algunos de esos rumores podían posiblemente llevar al país a una guerra que costaría 40 millones de vidas."

Warren presentó un cronograma para el reporte final de la comisión. Indicó que sería complicado publicar un informe antes de que concluyera en Dallas el proceso de Jack Ruby; estaba programado para comenzar en febrero. Pero Warren indicó que deseaba terminar el reporte antes de la campaña presidencial de ese otoño, "ya que una vez que la campaña comenzara era muy posible que las especulaciones y los rumores se desataran otra vez". Propuso el 1º de junio como fecha objetivo, a menos de cinco meses de distancia.

14

Redacción del diario
The Dallas Morning News
Dallas, Texas
Enero de 1964

Hugh Aynesworth, del diario *The Dallas Morning News*, también estaba en busca de una conspiración. Durante las semanas posteriores al asesinato, ningún reportero en Texas había conseguido tantas primicias sobre el asesinato del presidente como Aynesworth, un periodista de 32 años de edad originario de Virginia Occidental que había estado cobrando un salario como diarista desde la adolescencia. Con el paso del tiempo, la Comisión Warren se vería forzada a encarar, una y otra vez, con las secuelas de una de las exclusivas de Aynesworth.

En un primer momento, Aynesworth declararía, había dudado de que Oswald hubiera podido llevar a cabo el asesinato por sí mismo. Suponía que se trataba de una conspiración que implicaba a los rusos. Sus sospechas se ampliaron cuando se enteró de que a Oswald se le había permitido abandonar la Unión Soviética en 1962 para regresar a su patria con una joven y bella esposa rusa. "Me pareció que no era posible que este tipo pudiera salir de Rusia con una esposa rusa así de rápido", declararía. Aynesworth admitiría que sus conjeturas habían sido alimentadas por la suposición —en ningún otro lugar tan arraigada como en la ultraconservadora Dallas— de que los líderes del Kremlin eran lo suficientemente perversos como para asesinar a Kennedy. "Estábamos todos muertos de miedo por los rusos."

Los periodistas que competían con él habrían detestado aceptarlo, pero Aynesworth les llevaba una enorme delantera respecto al que podría ser el reportaje más importante de sus vidas. Había sido testigo de cada uno de los principales momentos del drama del asesinato, comenzando desde el día de los hechos. Estaba en Plaza Dealey cuando los disparos resonaron; había estado en el interior del Cine Texas cuando Oswald fue capturado esa tarde, y estuvo a unos metros de distancia de Oswald en el sótano del cuartel general de la policía de Dallas la mañana del domingo en que Ruby se abrió paso entre la multitud y lo mató.

Aynesworth entendía el riesgo que Kennedy había asumido al visitar Dallas: el reportero consideraba que la ciudad merecía su reputación de lugar lleno de odio, repleto de racistas y extremistas de derecha. Antes del viaje del presidente, supuso la posibilidad de que Kennedy pudiera enfrentarse con alguna clase de fea protesta en la ciudad. "Jamás pasó por mi cabeza que pudieran dispararle, sino que intentarían humillarlo arrojándole algo."

Aynesworth sentía vergüenza de sus empleadores, un periódico que, sentía él, sacaba lo peor de sus lectores. Desde su punto de vista, *The Dallas Morning News* fomentaba un espíritu de intolerancia en la ciudad que podía haber ayudado a inspirar el asesinato. "Me sentí mal porque la página editorial de mi periódico lo había causado en verdad, con la misma fuerza de muchos otros factores", declararía Aynesworth posteriormente. "Su estridente sesgo político de derecha consternaba y avergonzaba a muchos en la redacción, yo incluido."

El periódico estaba bajo el control de la radicalmente conservadora familia Dealey —el pequeño parque urbano donde el presidente fue asesinado llevaba ese nombre en honor de George Dealey, quien había comprado el diario en 1926—, y *The Dallas Morning News* había criticado a Kennedy sin misericordia. En el otoño de 1961, el editor Ted Dealey, hijo de George, formaba parte de un grupo de ejecutivos de medios invitados a una reunión con Kennedy en la Casa Blanca. Dealey aprovechó la oportunidad para leerle al presidente una declaración en la que lo atacaba de frente. "Usted y su administración son hermanas débiles", dijo. La nación necesita "un hombre a caballo que guíe a la nación, y mucha gente en Texas y en el suroeste cree que usted va en triciclo".

La mañana del asesinato, el periódico había publicado un anuncio a página completa, con borde negro, cuya inserción era responsabilidad de un grupo de extremistas de derecha que se identificaban a sí

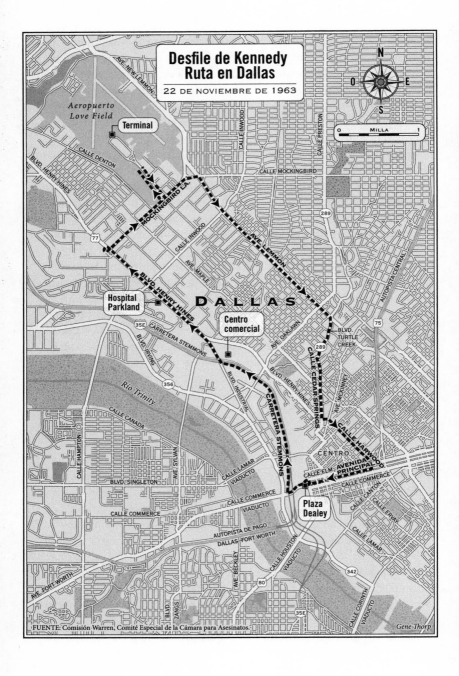

mismos como el Comité Americano de Determinación de Hechos. El anuncio acusaba a Kennedy de permitir que el Departamento de Justicia fuera "blando con los comunistas, sus secuaces y los ultraizquierdistas". Jacqueline Kennedy recordaba que, mientras se preparaban para iniciar el viaje en caravana en Dallas, su esposo le mostró el anuncio y le comentó: "Estamos entrando en territorio de locos".

Aynesworth contaba con muchos talentos como reportero, incluyendo una memoria privilegiada, unos modales amables y modestos, y un tono de voz suave y pausado que inspiraba confianza en la gente. A pesar de su rostro infantil, era un hombre adulto que sabía defenderse. Tenía una cicatriz que iba desde la garganta hasta una oreja como consecuencia del encontronazo con un ladrón que, armado con un arma blanca, allanó su casa en Denver cuando trabajaba como reportero de United Press International. Un reportero texano que lo admiraba dijo alguna vez que la cicatriz hacía que Aynesworth pareciera "una mezcla entre Andy Hardy y Al Capone".

El día del asesinato Aynesworth no debía, en teoría, estar presente en Plaza Dealey. Él era el corresponsal para aviación y aeronáutica —considerado como el trabajo periodístico de mayor prestigio en el diario, dada la proximidad del nuevo centro espacial de la NASA en Houston— y originalmente no le correspondía cubrir la visita del presidente. Fue a la plaza como espectador, emocionado por la idea de ver a Kennedy y a su glamorosa esposa. En el instante en que se escucharon los disparos, sin embargo, se encontró en medio del caos. De inmediato se puso a trabajar. "Dios mío, esto está pasando de verdad", pensó.

No llevaba consigo su libreta, por lo que sacó una factura de impuestos que traía en su bolsillo trasero. Tampoco tenía un bolígrafo, por lo que le pagó a un niño que estaba en la calle 50 centavos por su "gordo jumbo-lápiz, del tipo que usaban los niños en los primeros años de escuela". Una banderita de plástico de Estados Unidos colgaba del borrador del lápiz.

"Yo era un reportero y supe que debía comenzar a entrevistar gente", diría Aynesworth. Desde los primeros minutos quedó en claro que los disparos —él escuchó con toda claridad tres— habían provenido del Almacén de Libros Escolares de Texas. "Recuerdo haber visto a tres o cuatro personas que señalaban hacia los pisos superiores del almacén de libros."

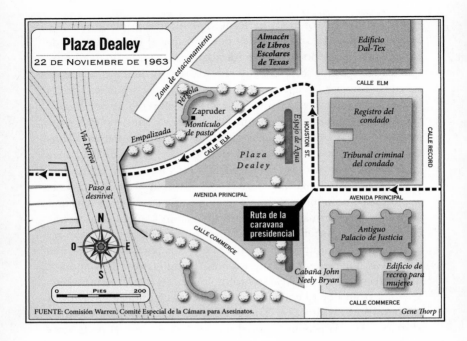

Plaza Dealey
22 DE NOVIEMBRE DE 1963

Zona de estacionamiento

Almacén de Libros Escolares de Texas

Edificio Dal-Tex

CALLE ELM

Pérgola

Zapruder

Montículo de pasto

Empalizada

CALLE ELM

Espejo de Agua

HOUSTON ST.

Registro del condado

CALLE RECORD

Vía Férrea

Plaza Dealey

Tribunal criminal del condado

Paso a desnivel

AVENIDA PRINCIPAL

AVENIDA PRINCIPAL

Ruta de la caravana presidencial

N

O   E

S

CALLE COMMERCE

Antiguo Palacio de Justicia

Cabaña John Neely Bryan

Edificio de recreo para mujeres

PIES   200

CALLE COMMERCE

FUENTE: Comisión Warren, Comité Especial de la Cámara para Asesinatos.

Gene Thorp

Vio a un grupo de agentes policiacos que rodeaban a un hombre asustado en la calle fuera del almacén de libros, y por lo que alcanzó a escuchar el hombre estaba ofreciendo lo que parecía ser un testimonio ocular del asesino. El hombre —Howard Brennan, un instalador de calefacciones de 44 años que aún llevaba puesto el casco que empleaba al trabajar— le estaba relatando a los policías que se encontraba en la banqueta frente al almacén cuando vio a un hombre armado con un rifle asomar desde una de las ventanas de uno de los pisos superiores del edificio. "Me percaté de que estaba muerto de miedo", diría Aynesworth respecto a Brennan, quien se había dado cuenta de que los reporteros estaban escuchando la conversación, lo cual lo inquietó más. "Les pidió a los policías que se deshicieran de nosotros."

Alrededor de 45 minutos después del asesinato, Aynesworth escuchó, gracias a una interferencia en la radiofrecuencia policiaca, un boletín que informaba que un elemento, el oficial J. D. Tippit, había sido abatido en un punto extremo de la ciudad, en el vecindario de Oak Cliff, Dallas. Aynesworth presintió, de inmediato, que ese tiroteo estaba relacionado con el asesinato, por lo que abordó un vehículo y se dirigió a toda velocidad a Oak Cliff, donde encontró a varias personas que afirmaron haber sido testigos del homicidio de Tippit.

Helen Markham, una mesera de 47 años de edad que trabajaba en el cercano restaurante Eatwell, había visto al asesino —posteriormente identificaría a Oswald en una prueba policiaca de reconocimiento de sospechosos— apuntar con un arma al oficial y dispararle mientras éste se encontraba de pie junto a su auto patrulla. "Fue la cosas más extraña", diría Aynesworth citando a la mujer. "No se echó a correr. No parecía molesto ni asustado. Él sólo toqueteó la pistola y me miró." Entonces, declaró Markham, Oswald se fue trotando.

Varios minutos más tarde, Aynesworth siguió a la policía cuando ésta entró en el Cine Texas, a media proyección de la matiné de la película *War Is Hell*. Algunos testigos habían reportado que un hombre parecido a Oswald había entrado a toda velocidad en el cine sin comprar un boleto. Aynesworth observó cuando los elementos policiacos entraron en el cine, encendieron las luces y capturaron a Oswald, quien inicialmente se resistió al arresto y sacó una pistola del cinto. Después de una refriega, Oswald fue tomado bajo custodia, mientras reclamaba a voz en cuello: "Esto es brutalidad policiaca".

Aynesworth había planeado originalmente tomar un breve descanso el domingo 24 de noviembre, pero su esposa lo exhortó con urgencia a ir al centro de la ciudad, al cuartel general de la policía, para observar la transferencia de Oswald hacia la prisión del condado. Estaba de pie a cuatro metros y medio de Oswald cuando Ruby le disparó a la altura del estómago.

Aynesworth conocía —y detestaba— a Ruby, un operador de un club nocturno que se promovía a sí mismo y permanentemente buscaba hacerse amigo de oficiales de policía (con la expectativa de recibir protección) y periodistas (con la expectativa de recibir publicidad). "Era un lunático", declararía Aynesworth. "Ruby era un fanfarrón; siempre tratando de colocar su fotografía en los periódicos, o fotografías de sus *strippers*." En *The Dallas Morning News* era considerado una "presencia nociva" y un "perdedor". Aynesworth recordaría cómo en la cafetería del periódico Ruby acostumbraba "hacer un agujero en su periódico para vigilarnos mientras fingía leer"; qué vigilaba, nunca quedó claro. Ruby era notoriamente violento y siempre iba armado. "En un par de ocasiones lo vi golpear borrachos", declararía Aynesworth. El Club Carousel de Ruby tenía un empinado vuelo de escaleras que había convertido en otra arma. "Recuerdo que en una ocasión golpeó a un hombre y lo arrojó por las escaleras, hiriéndolo gravemente." Aynesworth estaba horrorizado por el homicidio de Oswald, pero no le sorprendía que Ruby fuera el asesino. "Si hubiera tenido que elegir a un sujeto en todo Dallas, Texas, que haría algo así, creo que Ruby habría encabezado la lista."

Pocas horas después del asesinato de Kennedy, Aynesworth comenzó a tener conocimiento de desconocidos que aseguraban poseer información secreta sobre una conspiración para matar al presidente. Ya antes había conocido personas así en el ámbito del tema espacial —"lunáticos, gente desequilibrada"—, pero no pasaban nunca de dos o tres al año. Ahora "estaba rodeado de ellos". El primero, decía, se presentó en su casa la noche del día del asesinato, "un hombrecito extraño y desarreglado que estaba sentado en mi puerta". Era un hombre lleno de delirios que aseveraba que la conspiración implicaba una improbable alianza entre H. L. Hunt, un multimillonario derechista de Dallas, y la Unión Soviética. El segundo apareció a la mañana siguiente, "un tipo alto, terriblemente delgado que hedía a algo espantoso", quien se había abierto camino en la redacción del periódico. "Te voy a contar la historia", le dijo a Aynesworth, afirmando que conocía el secreto detrás del asesinato de Kennedy. El hombre se arremangó una de las piernas del pantalón para mostrar una protuberancia enorme, que, según él, se relacionaba con la conspiración. "Fue así como quedó destrozada mi pierna."

Al paso del tiempo, Aynesworth descubrió que los teóricos de conspiraciones podían dividirse en dos categorías. Había quienes esperaban sacar partido del asesinato al vender una historia estrafalaria. "Eso deja dinero", diría Aynesworth. "Nadie paga por la verdad. Pagan por una conspiración." Y había quienes ansiaban disfrutar, o cuando menos acoger, la fantasía de que ellos habían representado un papel en este terrible drama. En la segunda categoría el periodista ubicaba a Carroll Jarnagin, un abogado de Dallas que afirmaba haber visto a Oswald y Jack Ruby conversando animadamente en el Club Carousel días antes del asesinato. Aynesworth recordaba a Jarnagin, de probablemente 45 años de edad, como "un alcohólico perdido que

siempre quiso ser alguien... Sólo quería recibir atención". El periodista sabía que no tenía ningún sentido prestar atención a Jarnagin,
quien también le había contado su historia sobre Oswald a la policía de Dallas. Posteriormente, Jarnagin se sometería a la prueba del
polígrafo, en la que "falló miserablemente", comentaría Aynesworth.

Un día de diciembre, Aynesworth recibió una llamada telefónica
de Mark Lane, el abogado de Nueva York que ya había comenzado
a acaparar la atención nacional con sus teorías conspiratorias. Aynesworth había leído el artículo que Lane publicó en el *National
Guardian*, en el que sugería la probable inocencia de Oswald, y sabía que estaba plagado de errores. "Me indicó que él representaba a
Oswald porque Oswald no tenía quién lo representara", recordaría
Aynesworth. "Me dijo que él era un gran abogado y que había hecho tantas cosas importantes." A pesar de su escepticismo sobre los
motivos de Lane, Aynesworth accedió a reunirse con él la noche
siguiente en su casa.

"Vino a mi casa y comenzó a contarme lo que en realidad había ocurrido" y cómo le habían tendido una trampa a Oswald. Aynesworth recordaría el asombro que le provocó el descarado intento
de Lane por hacerle creer que sabía más que él sobre el asesinato; de
hecho, Lane le argumentó que Aynesworth no debía creer en lo que
había visto con sus propios ojos en Plaza Dealey. Aynesworth estaba
enojado. "Uno no toma con demasiada amabilidad el que otra persona le diga que no vio algo que sí vio."

A la mesa de la cocina de la casa de Aynesworth, Lane aseveró que
"no había duda" de que Ruby y Oswald se conocían. Mencionó
que tenía una entrevista programada para el día siguiente con un testigo secreto con una "memoria impecable" que había visto a Oswald
y Ruby juntos en el Club Carousel; Aynesworth estaba seguro de que
no era otro que el alcohólico abogado Jarnagin. "Hablé con él por teléfono y sonaba muy real", le informó Lane sobre su testigo anónimo.

Cada vez más irritado, Aynesworth explicó, punto por punto, cómo
Lane estaba confundiendo los hechos sobre el asesinato y cómo estaba
confundiendo a la opinión pública sobre la muerte del presidente.

—¿Cómo sabes *tú* la verdad? —inquirió Lane.

—¿*Cómo* la sé? —respondió Aynesworth—. Te diré cómo la sé.
La sé porque tengo sus declaraciones, sé con exactitud qué dijeron
los testigos el día del asesinato, dónde estaban, quiénes eran, todo.

Se refería a una pila de declaraciones clasificadas de testigos que había recogido la policía el día del asesinato; dichas declaraciones testimoniales habían sido filtradas a Aynesworth, y él las había guardado a buen recaudo en su casa. Se las mostró a Lane, quien las miró con los ojos desorbitados de asombro.

—La única razón por la que te estoy mostrando esto —le dijo Aynesworth— es porque en tu artículo presentas muchas, muchas malas interpretaciones. Si en verdad te interesa darle a Oswald un trato justo desde el punto de vista histórico, creo que necesitas saber lo que muestran las investigaciones hasta el momento.

Lane preguntó si podía tomar en préstamo las declaraciones por unos días.

—¿Me ayudarás a encontrar la verdad? —preguntó—. Tengo que regresar a Nueva York en un día o dos y me gustaría saber si podría tomar prestados estos documentos.

Aynesworth accedió, en una decisión que pronto lamentaría. En cuestión de días, diría él, Lane había comenzado a exhibir las declaraciones testimoniales en conferencias de prensa como una muestra de que contaba con fuentes secretas que, una vez hechas públicas sus identidades, podrían reivindicar a Oswald.

"Fui demasiado ingenuo", reconocería Aynesworth posteriormente. "Cometí errores. Ayudé a crear al monstruo de Mark Lane. No cabe duda de ello."

Otros reporteros en Texas, menos talentosos, buscaban la ayuda de Aynesworth en su cobertura de los hechos posteriores al asesinato; era reconocido como una enciclopedia andante sobre el tema. Entre los más asiduos se encontraba Alonzo *Lonnie* Hudkins, del *The Houston Post*, quien le telefoneaba constantemente. Cuales fueran sus deficiencias como periodista, *Lonnie* era "el tipo más agradable del mundo", afirmaría Aynesworth. "A todo el mundo le agradaba. Siempre llevaba un pequeño sombrero de fieltro." Hudkins había asumido pronto una postura respecto del asesinato. "Había decidido que se trataba de una conspiración, y estaba determinado a probarlo."

Durante un tiempo, Aynesworth atendió las llamadas de Hudkins en busca de ayuda. "Pensé que terminaría por alejarse eventualmente", diría Aynesworth. "Y entonces no supe nada de él por un tiempo."

A finales de diciembre, sin embargo, las llamadas volvieron y Aynesworth decidió que le gastaría una broma a su amigo de Houston.

Hudkins estaba rastreando el rumor ampliamente extendido de que Oswald había sido informante del FBI, un rumor que Aynesworth no tenía evidencia para respaldar.

"¿Sabes algo sobre ese vínculo entre el FBI y Oswald?", preguntó Hudkins.

Con malicia, Aynesworth le respondió que había escuchado los rumores y que eran ciertos. Oswald, aseguró, efectivamente estaba en la nómina de Hoover. "¿Tienes su número de nómina, no es así?", le preguntó a Hudkins en un tono que indicaba que se trataba de un hecho ampliamente conocido.

Aynesworth recordaba que tomó al azar uno de los telegramas sobre su escritorio —también estaba remitiendo artículos sobre el asesinato, vía telegrama, a la revista *Newsweek* y al *Times* de Londres— y leyó en voz alta una secuencia numérica que aparecía en el margen superior.

"Exacto, sí, ése es", exclamó Hudkins, en la creencia de que había logrado engañar a Aynesworth para que le entregara una primicia de calibre mundial: "Es el mismo número que yo tengo".

Aynesworth declararía haberse olvidado de la llamada telefónica —así como la broma que le había jugado a Hudkins— hasta que *The Houston Post* publicó un artículo a ocho columnas, el 1º de junio de 1964, en el que informaba que Oswald podía haber trabajado para el FBI. El artículo estaba firmado por Hudkins. El titular decía: "Rumores apuntan a Oswald como informante de EE.UU."

Sólo después Aynesworth se enteraría, para asombro suyo, de que la broma inocente que le había jugado a un colega de la competencia habría desatado la primera gran crisis de la Comisión Warren, y que ocasionaría una ruptura definitiva entre ésta y el FBI.

Si Aynesworth tenía un contrapeso en Washington en lo que atañe a las primicias sobre el asesinato, ése era el cazaescándalos Drew Pearson, el amigo del ministro presidente Warren.

En su columna del lunes 2 de diciembre —publicada apenas tres días después de la creación de la Comisión Warren—, Pearson dejó caer una bomba a sus millones de lectores: seis agentes del Servicio Secreto que habían formado parte de la escolta del presidente en

Texas habían salido a beber la noche anterior al asesinato, lo cual constituía una violación directa al código de conducta de la agencia. Algunos de los agentes habían estado "empinando el codo" hasta cerca de las 3:00 am y "se reportó que uno de ellos se había embriagado", informó Pearson. "Resulta obvio que hombres que habían estado bebiendo hasta casi las 3:00 am no están en condiciones de responder a una alerta o en la mejor condición física para proteger a nadie."

La columna también criticaba al FBI, el cual, según Pearson, no había cumplido con notificar al Servicio Secreto sobre el peligro que significaba Oswald, quien había estado bajo vigilancia de la oficina del buró en Dallas durante meses. Pearson calificó como indignante que un hombre "que profesaba el marxismo y cuyo expediente mostraba un estado emocional inestable y aturdido, no hubiera estado bajo estricta vigilancia el día en que el presidente llegó a su ciudad, una de las urbes con menos respeto por la ley y con mayor intolerancia en Estados Unidos". Pearson señaló la omisión del FBI de alertar al Servicio Secreto como resultado de la "envidia que durante tanto tiempo" sentía sobre el Servicio Secreto porque éste era el encargado de proteger al presidente en vez del buró. "Deberían dejar de reñir sobre jurisdicciones y encabezados cuando menos en lo que respecta a la vida del presidente."

La columna desató una tormenta de fuego en el Servicio Secreto, porque lo publicado por Pearson era en esencia verdad. Varios agentes efectivamente habían salido a beber la noche anterior al asesinato, una falta que merecía el despido. Las reglas de la agencia prohibían terminantemente que los agentes consumieran alcohol durante un viaje con el presidente. El director del Servicio Secreto, James Rowley, insistiría después en que no sabía nada sobre la francachela de los agentes sino hasta que leyó la columna de Pearson y de inmediato despachó a un subalterno a Texas para que investigara. Mientras tanto, decidió Rowley, no tomaría medidas, ni siquiera de forma tentativa, contra los agentes. Cualquier acción disciplinaria podía llevar a la opinión pública a "concluir que ellos fueron responsables del asesinato del presidente; no me pareció que eso fuera justo".

En su diario personal, Pearson revelaría que la información sobre los agentes del Servicio Secreto se la había hecho llegar Thayer Waldo, un reportero del *Fort Worth Star-Telegram*, quien al parecer temía que sus editores jamás publicaran un reporte tan controversial. "Thayer decía que perdería su trabajo si se supiera que él había filtrado esto", escribió Pearson.

Posteriormente, en diciembre mismo, Pearson tomaría nuevamente como objetivo a J. Edgar Hoover y el FBI, y su segunda columna fue aún más cáustica. Acusaba al buró de "ocultar" la información que poseía sobre Oswald antes del asesinato. "El FBI no mantuvo a Oswald bajo escrutinio cuando el presidente Kennedy visitó Dallas, ni le dio su nombre al Servicio Secreto. Éstos son algunos de los sorprendentes datos sobre la investigación preliminar de la tragedia de Dallas que explican por qué el FBI quería que su versión de la historia llegara a los periódicos antes que el informe de la comisión presidencial." Pearson acusaba al FBI de filtrar copias de su reporte preliminar de 400 páginas sobre Oswald —el informe que, en esencia, exoneraba al FBI del mal manejo de su investigación sobre Oswald antes del magnicidio— para adelantarse a los descubrimientos de la Comisión Warren.

La misma columna elogiaba al amigo de Pearson, el ministro presidente, y revelaba la enorme presión que el presidente Johnson había ejercido en la Oficina Oval para convencer a Warren de aceptar la encomienda de dirigir la comisión. Se mencionaban detalles que sólo Johnson y Warren deberían conocer. Pearson no identificó a Warren como su fuente para la columna, pero Hoover y sus colegas en el FBI dirían después que no tenían duda alguna de que el ministro presidente le estaba filtrando información a Pearson. Warren, escribió éste, "no permitiría que J. Edgar Hoover juzgara los hechos de la tragedia de Dallas antes incluso de que la comisión presidencial comenzara a trabajar".

15

Para cuando muchos de los abogados recién contratados llegaron a Washington, ya existía un borrador de lo que diría el reporte final de la comisión. Antes de Navidad, Lee Rankin le había pedido a Howard Willens que preparara el resumen, el cual sería de 10 páginas, y se anexó a un memorándum de bienvenida a Washington que se entregaba a cada uno de los abogados en su primer día de trabajo. El resumen se basaba principalmente en los informes iniciales del FBI, la CIA y el Servicio Secreto y reflejaba la suposición de que Oswald era el asesino y que su pasado y sus posibles motivos constituirían el enfoque de la investigación. "Tenemos un trabajo importante que hacer", escribió Rankin en su memo. "Sé que ustedes comparten mi deseo de cumplirlo con rigor, imaginación y rapidez." El memo pedía a cada una de las mancuernas de abogados y a Sam Stern que prepararan un resumen de los datos ya conocidos en sus respectivas áreas de investigación y que sugirieran lo que hacía falta por hacer.

Rankin admitía en su memo que las oficinas eran "un caos" debido a las pilas de documentos clasificados que llegaban casi cada hora. Prometió imponer orden en ello. La comisión, señaló, había comenzado a reclutar secretarias de todas las instancias del gobierno federal, así como un archivista que se haría cargo del sistema de registros. Aseguró que la comisión estaba en busca de los servicios de un psiquiatra, el superintendente, recientemente retirado, del hospital St. Elizabeth en Washington, el hospital psiquiátrico más grande de la capital, para ofrecer una perspectiva del estado mental de Oswald y Ruby. La comisión contrataría también a un historiador que colaboraría en la redacción del informe final.

El memo hacía hincapié en el papel central de Norman Redlich, cuya oficina sería el filtro de todos los documentos y las evidencias. Él había asumido también la responsabilidad de prepararse para la declaración testimonial de Marina Oswald, quien se esperaba que fuera la primera testigo una vez que los comisionados comenzaran a recabar declaraciones en febrero. La comisión había recibido del FBI información profusa sobre los antecedentes de la viuda de Oswald y ahora estaba en espera de un informe detallado del buró sobre Ruth y Michael Paine. También había buscado obtener del FBI una revisión exhaustiva de los antecedentes de George de Mohrenschildt, un excéntrico ingeniero petrolero nacido en Rusia que había trabado amistad con los Oswald en Dallas.

El memo de Rankin solicitaba a cada uno de los abogados del equipo que asistieran a una proyección, en fechas posteriores de ese mismo mes, del pietaje tomado en Plaza Dealey por el industrial textil Abraham Zapruder. La mayoría de los abogados sólo habían visto los fotogramas individuales publicados en la revista *Life*, por lo que ésa sería su primera oportunidad de ver completa la espeluznante película de Zapruder.

Los siete integrantes de la comisión volvieron a reunirse la tarde del martes 21 de enero. Había pasado más de un mes desde su última junta de trabajo y era la primera que llevaban a cabo en las oficinas del edificio VFW.

Warren abrió la sesión con un informe de avances sobre la contratación de abogados para el equipo de trabajo; también describió la designación de dos agentes del Servicio de Impuestos Internos (IRS, por sus siglas en inglés) a la comisión, quienes "rastrearían cada dólar que podamos en posesión de Oswald y cada dólar que gastaba, porque no sabemos de dónde obtuvo su dinero".

Gerald Ford comentó que se sentía complacido por escuchar que la comisión había contratado a uno de sus antiguos votantes de Michigan; David Slawson de Grand Rapids. "Su padre", declaró Ford, "es un buen abogado en mi ciudad natal". Warren comentó que no había conocido aún a Slawson, pero que a la hora de la comida de ese día en la Corte se había acercado a él el ministro Byron White con felicitaciones. "White se me acercó y me dijo: 'Te llevaste de mi antiguo bufete a uno de los más destacados jóvenes en Colorado'."

John McCloy preguntó por el compañero de Slawson, William Coleman: "¿Es el sujeto de color?" Warren no respondió nada acerca del color de piel de Coleman, limitándose a decir que Coleman era un "formidable abogado" y que la comisión tenía suerte de contar con él.

El ministro presidente retomó entonces el tema que al parecer nunca abandonaba sus pensamientos: cuándo terminaría la investigación. "No es prematuro que comencemos a pensar en cuándo planeamos terminar", dijo. "Si esto se prolonga demasiado y se cuela en medio de la campaña de este año, ello sería muy malo para el país." Como ya le había comentado al equipo de trabajo, dijo que deseaba establecer el 1° de junio como fecha límite. "Las cosas pueden hacerse eternas si no se tiene una fecha como objetivo."

Un problema, reconoció, era el proceso pendiente contra Ruby. Los comisionados estaban de acuerdo en que una investigación de campo intensiva en Dallas tendría que esperar hasta que el juicio hubiera terminado. Warren temía que la presencia del equipo de trabajo de la comisión en Dallas pudiera interferir con la defensa de Ruby.

Por razones del mismo orden indicó que deseaba llamar a Marina Oswald a testificar ante la comisión en Washington más que en Dallas, donde la presencia de los integrantes de la comisión podría crear un circo mediático que intimidaría a la joven viuda. La muchacha recibiría mayor protección en Washington, dijo. Le preguntó a Russell si, en su calidad de presidente del Comité de Servicios Armados del Senado, podía hacer los arreglos necesarios para disponer de un avión militar que trasladara a "esa mujercita con sus bebés" a Washington. Si ella tomaba un vuelo comercial, "será objeto de las cámaras y todo eso, se sentirá avergonzada y quizá se mostrará hostil". Los sentimientos de Warren hacia la joven viuda —mucho antes de conocerla en persona— se habían vuelto casi paternales. Russell, quien gozaba de más poder en el Pentágono que la mayoría de los generales de cuatro estrellas, respondió que no habría "el mínimo problema" para contar con un jet militar.

Marina Oswald se estaba convirtiendo rápidamente en la testigo principal contra su difunto esposo; en entrevistas con el FBI y la policía de Dallas, dejó poco lugar a dudas de que ella creía que su esposo había matado al presidente y que había actuado solo. Era un relato que había comenzado a vender a las organizaciones noticiosas, situación que al parecer no le causaba inconvenientes a Warren, quien indicó que la mujer no había tenido otro medio obvio para mantenerse. Ya le había vendido a las revistas 50 páginas de un resumen manuscrito de su vida; había sido traducido del ruso al inglés. "Su abogado está aparentemente cooperando muy bien con nosotros", le dijo el ministro presidente al resto de los comisionados. "Ella pretende vender su historia a una de las revistas, pero logramos que él accediera a enviárnosla a nosotros, y que nos permita verla y examinarla antes de que se vaya a imprenta."

Rankin sugirió que la credibilidad de Marina ante la comisión había crecido debido a su rechazo de trabajar con Mark Lane, quien la contactó en Texas con la esperanza de representar los intereses legales de Oswald. "Ella no deseaba involucrarse con él", dijo Rankin. Los comisionados estaban conscientes de que todavía tendrían que vérselas con Lane, en vista de que el abogado había hecho público que representaba a la madre de Oswald.

Cuando Rankin se integró a la comisión creía que podía trabajar sin problemas con J. Edgar Hoover. Aún sentía respeto por el director del FBI, a pesar de todas las feroces críticas que habían sido dirigidas a Hoover por el creciente círculo de amigos liberales de Rankin en su nuevo hogar en Nueva York. Y a Hoover le simpatizaba Rankin, también. A sus asistentes les mencionó en diciembre que recibía con agrado las noticias de que Rankin había sido contratado como consejero general de la comisión. Hoover afirmó que había tenido "la relación laboral más cercana y afable con el señor Rankin durante la administración de Eisenhower".

Rankin entendió desde el comienzo por qué el FBI había estado ansioso respecto a la investigación de la comisión, y sospechó que el buró podría retrasar la entrega de declaraciones testimoniales o evidencia que de alguna forma pudiera perjudicar la imagen del desempeño del FBI; Hoover probablemente querría revisar las evidencias personalmente antes de entregarlas. Con todo, diría Rankin, él se integró a la comisión con la creencia de que Hoover y sus subordinados jamás se involucrarían en ningún tipo de encubrimiento. "Nunca creí que retendría información u ordenara que ésta fuera retenida", diría Rankin posteriormente. "Creía que el FBI jamás mentiría sobre nada."

Bastaron unas pocas semanas para que Rankin se percatara de qué tan equivocado estaba. "Para que ellos sólo nos mintieran", recordaría posteriormente, furioso, respecto al FBI. "Jamás lo hubiera imaginado."

La relación entre la comisión y el FBI comenzó a deteriorarse en diciembre debido a las filtraciones aparentemente bien orquestadas de su informe inicial sobre Oswald. Después de ese episodio, diría Rankin, los integrantes de la comisión adoptaron un punto de vista más escéptico sobre el FBI y decidieron que "debíamos ser cautelosos con cualquier cosa que nos entregaran".

La relación sufrió un daño mucho más serio el miércoles 22 de enero, día en que, poco después de la 11:00 am, sonó el teléfono en la oficina de Rankin. La persona que llamaba era el fiscal general de Texas, Waggoner Carr. Rankin recordaba el entusiasmo en la voz de Carr. "Afirmó que él pensaba tener alguna información que debía hacernos llegar de inmediato", declararía Rankin después. "Carr dijo que había recibido información de una fuente confidencial según la cual Lee Harvey Oswald era un agente encubierto del Buró Federal de Investigaciones, y que había recibido una paga de 200 dólares mensuales del FBI desde septiembre de 1962."

Carr le dijo a Rankin que Oswald tenía asignado un número como informante —el 179—, y al parecer seguía formando parte de la nómina del FBI para noviembre; de hecho, supuestamente habría estado trabajando con un agente del FBI en la oficina de Dallas el día del asesinato. "Carr indicó que dicho alegato estaba ya en manos de la prensa y de la defensa de Ruby" y que la fuente de éstos era, al parecer, la oficina del fiscal de distrito de Dallas, Henry Wade.

Carr sonaba convencido de lo que estaba diciendo, recordaría Rankin. Si la acusación probaba ser cierta, el FBI estaba involucrado en un encubrimiento masivo acerca de su relación con el hombre que acababa de asesinar al presidente. Rankin recordaría años después que las preguntas comenzaron a correr por su mente: ¿Era posible que alguien en el FBI conociera los planes de Oswald de llevar a cabo el asesinato y hubiera podido detenerlo?

De inmediato llamó a Warren, quien compartió su alarma. Coincidieron en que Carr y Wade debían ser llamados a Washington lo más pronto posible. El ministro presidente convocó a una reunión de emergencia a las 5:30 de esa tarde.

Antes de la reunión, Rankin volvió a hablar con Carr. "Me dijo que la fuente de la información era un miembro de la prensa" cuyo nombre desconocía. "Me indicó que estaba intentando verificarlo para obtener información más precisa."

Ford se encontraba en una audiencia de la Comisión Presupuestal de la Cámara cuando recibió el mensaje de que se requería su presencia urgentemente en las oficinas de la comisión en Capitol Hill. Intentó imaginar de qué clase de emergencia se trataba. Al entrar en las oficinas de la comisión aquella tarde, declararía después, la tensión en la sala de conferencias era apabullante. En todos sus años en Washington, "no recordaba haber asistido a una reunión más tensa y silenciosa", diría Ford. Los comisionados ocuparon sus asientos alrededor de la mesa rectangular de dos metros y medio y Warren le pidió en tono sombrío a Rankin que expusiera un resumen de la noticia que había escuchado esa mañana. Ford declararía posteriormente que, junto con los demás comisionados, escuchó con "asombro" a Rankin describir que el asesino del presidente probablemente había trabajado para el FBI.

Las alarmantes noticias provenientes de Dallas llegaron en un momento en el que Ford, a pesar de su relación con el FBI, había comenzado ya a concebir en lo personal dudas sobre la conducta del buró durante la investigación. Los nuevos rumores sobre Oswald solamente reforzaban sus sospechas con respecto a que Oswald pudiera haber sido un agente del gobierno; para la CIA, si no para el FBI, pese a las persistentes negaciones de la agencia. Ford había leído con detenimiento el material sobre la vida de Oswald y no dejaba de sorprenderle, de forma particular, el número de exóticos viajes al extranjero que había realizado antes de morir a la edad de 24 años: Japón y Filipinas, cuando perteneció al cuerpo de Marines, luego Europa, y los casi tres años que pasó en la Unión Soviética, así como su corta visita a México en aquel otoño. En opinión de Ford, "se antojaban más bien como los viajes de un acaudalado trotamundos que los de un trabajador de vida restringida que tenía empleo ocasionalmente y no poseía ninguna destreza". ¿Se trataba, quizás, de los viajes de un joven agente secreto? Ford se reservó sus suspicacias en ese punto, pero no dejó de preguntarse si la supuesta deserción de Oswald hacia la URSS era en realidad un ardid de los encargados de la CIA o el FBI para permitir que realizara labores de espionaje en la Unión Soviética. Y, ¿había regresado entonces Oswald a Estados Unidos para espiar a los izquierdistas que integraban el Comité Pro Trato Justo a Cuba? "Tal vez era un agente de la CIA, entrenado por el FBI, a quien habían utilizado para infiltrar Pro Trato Justo a Cuba", recordaba Ford haber pensado para sus adentros. "Habría sido un contraespía perfecto para vigilar a los simpatizantes de Castro."

Otros de los presentes en la reunión se burlaron de la idea de que Oswald pudiera ser un espía para alguien. Allen Dulles expresó sus dudas respecto a que el FBI considerara siquiera trabajar con alguien con las características de Oswald, dada su inestabilidad emocional. "Nadie seleccionaría a un tipo como éste para el trabajo de agente", explicó. "¿Cuál era la misión evidente?", preguntó. "¿Era penetrar en el Comité Pro Trato Justo a Cuba? Es el único objetivo para el que se me ocurre que podían haber utilizado a este hombre."

Rankin les expresó a los comisionados que había comenzado a temer que fuera imposible conocer la verdad. Si Oswald había sido un informante del FBI, afirmó, el buró simplemente lo negaría. Tal vez ello explicaba por qué el FBI había demostrado tanta urgencia en señalar a Oswald como el asesino en solitario; deseaba cerrar la investigación de la comisión antes de que ésta descubriera evidencias que dañaran o destruyeran al buró. "Encontraron a su hombre", diría Rankin, expresando de lleno ahora su escepticismo sobre la credibilidad del buró. "No hay nada más que hacer. La comisión respalda sus conclusiones, podemos irnos a casa y esto se acabó."

Rankin comentó que él y Warren concordaban en cuanto al nivel de peligro para el trabajo de la comisión que significaba el que las acusaciones, verdaderas o falsas, llegaran a la luz pública: "Habrá gente que va a pensar que hubo una conspiración para ejecutar el asesinato y nada de cuanto pueda hacer la comisión —ni nadie— podrá cambiarlo".

"Tienen toda la razón", señaló Hale Boggs. "Las implicaciones de esto son fantásticas." Las implicaciones eran "terribles", coincidió Dulles. Más o menos en ese momento, algunos de los comisionados cayeron en la cuenta, con alarma, de que sus palabras, incluida su especulación sobre un posible encubrimiento del FBI, estaban siendo grabadas. "Ni siquiera me gusta ver que se esté tomando nota de esto", señaló Boggs, apuntando hacia el estenógrafo sobre la mesa.

Dulles se mostró de acuerdo: "Sí, creo que esta grabación debería ser destruida. ¿Creen que necesitamos un registro de esto?"

Rankin hizo notar que la comisión, en aras de la transparencia, había prometido conservar las grabaciones de sus juntas de trabajo. Si tal era el caso, insistió Dulles, no debía permitirse nunca que las transcripciones salieran de las oficinas de la comisión. "Las únicas copias de esta grabación deberán ser conservadas aquí."

Los comisionados dieron por terminada la sesión del día, acordaron en que no podía hacerse nada más hasta que Warren y Rankin se entrevistaran con los funcionarios de Texas.

El viernes 24 de enero la delegación de Texas, que incluía al fiscal general Carr y al fiscal de distrito Wade, llegó a Washington para reunirse con el ministro presidente y Rankin. Los funcionarios texanos les advirtieron que el rumor sobre Oswald se estaba propagando con velocidad en Dallas y que los detalles —el sueldo mensual de 200 dólares, el número de informante del FBI— eran sorprendentemente congruentes. Wade comentó que habían llegado a sus oídos también acusaciones de que Oswald era informante de la CIA. Carr y Wade informaron que varios periodistas en Texas estaban al tanto de los rumores y lo estaban propagando, aunque sólo citaron el nombre de uno de ellos: Lonnie Hudkins, del *The Houston Post*. Más alarmado, Warren convocó a la comisión a reunirse el lunes siguiente.

A lo largo del fin de semana, los presuntos nexos entre Oswald y el FBI se convirtieron en noticia nacional, mediante los reportes provenientes de las revistas y los diarios de mayor tiraje que se alimentaban unos a otros. *The New York Times* informó de los rumores, haciendo notar la negación rotunda del FBI de tener cualquier conexión con Oswald. La revista *The Nation* publicó un artículo detallado que enumeraba una serie de preguntas sin respuesta sobre Oswald, incluida su posible relación con el FBI; en sus páginas citaba los reportes de Hudkins en *The Houston Post*. La revista *Time* estaba también tras la historia: McCloy había recibido una llamada de la publicación en busca de sus comentarios.

En la reunión del lunes, Rankin declaró con gravedad que la comisión necesitaba decidir cómo afrontar los rumores, lo cual significaba decidir la manera de enfrentar a Hoover. "Estamos frente a un sucio rumor que es muy dañino para la comisión", aseguró Rankin. "Debe ser eliminado mientras sea posible hacerlo."

Warren y Rankin habían considerado pedirle a Kennedy, como superior de Hoover en la cadena de mando del Departamento de Justicia, su intervención. Pero el fiscal general parecía también intimidado por Hoover. El portador de la noticia de la renuencia de Kennedy a confrontar al director del FBI fue Willens, quien seguía a cargo de responder ante el departamento. Willens le informó a Warren y a Rankin que para Kennedy sería una situación incómoda interrogar a Hoover respecto a los rumores, porque "una petición de esa naturaleza podría resultar vergonzosa" y haría "muchísimo más difícil para él permanecer en su puesto en el departamento para el resto de su periodo".

Rankin sugirió que había dos opciones. Una era que él mismo se reuniera en privado con Hoover como representante de la comisión. "Yo sería franco y le haría saber" que el FBI tendría que llevar a cabo una investigación interna acerca de los rumores y que Hoover necesitaba entregar a la comisión "todo registro o material que estuviera en su poder que pudiera demostrar que eso simplemente no podía ser cierto". Rankin insistió en que "una simple declaración de Hoover" de que los rumores eran falsos no bastaría. La segunda opción, declaró, era que la comisión investigara por sí misma, antes de confrontar a Hoover. Comenzarían por entrevistar a Hudkins, el reportero de Houston, y entonces interrogarían a funcionarios del FBI, "subiendo por la cadena de mando" hasta llegar al director.

El ministro presidente declaró preferir la segunda opción. "Mi propio juicio es que lo más sensato sería intentar averiguar si se trata de un hecho o una invención" antes de mantener un enfrentamiento con el director del FBI.

Boggs se percató de que los comisionados contaban entre sus miembros con un experto en el tema de los informantes del gobierno: Dulles, quien durante su carrera en la CIA había manejado información de fuentes secretas. Boggs se dirigió al ex maestro de espías y le preguntó si la CIA contaba con fuentes tan bien protegidas que no existiera la posibilidad de demostrar mediante el rastreo de documentos que trabajaban para la agencia: "¿Tienen agentes sobre quienes no haya un solo registro de ningún tipo?", inquirió.

"El registro podría no estar en papel", respondió Dulles, quien explicó a la comisión que simplemente tendría que aceptar que

Oswald podía haber sido un informante del FBI, que el buró podía mentir y negarlo, y que no habría manera de encontrar la verdad. En la CIA, dijo, siempre había estado preparado para mentir en persona, incluso a los miembros del gabinete, para proteger a una fuente valiosa. Como el principal espía del país, la única persona a la que estaba obligado a decirle la verdad era al presidente. "Estoy bajo su control", dijo Dulles. "Es mi jefe. No le informaría necesariamente a nadie más, a menos que el presidente me autorizara a hacerlo. Así llegó a ocurrir en ocasiones."

Dijo que era posible que Hoover se sintiera en una posición similar. "No es posible demostrar los hechos", continuó Dulles. La comisión, señaló, no tenía otra opción que aceptar los decires de Hoover. "Yo le creería a Hoover. Otros tal vez no."

Incluso en la privacidad de la sala de conferencias de la comisión, Russell al parecer advirtió que debía escoger con sumo cuidado sus palabras cuando estuviera frente al director del FBI. "No existe un hombre que trabaje para el gobierno federal que ocupe un lugar más destacado entre la opinión pública estadounidense que J. Edgar Hoover", comenzó Russell, como para protegerse a sí mismo en caso de que la transcripción del encuentro viera la luz pública. Pero estuvo de acuerdo con Warren y el resto en que la comisión debía conducir su propia investigación sobre los rumores.

"Podemos conseguir una declaración jurada de Hoover e incluirla en este registro", dijo. Pero la comisión corría el riesgo de recibir un veredicto severo de la historia si simplemente dependían de un documento como ése. "Seguiría habiendo miles de incrédulos que pensarían" que Hoover estaba mintiendo y que la comisión había perdido la oportunidad de "poner las cosas en claro".

Rankin reconocería su preocupación por la reacción de Hoover; el director podría pensar que "en realidad nosotros lo estamos investigando a él".

—Si le decimos que iremos hacia él para hacerlo, entonces *estaríamos* investigándolo, ¿no es así? —replicó Warren.

—Creo que está implícito —respondió Rankin.

La discusión enfrascó a los comisionados, por primera vez, en la disyuntiva de si ellos podrían confiar en el FBI para que realizara un porcentaje tan alto del trabajo detectivesco esencial de la comisión, en vista de su determinación de demostrar que Oswald había actuado solo.

"Ya decidieron que fue Oswald quien cometió el asesinato, ya decidieron que nadie más participó", afirmó Rankin.

—Ya juzgaron el caso y han llegado a un veredicto en todos los aspectos —repuso Russell.

—Acaba de dar en el clavo —afirmó Boggs.

Warren ahora apoyaba la idea de enviar a Rankin a confrontar a Hoover directamente. Resumió lo que esperaba que hiciera Rankin: "Vaya frente a Hoover y diga: 'Señor Hoover, como usted sabe, hay rumores que persisten en Dallas y sus alrededores, y que están llegando a la prensa nacional, los cuales afirman que Oswald era un agente encubierto del FBI'". Rankin, agregó, haría prometer a Hoover que "usted nos entregará toda la información en su poder que nos permita dilucidar este problema, hasta el límite". La comisión emitió un voto unánime en favor de enviar a Rankin a entrevistarse con Hoover al día siguiente.

16

Buró Federal de Investigación
Washington, D. C.

Martes 28 de enero de 1964

Rankin fue recibido en el conjunto de oficinas de Hoover ubicadas en el edificio del Departamento de Justicia a las 3:00 pm del martes 28 de enero. Muchas veces antes había estado en esas oficinas, durante sus años en el departamento en el gobierno de Eisenhower. Algunos de los subordinados de Hoover opinaban que sus oficinas eran sorprendentemente modestas, con sus sillones maltrechos y burdamente revestidos. El subdirector Cartha DeLoach se refería a la elección del mobiliario como intencional: era un símbolo del "severo rechazo a la frivolidad" de Hoover. En una oficina externa, detrás del escritorio de quien había sido la secretaria de Hoover durante mucho tiempo, Helen Gandy, se encontraban los dos archiveros grises que albergaban los llamados expedientes "Oficiales y confidenciales" que se consideraban demasiado sensibles como para su catalogación rutinaria en otro espacio. Éstos contenían información privada desdeñosa sobre cientos de políticos y otras figuras públicas, entre ellas —se descubriría después— varios de los integrantes de la Comisión Warren.

El efecto de abrir la puerta que llevaba a la oficina interior para descubrir el rostro de bulldog, sin sonrisa, de Hoover sentado tras su escritorio, en una plataforma con una ligera elevación sobre el piso, era como encontrarse con "el gran y poderoso Oz", recordaría DeLoach. Eso también era intencional. Los empleados del FBI "nunca se sintieron cómodos en su presencia", afirmaría DeLoach: "Los agentes lo miraban con asombro y terror. Tú eras apenas un engrane en la vasta maquinaria del universo. Estabas a su merced y, si él así lo decidía, podía tronar los dedos y hacerte desaparecer".

Rankin tomó asiento y en cuestión de minutos se percató de que si alguna vez había existido alguna clase de amistad entre Hoover y él, eso había terminado. Al igual que el ministro presidente Warren, Rankin era visto ahora como uno de los enemigos de Hoover: "hostil hacia él y el FBI", en palabras de Rankin.

Comenzó explicando la razón de su visita. Le indicó a Hoover que la comisión estaba impaciente por que el FBI desmintiera los rumores de que Oswald había sido su informante tan pronto como fuera posible. La comisión estaba intentando lidiar con el tema con delicadeza para evitar cualquier situación bochornosa para el buró, en especial cualquier percepción de que "la comisión estaba investigando al FBI", dijo.

La respuesta de Hoover fue fría y terminante, indicarían sus notas de la reunión. Al parecer consideró como un insulto la insinuación de que el FBI hubiera tenido alguna vez nexos con un hombre como Oswald. La idea, aseguró, era absurda. "Le dije a Rankin que Lee Harvey Oswald no había sido, en ningún momento, un informante confidencial, agente encubierto ni fuente de información para el FBI, y que me complacería que ello quedara asentado con claridad en los archivos de la comisión, y que estaría dispuesto a afirmarlo bajo juramento", escribió Hoover en un memo dirigido a sus subalternos.

Aprovechó el encuentro para lanzar un ataque más a fondo contra la comisión y lo que él consideraba la crítica ligeramente velada del ministro presidente hacia el FBI. Hoover seguía estando molesto por el hecho de que Warren había descrito el primer informe del FBI, emitido en diciembre, como sólo un "esqueleto". Le recordó a Rankin las extraordinarias solicitudes que la comisión hacía a sus agentes en Dallas y demás sitios. Todos los días, en ocasiones varias veces en el mismo día, Rankin remitía cartas —directamente a Hoover— en las que, en efecto, solicitaba que el buró se ocupara de algún nuevo testigo o pista. Hoover "hizo comentarios sobre el número de horas-hombre que le estábamos exigiendo y de la carga que ello significaba para el FBI", notaría Rankin. Salió de la reunión con la deprimente seguridad de que a partir de ese momento y durante los meses por venir tendría que empeñarse en evitar "una lucha abierta" con el FBI. La actitud del buró sería "hosca" y "reacia", aun cuando la comisión siguiera dependiendo del FBI para poder realizar mucho de su principal trabajo detectivesco.

★ ★ ★

Dentro del buró, los críticos de Hoover —e incluso algunos de sus subalternos más leales— se maravillaban con la capacidad del director para utilizar el mismo conjunto de datos para concebir distintos argumentos frente a diversas audiencias. Hoover había aprendido a dominar esa habilidad en sus años como estudiante en la Central High School de Washington, D. C., donde fue campeón del imbatible equipo de debate de la escuela. Décadas más tarde, se referiría con gratitud a lo que había aprendido en aquellas clases de debate.

Esa notable destreza se hizo evidente en todo su esplendor después del asesinato del presidente. En público, Hoover era capaz de argüir de modo persuasivo que el FBI le estaba brindando toda su cooperación a la Comisión Warren. El buró no tenía nada que ocultar, insistía, porque no había cometido ningún error durante el periodo que vigiló a Oswald antes del asesinato de Kennedy. A la comisión le aseguró —así como a la Casa Blanca y a la prensa de Washington— que el FBI no había cometido ningún error grave. Debido a que Oswald no parecía constituir una amenaza, no había habido necesidad de que el FBI alertara al Servicio Secreto de su presencia en Dallas antes de la visita de Kennedy. "No hubo ningún elemento, hasta el momento del asesinato, que indicara que este hombre era una persona peligrosa capaz de hacerle daño al presidente", declararía Hoover bajo juramento ante la comisión.

A puerta cerrada en el FBI, sin embargo, la opinión de Hoover, compartida por sus subalternos, era justo la opuesta. Pocos días después del magnicidio, determinó que el FBI, en realidad, había arruinado su investigación sobre Oswald antes del asesinato, y que muchos agentes y supervisores del buró debían ser disciplinados. A finales de noviembre, le solicitó a la División de Inspección, su perro guardián interno, que determinara si había "alguna clase de deficiencias en la investigación del caso Oswald". La respuesta llegó el 10 de diciembre cuando el responsable de la división, el subdirector James Gale, conocido internamente como *La Barracuda*, informó que faltas graves habían sido cometidas por varios empleados, incluyendo a agentes de Dallas y Nueva Orleans que habían sido incapaces de mantener a Oswald bajo estrecha vigilancia.

Gale recomendaba acciones disciplinarias, aunque advirtió a Hoover del riesgo que significaba castigar a cualquier empleado del FBI antes de que la Comisión Warren hubiera concluido su investigación. Si los castigos llegaran a conocerse fuera del FBI, ello contrastaría con la insistencia de Hoover de que el buró no había cometido errores. Hoover hizo de lado las preocupaciones de Gale. Impondría sanciones de inmediato —respondió por escrito a Gale—, porque "tan burda incompetencia no puede pasarse por alto, no es posible posponer medida administrativa alguna".

DeLoach urgió a Hoover a reconsiderar su decisión. Si la noticia de la acción disciplinaria trascendía al exterior del buró, sería vista "como un reconocimiento directo de que somos culpables de negligencias que pudieron haber permitido el asesinato del presidente", escribió. Pero Hoover ya había tomado una decisión. "No estoy de acuerdo", escribió como respuesta.

DeLoach pudo advertir que Hoover estaba buscando, desesperadamente, un chivo expiatorio; necesitaba alguien a quien culpar por el hecho indiscutible de que un hombre bajo vigilancia del FBI en el otoño de 1963 había eludido al buró durante suficiente tiempo para abatir tiros al presidente de Estados Unidos. "Nubarrones de tormenta se formaron en su oficina", recordaría DeLoach. "No estaba dispuesto a cargar con la culpa. Decidió repartirla a su alrededor."

Pocos días después, 17 empleados del buró en Dallas, Washington y otros lugares recibieron la notificación —en privado— de que serían castigados por "fallas cometidas en relación con la investigación sobre Oswald". La lista incluía a James Hosty, el agente que había sido responsable de la investigación de Oswald en Dallas. Los empleados castigados se enteraron de que entre sus errores estaba la decisión de no incluir a Oswald en el Índice de Seguridad interno del FBI, una lista que habría sido compartida con el Servicio Secreto antes de la visita de Kennedy a Dallas.

A pesar de sus aseveraciones en público de lo contrario, Hoover determinó que el nombre de Oswald debía haber formado parte del índice. La omisión "no podía haber sido más estúpida", escribió Hoover. "Ciertamente, nadie que esté en pleno uso de sus facultades puede asegurar que Oswald no cumplía con estos criterios."

Había otro tema en el corazón de la investigación sobre el cual los comentarios de Hoover fueron consistentes tanto en público como en privado. Se mantuvo firme en que Oswald había actuado solo. Tal como declaró ante la comisión, Hoover no creía que hubiera "ni un ápice de evidencia que señalara la existencia de alguna conspiración extranjera o interna" en la muerte del presidente.

El convencimiento de Hoover de que Oswald era un asesino solitario quedó establecido internamente durante el fin de semana que siguió al asesinato. El sábado 23 de noviembre, el día siguiente al magnicidio, el FBI despachó un teletipo a sus oficinas regionales en todo el país en el que declaraba que Oswald era "el principal sospechoso del asesinato" y que los agentes del FBI podían "reanudar el contacto habitual con sus informantes y otras fuentes". En otras palabras, con el asesino en custodia, los agentes no involucrados directamente en la investigación del asesinato podían retomar sus obligaciones regulares. No se necesitaba su ayuda.

Los archivos de Hoover indican que, después de sus primeras y confusas conferencias telefónicas con el presidente Johnson a finales de noviembre, el director del FBI nunca consideró con seriedad la posibilidad de que la Unión Soviética estuviera involucrada en el asesinato. Al igual que su viejo amigo James Angleton de la CIA, el director del FBI parecía sospechar menos de un vínculo cubano, a pesar del gran número de preguntas sin respuesta sobre el viaje de Oswald a la ciudad de México y sus vínculos con activistas procastristas en Estados Unidos. El patrón establecido en la CIA podía observarse también en el FBI. Mientras que la cuestión de la posible participación de los soviéticos en el asesinato se planteó cuando menos dentro del buró, hubo pocas preguntas respecto a los cubanos. La División de Inteligencia Interna del FBI, la cual supervisó la indagatoria sobre Oswald, solicitó un equipo de especialistas en la Unión Soviética y la KGB, establecidos en Washington, para que analizaran las pruebas sobre los años de Oswald en la Unión Soviética y sus posibles vínculos con agentes rusos que operaban en Estados Unidos, quienes no encontraron ningún elemento que fundamentara la tesis de una conspiración soviética. Investigadores del Congreso, sin embargo, determinaron posteriormente que los analistas de contrainteligencia del FBI expertos en Cuba no recibieron solicitud parecida.

A pregunta expresa años después, el supervisor del FBI reputado como el principal analista del buró en temas relacionados con Fidel Castro y el gobierno de Cuba declararía en 1963 que jamás fue convocado a ninguna reunión de trabajo en las oficinas centrales del FBI para tratar el tema del asesinato. Y él no indagó por iniciativa propia. Después admitiría que nunca se preocupó por buscar y revisar las noticias sobre Castro de las semanas inmediatas anteriores al asesinato para comprobar si había pistas que el FBI pudiera haber dejado pasar. No recordaba haber leído nunca ningún artículo publicado por Associated Press el 8 de septiembre de 1963 firmado por un reportero de la AP en Cuba, quien entrevistó a Castro brevemente en una recepción en la embajada brasileña en La Habana. En la entrevista, Castro declaraba saber que el gobierno de Kennedy estaba intentando asesinarlo y que él estaba listo para responder del mismo modo: "Los líderes de Estados Unidos deberían pensar en que si están costeando planes terroristas para eliminar a líderes cubanos, ellos mismos no estarán a salvo". La historia ocupó un espacio destacado en *The Times-Picayune* de Nueva Orleans, un periódico del que, según se sabría, Oswald había sido un ávido lector cuando vivió en aquella ciudad. El supervisor del FBI admitiría años después que "en retrospectiva, parece tratarse en verdad de una señal manifiesta" de que, menos de tres meses antes del asesinato, la vida de Kennedy podría haber estado en peligro.

La noticia de la insistencia de Hoover en que Oswald era el único culpable del asesinato llegó a México, donde el buró contaba con un equipo de trabajo de casi una docena de agentes y otros empleados que operaban desde la embajada de Estados Unidos. Como resultado, la investigación del FBI sobre el viaje de Oswald a la capital mexicana quedó restringida desde el primer momento. El principal funcionario del FBI en la embajada, Clark Anderson, un veterano con 22 años de experiencia en el buró y quien ostentaba el título de agregado jurídico, se había enterado de la presencia de Oswald en México pocos días después de su llegada en septiembre. Anderson había recibido en octubre un detallado informe preparado por su homólogo de la CIA, Winston Scott, acerca de los contactos de Oswald en la ciudad de México con las embajadas cubana y soviética. Anderson recordaría luego que en aquel entonces no hizo preguntas sobre cómo había detectado la CIA las visitas de Oswald a las embajadas. De hecho, Anderson, quien mantenía un relación cordial mas no cercana con Scott, aseguraría después que en el momento del asesinato no sabía nada de la elaborada vigilancia fotográfica y los operativos de intervención telefónica de la CIA en la ciudad de México. Eso era asunto de la CIA, no de él, diría.

Las oficinas centrales del FBI habían tenido conocimiento del viaje de Oswald semanas antes del asesinato. El 18 de octubre, Anderson envió a Washington un memo en el que resumía lo que se sabía de la estancia de Oswald en México, incluida su reunión, el 28 de septiembre, en la embajada soviética con un diplomático de nombre Valeriy Vladimirovich Kostikov, quien era conocido como un operador de alto nivel de la KGB. La CIA creía que Kostikov formaba parte del 13° Directorio, responsable de los asesinatos y secuestros fuera de territorio continental soviético; Kostikov operaba encubierto como un integrante ordinario de la diplomacia soviética.

Las preguntas de qué tanto sabía la CIA de las conversaciones entre Oswald y Kostikov, y por qué las oficinas centrales del FBI no compartieron de inmediato dicha información con sus agentes en Dallas ante la inminente visita de Kennedy, jamás recibirían una respuesta satisfactoria. Algunas de ellas podían encontrarse probablemente en la entorpecida burocracia del FBI: con frecuencia, la información sensible se desplazaba con lentitud dentro del buró.

Tan sólo días después del asesinato, las oficinas centrales del FBI parecían haber perdido todo interés en la ciudad de México, cuando menos si se toma como medida el número de solicitudes que fueron enviadas a Anderson y sus colegas en la embajada. Anderson podía recordar pocas órdenes explícitas, de cualquier tipo, provenientes de Washington acerca de lo que debía investigarse en México. Tampoco se sintió presionado a trabajar de manera estrecha con la CIA en el seguimiento de pistas sobre Oswald. De hecho, Anderson aseguraría que él y Scott no sostuvieron ninguna conversación en privado sobre el magnicidio, fuera de las reuniones conjuntas de trabajo con el embajador estadounidense, Thomas Mann. "No creo que haya habido ninguna reunión en que nos sentáramos a tocar el tema a fondo", recordaría Anderson sobre sus encuentros con Scott. "No recuerdo que Scott hubiera delineado ninguna investigación en específico que estuvieran llevando a cabo." En cuanto a la investigación del FBI en

México, diría, ésta se limitaba principalmente a determinar a qué sitios había viajado Oswald durante los días que pasó en la ciudad de México y si había sido acompañado por alguien; incluso esa pequeña investigación dejó preguntas sin responder.

"No recuerdo que fuéramos capaces de establecer dónde estuvo en cada uno de los días que permaneció en México", admitiría Anderson años después. Sus agentes sí determinaron con certeza la fecha en que Oswald llegó a México (el sábado 26 de septiembre) y el día en que cruzó la frontera en su regreso a Estados Unidos (el sábado 3 de octubre), así como el nombre y la ubicación del hotel de la ciudad de México, el Hotel del Comercio, donde Oswald alquiló un cuarto por 1.28 dólares al día. "Pudimos identificar cuándo entró, cuándo salió, dónde se hospedó".

Anderson, quien había trabajado fuera de Estados Unidos durante buena parte de su carrera, incluido el puesto de representante del FBI en la embajada estadounidense en La Habana de 1945 a 1955, afirmaría que si existían conexiones siniestras entre Oswald y los agentes cubanos o soviéticos en México, habrían sido objeto de investigación por parte de la CIA, no del FBI.

Anderson y sus colegas del FBI tal vez no tenían grandes sospechas de que en la ciudad de México se hubiera tramado un asesinato, pero otros en la embajada estadounidense sí, en especial el embajador Mann. En diciembre, Anderson informó a las oficinas centrales del FBI que necesitaba ayuda para "tranquilizar" al embajador, un diplomático de carrera de 51 años de edad que después sería cercano al presidente Johnson; supuestamente fue Johnson quien presionó al presidente Kennedy a designar a Mann, un coterráneo de Texas especialista en América Latina, a la embajada en la ciudad de México en 1961.

Mann declararía después que casi desde el momento del asesinato estuvo convencido de que Castro estaba detrás del magnicidio y que el viaje de Oswald a México estaba ligado de alguna forma a la conspiración. Mann parecía perplejo por el hecho de que el FBI y la CIA no compartieran sus sospechas o que, cuando menos, no se mostraran ansiosos por actuar con base en éstas. En diversas ocasiones convocó a Scott y Anderson para exponerles su teoría de una conspiración cubana. Les escribió que deseaba saber mucho más de la "promiscua" joven mexicana Silvia Tirado Durán, quien trabajaba en el consulado cubano y había tenido contacto con Oswald. (Mann conocía los reportes de un amorío entre Durán y el ex embajador de Cuba en México.) Mann había felicitado a Scott en el momento en que el jefe de la estación de la CIA solicitó a las autoridades mexicanas la detención e interrogatorio de Durán el día del asesinato de Kennedy. El embajador le comunicó a sus colegas que su "instinto" le decía que Duran estaba mintiendo cuando aseguró que su trato con Oswald se había limitado a asuntos relacionados con la solicitud de visa de éste a Cuba. Anderson comunicó a las oficinas centrales del FBI las alarmantes teorías de Mann. En un memo enviado a Washington dos días después del asesinato, informó que Mann creía que la Unión Soviética era "demasiado sofisticada" como para estar implicada, pero que Castro era "lo suficientemente estúpido como para haber participado". El embajador especulaba que Oswald había visitado la ciudad de México para establecer una "ruta de escape" después del homicidio. De acuerdo con el memo de Anderson, Mann deseaba que el FBI y la CIA hicieran todo lo posible en México "para establecer o refutar" una conexión con Cuba. A instancias de Mann, Anderson propuso a las oficinas centrales del FBI en un comunicado que el buró considerara "sondear a todas sus fuentes cubanas en Estados Unidos con objeto de confirmar o refutar" la teoría del embajador de que Castro estaba detrás del asesinato. Las oficinas centrales rechazaron con prontitud la propuesta. "No es aconsejable", escribió un supervisor del FBI en su cable: "Serviría para alentar rumores".

El 26 de noviembre Mann recibió información alarmante que, creyó, probaba que sus temores eran justificados. Un espía del gobierno nicaragüense de 23 años de edad, Gilberto Alvarado, había telefoneado a la embajada de Estados Unidos con un relato que, de ser cierto, implicaba que el gobierno de Castro le había pagado a Oswald. Alvarado, que con anterioridad había tenido contacto con la CIA, aseguraba que había estado presente en la embajada cubana en la ciudad de México en septiembre, cuando observó a un "negro pelirrojo" entregarle a Oswald 6500 dólares en efectivo, presuntamente un adelanto por el asesinato. Alvarado informó que había estado en la embajada como parte de una encomienda del gobierno nicaragüense, ferozmente anticomunista.

En un cable urgente enviado al Departamento de Estado, Mann declaraba estar sorprendido por los detalles de la narración del nicaragüense, la cual incluía la descripción de la "manera casi descuidada en la que Alvarado afirma que se le entregó el dinero a Oswald". El dato coincidía con la visión desdeñosa de Mann hacia Castro como "el tipo de extremista latino que actúa más visceral que intelectualmente, y, al parecer, sin mucha consideración de los riesgos".

Mann recibió más noticias que consideró alarmantes. El 26 de noviembre la CIA había grabado en secreto una conversación telefónica entre el presidente cubano Osvaldo Dorticós y el embajador cubano en México, Joaquín Armas, en la que el diplomático cita las preguntas que Silvia Durán había debido responder en su interrogatorio por parte de autoridades mexicanas, entre las que se encontraba la de si había mantenido "relaciones íntimas" con Oswald y si Oswald había recibido dinero de la embajada. "Lo negó todo", señaló Armas en la plática, al parecer, aliviado. Pese a ello, Dorticós sonaba ansioso por la razón de que el gobierno mexicano preguntara por el dinero, como si la acusación de que Oswald había recibido un pago encerrara alguna verdad. En un cable dirigido a Washington, Mann expresaba su creencia de que la ansiedad de Dorticós "tiende a corroborar el relato de Alvarado sobre la entrega de los 6500".

La noticia de las imputaciones de Alvarado y las sospechas cada vez mayores de Mann se esparcieron más allá del Departamento de Estado y a la postre llegaron hasta la Oficina Oval. (El presidente Johnson declararía posteriormente haberle mencionado el rumor del pago de 6500 dólares al ministro presidente Warren durante aquella reunión en la Oficina Oval.) Las preguntas en torno a la veracidad de las indicaciones de Alvarado consumirían a la embajada estadounidense en la ciudad de México durante días, y llevó al embajador Mann, a quien le preocupaba no estar recibiendo información completa del FBI, a solicitarle al buró que enviara a un supervisor de alto rango de Washington a la ciudad de México. Era su deseo que el buró tomara la investigación en México con mucha mayor seriedad.

En Washington, Hoover desestimó a Mann y sus preocupaciones. Hoover le expresó por escrito a uno de sus subalternos que el embajador era "uno de esos seudoinvestigadores, un Sherlock Holmes" que estaba intentando enseñarle al FBI cómo hacer su trabajo. Con todo, Hoover había revisado la información de inteligencia en bruto de Alvarado y no pudo negar que las imputaciones del nicaragüense tenían que investigarse. Si eran ciertas, abrían "arrojado una luz completamente nueva sobre el cuadro completo" del asesinato, concedía Hoover. El director consintió en enviar a un supervisor del FBI adscrito a la academia de entrenamiento en Quantico, Virginia, Laurence Keenan, quien no tenía conocimiento sobre la investigación de Oswald pero hablaba español.

Keenan, quien había pertenecido al FBI durante más de un decenio, recordaría esa asignación como la más extraña y problemática de su vida profesional. No se percató de ello en su momento, declararía, pero llegó a entender años después que él había sido parte de una farsa para evitar que se descubriera toda la verdad sobre Oswald en México. Una que tenía por objetivo evitar la posibilidad de una guerra nuclear con Cuba, creyó. "Me di cuenta de que fui usado", declararía.

Keenan recibió instrucciones cerca de las 11:00 am del miércoles 27 de noviembre y abordó un avión a la ciudad de México a la 4:00 de esa misma tarde. Antes de salir, recibió en Washington un "informe brevísimo" sobre la investigación del asesinato y sobre las acusaciones de Alvarado. "Quedé a cargo de la investigación completa en México."

"Ni siquiera tenía visa o pasaporte", diría al recordar que su esposa se había apresurado a ir a su oficina con una maleta y ropa limpia antes de que se dirigiera a toda velocidad al Aeropuerto Internacional Dulles, en las afueras de Washington, para tomar su vuelo.* "Subí a un auto que me llevó a toda prisa a Dulles, y fui escoltado con una sirena que se abrió paso entre el tránsito de la ciudad."

Llegó a la ciudad de México esa misma noche y se reunió con Anderson, un viejo amigo. De acuerdo con Keenan, él y Anderson hablaron hasta "las primeras horas de la mañana" sobre la investigación. Keenan decidió que tenía dos responsabilidades en México. La primera, intentaría entrevistarse con Alvarado para determinar su grado de credibilidad. La segunda, protegería la reputación del buró

---

* El nombre del aeropuerto es un reconocimiento a John Foster Dulles (1888-1959), secretario de Estado bajo el mandato del presidente Eisenhower y hermano de Allen Dulles, el antiguo director de la CIA e integrante de la Comisión Warren.

"de cualquier futura acusación de que la investigación fue lamentable", dada la alarma del embajador Mann de que algo se había pasado por alto. Había ido, según lo expresaría después, para "cubrirnos a nosotros mismos, para apaciguar al embajador".

A la mañana siguiente, en la oficina del embajador, Keenan se entrevistó con Mann y Scott. El embajador "manifestó que él sentía que esto se trataba en definitiva de una conspiración y que nosotros debíamos voltear hasta la última piedra para averiguar si existe una conspiración manifiesta por parte de los cubanos", recordaría Keenan. Mann trajo a colación el artículo de Associated Press publicado en septiembre en el que Castro al parecer había lanzado una amenaza contra la vida de Kennedy.

Keenan hizo su presentación, y le informó al embajador todo lo que habían comunicado el día anterior en Washington: el FBI no creía en la existencia de una conspiración. "Cada fragmento de información que hemos recabado en Washington, en Dallas y en otros sitios indicaba que se trataba del acto de un solo hombre", le explicó a Mann. "Éste parece ser un trabajo en solitario, un disparo en un millón."

Con todo, Keenan insistió en hablar con Alvarado "para llegar hasta el fondo, voltear hasta la última piedra". Se dirigió a Scott, quien mantenía al espía nicaragüense en una de las casas de seguridad de la CIA en la ciudad de México. "Nos encantaría arreglar una conferencia o una entrevista con Alvarado", dijo. No recordaría cuál había sido la respuesta de Scott. "No era particularmente comunicativo", diría sobre el jefe de estación de la CIA.

Keenan traía otro mensaje de los cuarteles centrales del FBI para el embajador. La embajada debía entender que el buró no consideraba responsabilidad suya la investigación sobre las actividades de Oswald en la ciudad de México. Ése era un trabajo para la CIA.

Esa tarde Keenan sufriría una verdadera conmoción. Pocas horas después de la reunión le fue informado que la CIA había decidido entregar a Alvarado al gobierno mexicano de inmediato para que respondiera a un interrogatorio más profundo antes de que el FBI tuviera oportunidad de hablar con él. La decisión de la CIA fue "categóricamente" peculiar, recordaría Keenan: "No tengo manera de afirmar específicamente que ello se trató de una tentativa de la CIA para torpedear mi investigación".

Keenan pronto enfrentó el hecho de que tenía poco que investigar, en especial después de que la CIA informara que las imputaciones hechas por Alvarado se habían derrumbado.

El 30 de noviembre el gobierno mexicano informó que Alvarado se había retractado, aseverando que el espía había inventado la historia de los pagos de los cubanos a Oswald porque "odia a Castro, y pensó que si su historia era creída, contribuiría a provocar que Estados Unidos tomara medidas contra Castro", lo cual quedó asentado en un reporte de la CIA. Al desdecirse Alvarado, "se terminó la presión", recordaría Keenan. "Realmente no quedaba nada que yo pudiera coordinar o hacer a esas alturas." Dejó México el 2 de diciembre, cinco días después de su llegada, y no volvió a tener participación en la investigación sobre Oswald. (El día en que Keenan regresó a Washington, Alvarado, ahora desacreditado oficialmente por la CIA y las autoridades mexicanas, se retractó nuevamente, volviendo a su declaración original de que había visto a Oswald recibir dinero de los cubanos. El nicaragüense afirmaba que se había desdicho sólo porque sus interrogadores mexicanos lo habían amenazado con torturarlo colgándolo "de los testículos".)

En el buzón de la oficina de Keenan esperaba su regreso un memo que anunciaba su inmediata reasignación como supervisor en la oficina regional del buró en San Juan, Puerto Rico. Era, en sus palabras, "un trabajo maravilloso" que había anhelado, en especial, debido a que el crudo invierno de la Costa Este se aproximaba con velocidad. Se le esperaba en San Juan al cabo de cuatro días.

Keenan abandonó Washington con tal prontitud que no tuvo tiempo siquiera para informar a los funcionarios de las oficinas centrales del FBI que participaban en la investigación sobre Oswald lo que había aprendido en la ciudad de México, incluida información tentadora sobre Silvia Durán, la joven mexicana que, como se le había comunicado, era una espía menor del gobierno mexicano, "y posiblemente de la CIA".

Como Keenan explicaría años después, Durán no ocupaba un puesto "muy, muy alto" en estructura de la embajada cubana. "No creo que haya tenido acceso a información clasificada." No recordaría haber escuchado acusaciones que insinuaran relación alguna entre Oswald y Durán fuera de sus encuentros en el consulado cubano. Tampoco recordaría haber pensado que la CIA no hubiese interrogado a Durán —y no hubiera permitido al FBI hacerlo— porque ella podría haber estado bajo las órdenes de la agencia.

Mann también salió de la ciudad de México a toda prisa. El 14 de diciembre, el presidente Johnson lo ascendió al puesto de subsecretario de Estado para Asuntos de América Latina, así como a un puesto adicional en Washington como asistente especial del presidente. Antes de salir de México, Mann expresó su frustración por la investigación del asesinato; indicó a colegas de la embajada que había cejado en sus intentos de llegar al fondo de lo que había ocurrido en la ciudad de México. Al menos se encontraría bien ubicado al lado del presidente en Washington en caso de que surgieran nuevas pruebas de una conspiración.

En uno de sus últimos comunicados al Departamento de Estado desde México, Mann escribió en diciembre que no era optimista respecto a que "seamos capaces de encontrar algún elemento definitivo en el tema clave" de una conspiración cubana para matar al presidente. Un periodista estadounidense citaría años después su afirmación de que la aparente falta de interés de la CIA y el FBI en llegar al fondo de lo que había ocurrido en la ciudad de México fue "la experiencia más extraña de mi vida".

17

Washington, D. C.
Enero de 1964

Francis Adams, ex comisionado de policía de la ciudad de Nueva York, destacaba entre el resto de los abogados. El hombre de 59 años de edad medía bastante más de 1.80 m, y Arlen Specter, su compañero *junior* en el equipo responsable de la reconstrucción de los hechos del asesinato, decía que no era sólo la estatura de Adam lo que lo hacía parecer grande; era el juicio que éste tenía sobre su propia importancia en el mundo. Era "la imagen del poderoso abogado de Wall Street", siempre convencido de que podía someter a cualquiera a su voluntad, recordaría Specter.

Al joven abogado llegó a agradarle Adams, a pesar de su arrogancia. Adams no callaba su desdén por cualquier lugar que no fuera la ciudad de Nueva York, y a Specter, oriundo de Kansas, el chovinismo de Adams por la gran urbe le resultaba divertido, no insultante. En su primera reunión, Adams examinó el currículum de Specter y advirtió que el joven abogado, hijo de un inmigrante ucraniano vendedor de fruta, había nacido en Wichita. "¿Wichita?", preguntó Adams con sequedad. "¿Hacia dónde se dirigía tu madre en ese momento?"

Adams llegó a Washington pocos días después de que Specter había comenzado a trabajar en la oficina de la comisión. Explicó su sentir diciendo que la investigación podía avanzar con rapidez, en vista de que Oswald era de manera tan obvia culpable. "Dijo: 'Es otro caso simple de asesinato'", recordaría Specter.

Adams merecía parte de su autoestima, como Specter sabía. Durante su agitado mandato de 18 meses al frente de la policía de Nueva York, el cual había comenzado en enero de 1954, Adams dio pasos que serían recordados como históricos para erradicar la corrupción en la fuerza policiaca. Combatió una oleada de crimen en la ciudad al forzar a cientos de elementos reacios a dejar sus escritorios a salir a patrullar las calles, lo cual le valió la gratitud de la ciudadanía. Después de dejar el departamento de policía, se estableció como uno de los litigantes más solicitados y mejor pagados de la ciudad.

Specter recordaría un desayuno con Adams cerca de Lafayette Square, a pocas calles de la Casa Blanca, en un costoso restaurante francés ("Frank Adams no comía en ningún otro tipo de restaurante"), donde Adams insistió en pagar la cuenta. Entonces se ufanó ante Specter de que podía hacerlo porque "sus honorarios al día por litigio eran de 2500 dólares". Specter tragó saliva por lo que consideró "una suma gigantesca de dinero". Adams ganaba más en un día que lo que Specter haría en un mes como parte del equipo de trabajo de la comisión.

Casi desde el primer momento, Adams se mostró incómodo en la comisión. Sería una tarea difícil. Él y Specter tendrían que elaborar una cronología detallada, segundo a segundo, de los sucesos del asesinato, así como revisar y comprender una gran parte de la evidencia médica y balística. Adams, sin embargo, no mostraba "impulso por el trabajo detallado", comentaría Specter. En su bufete jurídico supervisaba a cinco o seis ayudantes cuando preparaba un caso, le contó a Specter. Pero en la comisión él y Specter estaban solos. "No estaba acostumbrado a trabajar en un proyecto prolongado con sólo un colaborador, y mucho menos con uno tan joven", comentaría Specter.

Adams no tardó en establecer una rutina. Usualmente llegaba después de las 11:00 am. "Charlaba brevemente, toqueteaba algunos archivos y llamaba por teléfono a su oficina en Nueva York antes de encontrar alguna razón para retirarse", recordaría Specter. Adams tenía una enorme cantidad de procesos urgentes en Nueva York ese invierno, le advirtió a su compañero a principios de enero. "Adams me confió desde el primer momento que tenía que trabajar en un importante caso antimonopolio a mediados de febrero —a cinco semanas de distancia—, con lo cual insinuó que esperaba terminar el trabajo para entonces." El bufete de Adams contaba con una oficina en Washington, donde éste pasó muchos días, en vez de en Capitol Hill, en la apretujada oficina que compartía con Specter.

Pocas semanas después, Adams desapareció por completo, en esencia abandonando la comisión. Se hizo presente en Washington un puñado de días de aquel invierno y primavera, incluyendo el día de marzo que Specter había programado para la declaración de los patólogos de la Armada que habían realizado la autopsia del presidente. Specter estaba presentando a los médicos con el ministro presidente Warren ese día, cuando Adamas entró en la sala. Era tan extraña su presencia en las oficinas de la comisión que Warren no lo reconoció.

"Buenas tardes, doctor", se dirigió Warren a Adams, quien se quedó de pie, mortificado por no haber sido reconocido por el ministro presidente.

"Y eso fue lo último que vimos de Frank Adams", asentaría Specter.

La desaparición de Adams no significó un problema para Specter, a quien muchos de sus colegas describían como el joven con mayor confianza en sí mismo que habían conocido. "Me pareció que era una ventaja no tener que trabajar con nadie", explicaría. "No tenía que compartir el trabajo. Todo lo que tenía que hacer era llevarlo a cabo."

Después de la reunión inicial en enero, Warren tuvo poco contacto con los jóvenes del equipo, lo cual significó una decepción para muchos de ellos. Delegaba responsabilidades a través de Rankin y de los dos asistentes directos de Rankin, Redlich y Willens. Warren también se reunía con frecuencia con algunos de los abogados *senior*, en especial con su viejo amigo Joseph Ball. A ambos les gustaba intercambiar relatos de sus primeras aventuras en el mundo de la abogacía en su natal California. "Era uno de los mejores hombres que conocí", diría Ball sobre Warren. "Era fuerte en lo físico, lo moral y lo mental, y tenía un gran espíritu."

La rutina de Warren consistía en llegar cada mañana a las oficinas de la comisión a temprana hora, regularmente alrededor de las 8:00 am, para aproximadamente una hora después dirigirse a la Suprema Corte, a dos calles de distancia. Cerca de las 5:00 pm acostumbraba regresar a la comisión, donde permanecía durante varias horas más.

Entre los abogados jóvenes, sólo Specter tenía encuentros frecuentes cara a cara con el ministro presidente, como resultado de la desaparición de Adams. Como único integrante de su dupla, Specter quedó a solas para llevar a cabo muchas de las entrevistas más importantes con testigos, con frecuencia mientras Warren escuchaba. Specter entabló una relación cortés, si bien a veces fría, con el ministro presidente. Warren estaba acostumbrado a que la gente se intimidara en su presencia; era claro que disfrutaba ser el centro de las conversaciones y usualmente quien marcaba la pauta en éstas. Specter, por el contrario, insistiría en que jamás se sintió intimidado por el ministro presidente y que le hizo frente cuando fue necesario. "Era emocionante trabajar para Warren", aseguraría Specter años después. "Sentíamos que estábamos en presencia de la historia. Pero, ¿cuál era la causa para sentirse intimidado? Yo no estaba intimidado por él; en ocasiones me exasperaba."

Specter estableció un lazo temprano con David Belin, el abogado de Iowa; en parte, como Belin creía, porque él y Specter eran judíos criados en circunstancias adversas en el Medio Oeste, donde los judíos eran una novedad no siempre bienvenida. Belin fraguaba amistades con facilidad; era entusiasta, lleno de energía y ambición y disfrutaba destacar como el "campesino de Iowa" y el "pueblerino" que de pronto estaba trabajando entre abogados de Nueva York y Washington. Estaba paralizado por la desaparición de Adams de la investigación y urgió a Specter a que protestara. "Debieron pedirle a Adams su renuncia cuando se hizo evidente que no iba a asumir sus responsabilidades", diría Belin posteriormente. Estaba agradecido de que su propio compañero de dupla, Joseph Ball, mostrara un compromiso absoluto con el trabajo de la comisión. Ball había obtenido un permiso para ausentarse del bufete donde trabajaba en Long Beach, California, mientras que su encanto y capacidad para el trabajo arduo lo hicieron popular entre el equipo de la comisión. Specter recordaba a Ball como una persona "angelical, con un brillo en la mirada", y que "embelesaba a las mujeres, aun a sus 62 años de edad".

Ball y Belin, a cargo de encontrar pruebas que demostraran que Oswald era el asesino, se convirtieron en compañeros tan cercanos que con frecuencia Rankin y sus asistentes pronunciaban sus nombres entrelazados: "Ball-Belin". Pronto, Ball, Belin y Specter se percataron de que sus investigaciones se traslaparían y dieron con la forma de dividir sus tareas. Ball y Belin "se ocuparían de todos los testigos presenciales del asesinato, excepto aquellos que habían formado parte de la caravana, que estarían a mi cargo", como el gobernador Connally y los agentes del Servicio Secreto, comentaría Specter.

Specter sería responsable de las evidencias médicas, incluyendo el análisis de los resultados de la autopsia en el hospital de Bethesda.

Determinar la procedencia de los proyectiles —presuntamente el rifle de Oswald— siguió siendo objeto de investigación de Ball y Belin. En cuanto al análisis científico de las municiones, "decidimos que la bala en plena trayectoria era el punto de división", aclararía Specter. "Antes de que la bala saliera del cañón, era responsabilidad de Ball y Belin. Una vez que hubiera impactado al presidente, era responsabilidad mía."

En el caso de los tres abogados, los primeros días de la investigación se consumieron en lecturas. Ball y Belin tardaron casi un mes en leer todos los documentos provenientes de Dallas, elaborados por el FBI y el Servicio Secreto. Belin fijó un sistema de catalogación mediante tarjetas que permitía que los tres investigadores pudieran cruzar referencias a la información que recibían de las diversas agencias "de manera que no tuviéramos que leerlo todo dos veces", apuntaría Ball.

Todos estaban deslumbrados por la certeza evidente del FBI sobre el número y la secuencia de los disparos en Plaza Dealey, especialmente en vista de que a los tres las evidencias de balística les resultaban tan confusas. De acuerdo con el FBI, Oswald realizó tres disparos: el primero hirió a Kennedy en la parte alta de la espalda o baja de la nuca; el segundo hirió a Connally, y el tercero golpeó al presidente en la cabeza, el disparo fatal. Pero los reportes del FBI no dejaban en claro la manera en que el buró había llegado a esas conclusiones.

En el vestíbulo del edificio VFW, Norman Redlich se preparaba para la entrevista que la comisión realizaría a Marina Oswald y su indagatoria era exhaustiva al grado de la obsesión. Había delineado cientos de preguntas que podían plantearse a la viuda de Oswald. Preparó un esquema gigantesco a máquina en el que colocó, cronológicamente, cada momento significativo en la vida de la joven, comenzando por su nacimiento en la norteña ciudad rusa de Molotovsk el 17 de julio de 1941, hasta el instante del asesinato del presidente en Dallas. En su lista figuraban preguntas que podían serle planteadas acerca de cada uno de los principales momentos de esos 22 años, divididas en subcategorías, con base en información que ella misma había dado a otros investigadores. Era posible ponerla a prueba respecto a cada dato del que había informado al FBI y al Servicio Secreto, así como lo que otros habían dicho sobre ella.

Las interrogantes de Redlich reflejaban su sospecha de que Marina no era precisamente la inocente y afligida joven que clamaba ser. Como mostraban sus preguntas, creía que la joven podía, en realidad, ser una especie de agente rusa que había reclutado a su esposo en actividades de espionaje para la Unión Soviética o que había embaucado a un crédulo Oswald para que la llevara a Estados Unidos con algún propósito siniestro. "Si Lee estaba tan a disgusto como parecía haber estado en Estados Unidos, resulta difícil entender su rápido acuerdo de abandonar a sus amigos y familia por una tierra extraña con un esposo complicado", anotó Redlich en una de las páginas de preguntas. "Siento que deberíamos intentar descubrir si Marina es la sencilla muchacha 'campesina' que todo el mundo supone."

Redlich quería desafiar la descripción de Marina de sí misma como "la esposa doliente que intenta ayudar a este hombre perturbado" cuando, en realidad, tanto el FBI como el Servicio Secreto habían elaborado el retrato de una mujer emocionalmente fría quien menospreciaba a su esposo en su propia cara, frente a sus amigos, incluso sobre su desempeño sexual. Redlich había detallado preguntas sobre la relación de Marina con Ruth Paine. "Se ha insinuado en varias ocasiones que el papel de la señora Paine en esta historia no es de naturaleza inocente", escribió, agregando que las sospechas se habían levantado, en parte, porque la familia política de Paine tenía vínculos con políticos de la izquierda "radical". El padre de Michael Paine había destacado en el Partido de Trabajadores Socialistas de Estados Unidos.

Rankin y Redlich invitaron a los otros abogados del equipo a remitir sus preguntas para Marina. En un memo adjunto a su lista, Specter sugería que cuales fueran las preguntas que se le formularan a la viuda de Oswald, debían formularse rápido; él pensaba que ella podría morir pronto. "Podía ser objeto de una mala jugada si alguien deseaba silenciarla para ocultar algo", recordaría Specter sobre aquel momento. Si había existido una conspiración y ésta había desembocado en las muertes del presidente y su presunto asesino, la vida de Marina Oswald con toda seguridad también estaría en peligro.

Dadas las dimensiones de algunos de los egos implicados, para algunos de los abogados fue motivo de sorpresa el haber congeniado tan bien. Se formaron amistades que, en el caso de algunos, durarían por el resto de sus vidas. "Casi todos los días, entrábamos y salíamos de las oficinas de los demás aprendiendo datos, cuestionando teorías, argumentando e impugnando cualesquiera conclusiones o descubrimientos preliminares que eran realizados a medida que avanzábamos", recordaría Belin. Varios de ellos comían juntos la mayor parte de los días en la cafetería de la sede nacional de la Iglesia Metodista Unida, a dos calles del edificio VFW. Con frecuencia realizaban cenas en restaurantes para llevar a cabo lo que Specter recordaría como "sesiones craneales" sobre la investigación.

Warren le solicitó al director del Archivo de la Nación, Wayne Grover, su consejo para la integración de un historiador al equipo de trabajo, y Grover respondió que algunos de los mejores en el gobierno provenían del Departamento de Defensa. Recomendó a dos historiadores adscritos al Pentágono, uno del ejército y otro de la fuerza aérea. Después de entrevistar a ambos candidatos, Rankin recomendó al historiador de la fuerza aérea Alfred Goldberg, un hombre de 45 años de edad, de humor irónico, que tenía el instinto de un reportero. Goldberg había comenzado su vida profesional como historiador militar mientras aún vestía el uniforme en Europa durante la segunda Guerra Mundial, posteriormente obtendría un doctorado en historia por la Universidad Johns Hopkins.

Goldberg fue invitado a conocer a Warren en sus oficinas en la Suprema Corte. El ministro presidente le pareció "muy accesible, amistoso, agradable; pude incluso plantearle algunas preguntas. Le pregunté por qué deseaba contratar a un historiador", recordaría Goldberg. "Y dijo —y ésta es una cita directa—: 'No confío en todos esos abogados'."

Goldberg había dado por sentado que Warren deseaba que escribiera la historia de la comisión y que su trabajo consistiría en documentar la investigación conforme ésta avanzaba. No, le respondió Warren. Quería que Goldberg analizara los sucesos del asesinato desde su perspectiva de historiador y fuera el redactor y editor del reporte final de la comisión. El ministro presidente deseaba, declararía Goldberg, que el informe no se leyera como un frío documento jurídico.

Goldberg recibió una oficina en el cuarto piso del edifico de la VFW, adyacente a la que ocupaban un par de inspectores de alto nivel del IRS que estaban tratando de reconstruir las finanzas de Oswald. A Goldberg el trabajo de sus vecinos de oficina le pareció fascinante.

Los agentes de impuestos Edward A. Conroy y John J. O'Brien estaban emocionados por explicarle a Goldberg lo que estaban haciendo. Estaban en la búsqueda del más mínimo indicio que pudiera sugerir que Oswald había recibido dinero de agentes extranjeros u otro grupo de conspiradores. Goldberg decía estar convencido de que si Oswald había gastado un centavo más de lo que ganaba mediante una serie de trabajos de poca importancia, Conroy y O'Brien lo descubrirían; había una razón por la que los contribuyentes temían una auditoría del IRS, Goldberg la sabía ahora. "Tenían los recibos de lo que Oswald había pagado en abarrotes, lo habían conseguido todo", recordaría. "Era extraordinario."

Goldberg recibió una bienvenida menos acogedora de algunos de los otros miembros del equipo de la comisión. "Muchos de los abogados miraban con recelo tener a otro elemento, que no fuera abogado, involucrado en la investigación", declararía. Fue recibido con particular frialdad por Redlich, quien tenía planeado ser el autor y editor principal del informe final, y se mostraba celoso de su autoridad. "Tuve la impresión de que me mantenía a un brazo de distancia", diría Goldberg. "Podía ser arrogante y déspota."

Había que contar también a la temible secretaria de Rankin, Julia Eide, quien había trabajado para él en el Departamento de Justicia. Eide se consideraba a sí misma como la protectora de Rankin y la encargada del cumplimiento de sus normas. "No era sencillo entenderse con ella", recordaría Goldberg. "Una vez que la tasé, tuve cuidado de no ponerme en su camino."

Con todo, Eide era inteligente y trabajadora, características que no podían atribuirse a muchas de las otras secretarias que habían sido enviadas a la comisión desde otras dependencias del gobierno. Un buen número había sido enviado del Pentágono, que contaba con un enorme equipo de secretarias con la necesaria autorización de seguridad. A muchos de los abogados de la comisión les parecía que el Departamento de Defensa y otras agencias habían aprovechado la oportunidad para deshacerse de sus peores secretarias, asignándolas a la investigación; algunas de ellas apenas si sabían mecanografía. "Eran incompetentes, las sobras", recordaría David Slawson.

La mayoría de los abogados se encogían de hombros ante la molestia que representaban, creyendo que no había nada que pudieran hacer al respecto. Jim Liebeler, el joven originario de Dakota del

Norte, no era uno de ellos. Como David Slawson recordaría afectuosamente, Liebeler pronto había demostrado a sus nuevos colegas ser "divertido, valiente... y odioso".

Liebeler se dirigió a la oficina de Rankin y exigió que las secretarias incompetentes fueran removidas. "No podemos trabajar con estas idiotas", señaló Liebeler, quien sabía que tenía el apoyo silencioso de los otros abogados. Con base en lo que Rankin había observado en las secretarias, no podía estar en desacuerdo. A instancias de Liebeler, telefoneó a la Casa Blanca y dejó un mensaje con McGeorge Bundy, consejero asistente de seguridad nacional del presidente Johnson. Slawson estaba presente en la oficina de Rankin cuando Bundy devolvió la llamada. "Rankin le informó sobre las secretarias", recordaría Slawson, "y Bundy respondió: 'De acuerdo, espera un momento'". Mientras Rankin aguardaba en la línea, "Bundy, al parecer, descolgó otro teléfono y llamó al Departamento de Defensa y entonces retomó la conversación con Rankin". El consejero de seguridad nacional anunció que tenía buenas noticias: "Acabo de indicarle al Departamento de Defensa que dispongan de 20 de sus secretarias más capaces mañana por la mañana".

Las nuevas secretarias se presentaron al día siguiente como se había prometido, listas para trabajar. Slawson estaba maravillado frente al logro de Liebeler: "A partir de ese momento, tuvimos secretarias eficaces". No fue una sorpresa para ninguno de sus nuevos amigos en el equipo de trabajo que Liebeler lograra que se le asignara una de las más competentes y bellas.

18

Washington, D. C.

Lunes 3 de febrero de 1964

Una vez más, Marguerite Oswald estaba al teléfono, lo cual jamás significó buenas noticias en las oficinas de la comisión. Una llamada de la madre de Lee Harvey Oswald provocaba, de manera invariable, una oleada de miradas exasperadas y gruñidos silenciosos entre los miembros del equipo obligados a tratar con ella, en especial entre las desafortunadas telefonistas y secretarias, quienes eran el primer blanco de su abuso.

Las llamadas por cobrar que realizaba desde su casa en Fort Worth comenzaron en enero, poco después de que la madre de Oswald consiguiera el número telefónico de la comisión. Sus llamadas habrían sido motivo de comicidad de no ser por su destreza para manipular a la prensa en Dallas y Washington para que le prestara atención. Sus ataques contra la comisión eran materia de ocho columnas, por lo que sus llamadas de amenaza tenían que tomarse en serio.

La madre del hombre acusado de matar al presidente, la señora Oswald, era, para muchos periodistas, una buena historia. Siempre estaba a disposición y lista para hacer declaraciones citables. Incluso periodistas de poderosos periódicos y revistas que debían haber actuado con mayor sensatez —o cuando menos indicar a sus lectores que la mujer prodigaba sinsentidos fácilmente refutables— escribían sobre ella sin cansancio, otorgándole credibilidad a sus afirmaciones de que contaba con pruebas de que su hijo era inocente.

El 14 de enero la señora Oswald se convirtió en una amenaza aún mayor. En una conferencia de prensa celebrada en Fort Worth hizo pública su decisión de mantener a Mark Lane para representar los intereses de su hijo. Lane, afirmó la mujer, había accedido a trabajar en el caso sin cobrar honorarios y con su ayuda ella lucharía "hasta el último aliento" para reivindicar a su hijo. La reunión con la prensa significó para la señora Oswald y Lane la oportunidad de anunciar que habían rentado un apartado postal en Fort Worth —No. 9578— para que cualquiera que contara con pruebas que apuntaran a la inocencia de Lee pudiera comunicare con ellos. Se invitó a los simpatizantes de la causa a que enviaran donativos económicos en efectivo.

Durante aquella conferencia de prensa le suplicó, como lo había hecho a lo largo de semanas, a su nuera Marina que reanudara el contacto con "mamá". La señora Oswald indicó que le había enviado un mensaje escrito a Marina a través del Servicio Secreto, bajo cuya protección seguía estando la joven viuda. Señaló que había redactado el mensaje en inglés básico para que su nuera rusa pudiera entenderlo: "Marina, mamá sufre. Marina, mamá necesita verte a ti y a sus nietas. Mamá *tiene que* verte a ti y a sus nietas".

La madre de Oswald aprovechó la conferencia de prensa para acusar al Servicio Secreto de impedirle el acceso a la familia de su hijo: "No tienen derecho a impedirme hablar con mi nuera y mis nietas". Lane fue más lejos al afirmar que el Servicio Secreto estaba intentando someter a Marina a un "lavado de cerebro" para que incriminara a su esposo; cortar toda comunicación entre la señora Oswald y su nuera era parte del plan de la agencia. La señora Oswald al parecer no estaba al tanto de que había sido su hijo Robert, y no el Servicio Secreto, quien había insistido en terminar todo contacto entre Marina y su "irracional" madre.

Nadie significaba un mayor obstáculo para la campaña de la señora Oswald para demostrar la inocencia de su hijo que la viuda de éste. Marina no había dejado de decir abiertamente que estaba convencida de que su esposo había matado al presidente y que lo había hecho, casi con certeza, solo. En enero, autorizó a James Martin, su manager, a declarar a *The New York Times* que era tal su certeza de la culpabilidad de su marido que había decidido no presentar una demanda por negligencia contra las autoridades de Dallas por la muerte de Harvey Lee.

Marina, Martin y el abogado de ésta, James Thorne, llegaron a Washington el domingo 2 de febrero, un día antes de la fecha programada para su declaración testimonial ante la comisión. Ella se hospedó en el Hotel Willard, uno de los más lujosos de la ciudad, con espectaculares vistas de la avenida Pennsylvania hacia el domo del Capitolio; el hotel se encontraba a pocos minutos en auto del edificio VFW. Marina había traído consigo a sus hijas: June Lee, a la que llamaba Junie y quien cumpliría tres años ese mes, y Rachel, de cuatro meses de edad.

Los reporteros se enteraron de la llegada de Marina y sitiaron el hotel. La joven no se resistió a sus esfuerzos por seguirla. En realidad, parecía entretenerse ante la multitud de fotógrafos y reporteros que habían logrado convertirla en una celebridad global. "Tontuelos, tontuelos", dijo, sonriente, cuando los fotógrafos aparecieron en el vestíbulo del Willard. Adonde quiera que iba, también la seguían los agentes del Servicio Secreto. Había llegado a verlos como sus protectores; sus amigos, incluso.

Un reportero de la revista *Time* encontró a Marina en una mesa de restaurante Parchey's y se percató del glamoroso cambio de apariencia que la joven había experimentado a partir del asesinato. Su peinado era resultado obvio de su visita a un salón de belleza —"algo que su finado esposo no hubiera permitido", comentó la revista—, mostraba retoques de maquillaje y fumaba un cigarrillo mientras daba sorbos primero a un vodka gimlet, que rechazaría para cambiarlo por licor de cereza. Aunque dijo no tener hambre, comió un poco de su filete mignon en salsa de champiñones.

El lunes 3 de febrero a las 10:30 de la mañana la comisión se reunió en el salón de conferencias de la planta baja del edificio de la VFW. Warren y otros cuatro comisionados estaban presentes; el senador Russell y John McCloy se perdieron el inicio de la sesión. De acuerdo con las reglas de la comisión, un testigo podía solicitar una audiencia pública, pero ni la viuda de Oswald ni su abogado hicieron semejante petición, por lo que la prensa tuvo que esperar fuera.

—Señora Oswald, ¿tuvo un buen viaje? —preguntó Warren al iniciar la sesión, mientras un intérprete traducía sus palabras al ruso. La joven viuda asintió con la cabeza. Entonces, el ministro presidente le pidió que se pusiera de pie para tomarle juramento.

Rankin se ocupó del interrogatorio, el cual duró cuatro días, y comenzó por preguntarle su nombre completo.

—Mi nombre es Marina Nikolaevna Oswald. Mi nombre de soltera era Prusakova.

Rankin se percató, hasta donde le fue posible averiguar, de que ésta era la 47 ocasión en que Marina debía responder a preguntas de agencias del gobierno desde el asesinato; del FBI, el Servicio Secreto y la policía de Dallas, principalmente. Rankin no lo mencionó, pero él y muchos de los comisionados estaban conscientes de que en muchos de los primeros interrogatorios Marina no había dicho la verdad. La lista de sus mentiras era larga y alarmante, y comenzaba con su aseveración inicial ante el FBI de que desconocía por completo el fallido intento de su marido por matar al extremista de derecha Edwin Walker en Dallas durante el mes de abril, siete meses antes del asesinato de Kennedy. Posteriormente admitiría que en realidad él le había comentado el ataque a Walker con considerable detalle la noche en que había ocurrido; la consecuencia fue, diría ella, una enconada discusión en la que ella lo amenazó con informar a la policía si él volvía a intentar algo parecido. En un principio, la joven había insistido también en que no sabía nada del viaje de su esposo a México. Después confesó que estaba al tanto del viaje desde que él lo estaba planeando; Oswald le había preguntado incluso qué regalo quería que le trajera a su regreso. Ella le había pedido un tradicional brazalete de plata.

Rankin preguntó si deseaba corregir alguna de sus aseveraciones previas:

—¿Está al tanto de algún punto que no sea verdadero en esas entrevistas y que le gustaría enmendar?

—Sí —respondió ella—, me gustaría corregir algunas cosas porque no todo fue verdad.

Explicó entonces que en los interrogatorios previos no había estado bajo juramento, por lo que sintió que podía ser "menos exacta". Explicó que, al principio, había querido creer que su esposo era inocente del asesinato del presidente y no deseaba implicarlo —o verse implicada— en otros delitos, incluido el tiroteo a Walker. Sus mentiras, aseguró, se explicaban también por su disgusto ante los agentes del FBI, quienes habían estado a cargo de la mayoría de los interrogatorios. "No quería ser demasiado sincera con ellos."

Rankin la sometió a varias horas de interrogatorio sobre su matrimonio. Le preguntó qué le atrajo inicialmente de un joven desertor estadounidense a quien había declarado conocer en marzo de 1961 en un baile comunitario en la ciudad central soviética de Minsk, donde Oswald se encontraba trabajando en una fábrica de electrónica.

"No conocías a estadounidenses muy seguido", dijo ella al recordar a quien sería su marido como "muy pulcro, muy amable... parecía que podía ser un buen padre de familia". Después del baile, él le solicitó volver a verla, ella accedió. Oswald no tardó en revelarle la desilusión que para él había significado la Unión Soviética, según afirmó ella. "Extrañaba su hogar y tal vez lamentaba haberse desplazado a Rusia." La joven recordó que "él decía muchas cosas buenas" de Estados Unidos. "Decía que su país era más cálido y la gente vivía mejor."

A finales de abril de 1961, sólo pocas semanas después de haberse conocido, contrajeron matrimonio. Marina señaló que cerca de un mes después Lee le propuso que se fueran juntos a Estados Unidos. Un año más tarde, después de enfrentarse a la burocracia del gobierno ruso y del Departamento de Estado, la pareja recibió autorización de dejar la Unión Soviética. En junio de 1962, aterrizaron en Estados Unidos y se instalaron en Fort Worth, cerca de los hogares de la madre y el hermano de Oswald, Robert.

Fue entonces, comentó Marina, cuando descubrió el nivel de disfuncionalidad de su familia política: él odiaba a su madre y no deseaba la cercanía de sus dos hermanos. Tenía dificultades para encontrar empleo y, una vez que lo lograba, se le dificultaba conservarlo. La mayoría le resultaban aburridos, indicó Marina. Oswald la golpeaba con frecuencia, por lo que le dejaba hematomas purpúreos marcados sobre su piel pálida y, en una ocasión, un ojo morado. "Creo que estaba muy nervioso... hacerlo de algún modo calmaba su tensión."

Marina declaró que, después de haber sido educada en una cultura en la que las golpizas a las esposas no era poco común, creyó que tal vez ella había provocado parte de la violencia a la que era sometida. "A veces era mi culpa", explicó. Le había dado a su marido razones para mostrarse celoso; Oswald había interceptado una carta que ella había escrito a un antiguo novio en Rusia en la que ella le decía que debía haberse casado con él en lugar de con Oswald.

Su esposo nunca había abandonado la entrega al marxismo que lo había llevado a Rusia, sino todo lo contrario. Él le insistió que seguía buscando una forma más pura de comunismo y creía haberla encontrarlo en la Cuba de Castro. Le comentó que estaba planeando desertar otra vez, esta vez hacia La Habana. "Lee quería llegar a Cuba por cualquier medio."

Compró un rifle y comenzó a practicar con él. Le insinuó que lo emplearía para secuestrar un avión con rumbo a Cuba. Le propuso a Marina que lo acompañara, tal vez encañonando un arma ella misma. Marina rechazó la idea porque la consideraba una locura. "Le dije que yo no iría con él, que me quedaría aquí."

Había ido a la ciudad de México, continuó ella, para obtener visas que le permitieran a toda la familia viajar a Cuba. Su plan, al parecer, era mentirle a la embajada rusa en México, fingiendo que deseaba desertar una vez más hacia la Unión Soviética. Con una nueva visa soviética en las manos, podría obtener de la embajada cubana documentos para viajar, supuestamente haciendo una escala en La Habana en su viaje a Moscú. Marina declaró que en realidad Oswald pretendía permanecer en Cuba si podía llegar a la isla.

—Quería ir a Cuba —señaló ella—. Yo sé que no tenía intención alguna de ir a Rusia.

Rankin la presionó para que ofreciera otros detalles del viaje de su esposo a México, por lo que le preguntó qué más le había contado de los días que pasó en la urbe. Ella recordaba que él había mencionado que asistió a una corrida de toros y visitó otros puntos de interés turístico. ¿Había algo más? Aunque su esposo no había manifestado interés en ninguna otra mujer durante su matrimonio —"no le gustaban otras mujeres"—, había hecho hincapié en el desagrado que le habían causado las mujeres en México.

—Dijo que no le gustaban las muchachas mexicanas —apuntó Marina, una declaración que no dio pie a seguimiento por parte de Rankin.

Durante su declaración testimonial, la joven viuda insistió, como lo había hecho de manera consistente desde el día del asesinato, que no se había enterado con antelación de los planes de Oswald para matar al presidente. En realidad, ella creía que a su marido le agradaba Kennedy. "Nunca había escuchado que Lee dijera nada malo de Kennedy." Con todo, Marina indicó que estaba convencida de la culpabilidad de su marido. Lo supo casi desde el primer minuto en que lo visitó en el cuartel general de la policía de Dallas, la tarde del asesinato.

—Pude ver en sus ojos que era culpable —declaró.

Estaba convencida además de que había actuado solo, que no había conspiración.

La joven creía que Oswald había matado al presidente porque lo consumía la idea de dejar su huella en la historia. Era un lector voraz, cada semana pasaba horas enteras en las bibliotecas públicas cercanas a sus hogares en Dallas y Nueva Orleans, y con frecuencia consultaba biografías de grandes personajes de la historia, incluido Kennedy. Lee Oswald deseaba ser recordado también. "Puedo concluir que quería, de la forma que fuera, buena o mala, hacer algo que lo hiciera excepcional, que lo hiciera pasar a la historia."

Señaló con tristeza que tal vez pudo haber hecho algo por impedir el asesinato si tan sólo hubiera sido más comprensiva la noche anterior al asesinato, cuando Oswald las visitó a ella y a sus hijas en casa de Ruth Paine. El matrimonio Oswald había estado separado durante varias semanas y Marina comentó que él le había rogado para que se reconciliaran y para que ella partiera con las niñas a vivir con él en Dallas. En algún punto de esa noche, recordó, Oswald estuvo bañado en llanto. Él sólo "quería hacer la paces".

Aunque ella pretendía reconciliarse con él finalmente, no había cedido aquella noche. "Fingí estar muy enojada... Cuando se fue a dormir estaba muy molesto." Partió a la mañana siguiente, llevándose el rifle que había guardado, oculto bajo una manta, en el garaje de Ruth Paine.

Marina sabía que su suegra, como estaba planeado, sería la siguiente testigo en rendir su declaración ante los comisionados, por lo que les expresó su compasión a Warren y los demás por lo que estaban a punto de soportar. "Lamento saber que dedicarán su tiempo a interrogarla, porque sólo estarán cansados y muy hastiados después de hablar con ella", les dijo. "Después de que la hayan conocido entenderán por qué."

Su suegra, dijo, había aprovechado el asesinato como una oportunidad para hacer dinero. "Tiene una manía: dinero, dinero, dinero." Marina sabía del nivel de enojo que le causaban a su suegra sus conclusiones de que Lee había matado al presidente. Marina aseguró que si su suegra tenía oportunidad "me sacaría los ojos".

El jueves 6 de febrero a las 5:50 pm, después de cuatro días y 20 horas de comparecencia, la comisión concluyó su interrogatorio a la viuda de Oswald.

—Señora Oswald, ha sido usted una testigo muy cooperativa —le dijo Warren con calidez—. Ha sido de ayuda a esta comisión.

—Es difícil decir la verdad —dijo ella—. Estoy muy agradecida con todos ustedes, nunca creí que entre los estadounidenses encontraría tantos amigos.

—Tiene usted amigos aquí —le aseguró Warren.

El ministro presidente informó a los periodistas después del testimonio que la joven era "una mujercita muy valiente". Marina a su vez declaró a los reporteros que ella se había encariñado con Warren. Ella diría que él le recordaba a uno de sus abuelos en Rusia.

En Texas, Marguerite Oswald estaba furiosa por la cobertura compasiva que había recibido el viaje de su nuera a Washington y su declaración ante la comisión, así que decidió contraatacar.

El 3 de febrero, primer día del interrogatorio a Marina, la madre de Oswald telefoneó a las oficinas centrales del Servicio Secreto en Washington para ofrecerse a revelar lo que en sus palabras era información comprometedora sobre su nuera. El Servicio Secreto no le devolvió la llamada, pero en cambio dio aviso a la Comisión Warren de que la madre de Oswald estaba agitada.

Rankin, ocupado en plantearle las preguntas a Marina, le pidió a Norman Redlich que llamara a la señora Oswald a Texas al día siguiente. Redlich le pidió a una secretaria que escuchara en una extensión y transcribiera la llamada.

—Hola, señora Oswald —comenzó Redlich, identificándose como asistente de Rankin—. Le estoy llamando por la llamada que realizó al Servicio Secreto.

—Sí —respondió ella.

—Usted indicó que poseía información que le gustaría proporcionar sobre la cual podríamos interrogar a Marina. Le estoy llamando para preguntarle si le gustaría darme esa información a mí —Rankin fue directo al grano.

La madre de Oswald comenzó expresando su indignación por tener que tratar con un empleado de segundo pelo como Redlich.

—Le comunicaré la información solamente al señor Rankin o a uno de los funcionarios de la comisión. Estoy cansada de que me hagan a un lado, no es nada contra usted. Hablaré directamente con el señor Rankin, el señor Warren o el presidente de Estados Unidos —replicó la madre de Oswald.

Explicó entonces que después de no haber recibido una respuesta del Servicio Secreto el día anterior, había telefoneado a una estación de radio esa mañana para informar que sus intentos de exponer la verdad sobre el asesinato estaban siendo obstaculizados.

—El único camino que me queda es hacer esto público —declaró, terminante.

Entonces afirmó, como lo haría con frecuencia: "Creo que mi vida está en peligro", antes de lanzarse a una retahíla repleta de incoherencias sobre los sacrificios que había hecho ella por sus hijos y su país, y cómo nadie le prestaba atención.

—Si usted supiera por lo que una mujer sola tiene que atravesar; me han hecho a un lado —dijo ella—. Quiero tener voz en esto y la gente, y la gente en el extranjero, quiere que tenga voz en esto.

Advirtió, en un tono oscuro, que la verdad sobre Marina no se estaba contando y que sólo ella la sabía.

—Cada vez que mi nuera diga algo yo debería estar presente. No la estoy acusando de nada. Espero que sea inocente, pero no tengo pruebas de que nadie sea inocente.

Redlich escuchó durante varios minutos más antes de intentar poner fin a la conversación.

—¿Tiene usted algo más que decir? —preguntó el abogado.

—Creo que lo he dicho todo en este momento en particular —respondió ella—. Estoy guardando esta importante información en mi corazón. Por cuánto tiempo, no lo sé.

Redlich colgó el auricular y buscó a Rankin para advertirle sobre la amenaza aparente por parte de la señora Oswald de hacer pública alguna devastadora imputación contra su nuera. Rankin y Warren acordaron con rapidez invitar a la madre de Oswald a que se presentara en Washington de inmediato. Rankin la llamó al día siguiente y le pidió que testificara el lunes siguiente.

—Bien, tendré que llamar al señor Lane y discutirlo con él —respondió la mujer.

—Es usted bienvenida sola o acompañada de su abogado —le dijo Rankin.

Sin que Rankin diera pie a nada, la señora Oswald comenzó un flujo de conciencia monologado de 1 700 palabras sobre la deshonestidad de su nuera. Acusó a Marina de vanidad y pereza, insinuando que tal vez se había ganado las golpizas que su esposo le había propinado.

—Vi a Marina con un ojo morado —dijo—. Con toda franqueza no apruebo que los hombres golpeen a sus esposas pero hay ocasiones en las que creo que una mujer merece ser golpeada.

El veneno continuó brotando hasta que la señora Oswald reveló finalmente la extraordinaria imputación que pretendía dar a conocer. Ella acusaría a Marina y a su amiga Ruth Paine del asesinato del presidente.

—Marina y la señora Paine están juntas en esto —dijo—. Creo de corazón que Marina y la señora Paine le tendieron una trampa a Lee. Hay un funcionario de alto rango implicado, y yo diría que hay dos agentes del Servicio Secreto involucrados.

Lane, amenazó ella, contaba con "un montón de documentos —declaraciones juradas— que casi prueban que mi hijo no es culpable de matar al presidente".

Rankin apenas atinaba a imaginar el furor que se desataría si semejante acusación —la madre de Oswald acusando a su nuera de haber participado en el asesinato— llegaba a la prensa.

—Queremos todo lo que tenga —respondió él, en un intento de aplacarla. La exhortó a llamarlo, por cobrar, en cuanto se decidiera a viajar a Washington. Al día siguiente, Rankin remitió un telegrama en el que le solicitaba formalmente a presentarse en Washington el lunes siguiente, con todos los gastos pagados.

La señora Oswald les expresó a los reporteros en Fort Worth la emoción que le causaba ir a Washington y cuánto empeño había puesto en su preparación. Comenzó a empacar los documentos —las cartas, las facturas telefónicas, los artículos de periódico cuyas páginas comenzaban a palidecer— que demostrarían, según su parecer, la inocencia de su hijo.

La mañana del lunes 10 de febrero. La madre de Oswald llegó a la sede de la VFW en Washington acompañada por Lane y John F. Doyle, un abogado de Washington que la comisión contrató para que la representara. Doyle había sido recomendado por la barra local de abogados. Para alivio de los comisionados, Marguerite pidió ser acompañada en la audiencia por Doyle, lo cual significaba que Lane tendría que permanecer afuera.

El congresista Ford recordaría que la madre de Oswald hizo que su "presencia se sintiera desde el momento en que entró" al salón de conferencias. Él quedó impresionado al principio. "Si la hubiera visto caminando por la calle, habría pensado: 'He ahí a una mujer fuerte y decidida'." El congresista recordaría que la mujer sujetaba "un enorme bolso negro que resultó ser su archivero portátil. Estaba lleno de cartas, documentos y recortes de periódico".

Su declaración comenzó con una promesa de imparcialidad por parte de Warren:

—Voy a pedirle si le gustaría primero, a su manera y tomándose el tiempo que necesite, platicarnos todo lo que sabe concerniente a este caso.

—Sí, ministro presidente Warren —respondió la señora Oswald—. Me gustaría hacerlo, mucho.

Y así comenzó a hablar, casi sin detenerse, durante tres días, dando respuestas que regularmente nada tenían que ver con las preguntas que se le planteaban. Su monólogo con frecuencia era puntualizado con la frase: "Esto es importante". Parecía deleitarse en ello. Le habían otorgado lo que sus hijos sabían siempre había deseado: una audiencia cautiva de hombres poderosos, encabezada ese día por el ministro presidente de la Suprema Corte, quien se vería obligado a escuchar todas y cada una de sus palabras. Ford diría después que "nuestro trabajo consistía en sentarnos con toda paciencia y escuchar", aun cuando su testimonio fuera "confuso al borde de la incoherencia". Posteriormente concluiría que la mujer estaba sencillamente "chiflada".

La señora Oswald puso todo su empeño en contar su vida, y la de sus hijos, antes de llegar a su acusación central: que su nuera había participado en el asesinato y que dos de los agentes secretos que protegían a Marina después del asesinato formaban parte de la conspiración. ¿Estaba implicado el Servicio Secreto?

—¿Con quién? —preguntó Warren, incrédulo.

—Con Marina y la señora Paine; las dos mujeres. Lee cayó en una trampa y es muy probable que esos dos hombres del Servicio Secreto estuvieran involucrados —replicó la señora Oswald.

—¿En qué tipo de conspiración está usted diciendo que estos hombres tomaron parte? —continuó Rankin.

—En el asesinato del presidente Kennedy.

—¿Cree usted que dos agentes del Servicio Secreto y Marina y la señora Paine estuvieron implicados en ello, en la conspiración?

—Sí, lo creo.

La señora Oswald señaló entonces que la prueba podría encontrarse en los detalles de los arreglos económicos que Marina había pactado para vender la historia de su vida, como si la joven viuda hubiera sabido con antelación que sería recompensada con portadas de revistas y contratos de libros si su marido era acusado de matar al presidente.

—Marina va a quedar bien servida... usted sabe, ya está bien servida económicamente y demás.

Su dispersión giró abruptamente hacia la autocompasión.

—Pero yo no tengo nada —dijo—. ¿Qué va a ser de mí? No tengo ingresos. No tengo trabajo, lo perdí. Y nadie pensó en mí.

Rankin la presionó de nueva cuenta, insistiendo en que explicara qué pruebas tenía de una conspiración.

—No tengo pruebas, señor —admitió finalmente—. No cuento con pruebas que impliquen a un agente. No tengo pruebas de que mi hijo sea inocente. No tengo pruebas.

—¿No tiene usted evidencia alguna de la existencia de una conspiración? —reformuló Rankin.

—De ningún tipo —aceptó Marguerite.

Rankin pensó, tal vez, que estaba logrando llegar a un punto hasta que, pocos minutos después, la madre de Oswald dio marcha atrás y reinició sus acusaciones contra Marina.

Ford afirmaría después que salió de las sesiones exhausto; sin embargo, lo que había observado tenía cierto valor. "La comisión tenía ahora una visión lúcida de las volátiles relaciones entre los miembros de la familia", lo que podía explicar por qué Lee había sido tan problemático desde niño. Los Oswald eran "una familia fragmentada" cuyo vínculo entre unos y otros era "una relativamente insignificante circunstancia de nacimiento".

En un comunicado de prensa, Warren desestimó la declaración testimonial de la madre de Oswald, diciendo que ésta "no había aportado nada que modificara el panorama". No mencionó sus acusaciones contra su nuera.

Cuando se le preguntó después qué había dicho a la comisión, la señora Oswald se mostró evasiva con la prensa. Insistía en querer vender su historia: "Debo guardarme algo sobre qué escribir, ¿no?" Aseguró que planeaba reunirse con editores de Nueva York para firmar el contrato de un libro y esperaba recibir un adelanto de entre

25000 y 50000 dólares.* "Creo que ni siquiera voy a necesitar a un 'escritor fantasma' [que lo escriba por mí]", dijo. "No, no quiero uno; creo que puedo escribir el libro sólo dictándoselo a alguien."

Al día siguiente, la mujer y Lane volaron de Washington a Nueva York y Lane les reveló a los reporteros que esperaban en el aeropuerto LaGuardia que había obtenido copias de más de 20 documentos de los archivos de la oficina del fiscal de distrito de Dallas que, a su decir, apuntalaban la campaña de la señora Oswald para demostrar la inocencia de su hijo. No explicó cómo había conseguido los documentos, aunque dijo: "Alguien fue lo suficientemente amable de obtenerlos por mí" y "quiero pensar que los consiguió legalmente". No ofreció ningún indicio de que su fuente era Hugh Aynesworth, el reportero de Dallas.

Lane y la señora Oswald habían viajado a Nueva York para llevar a cabo un mitin público en el Town Hall, una emblemático teatro en la calle West 43rd en Manhattan, en busca de apoyo a su campaña. *The New York Times* informó que más de 1500 personas habían abarrotado el recinto, pagando un total de más de 5000 dólares en taquilla, donde vitorearon a todo pulmón a la madre de Oswald mientras ésta exigía justicia para su hijo. Vestida de negro, le dijo a la audiencia que la suya era una lucha solitaria. "Todo lo que tengo es humildad y sinceridad para nuestro estilo de vida estadounidense."

Lane incitó a la multitud, al declarar que pronto revelaría las pruebas que demostraban que la madre de Oswald estaba en lo cierto. Hizo un llamado para una investigación del gobierno de una "reunión de dos horas" que él creía que había ocurrido aproximadamente una semana antes del asesinato en el club Carousel de Jack Ruby entre J. D. Tippit, el abatido oficial de policía, y otros que podrían haber jugado algún papel en el homicidio de Kennedy.** Lane

---

* Aplicando el balance inflacionario, 25000 dólares en 1964 serían equivalentes a aproximadamente 188000 dólares en 2013.

** Lane después diría que no haber mantenido conversación alguna con nadie que afirmara haber atestiguado la reunión en el club Carousel. La información, diría, más bien había llegado hasta él de segunda mano, de la mano del difunto Thayer Waldo, el reportero que trabajaba para *Fort Worth Star-Telegram*, el mismo que le había contado a Drew Pearson sobre el asunto de que los agentes del Servicio Secreto habían salido a beber la noche anterior al asesinato. Cuando el autor de este libro le preguntó en 2011 si él creía que la reunión se hubiera llevado a cabo, Lane contestó: "No tengo idea ahora, y no tenía idea entonces".

aseveró que había encontrado a otros testigos que aseguraban haber escuchado disparos dirigidos a la limusina de Kennedy desde el frente de la caravana —desde el así llamado "montículo de pasto"— y no del Almacén de Libros Escolares de Texas, a espaldas de éste.

De regreso en Washington, otra mujer estaba tomando medidas esa misma semana para contar su historia: Jacqueline Kennedy. Ella era una pieza central en los primeros esfuerzos por establecer un legado inmaculado para la presidencia de su esposo. Había comenzado el 29 de noviembre, una semana después del asesinato, cuando otorgó una entrevista al periodista Theodore H. White para la revista *Life*, en la cual comparaba los años de su esposo al frente de la Casa Blanca con el mítico reino de Camelot. En diciembre, había hecho arreglos para que se colocara una placa en la recámara Lincoln, grabada con las palabras: "En esta habitación vivió John Fitzgerald Kennedy, con su esposa Jacqueline, durante los dos años, diez meses y dos días en que fue presidente de Estados Unidos". Años después, el presidente Richard Nixon haría retirar la placa.

Robert Kennedy se había unido a la campaña de su cuñada para dar lustre a los anales de la administración Kennedy y había reclutado al ministro presidente Warren, por entonces comenzando su trabajo en la comisión, para que participara. El 9 de enero, Kennedy le envió un telegrama a Warren en el que le solicitaba, "en nombre de la familia", que fungiera como consejero de la Biblioteca Presidencial John F. Kennedy que se construiría en Boston para "mantenerse como una biblioteca activa y permanente en memoria del desaparecido presidente". Warren aceptó de inmediato la invitación; envió su respuesta al día siguiente, asegurando sentirse "profundamente honrado".

Al mes siguiente, la familia Kennedy tomó una medida más drástica para cimentar la manera en la que la historia recordaría a John F. Kennedy. El 5 de febrero el escritor y periodista William Manchester se encontraba en su cubículo en el campus de la Universidad de Wesleyan en Middletown, Connecticut, cuando el teléfono sonó. La persona que llamaba era Pierre Salinger, quien se había desempeñado como secretario de prensa de la Casa Blanca durante el gobierno de Kennedy y había permanecido en el puesto como parte del equipo del presidente Johnson, para comunicar el mensaje de que la señora Kennedy deseaba que Manchester considerara escribir una crónica autorizada del asesinato.

Manchester recordaría haberse dirigido a su secretaria para comentarle: "La señora Kennedy quiere que yo escriba la historia del asesinato. ¿Cómo puedo negarme?" "No puedes", respondió ella.

El ex corresponsal en el extranjero para *The Baltimore Sun*, de 41 años de edad, había escrito una biografía profundamente respetuosa del presidente Kennedy, *Portrait of a President* (*Retrato de un presidente*), que se había publicado dos años antes. Kennedy le había concedido entrevistas a Manchester para su libro; una vez publicada, el presidente encomió la biografía. Manchester se sintió halagado cuando vio una fotografía del presidente y la primera dama a bordo de un velero de la Guardia Costera en algún momento de 1962; la señora Kennedy estaba sentada leyendo el libro mientras fumaba un cigarrillo.

Manchester comentaría luego que él creyó que la señora Kennedy lo había elegido "porque ella creía que yo sería maleable". El autor había enviado las galeras de *Portrait of a President* a la Casa Blanca antes de la publicación del libro, lo que habría permitido al presidente modificar declaraciones que se le atribuían. "Él no solicitó cambios, pero Jackie bien pudo haber llegado a la conclusión de que el hecho comprobaba que yo me mostraría infinitamente servicial", diría Manchester. "Fue un error natural."

Tres semanas después de la llamada de Salinger, Manchester se reunió con Robert Kennedy en Washington. "Quedé impresionado por su apariencia", diría Manchester sobre el fiscal general, quien parecía continuar inconsolable tras la muerte de su hermano. "Jamás había visto a un hombre con menor resistencia. Una gran parte del tiempo parecía estar en trance, con la mirada puesta en el vacío; su rostro era la expresión misma del dolor."

Kennedy le explicó que su cuñada le había dado instrucciones para ocuparse de la logística de las negociaciones con Harper & Brothers, la editorial que había publicado en 1956 el libro de John F. Kennedy ganador del Premio Pulitzer, *Profiles In Courage* (*Perfiles de coraje*). Al cabo, el acuerdo entre la familia Kennedy y Manchester se cerró con un adelanto de 36000 dólares para el autor; las regalías posteriores a la primera impresión se donarían a la Biblioteca Memorial Kennedy.* Manchester recibiría también las ganancias de la presentación en entregas del libro en cualquier revista, lo cual significaba con probabilidad un ingreso mucho mayor que el adelanto. Manchester solicitó un breve encuentro con la señora Kennedy como preparativo a las exhaustivas entrevistas que le haría después. Pero Robert Kennedy opinó que una reunión preliminar no era necesaria. Jacqueline estaría lista para hablar con él —a fondo— dentro de pocas semanas. Manchester programó también una reunión previa con el ministro presidente. El escritor comentó que quería garantizarle a Warren que no deseaba interferir en el trabajo de la comisión, aunque pretendiera realizar lo que en más de un sentido sería una investigación paralela. Al saber que Manchester actuaba con el apoyo total de la familia Kennedy, Warren se aprestó de inmediato a colaborar. Era tal su entusiasmo, de hecho, que inicialmente consintió la solicitud de Manchester de tener acceso a los reportes investigativos de la comisión, presuntamente ultrasecretos. Pocos días después, Rankin habló discretamente con Manchester para instarlo a que retirara la solicitud, argumentando que ésta podría complicar el trabajo de la comisión. Manchester así lo hizo, al parecer, gentilmente.

---

* Dada la inflación, 36000 dólares en 1964 serían equivalentes, en 2013, a aproximadamente 271000.

19

Oficina del senador Richard Russell
Senado de Estados Unidos
Washington, D. C.
Febrero de 1964

Durante semanas, el senador Richard Russell se había tragado su molestia e intentado trabajar con el ministro presidente, y no había sido fácil. Para sus electores ferozmente segregacionistas en Georgia era incómodo explicar su trabajo en una comisión dirigida por Earl Warren. ¿Cómo podía incluso permanecer en el mismo espacio con un hombre del que tantos coterráneos georgianos de Russell creían que estaba decidido a destruir su estilo de vida?

La estima de Russell hacia Warren como ministro presidente no había aumentado, aseguró a sus amigos. Lejos de la comisión, Russell no cesaba de desestimar a la Corte bajo el mando de Warren refiriéndose a ella como "la así llamada Suprema Corte". Les recordaba a sus colegas que él no se había ofrecido como voluntario para formar parte de la comisión; el presidente Johnson le había ordenado integrarse a la investigación, un deber que él no podía eludir.

Russell fue cortés y deferente para con Warren durante las primeras reuniones y los demás comisionados creyeron que el senador había ofrecido sabios consejos al ministro presidente, especialmente respecto a los forcejeos con Hoover y el FBI. Russell había guardado silencio sobre algunas de las decisiones en el manejo de la comisión, como en el caso de la contratación de jóvenes abogados a quienes consideraba norteños radicales. "Por alguna razón, Warren está apilando su equipo de trabajo con liberales extremos", apunto Russell en su diario personal en enero. También resaltó que no había sido consultado antes de que la comisión contratara a ese "abogado negro" de Filadelfia, William Coleman.

Para mediados de invierno, Russell estaba exhausto y la comisión era apenas una de las razones de ello. Tal como le había predicho al presidente Johnson, sus labores como senador en 1964 lo tenían abrumado; principalmente *por culpa* de Johnson. Russell estaba a la cabeza de los intentos de bloquear la legislación de largo alcance en materia de derechos civiles que Johnson, ansioso por establecer un legado anticipado en los derechos civiles, había defendido desde sus primeros días en la Casa Blanca como un tributo apropiado para Kennedy. El 10 de febrero, la Cámara de Representantes aprobó la Ley de Derechos Civiles de 1964, una emblemática iniciativa que desterraba la mayoría de las formas de discriminación con base en raza, religión o género. La iniciativa de ley fue enviada entonces al Senado, donde Russell intentaría —sin éxito, a la postre— detenerla. (Era un tributo a los intensos vínculos personales entre Johnson y Russell que la amistad de éstos permaneciera casi intacta.)

Finalmente, a finales de febrero, sus actividades lo rebasaron y Russell resolvió que tenía que retirarse y comenzó a redactar una carta de renuncia. La gota que derramó el vaso, diría, fue el hecho de que la comisión no cumpliera con mantenerlo al tanto del itinerario de la declaración testimonial de Robert Oswald, hermano de Lee Harvey. Russell se había perdido los dos primeros días de comparecencia de Robert Oswald, el jueves 20 y el viernes 21 de febrero. Pero al despertar el sábado leyó en un diario que la audiencia continuaría esa mañana en una inusual sesión de fin de semana. Su equipo de trabajo en el Senado no había sido notificado de la reunión, pero Russell supuso que los reporteros no podían estar equivocados en semejante disposición. Se vistió y se dirigió a su oficina en el Senado, ubicada a pocos minutos a pie de las oficinas de la comisión, y pidió a un asistente que telefoneara para saber la hora en que comenzaría la declaración. El desconcertado empleado le informó que las oficinas de la comisión estaban cerradas, ya que nadie contestaba el teléfono. Russell fue a casa, molesto por haber interrumpido su fin de semana sin una razón de peso.

Enfureció, entonces, al enterarse de que la declaración testimonial de Oswald había efectivamente continuado el sábado, pero que, al ser fin de semana, no había ninguna telefonista que respondiera el aparato receptor.

En su carta de renuncia al presidente, Russell citaba el incidente: "No me parece razonable que se espere que alguien trabaje para una comisión que no informa a sus integrantes de manera clara y precisa el día y la hora de la reuniones ni la identidad del testigo que se presentará".

Continuó: "Con motivo de que no me es posible asistir a la mayoría de las sesiones, ni descuidar mis actividades legislativas, me veo forzado a solicitar a usted que acepte mi renuncia y me exima de la designación. Le ruego tenga la certeza de mi deseo de servirle a usted, a su gobierno y a nuestro país en la forma que fuere necesaria". Concluida la carta, Russell dejó que su enojo se atemperara y decidió no enviarla, cuando menos no de inmediato. Mantuvo un borrador entre sus archivos.

La noticia de su ira llegó a oídos del ministro presidente, quien durante varias semanas había estado preocupado por el número cada vez mayor de ausencias de Russell en las reuniones de la comisión. Russell había faltado a la mayoría de las sesiones con Marina y Marguerite Oswald, y ahora se había perdido el interrogatorio completo de Robert Oswald. "La única persona que no asistió con regularidad fue Dick Russell", diría Warren después. "Me preocupaba esa situación." Pero le preocupaba más, sin embargo, la posibilidad de que Russell intentara hallar una excusa para abandonar por completo la investigación. Si Russell se separaba de ésta, "podía parecer que en la comisión había discordia".

Warren envió a Rankin a la oficina de Russell en el Senado para convencerlo de permanecer en la comisión. Rankin escuchó la larga lista de reclamos de Russell. "Fue absolutamente franco", diría Rankin. Russell le indicó que sus labores en el Senado le exigían tanto que apenas si disponía de tiempo para leer las transcripciones de las audiencias de la comisión a altas horas de la noche antes de acostarse, mucho menos podría acudir a ellas.

Le garantizó a Rankin que no era su intención poner en entredicho a la comisión con su renuncia. Tenía planeado hacer público un comunicado en el que aclaraba que no se retiraba de la investigación debido a ninguna desavenencia respecto al liderazgo de Warren o sobre la dirección de tomaba la indagatoria, sino, simplemente, porque no disponía del tiempo necesario.

Rankin razonó con él: "Le expliqué el problema que representaba que abandonara la comisión, cómo esto podría malinterpretarse en el país y entre la población, más allá de lo que dijera". También había llevado el ofrecimiento, por parte de Warren, de contratar a un abogado cuya labor sería casi exclusivamente la de ayudar a Russell a estar al corriente del trabajo de la comisión. A regañadientes, Russell accedió. "Bueno, me quedaré si así lo hacen", le comunicó a Rankin.

Se le invitó a que eligiera al abogado en cuestión, y Russell se decidió por Alfredda Scobey, una investigadora jurídica de 50 años de edad adscrita a la corte de apelaciones de Georgia, quien había sido recomendada por su hermano Robert, un ministro en la corte del mismo estado. Scobey era una abogada que no contaba con título profesional. Había conseguido aprobar el examen de la barra de abogados de Georgia sin haber cursado en la escuela de leyes; había aprendido por sí misma mientras ayudaba a su esposo a estudiar para presentar su propio examen ante la barra. En marzo, Scobey se desplazó a Washington y se convirtió en la única mujer abogada del equipo de trabajo de la comisión. Su llegada significó la desaparición casi absoluta de Russell de las oficinas de la comisión. Ella sería los ojos y oídos del senador.

Otro orgulloso sureño se estaba decepcionando rápidamente de la comisión aquel invierno: Leon Hubert, el ex fiscal de distrito de Nueva Orleans, quien tenía a su cuidado la investigación sobre Jack Ruby. Hubert le comentó a sus nuevos colegas que no atinaba a comprender por qué Warren y Rankin parecían estar tan poco interesados en las fascinantes evidencias que él y su compañero de equipo, Burt Griffin, no dejaban de aportar.

El proceso de Ruby por homicidio había arrancado en Dallas el 17 de febrero y se había convertido en el vergonzoso espectáculo que la ciudad había temido. Dallas y sus autoridades estaban lo mismo bajo la condena y el escarnio en las notas de los cientos de periodistas que, provenientes de todo el mundo, se habían dado cita en la urbe texana. El columnista Murray Kempton, de la revista *New Republic*, aseveró que sentía pena por Ruby: una figura "lamentable" que parecía ser una víctima más de esta "mezquina" y violenta ciudad. "Ruby resultó ser un hombre pálido, calvo hasta la nuca, sentado en una corte cuyos muros amarillentos hacen lucir su piel de un verdor enfermizo", escribió el periodista. "Lo observamos y entendemos la falla definitiva de Dallas: No sólo fue incapaz de proteger a John F. Kennedy de lo que le sucedió, y de proteger a Lee Oswald de lo que ocurriría con él después, sino que no fue siquiera capaz de proteger a Jack Ruby de lo que hizo. Ahí está, sentado, atrapado." El momento más bajo para las autoridades de procuración de justicia de la ciudad ocurrió dos semanas después de comenzado el proceso, cuando siete internos de la prisión de la ciudad usaron una pistola fabricada con jabón y grasa de zapatos para intentar fugarse; cuando menos dos de ellos atravesaron corriendo la sala de la corte donde se enjuiciaba a Ruby. Las cámaras de televisión apostadas afuera captaron algunas de las escenas del motín y de la evacuación despavorida de la corte que le siguió. Para la prensa, el episodio fue un nuevo recordatorio de la misma incompetencia que le había permitido a Ruby deambular libremente entre decenas de elementos policiacos y matar a Oswald.

El representante de Ruby era Melvin Belli, un talentoso abogado, hambriento de publicidad, de San Francisco, conocido en el ámbito nacional como *El rey de los tuertos* a causa de las decenas de millones de dólares que había logrado ganar para sus clientes en procesos por lesiones personales. Belli había intentado llevar el proceso contra Ruby fuera de Dallas; cuando esa posibilidad le fue negada, probó convertir el juicio en un proceso judicial contra la ciudad misma. Alegaba que la "oligarquía" de petroleros y banqueros de Dallas habían dictado que Ruby fuera declarado culpable y luego sentenciado a la pena de muerte, como una forma de venganza contra él por haber puesto en vergüenza a la ciudad al asesinar a Oswald. De acuerdo con Belli, el antisemitismo desenfrenado en Dallas explicaba también el deseo de la ciudad de castigar a Ruby, quien había cambiado su nombre real, Jacob Rubinstein, y era el quinto de ocho hijos de inmigrantes judíos polacos en Chicago.

Para su defensa Belli recurrió a incapacidad mental; argumentó que su cliente padecía de daño cerebral —presentaba un largo historial de episodios violentos que empeoraron después de que sufriera un traumatismo craneoencefálico en la tercera década de su vida— y que el asesinato no podía haber sido premeditado. El abogado ofreció la declaración de un empleado de la oficina de Western Union ubicada en el centro de la ciudad, el cual ratificó que su matasellos demostraba que Ruby había adquirido un giro postal el domingo 24 de noviembre exactamente a las 11:17 am, cuatro minutos antes de que

Oswald fuera asesinado en el cuartel general de la policía de Dallas, en la acera de enfrente. Si el homicidio hubiera sido planeado, argüía Belli, Ruby no habría estado en la sucursal de Western Union poco antes, enviando dinero a "Pequeña Lynn", una de sus desnudistas, a su hogar en Fort Worth. Y había un elemento probatorio más que indicaba que el asesinato de Oswald no había sido planeado. Ruby había dejado a su perrita favorita, Sheba, en su auto abierto afuera de la sucursal de Western Union. Sus amigos opinaban que era inimaginable que Ruby dejara a la perro salchicha —Ruby se refería a ella como su "esposa"— expuesta a algún extraño. La extraña relación que Ruby mantenía con Sheba y sus otros perros sería posteriormente vista por la comisión como prueba de una seria enfermedad mental.*

En su argumento final, Belli describió a su cliente como un personaje de Damon Runyon: lenguaraz pero bien intencionado, a quien le causaba una enorme emoción pasar tiempo entre policías y reporteros. "El tonto del pueblo, el bufón del pueblo", así describió a Ruby. Con todo, su estrategia de defensa falló y Ruby fue declarado culpable el 14 de marzo y sentenciado a muerte en la silla eléctrica. Belli su puso de pie y desdeñó al jurado: "Agradezco a este jurado por un veredicto que constituye una victoria para la intolerancia". Retrató a su cliente como la víctima de un "juicio amañado, un juicio coptado... y todo el mundo lo sabe".

★ ★ ★

Mientras tanto, en Washington, la noticia del fallo contra Ruby significó que el personal de la comisión podía finalmente iniciar sus trabajos en Dallas; tal y como Warren había insistido, la comisión se había mantenido fuera de Texas hasta ese momento para evitar incidir en el juicio. Hubert y Griffin estuvieron entre los primeros en viajar a Dallas, donde comenzaron a interrogar a los testigos sobre Ruby.

Con base en los informes del FBI y las declaraciones testimoniales que habían estado leyendo durante semanas, los dos abogados consi-

---

* Conocidos de Ruby relataron al FBI episodios no aptos para estómagos débiles sobre la relación de éste con sus mascotas. Un testigo declaró haber observado a Ruby masturbar con indiferencia a uno de sus perros frente a sus visitas. Otro describió que Ruby dejó que sus perros lamieran la sangre de su mano después de haberse cortado profundamente con un cuchillo de cocina.

deraron que Belli estaba en lo correcto en su descripción de Ruby. Las circunstancias del asesinato de Oswald indicaban que Ruby era todo menos un asesino de sangre fría enviado a silenciar a Oswald, descripción que algunos teóricos de conspiraciones habían intentado adjudicarle. "El hecho de que se abriera paso y le disparara a un tipo en el sótano con una horda de reporteros alrededor...", plantearía Griffin años después, "¿qué dice eso de Ruby?"

Las vidas tumultuosas de Ruby y Oswald guardaban similitudes, la primera de las cuales era la tortuosa relación con sus progenitoras. La madre de Ruby había sido ingresada en repetidas ocasiones a hospitales psiquiátricos durante la infancia de éste; ella y el padre de Ruby habían sido tan negligentes respecto a sus hijos que Jack jamás tuvo supo su edad exacta porque ellos jamás se ocuparon de registrar su fecha de nacimiento. Siendo adultos, tanto Ruby como Oswald sostuvieron relaciones tormentosas con las mujeres. El FBI interrogó a muchos testigos sobre la posibilidad de que Ruby —quien nunca contrajo matrimonio, y quien compartió su hogar con un hombre de mediana edad en Dallas— y Oswald pudiesen haber tenido "compulsiones homosexuales", de acuerdo con la terminología empleada por el FBI en aquellos tiempos.

Con todo, Hubert y Griffin estaban preocupados por que hubiera una parte de la biografía de Ruby que no entendieran a cabalidad: que sus motivaciones hubieran sido, en realidad, más que un impulso repentino e incontrolable de matar a Oswald. Se preguntaban, en particular, si alguien podía haber instigado a Ruby, posiblemente los gánsteres que formaban parte de su pasado, quienes estaban conscientes de que él era susceptible de cometer actos impulsivos, y quienes deseaban silenciar a Oswald. Desde sus días de juventud en los barrios bravos de Chicago, Ruby contaba a criminales entre sus amigos. Como adulto, acostumbraba el trato con apostadores y miembros menores de las familias criminales ítalo-estadounidenses, así como con los aliados corruptos de dichos grupos en el movimiento obrero, en especial entre los camioneros de Jimmy Hoffa. Grabaciones de llamadas telefónicas obtenidas por la comisión mostraban que Ruby había realizado llamadas de larga distancia a un "conocido golpeador" de Hoffa en las semanas previas al magnicidio.

Hubert y Griffin estaban interesados también en los nexos de Ruby con Cuba. Durante su proceso, Ruby reconoció que había intentado realizar negocios ahí después de la victoria de Castro en 1959. Reportes del FBI comprobaban que Ruby había viajado a Cuba ese mismo año y se había reunido en La Habana con un socio de la familia criminal de los Gambino en Chicago; Ruby declaró que esperaba vender jeeps y fertilizante en la isla pero que la empresa "nunca llegó a primera base".

En las primeras semanas de la investigación, Hubert y Griffin elaboraron una cronología detallada de las actividades de Ruby durante las semanas previas al asesinato de Kennedy. Comenzaba en fechas de mediados de septiembre de 1963, cuando la Casa Blanca tomó la decisión final de que Kennedy viajara a Texas. Era el punto lógico de arranque. "Ése era el primer momento en el que alguien en Dallas o en cualquier otro lado pudo haber decidido que asesinaría a Kennedy", recordaría Griffin. "Ése era el punto de demarcación." El esquema se dividía en columnas, mientras que los días de la semana aparecían en un margen de la página, frente a los respectivos documentos del FBI y declaraciones testimoniales que incluían alguna referencia a las actividades de Ruby en el día señalado.

Hubert y Griffin se hicieron a la tarea de dar cuerpo al resto de la extraña y complicada vida de Ruby hasta remontarse a su infancia. Pensaron que podrían tener una carga de trabajo mucho mayor que los abogados enfocados en la biografía de Oswald, un hombre de menos de la mitad de edad que Ruby con contados amigos o conocidos. "Demonios, somos dos haciendo el trabajo que otros ocho están haciendo sobre Oswald", protestaría Griffin después.

A mediados de marzo, Huber y Griffin compusieron un memo que delineaba todos los vínculos de Ruby con el crimen organizado y Cuba, y analizaban cómo dichos nexos podrían relacionarse con los asesinatos de Kennedy y Oswald. El documento ponía de relieve que Ruby al parecer había declarado intencionalmente de forma errónea el número de sus visitas a Cuba. Afirmaba haberse trasladado a la isla solamente una vez, por un periodo de 10 días. Pero los registros de inmigración mostraban que había estado en La Habana cuando menos una vez más en ese mismo año. El FBI descubrió indicios de que Ruby podría mantener contacto con exiliados cubanos en Estados Unidos, quienes, al igual que algunos de sus amigos del crimen organizado, ansiaban ver a Castro depuesto. La victoria comunista en Cuba significaba el final de las lucrativas operaciones de apuestas y tráfico de bebidas alcohólicas que durante mucho tiempo habían estado bajo control de las mafias estadounidenses.

Para Hubert y Griffin era motivo de asombro también que, inmediatamente después del asesinato, Ruby hubiera demostrado poseer conocimientos extraordinarios sobre los temas relacionados con Cuba. En una conferencia de prensa de la policía celebrada la noche del asesinato de Kennedy, Ruby, que ocupaba un asiento entre los reporteros, y quien fingía ser uno de ellos, tomó la palabra después de que el fiscal de distrito de Dallas Henry Wade se había referido erróneamente a un grupo pro-Castro al que Oswald aseguraba haberse afiliado en una fecha anterior de ese mismo año. Wade lo nombró como el "Comité por una Cuba Libre". Ruby lo corrigió abruptamente: "Henry, se trata del Comité Pro Trato Justo a Cuba". ¿Por qué lo sabía?, se preguntaban Hubert y Griffin.

Otra pregunta que se planteaban era si Ruby estaba diciendo la verdad al insistir en que no había conocido desde antes a Oswald. Había al menos un nexo inquietante, si bien indirecto, entre ambos hombres. La dueña de la casa de huéspedes donde Oswald vivía en el momento del asesinato, Earlene Roberts, tenía una hermana que era cercana a Ruby, a quien le había propuesto invertir en la década de 1950 en uno de los clubes nocturnos. La hermana de Roberts le dijo al FBI que la última vez que había visto a Ruby había sido el 18 de noviembre, cuatro días antes del asesinato, para hablar sobre una nueva inversión.

Hubert y Griffin se sentían entusiasmados con la idea de que la historia de vida de Ruby escondiera algo más, como una posible conexión entre él y Oswald antes del magnicidio. Si había existido una conspiración para acabar con la vida de Kennedy, ese hecho podía develarse hurgando en la vida de Ruby, no en la de Oswald. Pese a ello, desde las primeras semanas de la investigación, los dos abogados se habían sentido ignorados por la comisión, en especial por Rankin, quien ejercía un fuerte control sobre qué información recabada por el equipo se compartía con Warren y el resto de los comisionados. "Hubert y yo nos encontrábamos totalmente al margen", recordaría Griffin.

Rankin no entablaba conversaciones con Hubert y Griffin ni encomiaba su trabajo. "Hubert estaba ahí todos los días, pero Rankin lo ignoraba", diría Griffin. "Él creía que Rankin no le tenía respeto." Mientras que Rankin visitaba con regularidad las oficinas de algunos de los otros abogados del equipo de trabajo para solicitarles avances de su trabajo, "rara vez entró para hablar con nosotros". La situación empeoró por la debilitante timidez de Hubert. Parecía intimidado. Por mucho que fuera un personaje encumbrado en los círculos jurídicos de Louisiana, en Washington trabajaba con jóvenes provenientes de la Liga Ivy y de las escuelas de leyes más prestigiosas del país, así como de instituciones poderosas, como la Suprema Corte y el Departamento de Justicia.

"Era un tipo nervioso", describiría Griffin a su compañero. "Era un fumador empedernido que iniciaba el día con una Coca-Cola fría, y la seguía bebiendo todo el día", mientras la cafeína incrementaba su agitación. "Me trataba con absoluto respeto", diría Griffin después. "Yo sentía que me tenía en un pedestal, por lo cual probablemente yo pensaba que era ingenuo."

Hubert se estancó en la percepción de que no estaba a la altura del trabajo debido a un pesado memo, escrito con torpeza, dirigido a Rankin en febrero, en el cual solicitaba que la comisión compilara una lista de las personas que habían cruzado la frontera hacia Estados Unidos en los meses previos al magnicidio, y de toda persona que hubiera salido del país en las semanas que siguieron: cientos de miles, si no millones, de nombres que tendrían que cotejarse, manualmente, contra una lista de posibles sospechosos. Hubert reconocía que la medida podía ser "totalmente impráctica", pero "aun cuando el trabajo no se realice, el reporte final debe mostrar que se consideró hacerlo y debe señalar las razones de por qué no se hizo". El memo consternó a Rankin y sus subalternos, quienes vieron la solicitud como una petición para organizar la búsqueda de una aguja en un pajar, lo cual significaría una pérdida de tiempo para la comisión.

Después de que la solicitud fuera rechazada, Hubert se dirigió nuevamente por escrito a Rankin, urgiéndolo a que toda la comisión fuera puesta al tanto de que la propuesta de la revisión masiva de nombres había sido hecha, y negada. Defendió una vez más su solicitud, argumentando que la lista podía, en realidad, revelar el nombre de un asesino. "Un culpable habría querido salir de Estados Unidos", afirmaba. Se preguntaba si los "estadounidenses por nacer" aceptarían el hecho de que la comisión no había examinado cada elemento probatorio que pudiera haber apuntado a una conspiración, sin importar que la recolección de los datos fuera onerosa.

En el caso de Ruby, advirtió, las pruebas disponibles no daban sustento a ningún tipo de conclusiones firmes sobre sus móviles para matar a Oswald, y la comisión se equivocaría si indicaba lo contrario. "Es un hecho que hasta ahora los materiales disponibles sobre Ruby no son suficientes ni para excluir la posibilidad de una conspiración ni para garantizar la conclusión de que no hubo tal." Durante las semanas siguientes, Hubert continuó amargándose por la manera en que había sido ignorado, al grado de que consideró presentar su renuncia. "Estaba desmoralizado", concluiría Griffin.

20

A finales de febrero, los comisionados decidieron que había llegado el momento de confrontar cara a cara a Mark Lane, el abogado de Nueva York que se había erigido —aparentemente de la nada— como su principal opositor en público. Warren estaba furioso respecto a Lane. El litigante significaba un "fastidio" para la comisión, diría después el ministro presidente. Le costaba trabajo creer que un abogado en materia de derechos civiles, previamente en el anonimato y ex legislador estatal de Nueva York por un solo periodo, hubiera logrado convertirse en una celebridad nacional en cuestión de semanas mediante declaraciones sobre el asesinato de Kennedy, las cuales Warren consideraba absurdas. Lane estaba sacando partido de la decisión de la comisión de llevar a cabo en privado sus audiencias y de limitar sus comunicados a la opinión pública, ya que esto le permitió a Lane lanzar excéntricas declaraciones que la comisión tenía poca capacidad de corregir. "Pura invención", opinaba Warren de las teorías conspiratorias que Lane propagaba. "No tienen ninguna relación con lo ocurrido."

Era un asunto personal para Warren, ya que Lane estaba intentando convencer a la opinión pública de que el ministro presidente era cómplice de una conspiración para ocultar la verdad sobre el asesinato del presidente, incluso a costa de un hombre inocente. Warren le comentó a algunos de sus amigos que no entendía por qué periodistas respetables daban credibilidad a Lane o a su clienta, Marguerite Oswald. Con todo, Lane y la señora Oswald ahí seguían, día tras día, en las ocho columnas de los principales diarios, divul-

233

gando sus "indignantes" teorías sobre el asesinato. Lane se estaba convirtiendo también en una celebridad en Europa donde era bien recibido por intelectuales de izquierda, como el filósofo británico Bertrand Russell, quien fundó un grupo con sede en Londres en apoyo al trabajo de Lane.* En secreto, la comisión había llegado a tal grado de inquietud respecto a Lane, que pidió al FBI que lo siguiera de cerca. El buró había comenzado ya a ejercer una vigilancia limitada de las apariciones de Lane por todo el país cuando, el 26 de febrero, Howard Willens preparó un memo que describía las opciones que la comisión tenía ante sí para que el buró intensificara la vigilancia sobre Lane. En cuestión de días, al parecer por exhorto de la comisión, el operativo de vigilancia de Lane se expandió. A lo largo del invierno y la primavera, el FBI siguió a Lane casi a cualquier punto al cual se dirigió en Estados Unidos. El buró informaba con regularidad, a veces a diario, sobre el paradero de Lane y los detalles de sus ataques a la investigación.

En otro memo, a finales de febrero, Willens propuso que la comisión llamara también a Lane a Washington para que declarara. Podría ser una forma de desacreditar el argumento de Lane, formulado con regularidad, de que la comisión estaba pasando por alto pruebas que podrían reivindicar a Oswald. Si Lane contaba con pruebas, él podría presentarlas directamente ante la comisión. Si no tenía nada, ello lo pondría en evidencia, también. "Estamos conscientes de que el señor Lane está ofreciendo numerosos discursos en los que afirma poseer información que indica que Lee Harvey Oswald no es el asesino del presidente Kennedy, y que la comisión no le ha requerido dicha información", escribió Willens. Al llamarlo a declarar, "creo que deberíamos solicitar formalmente todos los documentos en poder del señor Lane respecto al asesinato". La comisión estuvo de acuerdo y la invitación a Lane fue enviada.

La investigación extraoficial de Lane del asesinato de Kennedy había pasado a ser su actividad de tiempo completo. Buscó por doquier

---

* El grupo de Russell se autodenominó Comité Británico ¿Quién mató a Kennedy?, e incluyó entre sus miembros al escritor J. B. Priestley y al historiador de Oxford, Hugh Trevor Roper.

testigos o pruebas que exoneraran a Oswald del asesinato de Kennedy. Contaba con un mapa que localizaba a los testigos de Plaza Dealey y de la escena del asesinato de Tippit gracias al enorme número de declaraciones testimoniales que había recabado Hugh Aynesworth en Dallas.

Una de las primeras víctimas de sus métodos fue Helen Markham, la mesera de 47 años de edad que afirmaba haber visto a Oswald abatir a tiros a Tippit, y quien después lo había identificado en una prueba policiaca de reconocimiento de sospechosos. Al parecer, ella fue la testigo más cercana a la escena del homicidio; a unos 15 metros de distancia. Lane telefoneó a Markham y, sin decirle, grabó la conversación. Cuando se le prometió inmunidad procesal a cambio de la cinta, el equipo de trabajo de la comisión vio la grabación como una prueba de los esfuerzos de Lane por intimidar a testigos ingenuos para que afirmaran cosas que no creían.

De acuerdo con una transcripción de la conversación telefónica, Lane se presentó de manera sucinta antes de entrar de lleno en las preguntas.

"¿Puede darme sólo un minuto de su tiempo?", le preguntó a Markham, afirmando que se había enterado por los reporteros de Dallas de que ella había descrito al asesino de Tippit como "bajo, fornido y de cabello abundante", descripción que no casaba con el físico de Oswald. El informe de la autopsia demostraba que tenía una estatura promedio (1.80 m), era delgado y tenía el cabello más bien fino.

—No, no, yo no dije eso —repuso Markham, apegándose a su descripción original de Oswald.

Lane hizo un segundo intento:

—Bueno, ¿dice usted que era bajo y fornido?

—Mmm, era bajito —respondió ella.

—¿Estaba un poco pasado de peso?

—No mucho.

—¿No estaba muy pasado de peso, pero sí un poco? —Lane vio una oportunidad.

—No, no se veía muy pasado de peso, no-o.

—No estaba muy pasado de peso; y, ¿diría usted que tenía el cabello bastante abundante?

—Sí, un poquito abundante.

Posteriormente Markham afirmaría que quedó confundida por la insistencia inquisitiva de Lane y que su intención era decir que el cabello de Oswald estaba desordenado, no que fuera abundante. Después de pasar por un momento a otro grupo de preguntas, Lane intentó nuevamente:

—¿Usted dijo que era bajo, y que estaba un poco pasado de peso, y que tenía el cabello ligeramente abundante?

—Mmm, no; no lo hice. No me preguntaron eso.

A pesar del acoso de Lane, Markham se apegó al relato que había ofrecido a la policía. Ella seguía creyendo que Oswald había asesinado a Tippit, le dijo.

Sin embargo, no fue así como Lane describiría la conversación. En apariciones públicas durante las semanas que siguieron a la llamada telefónica, el abogado hizo público que había hablado con Markham y que ahora ésta se retractaba de su descripción del asesino de Tippit. "Me dio una descripción más detallada del hombre que ella afirma disparó contra el oficial Tippit; dijo que era bajo, un poco pasado de peso y que su cabello era en cierto modo abundante", afirmaba Lane, tergiversando las palabras de Markham.*

Los abogados de la comisión compartían el desprecio de Warren por Lane. En opinión de David Belin, Lane empleaba una "máscara de sinceridad cuidadosamente elaborada" para convertir el caso Kennedy en un "cupón vitalicio de comida". Jim Liebeler comparó las tácticas

---

* Años después, Lane insistiría en que no había hostigado a Helen Markham, y más bien sugirió que les había hecho un favor al revelar que un testigo que aparentemente era tan importante para la Comisión Warren pudiera estar confundida sobre lo que había visto. Apuntaría, de forma acertada, que la credibilidad de Markham había quedado dañada por el hecho de que ella afirmó inicialmente ante la comisión, bajo juramento, que nunca había hablado con él. "No es por fastidiar", dijo Lane, añadiendo que él continuaba estando convencido de que Oswald no había matado a Tippit, a pesar de los muchos otros testimonios que afirmaban lo contrario. "Simplemente es lo que hacen todos los abogados del mundo" cuando llevan a cabo una verificación de datos. "Ningún abogado va a ver eso y va a decir que actué mal." Reconoció que había grabado la llamada sin notificarle a Markham, aunque dijo que fue una acción legal siempre y cuando no divulgara el contenido, lo cual no hizo; fue la comisión la que divulgó la transcripción. En su informe final, la comisión describiría el testimonio de Markham como "confiable" y afirmó que "incluso en la ausencia del testimonio de la señora Markham, existe abundante evidencia que identifica a Oswald como el asesino de Tippit".

de Lane con la "vieja leyenda sobre el pérfido hombre al que le brincan ranas de la boca cada vez que habla". Las ranas representan a las mentiras "y hay que correr en todas las direcciones para atraparlas".

Lane aceptó la invitación de la comisión a testificar y la audiencia se fijó para el miércoles 4 de marzo. Lane fue el único testigo llamado a la comisión que solicitó una audiencia pública, solicitud que le fue concedida. Se invitó a los periodistas al salón de audiencias de la planta baja del edificio VFW. "Considero que hay en esto asuntos de suma importancia para el pueblo de nuestro país, y que sería, en consecuencia, fructífero y constructivo que las sesiones se celebren en público", argumentó Lane. Es claro que percibía cuán valioso sería lograr que la prensa de Washington atestiguara ese momento; al permitírsele confrontar al ministro presidente y a los demás encanecidos comisionados, cabía la posibilidad de que Lane ganara nueva credibilidad como el principal crítico de la comisión.

Rankin encabezó la ronda de preguntas: "¿Obra en su poder información concerniente a los temas que son objeto de investigación por parte de esta comisión que le gustaría compartir con este órgano?"

Lane se entregó a un monólogo extenso y lleno de pormenores que buscaba desmenuzar las evidencias que la policía de Dallas y el FBI —y al parecer ahora la comisión— estaban presentando a la opinión pública para fundamentar la culpabilidad de Oswald. Tal como había intentado desde el primer momento, su método consistía en insinuar la existencia de una cortina de humo cada vez que podía identificar incluso la más mínima discrepancia entre el registro público y los reportes de prensa.

Comenzó enfocándose en el enorme número de fotografías que habían aparecido durante las semanas posteriores al magnicidio, que pretendían mostrar la imagen de Oswald sosteniendo el rifle Mannlicher-Carcano de fabricación italiana que había sido identificado como el arma asesina. Una fotografía que apareció en la portada de la revista *Life* —aquella que Marina Oswald afirmó haberle tomado a Oswald en el patio de la casa que habitaban en Nueva Orleans en la primavera de 1963— mostraba el rifle equipado con una mira telescópica. Pero una imagen al parecer en apariencia idéntica distribuida por Associated Press y publicada en *The New York Times* y otros diarios, mostraba al rifle sin el aditamento. De acuerdo con

Lane, esa diferencia indicaba que las fotos habían sido alteradas, lo cual, a su vez, bien podría ser evidencia de un "crimen" para ocultar una conspiración. La verdad, como la comisión no tardó en determinar, era de naturaleza distinta. En algunos casos, los editores de fotografía alteraron la imagen para obtener la mayor definición posible de la silueta del rifle; una técnica ampliamente propagada durante mucho tiempo, si bien éticamente cuestionable, entre los periódicos y las revistas estadounidenses.

Lane citó declaraciones de testigos que obraban en los registros del FBI y la policía de Dallas —declaraciones que la comisión tenía entre sus propios archivos— que contradecían la versión oficial de que habían sido tres los disparos provenientes del Almacén de Libros Escolares de Texas que habían impactado a Kennedy y a Connally por la espalda. Lane señalaba que algunos testigos oyeron cuatro o más disparos, mientras que otros insistían en que el origen del fuego se ubicaba frente a la limusina, desde el así llamado montículo de pasto ubicado en el lado oeste de Plaza Dealey, o desde el paso elevado de la carretera frente a la caravana. Lane argumentó que las declaraciones de los testigos, junto con las pruebas médicas, ofrecían "evidencia irrefutable de que al presidente se le había disparado en la garganta, de frente".

En lugar de objetar sus dichos, el ministro presidente y Rankin se acomodaron en sus asientos y lo dejaron hablar durante casi tres horas, tal como lo habían hecho con su clienta, Marguerite Oswald, quien había ofrecido su confusa declaración un mes antes, casi sin ser interrumpida. La estrategia de Warren, al parecer, era no dar pie a que Lane tuviera la posibilidad de argumentar que la comisión había ignorado las pruebas con las que él contaba. "Le pedimos que se presentara aquí este día porque entendemos que tiene evidencias en su poder", le expresó Warren a Lane. "Nos complace recibirlas. Queremos cada trozo de evidencia que usted tenga."

Durante su testimonio, Lane repitió una solicitud que llevaba publicitando durante semanas: pretendía fungir como abogado defensor de Oswald ante la comisión, y tener acceso a toda la evidencia recabada durante la investigación. "El hecho de que Oswald no será sometido a un juicio real se debe únicamente a su muerte", aseveró. "Cada uno de los derechos que asisten a un ciudadano estadounidense acusado de un crimen le han sido negados, incluso su propia vida." Afirmó entonces que Oswald merecía "un consejero que pueda trabajar en su nombre en términos de revisión de pruebas y presentación de testigos".

Warren escuchó con paciencia antes de desalentarlo: "Señor Lane, es mi deber informarle que la comisión, como es ya de su conocimiento, ha considerado su solicitud y la ha rechazado. Esta comisión no lo considera a usted como el abogado de Lee Oswald". Hizo notar que Marina Oswald, su deudo más cercano, no había solicitado un abogado para que, en esencia, defendiera al espíritu de su marido. "No vamos a discutir sobre ese punto", concluyó Warren.*

Entre el equipo de trabajo de la comisión, nadie era capaz de echar por tierra las declaraciones de Lane respecto a las evidencias como lo hacía el asistente de Redlich, Melvin Eisenberg. El joven abogado se había convertido en el especialista interno de la comisión en materia de criminología y podía identificar cuán ridículas resultaban muchas de sus aseveraciones, en especial tratándose de evidencia científica; daba por sentado que los demás también podían descifrar las argucias de Lane. "Sería ridículo obsesionarse con Mark Lane", se dijo a sí mismo. Se sentía menos molesto que otros miembros del equipo por la insinuación de Lane de que todos los integrantes de la comisión formaban parte de una conspiración para ocultar la verdad del asesinato de Kennedy. "Me parecía que mientras ofreciéramos respuestas honestas, nada podría ocurrirnos", diría. "Nuestra reputación estaba a salvo."

Con la misma diligencia que lo había llevado a graduarse en la Escuela de Leyes de Harvard cinco años atrás, Eisenberg había terminado de estudiar con detenimiento las miles de páginas de los libros sobre criminología que les habían sido enviados desde la Biblioteca del Congreso. La ciencia, a su parecer, demostraba que Oswald era culpable más allá de toda duda razonable: la evidencia de huellas dac-

---

* Warren insistiría posteriormente que la comisión había sido justa con Oswald, incluso a su muerte, mediante un acuerdo al que se llegó en febrero con el presidente de la Barra de Abogados de Estados Unidos (ABA por sus siglas en inglés), Walter E. Craig, quien aceptó evaluar el trabajo de la comisión "en justicia para el presunto asesino y su familia". Aunque a Craig se le invitó a corroborar las declaraciones de los testigos y a que ofreciera los nombres de los testigos que debían comparecer, los registros muestran que él y dos asociados se involucraron muy poco en la investigación

tilares y de balística demostraba de manera concluyente que había disparado las balas que mataron a Kennedy y que casi provocaron la muerte del gobernador Connally. Eisenberg no podía descartar la posibilidad de que Oswald tuviera cómplices, pero tenía la certeza de que había jalado el gatillo ese día en Plaza Dealey. "No podía haber duda razonable de que Oswald por lo menos había disparado las balas que penetraron el cuerpo del presidente", argumentaría.

Para Eisenberg no había sido difícil entender los aspectos científicos del caso, los cuales delineó a la comisión en una serie de memos aquel invierno. El tema se reducía a algunos puntos muy básicos de física, química y biología. "Fue sencillo", aseguraría. "No era como construir un cohete." Le parecía que las evidencias de balística eran especialmente decisivas. Era posible demostrar casi con el 100% de certeza que las balas que atravesaron los cuerpos de Kennedy y Connally habían salido del rifle que Oswald compró a vuelta de correo. Como Eisenberg aprendió de sus lecturas, un rifle deja muescas y otras marcas distintivas en los proyectiles que viajarán por su cañón. Al examinar las balas usadas bajo el microscopio, un investigador podía identificar el rifle de Oswald como el arma homicida "excluyendo cualquier otro rifle en el planeta", informaría Eisenberg.

El joven abogado ahora sabía que al argumentar en favor de la inocencia de Oswald, Lane apelaba a declaraciones de testigos y de otra clase de evidencias que merecían poca, si no nula, credibilidad. Le resultaba inquietante, a él, que nunca había ejercido el derecho penal, descubrir que criminólogos serios dieran poco crédito a las declaraciones de los así llamados testigos oculares. Por mucho que Hollywood y las novelas de crimen populares insistieran en que la evidencia más sólida posible de un delito provenía de los relatos de las personas que lo habían presenciado, según las lecturas de Eisenberg los testigos oculares con frecuencia cometían errores. Era común que personas que habían observado el mismo delito ofrecieran relatos completamente distintos de lo acontecido, lo cual en ocasiones traía como resultado la condena — la ejecución, incluso— de los inocentes.

Aun menos dignas de credibilidad, aprendió Eisenberg, eran las declaraciones de testigos respecto a lo que habían *escuchado* en una escena del crimen; los llamados "testigos auditivos". Testimonios de ese tipo eran con frecuencia completamente erróneos, con mayor razón en un espacio relativamente cerrado como el de Plaza Dealey, donde el sonido de los disparos había encontrado un eco desenfrenado, los testigos habían entrado en pánico y prestaban poca atención a lo que escuchaban porque se encontraban corriendo por sus vidas. En uno de sus memos, Eisenberg expresó que no era de sorprender que algunos de los testigos hubieran escuchado sólo dos o tres detonaciones, mientras que otros escucharon cuatro, cinco o más, y que algunos insistieran en que habían escuchado que los disparos provenían del montículo de pasto y otros puntos frente a la caravana del presidente, y no desde el Almacén de Libros Escolares de Texas.

Como parte de su trabajo, Eisenberg se reunió con científicos del laboratorio de criminalística del FBI y quedó impresionado por su inteligencia y pericia técnica. Aun así, sentía que la comisión no debía depender únicamente del análisis científico del buró, por lo que solicitó el visto bueno para contratar a especialistas externos que revisaran las evidencias físicas. Para examinar las huellas dactilares, propuso que la comisión contactara a peritos del laboratorio de criminología del departamento de policía de la ciudad de Nueva York. Para las armas de fuego, sugirió que la evidencia fuera revisada por especialistas reconocidos del Buró de Identificación Criminal del estado de Illinois. Los comisionados, ya sumamente escépticos con el FBI, aceptaron sin reparos.

Burt Griffin descansó un poco del estudio de la vida de Ruby para apuntalar los descubrimientos de Eisenberg. Después de hacer una investigación en los archivos del FBI y la policía de Dallas, Griffin escribió en un memo fechado el 13 de marzo que había identificado a cuatro hombres dentro y fuera de Dallas que guardaban un gran parecido físico con Oswald y que habían sido confundidos con él el día del asesinato. Un quinto hombre, Billy Lovelady, quien trabajaba en el almacén de libros con Oswald, fue fotografiado en la escalinata del depósito minutos después de que resonaran los disparos. Los abogados de la comisión no estaban sorprendidos de que incluso después de que Lovelady se identificara en público como el hombre en las fotografías, Mark Lane siguiera insistiendo en que se trataba de Oswald; esto probaba, indicaba Lane, que Oswald debía ser inocente de la muerte del presidente porque no había huido de la escena del crimen.

21

Febrero de 1964

Transcurridas varias semanas desde el inicio de la investigación, el equipo de abogados de la comisión seguía teniendo a la CIA en el mejor concepto. Los funcionarios con los que trataban eran inteligentes y en ocasiones encantadores, y todo parecía indicar que eran sinceros en sus afirmaciones de que la agencia compartiría cualquier tipo de información que tuviera sobre Oswald. Esa situación contrastaba drásticamente con la actitud de gran parte del equipo, y con certeza de los comisionados, hacia Hoover y el FBI; ahora se consideraba ampliamente que el buró estaba obstruyendo el trabajo de la comisión, probablemente para ocultar su torpeza durante la vigilancia impuesta a Oswald antes del asesinato.

Entonces, en febrero, se presentó la primera evidencia preocupante de que el FBI también podría haber estado ocultando algo. En ese mes, al Servicio Secreto informó al equipo de trabajo que en las horas inmediatamente posteriores al magnicidio la CIA le había enviado reportes detallados sobre lo que se había conocido de la visita de Oswald a la ciudad de México. La comisión comparó sus archivos y determinó que nunca había recibido dichos informes; la CIA jamás había reconocido siquiera la existencia de los informes. El Servicio Secreto declinó la solicitud de entregar una copia a la comisión, aduciendo que esa decisión pertenecía a la agencia de espionaje dado el carácter altamente confidencial de la información.

Desde que se integró a la comisión, Rankin había tratado con la CIA principalmente a través del director adjunto Richard Helms, un hombre a quien había llegado a apreciar y respetar. Rankin recordaría años después que en esos momentos creía que Helms y otros funcionarios de alto rango de la CIA estaban cooperando cabalmente. Pero el descubrimiento de los informes faltantes de la CIA sobre la ciudad de México alarmó a Rankin, quien decidió pasar sobre la autoridad de Helms. En febrero, se dirigió por escrito al superior de Helms, el director de Inteligencia Central, John McCone, insistiendo en que la agencia le entregara a la comisión una copia de los reportes que había turnado al Servicio Secreto acerca del viaje de Oswald a México. Y para que no hubiera confusión en el futuro, Rankin solicitaba en la misma carta que la CIA se preparara para reunir y entregar su documentación completa sobre Oswald, incluida una copia de cada ocasión en que hubiera tenido contacto con otras agencias del gobierno antes y después del asesinato. Después de los malentendidos y las muestras de mala voluntad entre la comisión y el FBI, Rankin estaba —con cortesía, le pareció— poniendo a la CIA sobre aviso.

La comisión recibió respuesta de la CIA el viernes 6 de marzo mediante un grueso expediente que, al decir de la agencia, contenía toda la información que ésta había recabado sobre Oswald, comenzando por su intento de deserción a Moscú en 1959. Willens, subalterno de Rankin, y otros, revisaron el archivo y pudieron detectar casi de inmediato cuánta información seguía faltando. El expediente no contenía, por ejemplo, ningún documento de trabajo o cable respecto a Oswald que la estación en la ciudad de México hubiera enviado a las oficinas centrales de la CIA aquel otoño.

Willens llamó por teléfono a Helms, quien reconoció que parte del material seguía bajo resguardo debido a "ciertos problemas no especificados". Willens mencionó en un memo enviado a Rankin que Helms había intentado ofrecer una explicación. "Señaló que parte de la información referida había sido entregada ya a la comisión en un formato distinto y que otra parte del material incluía asuntos no relevantes o asuntos que no habían sido cotejados." Esto era inaceptable, comentó Willens; la comisión necesitaba revisarlo todo. Helms contraatacó, indicando —al parecer de manera críptica— que el joven abogado no entendía en su totalidad las implicaciones de obligar a la CIA a compartir toda la información que tenía sobre Oswald. La agencia "preferiría no cumplir", aseveró. A diferencia de Rankin, Willens pensaba que no tenía autoridad para insistir en que Helms hiciera algo, por lo que acordó con éste tratar el tema en una reunión programada de manera tentativa para la semana siguiente, cuando Helms planeaba visitar las oficinas de la comisión en Washington.

El jueves siguiente, cerca de las 11:00 am, Helms se sentó con Rankin y varios de los otros abogados, entre ellos Willens, Coleman y Slawson. Sus preguntas a Helms fueron directas e incluyeron la que en más de un aspecto era la pregunta central para la agencia de espionaje: ¿tenía la CIA la certeza de que Oswald jamás había colaborado con ella como una especie de agente encubierto, posiblemente durante sus años en la Unión Soviética?

Helms les aseguró a los abogados que Oswald no había trabajado nunca para la CIA bajo ninguna modalidad y que tanto él como otros funcionarios de alto nivel de la agencia, incluido McCone, estaban dispuestos a firmar declaraciones juradas, so pena de perjurio, para confirmarlo. Pero fue sometido a presión: si la CIA no tenía nada que ocultar, ¿por qué no dejaba de retener información sobre el viaje de Oswald a México? Helms admitió que la agencia se había guardado algunos reportes específicos porque éstos podían revelar los métodos de espionaje de la agencia en la ciudad de México, como los operativos de intervención telefónica y las cámaras de vigilancia que tenían como objetivo las embajadas de Cuba y la Unión Soviética.

Rankin quería seguir creyendo que la CIA decía la verdad, así que él y otros abogados quedaron impresionados por la necesidad de mantener en secreto la parafernalia de espionaje de la CIA en México. Por lo tanto, planteó un acuerdo que Helms aceptó. En el futuro, la agencia entregaría resúmenes editados de los reportes elaborados para su expediente de Oswald, en el entendido de que un miembro del equipo de trabajo de la comisión acudiría a las oficinas centrales de la CIA para revisar los documentos completos y originales.

Siguieron tratando el tema de México, que incluía la preocupación de la comisión por las numerosas lagunas en el conocimiento que la CIA tenía de a donde había ido Oswald en la ciudad de México y con qué personas se había reunido, especialmente por las noches. Se había registrado en un pequeño hotel cerca de una terminal de autobuses, pero nada se sabía de su paradero en la ciudad después del anochecer, al parecer sin que nadie lo observara. "No se tenía ningún registro de las noches durante su viaje", recordaría Slawson haberle dicho a Helms, quien respondió con una sugerencia: los abogados de la comisión deberían viajar a la ciudad de México personalmente en busca de respuestas. Estarían en "una buena posición para evitar canales gubernamentales ordinarios y poder concretar las cosas", dijo Helms, prometiendo que la estación de la CIA en la ciudad de México haría todo lo que pudiera para ayudarlos. A Slawson le entusiasmó la idea.

En los días posteriores a la reunión con Helms, la CIA en efecto comenzó a remitir más material, incluidos los reportes que la agencia le había enviado al Servicio Secreto sobre el viaje de Oswald a México. Entre éstos figuraba uno, despachado a las 10:30 am del día siguiente al asesinato, que alertaba al Servicio Secreto del hecho de que la estación de la CIA en México tenía la fotografía de un hombre que probablemente era Oswald. La fotografía no había sido entregada aún a la comisión, sin embargo, y en una carta dirigida a Rankin por separado, Helms explicaba el porqué: la agencia no había considerado necesario proporcionar la imagen ya que había determinado con prontitud después del asesinato que no se trataba de Oswald. Indicó que la CIA no había querido cargar a la comisión con pistas innecesarias, en vista de que la imagen carecía de valor. Invitó a Rankin a enviar a un investigador de su equipo de trabajo a la agencia para que viera la foto, la cual capturaba el rostro entero de un hombre de fisonomía eslava que parecía ser mucho más alto y pesado que Oswald.

En un acto que en apariencia era señal de un nuevo espíritu de apertura, la CIA autorizó también al Departamento de Estado en marzo para que entregara dos cables que el entonces embajador de Estados Unidos en México, Thomas Mann, había enviado al departamento de la CIA a finales de noviembre, tocante a sus sospechas de una conspiración cubana en el asesinato de Kennedy. Helms admitió que había "rumiado" sobre si permitir o no que los cables fueran puestos en manos de la comisión. Slawson los leyó y advirtió —para consternación suya— cuánto más ignoraba aún la comisión sobre lo acontecido en México. Estaba sorprendido por el tono casi de pánico empleado por Mann y por la convicción del embajador de que Castro estaba de alguna manera detrás del asesinato del presidente. Los cables daban indicio también de pruebas que la comisión desconocía, como transcripciones detalladas de grabaciones de la CIA de las llamadas telefónicas de Oswald en México. Slawson encontró el memo en el que Mann se refería a los reportes de la embajada sobre un amorío entre el ex embajador de Cuba en México y Silvia

Durán, la joven mexicana de "tipo promiscuo" quien había tratado directamente con Oswald. A Slawson le preocupó qué más pudiera haber en los archivos de la embajada.

En un memo dirigido a Rankin el 2 de abril, Slawson afirmaba que la comisión necesitaba obtener copias de las transcripciones de todas las conversaciones telefónicas interceptadas en la ciudad de México que pudieran estar relacionadas con Oswald. Además, señaló: "Deberíamos revisar el expediente completo de la embajada sobre el asesinato de Kennedy, incluidas copias de toda la correspondencia con otras agencias gubernamentales". Y agregó que la comisión requería saber mucho más sobre la joven mexicana: "Desearíamos más información sobre Silvia Durán, como, por ejemplo, las pruebas de que era una mujer 'de tipo promiscuo'".

Finalizaba marzo cuando Samuel Stern se desplazó a las oficinas centrales de la CIA en la región suburbana de Virginia para comenzar la revisión de todos los archivos relacionados con Oswald. Con posterioridad recordaría que quedó impresionado por la sofisticación de los archivos de la agencia, así como por su nuevo sistema de procesamiento de datos bautizado como Lincoln, que usaba algunas de las primeras computadoras con las que contaba el gobierno federal.

Stern recibió un inventario de todos los documentos sobre Oswald, y entonces le fue permitido examinar —documento tras documento— los archivos originales para cerciorarse de que estaban completos. Encontró los cables sobre Oswald que había redactado la estación de la CIA en la ciudad de México, los cuales le habían sido negados originalmente a la comisión. Hasta donde podía decir, no faltaba nada de la "carpeta" de Oswald, como ahora llamaban al grupo de archivos. Ese parecía un pensamiento tan pesimista e infundado que Stern no se atrevió a repetirlo en un memo sobre su visita que remitió después a Rankin, aunque recordaría con claridad que ese día pensó qué tan sencillo habría sido para la CIA falsificar todo el material o alterar el inventario y remover documentos de la "carpeta" que no hubiera deseado compartir. La CIA estaba en el negocio de guardar secretos y si decidía guardar algunos de ellos acerca de Oswald y el asesinato la comisión no sería capaz de detectarlo. "No teníamos manera de lograr certeza absoluta, definitiva ni última de nada", diría Stern.

Aquel invierno, David Slawson cayó en la cuenta de que la CIA podía estar intentando reclutarlo. Después estuvo convencido de ello. En ningún momento hubo un ofrecimiento directo, pero sus conversaciones con Ray Rocca y otros funcionarios de la agencia en ocasiones desembocaban en el tema de qué planes tenía para después de que la comisión se disolviera, con la obvia sugerencia de que tal vez le interesaría renunciar a su carrera como abogado y unírseles. "Dejaron en claro que si yo estaba interesado, ellos lo estarían también."

Afirmaba que se sentía halagado por sus acercamientos y en ese momento no veía en ellos intento alguno por influir en su trabajo en la comisión. La CIA era por entonces una institución muy admirada, afirmaría Slawson posteriormente. De hecho, alguna vez en otro tiempo había considerado la idea de integrarse a la agencia, después de enterarse de que algunos de sus compañeros en Amherst se habían convertido en oficiales de dicha agencia. "Parecían estar contratando a gente de alto calibre." Slawson abandonó sus estudios de posgrado en física en Princeton porque creyó que el derecho le traería una vida profesional más emocionante; le parecía que la CIA podría significar una aventura aún más grande. Por ahora, sin embargo, no disponía de mucho tiempo para ponderar su siguiente paso profesional. Había tenido apenas unas semanas para convertirse, como esperaba la comisión, en el especialista interno que determinara la intimidante cuestión de la existencia o no de una conspiración extranjera para matar al presidente, y gran parte del trabajo lo realizaba solo. Coleman, su compañero en el equipo a cargo de la "conspiración", seguía viajando de Filadelfia a Washington sólo un día a la semana, y había semanas en las que decía que no podría acudir.

Cierto era que Slawson sentía que no tenía tiempo para enfocarse de manera obsesiva en qué otros recursos podría estar intentando la CIA para seguir escamoteándole información. A pesar del problema respecto a los documentos de la ciudad de México, diría: "Básicamente creía que la CIA estaba siendo honesta". Él valoraba de manera especial la buena disposición de Rocca para compartir con él las últimas noticias sobre los informes de las operaciones de Yuri Nosenko, el ex agente de la KGB. Años después, Slawson diría que nunca tuvo idea de la agitación que dicho caso había provocado; de que casi desde el día de la deserción, el caso de Nosenko enfrentó a algunos analistas de la agencia especializados en la Unión Soviética, así como a algunos del FBI, contra James Angleton, el jefe de Rocca. Angleton estaba convencido de que Nosenko era un doble agente que había sido enviado a Estados Unidos para intentar exonerar a la Unión Soviética de cualquier implicación en el asesinato de Kennedy.

Yuri Ivanovich Nosenko, de 36 años de edad al momento de su deserción, había estado en contacto con la CIA desde 1962, cuando, viajando como un agente encubierto de la KGB en Suiza, acusó a una prostituta de haberle robado 200 dólares. De acuerdo con la versión de la CIA, Nosenko se acercó a un diplomático estadounidense al que conocía en Ginebra y le pidió un préstamo, argumentando que tenía miedo de que si no reponía los 200 dólares sus indiscreciones sexuales quedarían expuestas ante sus superiores de la KGB. El incidente se convirtió en la oportunidad perfecta para reclutar a Nosenko como espía al servicio de Estados Unidos.

En febrero de 1964, tres meses después del asesinato de Kennedy, Nosenko entró en contacto nuevamente con la CIA, afirmando que necesitaba desertar de inmediato y que poseía información importante sobre Lee Harvey Oswald. La defección de Nosenko fue una noticia mundial —fue nota de ocho columnas en *The New York Times*— antes de desaparecer, por años, del ojo público. Nosenko relató a sus instructores en la CIA que había examinado personalmente los archivos de la KGB sobre Oswald y que éstos probaban que el asesino de Kennedy nunca había sido un agente ruso. La agencia de espionaje soviética consideraba a Oswald demasiado mentalmente inestable —"un lunático", como expresó el mismo Nosenko— como para que se le tomara en cuenta en el trabajo de inteligencia. Nosenko informó que la KGB había abandonado cualquier intención de reclutarlo cuando Oswald intentó suicidarse en octubre de 1959, poco después de haber llegado a Moscú.

El FBI le creía a Nosenko. J Edgar Hoover y sus subalternos de contrainteligencia en el buró, responsables de seguir la pista a los contraespías comunistas en suelo estadounidense, concluyeron que era un desertor fidedigno. Años atrás, el apoyo de Hoover habría significado para el ruso el grado de credibilidad necesario para recibir el trato de un héroe en Washington. Pero Nosenko enfrentaba a un adversario demasiado poderoso en Angleton, quien controlaba el flujo de información de la CIA a la comisión; en particular hacia Slawson. Angleton solicitó a su equipo que buscara inconsistencias en la historia de

Nosenko que pudieran comprobar que éste era un agente doble. Le preocupaba, en especial, que Nosenko hubiera sido enviado desde Moscú para desacreditar a un desertor anterior de la KGB que para entonces vivía en Estados Unidos, de nombre Anatoly Golitsin. Durante años, Golitsin había alimentado la paranoia de la infiltración de la KGB en la CIA; Golitsin insistía en que Nosenko era un agente doble enviado a Estados Unidos con la misión específica de desprestigiarlo. ¿A quién creerle? Si Nosenko estaba diciendo la verdad, ello descartaría cualquier participación de la Unión Soviética en el asesinato. Si estaba mintiendo, ello señalaba que la KGB estaba intentado encubrir su relación con el hombre que había asesinado al presidente.

Rocca le insistió a Slawson que las personas mejor informadas en la CIA creían que Nosenko era un impostor y Slawson recordaría haber entendido la lógica detrás de ello: "La información de la que Nosenko era portador resultaba demasiado oportuna" para el Kremlin, diría Slawson. Nosenko "mostraba todas las características de un embuste".

En la comisión, los archivos del caso Nosenko se trataban con tal nivel de secrecía que muchos de los demás abogados nunca escucharon siquiera el nombre del agente ruso. En los documentos de la comisión con frecuencia recibía la referencia de "N". Slawson sabía que la comisión tendría que tomar una decisión respecto a qué tanta información, si había alguna, sobre Nosenko podía hacerse del conocimiento público en su reporte final. Si la CIA tenía razón en que Nosenko era un doble agente, la comisión sólo estaría sirviendo a los intereses del Kremlin al promover las aseveraciones de Nosenko. "Básicamente estaría exonerando a Moscú." Respecto a todos estos temas, Slawson tenía que confiar, una vez más, en la CIA, la cual se rehusaba a permitirle a él o cualquier otra persona de la comisión a reunirse con Nosenko e intentar verificar sus declaraciones. "Solicité verlo, pero la respuesta que recibí fue: 'De ninguna manera'."

Entonces, Slawson recordaría después, nunca le fue confiada mucha información sobre el trato que recibía Nosenko de sus interrogadores de la CIA. Sabía que el ruso era mantenido en confinamiento solitario y recordaría que le preocupaba qué otras condiciones adversas Nosenko podría enfrentar; durante mucho tiempo había dado por sentado que el confinamiento solitario, si se prolongaba, podía desembocar en "tortura psicológica".

La situación era mucho peor de lo que Slawson imaginaba. Investigadores del Congreso e incluso algunos funcionarios de la CIA reconocerían a la postre que Nosenko había sido sometido, durante años, a tortura. Permaneció aislado 1277 días; más de tres años. La mayor parte de ese tiempo estuvo en instalaciones de entrenamiento de la CIA cerca de Williamsburg, Virginia, en una celda aislada construida para tal efecto, bajo la luz de un foco que permanecía encendido las 24 horas del día. No había nadie con quien pudiera hablar además de sus interrogadores. No recibía ningún tipo de material de lectura y le eran negadas las comodidades básicas, como un cepillo de dientes y dentífrico, durante meses. "No tenía contacto con nadie", declararía Nosenko después. "No podía leer, no podía fumar, ni siquiera podía respirar aire fresco."

El Departamento de Justicia era cómplice en la decisión de tratar a Nosenko con rudeza. En abril de 1964, el departamento hizo desaparecer en secreto todas las pruebas del confinamiento del agente ruso cuando una delegación de funcionarios de la CIA visitó al asistente del fiscal general Nicholas Katzenbach en sus oficinas del departamento. Katzenbach insistiría posteriormente, bajo juramento, no recordar haber celebrado esa reunión, pero los registros de la CIA confirmaban que sí tuvo lugar. Dichos documentos demostraron que Katzenbach había aprobado los planes de la agencia para confinar a Nosenko indefinidamente, sin proceso ni recurso legal de por medio.

En otros aspectos, la CIA seguía cooperando, sin aspavientos, con Slawson. Lo auxilió en la preparación de una solicitud al gobierno cubano de copias de todos los documentos en su embajada y en su consulado en la ciudad de México relacionados con Oswald. La petición tenía que ser presentada por medio del gobierno de Suiza, el cual fungía como intermediario diplomático entre Washington y el gobierno de Castro; así, Slawson pidió permiso a la comisión para comenzar la redacción del documento.

La solicitud "llegó a través de los diversos canales hasta Warren, y su primera respuesta fue 'no'", a decir de Slawson. "La razón que ofreció fue que no deseaba depender de ninguna información proveniente de un gobierno que era, él mismo, uno de los principales sospechosos" en el asesinato. Slawson estaba perplejo. La comisión, creía, tenía la responsabilidad de recabar evidencia dondequiera que

ésta se encontrase, y entonces debería, de ser posible, intentar auten-
tificarla. Pero el ministro presidente estaba dispuesto, en apariencia, a
bloquear por completo la recopilación de indicios importantes.

Warren permitió a la comisión acercarse al gobierno ruso para
solicitarle sus registros sobre la estancia de dos años y medio de
Oswald en la Unión Soviética. Pero para el ministro presidente,
Cuba y Rusia eran países de tipos muy diferentes. Hacía una distin-
ción entre los entrecanos líderes comunistas con largas carreras en
Moscú —había conocido a Kruschev apenas el verano anterior durante sus vacaciones con Drew Pearson— y los iracundos y barbados
jóvenes revolucionarios encabezados por Castro, que habían tomado
el control de La Habana en 1959.

Slawson no veía la diferencia, cuando menos no en cuanto atañía a
la reunión de evidencia que necesitaba para hacer su trabajo, por lo que
hizo algo que, admitiría, estaba totalmente fuera de lugar: decidió ignorar a Warren. "Cualquier información que pudiéramos obtener, teníamos que obtenerla", recordaría haber pensado. Tal vez estaba arriesgando su empleo, pero "simplemente desobedecí las órdenes; seguí
adelante y presenté la solicitud al Departamento de Estado", declararía.

Un acercamiento al gobierno de Castro se consideraba tan delicado que la carta al gobierno suizo debía llevar la firma de puño y letra
del secretario de Estado, Dean Rusk. A Slawson sólo le quedaba esperar que Warren, ajeno a la solicitud, no se encontrara por casualidad
con Rusk en los círculos sociales de Washington aquella primavera y
comenzaran una discusión sobre el trabajo de la comisión. La petición
de Slawson dio frutos: La Habana envió los documentos en cuestión,
incluidas copias de la que parecía ser la solicitud de visa de Oswald, así
como las fotografías tamaño pasaporte que éste había enviado.

Semanas después, en uno de sus pocos encuentros personales
con el ministro presidente, éste le pidió a Slawson una actualización
de sus esfuerzos por reunir información procedente de gobiernos
extranjeros. Slawson hizo notar, tímidamente, que un paquete con
material sobre Oswald había llegado de Cuba; exactamente aquel que
Warren le había ordenado con toda claridad que no solicitara.

Warren estaba indignado. "Pensé haberte dicho que no lo queríamos", dijo.

Slawson tuvo que mentir: "Lo siento", repuso. "No lo entendí
de esa manera."

Con los documentos cubanos en las manos, Slawson agradeció que Warren no hiciera nada para impedir su uso. "Aceptó el hecho de que los teníamos", diría. "No hizo ningún intento por desaparecerlos." Con ayuda adicional de la CIA, un enorme porcentaje del material, incluida la firma de Oswald en la solicitud de visa, fue autentificado.

22

Fiel a su palabra de leer cada documento que llegara a las oficinas de la comisión, Norman Redlich dedicó gran parte de febrero a explorar los documentos del FBI que habían estado llegando a raudales, y fue el primero en detectar una omisión crucial.

Fue a principios del mes cuando se topó con un documento intrigante: una nota, mecanografiada por el FBI, que incluía el testigo, palabra por palabra, de la información escrita por Oswald en una libreta de direcciones encontrada entre sus pertenencias por la policía de Dallas. El documento fue preparado por el buró, presuntamente, como una forma de cortesía hacia la comisión y otros investigadores, dado que la caligrafía de Oswald podría ser difícil de entender.

Redlich, como acostumbraba, dio el siguiente paso, uno que exigía tiempo y que, estaba convencido, otros integrantes del personal probablemente no se molestarían en llevar a cabo. Decidió comparar —página por página— el contenido de la nota del directorio de Oswald con la transcripción a máquina del FBI. Redlich no era un fiscal experimentado, pero tenía la convicción de que un buen abogado revisaba cada fragmento de las evidencias en bruto reunidas en cada proceso, sin importar qué tan tedioso pudiera resultar. Quería estar seguro de que el FBI no había, sin intención previa, transcrito con errores nada de lo que Oswald había consignado.

Lo manuscrito y lo mecanografiado cazaban perfectamente, por lo menos en las primeras 24 páginas del reporte del FBI. Entonces llegó a la página 25. En el punto donde debían estar las palabras correspondientes a las anotaciones originales de Oswald, se percató de lo que faltaba. En esa página, Oswald había escrito "AGENT JAMES HASTY", referencia mal deletreada a James Hosty, el agente del FBI en Dallas. Debajo del nombre de Hosty, Oswald había escrito la dirección de la oficina de éste y, al parecer, el número de la placa del auto del buró que conducía. La fecha de la anotación correspondía al 1° de noviembre de 1963, tres semanas antes del asesinato.

Sin embargo, el reporte del FBI no incluía ni el nombre mal deletreado del agente ni ningún tipo de información sobre Hosty. Redlich sospechó de inmediato que podía tratarse de un burdo intento del buró por ocultar evidencias de sus vínculos con Oswald. Se apresuró a buscar a Rankin, quien también se mostró alarmado. Semanas antes, la comisión había tenido que intentar acallar reportes periodísticos basados en fuentes poco claras que indicaban la posibilidad de que Oswald hubiera fungido como informante del FBI. Ahora, al parecer, el buró podía estar alterando evidencias.

Rankin convocó a una reunión a su equipo de trabajo el 11 de febrero de 1964 para anunciar el descubrimiento de Oswald y pedirles su opinión. Para varios de los abogados, las supresiones fueron la gota que derramó el vaso. Cuando menos, al parecer, el FBI estaba intentando ocultar el hecho de que tenía en estricta vigilancia a quien se convertiría en el asesino del presidente apenas semanas antes del asesinato, que éste había tomado nota del nombre, la dirección y el número de placa vehicular de uno de sus agentes. "Por supuesto que creímos que lo estaban ocultando", recordaría Slawson. Specter estaba convencido también de que no se trataba de un descuido inocente: "Era una maniobra de autoprotección en su peor expresión; suscitaba la pregunta obvia de cuánto más estaban ocultando que la comisión nunca supo". Griffin vio ese episodio como el momento en que los abogados de la comisión se convencieron de que no podían confiar en el FBI, nunca.

Esta vez, Rankin no le ofrecería a Hoover la cortesía de una reunión cara a cara. En cambio, le escribió al director en demanda de una explicación de cómo y por qué había ocurrido la supresión. "Huelga decir que nos gustaría recibir una explicación íntegra", le indicó a Hoover. En la carta le pidió a Hoover la identificación, por nombre, de todos los agentes y supervisores que habían preparado el reporte o que "tomaron cualquier decisión de omitir información de éste".

Hoover respondió con la misma actitud: él, también, estaba indignado. En una carta a Rankin le insistió que la información sobre Hosty no se había incluido en el reporte mecanografiado simplemente porque no ofrecía una "pista investigativa" de valor alguno. Hizo notar que en otros documentos del FBI que describían el contenido de la libreta de direcciones de Oswald, había una referencia clara a la mención de Hosty; sólo no se encontraba en ese documento en particular. "Este buró, desde el inicio de esta investigación, ha recogido y reportado todos los hechos pertinentes, y así lo seguirá haciendo", declaró.

Hosty mismo sabía que lo que Hoover había escrito era mentira. Posteriormente se enteró de que el agente de Dallas del FBI que mecanografió el informe —un amigo suyo de nombre John Kesler—, había omitido intencionalmente la información sobre Hosty para protegerlo de un escrutinio más severo por parte de las oficinas centrales del FBI. Como Hosty lo describiría, "Kesler simplemente había intentado salvarme de la ira de Hoover".

Ya era demasiado tarde para eso, tal como sabía Hosty. En diciembre recibió una reprimenda formal, probablemente equivalente al fin de su vida laboral, bajo la firma de Hoover. Sin hacer ninguna referencia directa al asesinato o a Oswald, Hoover le escribió que "su manejo reciente de un caso tocante a temas de seguridad fue extremadamente inadecuado". Hosty no tenía más opción que suponer que la carta se refería a su incumplimiento de entrevistar a Oswald aquel otoño y de alertar al Servicio Secreto de la presencia de Oswald en la ciudad. "Debía resultarle obvio a usted que él requería [ser catalogado en] un estatus que hubiera garantizado mayor atención investigativa", continuaba la carta.

Hosty había comenzado a verse como una víctima. Era más simple para el FBI criticar los supuestos errores de un solo agente operativo en Dallas que cuestionar si el FBI en su conjunto había cometido errores mucho mayores antes y después del asesinato. "Yo fui el típico chivo expiatorio para J. Edgar Hoover", declararía con posterioridad. "Después del asesinato, Oswald lloriqueó con la prensa que él era sólo un chivo expiatorio. Ahora yo sabía quién era el verdadero chivo expiatorio." Varios de sus colegas estaban de acuerdo. "Vas a ser el chivo", le advirtió otro agente de Dallas, Vince Drain.

Hosty no podía negar que lo asaltaban momentos de duda, en lo que se preguntaba a sí mismo: "¿Pude haber evitado el asesinato del presidente Kennedy?" Al paso del tiempo, sin embargo, llegó a convencerse de que no había cometido ninguna falla; nada de lo que había sido de su conocimiento antes del asesinato indicaba que Oswald fuera violento. En realidad, a Hosty le parecía que los registros indicaban que había sido diligente en su investigación. El expediente de seguridad nacional de Oswald, abierto después del regreso de éste de Rusia en 1962, había sido cerrado de hecho por otro agente del FBI en Texas, quien creyó que Oswald no significaba ninguna amenaza obvia. Fue Hosty quien había reabierto el expediente.

Percibió, casi desde el inicio, que las oficinas centrales del buró estaban decididas a finalizar la indagatoria del asesinato pronto —identificado Oswald como el asesino solitario— sin importar los hechos. No había inquietud por buscar una posible conspiración extranjera, lo que hizo a Hosty sospechar que algo le estaba siendo ocultado. "Yo no estaba al tanto de lo que ocurría en Washington", afirmaría. "Pero algo estaba sucediendo." Recordaría una desconcertante orden proveniente de Gordon Shanklin —el agente a cargo de la oficina regional del FBI en Dallas, "un hombre que no buscaba quién se la hiciera, sino quién se la pagara"—, el 23 de noviembre, un día después del asesinato, Shanklin le indicó a sus agentes: "Washington no quiere que ninguno de ustedes plantee preguntas sobre el aspecto soviético de este caso. Washington no desea inquietar al público". Y fue Shanklin quien, al día siguiente, le ordenó a Hosty que destruyera la nota autoría de Oswald; aquella que Hosty hizo trizas y lanzó a un excusado. (Aunque Shanklin negaría años después que había ordenado la destrucción del pedazo de papel, otros empleados del FBI en la oficina regional de Dallas recordarían con claridad que la orden provino de él).

A pesar de la reprimenda de Oswald, Hosty recibió la consigna de trabajar en la investigación del asesinato. Excluirlo habría dado pie a que se le interpretara como una admisión pública de que la oficina regional había cometido errores al vigilar a Oswald antes de la muerte del presidente. Pero él aseguraría que había recibido instrucciones de mantener su nombre fuera de cualquier documentación que fuera enviada a Washington y pudiera terminar en el escritorio de Hoover. "Mi nombre había traído vergüenza a Hoover y al FBI."

El *Air Force One,* momentos después de haber arribado
a la Base Andrews de la Fuerza Aérea, en Maryland,
procedente de Dallas, 22 de noviembre de 1963.

El presidente Lyndon Johnson rehusó partir en cuanto abordó el *Air Force One*, ignorando con ello la recomendación de los agentes del Servicio Secreto. La aeronave permaneció en tierra otros 35 minutos, tiempo en que Johnson aguardó la llegada de Jacqueline Kennedy y el féretro con los restos mortales de su esposo. La señora Kennedy abordó instantes después de que el ataúd fuera llevado al interior de la nave. Fue entonces que Johnson rindió protesta, frente a su esposa, Lady Bird Johnson, y la viuda de Kennedy, vestida aún con el atuendo impregnado de sangre que usó en la caravana.

ARRIBA: El ministro presidente Earl Warren y su esposa, Nina, vistos el día del asesinato afuera de la Casa Blanca, adonde asistieron, junto con otros miembros de la Suprema Corte, a una muestra privada del ataúd del presidente en la Sala Este del recinto. ABAJO: El domingo 24 de noviembre, Warren se erigió a un costado de la señora Kennedy y su hija, Caroline, y ofreció un panegírico a Kennedy en la rotonda del Capitolio, donde el féretro fue expuesto al público antes de su sepultura.

ARRIBA: El fiscal general Robert Kennedy despreciaba al presidente Johnson pero aceptó permanecer en su gabinete. Ambos hombres, reunidos en la Casa Blanca en octubre de 1964, fueron los funcionarios del gobierno de mayor nivel que no rindieron testimonio ante la Comisión Warren. ABAJO: Robert Kennedy y su esposa, Ethel, abandonando el hogar de Jacqueline, en el vecindario de George-town, luego de haberle ayudado a mudarse allí el 6 de diciembre de 1963.

ARRIBA: Los Kennedy a bordo del yate *Manitou* de la Guardia Costera, navegando en la bahía Narragansett (Rhode Island), el 8 de septiembre de 1962. Se mira a la señora Kennedy leyendo la respetuosa biografía de su esposo, *Portrait of a President*, escrita por William Manchester, al tiempo que se fuma un cigarrillo.

IZQUIERDA: A pesar de que Kennedy exigió la renuncia de Allen Dulles, director de Inteligencia Central, como resultado del desastre en Bahía de Cochinos hacia 1961, continuó siendo amistoso con él, visto aquí (*izquierda*) el 27 de septiembre de 1961, durante el nombramiento de su sucesor en la CIA; en la foto puede apreciarse también al empresario industrial de California, John McCone (*derecha*).

Carl E. Linde/AP

El embajador de Estados Unidos ante la ONU, Adlai Stevenson (*centro*), es rodeado por oficiales de policía luego de ser golpeado en la cabeza con una pancarta por un manifestante anti-Naciones Unidas en Dallas el 25 de octubre de 1963. El incidente, acaecido un mes antes del asesinato, era un ejemplo más de la hostilidad a la que se enfrentaban políticos prominentes cuando visitaban la conservadora ciudad texana. ABAJO: En la mañana del asesinato, Kennedy le dijo a su esposa que estaban "entrando en territorio de locos" luego de ver el desplegado con bordes oscuros publicado en el diario *The Dallas Morning News*, titulado "BIENVENIDO, SR. KENNEDY", en el que se acusaba a su gobierno de "ser blando con los comunistas, ultra-izquierdistas y demás 'compañeros de viaje'". Durante esos días, podían verse en las calles volantes que retrataban a Kennedy en las típicas poses de las fotografías para el fichaje policiaco; los volantes decían: "SE BUSCA POR TRAICIÓN".

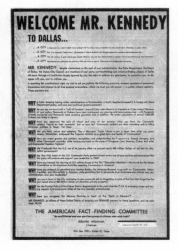

El presidente parece someter al "Tratamiento Johnson" a su mentor político, el senador por el estado de Georgia, Richard Russell, en la Sala del Gabinete en la Casa Blanca, el 12 de diciembre de 1963, tres semanas después del magnicidio.

El presidente Johnson se encuentra con Earl Warren, ministro presidente de la Suprema Corte, en una fotografía carente de fecha. Johnson convenció a un reacio Warren a encabezar la comisión, luego de advertirle que, de lo contrario, podría ser responsable de una guerra nuclear en la que morirían decenas de millones de estadounidenses.

Johnson es entrevistado en el jardín de la Casa Blanca el 16 de abril de 1964 por el poderoso columnista Andrew *Drew* Pearson, amigo cercano del ministro presidente Warren.

La hostilidad entre J. Edgar Hoover, director del FBI, y el fiscal general Robert Kennedy no era un secreto entre sus delegados. Fue Hoover quien—en una llamada minutos después de que los disparos resonaran en Plaza Dealey—notificó a Kennedy que su hermano había sido víctima de un atentado con armas de fuego. En esta fotografía, se captura a ambos hombres en una ceremonia en la Casa Blanca, el 7 de mayo de 1963.

El presidente Johnson se reúne con Richard Helms en la Oficina Oval. El funcionario operativo de carrera en inteligencia fue nombrado por Johnson como la nueva cabeza de la CIA. Helms admitiría posteriormente que existieron reparos en su promesa de cooperar por completo con la Comisión Warren; no compartió con ésta los planes que la agencia había maquinado para asesinar a Castro.

Retrato de los miembros de la Comisión Warren, tomado en la sala de audiencias de los cuarteles generales de la asociación Veteranos de Guerras en el Extranjero, en Washington, D.C., donde la comisión tuvo sus oficinas. *De izquierda a derecha:* congresista Gerald R. Ford por Michigan; congresista Hale Boggs por Louisiana; senador Richard B. Russel por Georgia; ministro presidente Earl Warren; senador John Sherman Cooper por Kentucky; ex presidente del Banco Mundial, John J. McCloy; ex director de Inteligencia Central, Allen W. Dulles; y el consejero general de la comisión, J. Lee Rankin.

IZQUIERDA: J. Lee Rankin, consejero general de la comisión y antiguo procurador de justicia de Estados Unidos, guió al equipo de abogados de la comisión, quienes fueron asignados en grupos de dos; cada grupo estaría formado por un "consejero *senior*" y un "consejero *junior*". En la mayoría de los casos, el abogado *junior* realizó la mayor parte del trabajo. DERECHA: Norman Redlich, profesor de leyes de la Universidad de Nueva York, quien fungió como el autor y editor principal del informe final. La decisión de Rankin de contratar a Redlich, asociado por el FBI a grupos izquierdistas que el buró calificó como subversivos, causaría gran polémica entre los comisionados.

El equipo de trabajo de la comisión se reúne para una fotografía de grupo en las oficinas del edificio vfw. *Línea frontal, de izquierda a derecha:* Alfred Goldberg, Norman Redlich, J. Lee Rankin, David Slawson (con anteojos), Howard Willens (sin anteojos), David Belin. *Línea posterior:* Stuart Pollak, Arlen Specter, Wesley Liebeler (con cigarro), Samuel Stern, Albert Jenner, John Hart Ely y Burt Griffin.

ARRIBA: David Slawson, uno de los abogados *junior*, de pie junto al ministro presidente Warren. Slawson fue el abogado clave en la búsqueda dentro de la comisión sobre la posible pregunta de si existió una conspiración extranjera en la muerte del presidente. DERECHA: Arlen Specter, quien fue abandonado, de facto, por su compañero *senior* en la reconstrucción de los eventos del día del asesinato, sería reconocido como el "padre de la teoría de una sola bala".

Esquina superior izquierda: David Belin fue el abogado *junior* del equipo responsable de identificar al asesino; presumiblemente, Oswald. Esquina superior derecha: Burt Griffin fue el abogado *junior* del equipo encargado de investigar los antecedentes de Jack Ruby. Centro (*izquierda a derecha*): Alfred Goldberg, el historiador de la Fuerza Aérea que asistió en dar forma a la escritura del informe; Melvin Eisenberg, quien, bajo las órdenes de Redlich, se convirtió en el miembro dentro de la comisión con mayor conocimiento sobre criminología y pudo derrumbar muchas de las teorías conspirativas; Joseph Ball, el abogado *senior* del equipo encargado de determinar la identidad del asesino, quien fue alabado por el gran empeño que puso en su trabajo. Esquina inferior derecha: Richard Mosk, quien preparó investigaciones sobre las habilidades de tiro de Oswald, así como al respecto de sus sorprendentemente sofisticados hábitos de lectura.

ESQUINA SUPERIOR IZQUIERDA: William Coleman, abogado *senior* del equipo de la "conspiración", fue un estratega jurídico clave en el movimiento de los derechos civiles; en la foto se muestra de pie junto a Martin Luther King. ESQUINA SUPERIOR DERECHA: Francis Adams, ex comisionado de policía de la ciudad de Nueva York, quien abandonó, de facto, sus deberes en la comisión. Centro (*izquierda a derecha*) Leon Hubert, ex fiscal de distrito de Nueva Orleans, quien abandonó el equipo de trabajo de forma temprana, furioso por la poca atención que estaban recibiendo las pesquisas sobre Jack Ruby; Albert Jenner, el abogado *senior* encargado de investigar la historia de vida de Oswald; Samuel Stern, el investigador encargado de indagar la historia de la protección a los presidentes así como el desempeño del Servicio Secreto. Esquina inferior derecha: Julia Eide, la inteligente e intimidante secretaria de Rankin.

© CORBIS

NARA

© CORBIS

ESQUINA SUPERIOR IZQUIERDA (*en la dirección de las manecillas del reloj*): Marina Oswald en Minsk; Marina y Lee en Minsk; Marina y Lee con la pequeña June en Texas; Oswald armado con rifle y pistola en Nueva Orleans, 1963; credencial del cuerpo de Marines de Oswald, falsificación a nombre de Alex Hidell, su alias.

ESQUINA SUPERIOR
IZQUIERDA (*en la
dirección de las manecillas
del reloj*): Oswald con
el uniforme de los
Marines; credencial
falsa de Oswald (a
nombre de Alex Hidell,
su alias); Oswald con
un grupo de amigos
en Rusia, incluyendo
a Ella German (en
la esquina superior
derecha), quien rehusó
contraer matrimonio
con él; Oswald con
compañeros de trabajo
en Minsk; Oswald
repartiendo volantes
con la consigna "NO
INTERVENCIÓN EN
CUBA" en Nueva
Orleans, 1963.

© CORBIS

© CORBIS

© CORBIS

© CORBIS

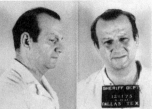

ARRIBA IZQUIERDA: Jack Ruby, "anfitrión" de la casa de burlesque Club Carousel, quien era conocido en Dallas por sus agresivos intentos por cortejar a reporteros y policías. Ruby posa en la fotografía con tres bailarinas del club. ARRIBA DERECHA: Tarjeta de Jack Ruby; fotografía de su fichaje luego de ser aprehendido por el homicidio de Oswald; la rampa que se cree fue utilizada por Ruby para llegar al sótano del cuartel general de la policía de Dallas para asesinar a Oswald. ABAJO: El domingo 24 de noviembre, Ruby asesinó a Oswald en televisión nacional; se abrió paso entre la multitud de camarógrafos y reporteros para disparar su pistola a quemarropa.

En los meses posteriores al asesinato del presidente, el objetivo central de Hosty era hacer todo lo que pudiera por mantener su trabajo. Tenía ocho hijos, el menor de los cuales contaba apenas los tres meses de edad el día del asesinato; su hijo de tres años de edad, Dick, había nacido con parálisis cerebral y requería terapia física intensiva, y costosa, cuatro veces por la semana. La forma de sobrevivir en el buró, lo sabía, era siguiendo órdenes. "En 1942, cuando me integré al ejército, siendo un muchacho de 18 años de edad, una de las primeras lecciones que aprendí fue que, en una batalla, un soldado raso tenía que seguir ciegamente las órdenes", escribiría. "En muchos sentidos, el FBI se asemejaba a la milicia."

A mediados de diciembre se le ordenó que diera seguimiento a una pista urgente. Debía intentar determinar si era verdadero el desconcertante testimonio de una aparentemente confiable joven cubano-estadounidense que vivía en Texas. La mujer, Silvia Odio, aseguraba haber conocido a Oswald semanas antes del asesinato en compañía de dos activistas anticastristas que tocaron a su puerta a altas horas de la noche. Odio, la hija de 26 años de dos prominentes anticastristas encarcelados a la sazón en Cuba, contaba con otros testigos que podían respaldar su declaración, incluyendo a su hermana adolescente, quien aseguraba haber estado presente en el departamento la noche de la visita de Oswald.

Hosty entrevistó a Odio el 18 de diciembre. Era, como él recordaría, "una mujer de belleza extraordinaria que había huido de Cuba cuando su padre fue encarcelado por Castro acusado de deslealtad". Al parecer, formaba parte de la élite cubana que había huido a Estados Unidos como consecuencia de la llegada de Castro al poder; "la mimada clase alta cubana", como Hosty la describiría. No cabía duda de que era inteligente y bien educada; sus estudios de derecho en Cuba se habían interrumpido por la revolución de Castro, le informó al agente.

Si su relato era cierto, indicaba que Oswald se había reunido con cubanos anticastristas poco antes del asesinato, o que —más probablemente, desde el punto de vista de Hosty— había intentado infiltrarse en el movimiento anticastrista como una demostración de su apoyo a la revolución de Castro. Hosty sabía que en fechas anteriores de ese mismo año, mientras vivía en Nueva Orleans, Oswald había intentado infiltrarse en un grupo anticastrista como conocido como

DRE, posiblemente con la intención de recabar información para el Comité Pro Trato Justo a Cuba.

De acuerdo con la descripción de Odio, ella estaba en su departamento una noche a finales de septiembre cuando tres hombres desconocidos llegaron a su puerta y se presentaron como activistas anticastristas de paso por Texas. Dos de ellos eran latinos, posiblemente cubanos, y a hablaban español; el "nombre de guerra" de uno de ellos era *Leopoldo*. Odio declaró que el tercer hombre no era, con claridad, latino, no hablaba español y fue presentado como "León Oswald", un estadounidense "sumamente interesado en la causa cubana". *Leopoldo* dijo que los tres estaban ahí para pedirle a Odio su ayuda en la recaudación de fondos y en la compra de armas para el movimiento anticastrista, una petición que Odio recibía con frecuencia en vista de la prominencia de su padre entre los grupos de exiliados. "Somos muy buenos amigos de tu padre", aseveró *Leopoldo*. El hombre parecía decir la verdad, porque, según Odio, sabía "muchos detalles sobre el sitio donde vieron a mi padre y las actividades en las que él estaba involucrado". *Leopoldo* le comentó que él y sus dos acompañantes acababan de llegar de Nueva Orleans —no explicó por qué de esa ciudad— y estaban a punto de salir de viaje. "No les pregunté adónde se dirigían", recordaría Odio. Al día siguiente recibió una llamada telefónica de *Leopoldo*. Le pareció que intentaba cortejarla —otro hecho común en la vida de Odio, debido a su belleza—; le preguntó qué opinaba del "estadounidense".

"No tengo ninguna opinión", repuso Odio.

"Tú sabes, nuestra idea es meterlo al movimiento en Cuba, porque es sensacional, está un poco loco", dijo él.

Leopoldo describió al estadounidense como un ex marine que era un francotirador experto y quien pensaba que el presidente Kennedy merecía ser asesinado. "Nos dijo: 'Ustedes los cubanos no tienen agallas, porque el presidente Kennedy debió ser asesinado después de lo de Bahía de Cochinos, y algunos cubanos debieron haberlo hecho'".

La joven no volvió a saber nada sobre León Oswald sino hasta después del asesinato, cuando ella y su hermana Annie vieron en televisión imágenes del hombre acusado de matar al presidente Kennedy; el mismo hombre que había visitado su departamento pocas semanas antes.

Su hermana Annie, estudiante de la Universidad de Dallas, fue la primera en hacer la pregunta, según recordaría Silvia Odio: "Me dijo, 'Silvia, ¿lo conoces?' Y yo le respondí: 'Sí', y ella me dijo: 'Lo conozco, es el mismo que tocó a nuestra puerta'".

Las hermanas Odio estaban demasiado asustadas como para acudir al FBI o a la policía de Dallas después del magnicidio porque temían que el movimiento anticastrista de su padre pudiera ser culpado del asesinato, declararía Silvia. En cambio, fue un amigo de ella quien se puso en contacto con el buró sin que ella lo supiera.

Durante su entrevista con Hosty, Odio admitió sin excusas un hecho que, como ella sabía, podía afectar la forma en que el FBI evaluara su relato. Estaba, según lo expresó, "emocionalmente afectada" y sufría de desvanecimientos. Sus problemas mentales habían comenzado en Cuba, cuando su esposo la abandonó dejándola con cuatro hijos que mantener; cuando ocurrió el asesinato se encontraba bajo el cuidado de un psiquiatra en Dallas. Pero, tal como le recordó a Hosty, alguien más había visto a Oswald a su puerta: su hermana. Y había más personas que podían dar fe de su credibilidad. Indicó que, antes del asesinato, le había relatado a su psiquiatra con todo detalle la extraña visita de los tres hombres, incluido el "anglo".

Hosty estaba intrigado por la historia de Odio, aunque entendía el riesgo —dada la determinación de Hoover de demostrar que Oswald había actuado solo— que significaba atender evidencias de una posible conspiración. Contactó al psiquiatra de Odio, el doctor Burton Einspruch, quien le confirmó que ella había traído a colación la visita de tres hombres a altas horas de la noche, poco después de que ésta ocurriera. Einspruch le indicó a Hosty que le parecía que la mujer estaba diciendo la verdad.

Años después, Hosty declararía que en ningún momento había desconfiado de la sinceridad de Odio; la mujer parecía creer lo que decía. "No es una farsante", comentaría. "Tenía sentido para ella. De verdad creo que ella cree que vio a Oswald." Pero ya se había enfrentado a la misma situación infinidad de veces: testigos que, tras un crimen estremecedor, entraban en un estado de confusión y creían haber visto algo que no podrían haber visto. A final, los problemas psiquiátricos de Odio lo motivaron a descartar sus declaraciones. Einspruch le señaló a Hosty que Odio padecía de "gran histeria, un desorden que, en su experiencia, prevalecía entre las mujeres latinoamericanas de clase alta". Y Hosty creyó que esto podía explicar la confusión de Silvia. Pensó que Annie podría haber confirmado la versión de su hermana como una muestra de solidaridad familiar, no porque fuera verdad.

En las semanas posteriores al asesinato, Hosty tenía mucho más trabajo por hacer, así que expurgó las declaraciones de Silvia Odio fuera de su mente: "Tenía una pila de indicios de la cual debía ocuparme". Después de archivar su declaración, "más o menos me olvidé de Odio".

23

La oficina regional del FBI en Dallas remitió sus reportes sobre Silvia Odio al equipo a cargo de la "conspiración": la dupla conformada por David Slawson y William Coleman. El buró no los había marcado como especialmente importantes, pero Slawson, en particular, se apoderó de ellos. Él recordaría después haber leído sobre la joven de Dallas, y haberse sentido emocionado por la idea de que un testigo fidedigno pudiera afirmar que había visto a Oswald en compañía de cubanos anticastristas poco antes del asesinato. El hecho coincidía a la perfección con una de las teorías conspiratorias en las que Slawson se centraba con mayor seriedad.

Slawson se preguntaba si, en caso de que la comisión determinaba que Castro no había participado en el asesinato, ¿cabía la posibilidad de que los opositores más recalcitrantes de Castro —los cubanos en el exilio estadounidense— estuvieran implicados, acaso como una venganza contra Kennedy por no haber tomado mayores medidas para derrocar al gobierno comunista de La Habana? Intentaba imaginar la red de conspiración que podría enlazar a los opositores de Castro con el asesinato de Kennedy. Su teoría de dicha conspiración era tan complicada que a Slawson, a pesar de todos sus años de estudios de física y su habilidad para expresar los misterios científicos del universo en un lenguaje asequible, se le dificultó exponerla frente a sus colegas del equipo de trabajo. Ello implicaría capas de duplicidad: dobles y triples conjuras, tramadas por Oswald tanto como por los exiliados anticastristas con los que se pudo haber reunido.

Una posibilidad era que, al saber que Oswald era un franco defensor de la revolución de Castro, los exiliados anticastristas le hubieran colocado una trampa para que cargara con la culpa del asesinato al matar a Kennedy ellos mismos y entonces implicar a Oswald sembrando su rifle en el Almacén de Libros Escolares de Texas. Otra, aún más compleja: cubanos anticastristas le habían mentido a Oswald convenciéndolo de que ellos también eran simpatizantes de Castro y que la mejor manera de apoyar al gobierno en La Habana era asesinando a Kennedy. Pues, después del magnicidio, algunos grupos de exiliados anticastristas habían intentado argumentar que Oswald era de hecho un agente de La Habana y que la muerte de Kennedy merecía como respuesta inmediata una invasión estadounidense de Cuba: "Ésa era mi mayor sospecha, que la comunidad anticastrista, avecindada principalmente en Florida, pretendía en efecto inculpar a Castro por el asesinato, de modo que pudieran hacer iniciar una guerra", recordaría Slawson. "Eso es lo que había hecho a la historia de Silvia Odio tan interesante para mí."

Para la comisión, existían ahora "las dos Silvias", como se hizo costumbre llamarlas en las oficinas. Una era Silvia Odio, en Dallas, y la otra, Silvia Durán, en la ciudad de México. Slawson y sus colegas varones no perdieron de vista el hecho de que ambas fueran mujeres jóvenes, exóticas, latinoamericanas y sorprendentemente hermosas.

Al principio, Slawson no tenía muchas posibilidades de dar seguimiento a las imputaciones hechas por Silvia Odio por sí mismo; sólo le quedaba esperar que el FBI continuara presionando la investigación en Dallas, en especial al establecer la identidad de los dos hombres latinos, quienes presuntamente viajaron con Oswald. Slawson diría años después que nunca se concentró en la continua participación de Hosty en la investigación y que ese hecho podía haber representado un conflicto de intereses por parte del agente. Afirmaría que no recordaba siquiera haberse percatado de la aparición del nombre de Hosty en la documentación sobre Odio. Slawson y el resto del equipo de trabajo de la comisión no estaban al tanto de la decisión de Hoover de disciplinar a Hosty y a otros empleados del FBI por los errores cometidos antes del asesinato.

Pero Slawson sí tenía más opciones para ir tras la huella de Silvia Durán. Ya con anterioridad la había identificado como una testigo clave en la parte de la investigación que a él le correspondía —"tal vez *la* testigo esencial"— en vista de sus repetidas interacciones con Oswald en México. Tal como Helms había recomendado, Slawson y Coleman planeaban visitar la ciudad de México esa primavera; durante su visita, podían ejercer presión para obtener una entrevista con Durán. Slawson había leído todos los reportes de la CIA sobre ella y estaba consciente de los rumores de que ésta era una operadora de inteligencia, posiblemente para el gobierno mexicano, posiblemente incluso para Estados Unidos.

Slawson revelaría que los funcionarios de la CIA y el FBI en la ciudad de México jamás le comunicaron por qué no habían solicitado interrogar a Durán y habían dejado esa responsabilidad en manos de la Dirección Federal de Seguridad, o DFS, la brutal agencia mexicana de espionaje. El hecho complicaba su investigación, porque los agentes mexicanos no habían entregado a Estados Unidos ninguna clase de transcripción del interrogatorio. Por el contrario, éstos habían ofrecido solamente un resumen de lo que, a su decir, ella declaró. Para Slawson, ese resumen suscitaba tantas preguntas como las que respondía.

En lo que atañía a concebir teorías conspiratorias respecto al asesinato, Slawson sabía que era sólo "un aficionado", bromearía posteriormente. Urdir dichas teorías se estaba convirtiendo en un negocio, de hecho, muy lucrativo. Marguerite Oswald y Mark Lane se encontraban en medio de su gira de conferencias aquella primavera, recaudando recursos monetarios a su paso, y Lane planeaba viajar por Europa para propagar su mensaje sobre la inocencia de Oswald. Al igual que sus colegas, Slawson afirmaría que nunca se preocupó demasiado por Lane. "Estaba mintiendo tan descaradamente... No podía imaginar que alguien lo tomara en serio."

En el continente europeo, Lane encontraría a una audiencia ávida de teorías conspiratorias, incluso en mayor grado que en Estados Unidos. La popular publicación francesa *L'Express* había comenzado a presentar una serie de artículos bajo la firma de un periodista estadounidense expatriado, Thomas Buchanan, quien indicaba —con base en lo que después resultarían ser evidencias confusas y dispersas— que Kennedy había sido asesinado como parte de una conspiración de industriales y petroleros texanos de derecha. Con el paso del tiempo, Buchanan afirmaría que Oswald y Ruby se conocían desde antes del asesinato y que Ruby le había dado en préstamo a Oswald el dinero que éste necesitaba para reembolsar al Departamento de Estado los costos de su viaje de regreso a Estados Unidos en 1962. Para finales de invierno, Buchanan estaba escribiendo un libro titulado *¿Quién mató a Kennedy?* y tenía acuerdos con editores en ambos lados del Atlántico.

En Estados Unidos, una pluma más seria, Harold Feldman, de *The Nation*, seguía insistiendo en la posibilidad de que Oswald fuera un informante del FBI. En febrero, Redlich preparó un memo detallado en el que afirmaba que las labores de reportaje de Feldman eran "lo suficientemente precisas como para merecer consideración". Redlich, quien había escrito para *The Nation*, sentía que la revista planteaba preguntas válidas sobre la aparente facilidad con que Oswald recibió un nuevo pasaporte cuando regresó a Estados Unidos después de su fallida defección a la Unión Soviética, un hecho que tal vez indicaba un vínculo secreto, y añejo, entre Oswald y el Departamento de Estado o la CIA. "En términos generales, es aconsejable estudiar artículos como éste y no descartarlos por sus inevitables imprecisiones en ciertos datos", escribió Redlich. "Pueden contener el germen de una idea que de otra forma podríamos haber pasado por alto."

Redlich no tardaría en ser el blanco de teorías conspiratorias. El 12 de febrero, *Tocsin*, una modesta publicación de tendencia derechista con sede en Oakland, California ("El semanario anticomunista líder del lado Oeste"), publicó un artículo de portada completa sobre el trabajo de Redlich en la comisión. El encabezado decía: "Un comunista en la investigación"; y las primeras líneas del artículo: "Un prominente miembro de un frente comunista es integrante del equipo de trabajo de la Comisión Warren, encargada de investigar el asesinato del presidente Kennedy. Se trata de Norman Redlich, un profesor de la Escuela de Leyes de la Universidad de Nueva York". El artículo señalaba que Redlich era un infiltrado izquierdista, al hacer patente su pasada pertenencia al Comité Nacional de Emergencia para las Libertades Civiles, un grupo de abogados con sede en Nueva York al que el FBI había catalogado como un frente comunista. El comité se integró en los primeros años de la década de 1950 para defender a las personas señaladas como comunistas por el Comité de Actividades Antiestadounidenses de la Cámara.

En cuestión de días, el congresista John F. Baldwin, un republicano proveniente del norte de California, le hizo llegar una copia del artículo de *Tocsin* a Gerald Ford, su colega de partido en la Cámara. "Me encuentro bastante preocupado por este artículo sobre un hombre que trabaja como consejero asistente para la Comisión Warren, de la cual es usted integrante", escribió Baldwin en una reprimenda epistolar el 12 de febrero. "Quizá debería hacer algo al respecto."

Al siguiente día, un agitado Ford le respondió a Baldwin: "Comparto su preocupación sobre las imputaciones mencionadas... Estaremos investigando este asunto". Le hizo notar a su colega que cuando se formó la comisión: "Insistí, entre otros puntos, en que ningún integrante del equipo de trabajo tuviera vínculo alguno en el pasado con grupos extremistas de ningún tipo". Ford estaba molesto, y pensaba tener motivos para estarlo: a pesar de su insistencia en que los miembros del equipo de trabajo de la comisión no tuvieran filiaciones políticas extremas, ni con la izquierda ni con la derecha, a Redlich se le contrató de todas formas. Ahora, Ford podía verlo, corría el riesgo de ser avergonzado entre sus colegas conservadores en el Congreso.

Ford decidió investigar por su cuenta. Estableció contacto con el Comité de Actividades Antiestadounidenses de la Cámara, encabezado entonces por el congresista Edwin Willis, un recalcitrante conservador demócrata de Louisiana, y solicitó un informe completo sobre Redlich. Ford recibió un memo de dos páginas que enumeraba los vínculos de Redlich con grupos de defensa de las libertades y los derechos civiles a los que el comité consideraba subversivos. No era de sorprender que Redlich hubiera provocado la ira del Comité de Actividades Antiestadounidenses ya que había participado en varias protestas en Nueva York para denunciar al comité y su trabajo.

Los descubrimientos relacionados con Redlich constituían la más reciente frustración que Ford sufría en su trato con el ministro presidente y la comisión. Apenas días antes se había visto obligado a responder al furor encendido por las incomprensibles declaraciones públicas de Warren en el primer día de las declaraciones testimoniales de Marina Oswald. Cuando los reporteros reunidos en la sede de la VFW le preguntaron si la comisión haría pública la información que ella y otros testigos revelaran, el ministro presidente respondió:

"Sí, ya llegará el momento... Pero podría no ser en lo que a ustedes les resta de vida. No me refiero a nada en particular, pero es probable que haya elementos que implicarían seguridad. Esos aspectos se preservarán pero no se harán públicos." Por separado, Associated Press le atribuyó el dicho de que si el testimonio de la señora Oswald revelaba secretos de seguridad nacional, éstos posiblemente deberían ser resguardados durante décadas, "y lo digo con toda seriedad".

Sus comentarios desataron un alboroto, dado que parecían apoyar los argumentos de los teóricos conspiratorios de que la comisión pretendía retener toda la verdad tras el asesinato. La alarma se propagó hasta dentro del equipo de trabajo de la comisión y provocó que varios de los jóvenes abogados se preguntaran a qué se refería el ministro presidente. Arlen Specter diría que en el momento en que los comentarios de Warren llegaron a sus oídos, supo que el ministro presidente había "dañado considerablemente la reputación de la comisión" y amenazaba con "empañar cada actividad que la comisión llevara a cabo". A partir de lo que ahora sabía sobre Warren, Specter creía entender lo que había ocurrido: las preguntas de los periodistas desconcentraron al ministro presidente, quien había espetado palabras que no eran su intención para evitar que los reporteros lo siguieran presionando. Tal había sido su "espontánea manera de editar las preguntas", recordaría Specter. El ministro presidente no era un hombre "capaz de pensar de inmediato bajo presión".

El error trajo como consecuencia enconadas páginas editoriales en periódicos conservadores que se habían mostrado hostiles contra Warren durante años. *The Columbus Enquirer* de Georgia, aseveró que el ministro presidente había "inyectado una nueva nota siniestra" a la investigación. "Los comentarios de Warren podrían mermar la confianza de la opinión pública", señalaba el editorial del diario, el cual exhortaba a la comisión a "emitir de inmediato un comunicado aclarando qué quiso decir". El ministro presidente fue denunciado en la Cámara por el congresista August Johansen, un republicano de Michigan cuyo distrito del Congreso era cercano al de Ford. Su acusación fue que los comentarios de Warren "dañaban el corazón mismo de la confianza de la opinión pública, un factor fundamental" en la investigación.

En una carta que envió a sus irritados votantes, Ford expresó que él también estaba sorprendido por los dichos de Warren y que el ministro presidente estaba, simplemente, equivocado: "Puedo asegurar a ustedes, en mi calidad de integrante de la comisión, que toda la información relacionada a la solemne responsabilidad de ésta será del conocimiento público en el momento en que se publique el reporte".

Los amigos de Warren no tardaron en sospechar que éste le había causado un daño grave a la investigación. Un veterano editor de la revista *Newsweek*, Lester Bernstein, estaba tan alarmado por el galimatías, que le solicitó a Katherine Graham, presidenta de The Washington Post Company, empresa dueña de la publicación, enviar una carta a la Suprema Corte. Sabía que ella era buena amiga del ministro presidente. En un tono que podía leerse más bien condescendiente, Bernstein urgió a Warren a que dejara de hablar con los reporteros, por completo. "Me parece que está atrayendo una impresión indeseable —e innecesaria— al discutir la investigación en público, mientras que ésta se desarrolla aun con cautela", le escribió. "Entablar contacto diario con los reporteros implica el riesgo de tergiversaciones, malentendidos y la explotación con fines sensacionalistas, todo lo cual, a mi parecer, incidió en el clamor reciente respecto a si usted afirmó o no que algunas pruebas del proceso quedarían bajo resguardo 'en lo que nos resta de vida'". Entonces exhortó a Warren a que contratara los servicios de un portavoz experimentado.

En otra carta dirigida a Warren, que comenzaba: "Querido presidente", la señora Graham no discrepaba con las opiniones de su editor. "Lo considero un hombre muy inteligente, estaba preocupado", escribió en referencia a Bernstein. "Me disculpo, tal como él mismo lo hace, por agobiarlo aún más. Le pareció que era muy necesario expresar su opinión."

Warren respondió a la misiva de Graham aseverando que las sugerencias de Bernstein le parecieron "bastante apropiadas". En otra carta dirigida a Bernstein, Warren escribió: "No podría usted tener más razón" y le aseguró que había decidido cambiar "mi relación con la prensa, la cual ha sido delicada en el mejor de los casos. La comisión se encontraba realmente entre la espada y la pared. No queríamos publicidad en ninguna de sus expresiones, pero durante un tiempo la presión había alcanzado casi proporciones histéricas". Señaló que sus palabras habían sido malinterpretadas, aunque no fue específico de en qué manera. "Se me citó diciendo que parte del testimonio no sería publicada durante el tiempo que nos queda de vida. Le aseguro a usted que nada más lejos de nuestros deseos o intenciones."

Había secretos, en realidad, que Warren deseaba guardar mientras la investigación de la comisión estaba en marcha, y tal vez para siempre. Muchos de ellos se relacionaban con la vida privada de Marina Oswald.

El lunes 17 de febrero Hoover remitió una carta clasificada a Rankin con un reporte extraño y —tal como se determinaría con prontitud, incorrecto— de que la joven viuda podría haber sido violada mientras se encontraba en Washington para testificar ante la comisión. El FBI se había enterado mediante un "informante confidencial" de que la joven podía haberse visto "sujeta a mantener relaciones sexuales bajo fuerza" por su manager, James Martin, en su habitación del hotel Willard, escribió Hoover. La fuente inicial de la historia había sido, en apariencia, el cuñado de Marina, Robert, quien lo escuchó por boca de la joven luego de que ésta regresara a Dallas.

Rankin reaccionó de inmediato y convocó a una reunión al día siguiente con el inspector del Servicio Secreto, Thomas Kelley, quien fungía como enlace entre su agencia y la comisión. Las implicaciones de este hecho para el Servicio Secreto eran terribles, dado que la señora Oswald había estado bajo su protección en Washington. ¿Cómo podía haber sido atacada sexualmente estando sus agentes fuera de la habitación?

Rankin le indicó a Kelley que era necesario que el Servicio Secreto determinara de inmediato si había algún indicio de verdad al respecto. Kelley estaba perplejo, también, y "afirmó categóricamente que no tenía conocimiento" sobre nada de ello, recordaría Rankin. En aquel momento, Rankin observó cómo Kelley descolgó el auricular para llamar a la oficina regional del Servicio Secreto en Dallas, y ordenó que un agente se dirigiera a la casa de Martin en ese mismo instante para ver si Marina Oswald seguía estando ahí.

La respuesta desde Dallas llegó con rapidez: Marina había abandonado la casa de Martin y se había mudado a la de Robert Oswald. Dos días después, agentes del FBI en Dallas se entrevistaron con ella, quien insistió en que no había existido tal ultraje. Aseguró, sin embargo, que había consumado, una y solamente una vez, el romance de varias semanas de duración que había mantenido con Martin. Ocurrió el viernes 7 de abril, en su cuarto de hotel, después de despedir al custodio del Servicio Secreto asignado al turno de noche. Martin, relató, se había deslizado entonces dentro de su cuarto. "Tomé un baño y estaba semidesnuda cuando regresé a la habitación. Jim terminó de quitarme la ropa y poco después tuvimos relaciones sexuales. Ocurrió con mi consentimiento, y no me resistí." Dijo entonces que le hizo saber a Martin en Washington que a pesar de que continuaría rechazando su propuesta de matrimonio, ella seguiría siendo su amante, incluso cuando continuara viviendo en la casa de su familia, de él y de su esposa.

Marina y Martin regresaron a Dallas —y a la casa de éste— ese fin de semana. El domingo, durante una visita a la tumba de su esposo, Marina le relató a Robert su encuentro sexual con Martin. Perplejo, su cuñado le insistió en que diera por terminada su relación de negocios con Martin de inmediato y se mudara con él, a lo que ella accedió. Ella había decidido tomar una medida más drástica y le comentó que la esposa de Martin debía saber sobre todo lo ocurrido: "Su esposa debía saber la verdad", dijo. Esa noche telefoneó a la señora Martin; mientras James escuchaba gracias a una extensión, Marina le comunicó que estaba "poniendo fin a sus servicios como mi manager y mi amante".

El FBI remitió el relato de Marina a la Comisión Warren, donde Rankin estaba alarmado ante la posibilidad de que la joven viuda —cuya credibilidad parecía tan esencial para la investigación que la comisión estaba llevando a cabo sobre su marido— pudiera quedar envuelta en un escándalo. Ahora que conocía el episodio, si éste llegaba a la luz pública podría con facilitar demoler la imagen que de ella ofrecía la comisión como una muchacha ingenua, devastada, que con valentía había identificado a su marido como el asesino del presidente. Ahora cabía la posibilidad de que se le viera, en cambio, como una urdidora rompehogares.

La calidad moral de Marina, y su honestidad, estaban a punto de estar bajo un escrutinio más sustancial. Robert Oswald era el siguiente testigo en la lista para declarar ante la comisión en Washington y, previo a su aparición, entregó al panel una copia del diario escrito a mano que había mantenido desde el asesinato. El registro contenía una nota alarmante fechada el mes anterior, el domingo

12 de enero. Ese día, escribió Robert, él y Marina planeaban visitar la tumba de Lee, por lo que él se dirigió a la casa de James Martin para recogerla. Antes de partir, relató, Martin apartó a Robert para revelarle algo que ella acababa de confiarle: que su marido había conspirado para matar al ex vicepresidente Richard Nixon cuando éste visitara Texas en 1963. Una vez en el auto, Robert le preguntó a Marina sobre el episodio de Nixon y ésta lo confirmó. Para varios de los comisionados, la revelación era un nuevo y devastador golpe a la credibilidad de Marina. La viuda no había hablado con nadie sobre la trama para matar a Nixon; y con toda certeza no la había mencionado en su comparecencia ante la comisión en febrero.

Ford quedó estupefacto cuando se enteró del complot contra Nixon. "¿Sería posible que Marina hubiera olvidado sin más el incidente?", se preguntó a sí mismo. ¿O habría tenido ella alguna razón siniestra para mantenerlo en secreto? "La intrincada Marina mostraba ahora una arista más."

Durante su declaración ante la comisión, Robert Oswald se mostró sereno y concentrado. Impresionó a los comisionados con su inteligencia. "Teníamos frente a nosotros a un hombre joven, vestido de manera conservadora, de hablar suave, que intentaba de manera concienzuda recordar incidentes de su vida familiar ocurridos mucho años antes", recordaría Ford. "Me pregunto si yo mismo habría podido ser tan preciso si alguien me hubiera planteado preguntas similares acerca de mi propia familia."

Robert testificó que había llegado con renuencia a la conclusión de que su hermano había matado al presidente y que lo había hecho solo. Creía que Lee tenía las habilidades necesarias en el manejo de un rifle como para matar a Kennedy, especialmente debido a que la caravana del presidente avanzaba tan lentamente frente al Almacén de Libros Escolares de Texas. Al igual que su hermano, Robert había servido en el cuerpo de Marines y sabía que sus entrenadores militares calificaron a Lee como un francotirador competente. A ambos hermanos les gustaba cazar, y Robert dijo que Lee le había contado sobre los viajes de caza que realizó cuando vivió en Rusia.

Se le preguntó en detalle sobre la amenaza contra Nixon y repitió lo que había escrito en su diario. Recordó que Marina le reveló el día de la visita a la tumba que "Lee iba a matar a Richard M.

Nixon" cuando éste estuviera en Dallas, un día de 1963, y que ella lo había "encerrado en el baño todo el día" para detenerlo. Robert no tenía una explicación del porqué ella había omitido compartir la historia con la comisión.

A pesar de las semanas de tensión entre Rankin y Hoover, ahora ambos hombres tenían en común una preocupación: Marina Oswald y sus secretos.

El 24 de febrero Rankin telefoneó a Hoover para tratar el tema de las nuevas revelaciones sobre la viuda de Oswald. Rankin dijo que le preocupaba la divulgación de su relación ilícita con Martin y si su continua falta de honestidad —aparentemente se refería al tardío descubrimiento del plan en contra de Nixon— significaría que ella aún estaba tratado de huir del país. Manifestó su deseo de que el FBI la pusiera bajo estricta vigilancia, las 24 horas del día.

Hoover entregó a sus adjuntos un memo detallado sobre la conversación telefónica: "El señor Rankin manifestó que detestaría que ella desapareciera de nuestra vista, lo cual es siempre una posibilidad, en particular en Dallas, y no dejaba de preguntarse si había una forma de vigilancia que nos permita observarla y saber quién la visita por un tiempo". Rankin, en palabras de Hoover, le pidió al director del buró su opinión sobre el carácter de Marina, si "no me parecía extraño que Marina estuviera dispuesta a convertirse en amante de Martin... Respondí que sí. Demuestra, con certeza, una falta absoluta de carácter". Marina había actuado "como dos personas distintas", antes y después del asesinato, dijo Hoover. Antes del magnicidio, era "desaliñada, poco atractiva, pero alguien se hizo cargo de ella, procuró que la arreglaran y todo eso pudo haberle metido ideas en la cabeza". Ambos hombres coincidieron en el peligro que significaba el que se filtrara entre las corporaciones noticiosas su amorío con Martin, y cómo ello socavaría su credibilidad. "La gente está empezando a hablar allá en Dallas", advirtió Hoover.

Rankin y el director del buró compartían cierto desdén por Martin y el antiguo abogado de la joven, James Thorne. Los dos texanos se habían rehusado a aceptar la decisión de Marina de despedirlos; ambos continuaban insistiendo en recibir su tajada en los derechos de la historia. Rankin le dijo a Hoover que tenía conocimiento de que ella había firmado ya contratos con editores y empresas de medios noticiosos que le garantizaban "más de 150 000 dólares, con lo cual puede advertirse la cantidad de dinero de por medio". "Se trata solamente de un vil chantaje", respondió Hoover. "Estos dos individuos están haciendo todo lo que está en su poder para sacarle tanto dinero como puedan."

Rankin le pidió a Hoover que usara su mejor juicio en la decisión de por cuánto tiempo debía mantenerse vigilada a Marina. Señaló que la comisión necesitaba determinar "qué clase de personas la visitan cuando ella no sabe que está bajo vigilancia". Hoover recomendó que sus teléfonos fueran intervenidos. Hacerlo así implicaría un mínimo de riesgo en materia legal o de relaciones públicas en vista de que no habría jamás ningún proceso durante el cual se revelara su existencia, afirmó. En cuestión de días, ocho agentes del FBI fueron asignados al operativo de vigilancia mediante el cual se mantendría el escrutinio de Marina, tanto en su casa como en sus viajes por Dallas. Su teléfono fue intervenido. El FBI también entró en secreto a la nueva casa que rentaba y colocó micrófonos en los dispositivos de iluminación de su estancia, su cocina y su dormitorio.

El siguiente testigo ante la comisión era Martin, su amante rechazado y ex manager. Aprovechó su declaración para describir a la joven viuda como cobarde y codiciosa. Admitió que había sido parte de una falsa campaña de publicidad en favor de Marina "para crear en la opinión pública la imagen de una afligida viuda, de una muchacha sencilla y extraviada. Esa imagen no era verdadera".

Previamente, Warren había tomado la decisión de que a Martin no se le plantearían preguntas sobre su romance con la viuda de Oswald, ni sobre su encuentro sexual en Washington. Con todo, el ministro presidente le permitió a Martin ofrecer una completa y condenatoria acusación sobre el carácter de Marina. "Es demasiado fría", afirmó, al relatarles a los comisionados que Marina había mostrado poco pesar por la muerte de su esposo. La aflicción que expresó "no parecía ser real", señaló. "Lo más cercano a una emoción que la vi expresar fue cuando —más o menos una semana después de que estuviera ahí— vio una fotografía de Jackie Kennedy." Al mirar a la viuda del presidente, Marina rompió en llanto.

Martin recordó cómo Marina había intentado mostrarse en las entrevistas como una cristiana devota, lo cual había provocado que comenzaran a llegar por correo biblias en ruso como regalo. "Hasta donde sé, jamás ha leído ni la primera página de ninguna", reveló. "Nunca ha abierto una biblia." Más ofensiva resultaba, indicó, la manera en que se burlaba de los donantes bienintencionados que le remitieron pequeñas cantidades de dinero en apoyo de ella y sus hijos: "Algunos mandaban un dólar —no lo sé, tal vez era el último que les quedaba— y ella lo miraba, lo arrojaba a un lado y decía: 'Oh, es sólo un dólar'". Era perezosa en casa, afirmó Martin, y con frecuencia dejaba a sus niñas bajo el cuidado de su esposa. "Dejaba la cama entre las 10:00 y las 11:00 de la mañana todos los días... Las únicas tareas domésticas que realizaba eran lavar los platos de la cena y en ocasiones usar la aspiradora."

Martin admitió que se había enterado de la amenaza contra Nixon y que le había recomendado a Marina guardar silencio al respecto. "No puedes andar contando a la gente algo como eso", dijo haberle aconsejado. Le preocupaba que la credibilidad de la mujer sufriera menoscabo si los investigadores se enteraban —después de todas sus otras mentiras— de que había ocultado información respecto a uno más de los planes de su esposo para a asesinar a una prominente figura pública.

Norman Redlich estuvo presente durante el interrogatorio a Martin. Haciendo de lado el desdén que sentía por el testigo, sospechaba que éste decía la verdad: que Marina Oswald no era quien aparentaba. "Tal como indica la declaración testimonial de Martin, cabe una fuerte posibilidad de que Marina Oswald sea en realidad una persona muy distinta: fría, calculadora, avariciosa, desdeñosa de la generosidad y capaz de una ausencia extrema de compasión en sus relaciones personales", escribió en un memo fechado el 28 de febrero y enviado a Rankin. En su opinión, ese dato podía serle de utilidad a la comisión para entender por qué había asesinado Oswald a Kennedy. "Si Lee Oswald fue el asesino, el carácter y la personalidad de su esposa deberían considerarse relevantes en la determinación del motivo. Hay muchas posibles explicaciones del asesinato: un complot interno o extranjero, el desequilibrio de Oswald o sus motivaciones políticas." Una posibilidad más, escribió, era que "Oswald fuera una persona mentalmente perturbada, con delirios de grandeza, que fue llevado a cometer este acto por una esposa que se casó con él por motivos egoístas, una que lo denigraba en público, que hacía escarnio de sus ineptitudes y que lo orilló a comprobarle que él era el 'gran hombre' que aspiraba ser".

"Ni usted ni yo tenemos ningún deseo de manchar la reputación de ningún individuo", le dijo a Rankin. "No podemos ignorar, sin embargo, que Marina Oswald le ha mentido en repetidas ocasiones al Servicio Secreto, al FBI y a esta comisión sobre asuntos que atañen tanto a la gente de este país y del mundo."

El FBI también continuaba con su operativo de vigilancia sobre Mark Lane, por solicitud de la comisión. A través de sus fuentes en el FBI, Ford recabó su propia información sobre Lane. El 12 de febrero tuvo otra reunión con Cartha DeLoach, subdirector de Hoover, para hablar sobre el trabajo de la comisión. Dos días después, DeLoach le respondió por escrito a Ford, un mensaje que incluía un "memorándum adjunto respecto al cual usted se mostró específicamente interesado". El memo de tres páginas, mecanografiado sobre hojas de papel ordinario, sin membretes del FBI, era un resumen de lo que el buró sabía sobre Lane, incluyendo sus nexos con grupos izquierdistas a los que el buró catalogaba como frentes comunistas. Había detalles de su historia marital y de su vida sexual. "Era de conocimiento común entre los círculos políticos de Nueva York que Mark Lane y una joven soltera habían mantenido una relación de carácter sexual durante 1960 y 1961 y que habían vivido juntos", decía el memorándum. En el FBI de Hoover, en 1964, el amorío entre un hombre no casado y una mujer soltera era un hecho digno de quedar registrado.*

---

* Lane dijo que sabía que el FBI y otras agencias gubernamentales lo habían estado vigilando y que estaban tratando de reunir información desfavorable sobre su vida privada. Después de que comenzó a hablar públicamente sobre el asesinato de Kennedy, dijo que las autoridades migratorias estadounidenses rutinariamente lo detenían cuando regresaba de los viajes que hacía al extranjero en los que impartía conferencias sobre el tema. Sugirió que casi se sintió ofendido cuando lo detuvieron temporalmente en 1964 en el recién renombrado Aeropuerto Internacional John F. Kennedy: "No podía entrar a mi ciudad natal" sin ser hostigado. En cuanto al esfuerzo del FBI para compilar información desfavorable con el objetivo de compartirla con miembros de la Comisión Warren, Lane sugirió que eso para él era motivo de orgullo. "Hicieron lo mismo con Martin Luther King", dijo.

24

Marzo de 1964

Como principal investigador de la comisión sobre la actuación del Servicio Secreto, Sam Stern no necesitó mucho tiempo para percatarse de que el presidente Kennedy había sido un "blanco fácil" en Texas y que el Servicio Secreto no había tomado las medidas suficientes para protegerlo en una ciudad donde podía esperarse violencia. Stern fue atrás en el tiempo y consultó las notas de periódicos sobre la visita del embajador ante Naciones Unidas, Adlai Stevenson, a Dallas, ese octubre, cuando éste fue golpeado por una pancarta en manos de una mujer que formaba parte de una turba de manifestantes anti-Naciones Unidas. Leyó sobre el incidente de 1960 en el que Lyndon y Lady Bird Johnson recibieron abucheos y vilipendios en la recepción del hotel Adolphus. Y pese a todo, el Servicio Secreto había organizado en la misma ciudad una caravana en la que el presidente Kennedy y la primera dama avanzaron lentamente frente a las multitudes a bordo de una limusina descapotable. La ruta los condujo entre varios rascacielos desde donde un asesino fácilmente podía colocarse para tener una visión directa de disparo hacia el presidente; por lo menos un asesino había hecho justamente eso.

A diferencia de algunos de los otros jóvenes abogados del equipo de trabajo de la comisión, Stern llegó a dominar la parte de la investigación que le correspondía en cuestión de pocas semanas. Lo que descubrió sobre el Servicio Secreto fue desalentador, pero no era difícil de entender. La agencia era, tal como él lo expresó, "anticuada, obsoleta", con agentes que protegían al presidente con una "mentalidad de policía" que resultaba inadecuada para aventajar incluso a un asesino poco sofisticado.

No había ayudado que Kennedy siempre hubiera cortejado al peligro en sus apariciones públicas. Insistía en parecer accesible a las multitudes, por lo que con frecuencia causaba alarma a sus guardaespaldas del Servicio Secreto al caminar fuera de los perímetros de seguridad establecidos para estrechar la mano de sus simpatizantes. Mientras viajaba en una caravana a lenta velocidad prefería que los agentes del Servicio Secreto caminaran junto a la limusina presidencial en lugar de mantenerse de pie sobre barras especiales colocadas a cada costado del vehículo. No deseaba que estuvieran tan cerca que diera la impresión de que tenía algo que temer.

Era una coincidencia macabra que la legislación que daba vida al Servicio Secreto de Estados Unidos llegara al escritorio del presidente Lincoln en la Casa Blanca el 14 de abril de 1865: el día de su asesinato. El Servicio Secreto se fundó inicialmente como el brazo antifalsificaciones del Departamento del Tesoro, que entonces combatía un alud de dinero falso después de la Guerra Civil. En 1901, un autoproclamado anarquista le disparó al presidente William McKinley, por lo que las responsabilidades del Servicio Secreto se ampliaron con prontitud para que abarcaran la protección al presidente. A la vuelta del siglo, ninguna otra agencia federal del orden público era capaz de cumplir con la encomienda; pasarían siete años más antes de que el gobierno federal estableciera la agencia que con el tiempo se convertiría en el FBI.

Stern estaba sorprendido por lo mucho que había descubierto sobre la ineptitud de los procedimientos adoptados por el Servicio Secreto para los viajes a otros estados del país, comenzando con su uso rutinario de limusinas descapotables. La limusina empleada en Dallas —una Lincoln Continental 1961 convertible de cuatro puertas, marcada con el código "X100" por el Servicio Secreto— no ofrecía a sus pasajeros ningún tipo de protección frente a un pistolero que disparara desde arriba. Era posible instalar un toldo abombado de plástico para permitir que las multitudes vieran al presidente en condiciones adversas de clima, pero éste ofrecía protección ante la lluvia o las temperaturas extremas, no contra disparos de armas. "No se diseñó para ser y no es a prueba de balas", le escribió Stern a Rankin. Al menos durante tres años antes del asesinato, el Servicio Secreto había intentado, sin éxito, encontrar un fabricante de toldos plásticos a prueba de balas (las especificaciones propuestas requerían "protección razonablemente eficaz contra un proyectil calibre .45 disparado a una distancia de tres metros"). El toldo abombado fue llevado a Dallas el 22 de noviembre pero no se usó. El pronóstico para ese día era el de un clima cálido y soleado, incluso para esa época del año. Stern tuvo dificultades para decidir cómo comenzar a enlistar las otras fallas del Servicio Secreto. La agencia, descubrió, no contaba con protocolos de inspección de los edificios que se encontraban a lo largo de las rutas de las caravanas presidenciales, con una sola excepción: cada cuatro años se realizaba una inspección de los edificios ubicados en la ruta del desfile inaugural en Washington, D. C. A la pregunta formulada por Stern de por qué no existían dichos protocolos, el Servicio Secreto respondió que carecía de personal suficiente para realizar las inspecciones en cada una de las decenas de ciudades que un presidente podía visitar cada año. "Verificar centenares de edificios y miles de ventanas no es práctico", le señaló a la comisión.

Pero, ¿por qué —preguntó Stern— el Servicio Secreto no se tomaba la molestia de inspeccionar cuando menos los edificios en la ruta de la caravana que "representaban los puntos de vista más favorables para un asesino"? Y, ¿por qué no podía un grupo de agentes realizar "la verificación de una muestra al azar de edificios inmediatamente anterior al inicio del desfile"? Una inspección al Almacén de Libros Escolares de Texas podía haber permitido encontrar a Lee Harvey Oswald sentado, armado con un rifle, frente a una ventana del sexto piso.

Había otras medidas simples de precaución que el Servicio Secreto pudo haber tomado pero no lo hizo. Stern se preguntaba por qué la agencia no había apostado agentes con binoculares a lo largo de una ruta para que vigilaran los edificios frente a los que el presidente estaba a punto de pasar. ¿Por qué el Servicio Secreto no le pedía a los administradores de los edificios ubicados a lo largo de la ruta que se mantuvieran alertas ante la posibilidad de la presencia de extraños o que sellaran las ventanas temporalmente?

Quedó asombrado, reconocería, cuando vio parte del pietaje del día del asesinato. Mientras que las multitudes abarrotaban las calles, los oficiales de la policía de Dallas eran captados en medio de la emoción de alcanzar a ver al presidente y a la primera dama; ellos no miraban hacia arriba en busca de amenazas, en especial desde la parte alta de los edificios. "Fue horrible", declararía Stern. "Si observas las filmaciones noticiosas puedes ver que los policías de Dallas a lo largo de la ruta están observando a Kennedy. Ninguno está pendiente de las azoteas de los edificios. Ninguno está mirando hacia los edificios. Sin embargo ahí estaba Oswald, sentado frente a una ventana abierta."

Mientras tanto, en Washington, los métodos del Servicio Secreto para la identificación de posibles asesinos eran casi irrisoriamente inadecuados. Dentro de la agencia había una unidad, la Sección de Investigación Protectora (PRS, por sus siglas en inglés) que, se suponía, mantenía un elaborado padrón nacional de personas que pudieran representar un peligro para el presidente cada vez que éste viajaba. Stern descubrió que esa lista, por entonces constituida por 50 mil nombres, había sido constituida casi exclusivamente por la gente que envió cartas o paquetes con amenazas a la Casa Blanca o quienes habían realizado llamadas amenazantes al conmutador de la residencia presidencial. La PRS mantenía un "expediente para viajes" por separado con cerca de cien nombres de personas consideradas especialmente peligrosas, pero una búsqueda en el documento antes del viaje de Kennedy a Texas no permitía encontrar residentes de Dallas ni de sus alrededores en la lista; una sorpresa, pensó Stern, en vista del ataque a Stevenson el mes anterior. Era absurdo, pensó. "Si algún analfabeta en Dallas no se tomaba la molestia de escribir una carta de odio contra la Casa Blanca —pero sí era capaz de golpear a Adlai Stevenson en la cabeza— no aparecería en la lista."

Con todo, el Servicio Secreto entablaba contacto con el FBI cuando el presidente viajaba. Las oficinas regionales del FBI recibían por rutina la petición de alertar al Servicio Secreto si estaban al tanto de amenazas en las ciudades que el presidente planeaba visitar, y así ocurrió previo a la visita de Kennedy a Dallas. La oficina regional del FBI en Dallas entregó al Servicio Secreto una lista con los nombres de residentes del lugar que cumplían con los criterios del buró para que se les considerara riesgos potenciales; el nombre de Oswald no figuraba entre ellos.

Dentro del equipo de trabajo de la comisión, le correspondería a Stern emitir el primer juicio sobre si los agentes del FBI en Dallas —con mayor énfasis, el agente especial James Hosty— habían violado las normas del buró al ocultar al Servicio Secreto el nombre de Oswald. No era una sorpresa que el Servicio Secreto pareciera más ansioso de culpar al FBI por lo ocurrido. El 20 de marzo Stern entrevistó a Robert Bouck, el director del Servicio de Investigación Protectora; éste le señaló que el FBI debió haber pensado en alertar al Servicio Secreto sobre la presencia de Oswald, en especial en vista de su abortada defección a Rusia y su adiestramiento en armas en el cuerpo de Marines. Stern no estaba tan convencido. Sin que importara su radicalismo político, Oswald no tenía antecedentes de comportamiento violento ni había registros de que hubiera lanzado ningún tipo de amenaza contra Kennedy o cualquier otra figura política. Hosty sabía desde antes del asesinato que Oswald trabajaba en el Almacén de Libros Escolares de Texas, pero a Stern le pareció comprensible que la gente del FBI no hubiera establecido una relación inmediata entre el almacén de libros y la ruta de la caravana de Kennedy el 22 de noviembre. La trayectoria se había hecho del conocimiento público la tarde del 18 de noviembre.

Stern se lamentaba por Hosty, cuya carrera en el FBI estaba evidentemente hecha trizas. "No pensaba que Hosty debía ser condenado por ese hecho", diría después. "Yo era capaz de entender que un ajetreado agente local del FBI no viera a Oswald como una amenaza inmediata." Stern tampoco creía que los agentes del Servicio Secreto en Texas que habían salido de parranda la noche anterior al asesinato debían recibir castigos severos que pusieran fin a su carrera en la agencia. Drew Pearson, amigo de Warren, y otras plumas sensacionalistas en Washington, estaban intentando crear un escándalo a partir del hecho. "Pero yo no recuerdo haber quedado impactado o haber considerado que se tratara de un hecho terrible o que a Kennedy le hubiera importado si se hubiera enterado", declararía Stern. Él no creía, con certeza, que el incidente de la francachela mereciera atención especial en el reporte final de la comisión. "Creo que la historia se cuenta sola, no necesita una hipérbole", diría.

El ministro presidente Warren llegaría a una conclusión distinta.

Como antiguo secretario del ministro presidente, Stern, un abogado de 35 años de edad nacido en Filadelfia, tenía un punto de vista especial sobre Warren, y el resto de los abogados de la comisión le preguntaban cómo era trabajar para él en la Suprema Corte. Desde que se graduó en derecho por Harvard en 1952, Stern había trabajado como secretario de juez en la corte federal de apelaciones en Washington y había sido contratado entonces por Warren en 1955. Stern y otro de los secretarios de Warren ocupaban una oficina adyacente a la sala de conferencias, lo cual significaba que podían escuchar las deliberaciones de los ministros, que tenían lugar en la puerta siguiente. La emoción inicial que causó en Stern su contratación en la Suprema Corte se convirtió en decepción al no tener más oportunidades de interactuar con Warren. A diferencia de otros ministros, el ministro presidente no era proclive a formar nexos duraderos con sus secretarios. "Era muy cálido, pero su calidez era de tipo político", diría Stern. "Jamás me sentí cercano a él de manera personal." Warren se aproximaba más a una apertura con sus secretarios cuando todos se reunían en la oficina los fines de semana para ponerse al día con el papeleo. "Algunas veces se presentaba los sábados por la tarde, tomaba asiento y nos relataba historias de guerra sobre políticos californianos en los viejos días." Durante esas conversaciones, recordaría Stern, Warren dejó en claro su desprecio por Richard Nixon, quien, desde su punto de vista, le había arrebatado cualquier oportunidad de llegar a la Casa Blanca.

Stern percibía los fuertes sentimientos de Warren hacia Kennedy. A principios del cuatrienio de Kennedy, Stern acudió a una reunión entre Warren y sus ex secretarios. La fiesta se llevó a cabo en el Club Metropolitan, un exclusivo club para hombres cercano a la Casa Blanca, y el presidente apareció como un invitado sorpresa. "Kennedy saludó de mano a todos y le expresó al ministro presidente el gran respeto que tenía por su trabajo, mientras que Warren resplandecía", recordaría Stern. "Lo disfrutó en verdad."

Warren, llegó a pensar Stern, "habría sido un presidente fabuloso". Amén de su legado en la Suprema Corte, era "casi un desperdicio" que Warren hubiese terminado allí y no en la Casa Blanca. No era un gran sabio o un destacado investigador en materia jurídica, pero era un político extraordinario; un verdadero líder, opinaba Stern. Warren gozaba de magnetismo y mostraba una resolución y dignidad que motivaban a quienes lo rodeaban a mostrarse dispuestos a comprometerse y a sacrificarse para servirle. "Poseía la habilidad de conciliar a grupos antagónicos."

Tal como lo esperaba, Stern tenía poco contacto con el ministro presidente en la comisión. Sin embargo, a la distancia se preocupó por la salud de Warren. En una ocasión en la que observó por un instante al ministro presidente en las oficinas de la comisión en el edificio vfw, "estaba enfermo, reumático", recordaría Stern. "Yo estaba preocupado." Era testigo de que la doble función en la Suprema Corte y en la comisión había comenzado a mermar su físico, aun cuando el ministro presidente continuaba haciendo acto de presencia en las oficinas de la comisión cada mañana con la puntualidad de un reloj, antes de recorrer la calle colina abajo para colocarse la toga negra y dar inicio a una jornada completa en la Corte.

25

Oficinas del congresista Gerald R. Ford
Cámara de Representantes
Washington, D. C.
Marzo de 1964

Gerald Ford deseaba ser severo con Marina Oswald. Ciertamente, sus consejeros políticos y algunos feroces halcones anticomunistas de su equipo habían estado animándolo a no descartar la posibilidad de la existencia de una conspiración que implicara a la Unión Soviética o a Cuba; y el gran número de mentiras que rodeaban a la viuda de Oswald levantaba nuevas sospechas de que ella estuviera ocultando pruebas de un complot. El congresista sabía que algunos de los investigadores de la comisión sospechaban que Marina podría ser, de hecho, un agente encubierto al servicio de Moscú. Tal vez de verdad no conociera los planes de su marido para matar al presidente Kennedy, pero habría podido ser enviada a Estados Unidos para cubrir y apoyar a Oswald mientras éste ejecutaba el plan que el Kremlin había concebido para él. Eso explicaría por qué contrajeron nupcias con tal prontitud después de haberse conocido y por qué se les había permitido salir de Rusia.

En marzo, Ford le escribió a Rankin para recomendarle que la viuda de Oswald fuera interrogada una vez más, en esta ocasión, revestida con la parafernalia del polígrafo, con la esperanza de que ello la hiciera sentirse intimidada, de modo que expusiera, finalmente, toda la verdad. "Una prueba de polígrafo con el libre consentimiento de ella sería un gran avance en la satisfacción del interés público respecto al tema en su totalidad", escribió Ford. "Sabemos ya que ella no 'cooperó' en una serie de temas que desde entonces han surgido... Tal vez no está 'cooperando' con todo lo que sabe sobre las escuelas de pensamiento, las actividades y las relaciones de Oswald con los soviéticos." Al igual que varios de los abogados del equipo de trabajo, a Ford le preocupaba que la comisión no conociera las verdaderas razones de Oswald para visitar la ciudad de México, pero Marina sí. "Ella parece saber algo más sobre la visita a México de lo que nos contó." Su recomendación abarcaba que se aplicara la prueba del polígrafo a otros testigos "en los casos en que aparezcan en el registro ciertas inconsistencias o una falta de franqueza".

Ford no dejó de resentir el liderazgo de Warren en la comisión. El ministro presidente nunca fue descortés con Ford y los demás comisionados, pero sí fue "brusco" con ellos y jamás les dio un trato equitativo, diría Ford. "Tomaba ciertas decisiones que, cuando menos en los primeros meses, fueron unilaterales." Warren "se atribuía demasiado poder... no había lugar para la divergencia respecto a su perspectiva y su itinerario", recordaría. Ford, quien había sido una estrella del futbol americano colegial en la Universidad de Michigan durante la década de 1930, emplearía una analogía de ese deporte para describir al ministro presidente: "Nos trataba como si formáramos parte del mismo equipo, pero él era el capitán y el mariscal de campo".

Pese a sus diferencias, el ministro presidente tenía que admitir que Ford era uno de los integrantes más diligentes de la comisión, acaso el que trabajaba con mayor ahínco además de él mismo. El senador Russell prácticamente había desaparecido de la comisión, y los otros dos legisladores —el senador Cooper y el congresista Boggs— mostraban un alto grado de ausentismo. Ford, sin embargo, se aseguraba de estar presente en casi todas las declaraciones de los testigos más importantes. Sus preguntas estaban bien fundamentadas y reflejaban una lectura atenta de las evidencias.

Ford había reunido a un equipo de asesores externos que lo ayudaban a preparar dichas preguntas, un hecho que, de acuerdo con los registros de Ford, nunca compartió con la comisión. El ministro presidente y el resto de los comisionados podrían con toda probabilidad haberse sentido molestos al saber que Ford había permitido a un grupo de amigos y consejeros —algunos de ellos sin privilegios de seguridad— leer documentos sensibles pertenecientes a los archivos de la comisión.

Ford pidió apoyo a tres hombres en particular. John Stiles, uno de sus más antiguos amigos en Grand Rapids, Michigan, quien había fungido como su coordinador de campaña durante su primera postulación a la Cámara hacia 1948; Stiles había dado seguimiento al trabajo de la comisión de manera cotidiana, y preparó las largas listas de preguntas con las que Ford cuestionó a los testigos. Ford le había pedido ayuda también al ex congresista republicano John Ray, de Nueva York, un abogado formado en Harvard que había elegido dejar su escaño en la Cámara el año anterior. Asimismo, tiempo después, reclutó a un joven simpatizante de Grand Rapids que a la sazón se encontraba estudiando en la Escuela de Leyes de Harvard, Francis Fallon, para que revisara las evidencias.

Ford compartía los documentos de la comisión con sus tres asesores casi tan pronto como el material llegaba a su escritorio en sus oficinas de la Cámara. Cuando los abogados de la comisión viajaron a Dallas después del proceso contra Ruby y comenzaron a tomar declaraciones a los testigos de la ciudad, Ford solicitó que se enviaran a su oficina copias de todas las transcripciones, "a fin de mantenerme al día de cuanto ocurriera". Era entonces cuando compartía la documentación con su tríada de asesores.

Los memos que sus consejeros le remitían no llevaban con frecuencia firma ni rúbrica alguna, lo cual indica la cercanía que existía entre el congresista y ellos. Ford tomaba sus consejos con seriedad y con frecuencia convertía sus memos en cartas que firmaba a su nombre y que enviaba con membretes del congreso a Rankin, las cuales incluían extensas listas de tareas a realizar por el equipo de trabajo de la comisión. En marzo, Ford le había entregado a Rankin una lista de anotaciones con preguntas detalladas que él deseaba plantear a los testigos que habían presenciado los hechos en Plaza Dealey y en la escena del crimen donde había muerto el oficial Tippit.

Los asesores de Ford también prepararon listas de preguntas de seguimiento para el equipo de trabajo, surgidas a partir de las declaraciones de los testigos. Después de que Mark Lane se presentara ante la comisión, en marzo, Ford recibió una lista de tres páginas con todas las imputaciones de encubrimiento de Lane tomadas página por página de una transcripción del testimonio del abogado. Junto a cada imputación aparecía un recuadro que Ford y su equipo debían marcar si los datos ofrecidos por Lane podían ser verificados. (Una copia de la lista de verificación conservada entre los archivos de Ford mostraría que ninguna casilla había sido marcada.)

Ford buscó también asesoría de sus colegas de la Cámara que contaban con títulos de medicina o con alguna clase de entrenamiento médico, que pudieran ofrecerle un punto de vista respecto a los registros hospitalarios de Dallas y de la autopsia. James D. Weaver, congresista por el estado de Pennsylvania, un cirujano retirado de la Fuerza Aérea que había emprendido una segunda carrera en la política del partido republicano, revisó la evidencia médica a petición de Ford y remitió por escrito como respuesta que en vista de las enormes heridas que Kennedy había sufrido en la cabeza, "no había nada que hubiera podido hacerse para salvar la vida del fallecido presidente". También compartió con Ford, de político a político, el porqué, en su opinión, había existido tal grado de confusión respecto a la evidencia médica; por qué los especialistas de Parkland, por ejemplo, habían indicado inicialmente que un orificio de salida en la garganta de Kennedy podía haber sido en realidad un orificio de entrada. En aquel momento los médicos habían enfrentado el "acoso" de insensatos reporteros —por "la prensa o la supuesta prensa", en palabras de Weaver— para ofrecer declaraciones que no era su intención hacer.

Los memos de Stiles y el resto de los asesores de Ford reflejaban la preocupación constante de que la comisión estuviera pasando por alto evidencia que señalaba hacia una conspiración. Un memo dirigido a Ford, fechado el 17 de marzo, advertía que el ministro presidente Warren podría haber "descartado de manera arbitraria la posibilidad de la existencia de una conspiración detrás del asesinato, en particular una que tuviera implicaciones internacionales o que involucrara a una potencia extranjera". Stiles le recordó a Ford los alarmantes informes noticiosos que habían llegado desde Cuba durante las semanas previas al asesinato, incluyendo aquella entrevista de la agencia noticiosa con Castro en septiembre, en la que el líder cubano parecía haber puesto bajo amenaza la vida del presidente. El memo ponía de manifiesto los continuos misterios que rodeaban a México: "¿Había podido explicar la comisión todo el tiempo que Oswald pasó en la ciudad de México?"

Durante todo el invierno, Ford siguió recibiendo cartas de sus colegas republicanos en la Cámara y de simpatizantes conservadores que exigían la destitución de Norman Redlich de la comisión. "¿Cómo fue que pusieron a ese chivo a cuidar el huerto?", le pregunto a Ford en una de ellas el congresista republicano de Virginia, Richard Poff. Un médico texano le escribió con la amenaza de causarle problemas entre los votantes de Michigan, su estado natal: "Como miembro del Congreso, no me diga que no puede hacer nada respecto a los pro comunistas en la Comisión Warren, como Redlich. Si usted no los denuncia y los retira, se lo haremos saber a la prensa de Michigan".

El 3 de abril, Rankin le escribió a Ford para que posara su atención en un provocador artículo que Redlich había escrito para *The Nation* once años atrás. El texto, un ataque al senador Joseph McCarthy, argüía a favor del derecho de los testigos de apelar a la Quinta Enmienda para guardar silencio en sus careos ante McCarthy. El tardío descubrimiento del artículo —titulado "¿Implica culpabilidad el silencio?"— por parte de Rankin significaba para Ford una prueba más de por qué Redlich no debía haber sido contratado. McCarthy podría haber muerto en desgracia hacia 1957 pero aún quedaban miembros en el Congreso, amigos de Ford entre ellos, quienes seguían, por lo bajo, aplaudiendo su nombre.

No se había anunciado, pero Ford y otros comisionados sabían que el FBI, como respuesta a los ataques públicos, se encontraba realizando en secreto una nueva e intensiva investigación sobre el pasado de Redlich. Ford le había escrito a Rankin en abril para comentarle que el descubrimiento tardío del artículo en *The Nation* era prueba de que la investigación del FBI "debería ser ejecutada al máximo". Y, agregó: "Creo que todos los comisionados deberían reunirse para tratar la situación y tomar la medida que parezca apropiada". En otra carta dirigida a Rankin, con fecha del 24 de abril, Ford anexó la copia de un editorial publicado en el *Richmond Times Herald*, un influyente diario ultraconservador de Virginia, que llevaba por título: "¿Quién contrató a Redlich?" El editorial decía que la "afinidad aparentemente cercana entre los integrantes de los frentes comunistas con un miembro clave de la investigación no inspira confianza en la Comisión Warren".

Ray, el ex congresista que se encontraba asesorando a Ford, especuló que Redlich podría tener algún tipo de conexión con Mark Lane y con otros teóricos conspiratorios de izquierda. Preparó incluso un diagrama a mano para ver si podía determinar si Redlich y Lane habían pertenecido a los mismos "frentes comunistas", como Ray los etiquetaba; grupos de izquierda en pro de las libertades y los derechos civiles que el FBI señalaba como subversivos. En la columna izquierda, listó grupos a los que tanto Redlich como Lane habían estado afiliados, incluyendo al Comité Nacional de Emergencia para las Libertades Civiles, con sede en Nueva York. Junto al nombre de cada agrupación, había anotado el año de la afiliación de Redlich y Lane a ellos, con la mayor precisión que pudo. Ray le escribió a Ford para comunicarle que había abandonado su indagatoria después de determinar que "existen menos coincidencias de las que habría esperado encontrar". Debajo de "Partido Comunista", Ray anotó —tanto en el caso de Redlich como en el de Lane—: "SIN PRUEBAS".

Un memo sin firma dirigido a Ford por el equipo de trabajo, en abril, describía diversos escenarios en los que la comisión podría obligar la salida de Redlich, aunque su autor admitía que la posición de Redlich no significaba en realidad ningún "peligro" para el trabajo de la comisión. "El puesto que ocupa no reviste tanta importancia ni hay hasta ahora en su desempeño ningún motivo de falla", se leía en el documento. "Sin embargo, el hecho de que permanezca en la comisión será —como ha sido— objeto de críticas." El memo exhortaba a que el cese de Redlich no fuera inmediato, puesto que ese hecho podría crear confusión en la opinión pública y llevar a algunas personas a dar por sentado que había "incluso más fundamentos para las teorías de 'conjura'" respecto al asesinato. En cambio, Redlich podía continuar en la nómina, "pero sería simplemente apartado en el futuro del trabajo importante de la comisión". Debía ser reasignado al cumplimiento de una "tarea inofensiva" y, para reducir sus razones de protesta, se le permitiría mantener su salario.

Conservadores prominentes de todo el país veían en Ford la voz que los representaba en la comisión, a su mejor defensor ante los rumores persistentes, sobre todo en Europa, de que grupos de derecha habían estado implicados de alguna forma en el asesinato. Artículos publicados en diarios y revistas izquierdistas de Europa mencionaban con frecuencia a H. L. Hunt, el ultraconservador magnate petrolero de Dallas, como el posible facilitador tras el complot del asesinato. Uno de los hijos de Hunt había ayudado a pagar el desplegado con bordes oscuros que se publicó en *The Dallas Morning News* la mañana del asesinato, el cual acusaba a Kennedy de haber abandonado a las guerrillas anticastristas en Cuba. Kennedy, acusaba el inserto, había adoptado el "Espíritu de Moscú". En el auto de Jack

Ruby se habían encontrado, el día de asesinato, guiones radiofónicos preparados por un grupo de extrema derecha en apoyo a Hunt, Life Line (Línea de Vida).*

Durante junio, la oficina de Ford en Washington recibió una enigmática carta de Hunt en la que el petrolero se preguntaba si Ford y el senador Russell se habían convertido, sin tener conciencia de ello, en herramientas de una gran conspiración izquierdista cuyo objetivo era ocultar la verdad sobre la muerte de Kennedy. "Sé de muchas cualidades favorables en ustedes, pero desconozco hasta qué punto están conscientes de la conspiración", escribió Hunt en la misiva, sin explicar a qué conspiración se refería. "Podría ser que usted y el senador Russell estén siendo usados en la comisión que investiga el asesinato únicamente para otorgar prestigio y credibilidad a otros integrantes de la vida pública que son considerados por muchos astutos anticomunistas como defensores del socialismo o el comunismo." Hunt anexó varias copias de boletines noticiosos recientes producidos por Life Line, los cuales, afirmó, podrían serle de utilidad a Ford en su búsqueda de "la causa de la libertad".

Rumores de los ataques tras bambalinas contra Redlich comenzaron a circular entre el resto de los jóvenes abogados del equipo de trabajo de la comisión, a quienes preocupó que Ford pudiera intentar, en serio, dejar a Redlich fuera de la investigación. "Cuando me enteré de esa posibilidad, me pareció absurda", declararía posteriormente Alfred Goldberg, el historiador de la Fuerza Aérea. "Pensé que se trataba de un plan meramente político de Ford." Los ataques comenzaron a minar la reputación de Ford entre los amigos de Redlich en el equipo. Muchos de ellos declararían después que habían dado por sentado que el congresista de Michigan estaba intentando usar a la comisión como trampolín para ganar mayor poder en la Cámara; temían que Redlich estuviera a punto de convertirse en una víctima de la ambición de Ford.

La esforzada labor de Ford en la comisión pudo haber tenido otros motivos además del mero servicio público. Él y su viejo amigo Stiles

---

* Ruby negó cualquier relación con Hunt e insistió en que había recibido dichos guiones en una feria local donde las empresas de la familia Hunt se habían encontrado promoviendo sus productos alimentarios producidos en Texas.

habían decidido en secreto escribir un libro sobre la investigación —la "historia interna" de la comisión— y creían que podría tener el potencial para convertirse en un éxito de ventas. Pretendían publicarlo tan pronto como la comisión emitiera su reporte final, posiblemente pocas semanas después. Durante aquella primavera se habían dedicado a buscar a un editor y a un agente literario en Nueva York. Warren y otros comisionados dirían después que no supieron nada sobre el proyecto editorial sino hasta las últimas semanas de la investigación. El ministro presidente confió a sus amigos que consideraba el libro de Ford como una traición abrumadora, debido a la impresión de que éste haría fortuna a costa de una tragedia nacional. "Warren seguía molesto por ese hecho muchos, muchos años después", recordaría alguna vez Alfred Goldberg, quien llegó a ser cercano al ministro presidente después de la investigación. "Con toda certeza aumentó su desagrado por Ford." Goldberg afirmaría que Warren consideraba a Ford "sencillamente indigno de confianza; lo despreciaba".

26

David Belin no pudo contenerse. Estaba prohibido hablar sobre los detalles de la investigación con personas ajenas a ella, se trataba de una clara violación a las reglas de la comisión; sin embargo, Belin sentía que debía compartir con sus amigos de Iowa su gran aventura en Washington, una que definiría el curso de la historia. Así que se dedicó a enviar con regularidad actualizaciones sobre el trabajo de la comisión de vuelta a casa, a Des Moines, en una serie de cartas dirigidas a sus compañeros del despacho jurídico Herrick, Langdon, Sandblom & Belin.

Belin, un orgulloso nativo de la zona conocida como "el Cinturón del Maíz", gustaba de referirse a sí mismo como un "abogado de pueblo" aun cuando se había graduado en la facultad de leyes de la Universidad de Michigan como parte de la Sociedad Phi Beta Kappa, una exclusiva sociedad de excelencia académica que honra a los mejores estudiantes de las universidades líderes de Estados Unidos. Belin habría podido elegir entre varias ofertas de trabajo en prestigiosas firmas legales en Chicago, o en una de las mayores automotrices de Detroit, pero Iowa era su lugar de origen y había decidido regresar ahí para comenzar su carrera como abogado.

En enero de 1964, sin embargo, el "abogado de pueblo" se había visto arrastrado a la capital del país —una ciudad que, en su opinión, debía todo su *glamour* a John Kennedy—, tras haber sido convocado para trabajar bajo las órdenes del ministro presidente Earl Warren —uno de sus ídolos— para resolver los misterios que rodeaban la muerte de Kennedy. A pesar del horrible suceso que había suscitado la investigación, Belin estaba emocionado. No era lo mismo ser felicitado en Iowa por tus logros personales que recibir tal clase de reconocimiento en Washington.

La primera carta que envió al bufete databa de finales de enero, pocos días después de su llegada a Washington. "Antes que nada: ¡un gran 'hola' a todos en HLS & B!", comenzaba. "He tenido que alterar en cierta medida mis hábitos aquí en Washington, ya que el material que estamos revisando ha sido clasificado como ULTRASECRETO y en cada oficina tenemos una caja fuerte donde debemos guardar todo cada noche", escribió Belin en referencia a que, en el bufete de Des Moines, era conocido por la abarrotada pila de papeleo clientelar que poblaba en su escritorio. Su compañero *senior* en el equipo de trabajo de la comisión, Joe Ball, estaba sorprendido por cuán poco del material que estaban leyendo ameritaba siquiera ser clasificado, relataba Belin. "No entiende por qué este material está catalogado como ULTRASECRETO y, respecto a la mayor parte de los casos, tiendo a estar de acuerdo." Ambos abogados se estaban enfrentando a una clásica lección por parte de los presuntuosos burócratas federales, en especial del FBI y la CIA, al simular que la información más rutinaria tenía, de alguna forma, un tenor secreto.

Resultaba excitante trabajar para Warren, dijo Belin. Dijo también que el ministro presidente había sido "extremadamente afable" y que le había resultado emocionante que éste lo hubiera reconocido en la calle donde "inmediatamente me sonrió y me dijo: 'Hola'". Durante la primera reunión de trabajo del equipo, prosiguió Belin, Warren habló apesadumbrado acerca de los "rumores desenfrenados en varios países alrededor del mundo" sobre la posibilidad de una conspiración detrás del asesinato de Kennedy. "De acuerdo con Warren, el presidente Johnson manifestó que la situación podía convertirse en un polvorín que bien podría llevar a la guerra con todas las implicaciones de una destrucción atómica." Belin sabía lo tentador que podía resultar esto para sus colegas en Des Moines; sabía qué tan emocionados estarían al enterarse de lo que estaba ocurriendo en las reuniones a puerta cerrada de la comisión que investigaba el asesinato del presidente en el remoto Washington. Y, en efecto, sus cartas habían conducido las charlas en el bufete durante los días posteriores a su llegada.

Belin siempre había sabido cómo satisfacer a una audiencia. Criado en Sioux City, en un hogar de melómanos, era un prodigio del violín.

Tenía tanto talento que había sido admitido en la prestigiosa Escuela de Música Juilliard de Nueva York. Sin embargo, su familia no contaba con recursos financieros suficientes, por lo que tuvo que hacer a un lado a Juilliard para enrolarse en el ejército; planeaba aprovechar después la Ley G. I. para pagarse después sus estudios universitarios. Llevó con él su violín y se dedicó a presentarse en hospitales militares en el Lejano Oriente y en la radio de las fuerzas armadas. Para sus presentaciones en la radio prefería las composiciones de Dvořák, las cuales, en su opinión, ejecutaba con particular talento.

Despachó otra carta a Des Moines el 11 de febrero. Como buen originario del estado de Iowa, se burlaba de la incapacidad del gobierno de la ciudad de Washington para limpiar las calles después de lo que, según los criterios de su tierra, había sido una ligera escarcha: "Washington se encuentra hoy en un completo desorden; durante la noche se habían acumulado más de siete centímetros de nieve". Procedió entonces a compartir detalles sobre la reciente declaración testimonial a puerta cerrada de la madre de Oswald. "Uno de los abogados más cínicos de aquí sugirió que Marguerite fuera nombrada 'la madre del año' en honor a la fuerte defensa que había encabezado en favor de sus descendencia", escribió, al tiempo que destacaba la paciencia mostrada por Warren para sentarse a escuchar su perorata: "Si algunos de nosotros tuviéramos el hábito de la apuesta, del cual yo por supuesto carezco, abriríamos una quiniela para intentar determinar durante cuánto tiempo permanecerá en su asiento el ministro presidente escuchando todos los desatinos que salen a relucir".

Para finales de invierno, Belin había leído casi en su totalidad los cientos de declaraciones testimoniales recabadas en Dallas por el FBI, el Servicio Secreto y la policía local. Nunca había trabajado en un órgano del orden público, pero contaba con amplia experiencia en la interrogación de testigos, así que insistió entre sus colegas del equipo de trabajo de la comisión en que no le preocupaba el gran número de discrepancias que se observaba en los relatos de lo ocurrido en Plaza Dealey y en la escena del asesinato del oficial J. D. Tippit. Las discrepancias entre testigos importantes, bien intencionados, eran comunes en los procesos civiles de los que se ocupaba en Des Moines, tanto como ahora: "Cuando dos o más personas atestiguan un evento, obtendrás siempre, por lo menos, dos versiones distintas de los hechos".

Algunas de las discrepancias de los relatos de Dallas eran casi humorísticas. Por ejemplo, los compañeros de trabajo de Oswald en el almacén de libros —aunque estaban, claramente, intentando testificar con honestidad— no podían ponerse de acuerdo siquiera en los detalles más elementales sobre su apariencia. Cuando se les preguntó cómo vestía, uno de ellos, James Jarman Jr., juró que Oswald siempre usaba una camiseta. Otro, Eugene West, afirmó exactamente lo contrario: "Creo que jamás lo he visto trabajar usando sólo una camiseta". Belin pensaba que ambos testigos estaban declarando lo que creían que era la verdad, aunque uno de los dos estuviera equivocado. Había diferencias mucho más discordantes en otros temas, en especial en las declaraciones testimoniales de los dos agentes del Servicio Secreto que iban a bordo de la limusina del presidente en Dallas. El agente Roy Kellerman, quien viajaba en el asiento del copiloto, había insistido en que después del primer disparo escuchó a Kennedy gritar: "¡Dios mío, me han disparado!" Al preguntársele por qué estaba tan seguro de que había sido Kennedy y no Connally quien había gritado, Kellerman respondió: "Era su voz... En el asiento trasero iba un solo hombre que venía de Boston, y tenía el acento muy marcado".

Pero el agente que iba al volante, William Greer, insistió en que Kennedy no pronunció palabra alguna después del primer tiro. Connally y su esposa, Nellie, que también iban en la limusina, secundaron la versión de Greer: el presidente se mantuvo en silencio. (El equipo de trabajo de la comisión determinó al respecto que Greer y los Connally casi con certeza estaban en lo cierto, ya que la primera bala había atravesado la laringe de Kennedy, lo que habría imposibilitado al mandatario para articular palabra alguna.) Aun cuando sus relatos eran completamente contradictorios, preguntaba Belin, ¿alguien podría asegurar que alguno de ellos estaba mintiendo?

Las cartas de Belin a sus colegas cobraron un tono más sombrío en marzo, cuando él y Ball hicieron su primera visita a Dallas. Vieron la Plaza Dealey con sus propios ojos y se desplazaron por la misma ruta que había seguido la caravana de Kennedy. "Yo no estaba preparado en realidad para la experiencia emocional de observar en directo aquel edificio por primera vez", escribió Belin:

Con un agente del Servicio Secreto al volante, recorrimos la ruta que hubo tomado la comitiva presidencial, sobre la Avenida Principal en

Dallas hasta llegar a la calle Houston, donde el auto viró hacia la derecha. Ahí, a una cuadra de distancia, se erguía en su desnuda realidad el Almacén de Libros Escolares de Texas, el edificio sobre el que tanto había leído durante los seis días anteriores. En cuestión de segundos, me imaginé en la caravana, dentro de las coloridas imágenes en movimiento que estaban en nuestro poder y que fueron tomadas el día del asesinato. El auto avanzó lentamente con dirección norte por la calle Houston una cuadra hasta el cruce con la calle Elm. Fue entonces cuando mis ojos se postraron, inmóviles, sobre la ventana en la esquina sureste del sexto piso. Giramos a la izquierda en un ángulo reflejo de aproximadamente 270 grados y nos enfilamos por la diagonal hacia la autopista. Fue aquí donde las balas impactaron al presidente.

Había sido en ese momento, escribió Belin, cuando su mente se vio invadida por una serie de "destellos" con los recuerdos de las sórdidas evidencias que había revisado en Washington: el informe de la autopsia, la película de Zapruder y las fotografías de los fragmentos de balas y de las porciones del cráneo del presidente encontrados en Plaza Dealey.

Mientras permanecieron en Dallas, Belin rastreó de nueva cuenta lo que el FBI había tomado por el recorrido de Oswald, en taxi y luego a pie, después del asesinato; primero hacia la casa de huéspedes donde vivía en el cercano barrio de Oak Cliff y luego a la escena del homicidio del oficial J. D. Tippit. A Belin le parecía cruel que el nombre de Tippit y su homicidio cayeran con frecuencia en el olvido durante las discusiones sobre el asesinato, como si la caída de un efectivo policiaco hubiera sido un colofón insignificante de los sucesos de aquel día. Sus amigos en el cuerpo de policía describían a Tippit, de 39 años de edad —y quien decía que las iniciales "J. D." no significaban nada en particular—, como un buen hombre. Paracaidista del ejército en la segunda Guerra Mundial, Tippit había participado en el Cruce Aliado del Rin, en 1945, suceso por el cual fue condecorado con una Estrella de Bronce. En 1952 la policía de Dallas lo había contratado como oficial en entrenamiento con un sueldo de 250 dólares al mes. Había dejado una viuda y tres hijos; el menor de ellos tenía entonces cinco años de edad.

En opinión de Belin, la evidencia de que Oswald había asesinado a Tippit era incontrovertible. Al avanzar en su patrulla, el policía detectó

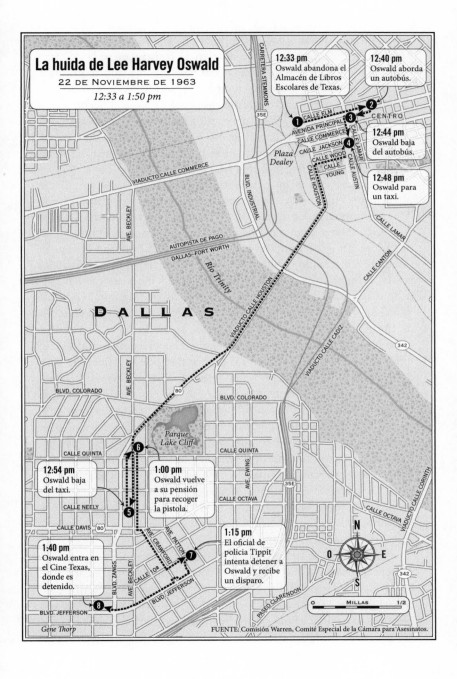

La huida de Lee Harvey Oswald

22 DE NOVIEMBRE DE 1963

12:33 a 1:50 pm

12:33 pm
Oswald abandona el Almacén de Libros Escolares de Texas.

12:40 pm
Oswald aborda un autobús.

12:44 pm
Oswald baja del autobús.

12:48 pm
Oswald para un taxi.

12:54 pm
Oswald baja del taxi.

1:00 pm
Oswald vuelve a su pensión para recoger la pistola.

1:15 pm
El oficial de policía Tippit intenta detener a Oswald y recibe un disparo.

1:40 pm
Oswald entra en el Cine Texas, donde es detenido.

DALLAS

Plaza Dealey

Río Trinity

Parque Lake Cliff

CENTRO

CARRETERA STEMMONS
CALLE ELM
AVENIDA PRINCIPAL
CALLE COMMERCE
CALLE JACKSON
CALLE WOOD
CALLE YOUNG
CALLE HOUSTON
CALLE LAMAR
CALLE AUSTIN
BLVD. INDUSTRIAL
VIADUCTO CALLE COMMERCE
AUTOPISTA DE PAGO
DALLAS–FORT WORTH
VIADUCTO CALLE HOUSTON
VIADUCTO CALLE CADIZ
CALLE CANTON
CALLE LAMAR
VIADUCTO CALLE CORINTH
AVE. BECKLEY
BLVD. COLORADO
CALLE QUINTA
CALLE NEELY
CALLE DAVIS
AVE. EWING
CALLE OCTAVA
CALLE QUINTA
PASEO CLARENDON
AVE. CRAWFORD
AVE. PATTON
CALLE 10a
BLVD. ZANGS
AVE. BECKLEY
BLVD. JEFFERSON
BLVD. JEFFERSON

MILLAS 1/2

N O E S

Gene Thorp

FUENTE: Comisión Warren, Comité Especial de la Cámara para Asesinatos.

a Oswald, quien caminaba sobre la acera. Tippit intentó detenerlo para interrogarlo puesto que su apariencia coincidía con la descripción del asesino del presidente, la cual recién había sido transmitida por la frecuencia policiaca. Al tiempo que descendía de su vehículo, Tippit recibió el impacto de cuatro disparos —tres en el pecho y uno en la cabeza—; los casquillos percutidos hallados en la escena coincidieron a la perfección con el revólver Smith & Wesson de Oswald, un arma que había adquirido a vuelta de correo en la misma armería que le había hecho llegar el rifle Mannlicher-Carcano.

Como parte de su recorrido, Belin visitó también el cine Texas, ubicado en bulevar West Jefferson, a pocas calles del punto donde Tippit fue muerto. La detención de Oswald ocurrió dentro del cine —originalmente a causa del asesinato de Tippit, no por el homicidio del presidente—, después de que éste hubiera franqueado la taquilla sin pagar e intentado ocultarse entre la audiencia en la oscuridad de la sala. Belin contó a sus colegas de Iowa que había tenido buen cuidado de acomodarse "en el asiento donde Oswald fue aprehendido".

Belin y Ball dedicaron horas enteras a la inspección del almacén de libros y a entrevistar a los compañeros de trabajo de Oswald, entre ellos, a tres hombres que aseguraban haberse encontrado en el quinto piso del edificio, mientras observaban por la ventana el paso de la caravana de Kennedy, cuando sonaron los disparos. Los tres habían coincidido en interrogatorios previos con la policía en que escucharon el percutir de un rifle justo por encima de ellos; también sostuvieron que habían escuchado el ruido que producen los casquillos cuando golpean el suelo. Belin deseaba verificar si eso era verdad. El almacén tenía losas de cemento lo suficientemente gruesas como para soportar toneladas de libros y Belin se preguntaba si en verdad era posible que alguien ubicado en el piso anterior pudiera distinguir el sonido relativamente débil del percutor de un rifle y de casquillos que chocan contra el suelo. Tal vez, pensó, los compañeros de Oswald lo habían imaginado.

Para la prueba, Belin y Ball pidieron a un agente del Servicio Secreto que se colocara, armado con un rifle similar, en la ventana de la esquina suroeste donde Oswald había sido visto. Ball permaneció con el agente mientras que Belin bajó al quinto piso con Harold Norman, uno de los empleados del almacén. "Ordené con un grito que comenzara la prueba", escribió al respecto Belin. "En realidad, no esperaba oír nada. Entonces, con una claridad impresionante, escuché el golpe sordo de un casquillo cuando éste impactó contra el suelo. Percibí dos impactos más cuando otros dos casquillos percutidos cayeron al piso sobre mí." Belin señaló que pudo escuchar también cuando el agente desplazó "hacia atrás y hacia delante la recámara del rifle; y esto se escuchó también con claridad".

"Joe, si no lo hubiera escuchado yo mismo, jamás lo habría creído", le confió Belin a Ball.

Belin realizó una prueba más, pensada para valorar con cuánta rapidez habría descendido Oswald desde el sexto al segundo piso, donde éste se había encontrado con su supervisor, Roy Truly, y el oficial de policía de Dallas, Marrion Baker, segundos después de los disparos. Baker declaró que había detenido su motocicleta y entrado a toda prisa al edificio cuando escuchó los disparos porque creyó que éstos habían provenido del almacén de libros. Belin corrió detrás de Baker, cronómetro en mano, mientras éste recreaba sus movimientos, saltando nuevamente desde su motocicleta y desplazándose al interior del edificio, donde subiría hasta el segundo piso. La prueba dejó a Belin sin aliento. ("Nadie me dijo que [al integrarme a la comisión] habría esfuerzo físico de por medio", bromeó con sus amigos de Iowa.) El experimento le demostró que Oswald tuvo tiempo necesario para descender al segundo piso antes de que el oficial de policía llegara.

Belin se sorprendería al saber que fue el primer investigador en llevar a cabo dicha clase de pruebas. Pese a todas sus promesas de una investigación exhaustiva en Dallas, el FBI, el Servicio Secreto y las autoridades de Texas habían dejado lagunas en sus registros. El joven abogado se asombraría también de haber conocido a un testigo importante que había sido prácticamente ignorado por el resto de los investigadores: Domingo Benavides, un mecánico automotriz que frenó su Chevy Pickup 1958 en cuanto vio a Tippit ser abatido cerca de la esquina de la Quinta y Patton. "Apenas podía creer lo que ese hombre me estaba diciendo", diría Belin. Benavides le había declarado que además de haber sido testigo del asesinato, se había dirigido a la patrulla de Tippit para intentar, desesperadamente, "usar el radio para informarle al departamento de policía que a un agente le habían disparado." Benavides encontró entonces dos casquillos vacíos que habían sido arrojados a los arbustos por un hombre a quien identificaría como Oswald, los cuales entregó a la policía.

Sin embargo, mientras que Belin había logrado sin problemas localizar a Benavides, su nombre no aparecía en ninguna de las declaraciones de los testigos preparadas por el FBI y la policía de Dallas el día del asesinato. La policía no se había tomado la molestia de llevar a Benavides a sus oficinas centrales la tarde del asesinato de Tippit para que identificara a Oswald, como sí lo hizo con otros testigos. ¿Por qué, preguntó Belin, estaba siendo la comisión la que descubría la existencia de un testigo de semejante importancia?

Después del viaje a Dallas, Belin regresó a Washington para comenzar a recabar declaraciones testimoniales juramentadas de algunos de los mismos testigos que había conocido en Texas. Entre ellos se encontraba el hombre al que él consideraba como "el testigo de mayor importancia" en Plaza Dealey: Howard Brennan, el técnico especializado en calefactores de 44 años de edad que estaba sentado contra una pared en la esquina de Houston y Elm, exactamente en la calle enfrente del almacén de libros, cuando resonaron los tiros. La ubicación de Brennan con respecto a la ventana del sexto piso del almacén era de unos 34 metros. Otros testigos, altamente fidedignos, aseguraban haber visto asomar el cañón de un rifle por una de las ventanas superiores, entre ellos un fotógrafo del *Dallas Times-Herald* que formaba parte de la caravana y quien, tras escuchar el primer disparo, señaló hacia arriba y gritó a sus colegas: "¡Ahí está el arma!" Brennan, sin embargo, fue quien ofreció, por mucho, el relato más detallado, incluida una clara descripción física del agresor. Durante los minutos previos a los disparos, según declaró, había mirado hacia las ventanas del almacén de libros donde observó "a algunas personas en diferentes ventanas" que parecían esperar con ansias la oportunidad de ver al presidente. "Vi, en particular, a un hombre en el sexto piso."

Un instante después de que la limusina del presidente hubo pasado, "escuché un estallido que ciertamente supuse como el tronido de un escape" del motor de una motocicleta, en palabras de Brennan. Entonces, dijo haber escuchado un segundo ruido que le pareció el sonido de un cohetón que había sido arrojado desde el almacén de libros. "Miré hacia arriba. Y el hombre —al que vi antes— estaba preparando el blanco de su último disparo." El hombre empuñaba "algún tipo de rifle de alto calibre" y "descansaba contra el alféizar de la ventana izquierda, con el arma sobre el hombro derecho, tomándola con la mano izquierda, apuntando, y [entonces] disparó por última vez". Ésa fue la tercera detonación, la que impactó en la cabeza del presidente, al decir de Brennan. El asesino, declaró Brennan, era un hombre blanco, de 80 a 85 kilogramos de peso y llevaba ropa de color claro; una descripción razonablemente precisa de Oswald. En medio del caos posterior a los disparos, Brennan se acercó a los oficiales de policía y les describió lo que había visto. Minutos después, los radios de la policía en toda la ciudad resonaban con la descripción que el departamento ofrecía del agresor, con base, al parecer, en el relato de Brennan.

Aquella tarde, un conmocionado Brennan fue trasladado al cuartel de la policía y enfrentado a una formación de sospechosos que incluía a Oswald. En ese instante, como admitiría después, Brennan decidió mentir. Aunque después declararía estar seguro de que el asesino del presidente estaba de pie frente a él, Brennan observó la hilera de hombres y dijo que no podía reconocer entre ellos al agresor. Mintió, aclaró después, porque sospechaba que el asesinato de Kennedy era el resultado de una conspiración extranjera —"una actividad comunista"— y que él podría ser el siguiente en morir. "Si llegaba a saberse que yo era un testigo presencial, mi familia o yo, cualquiera de nosotros, podíamos correr peligro."

Belin se sintió defraudado, pero le pareció tristemente comprensible que Brennan no hubiera dicho la verdad. Más o menos en los días de este testimonio, en Washington diarios de todo el país informaban una historia abominable sobre el homicidio de una mujer neoyorquina, Kitty Genovese, muerta a puñaladas en su hogar en el barrio de Queens, en un ataque perpetrado presuntamente por un grupo de 38 personas, sin que nadie hiciera nada en respuesta a sus ruegos de ayuda.* "En una era en la que la gente en Nueva York no ofrece ayuda mientras una mujer es asesinada... tal vez sea de esperarse que alguien, temeroso de alguna clase de conspiración comunista, no dé un paso al frente e identifique de inmediato al hombre que mató al presidente de Estados Unidos", escribiría Belin posteriormente.

---

* Con el tiempo se descubriría que los mencionados reportes noticiosos, en especial los emitidos por *The New York Times*, habían sido seriamente exagerados. En años posteriores, otros periodistas e investigadores determinaron que sólo unos cuantos testigos que estaban cerca del lugar del asesinato de Genovese habrían estado en posición de ver o de escuchar algo.

Belin necesitaba encontrar sentido en los confusos testimonios de otros testigos, confiables por igual, que creían que los disparos no provinieron del almacén de libros, sino desde el así llamado montículo de pasto frente a la limusina presidencial. El testimonio más llamativo que implicaba a un posible asesino ubicado en el montículo de pasto pertenecía a Sterling M. Holland, un supervisor de la terminal ferroviaria Union, que se encontraba supervisando los señalamientos del paso elevado de la carretera frente a la caravana. Holland había declarado estar observando la caravana, en espera de echar un vistazo a Kennedy, cuando escuchó el ruido de un arma de fuego y vio al presidente desplomarse. Al volver la cabeza a la izquierda, hacia el montículo de pasto, vio "una nube de humo" que "apareció a unos dos o tres metros sobre el suelo" debajo de un grupo de árboles. Holland aseguraba haberse apresurado hacia ese punto, donde se encontró con 12 o 15 personas, entre oficiales de policía y civiles, que buscaban "cartuchos vacíos", hecho que sugería que el agresor había estado ahí.

Sam Stern, quien se desplazó a Texas para auxiliar con las entrevistas a los testigos, se encargó de tomar la declaración de Holland a principios de abril. Stern estaba tan emocionado por todo lo que Holland le relataba —y el claro señalamiento de la presencia de un segundo tirador—, que el joven abogado se disculpó para ausentarse de la sala de interrogatorios por un momento para intentar comunicarse con Belin, quien por entonces también se encontraba en Dallas.

El testimonio de Holland era "fascinante", comentaría Stern posteriormente. "¿Una nube de humo? ¿Qué implicaba ello?" Belin, en cambio, no estaba impresionado. "Ah, sí", respondió con desaire, "ya lo sabemos todo al respecto".

A Stern le molestó que se ignorara el testimonio, al parecer importante, de Holland, pero confió en el, por entonces, mayor y más detallado conocimiento de Belin sobre lo ocurrido en Plaza Dealey. Mucho tiempo después, Stern diría que el testimonio de Holland seguía atormentándolo y se preguntaba si debió haber recibido mayor atención. "Nadie lo estaba tomando en serio", aseguraría. Durante los años posteriores al asesinato, el testimonio de Holland sería recogido por teóricos conspiratorios como una prueba de que la comisión había hecho caso omiso de un testigo clave.

Belin aseguraría después que siempre entendió la posible relevancia del relato de Holland no obstante que, a fin de cuentas, el supervisor ferroviario entraba en la categoría de los testigos honestos pero equivocados. Tal como Belin sabía, ningún tipo de evidencia física —casquillos percutidos o algo similar— se encontró nunca en el montículo de pasto. Y se antojaba imposible que un hombre armado hubiera podido accionar un rifle desde ese punto sin que nadie lo hubiera visto con claridad, puesto que varios espectadores se encontraban ubicados en el montículo de pasto al tiempo que el convoy avanzaba.

Belin y Ball también intentaban franquear los problemas que suponía otro testigo potencialmente clave: Helen Markham, la mesera del restaurante Eatwell que había sido testigo del asesinato de Tippit. A diferencia de Domingo Benavides, a Markham la llevaron frente a una formación de sospechosos pocas horas después de la muerte del policía e identificó a Oswald como el asesino.

Si Howard Brennan era el testigo más importante de la comisión para demostrar la culpabilidad de Oswald, Markham sería recordada como "la más controversial", afirmaría Belin. Cuestionamientos sobre su credibilidad acosarían a la investigación durante meses. Cuando Markham llegó a Washington para rendir su declaración, se encontraba en un estado cercano al pánico por la súbita notoriedad que había cobrado. Mark Lane había acrecentado sus ataques en público sobre su credibilidad, asegurando que él la había entrevistado y ella se había retractado de haber reconocido a Oswald como el homicida de Tippit. La comisión necesitaba determinar qué le había dicho a Lane, si era el caso, y por qué ella habría cambiado su declaración.

El ministro presidente intentó tranquilizar a Markham en cuanto ésta llegó a las oficinas de la comisión y tomó asiento en la sala de conferencias. Warren "parecía casi un ministro de culto cuando miraba y sonreía" a Markham, recordaría Belin. En ese entonces Warren le habría deslizado una nota escrita a mano al congresista Ford, la cual decía: "Es probable que la testigo esté histérica".

Markham admitió sentirse nerviosa: "Estoy muy agitada", dijo.

Ball, quien encabezó el interrogatorio, intentó apaciguarla: "Tómelo con calma", le dijo. "Ésta es una pequeña conversación muy informal." La llevó a través de los sucesos de una vida miserable —la mujer era divorciada y tenía cinco hijos que mantener— antes de pedirle que describiera lo que había visto aquella tarde del 22 de noviembre. La mujer describió la muerte de Tippit como un asesinato a sangre fría, ya que Oswald jaló el gatillo de su arma segundos después de que el oficial descendiera de su patrulla. Después de dispararle al policía en el pecho y en la cabeza, Oswald la miró de frente, recordaba Markham. "Parecía furioso", dijo ella. "Me tapé la cara con las manos y cerré los ojos, porque sabía que iba a matarme. No podía gritar, no podía pedir ayuda. Me congelé." Pero en lugar de dirigir su arma hacia Markham y otros testigos que podrían identificarlo, Oswald simplemente se alejó "trotando".

Markham relató entonces que corrió en pos de Tippit y lo escuchó intentar —sin éxito— pronunciar sus últimas palabras mientras que la sangre se acumulaba a su alrededor sobre el asfalto. Poco después, esa misma tarde, identificó a Oswald entre la hilera de sospechosos. "Habría reconocido a ese hombre en cualquier lado", dijo. "Sé que lo haría."

Ball regresó al tema de Lane, y le preguntó a la mujer si había hablado con éste y por qué, en todo caso, se retractó de sus declaraciones. Markham negó haber hablado con alguien que respondiera al nombre de Mark Lane, así como haberle asegurado a alguien que el hombre que había disparado contra Tippit fuera "bajo, fornido y de cabello abundante", como Lane había insistido. Desde noviembre, dijo, fue entrevistada sólo por un reportero de la revista *Life*, la cual publicó algunos de sus comentarios, y por un hombre que se había presentado como un periodista francés y hablaba con acento galo. No podía recordar el nombre del francés, pero aseveró que tenía la tez "morena", era de complexión media y usaba "lentes con montura de carey"; una descripción física que bien podría coincidir con la de Lane.

¿Podía Lane haberse hecho pasar por un reportero francés? Norman Redlich, quien observaba el desarrollo de la declaración, abandonó la sala y encontró dos fotografías de periódico donde aparecía Lane, las cuales fueron mostradas a Markham. "Nunca había visto a este hombre en mi vida", insistió ella entonces. Ball y Belin estaban desconcertados; Lane había declarado bajo juramento haber hablado con Markham. Podía ser un hipócrita, dijo Belin, pero le resultaba difícil creer que se hubiera arriesgado a cometer perjurio con una mentira tan descarada.* La disputa entre los relatos de Markham y de Lane no sería resuelta sino hasta varias semanas después, en un proceso durante el cual la credibilidad de ambos resultó dañada.

El hecho atormentó a Belin desde entonces. Al menos seis testigos fidedignos, además de Markham, habían identificado a Oswald como el autor material del homicidio de Tippit. Benavides entre ellos, un testigo a quien Belin había localizado personalmente. Cada vez con más fuerza, Belin veía en la ejecución de Tippit la "Piedra Rosetta"** del asesinato de Kennedy: el suceso que explicaba todo lo demás, en vista de que probaba que Oswald era capaz de cometer homicidio y puesto que éste no tenía otra razón para matar a Tippit salvo la de huir de la policía que buscaba al asesino del presidente. Con todo, Lane y su creciente ejército de teóricos de la conspiración estaban en posición de convencer a un público ingenuo de que todo el proceso contra Oswald era una farsa gracias a que una testigo "voluble" como Helen Markham podría haber confundido sus palabras durante una conversación telefónica que, según afirmaba ella, ni siquiera podía recordar.

Entender la escena del crimen en Plaza Dealey nunca sería tan fácil. Aunque Belin tenía la certeza de que Oswald había actuado solo en el homicidio de Tippit, seguía teniendo sospechas de que el mismo Oswald podría no haber actuado solo en el asesinato del presidente. Belin estaba convencido de que todas las balas dirigidas a la limosina de Kennedy habían venido desde atrás, descartando un disparo desde el montículo de pasto o desde algún otro sitio delante del convoy; sin embargo, a partir de la confusión de los estudios balísticos y del conflicto entre los testimonios de los testigos, se preguntó cómo la comisión podía descartar la posibilidad de que a Oswald lo hubiera

---

* La comisión no descubriría hasta junio que Lane había grabado su llamada telefónica con Markham.

** Exhibida en el Museo Británico de Londres, la Piedra Rosetta (196 a.C.) es una antigua lápida hallada a finales del siglo XVIII en Rashid, Egipto, de gran importancia para el entendimiento del desarrollo de las culturas antiguas porque establece el canon de una traducción fidedigna entre tres manifestaciones escritas: los jeroglíficos sacerdotales, el egipcio demótico y el griego clásico. Así, el término "Piedra Rosetta" se ha insertado en la dinámica de la lengua para referir el punto clave de un suceso, cuyo discernimiento guía a la explicación del mismo. [N. de T.]

acompañado un cómplice en el almacén de libros. ¿Podría haberse colocado otro asesino en algún punto detrás de la caravana? Belin se había integrado a la comisión creyendo en la existencia de una conspiración para matar a Kennedy, y aún estaba ansioso por revelarla. A principios de enero, Mel Eisenberg, ayudante de Redlich, organizó una serie de proyecciones de la película de Zapruder para el equipo de trabajo de la comisión. Eisenberg, Belin y Specter, entre algunos otros, observaron las mismas imágenes repulsivas hora tras hora y analizaron la película cuadro por cuadro.

A finales de febrero, la revista *Life* accedió, con renuencia, a entregar a la comisión la película original que había adquirido de Abraham Zapruder. Hasta entonces, el equipo de trabajo había dependido de copias realizadas por el Servicio Secreto y el FBI. La imagen del filme original era mucho más nítida y mostraba "detalles considerablemente mayores que cualquiera de las copias con las que contábamos", recordaría Belin. *Life* estuvo de acuerdo también en entregar a la comisión diapositivas de 35 mm, a color, de cada cuadro. Belin estaba emocionado por la oportunidad de ver el filme original; éste representaba su mayor esperanza de probar la existencia de una conspiración, posiblemente al demostrar que Oswald no había tenido el tiempo suficiente para realizar todos los disparos que impactaron en Kennedy y Connally.

La cámara casera Bell & Howell de Zapruder estaba bajo la custodia del FBI. Los técnicos del buró habían determinado que el aparato operaba a una velocidad de 18.3 cuadros por segundo. Ése cálculo les permitió determinar la velocidad promedio a la que la limusina en la que viajaba Kennedy había atravesado Plaza Dealey: 18 km por hora. El FBI contrastó entonces la velocidad de la limusina contra los resultados de las pruebas que medían con cuánta rapidez podía un tirador avezado disparar con el rifle Mannlicher-Carcano de Oswald. Las pruebas mostraron que el tiempo mínimo necesario para disparar "con puntería dos proyectiles de manera sucesiva" usando el rifle, sería de aproximadamente 2.3 segundos; el equivalente a 42 cuadros de la película de Zapruder. El FBI insistió en que sus pruebas demostraban que dos balas distintas habían herido a Kennedy y a Connally. Así pues, si Belin y sus colegas podían demostrar, a partir del filme de Zapruder, que los disparos dirigidos hacia la caravana habían sido realizados con una diferencia de menos de 2.25

segundos, tendrían evidencia que señalaba hacia la presencia de dos tiradores en Plaza Dealey.

Durante varios días en el transcurso de los últimos días del invierno y el comienzo de la primavera, los abogados del equipo de trabajo se reunieron en una sala de conferencias con Lyndal Shaneyfelt, un fotoperiodista retirado que trabajaba ahora como el principal analista fotográfico del FBI. Juntos, vieron la película de Zapruder cientos de veces. El recuerdo de las imágenes perseguiría a Belin por el resto de su vida: "Despertaba en medio de la noche con la imagen del presidente saludando a la multitud, y entonces, en cuestión de segundos, presenciaba el tiro fatal, la cabeza del presidente que se estremecía y luego se desplomaba".

Shaneyfelt asignó un número a cada cuadro del filme. La imagen más perturbadora, marcada con el número 313, capturaba el momento en que el presidente recibía uno de los disparos en la cabeza al tiempo que se levantaba la nube de sangre rosácea sobre la limusina. Dos fragmentos identificables de esa bala, pertenecientes, al parecer, al tercer y último proyectil disparado por Oswald, se hallaron en la limusina. Los otros dos disparos parecían encerrar los mayores misterios. Con base en el fragmento de cinta, era posible determinar que el primero golpeó a Kennedy —en la parte alta de la espalda o en la parte baja de la nuca— en algún momento entre los cuadros 210 y 224; no era posible alcanzar mayor precisión debido a que la toma de Zapruder había sido bloqueada por una señal de tránsito durante ese momento. (A partir del cuadro 225, cuando Kennedy regresa a cuadro, resulta evidente que había recibido ya un impacto porque su mano se movía en dirección a su garganta).

Shaneyfelt y los abogados del equipo coincidieron en que Connally fue, casi con certeza, herido entre los cuadros 207 y 225, dada la ubicación de sus heridas y el lugar que ocupaba en la limusina. Un análisis de las evidencias médicas en el caso de Connally, junto con la posición de su cuerpo en distintos momentos, mostraba que el punto más tardío en el que pudo haberlo impactado un proyectil era en el cuadro 240.

Belin se dio cuenta de que el resto de los cálculos no eran tan complicados. Asumiendo que el FBI y el Servicio Secreto estaban en lo cierto, la primera y la tercera balas impactaron a Kennedy y la segunda a Connally. De ese modo, si Kennedy no fue herido sino hasta el cuadro 210 y Connally no después del 240, existía un máximo de 30 cuadros de película entre los dos disparos, es decir, menos de dos segundos. Oswald habría tenido entonces muy poco tiempo para haber realizado ambas detonaciones. Y ese hecho, creía Belin, le daba la respuesta que tanto había estado buscando: hubo, cuando menos, un segundo tirador en Plaza Dealey.

27

Arlen Specter enfrentaba una carga de trabajo extraordinaria. Tenía tanto por hacer como cualquiera de los jóvenes abogados en el equipo de trabajo, y ahora —después de la abrupta desaparición de su compañero *senior*, Frank Adams— probablemente tendría que hacer más. "¿Cuándo podré ver a mi familia de nuevo?", le preguntaba a sus compañeros, mitad en broma mitad en serio. De los 93 testigos que habían declarado formalmente ante la comisión en Washington, 28 eran responsabilidad de Specter. Él había tomado declaración a la mayoría de los funcionarios gubernamentales y al resto de los que habían formado parte de la caravana en Dallas, así como a prácticamente todo el personal médico del hospital Parkland y de la sala de autopsias de Bethesda. Specter tenía a su cargo el análisis de los detalles más pequeños de las descripciones de sus testigos y sus transcripciones de las declaraciones testimoniales dieron fe de que el joven abogado había estado preparado para hacerlo.

No dejaba de impresionar a sus colegas, por otro lado, con su disposición a enfrentar al ministro presidente y a Rankin. Aunque no puede decirse que siempre se saliera con la suya. Cuando los comisionados comenzaron a escuchar testimonios en Washington, su recomendación había sido que se empezara con quienes habían estado más cerca físicamente del presidente en la caravana. La testigo inicial, por lógica, argüía Specter, debía ser la viuda del presidente: "Jacqueline Kennedy habría sido un arranque apropiado", en vista de que nadie había estado más cerca del presidente, de forma física o de algún otro modo, en el momento de su muerte.

Durante las primeras semanas de la investigación, Specter había preparado una lista de 90 preguntas que deseaba plantear a la primera dama. Las dividió en siete categorías, la primera de las cuales era "Sucesos del 22 de noviembre de 1963, antes del asesinato". Le parecía que la señora Kennedy debía responder acerca de cada aspecto del atentado contra su esposo, incluyendo lo que recordara de la expresión facial de éste después de que la primera bala atravesara su garganta. Así decía la pregunta número 31 de su lista: "¿Qué reacción, si la hubo, mostró el presidente Kennedy después del primer disparo?" También quería resolver el misterio persistente sobre por qué la señora Kennedy se había subido al cofre de la limusina después de que resonaron los tiros. "Se trata de una pregunta de interés histórico que ha causado ciertas especulaciones", le escribió Specter a Rankin, ofreciéndole al mismo tiempo diversas explicaciones posibles al respecto, como la posibilidad de que ella estuviera, sin más, intentando escapar "de la tragedia y el peligro en el vehículo".

En marzo, Specter manifestó estar decepcionado, aunque no sorprendido, cuando se le comunicó que la señora Kennedy no testificaría a principios de la investigación y que cabía la posibilidad de que no fuera llamada nunca a rendir declaración testimonial debido a la renuencia de Warren a interrogarla. "El ministro presidente había adoptado una actitud protectora hacia la señora Kennedy", aseguraría Specter. Ese hecho sentó el precedente de un terrible doble criterio, a su parecer. Si se hubiera tratado del caso de un homicidio a cargo de la oficina del fiscal de distrito en Filadelfia, los oficiales y los detectives de la policía habrían entrevistado a la esposa de la víctima —especialmente si ésta había presenciado el crimen— pocas horas después de haber ocurrido. "En el caso de un homicidio en primer grado, la federación está obligada a llamar a todos los testigos presenciales", afirmaría. "Ello se debe a que son de enorme importancia para llegar a la verdad." En la investigación del asesinato, sin embargo, era posible que la viuda del presidente no fuera sometida a interrogación alguna. "Mi opinión es que ningún testigo está por encima del alcance de la ley en cuanto a la recaudación de pruebas se trata." Y agregaría: "No creo que la señora Kennedy estuviera por encima de ese requisito mínimo". Specter creía con la misma convicción que la comisión necesitaba tomar la declaración del presidente Johnson. La pugna por interrogar al presidente había cobrado fuerza debido a las numerosas teorías conspiratorias sobre su implicación en el magnicidio, de alguna u otra forma. Specter insistía en que estaba listo para preguntarle a Johnson —"a quemarropa"— si él había sido parte de una conspiración. "En otras circunstancias, él habría sido considerado como uno de los sospechosos principales", declararía Specter tiempo después. "No creo que el presidente Johnson haya tenido nada que ver con el asesinato del presidente Kennedy, pero tampoco creo que plantearle esa pregunta hubiera sido inapropiado."

★ ★ ★

Cuando Specter terminó de recabar declaraciones testimoniales en Washington, sus testigos principales eran los dos agentes del Servicio Secreto que habían estado a bordo de la limusina de Kennedy: primero, Roy Kellerman, quien viajaba en el asiento del copiloto, y luego William Greer, el conductor. Ambos habían sido llamados a testificar el lunes 9 de marzo.

Kellerman, a decir de Specter, se apegaba por entero a la "imagen que se busca en el cargo" de agente del Servicio Secreto. Ex trabajador de la industria automotriz y antiguo policía estatal de Michigan, Kellerman, de suave voz —tan callado que sus colegas le habían asignado el mote de *Parlanchín*—, "medía 1.95 metros, pesaba bastante más de 90 kilogramos y era musculoso y bien parecido". Si bien cumplía con la apariencia, Specter no estaba convencido de que el agente hubiera hecho bien su trabajo el día del asesinato. Kellerman desconcertó al joven abogado al mostrarse sorprendentemente impasible, incluso indolente, al referirse a los últimos momentos de la vida del presidente a quien había jurado proteger. Specter le preguntó a Kellerman por qué no había saltado hacia la parte posterior de la limusina, donde Kennedy y Connally se encontraban heridos de gravedad, después de escuchar las detonaciones en Plaza Dealey, cuando menos para proteger sus cuerpos ante la posibilidad de que recibieran más disparos de camino al hospital Parkland. Kellerman insistió en que no había nada que hubiera podido hacer; era de más ayuda a las víctimas, consideraba, al permanecer en el asiento delantero, donde podía transmitirle a Greer los mensajes que llegaban por radio.

Specter llegó a la conclusión de que Kellerman "no era el hombre adecuado para el trabajo; corpulento y con 48 años de edad, sus reflejos no habrían sido buenos".

Greer había sido un testigo mucho más empático. Inmigrante de origen irlandés llegado a Estados Unidos durante su adolescencia, hablaba aún con un ligero acento de su tierra. Se había integrado al Servicio Secreto después de haber servidor en el ejército en la Segunda Guerra Mundial y de haber trabajado durante casi una década como chofer de familias acaudaladas en el área de Boston. Durante la comparecencia fue patente para Specter que el hombre quedó devastado por el asesinato de Kennedy. "Era claro que sentía cierto aprecio por Kennedy, el cual, me pareció, había sido recíproco", en parte debido a su compartida ascendencia irlandesa, diría Specter. A Greer lo atormentaba su actuación en la caravana. Un ejemplo de ello fue la omisión de pisar el acelerador tan pronto como escuchó el primer disparo. Las fotografías y las grabaciones de la televisión tomadas en la escena sugerían que en realidad había frenado después del primer tiro y vuelto su mirada hacia atrás para ver qué estaba ocurriendo, todo lo cual posiblemente habría convertido a Kennedy en un blanco más fácil. Cuando Jacqueline Kennedy se enteró de dichos detalles, al decir de sus amigos, enfureció; se quejó de que los agentes del Servicio Secreto no habían sido más capaces de proteger al presidente de lo que hubiera podido hacerlo la nana de sus hijos. Posteriormente, cuando William Manchester publicó su recuento del asesinato, el escritor narraría cómo Greer se disculpó entre lágrimas con la señora Kennedy en el hospital Parkland, habiendo reconocido que debía haber hecho virar el vehículo para intentar salvar al presidente.

Warren, quien estaba presente en la mayoría de las declaraciones de testigos que conducía Specter, pensaba que la forma de interrogación del joven abogado resultaba metódica hasta el punto del absurdo. Verdaderamente, creía el ministro presidente, ellos estaban desperdiciando *su* tiempo. En el interrogatorio de Kellerman y Greer, por ejemplo, Specter había pedido a los agentes que ofrecieran su mejor cálculo sobre el tiempo que habría transcurrido entre cada uno de los disparos, de dónde habían provenido y desde qué distancia. También les pidió que señalaran sobre un mapa en qué punto creían que se encontraba la caravana cuando cada uno de los proyectiles fue disparado.

Specter consideraba que era su obligación inquirir sobre "los detalles más pequeños del asesinato", sin importar cuánto tiempo fuera
necesario. Warren no estaba de acuerdo y le expresaba su molestia a
Specter mediante un tamborileo, ruidoso, que hacía con sus dedos.
Durante el testimonio de Kellerman, recordaría Specter, "el ruido del
golpeteo de los dedos del ministro presidente fue en aumento", tanto
que "me llevó aparte y me pidió acelerar el proceso".

Warren le comentó a Specter que era "poco realista esperar respuestas relevantes a preguntas sobre la percepción del tiempo transcurrido" entre los disparos, sobre todo cuando los agentes no tenían
siquiera un recuerdo claro de haber escuchado cada disparo por separado. Pero Specter desobedeció la orden del ministro presidente
para acelerar el interrogatorio. "No, señor", recordaría haberle respondido a Warren. "Esas cuestiones resultan esenciales." Specter le
recordó entonces a Warren que la gente iba a "leer y releer este registro durante años, si no por décadas, y tal vez durante siglos". Tenía
una vasta experiencia en las cortes de apelación en su natal Pennsylvania; conocía la manera en que los jueces de apelaciones sometían
a escrutinio las transcripciones de los juicios, en busca del menor
error o inconsistencia cometido por un abogado acusador. Las transcripciones de la comisión serían sometidas a una revisión mucho
más estricta que cualquier transcripción de cualquier proceso de la
que él alguna vez hubiera podido encabezar. Specter consideraba que
Warren, quien había pasado tanto tiempo de su vida laboral en el
ámbito de la procuración de justicia dando órdenes a los fiscales
en vez de hacer las veces de fiscal él mismo, no entendía ese punto.
"Desconozco si Warren sabía cómo debería lucir una transcripción",
recordaría Specter. "Éste era mi trabajo y yo iba a hacerlo bien."

Sin embargo, aunque Warren no estaba contento con la oposición de Specter, "no me ordenó que cambiara mis métodos", recordaría el abogado. "Además de tamborilear con los dedos, Warren no
interfirió con el interrogatorio."

En opinión de Specter, el siguiente agente del Servicio Secreto
en testificar, Clint Hill, había sido el verdadero héroe el día del asesinato. Él creía que toda persona que observara con detenimiento la
película de Zapruder podría advertir que Hill, originario de Dakota
del Norte, de 31 años de edad, y quien había trabajado para el Servicio Secreto durante nueve años, había salvado la vida de Jacqueline

Kennedy. Hill iba a bordo del auto que avanzaba justo detrás de la limusina presidencial; cuando éste escuchó el primer disparo saltó al asfalto y corrió hacia los Kennedy, encaramándose sobre el maletero del vehículo presidencial. "Quedaba impresionado cada vez que veía la película de Zapruder y observaba a Hill abalanzarse sobre la limusina; apenas si lograba sujetarse de la manija ubicada sobre el maletero posterior del lado izquierdo cuando brincó encima del panel corredizo en la parte posterior izquierda al tiempo que el auto aceleraba", diría Specter. El joven agente había empujado a la señora Kennedy de regreso a la limusina cuando ésta comenzó a subir por el maletero. Sin este acto, aseguraría Specter, "la señora Kennedy habría sido arrojada a la calle en cuanto la Lincoln acelerara, y hubiera caído en el camino por donde el vehículo de apoyo aceleraba su marcha".

Specter estaba condonando el hecho de que Hill reconociera haber violado el protocolo del Servicio Secreto al salir a beber la noche anterior al asesinato; el agente admitió haber bebido un whisky con agua mineral en el Club de Periodistas en Fort Worth y haberse dirigido a otro club nocturno, donde permaneció hasta su regreso al hotel donde se hospedaba hacia las 2:45 de la madrugada. Más allá de cualquier posible efecto secundario del alcohol, Specter creía que "los reflejos de Clinton Hill no podían haber sido más veloces cuando fueron necesarios para salvar la vida de la señora Kennedy".

Hill también le habría ofrecido a Specter una explicación convincente, si bien horripilante, de por qué la señora Kennedy había intentado trepar por el maletero de la limusina. "Se había levantado de un salto del asiento, me pareció, pues pretendía alcanzar algo que se escapaba por el lado derecho de la parte trasera del parachoques del auto", aseguró Hill.

"¿Había algún objeto que usted observara que ella hubiera estado intentando alcanzar?", preguntó Specter.

Hill creía que la primera dama intentaba recoger fragmentos del cráneo de su marido que habían salido disparados a causa de la segunda bala que lo había golpeado. El impacto "removió una parte de la cabeza del presidente y él se había desplomado de forma notoria hacia su izquierda", refirió Hill, al recordar la nube de sangre y las partículas de carne que habían salpicado el asiento trasero de la limusina. "Sé que al día siguiente encontramos el trozo de la cabeza del presidente" en la calle de Dallas. Recordaba que su único impulso había sido lograr que la primera dama regresara al interior del vehículo. "La sujeté y la hice regresar al asiento trasero, subí a la parte alta del asiento y ahí me quedé."

Specter tenía a su cargo también de la revisión de las evidencias médicas y no tardaría en descubrir que gran parte de ellas eran un desastre. El expediente que habían abierto los médicos de la sala de emergencias del hospital Parkland y, posteriormente, los patólogos de la sala de autopsias del hospital naval de Bethesda estaba repleto de datos contradictorios e imprecisos. Specter se percató muy pronto de cómo esa confusión podría dar pie a teorías conspiratorias. Los problemas comenzaron pocas horas después del magnicidio, cuando los médicos de Parkland organizaron una poco conveniente conferencia de prensa. Al enfrentar a una multitud de reporteros frenéticos, el doctor Malcolm Perry, quien había atendido al presidente en la sala de emergencias, dijo, en apariencia, que una de las balas que impactaron al presidente había provenido del frente de la caravana y no desde el Almacén de Libros Escolares de Texas u otro punto a espaldas de la limusina de Kennedy. "Sí, es concebible", dijo Perry, un comentario que implicaba la presencia de al menos dos tiradores en la escena. Un alarmado reportero de la revista *Time*, Hugh Sidey, le advirtió a Perry entonces: "Doctor, ¿se da cuenta de lo que está haciendo? Nos está confundiendo".

Perry admitiría con posterioridad que no había inspeccionado las heridas con el detenimiento suficiente como para emitir un juicio sobre la procedencia de los proyectiles, pero muchos reporteros manejaron esa tarde semejante especulación como un hecho. Ninguna empresa noticiosa generó mayor confusión ese día que Associated Press, el servicio de cables más grande de Estados Unidos, el cual aseguró en uno de sus reportes preliminares que Kennedy había recibido un disparo "de frente en la cabeza". La AP tuvo que corregir esa misma tarde, por ejemplo, la afirmación de que Johnson había resultado con ligeras heridas durante el tiroteo y que un agente del Servicio Secreto que formaba parte de la comitiva había muerto.

El informe de la autopsia también estaba repleto de lagunas, lo cual reflejaba la prisa con la que los patólogos de Bethesda llevaron a cabo su trabajo. Los médicos no tuvieron tiempo de determinar la trayectoria de las balas a través del cuerpo del presidente, lo cual habría sido un procedimiento de rutina durante la autopsia de una víctima por arma de fuego. Dos agentes del FBI que observaron la necropsia habían tomado nota —y habían considerado como un hecho— lo que los patólogos describirían luego como una especulación sin fundamentos, acerca de que la primera bala en impactar al presidente no penetró con profundidad en su cuerpo, sino que cayó fuera por el orificio que se había abierto en su espalda.

Antes de tomar la declaración oficial a los patólogos de Bethesda, Specter se dirigió al hospital naval ubicado a las afueras de Washington para entrevistar a los médicos el viernes 13 de marzo. Le había pedido a Ball, probablemente el abogado litigante con mayor experiencia en el equipo de trabajo de la comisión, que lo acompañara. En el hospital, buscaron al comandante James Humes, el patólogo que había supervisado la autopsia. Un agitado Humes les pidió que exhibieran sus credenciales. "Se mostraba muy desconfiado", recordaría Specter, al traer a la memoria cómo el médico militar inspeccionó lo gafetes de acceso a las oficinas de la comisión en Washington, "las únicas identificaciones que Ball y yo teníamos". "Para empezar, el mío no tenía el aspecto de un documento precisamente oficial, menos cuando en él el tipo de letra usado en mi nombre no coincidía con el resto de la tarjeta", diría Specter.

Humes no estaba convencido aún, por lo que fue necesaria la intervención de uno de los administradores de mayor rango en el hospital, un almirante de la Armada, para que cooperara. "Estaba muerto de miedo", recordaría Ball. "No quería hablar con nosotros."

Specter y Ball presionaron a Humes para que les explicara en primer lugar las razones de por qué había existido tanta confusión respecto a la trayectoria de la primera bala. Humes explicó a los abogados que la trayectoria no había sido obvia, ya que los médicos del hospital Parkland habían practicado al presidente una traqueotomía para permitirle respirar, enmascarando con ello el orificio de salida en la garganta. En los primeros momentos de la autopsia, al decir de Humes, llegó un aviso de Dallas de que los médicos de Parkland le habían aplicado al presidente masaje cardiaco y que un proyectil había sido encontrado en una camilla del hospital. Esto llevó a Humes y a sus colegas a especular libremente, frente a la mesa de autopsias, acerca de la posibilidad de que la bala hubiera sido empujada fuera del cuerpo de Kennedy mientras éste recibía masaje cardiaco. Pero se trataba de una mera especulación, y una que había resultado errónea, les informó Humes. Conforme se desarrolló la autopsia, los patólogos pudieron advertir que los músculos de la parte frontal del cuello del presidente se encontraban gravemente amoratados, prueba, creyeron, de que la bala había atravesado la nuca y salido por el frente del cuello.

Humes señaló entonces que él y sus colegas de Bethesda estaban sorprendidos al enterarse, semanas después, de que los agentes del FBI presentes aquel día en las sala de autopsias habían continuado apoyando la teoría del masaje cardiaco en sus reportes finales. Un informe del buró fechado en diciembre afirmaba de forma contundente —e incorrecta— que "no había punto de salida" para la bala que había entrado por la espalda del presidente. Otro reporte del FBI aseveró a su vez, en enero, de manera rotunda —e igualmente errónea— que la bala "había penetrado una distancia menor a la longitud de un dedo".

Specter llevaba consigo una copia del informe forense. Le pidió a Humes que lo revisaran, línea por línea, para que explicara la manera en que los patólogos habían llegado a sus conclusiones. Le solicitó a Humes, además, que les entregara una cronología sobre la redacción y la edición del reporte. ¿Dónde estaban los borradores iniciales?

Fue entonces, al decir de Specter, cuando Humes admitió que había destruido todas sus notas, así como la copia original del informe, para evitar que se hicieran del conocimiento público. Las había quemado en la chimenea de su casa en los suburbios de Maryland, porque, dijo, se habían cubierto con las manchas de sangre del presidente en la sala de autopsias y le preocupaba que pudieran convertirse en alguna clase de espeluznante reliquia de museo. Specter quedó atónito por la revelación. Afirmaría haber pensado —en ese momento, sentado frente a Humes— que esa información tenía un gran potencial de escándalo si llegaba a ver la luz fuera de la comisión. En Filadelfia, Specter había pasado suficiente tiempo en litigios entre jueces y jurados, por no mencionar a los cínicos reporteros a cargo de cubrir los juicios, como para saber qué reacción provocaría el descubrimiento de que documentación tan esencial había sido incinerada. Ello "daría pie a que la gente afirmara la existencia de un encubrimiento".

Specter diría después que se inclinaba a creer que Humes no había intentado ocultar información al destruir el documento. "Llegué a la conclusión de que era inexperto e ingenuo, no se había dado cuenta de cuánta gente estaría mirando su trabajo, pero no era malicioso." Con todo, sospechaba que los teóricos de la conspiración darían por hecho que Humes había estado "intentando ocultar sus errores, o algo peor".

Humes tenía otra revelación que hacer aquella tarde, esta vez, una que sería bienvenida. Involucraba a la primera bala que impactó contra Kennedy. Aunque Humes no lo había mencionado en el informe de la autopsia, ahora declaró, por iniciativa propia, que la bala habría salido de la garganta del presidente a toda velocidad y habría permanecido casi intacta, pues no había golpeado nada sólido —ni huesos ni tendones— a su paso por el cuello de Kennedy. Con certeza, el proyectil no había salido del cuerpo del presidente, como el reporte del FBI había sugerido.

Así, pues, ¿dónde estaba? Si continuó viajando a toda velocidad cuando dejó el cuerpo de Kennedy, y no pudo encontrarse dentro de la limusina, ¿qué otra cosa golpeó en su trayectoria? La bala encontrada en la camilla de Connally en el hospital Parkland presuntamente fue la misma que lo había herido y, de acuerdo con el FBI y el Servicio Secreto, ésta sólo había impactado contra el gobernador texano. Specter sopesó dichos cuestionamientos durante el fin de semana, pensando que retomaría el tema el lunes, cuando estaba previsto que Humes ofreciera su testimonio formal ante la comisión en Washington. Specter tendría entonces la oportunidad de mostrarle a Humes parte de las evidencias físicas procedentes de Dallas que los patólogos no habían visto nunca, incluidos algunos cuadros extraídos de la filmación de Zapruder.

Más tarde, Specter recordaría el testimonio de Humes en Washington como un hecho histórico, ciertamente un punto de inflexión en la investigación de la comisión, ya que habría sido aquella la primera vez que alguien postulaba la hipótesis que llegaría a ser conocida como la "teoría de una sola bala".

Surgió después de que Humes rindiera juramento y le fuera mostrada la imagen ampliada del cuadro de la película tomada por Zapruder que mostraba el momento en que Kennedy se llevaba las manos al cuello, aparentemente después de ser alcanzado por la primera bala. Humes observó la fotografía por un momento, poniendo atención en la ubicación del presidente en el asiento trasero y cómo Connally estaba sentado en un asiento reclinable justo frente a él.

"Veo que el gobernador Connally está sentado justo frente al difunto presidente", declaró Humes: "Sugiero la posibilidad de que este proyectil, después de haber atravesado la parte baja del cuello del finado presidente, perforó también el pecho del gobernador Connally". En términos prácticos, estaba especulando que la primera bala que hirió a Kennedy también hirió a Connally.

Ahora, diría Specter, todo cobraba sentido. El FBI y el Servicio Secreto estaban equivocados al concluir que Kennedy y Connally habían sido heridos por balas distintas. Los había herido una misma bala, la cual atravesó primero el cuello del presidente para impactar luego contra la espalda de Connally. La teoría de Humes daba respuesta también al debate en la comisión sobre si Oswald había tenido el tiempo suficiente para realizar los disparos. Era probable que el asesino no hubiera tenido oportunidad de jalar el gatillo en tres ocasiones durante el periodo en el cual se observaba que tanto Kennedy como Connally eran heridos en la película de Zapruder, pero sí se habrían podido ejecutar dos detonaciones: una había impactado a ambos hombres y la otra había alcanzado la cabeza de Kennedy. Muchos testigos que viajaban en la caravana o que se encontraban entre la multitud aquel día en Plaza Dealey estaban convencidos de haber escuchado tres disparos, por lo que la comisión aún tenía que determinar qué había ocurrido con el tercer proyectil. Specter pensaba que ese disparo podía, de alguna forma, haber fallado.

A Humes le fue mostrada entonces la evidencia física que Specter recordaría como la más importante que la comisión había recuperado de la escena del crimen en Dallas: la achatada pero casi intacta bala de rifle, calibre 6.5 mm, con centro de plomo y casquillo de cobre, que presuntamente fue encontrada en la camilla que ocupó Connally en Parkland. Conforme eran presentadas durante las audiencias de la comisión, las piezas de evidencia física recibían una marca con un número de exposición; ahora, Specter añadía una pequeña etiqueta —"CE #399"— al tubo de plástico transparente que contenía el proyectil.

Si Humes estaba en lo correcto, la evidencia CE #399 tenía que ser la bala que había herido tanto a Kennedy como a Connally. Specter le pidió a Humes que observara el proyectil contenido en el tubo. Si se asumía que éste únicamente había tenido contacto con tejido suave en su camino a través del cuerpo de Kennedy, ¿era posible que esa misma bala hubiera causado también todas las heridas de Connally? Humes se mostró escéptico al principio. "Creo que es extremadamente improbable", respondió. Sabía, con base en los expedientes médicos, que se habían encontrado fragmentos de metal en el pecho, el muslo y la muñeca del gobernador. La bala que tenía enfrente parecía demasiado entera como para que se hubieran desprendido de ella tantos fragmentos de metal.

Specter no estaba desalentado por la respuesta, por el hecho de que Humes se estuviera deslindando casi de inmediato de la valiosa teoría que acababa de ofrecer a la comisión. Mientras Specter observaba la ampliación de la imagen tomada de la película de Zapruder, pensó que la teoría de una sola bala se antojaba simplemente correcta. Según sabía, Humes contaba con una limitada experiencia en balística —así como poca práctica en la ejecución de autopsias de homicidios— como para ignorar la forma de juzgar el peso de las laminillas de metal halladas en el cuerpo de Connally. Specter sospechaba que estas láminas habían sido tan pequeñas que bien podrían haber pertenecido a la misma bala. Ésa que tenía en sus manos.

Specter estaba disgustado por verse obligado a tomar el testimonio de Humes sin que se le hubieran mostrado las fotografías o las placas de rayos x de la autopsia capturadas en Bethesda; aquellas que Humes había ordenado.

Tres meses después de iniciada la investigación, a Specter todavía no se le había permitido ver las fotos ni los rayos x, lo cual era un reflejo de lo que él entendía como la indulgencia de Warren con la familia Kennedy. Specter presionó a Rankin en repetidas ocasiones sobre este tema, pero Rankin siempre lo había mantenido a raya, con el argumento de que la comisión necesitaba primero tomar una decisión respecto a si —y cómo— las fotos y las placas de rayos x serían presentadas en el informe final de la comisión. Por el momento, se le dijo a Specter, debía atenerse al testimonio calificado de Humes y el resto de patólogos. Para su declaración, Humes había intentado ser de utilidad llevando consigo diagramas de las heridas del presidente preparados por un dibujante de la Armada en Bethesda, pero tanto él como Specter sabían que los dibujos se habían trazado con base en su imperfecta memoria.

Ahora, con Warren y otros comisionados presentes en la sala, Specter decidió expresar su alarma sobre la situación, para recordarle al ministro presidente cuán absurdo resultaba discutir el informe de la autopsia sin tener acceso a toda la evidencia médica que ésta había arrojado.

Specter se dirigió hacia Humes y le preguntó qué tan seguro estaba de que los bocetos del dibujante de la Armada fuesen acertados, dado que éste no había tenido oportunidad de ver las fotografías de la autopsia ni había estado presente en ella.

"Si fuera necesario realizarlos a una escala perfecta, creo que sería prácticamente imposible para él hacerlos sin consultar las fotografías", admitió Humes, ofreciendo a Specter la respuesta que estaba buscando. Humes explicó entonces cómo él mismo no había tenido acceso a las fotografías desde la noche de la autopsia, cuando el Servicio Secreto las tomó bajo su resguardo; reconoció que dichas imágenes habrían sido útiles para que ofreciera su testimonio de la mejor manera, aceptó. "Las imágenes mostrarían, con mayor precisión y detalle, las características de las heridas", señaló. Ofrecerían "una descripción más completa del enorme daño" que había sufrido la cabeza de presidente.

Specter diría después que recordaba cómo Warren frunció el ceño mientras escuchaba.

Así que el ministro presidente interrumpió, para contrarrestar la postura de Specter con una pregunta dirigida a Humes: "Me permitiría, comandante, preguntarle: si tuviéramos aquí las fotografías, y usted pudiera observarlas una vez más para reformular su opinión, ¿habría cambiado alguna parte del testimonio que ha ofrecido aquí?"

Humes se mostró renuente, como era de esperarse, a indicar que había declarado de forma equivocada frente a Warren y los otros comisionados: "Hasta donde recuerdo, señor ministro presidente, no", contestó.

Ésa era la respuesta que Warren esperaba obtener.

Specter compartía su frustración con Belin y con algunos otros de los jóvenes abogados. Coincidían en que era un error grave que la comisión les impidiera el acceso a cualquier tipo de pruebas, y, sobre todo, a las evidencias médicas más básicas acerca de cómo había muerto el presidente. "Era peligroso", creía Belin. "Violaba las reglas básicas, elementales, en matera de evidencias, conocidas por todo estudiante de leyes en Estados Unidos." A su decir, también le parecía insultante la decisión de la comisión —o cuando menos de Warren— de permitir a la familia Kennedy dictar qué pruebas podían verse y cuáles no. "Se trataba de un trato especial para unos cuantos favorecidos", diría Belin. No se había impuesto restricción semejante al equipo de trabajo referente a la revisión de las fotografías de la autopsia del oficial J. D. Tippit, algunas de las cuales eran casi tan horripilantes como las del presidente Kennedy. "Si la viuda del oficial Tippit deseaba mantener en privado las fotografías y las placas de rayos x de su esposo, se le habría negado" su petición, declararía Belin. "Entonces, ¿por qué tendría que recibir un trato distinto la familia del presidente Kennedy?"

Specter, a la postre, recibiría una explicación más completa. Las fotografías y las placas de rayos x, se le dijo, se encontraban bajo resguardo de Robert Kennedy en el Departamento de Justicia, y el hermano del finado presidente no deseaba entregarlas a la comisión pues temía que llegaran a la luz pública, una decisión que Warren llegó a compartir. A la familia Kennedy le preocupaba que "esas imágenes abominables se hicieran del conocimiento público", diría Specter. "Temían que el pueblo estadounidense recordara a John F. Kennedy como un cadáver mutilado con la mitad de la cabeza destrozada, en vez de al joven y gallardo presidente." También vería en ello un cálculo político de la familia Kennedy: "Al parecer, la familia deseaba conservar la imagen del difunto mandatario en parte por los réditos que ésta podía ofrecer en el futuro político de sus integrantes. Robert y Edward, sus hermanos menores, tenían un gran parecido físico con el finado presidente. Cualquier daño a la imagen de John Kennedy podría dañarlos también".

28

Oficinas de la comisión
Washington, D. C.
Lunes 16 de marzo de 1964

Warren no deseaba que Specter esperara antes de salir de Texas. "El ministro presidente no dejaba que creciera el pasto bajo los pies de nadie", diría Specter. Así, pues, el martes 16 de marzo, el mismo día en que la comisión recogió la declaración testimonial de Humes y los otros patólogos del hospital naval de Bethesda, Warren le pidió que abandonara Dallas de inmediato para recabar el testimonio del personal médico en el hospital Parkland.

"Bueno, señor ministro presidente, la Pascua es a mitad de la semana y me parece que necesito hacer algunos preparativos para estos testigos...", respondió Specter, quien deseaba estar con su familia durante la celebración judía. "Creo que puedo viajar dentro de una semana."

"Esperaba que pudiera salir esta tarde", replicó Warren.

Ambos llegaron al acuerdo de que Specter partiera el siguiente jueves. Hizo los arreglos necesarios para que su esposa e hijos viajaran a Kansas con el propósito de pasar la fiesta con su familia.*

Specter esperaba que su viaje a Texas aclarara diversos misterios sobre las evidencias médicas. ¿Por qué, por ejemplo, los médicos de Parkland indicaron inicialmente a los reporteros que la herida en la garganta del presidente era un orificio de entrada y no de salida?, lo cual sugería que uno de los disparos no podría haberse originado

---

* Aunque Specter ofreció este testimonio en sus memorias y lo refrendó durante las entrevistas que tuvo con el autor de este libro, la fiesta judía empezó en realidad a finales de dicho mes. En 1964, el primer día de la Pascua judía fue el sábado 28 de marzo.

en el almacén de libros. Y ¿cuál era la evidencia del rastro que había dejado la bala casi intacta encontrada en el corredor del primer piso del hospital, aquella que, creía Specter, atravesó los cuerpos tanto de Kennedy como de Connally? Las pruebas de balística demostraban que el proyectil había sido disparado por el rifle de Oswald.

Specter tenía curiosidad de conocer en persona el hospital Parkland y a los médicos a cargo de la sala de urgencias que habían enfrentado, el pasado 22 de noviembre, el reto de intentar salvar la vida del presidente de la nación. El hospital resultó estar muy lejos de las lujosas y bien equipadas clínicas militares de Washington, donde normalmente el presidente y su familia recibían atención médica. Parkland era un grande, ruidoso y oscuro centro médico en las afueras de una gran ciudad, "un laberíntico y parduzco hospital–escuela de 13 pisos", recordaría Specter. Al abogado de la comisión le fue asignada una pequeña sala de reuniones para que realizara sus entrevistas, así que puso manos a la obra de inmediato: pidió al hospital que fijara encuentros con "cada miembro del personal involucrado incluso de forma indirecta" con el tratamiento que le fue administrado a Kennedy y a Connally. "Mi intención era recabar la declaración bajo juramento de cada médico, enfermera, camillero y espectador que hubiera estado involucrado." El miércoles 25 de marzo entrevistó a 13 testigos, uno tras otro.

Specter declararía después que, bajo aquellas circunstancias, el desempeño del equipo médico de Parkland había sido "magnífico". El doctor Charles Carrico, el cirujano residente en atender primero a Kennedy, le indicó a Specter que el corazón del presidente aún latía cuando llegó a la sala de urgencias. "Desde un punto de vista médico, supongo que seguía vivo", le dijo. Pero como Specter sabía ahora, tanto había sido arrancado del cerebro de Kennedy que cualquier intento por parte de los doctores estaba más allá de "todo esfuerzo concebible, y desesperado, por salvarlo".

Los médicos de Parkland tenían una explicación lógica para la confusión que había causado la herida en la garganta del presidente; por qué habían sugerido en un principio que la herida podía tratarse de un orificio de entrada. Dicho error había quedado registrado en los documentos del hospital, cuando uno de los médicos presentes en la sala de emergencias describió el agujero en la garganta del presidente como "presumiblemente una herida de entrada de bala". Tal

La teoría de una sola bala

Los miembros del equipo de trabajo de la comisión llegaron a la conclusión de que el primer proyectil, que impactó contra la limusina, hiriendo tanto al presidente Kennedy como al gobernador Connally, fue disparado por Lee Harvey Oswald desde la sexta planta del Almacén de Libros Escolares de Texas. Sin embargo, según sus críticos, una sola bala –rebautizada como "la bala mágica"–, que además quedó casi intacta, no pudo haber provocado tantas lesiones.
Los análisis científicos posteriores respaldaron la teoría de la comisión.

1. La bala, a una velocidad estimada de entre 520 a 610 metros por segundo, penetra en el cuerpo de Kennedy desde atrás.

Almacén de Libros Escolares de Texas

Presidente Kennedy

2. Prosigue a través del cuerpo con una trayectoria ligeramente descendente, sin tocar ningún hueso y sale por debajo de la nuez de Adán, cerca del nudo de la corbata.

3. El proyectil modifica un poco su trayectoria y penetra por la espalda de Connally, fracturándole la quinta costilla derecha. Luego, sale por debajo del pezón derecho, provocando una enorme herida irregular en el pecho.

Gobernador Connally

4. La bala desacelera a medida que continúa su viaje y atraviesa la muñeca derecha de Connally, cortándole un nervio y un tendón.

5. Habiendo perdido la mayor parte de su impulso, el proyectil apenas penetra en el muslo izquierdo del gobernador, unos 12 o 15 centímetros por encima de la rodilla. La bala, casi intacta, fue hallada cerca de una camilla en el Hospital Memorial Parkland.

Todd Lindeman y Gene Thorp   FUENTE: Comisión Warren, Comité Especial de la Cámara para Asesinatos, ABC News.

como los médicos explicaron, ellos simplemente no habían volteado el cuerpo del presidente, por lo que jamás observaron el orificio de entrada en la espalda. En cuanto el presidente fue declarado muerto, dijeron, los médicos abandonaron la sala sin realizar examen posterior alguno. "Nadie, en ese momento, me parece, tuvo corazón para inspeccionarlo", declaró Carrico. En otros casos, él y sus colegas habrían inspeccionado un cadáver de vez en cuando "para satisfacer nuestra curiosidad o por motivos educativos". En este caso, aclaró, "no me disculpo. Yo sólo vi morir al presidente". Specter sospechaba que si los médicos habían tenido alguna intención de voltear el cuerpo del presidente para inspeccionarlo, desistieron en cuanto se percataron de que la señora Kennedy estaba cerca. "No querían manipular el cuerpo mientras la viuda estuviera presente."

Specter realizó un recorrido por el hospital y examinó el equipo médico que se había empleado en el tratamiento del presidente. Le mostraron la camilla metálica en la que había sido desplazado Connally. Si la teoría de una sola bala era correcta, el proyectil habría caído de dicha camilla después de que Connally fuera trasladado a una mesa de operaciones en el ala de quirófanos del segundo piso. Gracias a otro testimonio, Specter se había enterado de que la camilla usada para el desplazamiento de Kennedy no había estado cerca del área donde se encontró la bala.

Un camillero testificó que después de que se trasladó a Connally al quirófano, la camilla fue puesta en un elevador para regresarla a la planta baja, donde sería aseada y vuelta a utilizar. El testimonio clave sobre el tema provino de un ingeniero del hospital, Darrell Tomlinson, quien recordaba haber encontrado la camilla dentro del elevador en la planta baja; Tomlinson declaró haberla empujado hacia el vestíbulo, donde la colocó, paralela a la pared, junto a otra camilla. Fue entonces cuando escuchó el ruido que provocó la bala al golpear contra el suelo. Al parecer el proyectil se había alojado debajo del colchón de hule de alguna de las camillas. El testimonio de Tomlinson frustró a Specter; el ingeniero estaba confundido respecto a diversos detalles y era incapaz de asegurar con certeza cuál de las dos camillas había arrojado el proyectil. Con todo, Specter aseveró que, dadas las circunstancias, era posible una sola conclusión sobre el origen de la bala: debía de haber caído de la camilla que había trasladado a Connally.

A su regreso a Washington, Specter se reunió con David Belin para discutir a fondo la teoría de una sola bala. Sabía que su amigo de Iowa podría sentirse decepcionado por ella; después de todo, había sido Belin quien, tras un el minucioso análisis de la película de Zapruder y la identificación de la secuencia temporal de los disparos, había sugerido aquel invierno la presencia de un segundo tirador en la escena, y, por tanto, la existencia de una conspiración. Sin embargo, a medida que escuchaba a Specter, Belin era incapaz de negar la lógica detrás de la teoría de una sola bala, tanto así que, declararía después, reconoció con rapidez aquella hipótesis como la verdad. Oswald no había disparado tres balas contra la limusina; había detonado sólo dos, de las cuales una había alcanzado tanto a Kennedy como a Connally. En las décadas venideras, estudios científicos que emplearon métodos que no estaban al alcance de la Comisión Warren en 1964, validarían la teoría de una sola bala, aunque tal vez ésta se convertiría en el descubrimiento más controversial en los hallazgos de la investigación. Para el equipo de trabajo, sin embargo, jamás fue demasiado controversial; en realidad, varios de los abogados del equipo recordarían haber aceptado de buen grado la teoría tan pronto como la hubieron escuchado durante aquella primavera. "Simplemente parecía sensata", diría Sam Stern al respecto.

Empero, la situación dejaba sin respuesta la pregunta de qué había ocurrido con el otro disparo que la mayoría de los testigos en Plaza Dealey pensaban haber escuchado. Si uno había impactado al presidente en la cabeza y otro había penetrado en los cuerpos de Kennedy y Connally, ¿a dónde había ido el tercer proyectil? El equipo de trabajo de la comisión trató el tema durante semanas pero no pudo llegar a una concluyente respuesta final, más allá de la obvia teoría de que el tercer disparo no había alcanzado a la limusina. Una posibilidad sólida, mencionada en el reporte final de la comisión, era que el primer disparo erró su objetivo. Quizá Oswald había accionado su rifle por primera vez —y había fallado— en el momento justo en que la limusina viraba en la esquina hacia la calle Elm y se aproximaba a un enorme roble que habría obstruido la visión de Oswald por un instante. Aquel obstáculo habría provocado que Oswald precipitara su disparo inicial en el entendimiento de que su objetivo estaba a punto de quedar oculto detrás del follaje del árbol. En el caso de que Oswald hubiera fallado su primer tiro, eso también podría ser explicado por los nervios, pensaban algunos de los abogados. Al jalar el gatillo por primera vez, Oswald quizá se sintió abrumado por la monstruosa importancia de lo que estaba a punto de hacer.

John y Nellie Connally accedieron a testificar ante la comisión en abril. Specter dio por sentado que conduciría el interrogatorio, en vista de que él se había ocupado hasta entonces de recabar el testimonio de todos los testigos que estuvieron presentes en la caravana aquel día en Dallas; nadie conocía mejor la evidencia médica. El testimonio de los Connally había cobrado mayor importancia luego del hallazgo —sorprendente para Specter— de que la ropa estropeada que el gobernador vistió el día del asesinato había sido lavada y planchada. La ropa había sido "completamente arruinada en su valor como evidencia", diría Specter. Después se descubriría que la decisión de hacerlas limpiar había corrido por cuenta de la señora Connally. "No soportaba ver la sangre", había dicho ella, tras insistir en que le había dicho al encargado de la tintorería que "removiera las manchas lo mejor que pudiera, pero que no hiciera nada que alterara los agujeros o las otras roturas".

Specter fue sorprendido con la noticia, pocos días antes del testimonio de los Connally, de que no sería él quien llevaría a cabo el interrogatorio. En cambio, a solicitud de Warren, éste sería conducido por Rankin. La decisión, asumió Specter, reflejaba la molestia de Warren por el estilo minucioso que él había empleado con testigos anteriores. Rankin comunicó la noticia a Specter, quien intentó convencerse de que aquello carecía de importancia. "Me importaba un bledo si yo los interrogaba o no", diría Specter. "No era mi decisión."

Rankin solicitó la ayuda de Specter, sin embargo. "Arlen", le dijo, "prepárame".

Specter aprovechó la oportunidad para recordarle a Rankin —en realidad, para advertirle— cuántos detalles debía entender antes de interrogar a testigos tan importantes. Specter no iba a "disfrazar la realidad", tal como declararía, así que inundó a Rankin con datos y cifras, lo mismo que con terminología médica y de balística que necesitaba dominar en poco tiempo. "Le indiqué a Rankin que la bala habría alcanzado una velocidad inicial de aproximadamente 670 metros por segundo; así, para el momento en que ésta alcanzó al presidente, su velocidad era de cerca de 610 metros por segundo y cuando salía del cuerpo lo habría hecho a unos 579 metros por segundo." Rankin escuchó las explicaciones de Specter sobre las pruebas de balística que había realizado el ejército para intentar reproducir las heridas de las víctimas "con una solución de gelatina y carne comprimida de cabra"; cómo el proyectil había disminuido su velocidad al tiempo que "penetraba ligeramente a la izquierda de la axila derecha del gobernador y salía, dejando un gran agujero, bajo su pezón derecho, continuaba su camino perforando el lado posterior de su muñeca, saliendo por su cara anterior, hasta alojarse finalmente en su muslo".

Años después, Specter reía entre dientes al recordar el rostro de Rankin. "En el momento en que terminé de explicarle, Rankin, consciente de que contaba con poco tiempo para sumergirse en tanto detalle, sacudió la cabeza en señal de abatimiento."

Rankin se dio por vencido en el acto. "Tendrás tú que interrogar a Connally", le dijo a Specter, quien admitiría haber experimentado cierto placer al revertir la decisión del ministro presidente: "Warren quería a Rankin pero tendrá que conformarse conmigo".

La declaración de los Connally estaba programada para la tarde del martes 21 de abril. Aquella mañana, el gobernador de Texas y su esposa fueron invitados a ver, por primera vez, el pietaje completo de la película de Zapruder. Specter, quien lo había visto cientos de veces, recordaría la fascinación que sintió mientras se encontraba ahí sentado, "mirando al gobernador observar cómo recibía el disparo". La proyección le pareció a Nellie Connally "una experiencia nauseabunda pero extrañamente surrealista... como si todo le estuviera ocurriendo a otras personas, en algún otro tiempo y lugar". Ella declaró entonces haberse sentido especialmente perturbaba por la imagen que mostraba el disparo a la cabeza del presidente y cómo Jacqueline Kennedy había intentado salir del compartimento de pasajeros: "Observé la granulada película con incredulidad mientras mostraba a Jackie trepando por el maletero. ¿Pero qué barbaridad estaba haciendo?"

El testimonio de la señora Connally era, en muchos aspectos, tan importante como el de su esposo, ya que ella no había resultado lesionada y sus recuerdos no se habían visto alterados por el dolor físico y el impacto psicológico que había padecido su marido. Y lo anterior significaba un problema para Specter. La primera dama de Texas, mujer de férrea voluntad y articulada expresión, estaba convencida de que su esposo y Kennedy habían sido alcanzados por distintas balas. Ella creía que la primera había herido a Kennedy en la garganta —lo sabía, dijo, porque miró hacia atrás después del primer disparo y vio que el presidente se llevaba la mano al cuello— y que una segunda bala, disparada instantes después, había lacerado a su marido en la espalda. Fue un tercer proyectil, en su opinión, el que había destrozado el cráneo del presidente, momento para el cual su esposo se había desplomado ya sobre el regazo de ella.

Mientras los Connally veían la película, Specter percibió la influencia que Nellie Connally ejercía sobre su esposo. La pareja comenzó a discutir sobre si ella había atraído a su marido hacia su regazo o si éste se había desplomado sobre él. Ella insistía en que había tirado de él.

"No, Nellie, no me jalaste", dijo el gobernador. "Yo me caí sobre tu regazo."

"No, John", replicó ella. "No caíste; yo te jalé".

Specter recordaría que la discusión duró cierto tiempo; "iban y venían" constantemente. David Belin, quien también presenciaba la discusión, recordaría que los Connally terminaron el debate sólo hasta que se percataron de que eran escuchados por el resto de los presentes en la sala. La señora Connally pidió que se detuviera el filme y el matrimonio salió de la sala, recordaría Belin. "Cuando regresaron, Nellie Connally y el gobernador estaban de acuerdo con una versión; la de ella."

Specter estaba a disgusto con el hecho de que la señora Connally hubiera convencido a su marido de que modificara su relato, en especial debido a que el aparentemente consistente testimonio de la pareja podía verse para siempre como un golpe fidedigno a la credibilidad de la teoría de una sola bala. Ella escribiría después sobre su convencimiento de que su marido no podía haber sido alcanzado por la misma bala que había lesionado también al presidente. Insistía en que su esposo había tenido el tiempo suficiente como para voltear hacia atrás y hacia adelante en el auto instantes después de que resonara el primer disparo y poco antes de que fuera herido. "Ni siquiera las balas 'mágicas' permanecen tanto tiempo en el aire", diría.

Después de la comida, los Connally regresaron al edificio VFW para rendir su declaración formal. Toda la comisión se había reunido para escucharlos. Specter advertiría luego que era la primera vez que veía al senador Russell asistir a las oficinas de la comisión para presenciar la declaración de algún testigo; habría asistido, creía Specter, como expresión de respeto hacia su homólogo sureño. (Russell había sido gobernador demócrata de Georgia antes de su elección al Senado en 1932.) Entonces, Specter quedó atónito ante la imagen de aparente soledad que comunicaba Russell, un hombre casi sin vida propia fuera de sus oficinas en el Senado; nunca contraería matrimonio. "Russell iba impecable, vestía un traje azul, una camisa blanca almidonada y un par de calcetines gastados que apenas si cubrían sus talones", recordaría Specter. "Era soltero. Nadie se ocupaba de sus calcetines."

El gobernador Connally testificó primero y su declaración era capaz de revolver el estómago de los presentes por su descripción de lo ocurrido en el interior de la limusina presidencial durante el tiempo en que la caravana rodeaba la esquina de la calle Elm y se acercaba al almacén de libros. "Escuché un ruido que de inmediato supuse como el disparo de un rifle", le dijo a Specter. "Instintivamente giré hacia mi derecha porque me pareció que el sonido provenía desde algún punto por encima de mi hombro derecho... El único pensamiento que cruzó por mi mente es que se trataba de un intento de asesinato".

Dijo no tener memoria de haber escuchado el segundo disparo —el cual él creía que lo había herido—, pero "yo estaba en un estado de conmoción tal, o el impacto había sido tan fuerte, que ni siquiera percibí el sonido". Sin embargo, sí había percibido el dolor. "Sentí como si alguien me hubiera golpeado en la espalda." De su pecho comenzó a manar sangre, indicó, y dio por hecho que estaba a punto de morir. "Supe que me habían herido, y de inmediato supuse, por la cantidad de sangre... que probablemente había recibido una herida mortal."

"Así que sólo me doblegué", declaró, "y la señora Connally me jaló hacia su regazo. Fue entonces que apoyé mi cabeza sobre sus regazo, consciente en todo momento, con los ojos abiertos".

Entonces escuchó otro disparo, el cual, le informaron después, fue el tercero. Indicó que dio por sentado que iba dirigido a Kennedy. "Escuché el disparo con claridad. Escuché cuando dio en el blanco", dijo. "Jamás pasó por mi mente que hubiera alcanzado a nadie más que al presidente."

De pronto, prosiguió, el compartimento de los pasajeros estaba cubierto de sangre y fragmentos de tejido humano. Los restos eran de color "azul pálido, tejido cerebral, el cual reconocí de inmediato... lo recuerdo muy bien". Sobre sus pantalones, indicó Connally, cayó "un pedazo de cerebro casi del tamaño de mi pulgar." Recordaba haber gritado: "Oh, no, no, no... Dios mío, van a matarnos a todos".*

Connally coincidió con su esposa en que distintas balas habían herido a Kennedy y a él. "El hombre hizo tres disparos y dio en el blanco en cada uno de ellos", afirmó. "Se trataba, obviamente, de un muy buen tirador." Señaló que el presidente permaneció en silencio después de la primera detonación. Después de la última, escuchó cómo la señora Kennedy gritaba: "Mataron a mi esposo. Tengo sus sesos en mi mano."

Cuando Specter le pidió que describiera sus heridas, Connally respondió que sería más sencillo si los comisionados las vieran con sus propios ojos. "Si el comité está interesado, lo haré tan pronto les echen un vistazo. ¿Hay alguna objeción?", dijo.

No las hubo, así que Connally se desprendió de su camisa y señaló primero la herida de entrada en la parte baja de su omóplato derecho. Luego giró para mostrar el punto por el que la bala había salido en su pecho. Ahí se observaba "una enorme y horrenda cicatriz de diez centímetros de diámetro bajo su pezón derecho", recordaría Specter. La escena produjo el único momento divertido durante la aciaga jornada de la declaración. Specter recordaría cómo tuvo que reprimir una carcajada cuando la secretaria de Rankin, Julia Eide, entró a la sala y fue sorprendida ante la visión del gobernador sin camisa. "Entró a mitad de la audiencia, vio a Connally sin camisa, ahogó un grito y se dirigió a la salida."

El testimonio de Connally fue de utilidad para Warren y otros quienes creían que Oswald había actuado solo, debido a que el gobernador, afirmaba, coincidía en ello también. "Se trataba de un individuo completamente retorcido, demente, que por alguna razón deseaba... ocupar un lugar en los libros de historia de este país."

---

* El plural utilizado en la declaración de Connally con frecuencia sería citado por los teóricos de conspiraciones como prueba de que el gobernador de Texas sabía de la existencia de más de un tirador en Plaza Dealey. Connally diría después que jamás fue su intención señalar algo parecido y que él aceptaba la conclusión de que Oswald había actuado solo.

Connally estaba convencido también de que todos los disparos provinieron de la parte posterior de la caravana, de la dirección en la que se encontraba el Almacén de Libros Escolares de Texas.

En su testimonio, Connally especuló además sobre si Oswald lo había tenido a él como un blanco, al igual que lo hizo con el presidente. Antes de ser electo gobernador en 1962, Connally fue secretario de la Armada en la administración de Kennedy, a cargo, entre otras cosas, del cuerpo de Marines. Mientras aún se encontraba en Rusia, Oswald había escrito una carta a Connally en la cual le pedía que se anulara la baja poco menos que honorable que lo había expulsado de los Marines tras su malograda defección. (A Oswald le habían conferido una baja "indeseable", un nivel menos punitivo que una baja deshonrosa.) La petición fue denegada. Tal vez el daño que le causó la baja seguía en la mente de Oswald aquel día en Plaza Dealey. Era posible, afirmó Connally, "que yo también fuera uno de sus objetivos".

Cuando el gobernador concluyó su declaración testimonial después de casi tres horas y se dirigió a la salida, Specter pudo percatarse cuán molesto estaba Warren; una vez más, agitado por culpa del lento y minucioso interrogatorio. Entonces, cuando la señora Connally entró a la sala y rindió juramento, Warren tomó cartas en el asunto: "Señora Connally, ¿tendría la gentileza de ofrecernos su relato de los hechos, de acuerdo con lo que escuchó? Le aseguro que seremos breves". La promesa de Warren — "seremos breves" — iba dirigida a su persona, aseguraría Specter.

Su testimonio fue escalofriante por igual. En los primeros instantes posteriores al tiroteo, ella, al igual que su esposo, dio por sentado que éste había recibido heridas fatales. "Entonces hubo cierto movimiento imperceptible, algo que me permitió darme cuenta de que quedaba en él un soplo de vida; fue entonces cuando comencé a decirle: 'Tranquilo, no te muevas'". Entonces escuchó el tercer disparo. "Sentí que perdigones caían sobre nosotros", recordó. Pero no eran perdigones. "Vi de qué se trataba, trozos de cerebro o algo parecido, en definitiva materia humana, que se esparcía por todo el auto y sobre nosotros dos." La señora Connally coincidió con su esposo en que los disparos habían provenido de la parte posterior de la caravana, de la dirección en la que se encontraba el almacén de libros: "Desde nuestras espaldas… del lado derecho".

Warren intentaba resolver en su cabeza la teoría de una sola bala. En la oficina del fiscal de distrito en Oakland, durante las décadas de 1920 y 1930, había participado en muchos casos de homicidio en los que las balas volaban en todas direcciones dentro de un cuerpo —y de un cuerpo a otro— por lo que tenía sentido para él que la bala que penetró la garganta de Kennedy bien podía haber alcanzado a Connally. Lo convencía el argumento de que la bala que hirió a Kennedy en el cuello "atravesó sólo carne" y tuvo la velocidad suficiente para lesionar al hombre que se encontraba sentado justo enfrente dentro de la limusina.

Connally, decidió Warren, estaba equivocado al creer que había sido impactado por una bala distinta, todo lo cual era comprensible en vista del impacto psicológico que sus heridas le habían causado. "No deposité, en absoluto, mucha fe en el testimonio de Connally", afirmaría tiempo después el ministro presidente. El comisionado John McCloy, un veterano del ejército de la Primera Guerra Mundial al igual que Warren, apoyaba la lectura de los hechos del ministro presidente. McCloy había combatido en Europa y sabía el grado de confusión que llegaba a apoderarse de los soldados en el campo de batalla después de que eran heridos por balas o esquirlas, en muchas ocasiones sin percatarse por varios minutos de que habían recibido lesiones graves, fatales incluso. McCloy compartió con Warren el recuerdo de un caso en que dos soldados heridos por proyectiles no se percataron del hecho "durante un tiempo considerable", hasta que, "pocos segundos después, caían muertos".

29

Una y otra vez, Stuart Pollak, un abogado de 26 años de edad del Departamento de Justicia, observó a un atónito Lee Harvey Oswald retorcerse de dolor, apretar las manos contra el estómago y empezar a morir. En marzo, Pollak, asignado ahora a la comisión para la investigación del asesinato, recibió la orden de revisar las películas que habían capturado el momento en el cual aquel 24 de noviembre, en el cuartel general de la policía de Dallas, Jack Ruby emergía desde una multitud de reporteros y camarógrafos para asesinar a Oswald. "Debo haberlas visto unas mil veces", recordaría. "Me dirigí al Pentágono, ahí tenían una salita, un cuarto de proyecciones, donde me los mostrarían una y otra y otra vez. Todo lo que se había captado sobre el tiroteo, desde los distintos ángulos en que se ubicaban las cámaras de televisión."

Debía determinar si las películas ofrecían alguna pista sobre si Ruby había contado con algún cómplice entre la muchedumbre, acaso un oficial de policía que intentara abrirle paso hasta Oswald. Al joven abogado se le había pedido además que identificara si había contacto visual o cualquier otro signo de reconocimiento entre Oswald y Ruby, en vista de los rumores que circulaban en Dallas acerca de que ellos dos ya se conocían. "Buscaba entre el movimientos de las otras personas, sus miradas. ¿Había movimiento en sus ojos? ¿Actuaba Ruby solo? ¿Recibía ayuda de un policía?", se preguntaba Pollak.

Después de haber visto el material tantas veces, Pollak era capaz de identificar casi a todos los que aparecían en cada uno de los cuadros: cada reportero y oficial de policía apiñado alrededor de Oswald.

Pero no observaba nada que indicara la existencia de una conspiración, ni que apuntara a que Ruby y Oswald se conocieran desde antes. "Nos enteramos de que no había mucho de qué enterarse." Pollak estaba sorprendido por el enorme escrutinio que estaba recibiendo cada etapa de la vida de Oswald —incluyendo sus momentos finales— como resultado de su muerte a manos de Ruby. Si Oswald no hubiera sido asesinado, y se le hubiera sometido en cambio a un proceso judicial, creía Pollak, la opinión pública habría aceptado que los hechos más importantes de la vida del asesino del presidente se ventilaran en la corte. Ahora, a causa de su homicidio —transmitido en directo en televisión nacional— y la obvia imposibilidad de un juicio, hasta el más mínimo detalle en la vida y muerte de Oswald —cuadro por cuadro, milisegundo a milisegundo— sería analizado con lupa. "Me impresionaba el tremendo trabajo que estábamos haciendo", declararía el abogado del Departamento de Justicia.

Otros habían tenido más éxito en su búsqueda de elementos relevantes que pudieran arrojar los carretes de las empresas noticiosas provenientes de Dallas. Alfred Goldberg, el historiador adscrito a la Fuerza Aérea, tuvo a su cargo la revisión de la filmación que constataba la aparición de Oswald en una conferencia de prensa celebrada a altas horas de la noche aquel 22 de noviembre en el cuartel general de la policía de Dallas, varias horas después del asesinato. La policía deseaba que Oswald apareciera en público, frente a los reporteros, como prueba de que tras su detención no estaba recibiendo maltrato. Después de ver repetidamente diferentes versiones de las filmaciones, Goldberg advirtió entre la nube de periodistas y fotógrafos a una presencia ajena: Jack Ruby, quien fingía ser un reportero. "Ahí estaba", recordaría Goldberg. "Ruby estaba parado a unos cuantos metros de Oswald." Aquél era un descubrimiento de gran valor porque sugería que Ruby había tenido oportunidad de matar a Oswald la noche del viernes en lugar de esperar hasta el domingo. El hecho abonaba contra la posibilidad de la existencia de una conspiración para silenciar a Oswald, ya que los conspiradores habrían deseado desaparecer a Oswald lo más pronto posible, antes de que pudiera revelar cualquier secreto.

Goldberg había asumido la tarea nada sencilla de reunir todo el material televisivo de Dallas que hubiera capturado el asesinato: de las cadenas nacionales de televisión, de sus filiales en Texas, así como de las filmaciones ejecutadas por los canales independientes. Al cabo, obtendría más de 770 kilogramos de película, los cuales, gracias a sus contactos en la fuerza aérea, le fueron enviados a Washington a bordo de aviones militares.

Pollak fue uno de varios jóvenes abogados que pasaron por las oficinas de la comisión de entrada por salida mediante asignaciones temporales. Ésta sería su segunda oportunidad de trabajar bajo las órdenes del ministro presidente. Después de graduarse de Stanford y obtener un título *magna cum laude* en leyes por Harvard en 1962, Pollak fue contratado de inmediato como uno de los secretarios de Warren. Su visión del ministro presidente era parecida a la de Sam Stern, el otro miembro de la comisión que había fungido como secretario de Warren. "El ministro presidente no era una lumbrera intelectual, pero tenía un extraordinario sentido común y decencia", diría Pollak. Warren deseaba fervientemente que la corte bajo su mandato emitiera disposiciones que reflejaran lo que era mejor para el país, en ocasiones sin preocuparse por tecnicismos o precedentes legales. "Con frecuencia decía: 'Corta camino a través de la ley'."

Pollak se integró a la división de delitos del Departamento de Justicia en el verano de 1963. El día del asesinato se encontraba en la sala de espera afuera de la oficina del asistente del fiscal general, Herbert *Jack* Miller, cabeza de la división, cuando el informe llegó desde Dallas. Miller, recordaría Pollak, salió de su oficina, alterado. "Cruzó la puerta para darme la terrible noticia: 'Le dispararon al presidente'", recordaría Pollak. "No estaba claro si estaba vivo o muerto."

Miller le pidió entonces que se dirigiera a toda prisa a la biblioteca del departamento "para averiguar con qué grado de jurisdicción federal contábamos" para procesar al asesino de un presidente. Pollak se ausentó más o menos durante una hora —la muerte de Kennedy se anunció mientras él se encontraba en la biblioteca— y regresó con lo que creyó un descubrimiento sorprendente: "No teníamos jurisdicción" en el caso, recordaría Pollak. "Dispararle al presidente no era un delito del orden federal."

Por entonces, el supervisor directo de Pollak era el adjunto del asistente del fiscal general, Howard Willens. Después de que Willens se integrara al equipo de trabajo de la comisión invitó a Pollak a unirse, éste declinó la oferta. A principios de 1964, Willens volvió a intentarlo. Esta vez le ofreció a Pollak la oportunidad de colaborar en la redacción del informe final. Pollak estuvo de acuerdo y compartió oficina con Alfred Goldberg. Los siguientes meses fueron, como diría Pollak, la experiencia laboral más intensa de su vida. "En toda mi carrera, nunca invertí más horas; cada noche, cada fin de semana." Hubo días en que los originarios de California, comenzando por el ministro presidente, Pollak y Joseph Ball, parecían omnipresentes en las oficinas de la comisión. Richard Mosk, nativo de Los Ángeles, había ido un año atrás de Pollak en sus estudios en la Escuela de Leyes tanto de Stanford y como de Harvard. Mosk, de 24 años de edad, conocía a Warren gracias a su padre, Stanley Mosk, fiscal general del estado de California. El joven Mosk le escribió al ministro presidente para solicitarle un puesto en la comisión, el cual le fue concedido en febrero, bajo el título de asociado.

La primera tarea de Richard Mosk estaba lejos de ser glamorosa: se le pidió que estudiara la historia de los poderes de citación utilizados hasta entonces por el Congreso con el fin de redactar una forma que pudiera emplear la comisión. Muy pronto, sin embargo, el trabajo se volvió interesante, y poco convencional. En marzo le fue solicitado que determinara quién estaba detrás de una serie de misteriosos anuncios clasificados que aparecieron en los dos principales diarios de Dallas en las semanas previas al magnicidio. El primero, el 15 de octubre, apareció en la sección de anuncios personales del *Morning News*: "Corredor, llámame por favor. ¡Por favor! ¡Por favor! Lee". El segundo se publicó al siguiente día: "Busco a Corredor. Por favor, llámame. Lee". ¿Había usado Lee Oswald los anuncios clasificados para establecer contacto con un conspirador que empleaba el nombre de "Corredor"? Después de realizar algunas llamadas, Mosk quedó decepcionado al descubrir que los mensajes sólo eran parte de la campaña publicitaria de una nueva película, *The Running Man (El precio de una muerte)*, protagonizada por Lee Remick. (El filme, coprotagonizado por el actor británico Laurence Harvey, se convertiría en una leyenda de Hollywood debido a que se había convertido en un fracaso comercial porque se había estrenado más o menos en los días del asesinato y contaba con las actuaciones de un histrión de nombre Lee y otro de apellido Harvey.)

A Mosk también se le pidió que elaborara una lista con todos los libros que Oswald había consultado en las bibliotecas públicas de Texas y Nueva Orleans, para ver si sus lecturas ofrecían alguna pista sobre los motivos que tendría para asesinar a Kennedy. "Había leído bastante para tratarse de un tipo sin educación", diría Mosk. "No creo que tuviera un IQ alto, pero al menos intentaba leer material como éste." La lista incluía varias biografías de líderes mundiales, entre ellas la de Mao, Kruschev y Kennedy. A Oswald le gustaban también las novelas de espías, como los *thrillers* de James Bond, escritos por Ian Fleming.

Uno de los libros en la lista merecía un escrutinio especial: *Fábula del tiburón y las sardinas*, del ex presidente guatemalteco Juan José Arévalo, un tratado alegórico sobre el dominio de las naciones latinoamericanas ("las sardinas") por parte de Estados Unidos ("el tiburón"). A finales de abril, Mosk redactó un memo dirigido a David Slawson en el que resaltaba un pasaje del libro; en él Arévalo escribía que los "estadistas" extranjeros que han participado en la destrucción de América Latina deberían "ser derrocados, posiblemente por la vía de una rebelión armada". Mosk encontró un nexo entre el editor del libro y el Comité Pro Trato Justo a Cuba, el grupo castrista al que Oswald decía apoyar, y el hecho de que tanto el autor como la traductora de la obra estaban "íntimamente conectados con el gobierno de Castro". La traductora, June Cobb, mujer estadounidense radicada en la ciudad de México, resultó ser, como se develaría posteriormente, un informante en la nómina de la CIA, y figuraría de manera prominente durante la investigación del misterioso viaje de Oswald a México.

Mosk compartía oficina con otro joven abogado en asignación temporal en la comisión: John Hart Ely, de 25 años de edad, graduado de la Escuela de Leyes de Yale el año anterior, y quien acababa de ser contratado como secretario de Warren en la Suprema Corte. Ely había accedido a trabajar en la comisión mientras iniciaba su periodo como secretario. Dos años antes, había realizado una estancia de verano en el prestigioso despacho Arnold, Fortas & Porter de Washington. Por entonces la firma le pidió que redactara el primer borrador de un informe de la Suprema Corte en beneficio de una clienta a la que se asesoraba de forma gratuita, bajo el esquema pro bono público: Clarence Gideon, la interna de una prisión de Florida cuyo nombre quedaría grabado en el emblemático caso "Gideon *vs.* Wainwright", un proceso que había servido a la corte de Warren para que los acusados de un delito que se encontraran en situación de calle tuvieran el derecho de contar con un abogado sin costo alguno. Ely se sentía con toda razón orgulloso de su participación en el proceso, incluso le había mostrado a Mosk su copia de la revista *Time* de aquella primavera en donde se resaltaba su papel en la elaboración del informe Gideon. "Me deslizó la revista y yo subí los pies sobre mi escritorio" buscando una postura cómoda para leer el artículo, recordaría Mosk. El momento se convirtió en motivo de angustia para Mosk, ya que justo en ese momento Lee Rankin entró a la oficina que los jóvenes compartían. "Era la primera vez que Rankin entraba en nuestra oficina. Y ahí estaba yo, con los pies sobre el escritorio, leyendo la revista *Time*." Mosk le dejaría una mejor impresión a medida que las semanas pasaran.

Ely estaba a punto de vivir su propio momento de vergüenza ante Rankin, debido al descubrimiento de un dato desagradable sobre el estado de salud de Oswald. Ely había recibido instrucciones de revisar a fondo el registro de Oswald mientras éste sirvió en el cuerpo de Marines, así que resumió sus hallazgos en un memo fechado el 22 de abril. Revisó el expediente personal de Oswald, que incluía su historial clínico; el abogado encontró ahí información que debía ser, a su juicio, compartida con el resto de los abogados en el equipo de trabajo, incluido el hecho de que Oswald había tenido contacto con una joven japonesa mientras se encontró apostado en Japón en 1958, la mujer habría sido "posiblemente una prostituta". Oswald había sido diagnosticado ese mismo año con gonorrea.

Rankin, como indican los documentos de la comisión, se quedó paralizado ante la intención de Ely de consignar por escrito un dato tan vulgar, incluso cuando fuera cierto. El aparentemente pudoroso Rankin habló con Ely aquel 5 de mayo para dejarle en claro su disgusto; ese mismo día, más tarde, Ely le ofrecería una lastimera disculpa, insistiendo en un memo en que había sido malinterpretado y que no recomendaría una más profunda investigación al respecto. "Mencioné la enfermedad venérea de Oswald como lo hice con cualquier otro de los datos que encontré", escribió entonces Ely. "Intenté darle el mismo tratamiento que a cualquier otro suceso en la vida de Oswald, sin pretender indicar que éste se trataba de un elemento probatorio respecto de si Oswald había asesinado a Kennedy o no, ni tuve con él la intención de 'difamar' a Oswald." Tal como Rankin insistió, el reporte final de la comisión no contendría mención alguna sobre el padecimiento de Oswald ni acerca de su posible romance con una prostituta.

30

Con cada semana que transcurría, el menosprecio de la comisión hacia la policía de Dallas aumentaba. El motivo no era sólo la incompetencia del departamento, en especial en lo tocante al caos que había permitido el asesinato de Oswald mientras éste se encontraba bajo su custodia. Con frecuencia se originaba en la incapacidad de sus oficiales para decir la verdad, aun bajo juramento.

El abogado de la comisión Burt Griffin estaba convencido, por ejemplo, de que el sargento Patrick Dean había mentido en repetidas ocasiones sobre las circunstancias en torno al homicidio de Oswald. Veterano con 11 años de experiencia en la policía, Dean había sido el responsable de la seguridad del sótano del cuartel general la mañana en que Ruby se escurrió dentro y abatió a Oswald. El hecho de que Ruby haya podido llegar ahí, a una zona supuestamente bajo vigilancia, era prueba de que Dean y sus colegas no habían hecho bien su trabajo o, más alarmante incluso, podía sugerir que algún elemento de la fuerza policiaca había ayudado a Ruby a penetrar en el edificio, tal vez en el entendido de que éste mataría a Oswald. Griffin creía que era posible el delirante Ruby hubiera sido encaminado a actuar por policías que buscaban venganza por el daño que Oswald le había ocasionado a la reputación de la ciudad.

Dean había relatado varias versiones al parecer contradictorias sobre lo ocurrido en aquel sótano y de las palabras que había escuchado a Ruby pronunciar tras su aprehensión. Sin embargo, cuando Dean ofreció testimonio como uno de los testigos principales de la fiscalía en el proceso por homicidio contra Ruby, éste ya había entonces fijado su versión, una que había puesto a Ruby en el patíbulo.

De acuerdo con el testimonio de Dean, Ruby había afirmado en su interrogatorio preliminar, minutos después de haberle disparado a Oswald, que se había introducido al sótano descendiendo por una rampa desde la Avenida Principal y se había abierto camino junto a un guardia desprevenido. Fue durante ese interrogatorio, aseveró Dean, que Ruby declaró que el asesinato de Oswald había sido premeditado. De hecho, afirmó Dean, Ruby declaró entonces que la idea de matar a Oswald había nacido en él dos días antes, cuando acudió a la conferencia de prensa en el cuartel general de la policía, aquel viernes por la noche, el mismo día en que murió Kennedy. El testimonio de Dean fue utilizado por la fiscalía para convencer al jurado de que el asesinato de Oswald había sido planeado con dos días de antelación —no era, pues, consecuencia de una locura temporal, como la defensa señalaba—, por lo que Ruby debía ser sentenciado a morir en la silla eléctrica.

Griffin no era la única persona en Dallas que creía que Dean estaba mintiendo. Los abogados defensores de Ruby se decían convencidos de ello, sobre todo porque no había nadie que pudiera respaldar la declaración del oficial. Griffin creía que los motivos de Dean para ofrecer falso testimonio podían explicarse en dos sentidos: tanto para ocultar su propia "negligencia en el servicio", como para hacerse notar. Y Dean había demostrado ser un hombre extraordinariamente ávido de protagonismo. El día del asesinato de Oswald —sin consultar a sus superiores—, Dean había concedido varias entrevistas sobre lo que había presenciado en el sótano y lo que sabía de Ruby. De igual forma, sin autorización alguna, se había dirigido esa tarde al hospital Parkland, donde consiguió confundirse entre los miembros de la familia de Oswald, acompañando incluso a la viuda y a la madre de Oswald a reconocer el cadáver.

Griffin creía posible que Dean hubiera visto en realidad a Ruby descender por la rampa sin haber hecho nada por detenerlo. El oficial de policía había sido amistoso con Ruby durante años e incluso había sido cliente ocasional del club Carousel. Quizá Dean había dado por hecho que Ruby quería simplemente experimentar la emoción de ser testigo de un momento en la historia, cuando Oswald volviera a aparecer frente a las cámaras. Griffin podía entender las razones por las cuales Dean habría mentido en caso de que ello hubiera ocurrido; quería mantener su empleo. "Si alguien del departamento de policía le había permitido la entrada o había estado al tanto de que lo había hecho, ese tipo perdería su trabajo y el departamento de policía quedaría por completo desacreditado", diría Griffin después.

En cuanto a la declaración de Dean, sobre que Ruby había reconocido que el asesinato había sido premeditado, Griffin creía que el motivo de ésta había sido probablemente el deseo del policía de ayudar a que la fiscalía local lograra que se dictara condena en un proceso de suma importancia. Esa mentira, diría Griffin, habría resultado tanto más "censurable" por cuanto representaba la razón por la cual Ruby se enfrentaba entonces a la pena de muerte.

Cuando Griffin tomó declaración a Dean en Dallas, a finales de marzo, deseaba confrontarlo con lo que consideraba sus mentiras. Al cabo de casi dos horas de interrogatorio, Griffin le anunció que le gustaría continuar la conversación "de manera no oficial", con el transcriptor fuera de la sala. Sin sospechar nada, Dean estuvo de acuerdo.

"Le dije a Dean que no estaba diciendo la verdad", recordaría Griffin. "Le indiqué los dos puntos en particular de su testimonio que no consideraba fidedignos: que Ruby le había dicho aquel 24 de noviembre que había entrado en el sótano por una rampa desde la Avenida Principal, y que había considerado matar a Oswald desde la noche del 22 de noviembre."

Dean se dijo sorprendido por la flagrante acusación de perjurio en su contra. "No me imagino a dónde quiere llegar", comentó. "Repetí casi palabra por palabra los dichos de Ruby... Ésos fueron los hechos y yo no podría haberlos cambiado."

Griffin intentó suavizar el golpe. "Hice grandes esfuerzos para explicarle a Dean que yo creía entender por qué estaba aderezando su testimonio y que yo lo consideraba una persona en esencia honesta y confiable. No recuerdo siquiera haber empleado la palabra 'perjurio'... Casi con seguridad no le dije que iba a enfrentarse a proceso alguno." Lo que sí le aconsejó a Dean fue que considerara la contratación de un abogado en caso de que tuviera que realizar alguna "enmienda sustancial" a su testimonio.

Dean insistió una vez más en que estaba diciendo la verdad, así que Griffin volvió al interrogatorio oficial sin obtener la confesión que esperaba. Griffin intentó cerrar el testimonio de Dean con una nota amigable. Cuando el transcriptor regresó a la sala, Griffin se pronunció para la grabación: "Aprecio enormemente la ayuda que el sargento Dean nos ha brindado esta tarde y espero, y estoy seguro de ello, que si surge algún detalle que a su parecer sería de valor para la comisión nos lo hará saber de manera voluntaria".

La confrontación con Dean pronto "me explotó en la cara", reconocería Griffin posteriormente. Tras salir de la sala de interrogatorios, Dean contactó en seguida con el fiscal de distrito de Dallas, Henry Wade, el mismo que había logrado la condena de Ruby. Dean le advirtió que la Comisión Warren al parecer estaba decidida a socavar su testimonio y, por ende, a dar marcha atrás a la condena. Wade contactó de inmediato a Rankin en señal de protesta.

Dean declararía después que tenía entendido que Wade telefoneó también al presidente Johnson, un viejo amigo texano de la oficina del fiscal de distrito, para quejarse de las tácticas de la comisión y, en específico, de la actuación de Griffin. Lo ocurrido se filtró a los periódicos de Dallas, los cuales informaron cómo Griffin había sido "retirado" de vuelta a Washington.

Griffin pudo haber predicho lo que seguiría, dada su creencia de que la investigación sobre Ruby había recibido el trato de un caso adyacente al trabajo de la comisión. Cuando se enteró de la agitación en Dallas, el ministro presidente Warren se puso del lado del sargento Dean, no del de Griffin. Más allá de la opinión de Warren sobre la honradez de Dean, deseaba evitar que la comisión se empantanara en una desagradable querella pública con las autoridades de Dallas. A principios de junio, Dean recibió una invitación formal para testificar en Washington, ahí recibió las disculpas del ministro presidente en persona. "Ningún integrante de nuestro equipo tiene derecho de acusar a testigo alguno de estar mintiendo o de que éste está ofreciendo falso testimonio", adujo Warren. "No es ése su trabajo."

La confrontación en torno a Dean ocurrió en un momento que de suyo era difícil para Griffin y Hubert, quienes comenzaban a preguntarse si alguna vez terminarían su parte de la investigación. A partir de las pruebas que habían recabado, era imposible descartar la posibilidad de que —de alguna manera, en algún momento— Ruby hubiera formado parte, en realidad, de una conspiración para asesinar a Kennedy o a Oswald, o a ambos. Ruby tenía nexos innegables, si bien indirectos, con mafiosos, quienes quizá habrían tenido razones para desear la muerte del presidente; en específico debido a la guerra contra el crimen organizado que abanderaba el Departamento de Justicia. "Tenía innumerables vínculos con gente de los bajos fondos", diría Griffin. Existía, además, una conexión con Cuba. Durante años, Ruby había pretendido ser parte de negocios supuestamente turbios en la isla, los cuales podían haberlo puesto en contacto con cubanos —tanto simpatizantes como opositores de Fidel Castro— que podían estar implicados en el asesinato del presidente.

A finales del invierno, Warren había abandonado cualquier esperanza de cumplir con el objetivo inicial de terminar la investigación para el 1º de junio. Los abogados de la comisión tenían ahora una nueva fecha límite, el 15 de junio, para preparar los borradores de sus contribuciones al reporte final. Pero para Griffin y Hubert el nuevo plazo seguía siendo extremadamente optimista. En marzo enviaron un memo a Rankin como un recordatorio del enorme porcentaje del trabajo detectivesco a su cargo que aún estaba en proceso. Para entonces no había concluido la identificación de todos los nombres, direcciones y números telefónicos que habían sido encontrados entre las pertenencias de Ruby, ni se había llevado a cabo un análisis a fondo de las grabaciones de las llamadas telefónicas que Ruby y algunos de sus socios habían realizado en los días previos al asesinato de Oswald.

Inmediatamente después de una junta de trabajo del equipo, celebrada el viernes 3 de abril, ambos abogados se reunieron con Rankin para solicitar ayuda. Calculaban que necesitarían a tres investigadores más durante al menos un mes para lograr terminar su trabajo. La respuesta que recibieron fue un insulto a su parecer. Rankin les dijo que tal vez el guardaespaldas de Warren podía ayudarles; nadie más estaba disponible.

Al día siguiente, Griffin y Hubert organizaron algo parecido a una insurrección. Dirigieron un memo a Rankin y Willens en el que recomendaron que la comisión dejara los temas de Ruby y el asesinato de Oswald por completo fuera del reporte final. "No creemos que los aspectos del proceso relacionados con Ruby deban incluirse", escribieron. "No hay ninguna posibilidad de que este trabajo se concluya de manera apropiada para que pueda ser de utilidad en el reporte final."

A su parecer, la comisión podía ofrecer a la opinión pública una explicación sensata de las razones por las cuales no se tocaban los cuestionamientos que habían surgido en torno a Ruby, en vista de que su apelación a la condena recibida por homicidio seguía pendiente. "Si el caso de Ruby vuelve a abrirse y nuestro reporte es de algún modo poco favorecedor a éste, la comisión podría quedar sometida, de manera justificada, a críticas por haber emitido un reporte que interfiriera con su derecho a un juicio justo", escribieron los abogados. La inclusión de material sobre Ruby en el reporte final podía dar pie a un serio conflicto de intereses para el ministro presidente. "¿Es apropiado —preguntaban— que una comisión de tan alto rango y prestigio como ésta haga comentarios a detalle sobre una persona cuyo proceso está en fase de apelación, y el cual seguramente llegará a la Suprema Corte de Estados Unidos?"

La respuesta de Willens fue directa. Les indicó que terminaran el trabajo lo mejor que pudieran y que no esperaran ayuda extra. No les correspondía a ellos, además, decidir qué información formaría parte del reporte de la comisión. "Debemos continuar como si fuéramos a publicar, en definitiva, algo sobre este tema", escribió.

Griffin y Hubert elevaron el nivel de su protesta, esta vez mediante un memo de 11 páginas dirigido a Rankin, en el cual incluyeron una lista de todas las preguntas sin respuesta que ahí permeaban sobre Ruby. Mencionaron en el documento las numerosas lagunas en las pruebas de la comisión sobre las actividades de Ruby durante los meses previos al asesinato de Kennedy. También delinearon una teoría explosiva sobre los vínculos entre Ruby y Oswald: "Creemos que existe la posibilidad, con base en evidencia disponible, de que Ruby estuviera involucrado en tratos ilegales con elementos cubanos que podrían haber tenido contacto con Oswald. Sugerimos que estos temas no deben 'quedar en el aire'. Deben investigarse a fondo o debe tomarse la decisión de no hacerlo con base en las razones ya expresadas".

El memo, en esencia, fue recibido como una provocación por sus superiores y suscitó lo que Willens calificaría posteriormente como una "sustanciosa discusión" en torno a qué podía hacerse para satisfacer las demandas de Griffin y Hubert. En un memo fechado el 1º de junio, Willens le pidió a Griffin que le fuera "enviada por escrito durante los siguientes días toda solicitud indagatoria" que fuera "ne-

cesaria para completar la investigación". Ese mismo día, Hubert le
notificó a Rankin que abandonaría la investigación a finales de esa
semana. Disgustado por cómo la comisión había ignorado su trabajo,
Hubert había estado planeando durante semanas disminuir su participación en la comisión para regresar a Nueva Orleans.Y ahora quería abandonarla del todo. Le dijo a Rankin que necesitaba dos días
para "limpiar mi escritorio y desalojar mi departamento". Le indicó
además que estaría disponible para regresar a Washington durante
los fines de semana, si era requerido, para llevar a cabo proyectos
especiales y que estaba dispuesto a viajar a Dallas si la comisión conseguía, finalmente, tomar la declaración de Ruby.

Se decidió que ello no sería necesario. Días después, cuando
la comisión finalmente programó el viaje a Texas para interrogar a
Ruby, Hubert y Griffin no fueron invitados. Arlen Specter acudió en
su lugar. Sus jóvenes colegas se sintieron mal por ellos. De acuerdo
con David Belin, ellos eran "abogados brillantes que estaban impactados porque no se les permitió estar presentes en el interrogatorio
del hombre al que habían estado investigando durante tantos meses". Posteriormente, Griffin insistiría en que había comprendido y
aceptado la decisión de excluirlo. Después de su confrontación con
el sargento Dean, declaró, "yo me había convertido en un estorbo".
Su reaparición en Dallas podía haber suscitado la protesta de autoridades locales.

El centro de la tormenta en el interior de la Comisión Warren, Jack
Ruby había pasado la mayor parte de aquel invierno y primavera en
una celda en Dallas. En ocasiones había intentado hacerse daño, si
no suicidarse.

Mientras que sus abogados defensores preparaban la apelación
al fallo recibido por el asesinato de Oswald, Ruby se encontraba en
la prisión de condado de Dallas. El 26 de abril, poco después de la
medianoche, intentó engañar a los guardias al solicitarles un vaso de
agua con la intención de hacerse daño una vez más. Cuando los ce-
ladores se retiraron, Ruby estrelló su cabeza contra la pared de concreto de su celda. Fue hallado en un charco de sangre, inconsciente,
y trasladado al hospital para que le fuera tomada una placa de rayos x,
la cual reveló que no se había provocado heridas de consideración.
Al inspeccionar su celda, los custodios descubrieron que Ruby había

comenzado a retirar el forro de su uniforme, al parecer para fabricarse una horca.

Al día siguiente, Ruby recibió la visita del doctor Louis West, profesor de psiquiatría del Centro Médico de la Universidad de Oklahoma, quien había sido contratado para asesorar a los abogados a cargo de la apelación de Ruby. West se reunió con Ruby en un salón privado para entrevistas y lo encontró "pálido, tembloroso, agitado y deprimido". Pudo observar la enorme herida en la cabeza del prisionero. ¿Por qué había intentado hacerse daño?, preguntó el médico. Ruby respondió que se sentía culpable. "Los judíos de Estados Unidos están siendo masacrados", dijo. "Veinticinco millones de personas" estaban siendo aniquiladas en venganza por "todos los problemas" que él había ocasionado al asesinar a Oswald. Ruby aseguraba que su propio hermano, Earl, se encontraba entre las víctimas del genocidio; éste había sido "torturado, horriblemente mutilado, castrado e incinerado en la calle frente a la cárcel". Ruby aseguraba poder "escuchar todavía los gritos" de los judíos moribundos. "Las órdenes de este terrible pogromo deben haber llegado de Washington, para permitir que la policía lleve a cabo los asesinatos en masa sin que nadie llame a las fuerzas federales o éstas participen", le dijo a West. Él era responsable de "un gran pueblo con una historia de 4000 años que sería borrado del mapa".

Cuando West intentó convencerlo de que se equivocaba, Ruby "se mostró más suspicaz acerca de mi sinceridad… Una o dos veces pareció estar a punto de atacarme", diría el psiquiatra.

"No me diga que usted no sabe nada al respecto; todo el mundo tiene que saberlo", espetó Ruby. Él había intentado aplastar su cabeza contra la pared "para ponerle fin a esto".

En su informe a los abogados defensores, West señaló que Ruby se refirió constantemente a Oswald, a quien describió como "el difunto" o "esa persona".

Al día siguiente, West acudió a ver a Ruby una vez más; lo encontró en mejores condiciones. Pese a todo, mientras West lo observaba, Ruby experimentó alucinaciones que lo hicieron "levantarse rápidamente, arrinconarse en una esquina del salón y mantenerse con el cuello erguido y los ojos muy abiertos, mirando de aquí para allá". En otro momento, Ruby "se arrastró bajo la mesa para escuchar" a las voces que percibía. "En sus alucinaciones había gemidos y sollozos humanos, a veces de niños o de un niño", escribió West. Ruby creía que ellos estaban al acecho de los "judíos bajo tortura". West se dijo convencido de que Ruby no estaba actuando. "Ruby no está en su sano juicio en estos momentos", concluyó. El sujeto se encontraba en un estado "obviamente psicótico; está completamente embebido en las alucinaciones de la persecución de judíos en su relato. Ha perdido toda esperanza, se siente inútil y culpable por el exterminio masivo de su pueblo". Ruby no debía estar en la cárcel, en opinión de West. "Este individuo debería permanecer en un hospital psiquiátrico para su observación, estudio y tratamiento."

Dos semanas después, un psiquiatra de Dallas, Robert Stubblefield, visitó a Ruby a petición del juez que llevaba su proceso, y coincidió en que Ruby se encontraba gravemente afectado de sus facultades mentales, y necesitaba tratamiento hospitalario. Ruby reconoció de buen grado ante Stubblefield que había privado de la vida a Oswald y que lo había hecho —tal como lo reconoció desde el primer momento— para ayudar a Jacqueline Kennedy. "Maté a Oswald para que la señora Kennedy no tuviera que venir de regreso a Dallas para testificar", aseveró. "Yo apreciaba y admiraba al presidente Kennedy."

Ruby insistió, una vez más, en que había actuado solo al matar a Oswald, informó Stubblefield. Sus enemigos, declaró al psiquiatra, "creen que yo conocía a Oswald, que todo fue parte de una conspiración… No es verdad. Quiero que me hagan la prueba del polígrafo para demostrar que yo no conocía a Oswald y que no participé en el asesinato del presidente Kennedy. Después de eso, no importa lo que pase conmigo".

Departamento de Estado
Washington, D. C.
Martes 17 de abril de 1964

En los días finales de la planeación de su viaje a la ciudad de México, David Slawson y William Coleman decidieron que no tenían prioridad más alta que concertar una entrevista con Silvia Durán. Su importancia para la investigación había aumentado semana a semana desde enero, cuando Slawson y Coleman se enteraron de su nombre por primera vez. "Durán podría ser mi testigo más importante", se había dicho Slawson para sus adentros. "Sólo imagina lo que podría saber." A solicitud de la CIA, Durán iba a ser citada, por nombre, como una fuente esencial de información en el informe final de la comisión sobre la visita de Oswald a México. La CIA estaba ansiosa por no revelar ningún detalle de sus complejas operaciones de vigilancia fotográfica e intervención de líneas telefónicas en la ciudad de México. En cambio, la agencia quería que la comisión, en la medida de lo posible, le atribuyera la información únicamente a Durán si su testimonio coincidía con lo que la CIA había descubierto mediante sus métodos de espionaje. Si la CIA se salía con la suya, lo que Durán había confesado a sus interrogadores mexicanos —o, por lo menos, lo que afirmaban los mexicanos que les había dicho— sería el único registro disponible para el público sobre muchas de las actividades de Oswald en México.

El día previo a su partida, Slawson y Coleman fueron invitados al Departamento de Estado, donde se reunieron con el subsecretario de Estado Thomas Mann, ex embajador estadounidense en la ciudad de México; Mann había salido de México cuatro meses antes. Slawson y Coleman fueron guiados por la recepción, pasaron las filas de las coloridas banderas que decoraban los pasillos y llegaron hasta la oficina del subsecretario. Mann invitó a los abogados a que tomaran asiento y se disculpó por las cajas que poblaban su oficina; todavía se estaba reinstalando en Washington, y la labor había sido pesada. En su nuevo trabajo, les dijo, supervisaba todos los asuntos de América Latina para el Departamento de Estado y, dada su creciente amistad con el presidente Johnson, conciudadano de Texas, se había convertido en un visitante frecuente de la Casa Blanca.

Dado que a Slawson le había sido concedida la oportunidad, apenas dos semanas antes, de leer todo el tráfico ultrasecreto de comunicaciones despachadas desde México a finales de noviembre, sabía lo valiosa que podía ser la perspectiva de Mann sobre la pregunta de si había existido o no una conspiración extranjera. De modo tal que Slawson y Coleman lanzaron la pregunta sin tapujos: ¿Estaba Mann todavía convencido de que el asesinato de Kennedy había derivado de una intriga cubana?

Lo estaba, dijo, aunque no pudiera probarlo. Mann sentía en sus "entrañas" que Castro era "el tipo de dictador que podría haber llevado a cabo una acción tan despiadada, ya sea por la posibilidad de beneficiarse de ello o como una mera venganza". El hecho de que Oswald hubiera visitado las dos embajadas, la cubana y la rusa, antes del asesinato "pareció suficiente… para levantar las más graves sospechas" acerca de si Oswald habría actuado bajo las órdenes de los cubanos, posiblemente con la venia implícita de sus partidarios soviéticos. Mann declaró que su sospecha sobre la existencia de una conspiración había aumentado cuando las noticias acerca del espía nicaragüense en la ciudad de México llegaron a él —dicho espía había declarado haber presenciado cómo Oswald recibía el pago de 6500 dólares en una de sus visitas a la embajada cubana—, y después de enterarse de la llamada telefónica —que había sido interceptada— entre el presidente de Cuba y el embajador isleño en México, durante la cual se habían discutido los rumores de que a Oswald se le hubiera pagado por la ejecución.

Mann dio por terminada la sesión argumentando que tenía que retirarse para asistir a otra reunión, no sin antes invitar a Slawson y a Coleman a que lo visitaran tras haber concluido el viaje. Al estrechar las manos en señal de despedida, Mann se dirigió a Slawson, a quien le preguntó si la comisión sentía que él había exagerado en su reacción ante la evidencia. ¿El ex embajador había sido "indudablemente impulsivo" al sospechar sobre la existencia de una conspiración cubana tras el asesinato? No, le respondió Slawson. Aunque la evidencia se alejaba cada vez más de señalar la existencia de una mano extranjera involucrada en la muerte de Kennedy, los investigadores de la comisión "no encontraron nada exento de justificación de entre lo que había hecho el embajador".

En los días anteriores al viaje, Slawson recibió un informe de la CIA acerca de lo que podía esperar en la capital de México. "La CIA me comunicó que la ciudad de México era un cuartel general de espionaje, por así decirlo, para muchos países, tal como Estambul solía serlo en los *thrillers* detectivescos. Los espías siempre se reunían en Estambul." A principios de la década de 1960, la ciudad de México era la capital del espionaje de la Guerra Fría, y Slawson estaba emocionado por experimentarlo en carne propia.

El miércoles 8 de abril, Slawson y Coleman, acompañados por Howard Willens, abordaron un avión de Aerolíneas Eastern en el Aeropuerto Internacional Dulles y volaron a la ciudad de México, donde arribaron esa tarde a las seis. Fueron recibidos en el aeropuerto por el agregado jurídico del FBI en México, Clark Anderson. Debido al color de su piel, Coleman estaba acostumbrado a ser hostigado cuando viajaba, tanto en Estados Unidos como en el extranjero; ahora, un oficial de inmigración había tratado de bloquearle la entrada al país, preguntándole si había recibido la batería de vacunas apropiada para el viaje. Sólo después de que un gerente de Aerolíneas Eastern mencionara "algo sobre el hecho de que el señor Coleman era uno de los representantes de la Comisión Warren" sería bienvenido con admiración, escribiría Slawson al respecto.

Coleman se mostraría nervioso durante toda la visita, temía que su vida corriera peligro debido a los secretos que sabía por su trabajo en la comisión. El joven abogado había experimentado con anterioridad amenazas de violencia —comunes para cualquier personaje prominente dentro del movimiento de los derechos civiles—, pero era más atemorizante enfrentar semejante peligro en las calles de una capital extranjera. Si había existido una conspiración para matar a Kennedy, a Coleman le parecía lógico que algunos de los colegas conspiradores de Oswald permanecieran todavía en México,

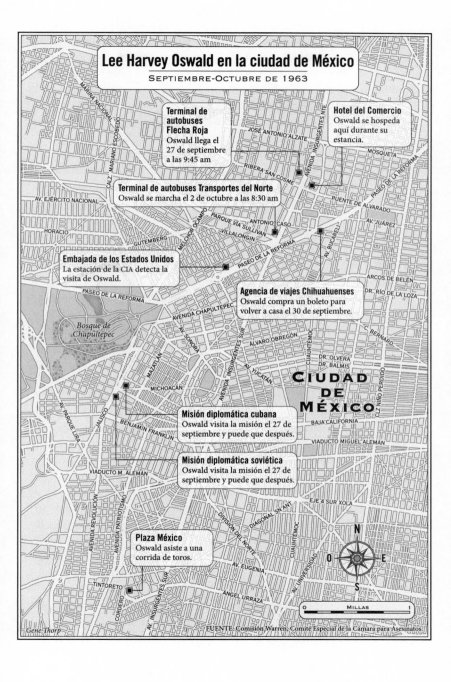

Lee Harvey Oswald en la ciudad de México

SEPTIEMBRE-OCTUBRE DE 1963

Terminal de autobuses Flecha Roja
Oswald llega el 27 de septiembre a las 9:45 am

Hotel del Comercio
Oswald se hospeda aquí durante su estancia.

Terminal de autobuses Transportes del Norte
Oswald se marcha el 2 de octubre a las 8:30 am

Embajada de los Estados Unidos
La estación de la CIA detecta la visita de Oswald.

Agencia de viajes Chihuahuenses
Oswald compra un boleto para volver a casa el 30 de septiembre.

Misión diplomática cubana
Oswald visita la misión el 27 de septiembre y puede que después.

Misión diplomática soviética
Oswald visita la misión el 27 de septiembre y puede que después.

Plaza México
Oswald asiste a una corrida de toros.

Bosque de Chapultepec

CIUDAD DE MÉXICO

0 MILLAS 1

Gene Thorp

FUENTE: Comisión Warren, Comité Especial de la Cámara para Asesinatos.

ansiosos por secuestrarlo y obligarlo a compartir lo que sabía. "Si los mexicanos estaban involucrados en la conspiración, tal vez me asesinarían", le preocupaba. Esa primera noche le fue difícil conciliar el sueño en su habitación del Hotel Continental Hilton, especialmente después de haber escuchado ruidos extraños.

"Como a las tres de la mañana se escucharon ruidos en la ventana y pensé: 'Dios mío, alguien vino a matarme'", recordaría Coleman. "Será mejor que me largue de aquí... Estaba asustadísimo." Al día siguiente, le preguntó al oficial de la CIA apostado afuera del hotel si se había presentado alguna amenaza. No, le aseguró el agente. "No se preocupe, lo estuvimos vigilando toda noche."

Aquella mañana, la delegación de la comisión llegó al creciente recinto de la embajada estadounidense en Paseo de la Reforma. Ahí fueron presentados con Winston Scott, el jefe de la estación de la CIA, y con el recién nombrado embajador, Fulton Freeman, quien había llegado a la ciudad apenas dos días antes. En una reunión con Scott y el embajador, Coleman explicó que los abogados de la comisión habían planeado reunirse con oficiales mexicanos y que esperaban realizar algunas deposiciones, especialmente con Durán. A Freeman se le había proporcionado suficiente información como para que entendiera lo importante que era el testimonio de Durán, y qué tan delicado era el tema para el gobierno mexicano. El embajador dijo que "ver a Silvia Durán sería un asunto sumamente sensible, el cual debía ser discutido a profundidad" antes de que cualquiera pudiera abordarla, recordaría Slawson. Freeman dijo que concedería una entrevista con Durán "siempre y cuando se llevara a cabo en la embajada norteamericana y se le dejara en claro que su permanencia era por completo voluntaria".

Slawson y Coleman se reunieron por separado con Anderson y sus colegas del FBI en la embajada. Aunque años después Anderson aceptaría lo limitada que había sido la investigación del buró en la ciudad de México, aquel día dejó a sus visitantes de Washington con la impresión de que el FBI había sido exhaustivo con el seguimiento de pistas sobre Oswald. Anderson dio "una muy buena impresión de ser competente", escribiría Slawson al respecto.

Los abogados de la comisión le preguntaron a Anderson su opinión sobre Durán. Él les dijo que creía que era una "comunista devota", quien, a pesar de estar casada y ser madre de un pequeño retoño, tenía la reputación de mantener una escandalosa vida privada. Tal como lo explicó Anderson, se trataba de una "curvilínea mexicana", notablemente "sexy". Anderson concordaba con el embajador en que solicitar una entrevista con ella sería un "punto sensible" para el gobierno mexicano, aunque dijo que intentaría ayudar. Pronto tuvo buenas noticias sobre Durán, justo esa mañana el FBI había obtenido finalmente una copia de su declaración firmada, resultante de los interrogatorios mexicanos, sobre Oswald, cuya existencia era totalmente desconocida para la comisión. Slawson y Coleman solicitaron que se les proporcionara una copia tan pronto como fuera posible.

Los abogados pasaron gran parte de la tarde con Scott; descubrieron que el jefe de estación de la CIA hacía honor a la reputación de su inusual inteligencia. Impresionó a Slawson con su tímido encanto sureño y los dos hombres formaron un vínculo cuando descubrieron su mutua afición por las matemáticas y las ciencias: compartieron anécdotas sobre cómo casi se entregaron a una vida en la academia; Slawson había estudiado física en Princeton y Scott matemáticas en la Universidad de Michigan. "Era un terreno que teníamos en común", recordaría Slawson. "Existía una afinidad entre nosotros."*

Slawson y Coleman quedaron impresionados cuando Scott los llevó a la planta inferior de la embajada hasta una sala de seguridad, a prueba de sonido, para ofrecerles su informe inicial sobre Oswald. "Estaba en el sótano, muy abajo, incluso tal vez en un sub-sótano", recordaría Slawson. "Todo lo que se nos dijo o se nos mostró en la sala de seguridad se consideraba ultra, ultrasecreto." Durante la sesión informativa, a la cual también asistió el oficial número dos de la CIA de la embajada en México, Alan White, Scott encendió un pequeño radio; dijo que éste ocultaría el sonido de su conversación, una precaución necesaria en caso de que alguien estuviera tratando de escucharlos. "Todas éstas eran cuestiones de mucha intriga y misterio", recordaría Slawson.

Al comenzar la sesión, Scott se esforzó mucho para convencer a los abogados visitantes de que él y la agencia estaban en la entera

---

* Dado que Scott operaba encubierto para la CIA y se le había identificado oficialmente ante el gobierno mexicano como un empleado del Departamento de Estado, Slawson eliminó toda referencia a su nombre real en informes posteriores sobre la ciudad de México, reemplazándolo con la letra "A".

disposición de cooperar con la comisión y que él, a título personal, no tenía intención alguna de reservarse nada, incluso cuando esto implicara algún riesgo para la CIA. Dijo que entendía que a los abogados se les "había autorizado para cuestiones ULTRASECRETAS", por tanto, "la información que obtuviéramos de él no se divulgaría fuera de los confines de la comisión y su personal más inmediato sin primero pedir autorización a sus superiores en Washington", recordaría Slawson. "Y nosotros estuvimos de acuerdo."

Acto seguido, Scott describió, con lujo de detalle, cómo se rastreó a Oswald en México usando algunas de las más sofisticadas tecnologías de vigilancia de la CIA, incluyendo la intervención de casi todas las líneas telefónicas en las embajadas de Cuba y la Unión Soviética, al igual que con el uso de una multitud de cámaras ocultas colocadas afuera de los edificios de las embajadas. La exhaustiva vigilancia había comenzado, dijo, a las pocas horas de la primera aparición de Oswald en la embajada cubana. En seguida, Scott prosiguió a describir cómo había respondido la estación de la CIA en la ciudad de México tras el asesinato del presidente Kennedy; cómo ésta de inmediato comenzó a compilar expedientes sobre "Oswald y cualquier otra persona en México" que pudiera haber tenido contacto con el presunto asesino. Les mostró las transcripciones de lo que dijo eran las llamadas telefónicas de Oswald a las embajadas de Cuba y la Unión Soviética. Fue entonces que los abogados de la comisión mencionaron el nombre de Durán y Scott admitió que ella había sido de "sumo interés para la CIA" mucho antes del asesinato del presidente debido a la aventura que había mantenido con un veterano diplomático de la isla, Carlos Lechuga, cuando éste era el embajador de Cuba en México; Lechuga se convirtió posteriormente en el embajador cubano en la Organización de las Naciones Unidas con sede en Nueva York. Después del asesinato, les comentó Scott, la CIA había trabajado de la mano con las autoridades mexicanas, "especialmente en las interrogaciones de Durán".

Slawson quedó impresionado por lo completo que resultaba el informe de Scott. Sin embargo, al tiempo que escuchaba, el joven abogado se alarmó por cuánta de aquella información jamás se le había comunicado. Scott sabía detalles sobre los movimientos de Oswald en México que sus colegas en el cuartel general de la CIA nunca reenviaron a las oficinas de la comisión, a pesar de los recientes esfuerzos de la agencia por asegurar que no se estaba reteniendo información. Además, los datos que la CIA sí había compartido con anterioridad estaban plagados de "distorsiones y omisiones", afirmaría Slawson. Él y Coleman habían traído su propia cronología de las actividades de Oswald en México, con la intención de mostrársela a Scott y escuchar sus comentarios, "pero una vez que nos percatamos de lo distorsionada que estaba nuestra información, nos dimos cuenta de que sería inútil".

Slawson le preguntó a Scott por qué, dado el elaborado sistema de vigilancia fotográfica, no se le había proporcionado a la comisión ninguna foto de Oswald. Desafortunadamente, insistió Scott, no había tales. "La cobertura fotográfica estaba limitada, en general, a las horas diurnas de entre semana, debido a la falta de fondos y porque no contaban con los medios técnicos adecuados para tomar fotografías de noche a larga distancia sin luz artificial", les dijo a los abogados. La respuesta había sido claramente evasiva, declararían los colegas de Scott posteriormente. No se tenía información de que Oswald hubiera visitado las embajadas durante la noche y la estación de la ciudad de México era una de las mejor financiadas y equipadas en la CIA. Con todo, Slawson y Coleman aceptaron la explicación de Scott, en buena medida porque no tenían ninguna forma efectiva de cuestionarla. Slawson recordaría haberse sorprendido ante la afirmación de que no existían fotos: "Recuerdo que me sentí desconcertado, me parece, pero entonces era demasiado inocente para pensar que estaban escondiendo material... Creo que fui ingenuo".

Los abogados pasaron a preguntas más importantes. Le preguntaron a Scott y a White si ellos creían, a título personal, en la existencia de una conspiración extranjera en el asesinato, y si creían que la ciudad de México podría haber tenido algo que ver en ella. No, dijeron ambos. Sentían que "si hubiera habido una conspiración de ese tipo, para este momento ellos tendrían ya alguna indicación firme de su existencia".

Conforme se acercaba el final de la reunión, recordaría Slawson, Scott les hizo una proposición: ¿Querrían los abogados de la comisión escuchar las grabaciones de las llamadas de Oswald? "Aún conservamos las cintas", dijo. "¿Quieren escucharlas?"

"No creo que sea necesario", respondió Slawson. "No creo descubrir nada." Pero Coleman quería escucharlas: "Como buen abogado litigante, quiero ver y escuchar toda la evidencia".

Cuando Slawson subió las escaleras para reunirse con un grupo de agentes del FBI, recordaría haber dejado a su compañero en la sala de seguridad, al tiempo que éste se colocaba unos auriculares y se preparaba para escuchar las cintas con las conversaciones de Oswald. Años más tarde, después de la muerte de Scott, Slawson sintió gran indignación cuando la CIA declaró que, de hecho, la escena que él mismo había descrito sobre la sala de seguridad de la agencia, había sido producto de su imaginación; que Coleman no podía haber escuchado las cintas porque éstas habían sido destruidas como un procedimiento de rutina antes del asesinato de Kennedy. (Coleman habría añadido un tanto cuanto de confusión al asunto cuando, habiendo culpado a su mala memoria, declaró no recordar haber escuchado las cintas; sin embargo, también dijo que no albergaba dudas sobre la calidad de la memoria de Slawson: "Si David dice que es verdad, entonces lo es".) La afirmación de la CIA de que había destruido las cintas antes del asesinato de Kennedy había sido, en palabras de Slawson, "una condenada mentira".

El viernes 10 de abril, su segundo día completo en la ciudad de México, el FBI llevó a Slawson y a Coleman a un recorrido por la ciudad. Vieron el exterior de las embajadas y los consulados de Cuba y de la Unión Soviética, la terminal de autobuses desde la cual, supuestamente, Oswald llegó a y salió de la ciudad, y el Hotel del Comercio, el modesto edificio en donde se hospedó. Vieron el restaurante, junto al hotel, en donde Oswald hizo casi todas sus comidas, siempre eligiendo lo menos costoso del menú. Los empleados del restaurante recordaban cómo Oswald había sido tan frugal que incluso se saltaba siempre el postre y el café, aparentemente porque no se había percatado de que su consumo estaba incluido en el precio de la comida.

Después del recorrido, Slawson, Coleman y Willens fueron llevados en automóvil a las oficinas de Luis Echeverría, un poderoso funcionario mexicano que estaba a punto de ser nombrado secretario de Gobernación; eventualmente sería electo presidente del país. Echeverría, quien había sido durante años cercano a Scott, inició la conversación compartiendo su "fuerte convicción de que no existió una conspiración extranjera" en el asesinato de Kennedy, "por lo menos no una ligada a México", recordaría Slawson. Coleman presionó a Echeverría para obtener permiso para entrevistar a testigos mexicanos, especialmente a Silvia Durán. Unos minutos con Durán podían ser posibles, respondió el mexicano, aunque tendría que llevarse a cabo de manera informal —como si se tratase de un mero encuentro social— y efectuarse lejos de la embajada estadounidense. El gobierno no podía permitir que los investigadores de la comisión "dieran la impresión de que el gobierno estadounidense estaba efectuando una investigación oficial en territorio mexicano".

Coleman argumentó al respecto de que la entrevista con Durán resultaba "de suma importancia" para la comisión; Echevarría dijo haber entendido el porqué. El testimonio de Durán, dijo, "era de una gran importancia" para México, también. Habían sido sus declaraciones ante interrogadores nacionales las que habían llevado al gobierno mexicano a concluir que "ninguna conspiración se había gestado durante las visitas de Oswald a México".

Tras disculparse, Echeverría dijo que tendría que terminar la reunión de inmediato porque se le estaba esperando en una comida con la reina Juliana de Holanda, quien se encontraba, por entonces, de visita en México.

"Nos gustaría salir a comer con Silvia Durán", atajó entonces Coleman, bromeando.

Echeverría contestó con una broma de mal gusto sobre Durán, sugiriendo que las mujeres mexicanas eran menos atractivas que las cubanas. Los abogados de la comisión "no nos divertiríamos tanto como creíamos debido a que Durán no era una guapa cubana, sino una mexicana como cualquiera".

Esa tarde, Slawson y Coleman pidieron consejo a otros funcionarios de la embajada estadounidense sobre cómo concertar una entrevista con Durán. El delegado principal del embajador, el subjefe de misión, Clarence Boonstra, les dijo que consideraba poco probable que las autoridades mexicanas les permitieran verla, especialmente si ello significaba que tendrían que ponerla bajo custodia una vez más, pues ella había sido ya detenida en dos ocasiones desde el asesinato; la primera, a solicitud expresa de la CIA. Slawson recordaría al respecto cómo Boonstra "sentía que los mexicanos eran demasiado políticamente sensibles para arriesgarse a retenerla una tercera vez". Y, por lo que el diplomático sabía de Durán (Boonstra se refería a ella como "una comunista") y de su esposo ("un comunista recalcitrante y una persona muy agria en general"), dudaba que ella aceptara someterse a otra entrevista por voluntad propia.

Pese al panorama desfavorecedor, los abogados de la comisión se dijeron dispuestos a intentarlo, sirviéndose, quizá, de una invitación informal a comer, tal como había sugerido Echeverría. Inspirados por lo que habían descubierto sobre los métodos de espionaje de la CIA, Slawson y Coleman propusieron llevar a cabo su propia vigilancia electrónica. Así, invitarían a Durán a comer en un "lugar privado" en la ciudad de México que pudiera equiparse "con dispositivos de grabación para que no fuera necesario tomar notas". Sin embargo, Boonstra tenía una idea. Sugirió a los representantes de la comisión que llevaran a Durán a Estados Unidos para la entrevista, así, el gobierno mexicano le perdería la pista, pues su viaje sería justificado de otra forma, tal vez bajo la excusa de un intercambio cultural o alguna clase de tratamiento médico. Quizá Durán estaría dispuesta a cooperar, dijo, siempre y cuando no le provocara más problemas con su gobierno. "Valía la pena considerar la idea", respondió Slawson: ellos barajearían "la posibilidad entre los más altos niveles de la comisión cuando hayamos regresado a Estados Unidos".

Con Durán fuera de su alcance y tras la cantidad de obstáculos que se les habían atravesado en su camino, Slawson y Coleman renunciaron a la idea de entrevistarse con Durán antes de abandonar la ciudad de México. Habían decidido, sin embargo, que en cuanto regresaran a Washington buscarían la forma de materializar la idea de Boonstra. Además, Coleman quería regresar a su hogar en Filadelfia lo más rápido posible, así que reservó un vuelo para salir de la ciudad de México aquel domingo. Slawson y Willens hicieron reservaciones para regresar a Washington el lunes.

El sábado en la noche, la embajada de Estados Unidos organizó una recepción para los investigadores de la comisión. Ése fue el escenario de un extraño encuentro entre Slawson y Scott. Slawson recordaría cómo Scott lo separó del grupo para iniciar una conversación que rápidamente tomó un cariz incómodo: Scott le contó entonces algunos de los trapos sucios que tendía para la CIA. Le describió cómo era solicitado con regularidad para poner trampas a sus propios colegas de la agencia en la ciudad de México; esto con el motivo de descubrir si ellos traicionarían a su país por dinero o alguna otra recompensa. "Dijo que tenía que poner a prueba a sus mejores colegas y amigos en la CIA cada dos o tres años ofreciéndoles algún tipo de soborno para ver si cruzaban la línea", recordaría Slawson.

"Es lo más difícil que tengo que hacer", dijo Scott. "Me pregunto si me hubiera unido a la CIA de haber sabido que eso era parte de mi trabajo."

Los comentarios de Scott fueron tan discordantes, tan fuera de lugar —en el contexto de una recepción en la embajada, con un ambiente más bien relajado—, que Slawson estaba seguro de que Scott estaba intentado transmitirle un mensaje. Pensó que Scott estaba tratando de hacerle un favor al convencerlo de no ceder ante los esfuerzos que la agencia hacía en Washington por reclutarlo. "Lo interpreté como una advertencia, un 'no aceptes'."

La fiesta de la embajada fue memorable para Slawson debido a otra infortunada razón. "Sirvieron buena champaña, y usted sabe cómo es la champaña; me pegó fuerte y me provocó tanta sed que cuando regresé al hotel bebí agua directo del grifo", lo había hecho sin pensarlo. Fue entonces que comenzó a sentirse enfermo y su viaje a México tuvo un final ignominioso. "El domingo amanecí deshecho", declararía después al recordar el incidente. "Incluso me fue difícil abordar el vuelo de vuelta a D. C." Uno o dos días después se sintió mejor así que, a la semana siguiente, regresó a las oficinas de la comisión en Washington con una misión. Estaba decidido a buscar la forma de llevar a Silvia Durán a Washington.

HOGAR DE JACQUELINE KENNEDY
Washington, D. C.
Martes 7 de abril de 1964

Jacqueline Kennedy estaba radiante. Faltaban unos cuantos minutos para el mediodía del martes 7 de abril, cuatro meses y medio después del asesinato, y ésta era la primera cita que concertaba William Manchester para entrevistar a la señora Kennedy con motivo del libro que ella había autorizado.

"*Señor Manchester*", dijo ella con esa "voz susurrante, inimitable", dándole así la bienvenida a la sala de su nuevo hogar en la calle N, en Georgetown. Cerró las puertas corredizas detrás de ella "con un movimiento circular e hizo una ligera reverencia desde la cintura", diría él posteriormente. Ella estaba usando un suéter negro y pantalones amarillos, "y pensé cómo, a sus 34, con semejante belleza de camelia, podría bien confundírsele con una mujer a la mitad de su tercera década". La relación entre la señora Kennedy y Manchester se amargaría con el tiempo, pero al inicio de su colaboración él pensaba que ella no podría haber sido más cortés o servicial.

"Mi primera impresión, la cual nunca cambió, fue que estaba en presencia de una gran actriz dramática", diría Manchester. "Lo digo en el mejor sentido de la palabra."

Manchester se encontraba en las primeras etapas de investigación para el libro, el cual tenía la intención de ser, básicamente, la historia autorizada del asesinato y sus repercusiones. Con el tiempo, llegó a creer que el proyecto había sido un esfuerzo, principalmente, para desalentar a otros escritores de intentar llevar a cabo un proyecto similar que la familia no pudiera controlar.

Las cinco entrevistas que mantuvo con la viuda del presidente, efectuadas entre abril y julio, no fueron, sorprendentemente, las entrevistas más angustiantes que haría para el libro. La señora Kennedy habló de todo durante las sesiones, incluyendo lo que pasó exactamente dentro de la limusina cuando resonaron los disparos en Plaza Dealey. "No se guardaba nada durante nuestras entrevistas", diría Manchester. "Aproximadamente la mitad de la gente que entrevisté entonces demostró una profunda angustia emocional al intentar responder mis preguntas, pero ninguna de esas sesiones fue tan conmovedora como las de Jackie."

Manchester grabó las entrevistas en una aparatosa pero confiable grabadora Wollensak de cinta abierta. Cuando el libro estuvo listo, tal como se había acordado con la familia Kennedy, las 10 horas de conversación con la ex primera dama fueron entregadas al acervo de lo que sería la futura biblioteca presidencial dedicada a Kennedy en Boston. "Los futuros historiadores quedarán intrigados por los extraños ruidos tintineantes en las cintas", escribió Manchester. "Eran cubos de hielo. La única forma en la que podíamos soportar esas largas noches era con la ayuda de grandes contenedores de daiquirís." La señora Kennedy y Manchester también fumaban durante las sesiones, así que "también hay frecuentes sonidos de fósforos que se encienden".

En las oficinas de la comisión del asesinato, Arlen Specter y los otros abogados del equipo de trabajo estaban muy conscientes del libro del Manchester —se trataba de un febril tema de cotilleo en Washington— y de lo que representaba la investigación paralela de Manchester, la cual había sido aprobada por la familia Kennedy. A Specter le enfurecía que Manchester entrevistara a la señora Kennedy cuando el ministro presidente se los había negado. Cuestionaba por qué era aceptable que la viuda del presidente hablara con un periodista sobre el asesinato, y no resultaba aceptable que ella fuera entrevistada por la comisión federal encargada de explicarle al público estadounidense por qué su presidente había sido asesinado.

Specter ignoraba el alcance del asunto. La señora Kennedy era sólo uno de varios testigos importantes a quien entrevistó Manchester esa primavera. Robert Kennedy había concedido hacer una entrevista grabada el 14 de mayo, aunque en ella demostró ser mucho menos comunicativo que su cuñada. "Sus respuestas son abruptas, con frecuencia monosilábicas", diría al respecto Manchester. En algunos casos, incluso, Manchester habría tenido acceso a importantes testigos gubernamentales mucho antes que la comisión. Cuatro días después de su primera reunión con la viuda de Kennedy, por ejemplo, Manchester pudo entrevistar al director del Agencia Central de Inteligencia, John McCone, quien no testificaría ante la Comisión Warren sino hasta mediados de mayo. Además, a diferencia de la comisión, a Manchester se le permitió interrogar al presidente Johnson y a su esposa. La Casa Blanca le concedería un encuentro con la primera dama el 24 de junio. Por su parte, el presidente había ofrecido reunirse con Manchester cara a cara pero "se dio cuenta de que no podría hacerlo", recordaría Manchester. En lugar de eso, accedió a responder por escrito a una lista de preguntas proporcionadas por el autor.

A lo largo del invierno y el principio de la primavera, Specter había continuado presionando para obtener el testimonio de los Johnson, para los cuales había escrito largas listas de preguntas, tal como había hecho con Jacqueline Kennedy. Warren, sin embargo, habría de decepcionarlo una vez más cuando el ministro presidente no levantó objeción alguna al anunciar la Casa Blanca que el presidente Johnson, en lugar de testificar ante la comisión, prepararía una declaración escrita acerca de los recuerdos que tenía sobre el día del asesinato. La declaración de 2025 palabras no llegaría a las oficinas de la comisión sino hasta el 10 de julio. Algunos de los enemigos políticos del nuevo presidente —especialmente aquellos bajo el mando de Robert Kennedy— vieron el escrito como una declaración ventajosa e inexacta. Johnson se había retratado en ella como alguien que había hecho todo lo posible, durante las horas posteriores al asesinato, para consolar a la señora Kennedy y para buscar el consejo del fiscal general por vía telefónica, en conversaciones que Robert Kennedy luego afirmaría, en algunos casos, no habían siquiera existido.

El ministro presidente después concedería que quizá debió haber hecho presión para obtener el testimonio cara a cara de Johnson, aunque fuera sólo para evitar la impresión de que la comisión había dejado preguntas sin responder en torno a tan importante figura. "Creo que hubiera sido un poco mejor si él hubiera testificado", diría Warren años después. "Pero nos mandó decir que él haría una declaración y que la señora Johnson haría una también. Así que fue algo que ni siquiera hablamos con él."

Por su parte, la declaración de la señora Johnson llegó en la forma de una transcripción de una grabación que habría realizado el 30 de noviembre, ocho días después del asesinato. El personal de la comisión recordaría su declaración como un bellísimo recuento de lo que ella había presenciado. Describió haber llegado al hospital Parkland y haber dirigido su mirada hacia atrás, hacia la limusina de Kennedy, conforme ésta era conducida a toda velocidad hacia la sala de urgencias: "Di una última mirada sobre mi hombro y vi, en el auto presidencial, a un bulto rosado, como si fuera un racimo de flores que descansaba sobre el asiento trasero. Me parece que se trataba de la señora Kennedy, quien permanecía recostada sobre el cuerpo del presidente". Después, dentro del hospital, la señora Johnson se encontró "cara a cara con Jackie" en un pequeño pasillo. "Creo que estaba justo afuera del quirófano", dijo. "Estaba sola. No creo haber visto a alguien tan solo en toda mi vida."

Con el respaldo de la familia Kennedy, el ministro presidente continuó ofreciendo su ayuda a Manchester. Warren mismo aceptó ser consultado acerca de sus memorias sobre el día del asesinato y los días que le siguieron. Manchester recordaría tiempo después cómo Warren "fue infaliblemente cortés conmigo y reconoció que, aunque era posible que las líneas de las dos investigaciones se cruzaran ocasionalmente, éstas ciertamente no corrían en paralelo". Durante los meses siguientes, Warren y Manchester habrían seguido en contacto, afirmaría después el escritor: "Intercambiamos algunas confidencias e inevitablemente nos cruzamos el uno con el otro en nuestros pasos". A petición expresa de la familia Kennedy, a Manchester se le dio acceso también a casi toda la evidencia física importante encontrada en la escena del asesinato, incluyendo al pietaje completo de la película capturada por Zapruder; imágenes del asesinato que estarían prohibidas para el público durante décadas. Manchester declararía que le fue permitido ver la filmación en "70 ocasiones", así como inspeccionarla "cuadro por cuadro".

A Manchester también se le habría concedido la oportunidad de visitar los pabellones quirúrgicos en el hospital Parkland y la morgue en el hospital naval de Bethesda, a donde fue llevado a bordo del *Air Force One*. Se le autorizó además una inspección, sin embalaje, al ataúd original del presidente, el cual no había cumplido su función final porque se había dañado durante el traslado de Dallas a Washington.

El libro de Manchester era sólo un elemento de la campaña que la familia Kennedy había fraguado para moldear la forma en la que el público recordaría al presidente y el día de su asesinato. En sus diarios no publicados, de noviembre de 1964, el columnista Drew Pearson realizó una crónica de las frecuentes, y crueles, respuestas negativas que habían sido dirigidas a la familia, muchas de las cuales eran resultado de los esfuerzos de la señora Kennedy para enmarcar el legado de su esposo.

Los Kennedy siempre habían inspirado una mezcla de envidia y desdén entre la clase influyente de Washington; las habladurías sobre ellos no habrían terminado con la violenta muerte del presidente. Si Pearson le había contado a su amigo, el ministro presidente, lo que había escuchado hasta entonces, eso ayudaría a explicar por qué Warren se había vuelto tan protector con la familia. Pearson sabía que los enemigos de Kennedy no se habían quedado en silencio por el asesinato, ni siquiera durante algunas horas. El lunes 25 de noviembre, el día del funeral, Pearson registró en su diario que el prestigio de la señora Kennedy entre el público no podría haber estado más elevado: "Jackie ha estado reinando por todo lo alto, tal como se espera de ella, por supuesto". Pero en una entrada del diario, de ese mismo día, escribió cómo después de haber seguido el funeral del presidente por televisión aquella mañana, había salido a almorzar con algunos amigos al hotel Carlton, ubicado a dos cuadras de la Casa Blanca, "y me temo que no fuimos tan amables con Jackie Kennedy como lo fueron las multitudes que se lamentaban afuera [de la Casa Blanca]".

El tema principal del almuerzo fue el dificultoso matrimonio de los Kennedy. "Recordamos la flagrante forma en la que Kennedy flirteaba con otras mujeres" y cómo la señora Kennedy había viajado a Grecia durante ese mismo año, en donde pasó un tiempo a bordo del yate del magnate griego de los transportes, Aristóteles Onassis, "principalmente para molestar a su esposo". Pearson mencionó entonces que Onassis estaba en Washington para el funeral y se esperaba que pasara tiempo con la hermana de la señora Kennedy, Lee Radziwill, quien mantenía un muy publicitado romance con Onassis ese verano mientras se preparaba para divorciarse de su esposo. "Será interesante ver si Radziwill ahora se divorcia y contrae matrimonio de nuevo con Onassis", escribió Pearson.

El columnista tuvo un almuerzo cuatro días después con un influyente abogado de Washington, Joe Borkin, quien advirtió que "la marea ha empezado a tornarse en contra de Jackie en varios puntos", especialmente después de que se hiciera público que la señora Kennedy había insistido en realizar muchas de las ostentaciones más dramáticas de la ceremonia funeraria y el entierro de su esposo, entre ellas una procesión al aire libre en la que el presidente Johnson, el presidente francés Charles de Gaulle y otros líderes mundiales marcharon por la Avenida Connecticut. La procesión había creado pánico en el Servicio Secreto; Johnson incluso había admitido ante amigos que le había preocupado que lo asesinara un tirador de entre la multitud. "Ella exigió que los jefes de Estado marcharan detrás del féretro en el funeral, lo cual le podría haber causado un infarto a Lyndon, neumonía a De Gaulle y podría haber arriesgado las vidas de los líderes del mundo libre si un asesino hubiera querido poner en riesgo la suya", atestiguó Pearson en su diario.

Borkin le comentó a Pearson sobre los crecientes ataques por debajo de la mesa hacia la señora Kennedy, luego de que ésta manifestara sus planes para establecer una instalación de gas en el Cementerio Nacional de Arlington para erigir la así nombrada "llama eterna" que destacaría por siempre el sitio exacto de la tumba del presidente. El acto fue tomado como un alarde presuntuoso. "Sólo existe otra luz eterna frente a una tumba, y es la que arde en la tumba del Soldado desconocido en París", mencionó Pearson en su diario. "Algunas personas piensan que Kennedy aún no califica para esto."

Varios reportes noticiosos en los días posteriores al funeral describieron el esfuerzo de la señora Kennedy para persuadir al presidente Johnson de renombrar el centro espacial en Florida con el nombre de su finado esposo —Cabo Kennedy, en lugar de Cabo Cañaveral— y de poner el nombre Kennedy al nuevo centro cultural nacional que se estaba construyendo en el río Potomac. "A Lincoln no le construyeron un monumento sino hasta 75 años después y Teddy Roosevelt y Franklin D. Roosevelt aún no lo tienen", escribió Pearson luego de su almuerzo con Borkin. "Sin embargo, ya quieren nombrar el Centro Cultural como el Centro Kennedy."

En las semanas posteriores al asesinato, notó Pearson, hubo ataques más desagradables hacia la señora Kennedy debido a sus repetidas y bien publicitadas visitas al cementerio Arlington, como si sus demostraciones de devoción fueran un intento por reescribir la historia de su matrimonio. "Las damas parecen pensar que las cinco visitas de Jackie a la tumba fueron demasiado y también ha habido muchos comentarios sobre el hecho de que Bobby Kennedy, su cuñado, la acompañara en algunas de estas visitas", escribió Pearson en su diario.

Pearson sabía que parte de la ponzoña contra la señora Kennedy provenía de quienes supuestamente eran sus amigas más devotas, incluyendo a Marie Harriman, la esposa de Averell Harriman, antiguo gobernador demócrata del estado de Nueva York, quien fungía ahora como un poder en la sombra. Los Harriman se habían ofrecido a mudarse temporalmente de su palaciego hogar en Georgetown para permitir que la señora Kennedy y sus hijos residieran ahí mientras encontraban un lugar propio. Pero cuando la señora Harriman estaba empacando sus pertenencias para mudarse a un hotel cercano y dejarle espacio a los Kennedy, llamó a la esposa de Pearson, Luvie, para decirle que "lamentaba tener que dejarle su casa a Jackie". De acuerdo con el diario de Pearson, la señora Harriman "habló con Luvie por teléfono hoy, se quejó de que estaba vaciando sus cajones, guardando sus artículos de baño y preparándose para mudarse al hotel Georgetown Inn, donde, dijo ella, la comida era terrible… Marie se pregunta por qué Jackie no podía irse a Virginia para guardar un mes de luto para después regresar a buscar una casa propia. No, a Jackie le gusta Georgetown y *tiene* que quedarse allí".

Pearson mismo no estaba exento de comerciar habladurías sobre la viuda Kennedy en su columna. El 10 de diciembre, Pearson reportó que un doctor de la Casa Blanca había recetado medicamentos para la señora Kennedy y sus hijos para ayudarles a sobrellevar el funeral. "Los televidentes del funeral Kennedy quedaron impresionados con la forma en la que la viuda del presidente permaneció cerca de su cuñado", decía la columna. "Esto no era un accidente. El doctor le había administrado tranquilizantes a Jackie y le habría pedido a los dos hermanos que se quedaran a su lado en caso de que sus fuerzas flaquearan. A Caroline y a John Jr. se les administraron tranquilizantes infantiles para evitar que se mostraran demasiado inquietos."

La columna ocasionó una rabiosa respuesta por parte de la señora Kennedy, la cual llegó por medio de una amiga, la dama de alta
sociedad de Washington, Florence Mahoney, "quien me llamó por
teléfono para decirme que Jackie Kennedy estaba muy disgustada",
escribió Pearson. "Florence dice que Jackie alega sobre la falsedad del
asunto, y que estaba muy sentida al respecto." Él admitió en su diario
que se arrepentía de haber publicado el artículo, o por lo menos de la
forma en la que éste fue publicado. La información, dijo, había sido
de Jack Anderson, su colega reportero a su mando. "Ojalá hubiera
tenido mejor juicio al editarlo", escribió Pearson. "Llamé a Jack Anderson, quien escribió el artículo, y jura que es verdad. Yo no estoy
seguro." El artículo enfureció también a Robert Kennedy, quien le
canceló una entrevista. El vocero de Kennedy, Ed Guthman, "me llamó a nombre de Bobby Kennedy para decirme que estaba enfadado
conmigo y que no me recibiría", declararía Pearson.

De acuerdo con su contrato con la editorial Harper & Row, William
Manchester tenía tres años para terminar su libro. Desde el principio
le había preocupado, declararía posteriormente, no poder terminarlo
a tiempo. En comparación, las fechas de entrega establecidas para el
equipo de trabajo de la Comisión Warren eran brutales. El ministro
presidente presionaba constantemente al equipo para que terminara
su trabajo. Warren había sentido siempre que la investigación "estaba tomando demasiado tiempo", diría al respecto Alfred Goldberg.
"Todos los comisionados querían regresar a sus trabajos. Warren
quería regresar a la Corte."

Aquel abril, Rankin le pidió a Goldberg que delineara un formato final para el informe, así como un memo en el que se reco-
mendara al equipo un estilo de redacción específico. También quiso
que Goldberg redactara una breve introducción al informe, la cual
dejaría en claro su tono y propósito.

En el memorándum sobre el estilo, Goldberg recomendó que el
informe fuera escrito teniendo en cuenta los recursos del público de
a pie: "El objetivo debe ser lograr la máxima claridad y coherencia
usando un lenguaje sencillo y directo". La mayor parte del informe,
pensó, debería tomar la forma de una cronología narrativa y bien
documentada del asesinato y sus consecuencias. El informe bien podría constar de cientos de páginas; "me parece que es esperar mucho

de los lectores, quienes no serán en su mayoría abogados o historiadores, que busquen a tientas el hilo de una narración a través de 500 páginas de algo que será principalmente un análisis".

Goldberg sabía desde su niñez en Baltimore que la historia seria se presentaba mejor en la forma de historias atractivas, no por ello alejándose del rigor de los hechos. Su carrera como historiador había nacido, aseguraba, gracias a las páginas de los libros de G. A. Henty, el prolífico novelista británico del siglo XIX que escribió más de 100 aventuras infantiles que "abarcaron toda la historia del mundo", comenzando con el Antiguo Egipto. Para cuando tuvo 12 años, calculaba, "probablemente había leído 50 o 60 de estos libros".

Goldberg le recomendó a Rankin que el informe de la comisión incluyera una sección especial de "teorías y rumores" para responder a las muchas teorías de conspiración que habían sido difundidas por Mark Lane y otros. "Esta parte debe demostrar que la comisión estaba totalmente consciente de estas preguntas y que les dio un debido tratamiento", opinó Goldberg, advirtiendo, sin embargo, que el capítulo de "rumores" debía ser breve. "Explorar estas preguntas a detalle sería darles mucho más crédito del que merecen."

El 16 de marzo le proporcionó a Rankin el primer borrador de la introducción:

El asesinato del presidente John F. Kennedy, acontecido en Dallas, Texas, el 22 de noviembre de 1963, conmocionó y afligió al pueblo de Estados Unidos y, ciertamente, a la mayoría de los pueblos del mundo. A las pocas horas del hecho, la policía de Dallas arrestó y posteriormente acusó a Lee Harvey Oswald del asesinato, quien entre tanto habría presuntamente disparado y abatido también al oficial de policía local J. D. Tippit. En la mañana del 24 de noviembre de 1963, Oswald mismo recibió un disparo que lo hirió mortalmente mientras estaba bajo la custodia de la policía en la estación de policía de Dallas. El asesinato de Oswald provocó una avalancha de rumores, teorías, especulaciones y acusaciones que amenazaron con oscurecer y distorsionar los hechos verdaderos alrededor del asesinato del presidente Kennedy.

Cuando el borrador de Goldberg circuló dentro de la comisión, obtuvo una respuesta de enojo por parte de algunos de los abogados del equipo de trabajo. Ellos argumentaron que el informe debía leerse más como una opinión jurídica repleta de hechos concretos o como un artículo de publicación especializada en asuntos legales — el tipo de redacción en que se sentían más cómodos—, y que debía enfocarse en la evidencia científica y en las declaraciones de los testigos, lo cual presumiblemente establecería a Oswald como el único asesino del presidente. Goldberg había presentido que ésa sería la reacción, especialmente entre los abogados más jóvenes. "Todos ellos se habían graduado con honores de las mejores escuelas de leyes, se tenían en muy alta consideración", declararía. A los abogados se les había enseñado a escribir informes legales secos y no historias de más fácil digestión, como proponía Goldberg.

Nadie de entre el personal fue más hostil hacia el enfoque de Goldberg que David Belin. "Desde un punto de vista global, me opongo fundamentalmente al marco general propuesto", escribió Belin después de haber leído los manuscritos preparados por el historiador. "Me parece esencial que el informe sea preparado por los abogados que han estado trabajando en cada área con los estándares de un documento legal, más allá del enfoque histórico. Así, en la medida de lo posible, el informe deberá redactarse con el fin de determinar lo sucedido. Éste deberá incluir muy pocas opiniones y conclusiones fuera de las que se derivan claramente de los hechos."

Goldberg, sin embargo, no cesó en su propuesta. El 28 de abril despachó un nuevo memorándum dirigido a Rankin en el que incluyó otra apasionada súplica para que los hallazgos de la comisión fueran estructurados como un relato amigable del asesinato, uno que fuera fácil de seguir. El memo asestó además un golpe poco sutil a Belin y algunos de los otros jóvenes abogados de la comisión: "Este informe debe ser una narración y los miembros del equipo deben recordar que está dirigido al público en general, que no es para abogados".

33

David Slawson entendió por qué sería posible que Silvia Durán no quisiera abrir la boca. Si los informes provenientes de México eran precisos, el gobierno de Estados Unidos había sido en parte responsable del duro trato al que había sido sometida, dado que su arresto fue solicitado inicialmente por la estación de la CIA en la ciudad de México. El joven abogado había escuchado que los moretones en su cuerpo habrían sido lo de menos; reportes constataban que la mujer había sufrido una crisis nerviosa como resultado de los duros interrogatorios por parte de la policía secreta mexicana. Slawson supuso que "fue torturada, no lo sabíamos con certeza, pero lo sospechábamos fuertemente". Ésa era la razón, imaginó él, por la que el gobierno mexicano había tratado de impedir que la comisión la entrevistara. "Lo que yo creo personalmente es que, sencillamente, la habían maltratado y no querían que eso se supiera."

Después de regresar de su viaje a la ciudad de México, Slawson comenzó a presionar a la CIA para pedir ayuda para concertar una entrevista con Durán fuera de México. Revisó el nuevo informe del interrogatorio de Durán que le había sido entregado por la estación del FBI en la ciudad de México, pero éste aún estaba lleno de huecos. El gobierno mexicano no había proporcionado una transcripción de las palabras exactas de Durán. En cambio, lo más que ofrecieron fue un resumen, firmado por Durán, de sus declaraciones, en las cuales ella insistía desconocer todo lo relativo a alguna intriga que Oswald hubiera fraguado para matar a Kennedy. Slawson recordaría haber pensado que lo habría sorprendido más si Durán hubiera escrito la declaración personalmente. En cambio, el resumen fue entregado en hojas mecanografiadas, lo cual abría la posibilidad de que ella sólo hubiera firmado documentos previamente escritos. "Todo era de segunda mano", recordaría Slawson. "Y eso no basta, es evidente."

Desde la distancia, Slawson y Coleman tenían una impresión favorable de Durán. Más allá de sus posturas políticas, se decía sobre ella que era inteligente y valerosa. "Por lo que escuchamos, era una mujer con mucho carácter", diría Slawson. "No puedo recordar si fue por algo que leímos entre líneas o por alguna otra cosa, pero Bill y yo teníamos razones para pensar que esta mujer se conducía con honestidad." Pensó que Duran podría decir cosas en Washington que habría tenido mucho miedo de decir en México. Incluso si se apegaba al relato que había ofrecido a sus interrogadores mexicanos, Slawson creía que era importante que la comisión juzgara su credibilidad cara a cara. "Obviamente existía la posibilidad de que ella nos diera más detalles, especialmente si confiaba en nosotros", diría Slawson. "Si no la golpeábamos."

El primer reto, declararía Slawson, había sido determinar en dónde se encontraba Durán. Su protector esposo, Horacio, la había mudado de casa para ocultarla y les estaba bloqueando el acceso. "Nosotros no podíamos llegar a ella, la CIA no podía llegar a ella, nadie podía", recordaría Slawson. "Ella se estaba escondiendo" y su esposo estaba "encabronadísimo" por la forma en la que la habían tratado.

Slawson no pudo recordar exactamente cuándo le dieron las noticias, pero a las pocas semanas de su regreso de México, Ray Rocca le reportó que la agencia había hecho contacto con los Durán y que creían que Silvia estaría dispuesta a viajar a Washington. Slawson recordaría cómo Rocca se mostró emocionado por las noticias —"estaba en verdad muy ansioso"— y quiso ayudar con la logística. Rocca preguntó si la comisión quería que la agencia diera el siguiente paso, comenzando los arreglos para que Durán hiciera el viaje, probablemente acompañada por su esposo. "Bill y yo no lo pensamos ni dos minutos: 'Sí, sí', le contestamos", recordaría Slawson.

Él estaba entusiasmado de pensar que ahora tendría oportunidad de hablar con la mujer que —más que nadie, posiblemente incluso por encima de Marina Oswald— podría haber conocido los pensamientos de Oswald durante las semanas previas al asesinato de Kennedy. Slawson sospechaba entonces que, para Oswald, Durán habría sido como un alma gemela. Ella era una camarada socialista y una correligionaria de Fidel Castro. Ella podía comunicarse con él en inglés y aparentemente se había mostrado genuinamente interesada en ayudarlo a obtener su visa para viajar a Cuba. Ella había sido "muy, muy comprensiva con él", declararía Slawson.

Slawson recuerda haberle contado a Rankin las buenas noticias sobre Durán provenientes de la CIA y haberle pedido permiso para comenzar a organizar el viaje. "Y Lee dijo: 'Hablaré con el jefe'." Era típico en Rankin no tomar una decisión como ésta por sí mismo, sin importar qué tan obvia pareciera, recordaría Slawson. "No tomaba decisión alguna sin la aprobación del jefe."

Y Rankin regresó con la desconcertante e inesperada respuesta de Warren: "El jefe dice que no", le dijo a un estupefacto Slawson. La entrevista con Durán no tendría lugar.

Slawson no pudo recordar si Rankin ofreció una explicación detallada del razonamiento de Warren, pero el ministro presidente parecía estar sugiriendo que el apoyo de Durán hacia Castro y su autodeclarado socialismo —ella había negado a sus interrogadores mexicanos profesar el comunismo— había ocasionado que ella fuera considerada inaceptable como testigo. Había sido un razonamiento similar el que llevó a Warren a impedir a Slawson que éste solicitara al gobierno cubano el papeleo dedicado a Oswald, una decisión que Slawson había decidido ignorar bajo su propio riesgo.

Al comunicarle la postura de Warren sobre Durán, Rankin amortiguó el golpe diciendo a Slawson que "la decisión no era definitiva" y que, si le parecía tan fuerte la necesidad de entrevistarla, podía apelar directamente a Warren.

Slawson estaba atónito ante la idea de que la oportunidad de hablar con Durán le fuera negada. "Era algo estúpido, estúpido", recordaría haber pensado. De forma muy similar a cómo su colega Arlen Specter sentía que necesitaba mirar las fotos de la autopsia de Kennedy y las placas de rayos x para reconstruir los hechos en Plaza Dealey, si la comisión quería descartar cualquier posibilidad de una conspiración, Slawson necesitaba entrevistarse con Durán. La comisión no estaba obligada a aceptar nada de lo que Durán dijera, pensaba entonces. "No teníamos que aceptar su palabra", recordaría Slawson. "Pero debemos hablar con el enemigo si es necesario."

Slawson le dijo a Rankin que quería ver al ministro presidente tan pronto como fuera posible, al tiempo que pidió la ayuda de Howard Willens, quien había mostrado "todo su apoyo" al plan de llevar a Durán a Washington. Poco a poco Willens se había convertido, a los ojos de Slawson y algunos de los otros abogados, en su mejor defensor ante Warren, mucho mejor que Rankin. Por entonces habían circulado rumores de que, tras puertas cerradas, Warren se mostraba enfadado por lo que consideraba una actitud impertinente por parte de Willens. "Pensaba que Howard era irrespetuoso", afirmaría al respecto Slawson. "Probablemente Howard era la única persona que se mostraba en desacuerdo con él en su presencia." Warren, por su parte, confirmaría dichos rumores años después, afirmando que Willens "había sido muy crítico conmigo desde el momento en que llegó a nosotros", proveniente del Departamento de Justicia.

Slawson había estado nervioso conforme se preparaba para la reunión. El ministro presidente se presentaba en las oficinas de la comisión prácticamente a diario pero seguía sin tener mucha interacción con los jóvenes abogados. Casi nunca invitaba a la conversación. "Él era el ministro presidente de los Estados Unidos y uno no entraba nada más a pasar el rato con él", recordaría Slawson. "Él habría puesto poca atención si alguien lo hubiera intentado." Con todo, Slawson y Willens obtuvieron una cita con rapidez. Slawson recordaría haber sido recibido con gentileza por Warren, quien les dio la bienvenida a su oficina con una sonrisa. "Nos pidió que tomáramos asiento, así lo hicimos, y proseguimos a presentarle nuestro caso."

Slawson explicó por qué Durán podría ser un testigo tan importante, dado que ella podría ofrecer información sobre Oswald que no se había arriesgado a compartir con la policía mexicana. Argumentó que existía la posibilidad de que ésta la hubiera intimidado e incluso torturado para que guardara silencio y no revelara detalles que apuntaran hacia una conspiración gestada en territorio mexicano.

¿Qué había que perder si se hablaba con ella? Slawson recordaría haber preguntado a Warren. "Tal vez se obtendría algo valioso."

El ministro presidente no había titubeado en su respuesta: No había cambiado de parecer. La entrevista con Durán no se llevaría a acabo. Slawson declararía recordar cuáles habían sido las palabras exactas de Warren: "Simplemente no se le puede creer a un comunista", dijo Warren. "Nosotros no hablamos con comunistas. No se puede confiar en que un comunista devoto nos diga la verdad, entonces ¿qué caso tiene?"

No dio pie a mayor argumentación. "Se limitó a darnos su opinión y eso fue todo", recordaría Slawson. En la Suprema Corte, el ministro presidente podía tener la reputación de un defensor de la izquierda política, incluyendo a los comunistas, pero en este caso "él había aceptado el estereotipo de un comunista como alguien cercano a la maldad", una categoría en la que aparentemente había clasificado a Silvia Durán.

Slawson salió de la oficina de Warren sintiéndose derrotado. Recordaría haberse dirigido a Willens, a quien le dijo: "Jesús, qué gran desilusión, es un terrible error". Pero lejos de presentar su renuncia a la comisión, lo cual nunca consideró con seriedad, Slawson concluyó que no había nada más que él pudiera hacer.

Décadas después, Slawson habría declarado cómo quedó intrigado por la decisión del ministro presidente con respecto a Durán: "Es una locura que no hayamos hablado con ella". Se llegó a preguntar si la decisión fue un cálculo político; a Warren le podría haber preocupado que los críticos derechistas de la comisión lo señalaran por haberle dado credibilidad a un presunto comunista. Aún más preocupante, diría Slawson, era la posibilidad de que a Warren se le hubiera presionado secretamente para que dejara a Durán en paz. Considerando lo que después descubriría de la CIA, Slawson sospechaba —nunca lo pudo probar— que la agencia de espionaje le había pedido a Warren que no entrevistara a Durán. Slawson creía que Rocca había sido sincero al ofrecer su ayuda para llevar a Durán a Washington. Se preguntaba si otros miembros de la agencia, con mucha mayor jerarquía, habrían temido lo que Durán hubiera podido revelar sobre Oswald o sobre las operaciones de inteligencia estadounidenses en la ciudad de México.

Warren, Slawson descubriría después, había cedido ante la CIA en cuanto a otro posible testigo, Yuri Nosenko, el desertor ruso. En junio, el ministro presidente se había reunido en privado con Richard Helms, para escuchar la petición de la CIA para que la comisión dejara de lado cualquier referencia a Nosenko en su informe final. Helms "me llamó aparte y me dijo que la CIA finalmente había decidido que el desertor era un farsante", habría comentado Warren al respecto. Así, el ministro presidente había concedido la petición, a pesar de que a la comisión nunca se le dio la oportunidad de entrevistar a Nosenko, ni siquiera de hacerle llegar un cuestionario por escrito a través de sus captores de la CIA. "Permanecí inflexible en cuanto a que de ninguna forma debíamos de basar nuestros hallazgos en el testimonio de un desertor ruso", recordaría Warren posteriormente. No se depositaría confianza, entonces, en el testimonio de Nosenko, como no se haría con Durán.

Conforme la comisión empezaba a considerar cómo organizar y escribir su informe, Willens envió memorándums al equipo de trabajo enlistando los "cabos sueltos" de las investigaciones, muchos de los cuales tenían que ver con Slawson y las preguntas sobre si había existido o no una conspiración fraguada en el extranjero. Eso no implicaba crítica alguna a la calidad del trabajo de Slawson, escribió Willens. Más bien reflejaba la titánica tarea de tratar de probar o refutar una conspiración basado en evidencia que muchas veces parecía vaga o contradictoria.

Aunque la evidencia apuntaba claramente a descartar implicación alguna del Kremlin, en abril Slawson había decidido pedirle al FBI y a la CIA que reunieran información sobre el tiempo que Oswald pasó en la Unión Soviética, incluyendo evidencia que pudiera corroborar la afirmación, patente en su "Diario Histórico", referente a que éste había intentado suicidarse poco después de su llegada a Rusia, hacia octubre de 1959. Oswald escribió sobre aquella época cómo había tratado de quitarse la vida después de que los oficiales soviéticos le rehusaron la permanencia en el país. "Decidí terminar con esto", escribió en la entrada correspondiente al 21 de octubre. "Empapar la muñeca en agua fría para adormecer el dolor. Luego, cortar la muñeca izquierda. Luego, sumergir la muñeca en la tina con agua caliente." Oswald habría sido descubierto por un guía de turistas ruso una hora después, fue llevado al hospital, "donde me pusieron cinco puntos de sutura en la muñeca".

Slawson sentía que la comisión no podía ignorar la posibilidad de que Oswald estuviera mintiendo y que el intento de suicidio hubiera sido planeado como parte de una fachada de la KGB; posiblemente para permitirle desaparecer de las calles de Moscú durante algún tiempo para recibir adiestramiento como espía. El informe de la autopsia de Oswald había mostrado la existencia de una cicatriz en su muñeca izquierda, pero Slawson quería asegurarse de que ésta había sido lo suficientemente profunda y dramática para sugerir un intento real de suicidio. Specter era el responsable de la evidencia médica, así que Slawson le escribió un memo, pidiéndole que cuestionara a los patólogos de Dallas sobre la cicatriz: "Si el incidente del suicidio es mentira, el tiempo que supuestamente pasó Oswald recuperándose del intento de suicidio en un hospital de Moscú podría haberlo pasado en la policía secreta rusa recibiendo entrenamiento, adoctrinamiento, etc." Slawson sabía que la CIA estaba tan interesada en verificar el relato de Oswald sobre su intento de suicidio que incluso había considerado exhumar su cadáver para inspeccionar la cicatriz. El FBI se había opuesto, por lo que la CIA había finalmente desechado la idea, temiendo que pudiera inspirar aún más alocadas teorías de conspiración.

La ciudad de México nuca estuvo lejos de los pensamientos de Slawson durante aquella primavera. Después de su viaje en abril, redactó una carta para el FBI enlistando docenas de nuevas preguntas para las cuales la comisión necesitaba una respuesta desde México. Le pidió al FBI que preparara cálculos detallados de cuánto dinero podría haber gastado Oswald en su viaje a la capital mexicana. Pidió incluso que se valuara el costo de seis postales del mismo tipo de las que se habían encontrado entre sus posesiones tras el asesinato. Asimismo, dado que se tenían evidencias de que Oswald había asistido a una corrida de toros, Slawson pidió al FBI que estableciera "el costo de un boleto de entrada para la corrida de toros en la sección en la que Oswald probablemente se habría sentado". La idea, declararía posteriormente, era determinar si Oswald habría tenido que aceptar dinero ajeno para cubrir los costos de su viaje.

Slawson también tenía muchas preguntas sin responder sobre "la otra Silvia", Silvia Odio, la mujer radicada en Dallas que afirmaba haber conocido a Oswald en compañía de activistas anticastristas. Slawson estaba convencido de que el FBI había desacreditado su historia con demasiada premura. El 6 de abril, en un memo dirigido a sus colegas, Slawson afirmó que su investigación mostraba que "la señorita Odio empata con el perfil de una persona inteligente y estable". Cada vez estaba más convencido de que ella decía la verdad, por lo menos como ella la entendía. "Existen altas probabilidades de que si la señorita Odio se llegara a retractar de su historia, no sería debido a que ella dude de su veracidad, sino porque está asustada."

El FBI había reportado no haber podido encontrar al par de latinos con los que Oswald supuestamente fue visto en el portal de Odio, pero eso no había sorprendido a Slawson: él sospechaba que el par de hombres podría haberse escondido para evitar ser acusados de estar implicados en el asesinato y que era posible que a partir de entonces hubieran tratado de intimidar a Odio para que guardara silencio. "Para estos momentos, fácilmente podrían haber presionado o amenazado a la señorita Odio para que guarde silencio."

Slawson había planeado realizar un viaje a Dallas aquella primavera, en parte para tomar el testimonio de Odio. Antes de su viaje, se le había pedido a Burt Griffin, quien se encontraba por entonces en Texas, que entrevistara a testigos que pudieran corroborar la historia de Odio, incluyendo a su psiquiatra, Burton Einspruch. Griffin había rastreado a Einspruch hasta sus oficinas en el Hospital Parkland, institución que había figurado en una gran parte de la investigación en Dallas. "Einspruch declaró que tenía gran fe en que la historia de la señorita Odio sobre haber conocido a Lee Harvey Oswald era verdadera", había reportado Griffin. El psiquiatra trajo a la memoria cómo ella le había contado —tiempo antes del asesinato— sobre un inquietante encuentro con los tres extraños, incluyendo al hombre que ahora identificaba como Oswald. "Al describir la personalidad de la señorita Odio, el doctor Einspruch declaró que ella era propensa a la exageración pero que los hechos básicos que proporcionaba eran verdaderos", había escrito Griffin. "Su tendencia a exagerar es de tipo emocional, una característica compartida por mucha gente latinoamericana; se trata de una cuestión de grado y no de hechos concretos."

Las afirmaciones de Odio intrigaron a varios de los otros abogados de la comisión. Slawson había estado tan inmerso en su trabajo en Washington que no presentó objeción cuando Jim Liebeler, quien se convirtió en un amigo cercano, se ofreció como voluntario para interrogar a Odio durante el viaje que había programado a Dallas. Liebeler esperaba la entrevista con un interés muy particular. Las fotografías de Odio que se habían recibido en la comisión desde la oficina regional del FBI en Dallas, corroboraron que la mujer, tal como se reportó, era tan bella como una modelo de pasarela. Durante su estadía en Dallas, Liebeler también había programado una entrevista con Marina Oswald, quien era, también, una mujer muy hermosa.

34

Oficinas de la comisión
Washington, D. C.
Mayo de 1964

Wesley *Jim* Liebeler era una fuerza de la naturaleza. Un verdadero libertario, listo para ignorar —mejor aún, plantar oposición— a cualquiera que intentara imponerle reglas. Cuando se trataba de política, se definía como un republicano conservador. Era ferozmente anticomunista y lo declaraba abiertamente; había rumores entre el personal —aparentemente falsos— de que pertenecía a la ultraconservadora Sociedad John Birch. Rankin recordaría a Liebeler como un "conservador extremo entre nuestro equipo, que más bien era un invernadero de liberales, y desde el principio se decepcionó de algunos". El desdén de Liebeler muchas veces había sido dirigido contra Norman Redlich, quien, en cuestiones políticas, era tan liberal como Liebeler era conservador. "En cuestiones políticas, el señor Redlich y yo tenemos opiniones profundamente diferentes sobre el mundo", diría Liebeler tiempo después.

Para muchos dentro del equipo de trabajo de la comisión, a Liebeler también le quedaba muy bien el papel de pícaro encantador. Décadas después, varios lo describirían como una de las personas más memorables que habían conocido en sus vidas; la sola mención de su nombre provocaría en ellos una sonrisa de reconocimiento. Slawson lo describiría como un "temerario" en sus actitudes hacia la autoridad, comenzando por la cruzada que había encabezado para reemplazar a las incompetentes secretarias de la comisión. Griffin declararía que él y Liebeler "no se ponían de acuerdo en nada" cuando se trataba de política y que éste habría sido muy franco sobre sus diferencias. "Pero incluso con toda su agresividad, tenía cierto aire de amabilidad", declararía Griffin. "Incluso si te estaba diciendo que eras un idiota en algún tema, lo hacía de forma tal que tú sabías que él realmente no pensaba que fueras un idiota." Liebeler, en la opinión de Griffin, "se preocupaba muchísimo por la gente".

Otros, sin embargo, tenían recuerdos menos afectuosos. Specter, por ejemplo, pensaba que Liebeler era sumamente inteligente pero también "quisquilloso" y un tanto "excéntrico"; propenso a extraños arrebatos de enojo. Recordaría en una ocasión haber ido a almorzar con Liebeler a The Monocle, un popular restaurante en Capitol Hill cerca de las oficinas de la comisión, donde observó, con asombro, cómo su colega se enfurecía porque el huevo encima de su estofado de res curada estaba demasiado frito. "Con una voz exigente, insultante, llamó al mesero y le dijo: 'Carajo, cuando cocinas el huevo, se supone que debe derramarse sobre la carne'."

Warren había dejado en claro que Liebeler no le agradaba, recordarían varios de los abogados de la comisión. Meses después de que arrancara la investigación, Liebeler hizo algo que, para el momento, resultaba impensable para la mayoría de los bufetes legales o agencias gubernamentales. Empezó a dejarse crecer la barba. "Era una enorme y hermosa barba, completamente roja", recordaría Rankin. "Al ministro presidente le irritaba." Warren estaba tan molesto que le habría dicho a Rankin que le ordenara a Liebeler que se afeitara. Rankin trató de convencer a Warren de dejar por la paz el tema. "Le dije: 'Mire, tiene derecho a tener el pelo como él quiera y si quiere dejarse la barba, tiene derecho a hacerlo'." Specter recordaría haber pensado cuán hipócrita resultaba que Warren —el "gran luchador por la igualdad y los derechos civiles"— se enfureciera por la decisión de Liebeler de dejarse crecer las barbas. Warren ejecutó su castigo, recordaría Specter, "desterrando" a Liebeler durante algún tiempo a otro piso del edificio VFW.

Liebeler entretenía a sus colegas con historias de sus hazañas con mujeres en Washington y disfrutaba las largas noches de fiesta y bebida, invitando muchas veces a los otros abogados a que lo acompañaran. La revolución sexual de la década de 1960 estaba en pleno desarrollo y, aunque tenía una esposa en Nueva York, él quería ser parte de ella. "Era un gran, alocado, mujeriego", opinaría Slawson.

"Era capaz de hacer cualquier cosa, absolutamente todo", recordaría Griffin, quien regresaba felizmente a casa con su esposa todas las noches. "Yo llevo una vida muy puritana. Pero Liebeler, a pesar de todo su conservadurismo político, no era nada conservador en todo lo demás." Con el alcohol "no tenía restricciones", declararía Griffin. Sus hazañas nocturnas no eran ningún secreto porque "hablaba de ellas todo el tiempo". Otros abogados del equipo de trabajo de la comisión no veían ninguna señal de que las actividades nocturnas de Liebeler afectaran su trabajo, pues él regresaba cada mañana a la oficina vigorizado por las aventuras de la noche anterior. Parecía que el alcohol no le causaba ningún efecto, tal vez debido a que era "un tipo grande, medía como 1.86 o 1.89, pesaba entre 90 y 100 kilos", comentaría Griffin.

Fueran cuales fueran las condiciones de su matrimonio, Liebeler dejó en claro cuánto quería a sus dos hijos, quienes se habían quedado a vivir con su madre en Nueva York mientras él trabajaba en Washington. Con el paso de los años, su hijo menor, Eric, mencionaría estar dispuesto a perdonar a su padre por algunas de sus faltas gracias a que también lo admiraba "como un hombre que quería vivir cada día de su vida" como si fuera el último. "Él consideraba que cada día era uno en el que debía hacer algo interesante, algo intenso, algo valioso."

Liebeler era más feliz y productivo cuando se retiraba a su casa veraniega en Vermont, un terreno de 29 hectáreas a las afueras del Bosque Nacional Green Mountains. Al unirse a la comisión, pidió permiso a Rankin para volar a Vermont cada dos o tres semanas, a expensas de la comisión, para trabajar en casa y despejar su mente. Rankin estuvo de acuerdo, aparentemente sin darse cuenta de que Liebeler llenaría su portafolio de documentos clasificados que leería durante el viaje, un hecho que después los atormentaría a los dos.

El miembro *senior* en el "equipo Oswald" de la comisión, como se le llegó a conocer, era Albert Jenner, un abogado litigante de alto calibre proveniente de Chicago. La relación entre él y Liebeler colapsó casi instantáneamente. Los dos hombres llegaron a despreciarse el uno al otro y casi no mediaron palabra tras las primeras semanas. "Finalmente decidí hacer las cosas por mi cuenta. Básicamente hice casi todo el trabajo original yo mismo", diría Liebeler sobre ello. De acuerdo con Specter, las diferencias de personalidad entre Jenner y Liebeler no podrían haber sido mayores. Mientras que Liebeler era un moderno Falstaff,* "Bert Jenner era conocido principalmente por su actitud seca", comentaría Specter, trayendo a la memoria los almuerzos del equipo de trabajo en los cuales Jenner habría insistido en que su comida no fuera condimentada de forma alguna. "Se comía la ensalada sin ningún aderezo."

Las responsabilidades del equipo finalmente se dividieron para que los dos hombres no tuvieran que cruzar caminos. Liebeler se enfocaría en las preguntas sobre las posibles motivaciones de Oswald, mientras que Jenner buscaba evidencia de una posible conspiración interna relacionada con el contacto que tuvo Oswald con gente dentro de Estados Unidos después de su regreso al país en 1962.

De vuelta, en Chicago, Jenner se había convertido en una figura sumamente admirada. Encarnaba a uno de los abogados mejor pagados del país —sería uno de los primeros en cobrar a sus clientes corporativos 100 dólares por hora—, uno a quien los clientes no le escatimaban el pago de tarifas debido al tremendo éxito que tenía en las cortes. También era reconocido entre los grupos en pro de las libertades y los derechos civiles por su compromiso en el bufete de ofrecer asesoría legal gratuita para los pobres y de impulsar las apelaciones gratuitas para reclusos sentenciados a muerte bajo el esquema *pro bono publico*. En la comisión, se hizo de la reputación de ser muy trabajador. A diferencia de cualquier otro abogado dentro del equipo de trabajo, Jenner pasó la mayoría de su tiempo en Washington hasta que la investigación finalizó. Sin embargo, desconcertaba a algunos de sus colegas con sus hábitos de trabajo y su obsesión con el detalle. Alfred Goldberg recordaría haber leído un borrador de informe sobre Oswald escrito por Jenner que, con 120 páginas, contenía casi 1 200 notas al pie, incluyendo una especialmente inútil en la que Jenner identificaba la ubicación geográfica exacta de la ciudad soviética de Minsk, en donde había vivido Oswald. Specter recordaría otro informe "inútil" de 20 páginas sobre Oswald que Jenner había escrito: "Se rumoraba que ese informe fue a dar al bote de basura tan pronto como fue leído".

Jenner era del tipo de persona que algunos de los abogados jóvenes ya se habían encontrado en sus propios bufetes. Era un bien

---

* Falstaff es un personaje de inspiración shakespeareana que tuvo apariciones en obras como *Enrique IV* y *Las alegres comadres de Windsor*. De carácter festivo y pendenciero; Falstaff se ha convertido en una suerte de arquetipo para describir a un sujeto carismático y altivo, amante del alcohol y la buena vida. [N. de T.]

pagado litigante que sabía cómo ganarse al jurado e impresionar a un juez, pero que dejaba la tarea de reunir evidencia, y ordenarla de forma coherente, a socios de menor nivel. Aparentemente, Jenner carecía de habilidad alguna para organizar sus pensamientos en papel. "Jenner era un dolor de cabeza", recordaría Slawson. "Todo el mundo hacía gestos de molestia" ante sus manías. Al igual que otros abogados de la comisión, Slawson se preguntaba si Jenner sufría de algún problema de aprendizaje, porque en vez de leer las transcripciones de las entrevistas de los testigos, "hacía que su secretaria se las leyera", hora tras hora.

Se invitó a Liebeler y a Jenner a que solicitaran los servicios de investigación de John Hart Ely, el joven abogado que estaba a punto de integrarse a la Suprema Corte como uno de los secretarios a las órdenes de Warren. Ely se encargó de varios proyectos de investigación de Liebeler y Jenner, incluyendo una investigación sobre cada casa en la que había vivido Oswald durante su niñez y su adolescencia, comenzando por el orfanato de Nueva Orleans en el que su madre lo había dejado en 1942, a la edad de tres años. Había sido digno de recalcar, pensaba Ely, que la señora Oswald hubiera abandonado a su hijo en el orfanato el día después de Navidad. Si existía alguna duda de que Oswald tenía derecho a sentirse desarraigado, ésta se disipó con un documento de seis páginas preparado por Ely, el cual enlistaba 17 hogares diferentes, en cuatro estados distintos, en lugares tan distantes uno del otro como Covington, en Louisiana, y el Bronx, en Nueva York, sitios en donde Oswald había vivido con su madre. Con frecuencia, Oswald y sus hermanos permanecían en una misma casa y escuela sólo durante algunas semanas, antes de que su madre los mudara, muchas veces por el súbito deseo de buscar una vida mejor.

A Ely se le pidió también que hiciera una reconstrucción detallada de la carrera militar de Oswald, la cual comenzó el 24 de octubre de 1956, seis días después de su decimoséptimo cumpleaños, cuando se enlistó en el cuerpo de Marines. Ely revisó los registros sobre Oswald en el campo de adiestramiento, incluyendo su instrucción de tres semanas para usar un rifle M-1, arma reglamentaria de la milicia. Cuando finalmente se evaluó a Oswald en sus habilidades con el arma en diciembre de 1956, obtuvo la calificación de "tirador de primera", que era la calificación intermedia entre las usadas por los

Marines. La calificación más alta era "tirador experto" y la calificación mínima aprobatoria, "tirador".*

Ely entrevistó a muchos de los colegas Marines de Oswald y obtuvo de ellos la opinión constante de que era retraído y antisocial; "solitario" e "insignificante" habían sido descripciones comunes. Cuando entablaba conversaciones con otros Marines, Oswald inmediatamente admitía su filiación marxista; les comentaba que esperaba poder visitar la Unión Soviética e incluso que le gustaría residir allí. Uno de sus compañeros había recordado cómo Oswald, quien estudiaba ruso, "ponía canciones rusas a un volumen tan alto que podían escucharse desde fuera de las tiendas". Otro había dicho que Oswald se refería a sus compañeros como "camaradas" y que usaba en conversaciones casuales las expresiones rusas para afirmar o negar: "*da*" y "*nyet*". En consecuencia, algunos de los infantes de marina habían comenzado a referirse a Oswald, en su cara, como "Oswaldovitch". Un ex infante de marina había traído a la memoria cómo Oswald había hablado sobre sus deseos de "viajar a Cuba para adiestrar a las tropas de Castro".

Ely escuchó distintas remembranzas de la vida de Oswald fuera de las carpas militares. Había algunos informes contradictorios sobre sus hábitos con la bebida —algunos recordaban haber visto a Oswald emborracharse, mientras que otros puntualizaban su calidad de abstemio— y su actitud hacia las mujeres. Circulaban rumores sobre la presunta homosexualidad de Oswald, principalmente porque casi no se le había visto en compañía de mujeres fuera de la base. Otro tipo de rumores, relacionados con violencia y armas de fuego, se apegaban más a su personalidad. Se le había juzgado en una corte marcial después de que se lesionara con un arma corta no registrada calibre .22 que había comprado en secreto; el arma había caído de su casillero y se había disparado por error, dejándole una herida por encima del codo izquierdo. Se le había juzgado en la corte marcial en otra ocasión debido a una pelea que había protagonizado con uno de sus sargentos. En su documento, Ely reportó también las acusaciones —nunca corroboradas— de que Oswald había estado involucrado en la muerte de otro recluta, soldado raso Martin Schrand, quien murió por un disparo proveniente de su propia arma en enero de 1958, cuando él y Oswald estuvieron apostados en las islas Filipinas.

---

* De menor a mayor: "Marksman", "Sharpshooter" y "Expert". [N. de T.]

Ely estaba sorprendido por la poca atención que los investigadores de la comisión —al igual que el FBI y otras agencias del orden público— estaban poniendo a la trayectoria de Oswald dentro del cuerpo de Marines, por lo que recomendó que se rastreara a varios de sus colegas para ser interrogados bajo juramento sobre lo que habían atestiguado durante los casi tres años en los que Oswald vistió el uniforme. "Durante su etapa en el cuerpo de Marines, Oswald habría desarrollado con abundancia y soltura buena parte de sus ideas sobre el marxismo, la Unión Soviética y Cuba", escribió Ely.

Jenner se encargó de la tarea de investigar los antecedentes de la gente en Dallas que se había involucrado de forma cercana con Oswald y su familia; quienes, se sospechó inicialmente, podrían haber estado involucrados en el asesinato. La comisión le había pedido al FBI que investigara los antecedentes de tres personas en particular: Ruth Paine; su esposo, Michael, quien se había separado de ella y George de Mohrenschildt, el geólogo de 52 años de edad nacido en Rusia, lo más cercano que habría tenido Oswald a un verdadero amigo en Dallas.

Los Paine estuvieron bajo sospecha en parte debido a sus opiniones liberales sobre política exterior y derechos civiles, lo cual los aisló de sus vecinos en los suburbios conservadores de Dallas. El interés de Ruth en la Unión Soviética había recibido particular escrutinio. Ruth, una cuáquera que había estado estudiando ruso desde 1957, y quien había participado en un programa cuáquero de amigos por correspondencia con ciudadanos soviéticos, había declarado que su interés en aprender ruso fue lo que la había llevado a conocer a Marina Oswald; ambas mujeres había sido invitadas a una fiesta a la que asistieron expatriados rusos, lo cual finalmente condujo a la amistad.

El matrimonio de los Paine se desmoronó en 1962; Michael se había mudado aquel otoño. En 1963, Ruth Paine invitó a Marina —por entonces madre de una hija de un año de edad, June, y quien se encontraba esperando la venida de otro retoño— a mudarse. Recientemente desempleado, Lee planeaba abandonar Texas en abril para buscar trabajo en Nueva Orleans, su ciudad natal. Ruth, madre de dos hijos, propuso que Marina se quedara con ella hasta que Lee encontrara un trabajo y pudiera mantener a la familia en Louisiana. Ruth había dicho que vio en la presencia de Marina una oportunidad de mejorar su ruso.

Marina se reunió con su esposo en Nueva Orleans en mayo; Ruth Paine la llevó en automóvil hasta allá. Pero Oswald había tenido problemas para mantener un empleo en Louisiana, justo como le había sucedido en Texas, así que los Oswald regresaron al área de Dallas durante aquel otoño. En vez de vivir con su esposo mientras él buscaba trabajo, Marina se alojó en la casa de Ruth, donde permaneció hasta el día del asesinato. Entre semana, Lee dormía en una casa de huéspedes en Dallas y viajaba los fines de semana a la residencia de los Paine en la vecina ciudad de Irving.

Después del asesinato, los Paine atrajeron la atención hacia ellos por su reacción extrañamente sosegada al caos que los rodeaba. Para algunos investigadores, ello parecía sugerir que los Paine podrían haber sabido de los planes de Oswald. Un detective de homicidios de Dallas, Guy Rose, declaró ante la comisión haberse sorprendido cuando arribó a la residencia de los Paine en la tarde del asesinato, antes de que se anunciara públicamente el arresto de Oswald. La señora Paine abrió la puerta y dijo, con toda calma: "He estado esperándolo, pase de inmediato". Posteriormente, la madre de Oswald, Marguerite, y su hermano Robert alimentarían la sospecha de que los Paine estaban de alguna forma involucrados en el homicidio del presidente.

George de Mohrenschildt tenía antecedentes dignos de un *thriller* de la Guerra Fría. Cosmopolita y sofisticado, con capacidad de conversar con cierta fluidez en por lo menos seis idiomas, el hombre había nacido en la Rusia zarista dentro de una familia acomodada que tenía vínculos con la nobleza. Sus padres habían huido a Polonia luego de sufrir persecución cuando los comunistas subieron al poder en Moscú. Había entrado a Estados Unidos en 1938 a pesar de las sospechas, registradas en archivos del Departamento de Estado, sobre su posible filiación nazi, régimen para el cual, se pensaba, trabajaba como espía. Él lo había negado todo y nunca se le pudo probar nada. Inicialmente se había establecido en Nueva York. Se empleó ahí en diferentes trabajos, incluyendo la industria cinematográfica; durante algún tiempo fue también instructor de polo. Se mezcló fácilmente con la alta sociedad de Manhattan y pasó los veranos en las playas de Long Island. Jenner y algunos de los abogados de la comisión quedaron perplejos al descubrir que entre las amistades que De Mohrenschildt había cultivado en Long Island se incluía a la familia de

Jacqueline Bouvier, la futura esposa del presidente Kennedy. "Éramos muy cercanos", había declarado sobre los Bouvier aquel hombre. "Nos veíamos todos los días. Conocí a Jackie en aquel entonces, cuando era una pequeña." La futura primera dama era "una niña muy voluntariosa, muy inteligente y muy atractiva".

Se mudó después a Texas para intentar hacer su fortuna en la industria petrolera, obteniendo primero títulos en ingeniería y geología por la Universidad de Texas. Como petrolero, había aceptado proyectos en varios países, incluyendo Yugoslavia, Francia, Cuba, Haití, Nigeria y Ghana. Posteriormente reconocería que había realizado un poco de trabajo de espionaje —a solicitud de un amigo francés— para los servicios de inteligencia francesa, mientras radicaba en Texas al inicio de la Segunda Guerra Mundial. Nunca fue empleado oficial de una agencia de espionaje de la nación gala, afirmaría, pero "recolecté información sobre personas involucradas en actividades a favor de Alemania". Había tratado también de superar las ofertas de algunas compañías alemanas que querían adquirir crudo en Texas.

Para 1962 se había establecido ya en Dallas con su cuarta esposa. Fue ahí donde conoció, por medio de otros expatriados rusos, al matrimonio Oswald, el cual había quedado reducido, recordaría De Mohrenschildt, a lo que él llamaba "pobreza extrema". Le preocupaba especialmente el espantoso entorno en el que se encontraba Marina: "Un alma perdida, viviendo en los barrios bajos, sin saber una sola palabra de inglés, cargada con ese bebé de aspecto más bien decaído". Durante el año siguiente, calculaba, había visto a los Oswald "10 o 12 veces, quizá más". En el otoño de 1962 había ayudado a Marina a escapar de su esposo durante cierto tiempo, luego de descubrir que Lee la había golpeado, dejándola con un ojo morado.

De Mohrenschildt recordaría que, durante una visita a los Oswald en la primavera de 1963, Marina le había mostrado el rifle que su esposo acababa de comprar. Ella se había burlado entonces de la compra. "Ese lunático idiota se la pasa practicando tiro todo el tiempo", había dicho ella. De Mohrenschildt recordaría haberle preguntado a Oswald por qué había comprado el arma. "Me gusta practicar tiro", había respondido él. En aquel entonces, los periódicos de Texas estaban repletos de historias sobre la aparentemente poco fructífera búsqueda policiaca para encontrar al tirador que había intentado matar a Edwin Walker, un general retirado del ejército; el francotirador anónimo, al acecho afuera de la casa de Walker en Dallas, le había disparado a través de una ventana, fallando por apenas unos centímetros. Marina después reconocería haber sabido, pocas horas después del ataque, que su esposo había sido responsable del atentado.

Durante aquella visita, recordaría De Mohrenschildt, había intentado bromear sobre el tiroteo en casa de Walker. "¿No serás tú el tipo que falló el disparo en casa del general Walker?", recordó haberle preguntado. "Verá, yo sabía que a Oswald no le agradaba el general Walker."

Oswald no había contestado, en cambio una expresión "peculiar" se asomó en su rostro. "Era como si se hubiera encogido cuando le hice esa pregunta."

Después de meses de revisar cuidadosamente los archivos del FBI sobre los Paine y De Mohrenschildt, Jenner declararía haber llegado a la conclusión de que ellos no habían tenido nada qué ver con el asesinato. En muchos sentidos, llegó a ver a los Paine y a De Mohrenschildt —cuyas vidas habían cambiado drásticamente, atormentados durante años debido a la persistente sospecha de sus vínculos con el asesinato— como unas víctimas más de las acciones de Oswald. Sin embargo, para estar seguro de su inocencia, Jenner sometió a los tres a horas de interrogatorios juramentados, especialmente en relación con la evidencia que sugería que podrían haber sospechado fuertemente acerca de lo que Oswald pretendía hacer.

Jenner no se anduvo con rodeos con Ruth Paine durante su testimonio en Washington:

—Señora Paine, ¿es usted, o alguna vez lo ha sido, miembro del partido comunista?

—No soy y nunca he sido un miembro del partido comunista —respondió ella.

Jenner lo intentó entonces de una forma diferente:

—¿Tiene o alguna vez ha tenido tendencias que pudiéramos llamar favorables hacia el partido comunista?

—No —respondió ella—. Al contrario… Me siento ofendida por la parte de la doctrina comunista que piensa que la violencia es necesaria para lograr sus metas.

Su interés en el idioma ruso, dijo ella, era resultado de su fe. "Dios me pidió que estudiara lenguas", explicó. Había elegido el ruso, dijo, porque coincidía con los esfuerzos de la Iglesia cuáquera de organizar los programas de intercambio con la Unión Soviética.

Ella invitó a Jenner y a los comisionados a lanzarle preguntas directas para así comprobar su sinceridad, incluso preguntas incómodas acerca de por qué se había desmoronado su matrimonio.

—Los miembros de la comisión me han comunicado su interés en eso —admitió Jenner—. Están tratando de hacerse una imagen mental sobre quién es Ruth Paine y, si me permite usar la lengua vernácula... ver qué es lo que la sacaría de su zona de confort... ¿Cuál fue el motivo de la separación entre su esposo y usted, en su opinión?

La respuesta, dijo ella, era sencilla. Su esposo siempre fue amable y atento, pero no la amaba. Su tono entonces apeló al pragmatismo.

—Nunca discutimos, de hecho nunca tuvimos ninguna diferencia seria de opiniones, con la excepción de que yo quería vivir con él y él no estaba tan interesado en estar conmigo —contestó ella.

Reconoció que, meses antes del asesinato, le preocupaba que Oswald fuera propenso a la violencia —sabía que golpeaba a Marina— y que quizá tuviera una relación preocupante con la embajada soviética en Washington. Ella había encontrado una copia de una carta que él había escrito a la embajada, en la que hablaba de la vigilancia que el FBI había hecho sobre sus actividades en Dallas.

Entonces ¿por qué le había permitido entrar en su casa en un primer momento? Y ¿por qué, a pesar de lo que sabía de él, le había ayudado a conseguir un trabajo en el Almacén de Libros Escolares de Texas? Jenner pensó que Paine ofrecía respuestas razonables para ambas preguntas. Ella no había deseado que Oswald estuviera de visita en su casa durante los fines de semana: "Yo hubiera estado más contenta si él nunca hubiera venido". Pero estaba ansiosa por ayudar a Marina y emocionada por la oportunidad de mejorar sus habilidades en el idioma ruso. Agradecía también la compañía que ofrecía Marina. Ahora que su matrimonio había terminado, "me sentía sola". Reconoció sin reparos haber ayudado a Oswald a conseguir empleo en el almacén de libros y explicó, con detalle, cómo había sucedido. Durante una "plática de café" con un grupo de amigas, estando presente Marina, una de las mujeres había mencionado que su hermano trabajaba en el almacén de libros y que tal vez podría abrirse ahí una oportunidad de trabajo. Marina le suplicó a Paine que llamara al almacén. La plaza estaba vacante y Lee fue contratado en octubre. Paine insistió que no tenía idea de que el almacén estuviera en Plaza Dealey.

Jenner pasó casi dos días completos tomando el testimonio de De Mohrenschildt, quien necesitó numerosas horas solamente para ofrecer un panorama general de su cosmopolita historia de vida, comenzando con su niñez en Rusia. Él comprendía por qué la gente suponía lo peor de su amistad con Oswald, dada su propia vida "bohemia" y poco convencional. "De vez en cuando se ha originado todo tipo de especulación", admitió ante Jenner. "Soy muy transparente."

Mientras más preguntas contestaba, más coherente sonaba la historia sobre su improbable amistad con Oswald. De Mohrenschildt dijo que Lee Oswald le había parecido un "sujeto simpático" que parecía deseoso de superarse, incluso cuando fuera un "semieducado pueblerino". La familia Oswald, declaró, vivía "en la miseria, estaban perdidos, sin un centavo, confundidos". Declaró que le parecía risible la idea de que la Unión Soviética o cualquier otra potencia extranjera hubiera reclutado a Oswald como espía. "Jamás creería que algún gobierno fuera lo suficientemente estúpido como para confiarle a Lee alguna tarea de importancia", dijo. "¿Un individuo inestable, confundido, sin educación, sin la experiencia debida? ¿Qué gobierno le confiaría un trabajo confidencial?"

De Mohrenschildt aseguró sentir lástima por Oswald incluso después de descubrir que golpeaba a Marina. "No culpé a Lee por haberle acomodado un buen golpe en el ojo." Marina, recordó, se burlaba abiertamente de su marido enfrente de él y su esposa por sus fracasos como esposo, incluso por su falta de interés en el acto sexual. Al respecto, De Mohrenschildt comentó haber pensado que Oswald era "una persona asexual". Marina había sido "muy claridosa al respecto", comentando a la pareja De Mohrenschildt, en presencia de Oswald, cosas como "él se acuesta conmigo una sola vez al mes, y no es que yo reciba satisfacción alguna en los encuentros".

De Mohrenschildt aseguró que él y su esposa se habían sentido tan incómodos con la forma en la que Marina se quejaba de su vida sexual que terminaron por evitar el contacto con los Oswald a mediados de 1963, justo cuando De Mohrenschildt estaba por mudarse a Haití en una aventura de negocios. "Ése fue el momento en que realmente decidimos dejarlos de ver", dijo. "Los dos decidimos terminar la relación porque nos parecía repugnante que sostuvieran semejante discusión sobre sus hábitos maritales frente a unos casi desconocidos, como lo éramos nosotros." Aunque le parecía imposible creer que Oswald fuera un espía, también dijo que a veces le preocupaba que Oswald de alguna forma anduviera en malos pasos. "Había estado en la Rusia soviética, él podría ser cualquier cosa", dijo. De Mohrenschildt aseguró haberle preguntado a uno de entre sus amigos rusos, expatriados en Dallas: "¿Crees que sea seguro para nosotros ayudar a Oswald?" Aquel amigo le contestó que se había puesto en contacto con el FBI en relación con Oswald y que al buró no le preocupaba.

De Mohrenschildt declaró además que él creía haberle mencionado el nombre de Oswald en 1962 a otra de sus amistades, Walter Moore, quien era conocido como "un hombre del gobierno; del FBI o de la CIA", y que Moore no le había ofrecido información alguna que sugiriera la existencia de un riesgo en las actividades de Oswald. La comisión determinaría posteriormente que Moore era, en efecto, un oficial de la CIA apostado en Texas, miembro de la oficina responsable de reunir información de residentes en el área de Dallas que hubieran visitado o trabajado recientemente en países comunistas. La investigación no encontraría evidencia que indicara que Moore hubiera estado alguna vez en contacto con Oswald. La divulgación por parte de la comisión sobre la existencia de una amistad entre Moore y De Mohrenschildt, sin embargo, ayudaría a alimentar, durante décadas, diversas teorías de conspiración sobre el asesinato del presidente Kennedy.

35

Mayo de 1964

Durante sus cenas a altas horas de la noche en la comisión, Specter y algunos de los otros jóvenes abogados comenzaron a burlarse de los comisionados. Jugaban bromas sobre "Blancanieves y los siete enanos", en donde Warren y los otros comisionados representaban a los enanos. "Blancanieves a veces era Marina y a veces Jacqueline Kennedy", recordaría Specter. "Warren era Gruñón", mientras que el congresista Boggs, representante de Louisiana, era "Feliz" porque a veces llegaba a la oficina de la comisión después de "haberse tomado varios cocteles ya entrada la tarde". Specter recordaba haber pensado que Dulles calificaba ya fuera como "Dormilón" o como "Tontín", debido a la extraña, a veces apenas coherente, presencia del antiguo maestro del espionaje.

Slawson, el abogado del equipo de trabajo que mantenía mayor contacto con Dulles, estaba cada vez más convencido de que Dulles, de 71 años de edad, demostraba señales de senilidad, posiblemente originadas por la humillante destitución pública de la CIA que había sufrido tras la debacle en Bahía de Cochinos. Dulles con frecuencia se quedaba dormido en las audiencias de la comisión y su mal de gota no parecía mejorar conforme transcurría la investigación. Cuando Malcolm Perry, el doctor de la sala de emergencias del hospital Parkland en Dallas, llegó a las oficinas de la comisión para rendir testimonio en marzo, Dulles lo llamó aparte para preguntarle si tenía alguna sugerencia para el cuidado de sus adoloridos pies. "Lo siento, no es mi campo" de especialidad, le contestó, sorprendido, Perry.

Con el tiempo, Specter llegó a estar de acuerdo con Slawson en que Dulles podría haber olvidado mucho de lo que sabía sobre las operaciones de inteligencia estadounidenses contra Castro y otros adversarios extranjeros que podrían haber deseado ver a Kennedy muerto. Y era posible, pensó, que Dulles nunca hubiera sabido algunos de los secretos mejor resguardados de la agencia; sus subalternos podrían haberle ocultado la información, quizá incluso a petición suya, para permitirle contar con la posibilidad de negación plausible. Cuando Dulles se unió a la comisión, "todo el mundo pensó que era una persona muy inteligente", diría Specter. "Resultó ser un bobo."

Sin embargo, Dulles había traído momentos alegres, sin desearlo, a algunas de las audiencias de la comisión que de otra forma hubieran sido del todo sombrías. Specter recordaría haber tenido que contener la risa cuando, durante un análisis de frascos de evidencias, dentro de los cuales se contenían dos fragmentos de metal extraídos del cadáver de Kennedy, Dulles detuvo el procedimiento con el alarmante anuncio de que éstos contenían cuatro fragmentos, no dos. Fue entonces que el agente del FBI que había asistido a la sesión "corrió de un lado de la mesa al otro para inspeccionar el contenido de los frascos", recordaría Specter. "El agente tomó dos de los fragmentos y los aplastó entre sus dedos."

"No, señor Dulles", exclamó el agente, exasperado. "Ésos son dos pedazos de tabaco que se cayeron de su pipa."

Specter recordaría, además, no haber sido el único en disimular la risa cuando Dulles se confundió durante el testimonio del doctor James Humes, el patólogo de Bethesda. Al discutir lo que había pasado con las ropas de Kennedy en Dallas, Humes explicó que la corbata del presidente tuvo que ser cortada en el hospital Parkland para ayudarle a respirar. Siguiendo el protocolo, dijo, la tela se había cortado a la izquierda del nudo de la corbata. "Dulles podría haber estado distraído, o tal vez adormilado", diría Specter, porque cuando Humes levantó los dos pedazos de la indudablemente costosa corbata Christian Dior con patrones en azul, Dulles, quien a veces se expresaba al estilo de un catedrático inglés, exclamó asombrado: "Por Júpiter, el hombre usaba una corbata de clip". Había pensado que la corbata era de las que se venden con broche, listas para usarse. Specter dijo que él y otros en la sala "encontraron gracioso que alguien, incluso por un momento", pudiera imaginarse que el sofisticado John F. Kennedy "usara una corbata de clip".

Con todo, Dulles merecía crédito por hacer el esfuerzo de asistir al testimonio de los testigos esenciales. Ése no era el caso para la mayoría de los comisionados. Por lo que había visto Specter, la mayoría de ellos ignoraban incluso los hechos básicos del asesinato: "Yo creo que los comisionados nunca supieron mucho sobre el caso", declararía posteriormente. Warren y los otros comisionados nunca invitaron a los abogados de menor nivel a sus sesiones ejecutivas y Specter declararía que en sus pocos encuentros con el personal, la mayoría de los comisionados sólo "venían y se sentaban; nunca hicieron pregunta o sugerencia alguna. Nosotros dirigíamos la investigación solos".

Pocos dentro del equipo de trabajo de la comisión eran tan críticos con Warren como lo era Specter. Éste siempre había intentado atenuar su crítica describiendo a Warren como un gran ministro presidente: "Él tenía un profundo sentido de la decencia... la conciencia moral de la nación". Sin embargo, Specter sentía que Warren carecía de la profundidad intelectual que se le atribuía. "Warren no tenía mucho de abogado. No era brillante. Ni siquiera era realmente inteligente." Al dirigir la comisión, declararía, la necedad e impaciencia de Warren —y, de forma más alarmante, su inquebrantable lealtad hacia los Kennedy— dañó el curso de la investigación. Specter creía que Warren estaba tomando atajos en la investigación, apresurándola en formas en las que se corría el riesgo de dar pie a nuevas teorías de conspiración. Dado que Warren estaba convencido desde el inicio que Oswald había actuado solo, "para él el asunto era tan fácil como lavar y planchar". La actitud de Warren era la de "vamos a terminar ya con este condenado asunto", aseguraría Specter. "Warren quería hacerlo todo a las carreras."

Specter sintió que eso era una seria carga para el equipo, dada la renuencia que mostraba Lee Rankin para plantar cara al ministro presidente. Los jóvenes abogados habían sentido entonces la obligación de intentar detener o revertir algunas de las peores decisiones de Warren, por el bien de la propia reputación del ministro presidente. "Nosotros verdaderamente sentíamos que éramos los guardianes de Warren", declararía Specter. "Warren estaba metiendo la pata en muchas cosas. Teníamos que asegurarnos de que no se metiera en problemas. ¿Está mal que lo diga? Pues da la casualidad que es verdad."

Specter juzgaba duramente, también, a algunos de los otros abogados del equipo de trabajo, especialmente algunos que prácticamente habían desaparecido de Washington. No conocía bien a David Slawson, pero sabía que Coleman, la pareja de trabajo de Slawson, casi nunca estaba. "Nunca supe que Bill hiciera algo."* En la mente de Specter, sólo cuatro abogados realizaban la mayor parte del trabajo detectivesco: "Al fin de cuentas, los que realmente estábamos ahí éramos Belin, Ball, Redlich y yo". Asimismo, declararía también haber admirado el trabajo que hacía Howard Willens, el asistente de Rankin, más allá de los continuos cuchicheos entre el personal que apuntaban en la presencia de Willens como un simple infiltrado de Robert Kennedy y el Departamento de Justicia.

Ninguna de las decisiones Warren fue peor, pensaba Specter, que su continua renuencia a permitir que el personal revisara las fotos de la autopsia de Kennedy. En la opinión de Specter, los toscos bosquejos que habían sido remitidos por el dibujante desde el hospital de Bethesda, que supuestamente retrataban las heridas del presidente, eran inútiles. "Son inexactos, son engañosos." Durante toda la primavera, Specter había continuado abogando con Rankin para que convenciera a Warren de reconsiderar la decisión. "Yo le hice la vida imposible a Rankin." Uno de los colegas de Specter recordaría incluso haberlo visto llorar cuando salía de una reunión en la que se discutió el tema. Specter insistiría en que no había derramado lágrimas aquel día, pero que sí recordaba "haber mantenido largas y amargas discusiones".

David Belin recordaría, por su parte, haber ido a cenar con Specter una noche al restaurante The Monocle, en donde habría sugerido que ambos presentaran sus renuncias en señal de protesta por el asunto de las fotos. Sabían que sería un paso extraordinario que posiblemente crearía un escándalo en el escritorio del ministro presidente, y en la comisión. Belin declararía que Specter y él se sentían igual de enfadados por el tema; le ofendía que el ministro presidente pareciera más decidido a proteger la privacidad de la familia Kennedy en vez de permitir que el personal de la comisión tuviera acce-

* Aunque los archivos de la comisión confirmarían que Coleman trabajó sustancialmente menos horas que la mayoría de los abogados en el equipo de trabajo, Specter aparentemente ignoró, hasta su muerte en 2012, que Coleman había realizado asignaciones especiales para la comisión fuera de Washington.

394

so a la más fundamental evidencia médica. Los Kennedy, diría Belin, estaban siendo tratados como si "fueran una especie de élite, similar a la nobleza de la monarquía europea del siglo XVIII".

Tiempo después, Specter no discutiría el recuerdo de Belin acerca de aquella cena, aunque habría insistido en que nunca consideró con seriedad hacerlo. "No iba a renunciar por algo así", diría. Lo que hizo fue enviar una protesta formal, por escrito, en un memorándum dirigido a Rankin, el cual establecería en el registro permanente de la comisión lo furioso que estaba. "No se trataba de un memo escrito para cubrirme la espalda", insistiría Specter. Era, dijo, una última súplica para obtener la evidencia que necesitaba para hacer su trabajo, para determinar con exactitud cómo habían ocurrido los hechos concernientes al asesinato del presidente de Estados Unidos. "Era un documento escrito para tratar de persuadir a Rankin de que nos consiguiera las condenadas fotos y las radiografías."

El memorándum, con fecha del 30 de abril, iniciaba así: "En mi opinión, es indispensable que obtengamos las fotografías y las placas de rayos x tomadas durante la autopsia del presidente Kennedy". A continuación, se enlistan las razones por las que era necesario obtenerlas, haciendo hincapié en que la comisión correría un terrible riesgo si se basaba en la representación de las heridas del presidente hecha por el retratista de la Armada, y no en las fotos reales y las placas de rayos x; el equipo de trabajo estaba ya en pláticas para reimprimir los bosquejos en el informe final de la comisión. Specter le recordó a Rankin, además, que el dibujante de la Armada tampoco había tenido acceso a las fotos o las radiografías; la exactitud de sus trazos dependía de los "vagos recuerdos" de los patólogos de Bethesda, a quienes se les negaba también el acceso a las fotos, fotos cuya realización ellos mismos habían ordenado. Specter advirtió, de forma profética, que "algún día, alguien podría comparar los negativos con los dibujos del retratista y va a encontrar un error importante que podría afectar severamente el testimonio esencial y las conclusiones de la comisión".

En el memo, Specter propuso una solución. Recomendó que la comisión le pidiera a Robert Kennedy acceso a las fotografías de la autopsia y a las placas de rayos x a cambio del compromiso de que la evidencia sería "vista exclusivamente por el menor número de personas dentro de la comisión con el único propósito de corroborar (o corregir) los dibujos del artista, sin que el negativo pasara a ser parte de los registros de la comisión ".

La defensa del memorándum de Specter se programó para acontecer en una sesión ejecutiva de la comisión programada ese mismo día. Sería la primera reunión del panel en más de un mes. Rankin dijo a Specter que no podía prometerle nada pero que los argumentos de los jóvenes abogados lo habían persuadido, así que había aceptado apelar ante la comisión en su representación. Rankin sabía que el argumento para revisar las fotos de la autopsia y las radiografías se había vuelto mucho más convincente en vista del testimonio de Connally, el cual había sido un desafío directo para la teoría de una sola bala. Si el gobernador texano continuaba insistiendo en que había sido otro proyectil el que lo había alcanzado, entonces el caso se vería reducido a la revisión de las fotos y las placas de rayos x que se tomaron durante la autopsia para probar que Connally, de otra forma convincente en sus dichos, estaba equivocado.

En aquella reunión, Rankin no mencionó el nombre de Specter —eso hubiera ocasionado hostilidad en Warren, supuso éste—, en cambio, enmarcó la solicitud como una opinión compartida por todo el equipo: "El equipo de trabajo siente que algún miembro de la comisión debería examinar esas fotografías". Reconoció que los comisionados aparentemente tenían ya el conocimiento de que las fotos y las placas de rayos x estaban en custodia de Robert Kennedy y que el fiscal general no quería compartirlas con nadie. Rankin dijo que inicialmente había compartido la preocupación de Kennedy. "Pensé que podíamos evitar que esas fotografías… fueran parte de nuestro archivo, debido a que la familia tiene una opinión tan fuerte sobre ellas", dijo Rankin. "Ellos no quieren que el recuerdo del presidente se vincule con esas imágenes. Ésa es su mayor preocupación."

Pero Rankin, dijo, había cambiado de opinión, especialmente a raíz de la confusión desencadenada sobre la evidencia en balística. "Un doctor y algún miembro de la comisión deberían examinarlas de forma tal que pudieran reportarle a la comisión que no existe nada que no concuerde con el resto de los hallazgos", sostuvo, añadiendo que el fiscal general quizá aceptaría un acuerdo. "Me parece que él reconocerá la necesidad y permitirá tan supeditado escrutinio."

Sin embargo, Warren permaneció reticente. Aceptó permitirle a Rankin acercarse a Kennedy para solicitarle una revisión acotada, pero el ministro presidente quería que quedara en claro que "no las queremos en nuestro registro... Sería un elemento mórbido para los tiempos por venir". Y ésas fueron las últimas palabras que Warren dedicaría en la comisión con respecto al tema de las fotos de la autopsia y las placas de rayos x, por lo menos de acuerdo con las transcripciones, largamente resguardadas, de las sesiones ejecutivas de la comisión. Pocas semanas después, Warren declararía, de una vez por todas, que las fotos y las placas de rayos x quedarían fuera del alcance del equipo de trabajo de la comisión y que permanecerían bajo la custodia del fiscal general indefinidamente. "Las fotos eran simplemente demasiado horrorosas", argumentaría posteriormente. "Asumo toda la responsabilidad al respecto."

La reunión del 30 de abril representó una derrota en otra cuestión, una pregunta que había perseguido a los comisionados desde el principio: ¿Podían los comisionados declarar con absoluta certeza que Oswald nunca trabajó como algún tipo de agente o informante para el FBI o la CIA? Las dos agencias habían insistido, repetidamente, en que no tenían ninguna relación, formal o informal, con el asesino del presidente. Pero ¿por qué, entonces, el FBI había aparentemente intentado cubrir la evidencia de sus contactos con Oswald en Dallas antes del asesinato? ¿Y por qué la CIA había retenido y luego ofrecido falso testimonio al respecto de la evidencia acerca de la vigilancia que había mantenido sobre Oswald en México?

La solución, decidió entonces Warren, era que la comisión dijera lo que sabía —que la investigación no había encontrado evidencia de que Oswald hubiera trabajado para el FBI o la CIA— y luego poner a los hombres a la cabeza de las dos agencias bajo juramento para que dieran fe de ello. J. Edgar Hoover y John McCone debían testificar, bajo amenaza de perjurio, que Oswald nunca colaboró con ellos. Warren también quería que los dos hombres declararan, bajo juramento, que las agencias no habían estado involucradas en conspiración alguna detrás del asesinato de Kennedy. "Quisiera tomar su testimonio debido a las declaraciones —tanto provenientes de la izquierda como de la derecha— que afirman *ha* existido una conspiración", dijo el ministro presidente. Hoover y McCone tenían que declarar bajo juramento que no habrían tenido acceso a evidencia "que indicara la existencia de una conspiración fraguada con alguien; ya fuera del orden gubernamental, individual o de cualquier otro tipo".

En la reunión, Warren dijo que también ahora la comisión debería considerar tomar el testimonio de Robert Kennedy, no tanto como jefe del Departamento de Justicia, sino como el hermano del finado presidente. Argumentó que el testimonio de Kennedy pesaría mucho para convencer al público sobre la veracidad de los hallazgos de la comisión; sería difícil imaginar que él ocultara información sobre una conspiración para asesinar a su hermano. "Si testifica que no tiene información", argumentaba Warren, "creo que eso sería tremendamente convincente para cualquier persona razonable". Rankin estuvo de acuerdo: "Es poco creíble que el hermano del presidente se quedara de brazos cruzados si conocía la existencia de alguna intriga en Estados Unidos para deshacerse de su hermano".

Los comisionados continuaron siendo atormentados por los teóricos de conspiraciones, así que siguieron monitoreándolos en secreto con la ayuda del FBI. Además de Mark Lane, solicitaron los archivos que tenía el buró sobre Thomas Buchanan, el colaborador egresado de la universidad de Yale que escribía para la revista francesa *L'Express*, quien continuaba sosteniendo su teoría de que algunos ultraconservadores empresarios texanos habían estado detrás del asesinato. Los archivos del FBI sobre Buchanan detallaban su exilio en Europa después de que éste fuera despedido del *The Washington Star* en 1948, luego de que los editores se enteraran de su afiliación en el Partido Comunista de América.

Durante aquella reunión de abril, los comisionados distribuyeron copias de un artículo publicado una semana antes en United Press International que se enfocaba en Buchanan. Comenzaba así: "Millones de europeos se niegan a creer que el asesinato de John F. Kennedy no haya sido parte de una conspiración a gran escala que aún queda por revelarse". Buchanan se había convertido en un fenómeno mediático en Europa y estaba a punto de descubrir nuevo público en Estados Unidos. Su libro, *¿Quién mató a Kennedy?*, estaba programado para salir al mercado anglosajón en mayo. Organizaciones noticiosas en toda Europa, incluyendo a la BBC y a *The Manchester Guardian* en Gran Bretaña, lo estaban tratando como una pluma con credibilidad. El artículo de la UPI mencionaba que aquella primavera Lane se encontraba viajando a lo largo de Europa, ofreciendo concurridas conferencias en las que discutía sobre la posible inocencia de Oswald.

Warren les dijo a sus compañeros comisionados que estaba tan preocupado por la influencia de los teóricos de conspiraciones —Buchanan y Lane, en particular— que estaba dispuesto a abrir los archivos de la comisión a unos pocos reporteros antes de la publicación del informe final. Propuso que la comisión invitara, con cautela, a la UPI y a Associated Press, su agencia noticiosa rival, para que comenzaran a revisar los documentos de la investigación y se entrevistaran con el equipo de trabajo de la comisión. Después, se le pediría a las agencias que sugirieran líneas de investigación que la comisión podría haber pasado por alto, "cualquier cosa que se les ocurra que debería investigarse", dijo Warren. Sería una forma de probar que la comisión no tenía nada que ocultar. McCloy pensó que era "una sugerencia importante", especialmente considerando el grado de influencia que habían alcanzado los teóricos de conspiraciones en Europa. "Con las visitas del señor Lane por esos lares, se ha originado una fuerte y muy arraigada sensación de que aquí existe una profunda conspiración."

Thomas Kelley, el inspector del Servicio Secreto que sirvió como enlace entre su agencia y la comisión, viajó con Specter a Dallas en mayo para una última investigación de campo. Durante el viaje, Kelley habló en privado con Specter y le dijo que quería calmar lo que él sabía que eran las preocupaciones de Specter acerca de no haber visto las fotos y las placas de rayos x de la autopsia del presidente. Kelley dijo que tenía en su poder una foto del cadáver de Kennedy y que la compartiría con Specter en cuanto regresaran a su hotel. "Cuando Kelley y yo estuvimos solos en una de las habitaciones del hotel", recordaría Specter, "me mostró una pequeña fotografía de la espalda del cuerpo de un hombre, con un orificio de bala en la base del cuello, justo en el lugar en el que los cirujanos de la autopsia dijeron que Kennedy había recibido un impacto".

Specter declararía haber pensado entonces que Warren o alguien más dentro de la comisión habían enviado a Kelley para que le mostrara la fotografía, posiblemente para tranquilizarlo antes de que sus protestas sobre la evidencia médica se volvieran un asunto público. "Ellos sabían que yo les estaba dando problemas", recordaría Specter. "Aquélla era una época anterior a los soplones", pero aun así la comisión quería aplacarlo porque temían lo que pudiera hacer. Sin embargo, la foto no ofrecía nada a Specter. No tenía forma de saber siquiera si ése era el cuerpo del presidente. "Eran un montón de patrañas", declararía posteriormente. "Yo sé lo que es evidencia."*

De vuelta en Washington, a Alfred Goldberg se le había mostrado lo que él pensaba era una colección de fotografías de autenticidad no confirmada en poder del Servicio Secreto que habían sido tomadas al cuerpo de Kennedy en la mesa de autopsias. Al tiempo que las observaba, dijo, había entendido más claramente por qué Warren había decidido evitar que el equipo de trabajo tuviera acceso a ellas. "Sólo recuerdo haberme paralizado ante su vista."

---

* A Specter le serían finalmente mostradas las fotos de la autopsia en las oficinas del Archivo de la Nación, en abril de 1996, cuando fungía como senador por el estado de Pennsylvania. Así describió lo que presenció: "Las fotos son espantosas. John F. Kennedy yace recostado en una mesa de autopsia, su apuesto rostro descolorido y distorsionado por la enorme herida de bala en su cabeza. Mientras observaba al finado presidente, de nueva cuenta acudieron a mí los embates de náusea que me habían asaltado la primera vez que leí el informe médico, 35 años atrás. Quedé impactado también por la claramente robusta condición física del presidente, lo cual de alguna forma hizo que las fotografías fueran aún más espeluznantes. Kennedy, a la edad de 47 años, tenía los brazos y los hombros bien definidos, musculosos, el vientre plano y una cabellera abundante".

36

Martes 19 de mayo de 1964

Norman Redlich estaba atemorizado, según podían ver varios de sus colegas. En abril, Gerald Ford había aumentado sus ataques por debajo de la mesa, esperando convencer a los otros comisionados de que había que obligar a Redlich a abandonar el equipo antes de que su presencia terminara por dañar a la comisión. Ford había adquirido nueva munición para la pelea: el informe completo del FBI sobre Redlich se había terminado en marzo y documentaba los años en los que éste se involucró en grupos en pro de las libertades civiles y los derechos civiles que el buró había etiquetado como subversivos. Algunos de los colegas republicanos de Ford en el Congreso se encontraban atacando, de forma muy pública, a Redlich, al igual que un grupo de poderosos columnistas periodísticos y comentaristas de radio de derecha. En un discurso en el estrado de la Cámara, el congresista republicano Ed Gurney, representante por el estado de Florida, se había referido a la asignación de Redlich en la comisión como "una increíble violación a la seguridad de Estados Unidos", debido a que se le había dado acceso a documentos gubernamentales de la más alta secrecía. El ferviente locutor anticomunista y columnista periodístico Fulton Lewis Jr., quien alguna vez fuera un cercano aliado del senador Joseph McCarthy, se había encargado de la campaña. Redlich había sido condenado por varios editoriales en los periódicos. "Es absolutamente inconcebible que el ministro presidente Earl Warren contratara, o permitiera que se contratara, a un funcionario clave del equipo de trabajo con los antecedentes izquierdistas y de desobediencia civil con los que cuenta Norman

Redlich", había vociferado el periódico *The St. Louis Globe-Democrat.* "Tener a un hombre dentro de la comisión que critica la política anticomunista de Estados Unidos es inaudito." En mayo, *The New York Times* publicó un pequeño trascendido sobre la controversia, bajo el encabezado: "AYUDANTE DEL PANEL WARREN CONSIDERADO DEFENSOR DE COMUNISTAS".

La comisión había recibido tantas cartas en contra de Redlich que se le pidió a Mel Eisenberg, su asistente, que redactara una carta que sirviera como modelo en defensa de su colega para que pudiera ser enviada como respuesta. "La comisión no tiene conocimiento de ninguna evidencia que pudiera hacernos dudar de la integridad, la lealtad y la completa dedicación del profesor Redlich al trabajo de esta comisión y a los intereses de Estados Unidos", decía la carta. Se preparó, además, un guión para que las secretarias de la comisión pudieran leerlo en voz alta por teléfono como respuesta a las muchas personas que llamaban para despotricar contra Redlich.

La investigación del FBI sobre los antecedentes de Redlich se enfocó en su membresía a la junta ejecutiva del Comité Nacional de Emergencia para las Libertades Civiles. Los archivos del buró documentaron también su oposición a la pena de muerte —considerada por la agencia como evidencia de opiniones potencialmente subversivas— y su labor organizando apelaciones en favor de presos sentenciados con la pena máxima recluidos en prisiones del estado de Nueva York. Se pudo acreditar cómo su trabajo junto con un grupo de otros profesores y estudiantes de leyes había salvado a cinco hombres de la silla eléctrica entre 1960 y 1963. La revista *Life* había citado a Redlich declarando que su objetivo final era ver que se aboliera la pena de muerte en el estado de Nueva York. Hasta entonces, "cuando haya salvado a un hombre de la silla, por lo menos habré abolido la pena capital para ese hombre".

Los testigos de carácter entrevistados por el FBI, incluyendo a varios de los colegas de Redlich en la Universidad de Nueva York, así como a sus vecinos en el edificio anexo a la universidad en Greenwich Village, lo calificaban de sobresaliente. Todos ellos retrataron a un hombre que, aunque podía ser un tanto gruñón, poseedor de un ego considerable, esgrimía un inspirador compromiso con la justicia. Incluso las pocas personas que no simpatizaban con Redlich ofrecieron el tipo de crítica que sus admiradores habrían visto como evidencia de la fuerza de su carácter. El administrador de su edificio se había quejado con un agente del FBI, por ejemplo, sobre su campaña para abolir la segregación en las áreas públicas, permitiendo con ello que las sirvientas pudieran utilizar los elevadores de la parte frontal del edificio, el mismo que usaban los inquilinos.

Encolerizados por los ataques contra Redlich, muchos de los jóvenes abogados de la comisión se quejaron con Rankin sobre lo que ellos consideraban el "macartismo" y la "cacería de brujas" promovidos por Ford, términos que ellos recordarían haber usado. En 1964, el macartismo no era un recuerdo lejano y algunos de los colegas de Redlich pensaban que su carrera e incluso su integridad física podrían estar en peligro si se le retiraba de su cargo, especialmente de una forma tan pública. A Redlich le habría sido imposible conseguir otro empleo que requiriera una acreditación de seguridad dentro del gobierno.

Eisenberg, tan cercano a Redlich como cualquier otro dentro del equipo de la comisión, declararía nunca haber vislumbrado temor en el semblante de Redlich: "Tenía un rostro imperturbable". Sin embargo, otros recordarían la situación de forma diferente. "Redlich estaba asustado", diría David Slawson al respecto. "Y yo estaba asustado por él."

La esposa de Redlich, Evelyn, una pediatra de Manhattan, aseguraría que los ataques representaron un "periodo difícil" para la familia. Éstos frecuentemente tenían matices antisemitas. Ella recordaría cuán ofendida se había sentido en aquel entonces, durante una visita familiar a su casa de campo en Vermont, cuando escuchó que alguien se refería a su esposo como "el muchachito judío de Earl Warren". Recordaría además haber vivido un momento de pánico aquel verano cuando escuchó un disparo cerca de su casa en Vermont. Por un momento, temió que éste hubiera sido efectuado por alguien que había elegido a su esposo como blanco tras tanta habladuría en Washington. "Estaba muy alterada, así que vino la policía", recordaba. La policía determinó entonces que el disparo lo había hecho un muchacho local mientras se encontraba de cacería.

Rankin parecía indeciso con respecto al grado de efusividad con el que debía defender a Redlich. Después de todo él había sido el responsable de contratarlo y de haberle dado un papel de tanta importancia dentro del equipo de trabajo de la comisión. Rankin aceptó, pues, parte de responsabilidad en la controversia, aunque le molestaba, declararía posteriormente, que Redlich nunca le hubiera advertido sobre sus vínculos con el Comité Nacional de Emergencia para las Libertades Civiles y otros grupos controversiales. Pensaba que Redlich debió haberle informado.

Después de leer el informe del FBI, Ford no quería ceder. Él quería que el profesor de leyes de 38 años de edad fuera expulsado de la comisión. Si Redlich se rehusaba a renunciar, Ford pediría su despido, así que insistió en que la comisión mantuviera una reunión especial para discutir el asunto, la cual fue programada por Warren y Rankin para llevarse a cabo el martes 19 de mayo. La situación se consideraba un asunto tan grave que los siete comisionados asistieron a la sesión.

Warren inició la reunión, e inmediatamente le cedió la palabra a Rankin. La comisión se había reunido, dijo Rankin, para considerar los resultados de las nuevas e intensivas verificaciones de antecedentes del FBI sobre Redlich y Joseph Ball. Las nuevas pesquisas sobre Ball se habían originado por las quejas de algunos activistas de derecha en California, quienes seguían molestos por las abiertas denuncias que Ball había hecho algunos años atrás sobre la campaña del Comité de Actividades Antiestadounidenses de la Cámara para perseguir comunistas de entre los abogados de la Costa Oeste. Rankin reportó que no había nada en el informe del FBI que sugiriera que Ball mantenía alguna clase de lazo subversivo, por lo que los comisionados acordaron en su permanencia. "Nos es muy necesario", habría dicho entonces Rankin.

Los comisionados sabían que el verdadero debate era sobre Redlich. Rankin inició la discusión admitiendo que sentía cierto grado de culpa por la controversia en vista de que "fui yo el que contrató a Norman". Le recordó a la comisión las excelentes credenciales jurídicas de Redlich, primero como estudiante de la Escuela de Leyes de Yale, en donde terminó como el primero de su clase en 1950, y ahora como profesor especializado en legislación fiscal constitucional en la Universidad de Nueva York. "Todo lo que sabía sobre él era bueno." Pero la conjugación del verbo que eligió Rankin en tiempo pasado —"sabía"— podría haber sido intencional. Rankin argumentó que, "aunque personalmente siento que no hay duda alguna sobre la lealtad del señor Redlich como ciudadano estadounidense o en su dedicación a la comisión", su implicación con grupos controversiales había resultado una sorpresa poco grata. "En efecto sabía que él estaba muy interesado en las libertades y los derechos civiles", dijo Rankin. "No sabía sobre su adherencia al Comité Nacional de Emergencia para las Libertades Civiles."

Les advirtió a los comisionados lo difícil que sería reemplazar a Redlich y cómo su salida sería un desastre logístico debido a que estaba programado que Redlich fuera el escritor y editor principal del informe final. "Él ha trabajado muchas horas, muchas más que cualquiera de nosotros", dijo Rankin. "Creo que nadie está más familiarizado con nuestro trabajo que él." Redlich había continuado leyendo cada reporte de investigación que llegaba a las oficinas de la comisión —decenas, tal vez cientos de miles de hojas— y su despido significaría perder todo ese conocimiento. Rankin instó también a los comisionados a que consideraran el efecto moral que ocasionaría la salida de Redlich. Sus colegas estaban "muy perturbados por los ataques que se han hecho en su contra... Ellos han trabajado muy de cerca con él y están por completo satisfechos con su absoluta lealtad".

Ahora era el turno de Ford, quien comenzó alabando al hombre que quería ver despedido: "Quiero declarar oficialmente que he quedado tremendamente impresionado con la habilidad del profesor Redlich. Creo que es un hombre brillante. Y que, dentro del trabajo que he visto en la comisión, él ha contribuido enormemente a lo que hemos logrado. Ha sido muy diligente".

Ford insistió en que quería ser justo con Redlich, no estaba exagerando el argumento en su contra: "Mientras leía el informe del FBI, no encontré en él ni una pizca de evidencia de que pertenezca al partido comunista o de que hubiera sido miembro del partido comunista". Sin embargo, dijo, Redlich mantenía vínculos con muchos grupos controversiales de izquierda, algunos de los cuales eran considerados como potencialmente subversivos. "Creo que es lamentable que alguien tan inteligente y tan buena persona como él participe, aparentemente, en algunas de estas causas." Ford le recordó al resto de los comisionados que él, meses antes, había intentado adelantarse justamente a la incómoda situación que la comisión enfrentaba ahora, cómo había aconsejado no contratar dentro del equipo de trabajo a nadie que estuviera relacionado con "la extrema derecha o la extrema izquierda". Se había contratado a Redlich, sin embargo.

"Creo que los hechos muestran claramente que no deberíamos continuar empleándolo", dijo Ford, haciendo un llamado para realizar una votación formal para despedirlo: "La moción que propongo es que, bajo las circunstancias actuales, el cargo de Norman Redlich termine a partir del 1° de junio".

Conforme la conversación recorrió la mesa, Ford tenía razones para creer que ganaría la votación. Los otros tres legisladores en el panel —Russell, Cooper y Boggs— y Allen Dulles se mostraron de acuerdo con él. Russell dijo que los archivos del FBI retrataban a Redlich como "un cruzado de nacimiento; creo que va a ser controversial el resto de su vida". Y continuó: "No estoy diciendo nada en contra de su carácter o su patriotismo... pero él ha estado enredado con muchos 'compañeros de viaje'. Por mi parte, no quiero cargar con la responsabilidad de contratarlo". Boggs recordó que había escuchado críticas dirigidas a Redlich provenientes de demócratas y republicanos por igual. "Éste ha sido un asunto preocupante para los que servimos en el Congreso", dijo. "Y no es algo que se pueda dejar de lado. Es algo que se tiene que resolver."

Dependería de Warren, entonces, rescatar a Redlich. Warren tenía una bien ganada reputación —primero en la política de California, luego en la Suprema Corte— de forzar a sus otrora oponentes para que estuvieran de su lado y estaba a punto de demostrarles a los comisionados qué tan bueno era en ello. Años después, Rankin continuó maravillado del desempeño de Warren en aquella reunión.

El desdén que el ministro presidente sentía hacia Ford era cosa conocida entre los otros comisionados y por la gran mayoría del equipo de trabajo. Así pues, Warren inició la defensa de Redlich revirtiendo las propias palabras de Ford en su contra. "Yo he observado al profesor Redlich y tengo la misma opinión de él que ha expresado el congresista Ford", adujo. "Creo que es un hombre capaz. Y también he llegado a creer que es un hombre dedicado al trabajo de la comisión. Sé que el equipo de trabajo, cada uno de sus miembros, tienen la misma opinión de él y sienten que se ha cometido una gran injusticia en su contra con los ataques que ha sufrido en el Congreso por parte de algunos, muy pocos, de sus miembros." Warren no necesitaba recordarles a los otros comisionados que Ford se encontraba entre aquellos "pocos".

Si la comisión cedía ante la presión para despedir a Redlich, "sería equivalente a marcarlo como un individuo desleal, y ésa es una herida para toda la vida, una que no se puede remediar", continuó Warren. "Esto afecta a su esposa, afecta a sus hijos... Me han llegado reportes de que uno de los comentaristas, al dar parte de los sucesos en el Congreso, reveló incluso la dirección de su domicilio familiar en Nueva York, y estoy completamente seguro de que lo hizo con el único propósito de atormentar a su esposa y a sus hijos. Y se me ha informado que de hecho han sido acosados por esta cuestión, y lo seguirán siendo mientras perdure esta injusticia."

Fue entonces que Warren acorraló a Ford. El ministro presidente declaró que si Ford y el resto de los comisionados realmente querían forzar la salida de Redlich, la comisión necesitaría organizar una audiencia especial para que Redlich pudiera defenderse. "Lo mínimo que podríamos hacer es darle un juicio en donde él se pueda defender, y en donde pueda demostrar que es un buen ciudadano estadounidense, que no es desleal", dijo Warren. "Ésa es la forma en que hacemos las cosas en Estados Unidos."

Al principio, sólo un comisionado respaldó la postura de Warren: John McCloy. Como solía serlo, el argumento de McCloy fue más práctico que apasionado. Redlich, dijo, era "un hombre definitivamente adicto a las causas" pero no era un riesgo para la seguridad nacional. "Creo que si hubiera sabido esto al principio, habría levantado las cejas", admitió McCloy. "Pero de nada sirve llorar por la leche derramada." Si la comisión despedía a Redlich, se percibiría como si se estuviera cediendo ante la presión de la derecha, lo cual a su vez ocasionaría nuevos ataques por parte de la izquierda. "No veo en qué nos ayudaría, siquiera un poco, el despedirlo", sentenció McCloy. "Éste es un buen hombre, su enfoque es honesto, aunque se incline en esa dirección."

Entonces Rankin dio su opinión con un par de advertencias adicionales para los comisionados, ambas parecían ominosas. Sin Redlich, dijo, los comisionados tendrían que enfrentarse a la situación de tener que redactar el informe ellos mismos, o de encontrar a alguien tan diligente como el hombre que pretendían despedir. "No se me había ocurrido la idea de que ustedes desearan cargar con la tarea de redactar el borrador ustedes mismos", les dijo Rankin a los comisionados, como si ésa fuera la última opción que les quedara.

Recordó a los comisionados que si despedían a Redlich por tratarse de un riesgo para la seguridad nacional, estarían admitiendo, *de facto*, que habían permitido que alguien potencialmente subversivo pasara meses husmeando entre algunos de los archivos de mayor secrecía de entre la documentación federal. Semejantes acusaciones serían "lo peor que le podría suceder a esta comisión".

Russell fue el primero en retractarse. "En cualquier caso estamos en un predicamento", dijo.

Y luego, un ahora humilde Ford —no deseoso de tener que fungir como abogado acusador en el "juicio" que proponía ahora Warren en contra de Redlich— retiró su moción por completo. "No hubiera contratado a nadie que estuviera afiliado con cualquier organización o causa alguna alineada con un extremo u otro", dijo. "Pero no quiero excederme en la cuestión. Creo que ya he dejado en claro mi opinión al respecto, de forma extensa, para el registro."

Warren se apresuró a concluir la reunión. El trabajo de Redlich estaba a salvo; dentro de pocos días, pondría manos a la obra en la redacción del informe final de la comisión.

Los colegas de Redlich recibieron las noticias de la decisión con deleite y alivio. El suceso también acalló parte de las críticas que se estaban haciendo comunes sobre el ministro presidente. Warren se había redimido; ciertamente renovó parte de la fe de los jóvenes abogados del equipo de trabajo en el ministro presidente, como paladín de la decencia y las buenas maneras.

La gratitud de Redlich era evidente por la forma en la que hacía su trabajo ahora. Antes de eso, él usualmente había sido uno de los abogados que se resistían a las exigencias de la comisión para que apuraran su trabajo y comenzaran a redactar el informe final. Sin embargo, después de que su empleo quedó a salvo, algunos de sus colegas descubrieron en él una nueva disposición por hacer lo que el ministro presidente ordenara, es decir, cumplir con las exigencias de Warren para que la comisión emitiera su informe final dentro de algunas semanas. "El tono de Redlich cambió", declararía al respecto Burt Griffin. "Hizo una gran diferencia. Mi impresión fue que, una vez que se sintió seguro en el puesto, Redlich dejó de resistirse a la presión de terminar el trabajo más rápido de lo que pensábamos que era posible" el resto de nosotros. "Warren le había salvado el pellejo y él lo sabía."

HOGAR DE JAMES HOSTY
Dallas, Texas
Jueves 23 de abril de 1964

El teléfono sonó cerca de las 10:30 pm en el hogar del agente especial James Hosty del FBI en la ciudad de Dallas. Era jueves 23 de abril, y la persona del otro lado del auricular era Hugh Aynesworth del periódico *The Dallas Morning News*. El reportero no tenía buenas noticias. "Vamos a publicar una historia mañana", dijo Aynesworth, "quiero saber si usted desea hacer algún comentario".

El artículo argumentaría sobre la versión de que Hosty había sabido, mucho antes del asesinato, que Oswald era potencialmente peligroso y plenamente capaz de asesinar a Kennedy, y que Hosty y el FBI no habían compartido esa información con el departamento de policía de Dallas ni con el Servicio Secreto. La fuente de la historia era el teniente de la policía de Dallas Jack Revill, quien afirmaba que Hosty se le había acercado durante la tarde del asesinato para reportar que Oswald había estado bajo la vigilancia del FBI durante semanas y que el buró estaba muy consciente de la amenaza que representaba. El relato de Revill había sido registrado en un memorándum interno que el departamento de policía había compartido con la Comisión Warren.

Hosty después insistiría en que las acusaciones de Revill eran mentira y que él, Hosty, no había dicho nada semejante. Pero entonces, el agente no podía declarar eso a Aynesworth. De acuerdo con el protocolo del FBI, Hosty necesitaba permiso de sus superiores para hablar con un reportero. "Sin comentarios", fue lo único que pudo decirle a Aynesworth antes de colgar. Intentó regresar a la cama, esperando que la historia no fuera tan "espantosa" como sonaba.

Algunas horas después, el teléfono volvió a sonar, despertando a Hosty de un sueño intermitente. Esta vez quien llamaba era su jefe a cargo de la oficina regional del buró en Dallas, el agente especial Gordon Shanklin. "Escucha, Aynesworth me llamó hace rato para decirme que van a publicar un artículo con la información de que tú le dijiste a Revill que sabías que Oswald era capaz de matar al presidente."

Shanklin le ordenó a Hosty que fuera a la oficina en ese instante para preparar un mensaje que se enviaría aquella noche a las oficinas centrales en Washington para tratar de anticiparse a parte del daño que el artículo podría ocasionar. Hosty se apuró a vestirse. "Al caminar hacia mi auto volteé a ver las casas de todos mis vecinos, preguntándome lo que pensarían más tarde aquella mañana cuando estuvieran sentados en sus cocinas, tomando café enfundados en sus batas, leyendo el *Morning News*."

Llegó a la oficina aproximadamente a las 3:15 am. Notó que había una copia de la primera edición del periódico sobre el escritorio de Shanklin. El encabezado de la primera página, impreso en enormes letras negras, decía: "FBI SABÍA A OSWALD CAPAZ, INDICAN REPORTES".

"Oh, Dios", gruñó Hosty. Leyó el artículo a toda velocidad, convencido de que el reporte había sido plantado por la policía de Dallas en un intento por culparlo a él —una vez más— de la pifia cometida por parte de las fuerzas del orden, quienes habían permitido los asesinatos de Kennedy y Oswald. La información en el artículo se le atribuyó a "una fuente cercana a la Comisión Warren". De acuerdo con Aynesworth, Hosty habría dicho a Revill que el FBI sabía que Oswald era capaz de cometer homicidio, "pero nunca nos imaginamos que lo haría". La policía afirmaba que el memorándum de Revill se había archivado pocas horas después de su conversación con Hosty.

Hosty dejó el periódico y volteó hacia Shanklin. "Este artículo lo pone todo mal. No entiendo cómo pueden imprimir basura como ésta." Era verdad, dijo, que había hablado con Revill el día del asesinato y que había sugerido que Oswald era "la parte culpable". Pero insistió en que no había dicho nada acerca de que Oswald tuviera un lado violento o que fuera capaz de matar al presidente. Antes del asesinato, diría Hosty, él no había tenido la impresión de que Oswald representara un peligro para Kennedy o para cualquier otra persona. Eso era lo que planeaba decirle a la Comisión Warren cuando testificara ante ella en Washington a principios de mayo, una cita que él esperaba ya desde entonces con temor. Shanklin le ordenó a Hosty redactar un resumen de su versión de los sucesos, el cual sería enviado de inmediato por teletipo a Washington. Esperaban que llegara al escritorio de Hoover a primera hora, antes de que tuviera oportunidad de leer el artículo del *Morning News*. Shanklin y Hosty podían estar seguros de que Hoover estaría enfurecido por la historia; colérico con la policía de Dallas y furioso con ellos. El teletipo sí trajo algún beneficio a los agentes de Dallas. Para el alivio de Shanklin y Hosty, Hoover salió a pelear la mañana siguiente, aparentemente de su lado. Con la versión de Hosty en mano, Hoover emitió una declaración en Washington que negaba categóricamente las acusaciones hechas por la policía de Dallas. Las aseveraciones de Revill, declaró, eran "absolutamente falsas".

Hosty podía sentirse agradecido por "haber conservado mi trabajo un día más", incluso si estaba convencido más que nunca de que su futuro en el FBI estaba en duda. El artículo de Aynesworth había sido retomado y publicado a lo largo y ancho del país.

Hosty pasó gran parte de la siguiente semana preparándose para su testimonio ante la comisión en Washington. Comenzó con lo que él recordaría como "la tediosa pero exhaustiva revisión de todo" lo que había en los archivos del buró sobre Oswald en la oficina de Dallas. No tardó mucho, declararía, en darse cuenta de que faltaban dos documentos importantes en el archivo. Ambos habían venido desde Washington ese otoño y estaban relacionados con el viaje que Oswald realizara a México. Uno era un informe de las oficinas centrales del FBI con fecha 18 de octubre que resumía lo que se sabía en el buró sobre la vigilancia de la CIA en México. El otro era un memorándum del 19 de noviembre redactado por la oficina regional del FBI en Washington sobre el contenido de una carta que Oswald había despachado a la embajada soviética en la capital estadounidense referente a su viaje a México y el contacto que tuvo con un diplomático soviético; éste había sido identificado como un agente encubierto al servicio de la KGB. Hosty trató de imaginarse por qué alguien había extraído los dos documentos. ¿Estaba alguien tratando de ocultarlos, "esperando que yo no los hubiera visto aún"?

Hosty no tenía la respuesta a ese misterio cuando viajó a Washington, aquel 4 de mayo, un día antes de su testimonio. Quería llegar con antelación para descansar adecuadamente antes de lo que podía ser uno de los días más difíciles de su vida. La mañana siguiente, se puso un traje oscuro, una camisa bien almidonada y una corbata neutral —"el uniforme de un agente del FBI"—, y entró a las oficinas de la comisión en el edificio VFW en Capitol Hill acompañado por otros dos agentes del FBI que también habían sido llamados a ofrecer testimonio. Los acompañó el subdirector Alan Belmont, tercero al mando en el buró, quien supervisaba todas las investigaciones criminales en el FBI. "No pude evitar empezar a sudar", recordaría Hosty.

La bienvenida estuvo a cargo del abogado de la comisión Samuel Stern, quien dijo que necesitaba hacerle algunas preguntas preliminares antes de que pudiera entrar a la sala de interrogatorios a testificar. Stern quería aclarar la confusión que existía sobre qué sabía Hosty exactamente sobre Oswald antes del asesinato. ¿Cuánto sabía del viaje que Oswald había realizado a México? El agente dijo entonces recordar haber leído dos informes sobre la vigilancia que la CIA mantenía sobre Oswald en México; el par de documentos que habían desaparecido de los archivos en Dallas.

Belmont parecía afligido por la mención de los informes, recordaría Hosty. "Se inclinó y murmuró en mi oído: 'Carajo, creí haberles dicho que no te dejaran verlos'."

Hosty quedó sorprendido por el comentario. "Ahí estaba el encargado de todas las investigaciones del FBI admitiendo que las oficinas centrales del buró estaban tratando deliberadamente de ocultarme cosas." ¿Qué había pasado con Oswald en México que el FBI no quería que Hosty supiera? "Entiendo que aplicaran la política de proporcionar sólo la información necesaria, pero ¿qué es lo que está pasando?"

Esa tarde, Hosty fue escoltado a la sala de audiencias de la comisión, la cual se parecía a una sala de conferencias "que uno encontraría en cualquier bufete de prestigio, bien amueblada y con pilas de lo que aparentemente eran libros jurídicos recargadas en dos de las paredes". En una esquina, Hosty pudo reconocer el parabrisas dañado de la limusina del presidente Kennedy, el cual había estado siendo inspeccionando por la comisión como parte de la evidencia. "Sentí un escalofrío cuando lo vi", recordaría Hosty.

El ministro presidente Warren y varios miembros más de la comisión se sentaron en una mesa grande, "todos me estaban viendo con expectación". Se le invitó a Hosty a que tomara asiento en la cabecera de la mesa, con Stern a su izquierda y, junto a Stern, el ministro presidente. A la derecha de Hosty se sentó el congresista Ford. Cuando el transcriptor le dio la señal a Warren para indicarle que estaba listo, el ministro presidente tomó el juramento de Hosty y le pidió a Stern que condujera el interrogatorio.

Hosty había anticipado la mayoría de las preguntas iniciales, relacionadas con el historial de la investigación del FBI a Oswald, incluyendo la decisión de transferir la investigación de la oficina regional del FBI en Dallas a la oficina regional en Nueva Orleans y de regreso a Dallas en 1963, dado que Oswald se había mudado de una ciudad a otra. Hosty se alarmó cuando los comisionados comenzaron a interrumpir a Stern lanzando preguntas al parecer diseñadas para mostrar que el FBI había tenido la responsabilidad —y Hosty dentro del buró, en particular— de alertar al Servicio Secreto sobre la presencia de Oswald en Dallas antes de la visita de Kennedy a esa ciudad.

"¿No se le ocurrió que él era una persona potencialmente peligrosa?", preguntó el senador Cooper.

"No, señor", respondió Hosty. "Antes del asesinato del presidente de Estados Unidos, yo no contaba con información que indicara violencia por parte de Lee Harvey Oswald."

Él esperaba preguntas difíciles sobre el artículo de Aynesworth, pero se sintió aliviado al ver que la comisión y él eran igualmente escépticos acerca de la historia. Eso quedó confirmado, recordaría Hosty, cuando Warren pidió que la conversación continuara fuera del registro, ordenando al transcriptor no consignar lo que se dijera a continuación. Los comisionados, declararía Hosty, le dijeron que estaban "indignados" con la policía de Dallas; sugirieron que ellos también creían que el memorándum de Revill era una falsificación que había sido redactada meses después del asesinato para crear un documento que le permitiría a la policía tener en el FBI a un chivo expiatorio.

Hosty se sentía aliviado también por las preguntas que no se estaban haciendo. No enfrentó ninguna pregunta sobre la nota escrita con el puño y letra de Oswald que éste entregó a la oficina regional del FBI a principios de noviembre, nota que Hosty rompió y desechó por el retrete. Quizá, esperaba él, eso significaba que la comisión no se había enterado de su existencia, ni de su destrucción. Stern sí preguntó, en cambio, si Hosty había conservado algunas de sus notas personales del día del asesinato. Hosty respondió que, al igual que la mayoría de los agentes, desechaba las notas manuscritas después de haberlas usado para redactar informes escritos a máquina. No había conservado ninguna nota suya sobre Oswald, dijo él.* El interrogatorio terminó a las 5:10 pm. Hosty se retiró de las oficinas de la comisión pensando que su testimonio había salido bien, o por lo menos tan bien como él había esperado. Era un cálido día de primavera, así que dio un paseo a pie por Capitol Hill y a lo largo de la Explanada Nacional hasta las oficinas centrales del FBI en la esquina de la Novena y Pennsylvania. "Sintiéndome mejor y aliviado de que esto hubiera terminado, mi paso se aligeró un poco y disfruté el verdor del césped y los hermosos árboles en flor de la Explanada."

No era tanto como una política establecida, pero todos los agentes del FBI sabían que podían solicitar una reunión privada con Hoover cuando se encontraran de visita en Washington. El director del FBI a veces aceptaba la solicitud y a veces no. Hoover las consideraba una forma útil para reforzar la moral de los agentes y reunir información que de otra manera tal vez nunca llegaría a él.

Hosty había solicitado una reunión con Hoover mientras se encontraba en la capital y le había parecido una buena señal que Hoover hubiera aceptado recibirlo.

Como a las 2:00 pm del miércoles 6 de mayo, Hosty se descubrió a sí mismo de pie en la oficina de Hoover, ante el mismísimo "Decano". "Hoover tenía la cabeza enterrada en montañas de documentos", recordaría Hosty. "Junto a su escritorio había una silla, en la cual me invitó a sentarme cuando se asomó y pudo percatarse de mi llegada. Yo me hundí en la silla baja quedando significativamente por debajo de la posición de Hoover. Estoy seguro de que ése era el efecto deseado."

Hoover dejó su pluma y giró su silla hacia el agente. Según recordaría Hosty, "yo sólo rompí el silencio con lo único que quería decir: 'Señor Hoover, sólo quería agradecerle en persona por sacar la cara y defenderme públicamente ante el memorándum de Revill hace un par de semanas'".

---

* De hecho, Hosty sí conservó sus notas manuscritas. Posteriormente, él insistiría en que no había recordado este hecho al momento de rendir su testimonio ante la comisión. "Varios meses después de que se publicó el informe Warren, descubrí las notas entre los documentos de mi escritorio. Al darme cuenta de su importancia, decidí quedarme con ellas y las mantuve guardadas en un lugar seguro."

"Oh, no fue nada", había contestado Hoover, sonriendo. Hosty, recordaría, no tuvo en realidad oportunidad de decir mucho más. Hoover se adueñó de la conversación, ofreciendo un monólogo que duró varios minutos en el que describió su almuerzo de aquel día con el presidente Johnson en la Casa Blanca. A decir de Hoover, Johnson acababa de revocar el mandato de retiro obligatorio que amenazaba con terminar su periodo al frente del buró. "El presidente me dijo que el país simplemente no podría arreglárselas sin mí", dijo Hoover, encantado. Después continuó hablando sobre la relación de cercana amistad que mantenía con Johnson y la aversión que profesaba por Robert Kennedy. El fiscal general, había dicho, "no le agradaba".

Luego se refirió al ministro presidente Warren y a la comisión. "Me dijo que el FBI tenía a un informante en la comisión", recordaría Hosty. "La información de Hoover, que él consideraba confiable, era que la comisión eximiría al FBI de cualquier falta en el manejo del caso de Oswald por un margen de 5 a 2." De acuerdo con Hoover, solamente Warren y McCloy votarían en contra del FBI. "Hoover me comentó cuánto Warren lo detestaba", recordaría Hosty.

A pesar de su aparente seguridad frente a un agente de tropa como Hosty, Hoover más bien tenía algo parecido al pánico esa primavera. Estaba convencido de que la Comisión Warren y su equipo de trabajo estaban filtrando información a los reporteros de Washington, Dallas y cualquier otro lugar, que estaba destinada a socavar el legado de Hoover e incluso poner en peligro la existencia misma del buró. Debido a la insistencia de la comisión, esa primavera Hoover se había reducido a responder los reportes de los tabloides de escándalos. El 5 de mayo, Rankin le escribió a Hoover para exigir que el FBI respondiera a detalle una historia de primera plana publicada por *National Enquirer* —un tabloide sensacionalista de edición semanal que se autopromocionaba como "El periódico más animado del mundo" y era bien conocido por sus historias de sexo y violencia— que alegaba que el FBI había encubierto evidencia de que Oswald y Ruby se habían conocido de tiempo atrás. El artículo afirmaba que el Departamento de Justicia había presionado a la policía de Dallas para que retrasara el arresto de Oswald y anteriormente el de Ruby en 1963, por la implicación de ambos en un complot para matar al general Walker. En respuesta al artículo, a los agentes del FBI se les ordenó entrevistar al jefe del departamento de policía en Dallas, Jesse Curry, quien insistió en que la historia del *Enquirer* había sido una invención y que la policía de Dallas no había escuchado de Oswald hasta el día de su arresto. El 8 de mayo, Hoover le escribió a Rankin para decirle que no había verdad alguna en el artículo del tabloide. El jueves 14 de mayo, Hoover mismo fue llamado a testificar ante la comisión. Parecía ser otra señal de la mala voluntad entre Hoover y Warren el hecho de que el ministro presidente no ofreciera palabras de bienvenida a Hoover, a quien usualmente se le trataba con suma deferencia en cualquier otra audiencia a la que asistiera en Washington. Después de tomar el juramento de Hoover, a las 9:15 am, Warren entró de inmediato en materia, describiendo lo que la comisión quería obtener del director del FBI: su declaración jurada, sin reservas, de que el FBI no estaba ocultando evidencia sobre Oswald.

"Al señor Hoover se le solicitará testificar si Lee H. Oswald fue alguna vez, directa o indirectamente, un agente o un informante o si estuvo actuando por iniciativa del Buró Federal de Investigación bajo cualquier capacidad en cualquier momento, y si conoce cualquier evidencia verosímil que apunte hacia la existencia de cualquier conspiración, ya sea nacional o extranjera, relacionada con el asesinato del presidente Kennedy", fueron las palabras de Warren. Hoover tendría que responder todas las preguntas, incluso las relacionadas con las más escandalosas acusaciones proferidas por una revista de chismes. La comisión, aseguró Warren, quería saber lo que Hoover "tenía que decir acerca del artículo en el *National Enquirer*".

Rankin dirigió el interrogatorio en el que Hoover ofreció, tal como se había prometido, una llana negación de que el FBI hubiera mantenido alguna vez cualquier tipo de relación con Oswald. "Puedo decir casi enfáticamente que él nunca fue un empleado del buró en ningún momento y bajo ninguna capacidad, ya sea como agente, como empleado especial o como informante." Y en lo que respecta a la posibilidad de una conspiración: "No he podido encontrar ni una pizca de evidencia que indique alguna maquinación extranjera o nacional que culminara en el asesinato del presidente Kennedy". Hoover testificó que él creía que Oswald había matado al presidente Kennedy y que lo había hecho sin ayuda de nadie. Era verdad que el FBI mantenía un ojo sobre Oswald al momento del asesinato, reconoció Hoover, pero el buró no había conseguido pista alguna que indicara que él fuera violento. "No existía nada que indicara que este hombre fuera un personaje peligroso que pudiera hacerle daño al presidente hasta el momento del asesinato." El artículo del *National Enquirer*, dijo, era una "absoluta mentira".

Aquel día, inmediatamente después del testimonio de Hoover, el director de Inteligencia Central, John McCone, y su subalterno, Richard Helms, entraron a la sala de interrogatorios para ofrecer su testimonio. Al igual que Hoover, insistieron bajo juramento que no tenían evidencia que apuntara a que Oswald hubiera fungido alguna vez como alguna clase de agente del gobierno o que hubiera sido parte de conspiración alguna para matar al presidente. Dijeron que la CIA había investigado a profundidad el viaje que Oswald había realizado a México y que dicha investigación no había arrojado nada que indicara que Oswald había tenido cómplices ahí o en cualquier otro lugar.

En Dallas, durante el mes de junio, Hugh Aynesworth obtuvo otra gran exclusiva. De fuentes que mantuvo anónimas, llegó a sus manos una copia del "Diario histórico" de Oswald, el recuento manuscrito de su fallida deserción.

Marina Oswald había dicho que mucho del melodramático "Diario" —tan lleno de faltas y errores gramaticales que el equipo de trabajo de la comisión llegó a pensar que Oswald sufría dislexia— fue escrito después de su regreso a Estados Unidos. El diario retrataba el desencanto y finalmente la desesperación que Oswald había vivido en Rusia; describía su intento de suicidio en la habitación de un hotel en Moscú, así como su fallido intento de cortejar a otra mujer rusa, Ella German, antes de sentar cabeza con Marina. "Me casé con Marina para herir a Ella", sentenciaba el escrito.

Dos semanas después de la exclusiva de Aynesworth para el *Morning News*, el texto completo del diario fue publicado por la revista *Life*. David Slawson, responsable de analizar el manuscrito original, declararía haberse horrorizado ante las fugas de información. Estaba convencido de que esas filtraciones pondrían en peligro la vida de varios rusos —a quienes se referenciaba por nombre en el diario— que habían ayudado a Oswald en formas que el gobierno soviético podría considerar como propias de traidores. A Slawson le preocupaba, en particular, una mujer rusa, una guía de turistas adscrita al gobierno que había conocido a Oswald poco después de su llegada a Moscú. Ella habría intentado advertirle del sombrío futuro que le aguardaba en Rusia. Los guías de turistas certificados "normalmente están bajo el control de la KGB", sabía Slawson. Aquella mujer habría aconsejado a Oswald mediante un obsequio, una copia de la novela de Dostoievski: *El idiota*. Oswald se refirió a ella en su diario como "IDOTA por Dostoevski". El libro, sentía Slawson, era una "advertencia disfrazada: él era un idiota y que debía regresar". La guía de turistas, temía él, podría haber cometido "una grave ofensa, era como si un agente del FBI le advirtiera a un desertor ruso que regresara a Rusia". Slawson se preocupaba también por la familia de Alexander Ziger, quien se había hecho amigo de Oswald en Minsk; Ziger, asimismo, le habría sugerido a Oswald que regresara a Estados Unidos. "Se nos ha informado que durante muchos años los Ziger han estado intentando escapar de Rusia" y que "probablemente son más susceptibles a la persecución" por su calidad de judíos, escribió Slawson al respecto.

Slawson había planeado originalmente citar únicamente ciertos extractos del diario en el informe final de la comisión, con el fin de evitar revelar los nombres de los contactos rusos de Oswald. Sin embargo, después de las fugas de información, sintió que la comisión necesitaba "imprimir todo el diario sin borrar absolutamente ninguna porción del texto", si decidían referenciar el texto. Si la comisión imprimía sólo extractos, la atención de los lectores se desviaría hacia las partes del diario que no se habían publicado; sería fácil para la KGB implementar un cotejo del informe de la comisión contra lo que aparecía en el periódico de Dallas y la revista *Life* para averiguar qué faltaba.

La policía de Dallas y el FBI trataron de determinar quién había filtrado el diario a los medios. Marina Oswald era la opción obvia, dada su ansiedad para vender otro tipo de información. Sin embargo, ella lo negó todo. La revista *Life* insistió, a su vez, en que ella no había sido su fuente, aunque declaró sí haber impreso el diario "con su completa autorización"; incluso había cambiado algunos nombres a petición de ella "para evitar represalias contra los conocidos de Oswald".

Tiempo después, durante ese verano, un detective de la policía de Dallas, H. M. Hart, le reportó a sus superiores que había identificado a un sospechoso en las fugas de información: el congresista Gerald Ford. En un memorándum del 8 de julio, Hart escribió que un "informante confidencial" había reportado que Ford, quien habría tenido acceso al diario mediante los archivos de la comisión, vendió una copia al *Morning News* y que también se lo había ofrecido a las revistas *Life* y *Newsweek*. Los ejecutivos de las organizaciones noticiosas de aquel entonces le pagaron a Marina Oswald 16 000 dólares "por los derechos de reproducción del diario", escribió Hart. Ford insistiría en que no había tenido nada qué ver con el asunto. Los investigadores del FBI dirían después que determinaron que las filtraciones habían sido ocasionadas por un supervisor del departamento de policía de Dallas. Sin embargo, Ford se alarmó tanto por los rumores que solicitó que el FBI le tomara una declaración formal en la que él negaría haber vendido información de los archivos de la comisión a las empresas noticiosas. El subdirector del FBI, Cartha *Deke* DeLoach, el contacto de toda la vida de Ford en el buró, redactó la declaración durante una reunión con Ford en su oficina del Congreso. Ford "deseaba no dar pie a duda alguna, y proporcionaría una declaración firmada si era necesario, acerca de que él no filtró la información en cuestión", rezaba el reporte de DeLoach.

La verdad, esclarecida al paso del tiempo, confirmaría que Ford no tuvo nada que ver en la fuga de información. Hugh Aynesworth, el reportero apostado en Dallas, reconocería años después que había sido él quien vendió el diario, aquel verano, a la revista *Life*. La venta —cerrada en 2 500 dólares— había contado con el aval de su editor en el *Morning News*, bajo el convenio de que el dinero sería pagado a su esposa para permitirle así a Aynesworth —técnicamente, al menos— alegar que él no había recibido suma alguna por parte de la revista *Life*, lo cual habría significado una violación al código de ética de la publicación que lo empleaba. Aynesworth declararía que *Life* había prometido atribuir la exclusiva al *Morning News*, una promesa no honrada por la revista. Aunque el reportero jamás confirmó ni negó que la fuente del diario hubiera sido Marina, Aynesworth sí reconoció haber concertado el arreglo monetario en favor de la viuda de Oswald. *Life* pagaría una cuota de 20 000 dólares dado que "si a alguien le pertenecía el diario, esa persona era, probablemente, Marina".*

---

* Tomando en cuenta el efecto inflacionario, los 2 500 dólares pagados a Aynesworth en 1964 habrían sido equivalentes a unos 18 800 dólares en 2013. El pago que Marina Oswald recibió por 20 000, habría significado, el día de hoy, unos 150 700 dólares.

38

ALMACÉN DE LIBROS ESCOLARES DE TEXAS
Dallas, Texas
Domingo 24 de mayo de 1964

Con cada semana llegaba alguna nueva y exasperante decisión del ministro presidente, o así le parecía a Arlen Specter. Durante toda la primavera, Specter y otros miembros del equipo de trabajo de la comisión presionaron para llevar a cabo pruebas de campo en Dallas, incluyendo una reconstrucción completa de la escena del crimen en Plaza Dealey. Los abogados propusieron capturar la escena justo como la habría presenciado Oswald desde la ventana del sexto piso del Almacén de Libros Escolares de Texas. Llevarían el rifle de Oswald de vuelta al edificio y se le montaría una cámara encima, permitiendo así que un fotógrafo capturara las imágenes conforme una limusina, parecida a la de Kennedy, transitara con lentitud. Se colocarían hombres de constitución física similar a las de Kennedy y Connally dentro del automóvil, alineados como se sugería en la filmación Zapruder. Sería una forma valiosa de probar la teoría de que una sola bala disparada desde el sexto piso podría haber pasado por los cuerpos de ambas víctimas.

Sin embargo, para el asombro de Specter, Warren no quería que se realizara absolutamente ninguna prueba *in situ*; sentía que no eran necesarias. "Warren se oponía a muerte", recordaría Specter. "Pensaba que el equipo de trabajo estaba haciendo mucho alboroto al respecto." Recordaría las palabras que usó Warren: "Ya sabemos lo que sucedió. Tenemos el informe del FBI". Por medio de Rankin, el personal presionó a Warren para que lo reconsiderara. Y posiblemente presintiendo una rebelión dirigida por Specter, el ministro presidente cedió.

La reconstrucción, que se efectuó con la ayuda del FBI, se programó para el domingo 24 de mayo, muy temprano por la mañana. Se eligió el domingo con la esperanza de evitar ocasionar interrupciones en el tránsito del centro de la ciudad. Warren no planeaba asistir; esperaría hasta junio para viajar a Dallas, tiempo en que recogería el testimonio de Jack Ruby.

La reconstrucción salió bien y, como resultado, Specter dijo que se sentía aún más seguro de la verosimilitud de la teoría de una sola bala. El FBI hizo lo que la comisión había solicitado. La cámara montada al rifle de Oswald ofrecía las imágenes que Specter había esperado, incluyendo una imagen clara de cómo una sola bala del sexto piso habría pasado por el cuello de Kennedy antes de impactar en Connally. La cámara de Zapruder y otras dos cámaras caseras que habían capturado las escenas del asesinato en Dealey Plaza, también fueron llevadas a Dallas para la reconstrucción y el FBI pudo emular sus imágenes también.

Specter recibiría más buenas noticias. Las nuevas pruebas en balística apoyaban la teoría de una sola bala; mostraban que los fragmentos de metal en la muñeca de Connally eran tan pequeños que podrían haber provenido de la misma bala que se abrió camino por el cuello del presidente. La bala Parkland habría pesado 10.36 o 10.43 gramos antes de dispararse; ahora pesaba 10.27 gramos. Las radiografías de la muñeca de Connally mostraban que los fragmentos que quedaron en su cuerpo probablemente pesaban mucho menos que la diferencia.

El FBI y la milicia probaron independientemente la trayectoria de las balas disparadas del rifle de Oswald y el daño que podían causar en la carne. El Arsenal Edgewood del ejército en Maryland, un centro de investigación de alta seguridad del Departamento de Defensa afuera de Washington, usó el rifle Mannlicher-Carcano de Oswald para una serie de pruebas que comenzaron en abril. Se les preguntó a los científicos del ejército si podían confirmar si el rifle podría haber producido las heridas que sufrieron Kennedy y Connally. Los resultados de las pruebas, descritas en un informe del ejército, fueron una lectura sombría. Al tratar de duplicar el efecto que tendrían las balas al momento de impactar en dos cuerpos, los científicos dispararon el rifle contra diferentes blancos, incluyendo cráneos humanos rellenos de gelatina y brazos de cadáveres humanos. También se usaron como blanco 13 cabras fuertemente anestesiadas para recrear las heridas en el pecho de Connally; las cabras fueron cubiertas con capas de ropa que simulaban las telas en el saco, la camisa y la camiseta interior que usaba el gobernador en el momento del impacto. Los amantes de los animales de entre el equipo de trabajo de la comisión se encogerían al ver las fotos de las pruebas del ejército, incluyendo una que mostraba a las cabras vivas, amarradas en el lugar indicado, esperando a que se les disparara. Las pruebas del ejército también apoyaban en gran medida la teoría de una sola bala. "Los resultados indicaron que las heridas hechas al presidente y al gobernador Connally, incluyendo la enorme herida en la cabeza del presidente, podrían haber sido producidas" por el rifle de Oswald y el tipo de balas que utilizó, declaraba el informe. "La bala que hirió al presidente en el cuello tenía la velocidad restante suficiente para explicar todas las heridas del gobernador." En apoyo de la teoría de una sola bala, el informe hacía una pregunta obvia: ¿A dónde habría ido la bala que impactó en el cuello de Kennedy si no a la espalda de Connally? No había ninguna otra señal de ella en la limusina. Si la bala había impactado contra otra cosa en el vehículo, decía el informe, "el daño hubiera sido muy evidente y mucho mayor que el ligero daño que se encontró en el parabrisas".

Al igual que sus colegas y muchos de los doctores y científicos que entrevistó, Specter declararía que le había dejado de inquietar un perturbador fenómeno en la filmación Zapruder: la forma en que la cabeza del presidente se agitó bruscamente hacia atrás cuando el segundo disparo la impactó, como si la bala hubiera venido del frente y no desde atrás. Los doctores y los expertos en balística les habían explicado a los investigadores de la comisión que muchas veces era difícil adivinar cómo reaccionaba la carne al impacto de una bala; la herida podría ocasionar espasmos en el sistema nervioso que movían el cuerpo de formas inusuales. Para una persona no experta, parecería que los movimientos desafiaran a la física, dijeron. Era una idea macabra, admitiría Specter, pero entonces comparó lo que había visto en la filmación Zapruder con lo que había experimentado de niño en Wichita, cuando en una ocasión su padre mató una gallina para la comida de la familia. Después de cortar la cabeza del ave, su cuerpo había continuado moviéndose sin control, recordaba Specter. "Por instinto, lo comparé con la gallina", diría Specter. "Son sólo espasmos, nervios."

David Belin muchas veces podía parecer el animador de la comisión, pero a pesar de toda la exuberancia propia del abogado nacido en Iowa al principio de la investigación, esa primavera frecuentemente se encontró a sí mismo desmotivado. "A pesar de lo fascinante que era el trabajo, había casi la misma cantidad de frustración: frustración por la ayuda secretarial, frustración por no tener suficientes abogados para hacer la investigación, frustración por la farsa" que había significado la decisión por parte de la comisión de tratar a Marina Oswald con semejante delicadeza incluso después de que resultara claro que ella había ofrecido falso testimonio incluso bajo juramento. Había "frustración sobre todo el curso de nuestro trabajo". Belin estaba enfadado con Rankin, quien se supone que era el mediador entre los comisionados y los abogados del equipo de trabajo. "En ningún momento hubo una línea de comunicación apropiada entre la comisión y sus abogados. Es más, tampoco hubo un intercambio de ideas apropiado entre Rankin y los abogados y entre los mismos abogados", diría Belin. Él se consideraba, junto con Specter, padre de la teoría de una sola bala, y sin embargo los comisionados parecían no tener interés alguno en discutir siquiera ese importante tema.

Belin pensaba que tenía sugerencias valiosas de cómo se debía redactar el informe final. En un memorándum, presionó para que la parte medular del informe incluyera largos extractos de las declaraciones de testigos importantes, para que los lectores pudieran entender el impacto completo de lo que ellos habían querido decir. Eso requeriría más de un volumen, creía él. "Yo quería tener una gran cantidad de testimonios expuestos de forma íntegra, porque sentí que sería la forma más efectiva de mostrar la verdad." Sin embargo, Belin no podía conseguir una audiencia con Rankin y otros para discutir la propuesta. "En esta cuestión, como en todas las demás, sentí que 'nunca tuve mi día en la corte'; estábamos demasiado ocupados inspeccionando los árboles como para ver el bosque."

Al igual que todos en la comisión, Belin estaba exhausto. Empleaba, según su propio cálculo, en la investigación 70 horas a la semana, incluso más que Redlich, quien parecía nunca dejar la oficina, ni siquiera para dormir. Y Belin estaba alarmado de darse cuenta de que pronto tendría que irse de Washington, incluso con todo el trabajo que aún tenía por hacer para su parte de la investigación. Los socios de su bufete en Des Moines estaban insistiendo en que regresara. Él había planeado partir antes del Día de los Caídos (Memorial Day) para después trasladarse a Washington por periodos cortos cada que su bufete se lo permitiera. Una noche, Belin reflexionó sobre todas estas frustraciones en una conversación con Specter. El informe de la comisión no será lo suficientemente bueno, le dijo. "Yo expresé que mi decepción era que: lo que podría haber sido un trabajo de investigación monumental con un grupo de abogados extremadamente talentoso y un trabajo potencialmente de primera clase, más bien se estaba convirtiendo en un trabajo mediocre, uno que conseguiría una nota regular." El sensato Specter suplicaría entonces a su amigo que recordara que la investigación, a pesar de sus fallas, parecía estar estableciendo los hechos alrededor del asesinato. "Lo más importante es que encontremos la verdad", le dijo a Belin.

Se quejó entonces sobre cómo muchas de sus otras ideas estaban siendo ignoradas. Belin no había quitado el dedo del renglón en su opinión de que Marina Oswald, Jack Ruby y otros testigos clave deberían ser sometidos a la prueba del polígrafo. Le escribió varios memos a Rankin al respecto. Si Marina Oswald se veía sometida a un detector de mentiras, escribió, podría revelar secretos sobre su vida con Oswald en Rusia. Sin el polígrafo, la comisión prácticamente no tenía forma de comprobar la credibilidad de Marina sobre el tema. "Si ella se niega a nuestra petición, eso nos podría indicar que tiene algo que ocultar." Tenía una opinión casi tan fuerte sobre la necesidad de aplicarle la prueba a Ruby, pero esa idea había sido rechazada también, con "la mayoría del equipo de trabajo en mi contra". El ministro presidente apoyó al grupo de abogados de la comisión en la postura contraria a Belin. Warren describía a los polígrafos como "instrumentos del Gran Hermano*."

Belin había considerado como una coincidencia extraña más, dentro de una investigación ya de sí plagada de ellas, que él fuera amigo del rabino de Jack Ruby. Había conocido al apuesto, dinámico y joven rabino Hillel Silverman, de la congregación Shearith Israel, en una sinagoga conservadora en Dallas, en el verano de 1963, durante una misión de estudios religiosos que los dos hombres habían llevado a Israel.

---

* Referencia a un personaje central en la novela *1984* de George Orwell. El Gran Hermano (Big Brother) parodia la pretendida omnipresencia en el control de la autoridad en regímenes totalitarios. [N. de T.]

De modo tal que, en una de sus primeras visitas a Dallas, Belin fue a ver a su amigo, el rabino Silverman, quien había seguido en contacto con Ruby, a quien visitaba con regularidad en la cárcel. Belin le dijo a Silverman que entendía que mucho de lo que se decía entre un rabino y un miembro de su congregación merecía resguardo, "pero me preguntaba si él tenía alguna sospecha sobre la existencia de una conspiración". ¿Le creía Silverman a Ruby cuando insistía en que había actuado solo?

"Jack Ruby es absolutamente inocente de conspiración alguna", respondió Silverman. "Más allá de toda duda." Ruby le había asegurado al rabino haber actuado solo y Silverman estaba seguro de la honestidad en el testimonio de Ruby. Éste le había dicho al rabino que si hubiera estado actuando bajo las órdenes de alguien, habría disparado contra Oswald cuando se lo encontró por primera vez durante la noche del viernes, en la rueda de prensa organizada en el departamento de policía. "Si hubiera tenido la intención de matarlo, podría haber jalado el gatillo ahí mismo, porque el arma estaba en mi bolsillo", recordaba Silverman que Ruby le había dicho. De acuerdo con el rabino, Ruby siempre ofreció la misma explicación de por qué mató a Oswald: "Para ahorrarle a la señora Kennedy el sufrimiento de tener que regresar para el juicio".

Dada la convicción de Silverman de que Ruby había actuado por cuenta propia, Belin quería pedirle un favor importante, pero necesitaba que el rabino guardara el secreto. "Le dije que aunque estuviera convencido de que Ruby no estaba involucrado en una conspiración en el asesinato, el mundo nunca quedaría convencido a menos de que Ruby se sometiera a una prueba de polígrafo", recordaría Belin. "También le dije que la Comisión Warren nunca le pediría a Ruby que se sometiera a una, pero que Ruby podía solicitarla." El polígrafo podría complicar la apelación de Ruby a su sentencia de muerte, sin embargo, resultaba difícil imaginarlo en una situación peor.

¿Estaba Silverman dispuesto a convencer a Ruby de solicitar una prueba de polígrafo?, le preguntó Belin. Warren había programado el interrogatorio a Ruby para efectuarse en algún momento de junio. Él podría, entonces, solicitárselo personalmente al ministro presidente. El rabino dijo que haría el intento.

39

Departamento de Justicia
Washington, D. C.
Junio de 1964

Robert Kennedy no quería testificar ante la comisión. Ése fue un mensaje transmitido al ministro presidente, a principios de junio, mediante Howard Willens, en su doble rol, aparentemente incómodo, como miembro *senior* del equipo de trabajo de la comisión y como representante del Departamento de Justicia en la investigación.

Kennedy no explicó —por lo menos no en papel— por qué tenía una opinión tan rígida al respecto. Warren decidió no forzar el asunto; parecía dispuesto a aceptar que para Kennedy sería demasiado doloroso ser interrogado sobre el homicidio de su hermano. No resultó sorprendente que el ministro presidente no incluyera en la decisión a los jóvenes abogados de la comisión. Si se les hubiera preguntado, declararían algunos de ellos, hubieran presionado para obtener el testimonio del fiscal general, especialmente en cuanto a si éste sospechaba de la existencia de una conspiración o no. Él había sido, casi sin duda alguna, el consejero más allegado al presidente durante la crisis cubana de los misiles en 1962, y al lidiar con otras amenazas de la Unión Soviética, Cuba y los otros adversarios extranjeros de la nación. También lo había sido en su cruzada contra los enemigos internos; la mafia y los líderes sindicales corruptos. De haber existido una conspiración, él tendría por lo menos una fuerte suposición sobre quién pudo haber estado involucrado y por qué. David Slawson sabía lo importante que podría ser el testimonio de Kennedy, especialmente con respecto a Cuba. Era bien sabido en los círculos de la política exterior de Washington que después de Bahía de Cochinos, el presidente Kennedy había puesto a su hermano a cargo de la guerra secreta del gobierno contra Castro. "Él era el confidente del presidente en lo referente a Cuba", diría Slawson.

En lugar de un testimonio jurado, el fiscal general estaba dispuesto a redactar una breve declaración para la comisión. Después de consultar con Kennedy y el asistente del fiscal general Nicholas Katzenbach, Willens le envió un memorándum a Rankin junto con los borradores para dos cartas. La primera sería firmada por Warren y enviada a Kennedy, ¿el fiscal general contaba con alguna información que quisiera compartir con la comisión?, se le preguntaba. La segunda, en respuesta a Warren, sería firmada por Kennedy; en ella el fiscal general confirmaría no tener a su disposición información alguna que compartir al respecto. "El fiscal general preferiría ocuparse de sus obligaciones hacia la comisión de esta forma en lugar de comparecer como testigo", escribió Willens.

En el memo, Willens alegó que Kennedy le había dejado claro que no había estado siguiendo de cerca la investigación, lo cual explicaba por qué tenía tan poco que añadir. "El fiscal general me informó que no ha recibido ningún informe del Director del Buró Federal de Investigación con respecto a la investigación del asesinato y que sus fuentes principales de información han sido el ministro presidente, el asistente del fiscal general y yo."

La carta de Warren, con fecha del 11 de junio, decía lo siguiente:

Estimado fiscal general:

Durante el curso de la investigación efectuada por esta Comisión, el Departamento de Justicia ha sido de mucha ayuda al proporcionar información para las pesquisas de esta Comisión.

La Comisión está ahora en el proceso de completar la investigación. Antes de la publicación de su informe, a la Comisión le gustaría conocer si está usted al tanto de cualquier información adicional relacionada con el asesinato del presidente John F. Kennedy que haya sido enviada a la Comisión. En vista de los argumentos ampliamente difundidos al respecto, a la Comisión le gustaría que se le informara en particular si tiene usted conocimiento de alguna información que sugiera que el asesinato del presidente Kennedy fue el resultado de una conspiración nacional o extranjera. Asimismo, no hace falta mencionar que si tuviera alguna sugerencia que hacer sobre la investigación en este tema o sobre cualquier otra fase del trabajo de la Comisión, estamos preparados para actuar de conformidad.

A nombre de la Comisión, quiero agradecerle a usted y a sus representantes la asistencia que han proporcionado a esta Comisión.

Dada la decisión de Warren de no forzar su comparecencia ante la comisión, en ésta se esperaba que un agradecido Kennedy enviara de vuelta, con prontitud, su respuesta firmada. En lugar de eso, para sorpresa de Warren y el equipo de trabajo, le tomaría meses a Kennedy responder.

Fuera del fiscal general, probablemente nadie tenía más influencia con el presidente Kennedy que el asesor especial Kenneth O'Donnell, el enjuto abogado de Massachusetts de 40 años de edad que fungía como el corazón del personal de apoyo de la Casa Blanca, un círculo conocido entonces como la "Mafia Irlandesa". O'Donnell, quien había estado involucrado en parte de la planeación para el viaje a Texas, había sido parte de la caravana en Dallas. Había viajado en un auto del Servicio Secreto, justo detrás de la limusina del presidente.

O'Donnell comunicó a la comisión su reticencia a testificar. Para tal efecto, había instruido a su secretaria en la Casa Blanca para que le informara a Specter que en su lugar podía llamar a otro asesor cercano a Kennedy, Dave Powers, quien había estado sentado junto a O'Donnell en el convoy, toda vez que éste ofrecería un testimonio equivalente. Specter protestó al respecto con Rankin. Eventualmente se convenció a O'Donnell para que ofreciera su testimonio, aunque no se le requería comparecer en las oficinas de la comisión. En cambio, Specter y Norman Redlich acudieron a su encuentro en la Casa Blanca el lunes 18 de mayo.

El relato de O'Donnell sobre el viaje a Dallas empataba con el testimonio de otros, aunque añadía un sorprendente relato sobre su última conversación con el presidente aquella mañana, el día del asesinato. Ellos habían estado hablando, afirmó, sobre lo fácil que sería para alguien que contara con un rifle el matar a Kennedy. La conversación habría tomado lugar en el hotel Texas en Fort Worth, al tiempo que Kennedy se preparaba para partir a Dallas. "La conversación se dio en su habitación, estando presentes la señora Kennedy y yo, quizá una media hora antes de salir del hotel", declaró O'Donnell. "Según recuerdo, él le estaba describiendo a su esposa la función del Servicio Secreto y su interpretación personal sobre el rol que ejerce."

Kennedy, recordó O'Donnell, había dicho que "si alguien realmente quisiera dispararle al presidente de Estados Unidos, no sería un trabajo tan difícil; lo único que uno tendría que hacer era subirse a un edificio alto con un rifle de mira telescópica y no habría nada que hacer". Specter le preguntó a O'Donnell sobre la reacción de la señora Kennedy a la sombría estimación de su esposo. "Yo creo que el tenor general de la conversación fue que ella estaba de acuerdo con que —en esta democracia— eso era o es inherente."

En su testimonio, O'Donnell comunicó a los abogados de la comisión algo de lo cual rápidamente se arrepentiría, algo que le daría a Specter una muestra de qué tanto pretendía la familia Kennedy controlar sobre la narrativa en el recuento del asesinato. Specter le pidió a O'Donnell que describiera el viaje de regreso a Washington a bordo del *Air Force One*; las conversaciones que había mantenido entonces con la señora Kennedy en el avión. Típico de su estilo, Specter puso especial atención en los detalles:

—¿Sobre qué hablaron?

—Evocamos nuestros recuerdos —respondió O'Donnell.

—¿Ella comió algo durante el viaje de regreso?

—No, creo que ambos tomamos un trago —dijo O'Donnell—. Traté de convencerla de que se tomara algo fuerte.

Ella aceptó la bebida, un escocés con agua —se aclararía después—, pero prefirió continuar la conversación con él, recordaba O'Donnell.

Después de terminar con el interrogatorio, Specter regresó a las oficinas de la comisión donde fue confrontado por Rankin, visiblemente agitado:

—¿Por qué le preguntaste a O'Donnell si la señora Kennedy había bebido algo en el avión?

—Lee, yo no hice eso —le respondió Specter, explicando que O'Donnell había ofrecido voluntariamente dicha información.

—Bueno, pues nos han llamado y están sumamente furiosos al respecto —dijo Rankin—. Se están quejando.

Specter supuso que O'Donnell había entrado en pánico por la posibilidad de que se hiciera público que la primera dama había consumido alcohol para calmar sus nervios durante el día del asesinato, algo que podría sería tomado como una señal de debilidad. "Lo que pasó con O'Donnell, me parece, fue que él, después de que se le escapara que ella había tomado algo, se puso sumamente nervioso y quiso echarme la culpa", recordaría Specter sobre aquel episodio. "Nunca sucedió", Specter replicó entonces a Rankin. "Revisa la transcripción." La transcripción probaba que Specter tenía razón.

Para finales de primavera, el equipo de trabajo de la comisión parecía convencido de que Warren pretendía terminar la investigación sin tomar testimonio a Jacqueline Kennedy. El ministro presidente nunca escondió su incomodidad por la posibilidad de interrogar formalmente a la viuda de Kennedy sobre las circunstancias que rodeaban la muerte de su esposo. Había pospuesto el tema durante meses, incluso después de que Specter se había mostrado tan insistente. Warren era muy protector con la primera dama, "tanto como lo habría sido si se tratara de una de sus hijas", diría Specter. Cuando el joven abogado presionaba a Rankin para programar una cita, siempre obtenía la misma respuesta: "No se ha tomado una decisión".

A Specter se le dijo, pero nunca pudo confirmarlo de forma concluyente, que Warren había cedido y finalmente aceptado entrevistar a la señora Kennedy debido a la repetida insistencia de su homónimo en el panel, comisionado John McCloy. Se decía que, en conversaciones a puerta cerrada, McCloy había enfurecido por el asunto; le había dicho a Warren que la comisión no tenía otra opción más que tomar su declaración. Ella había estado en la caravana y era el testigo presencial más cercano al asesinato de su esposo. Además, "ha estado hablando sobre el asesinato en todos los cocteles de Washington", había dicho McCloy a Warren. En efecto, ambos sabían que la señora Kennedy estaba discutiendo el tema con William Manchester, para ser publicado en un libro. Specter afirmaría que se le había dicho, durante la discusión, que McCloy se había dirigido a Warren como "señor presidente de la comisión" en lugar de "señor ministro presidente", lo cual McCloy sabía que resultaba un "insulto hiriente" para Warren, quien normalmente era inflexible con respecto a que se dirigieran a él por su título en la corte.

Sin embargo, si el testimonio de Jacqueline Kennedy sería recabado, Warren la conduciría personalmente, sin la presencia de ninguno de los jóvenes abogados de la comisión. A Specter, que había tomado declaración al resto de los pasajeros de la caravana en Dallas, no se le diría nada sobre la entrevista sino hasta que ésta ya hubiera ocurrido. Warren decidió también que tomaría el testimonio de la viuda de Kennedy en su hogar. No iba a insistir en que ella viajara de un lado a otro de la ciudad para verlo.

El viernes 5 de junio, poco después de las 4:00 pm, el auto oficial del ministro presidente Warren se estacionó frente al número 3017 de la calle N, la mansión colonial de ladrillo que la señora Kennedy había comprado algunas semanas después del asesinato. Sombreada por follaje de magnolias, el edificio de 17 habitaciones estaba situado en la zona más exclusiva de Georgetown, apenas colina abajo de la casa, mucho más pequeña, en la que ella y el entonces senador Kennedy habían disfrutado sus primeros años de matrimonio.

Este nuevo hogar debería haber sido el santuario de la señora Kennedy, el lugar donde reconstruiría su vida. Pero desde el momento en que su automóvil llegó ahí, Warren pudo ver que el edificio se había convertido en una prisión para la viuda y sus dos hijos. Una guardia policial de 24 horas había sido apostada fuera para mantener alejados a los *paparazzi* —el uso del vocablo seguía siendo nuevo en Washington, presentado a las audiencias estadounidenses gracias a una película de Fellini en 1960— y ahuyentar al desfile de boquiabiertos turistas que querían echar un vistazo a la ex primera dama. Para mayor consternación de la señora Kennedy, una flotilla de vendedores callejeros habían acampado en los dos extremos de la calle, vendiendo palomitas y refrescos a los turistas, cámaras en mano. Conforme se le conducía a toda prisa dentro de la mansión, Warren, acompañado únicamente por Rankin y un transcriptor versado en cortes, estaba decidido a que la entrevista se efectuara de forma tan rápida e indolora como fuera posible en favor de la joven viuda.

Robert Kennedy estuvo presente durante el testimonio; recibió a Warren en la puerta. Que ella deseara ser acompañada por su cuñado no era ninguna sorpresa para los amigos y la familia de la señora Kennedy. Con la bendición de su esposa Ethel, el fiscal general había estado al lado de Jacqueline Kennedy todos los días después del asesinato, con frecuencia pasando largas tardes con ella en Georgetown. "Lo compartiré contigo", le había dicho Ethel a su cuñada. Se sentaron alrededor de una mesa en el salón principal de la señora

Kennedy, el mismo salón que ella había estado usando para sus entrevistas para el libro de Manchester. Warren intentó tranquilizarla de inmediato. No había venido a interrogarla, prometió:

—Señora Kennedy —comenzó el ministro presidente—, la comisión quiere escuchar lo que usted tiene por decir, con sus propias palabras, a su modo, acerca de lo que ocurrió durante el asesinato del presidente. Queremos que su relato sea breve. Queremos que lo cuente con sus propias palabras y que diga cualquier cosa que le parezca apropiada. Habiendo dicho eso, dirigió su mirada hacia Rankin, quien habría de dirigir el interrogatorio.

—Por favor pronuncie su nombre para el registro —comenzó Rankin.

—Jacqueline Kennedy.

—¿Es usted la viuda del ex presidente Kennedy?

—Es correcto.

—¿Podría recordar el momento en que llegó al aeropuerto Love Field, el 22 de noviembre, y describir lo que pasó allí después del aterrizaje?

—Descendimos del avión. El entonces vicepresidente y la señora Johnson estaban ahí. Nos recibieron con flores. Un auto nos estaba esperando. Había una gran multitud reunida ahí, todos gritando, con pancartas y demás parafernalia. Así que fuimos a estrechar sus manos.

Con sus preguntas iniciales, Rankin condujo a la señora Kennedy, con gentileza, a través de la cronología de lo que sucedió durante la hora anterior al asesinato y lo que ella recordaba del desfile. Le preguntó dónde se había situado en el auto con relación a su esposo y a los Connally.

La señora Kennedy recordaba el calor que había hecho en Dallas ese día, el alivio que había sentido al vislumbrar un túnel a la distancia conforme la limusina del presidente viró para incorporarse en la calle Houston. La caravana se dirigía hacia el túnel, el cual los conduciría fuera de Plaza Dealey.

—Recuerdo haber pensado que estaría muy fresco dentro del túnel —dijo la señora Kennedy.

—¿Recuerda entonces haber dado vuelta saliendo de la calle Houston, tomando la calle Elm justo frente al Almacén? —repuso Rankin.

La señora Kennedy recordaba cómo la señora Connally señaló hacia las animadas multitudes y volteó hacia la pareja presidencial

IZQUIERDA: El homicidio a sangre fría del oficial de policía de Dallas, J. D. Tippit, vistiendo en la fotografía su uniforme, fue visto por el abogado de la comisión David Belin como la "Piedra Rosetta" para entender la obvia culpabilidad de Oswald también en el asesinato del presidente Kennedy. ABAJO IZQUIERDA: El homicidio de Tippit fue presenciado por la mesera Helen Markham, vista en la imagen junto a un oficial de policía sin identificar; ella señaló a Oswald aquel día de entre una formación de sospechosos. ABAJO DERECHA: Poco después de la muerte del oficial Tippit, Oswald fue arrestado al tratar de esconderse en la oscuridad del cercano Cine Texas. En sus bolsillos fue encontrado un boleto de transbordo de autobús (mostrado en la imagen junto a una llave), con el cual, Belin sospechaba, Oswald habría intentado abordar un camión que le permitiera huir hacia México.

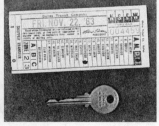

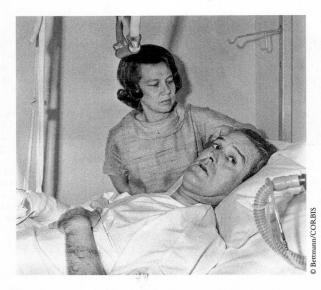

ARRIBA: John Connally, gobernador de Texas, es reconfortado por su esposa, Nellie, en el hospital Parkland en Dallas, al tiempo que se recupera de las heridas de bala que sufrió como pasajero de la limusina que transportaba al presidente Kennedy en Plaza Dealey. ABAJO: Hugh Aynesworth, reportero de *The Dallas Morning News,* entrevista a Marina Oswald mientras su hija, June, juega en el suelo.

DERECHA: Almirante George Burkley, médico de la Casa Blanca, insistió en la noche del asesinato que patólogos militares ejecutaran la autopsia al cuerpo de Kennedy en el Centro Médico Naval de Bethesda.

Robert Knudsen. Fotografías de la Casa Blanca. Museo y Biblioteca Presidencial John F. Kennedy, Boston

ARRIBA: Los patólogos presentes en la sala de autopsias: el comandante naval, médico James Humes (*centro*), estuvo a cargo del procedimiento, fue asistido por el comandante naval, médico Thornton Boswell (*izquierda*), y el teniente coronel del ejército, médico Pierre Finck (*derecha*). La decisión de Humes de destruir el informe de la autopsia original y sus notas al respecto, ayudarían a propagar teorías conspirativas acerca de que él habría intentado ocultar algo. ABAJO IZQUIERDA: El director del Servicio Secreto, James Rowley, enfrentaría uno de los interrogatorios más duros conducidos por la comisión luego de que admitiera que no había tomado medidas disciplinarias en contra de los agentes asignados a la caravana en Dallas que se habían ido de copas la noche anterior. ABAJO DERECHA: El agente especial del FBI en Dallas, James Hosty, vería truncada su carrera debido a que Oswald habría estado bajo su vigilancia durante el tiempo en el que ocurrió el asesinato; él había fallado en determinar la amenaza que éste significaba.

ARRIBA IZQUIERDA: Marguerite Oswald parecía regodearse en su fama. Sonriente, platica con el juez Joe B. Brown de Dallas, encargado de supervisar el juicio de Jack Ruby, el asesino de su hijo. ARRIBA DERECHA: Ella contrató al abogado neoyorquino Mark Lane, quien se estableció rápidamente como el mayor crítico de la Comisión Warren. ABAJO IZQUIERDA: Durante su visita a Washington para testificar por primera vez ante la comisión, Marina, la joven viuda de Oswald, se hizo acompañar por su manager, Jim Martin, cuya relación privada con su clienta habría sido objeto de escrutinio por parte de la comisión. ABAJO DERECHA: El hermano mayor de Oswald, Robert, da la cara en Washington, el 20 de febrero de 1964, tras ofrecer su testimonio ante la comisión.

ARRIBA: Marina Oswald, en Washington, poco antes de rendir testimonio ante la Comisión Warren, declaró estar convencida de que fue su esposo quien asesinó al presidente y que lo hizo solo. ABAJO IZQUIERDA: Ruth Paine, amiga de Marina, viajó a Washington con su esposo Michael, de quien se encontraba separada; los Paine se vieron inmiscuidos en la investigación. ABAJO DERECHA: George de Mohrenschildt, un empresario petrolero de origen ruso que había tratado de ayudar a los empobrecidos Oswald, dijo haber dado por terminada su relación de amistad luego de que Marina se burlara abiertamente del desempeño sexual de su esposo.

ARRIBA: La comisión determinó que Oswald disparó su rifle desde un puesto de asesino ubicado en una ventana pegada a la esquina del sexto piso del Almacén de Libros Escolares de Texas, desde donde tuvo una amplia visión de Plaza Dealey; una pila de cajas de cartón habrían servido para ocultar lo que tramaba. **ABAJO:** Al montar una cámara al rifle de Oswald, el FBI intentó recrear la perspectiva que habría tenido el asesino desde aquella ventana durante el momento en el que el proyectil impactó en la cabeza del presidente.

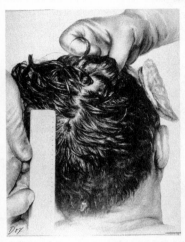

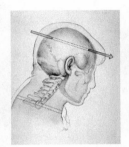

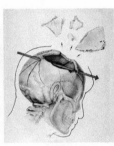

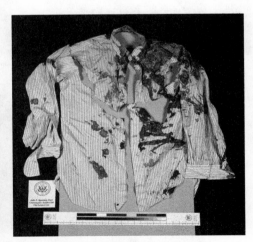

La evidencia. ARRIBA (*en la dirección de las manecillas del reloj*): El rifle de Oswald, Mannlicher-Carcano de fabricación italiana; reconstrucciones de la herida fatal en la cabeza realizadas por dos dibujantes; la camisa del presidente cubierta de sangre; la bala que, los abogados de la comisión estaban seguros, alcanzó tanto a Kennedy como a Connally; reconstrucción de un dibujante, basada en las fotos de la autopsia, de la herida en la cabeza del presidente, el cráneo abierto en la parte derecha.

IZQUIERDA: El ministro
presidente Earl Warren y Gerald
Ford, de visita en Dallas el 7 de
junio de 1964 para inspeccionar
Plaza Dealey y recoger el
testimonio de Jack Ruby. En la
fotografía se muestran saliendo
del Almacén de Libros Escolares
de Texas, seguidos por el
consejero general de la comisión,
J. Lee Rankin, y el abogado
del equipo de trabajo Joseph
Ball. ABAJO: En septiembre,
el senador Richard Russell
(*centro*) organizó su propia
visita a Dallas para recorrer
Plaza Dealey e interrogar a
Marina Oswald. Se le mira en
la imagen acompañado de sus
compañeros comisionados,
Hale Boggs (*extremo izquierdo*) y
John Sherman Cooper (*extremo
derecho, con sombrero*).

IZQUIERDA: Los abogados del equipo de trabajo de la comisión llevaron a cabo varias reconstrucciones en Plaza Dealey. En esta imagen, David Belin se deja ver en la ventana del quinto piso del Almacén de Libros Escolares de Texas durante un experimento para determinar cómo se habrían visto y oído desde ahí las detonaciones del rifle efectuadas en el piso superior. ABAJO: Arlen Specter explica la teoría de una sola bala con la ayuda de agentes del gobierno posicionados en la limusina en los puntos en los que se habrían encontrado el presidente Kennedy y el gobernador Connally.

IZQUIERDA: A pesar de que los funcionarios de la CIA y el FBI descartaron la implicación de Cuba, el embajador de Estados Unidos en México y otros estaban convencidos de que el asesinato estaba conectado con el gobierno de Fidel Castro, quien es visto aquí poco después de haber capturado un marlín en el Caribe. ABAJO: En una foto del 7 de septiembre de 1963 se muestra a Castro dirigiéndose al corresponsal de Associated Press, Dan Harker (*con los brazos cruzados*), durante un encuentro en La Habana. Como resultado, Harker reportó en un artículo que Castro lanzó una amenaza a los funcionarios estadounidenses que habían hecho blanco de violencia a los líderes cubanos.

AFP/Getty Images

DERECHA: La decisión de dejarse
crecer la barba de Wesley *Jim* Liebeler,
abogado del equipo de trabajo de
la comisión, indignó al ministro
presidente, quien le ordenó afeitarse.
Con el paso del tiempo, Liebeler se
ganaría el puesto como el rebelde
de la comisión, aquél que se había
determinado con mayor ahínco
romper las reglas. A pesar de ser
casado, durante el tiempo en que
trabajó en la comisión alardeó sobre
sus muchas conquistas amorosas.
ABAJO: Silvia Odio, una refugiada
cubana en Dallas quien declaró con
insistencia haber visto a Oswald en
compañía de activistas anticastristas
semanas antes del asesinato, declaró
a investigadores del congreso años
después que Liebeler la había invitado
a su habitación de hotel donde
intentó seducirla.

ARRIBA: En diciembre de 1965, el diplomático estadounidense Chales Thomas (*extremo derecho*) escuchó por boca de la afamada escritora mexicana Elena Garro (*centro*) que ella había visto a Oswald en una fiesta en la ciudad de México semanas antes del asesinato. Garro declaró que su prima, Silvia Tirado de Durán, empleada en la embajada de Cuba, había asistido también a la fiesta y que había sido amante de Oswald durante un corto periodo de tiempo. A la izquierda se observa a la hija de Garro, Helena, quien declaró haber visto también a Oswald en la fiesta. El hombre entre Garro y su hija no ha sido identificado. ABAJO IZQUIERDA: Thomas y su esposa, Cynthia, a mediados de la década de 1960, en una fiesta en la ciudad de México. ABAJO DERECHA: Charles y Cynthia Thomas en la escalinata de su hacienda en la ciudad de México. Charles carga en brazos a su pequeña hija, Zelda, quien nació en México en 1965.

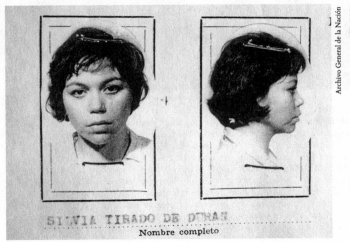

SILVIA TIRADO DE DURAN

Nombre completo

Silvia Durán, una autoproclamada socialista mexicana, empleada en el consulado de Cuba en México, había sido mantenida bajo vigilancia tanto por la CIA como por las autoridades del gobierno mexicano meses antes del asesinato. ARRIBA: En una foto de vigilancia policiaca, Durán (*centro*), junto a su esposo Horacio, un periodista mexicano, y una mujer no identificada. CENTRO: Fotografías del fichaje de Durán, tomadas luego de ser detenida por la policía mexicana a petición expresa de la CIA. ABAJO: Una sonriente Durán en la década de 1970, en una fotografía obtenida por el Comité Especial de la Cámara para Asesinatos, luego de que éste la hubiera interrogado como parte de sus pesquisas.

Centro Dolph Briscoe para la Historia Estadounidense, Universidad de Texas en Austin

ARRIBA: El "cazador de soplones" de la CIA, James Jesus Angleton, hizo a un lado a un colega de la agencia para tomar control de la información que se le compartía a la Comisión Warren. CENTRO: El jefe de la estación de la CIA en la ciudad de México, Winston *Win* Scott, en una película casera de su boda en 1962, a la cual asistió el presidente de México, Adolfo López Mateos, a quien se aprecia en el extremo izquierdo con Scott. En la siguiente foto, se puede ver a la izquierda de López Mateos al operador de la CIA David Philips; a la derecha de Scott está Gustavo Díaz Ordaz, futuro presidente mexicano. ABAJO: El embajador de Estados Unidos en México, Thomas Mann, aquí en una conversación con el presidente Johnson, dejó en claro su postura: estaba convencido de que Cuba estaba involucrada en el asesinato.

ARRIBA: El fiscal de distrito de Nueva Orleans, Jim Garrison (*centro*), aseguró haber develado una conspiración en el asesinato de Kennedy que la Comisión Warren había fallado en detectar, o había intentado encubrir. En la imagen se le muestra en Nueva Orleans acompañado por Mark Lane (*izquierda*), el 28 de marzo de 1967. ABAJO: Los testigos de Garrison incluyeron al pintoresco abogado de Nueva Orleans, Dean Andrews, quien ya había declarado ante la comisión que se le había pedido que viajara a Dallas para ofrecer consejo legal en la defensa de Oswald horas después del asesinato. La petición, dijo entonces, había sido dictada por el misterioso patrón de Lee Harvey: "Clay Bertrand". En la imagen, se muestra a Andrews siendo escoltado por alguaciles de Nueva Orleans en agosto de 1967. Andrews sería después condenado por perjurio.

Alejandra Xanic von Bertrab

Leticia Sánchez Medel

ARRIBA IZQUIERDA: Silvia Durán, a la verja de su casa en 2013, insiste en su versión de que ella nunca mantuvo contacto con Oswald fuera del consulado cubano. ARRIBA DERECHA: Helena Paz Garro, hija de Elena Garro, en un foro en la ciudad de México celebrado en 2013 en honor a su difunta madre; afirma que ella y su madre vieron a Oswald en la fiesta de la familia Durán. CENTRO IZQUIERDA: Las declaraciones de Silvia Durán son también cuestionadas por su ex cuñada, Lidia Durán Navarro, quien recuerda con claridad que ésta le comentó haber tenido una cita con Oswald. CENTRO DERECHA: Francisco Guerrero Durán, un prominente periodista mexicano, reveló en 2013 también haber visto a Oswald en la fiesta. ABAJO: En enero de 2013, Robert Kennedy Jr. declaró que su padre nunca aceptó las conclusiones de la Comisión Warren. En la foto se le puede observar junto a su hermana Rory, mientras son entrevistados por el conductor de televisión Charlie Rose.

Charlie Rose, Cortesía Centro de Artes Escénicas AT&T, Margot y Bill Winspear Opera House, Dallas

para comentarles: "Ciertamente no pueden decir que la gente de Dallas no les ha dado una bonita bienvenida".

Rankin continuó.

—¿Y qué respondió el presidente?

—Creo que dijo: "No, ciertamente no podemos" o algo por el estilo. Y luego el auto comenzó a ir muy despacio y no había mucha gente alrededor. Y entonces...

Hizo una pausa.

—¿Quiere que le diga lo que sucedió? —preguntó.

Era como si la señora Kennedy, con aquella consulta, quisiera recordarle a Warren y a Rankin lo que ahora le estaban pidiendo: que ofreciera, para el registro público, los detalles de lo que había sucedido dentro de la limusina cuando resonaron los disparos.

—Así es, si fuera tan amable, por favor —exclamó Rankin.

Fue entonces que comenzó.

—Yo estaba viendo en esta dirección, hacia la izquierda, y escuché estos terribles sonidos, ¿sabe? Y mi esposo no hizo ruido alguno. Así que volteé hacia la derecha. Lo único que recuerdo es ver a mi esposo, él tenía una expresión de desconcierto en su rostro y la mano levantada. Debe haber sido su mano izquierda.

"Y justo cuando volteé y lo vi, pude ver un pedazo de su cráneo y recuerdo que era color carne, con pequeñas rugosidades en la parte de arriba. Recuerdo haber pensado que se veía como si tuviera un ligero dolor de cabeza. Sólo recuerdo haber visto eso. Sin sangre ni nada. Y luego como que hizo así...

La señora Kennedy levantó entonces una mano hacia su cabeza, explicando cómo su esposo...

—... se puso la mano en la frente y cayó en mi regazo. Y luego sólo recuerdo haberme postrado sobre él y decir: "Oh, no, no, no", quiero decir: "Oh, Dios mío, le han disparado a mi esposo", y "Te amo, Jack", recuerdo que estaba gritando. Y luego sólo estar en el auto con su cabeza en mi regazo. Me pareció una eternidad. Y bueno, ustedes saben, entonces se me vio saliendo por encima de la parte trasera del auto. Pero yo no lo recuerdo en absoluto.

Rankin le preguntó si recordaba que el agente del Servicio Secreto Clint Hill había trepado por el maletero y la había empujado de vuelta al compartimento de pasajeros.

—No recuerdo nada —respondió—. Yo sólo estaba agachada.

Finalmente, recuerdo haber sentido una voz detrás de mí, o algo, y luego recuerdo que la gente en el asiento delantero, o alguien, finalmente se había dado cuenta de que algo estaba mal, una voz gritando, que debe haber sido la del señor Hill, "al hospital", o tal vez fue la del señor Kellerman, desde el asiento delantero. Pero era alguien que gritaba. Yo sólo estaba agachada hacia él, sosteniéndolo.

"Estaba tratando de mantener el cabello en su lugar —dijo ella, describiendo el gran pedazo de cráneo que había sido desprendido por la segunda bala—. De frente no había nada, supongo que debió haber habido algo. Pero desde la parte trasera se podía ver, ¿sabe?, yo estaba tratando de que su cabello y su cráneo permanecieran en su lugar.

—¿Tiene algún recuerdo de si hubo uno o más disparos? —continuó Rankin.

—Bueno, deben haber sido dos porque lo que me hizo voltear fueron los gritos del gobernador Connally. Y eso me confundía antes porque primero recuerdo que hubo tres y yo pensaba que mi esposo no había hecho ningún ruido cuando le dispararon. El gobernador Connally sí gritó. Y luego leí el otro día que fue el mismo disparo el que les dio a los dos. Pero yo pensaba que si hubiera estado viendo hacia la derecha hubiera visto cómo le daba el primer disparo y entonces podría haberlo jalado hacia mí y entonces el segundo disparo no le hubiera dado. Pero escuché los gritos del gobernador Connally y eso me hizo voltear y cuando volteé hacia la derecha mi esposo estaba haciendo esto...

Llevó una mano hacia su cuello.

—Había recibido un disparo —dijo ella—. Y ésos son los únicos dos que recuerdo. Recuerdo haber leído sobre un tercer disparo. Pero no sé. Sólo esos dos.

—¿Tiene alguna noción general acerca de la velocidad a la que iban? —preguntó Rankin.

—Íbamos muy lento conforme dábamos la vuelta a la esquina. Y había muy poca gente —respondió la señora Kennedy.

Rankin preguntó entonces si ella recordaba que la limusina se hubiera detenido en algún momento después de los disparos.

—No lo sé, porque... No creo que nos hayamos detenido. Era tanta la confusión... Yo estaba agachada en el auto y todo el mundo estaba gritando que nos fuéramos al hospital y los podías escuchar por la radio y luego de repente recuerdo una sensación de muchísima velocidad, que debe haber sido cuando nos arrancamos.

—Fue entonces cuando se dirigieron con la mayor rapidez posible hacia el hospital, ¿es correcto?

—Sí.

—¿Recuerda haber escuchado que alguien dijera algo más durante el tiroteo?

—No. No hubo palabras. Sólo lo del gobernador Connally. Y luego supongo que la señora Connally estaba como llorando y cubriendo a su esposo. Pero no recuerdo ninguna palabra. Y creo que había un gran parabrisas entre…, usted sabe, creo… ¿No estaba ahí?

—Entre los asientos.

—Entonces, ¿sabe?, esos pobres hombres en el frente, no se escuchaban —la señora Kennedy se refería a los agentes del Servicio Secreto en el asiento delantero.

Rankin volteó hacia el ministro presidente:

—¿Se le ocurre alguna otra cosa?

—No, creo que no —dijo Warren, redondeando en casi nueve minutos el tiempo que había tomado el testimonio desde su inicio—. Creo que ése es el relato, por él hemos venido. Se lo agradecemos muchísimo, señora Kennedy.

La transcripción del testimonio de la señora Kennedy fue incluida en los archivos publicados de la comisión, aunque la comisión decidió dejar fuera, sin una explicación explícita del porqué, tres oraciones en las que Jacqueline Kennedy describió cómo había intentado mantener el cráneo del presidente en su lugar, aquella frase que comenzaba con las palabras: "Estaba tratando de mantener el cabello en su lugar". En la transcripción oficial, la comisión reemplazaría ese pasaje con la frase: "Referencia a heridas eliminada".

40

Incluso durante las últimas semanas de la investigación, Earl Warren no estaba ansioso por viajar a Texas, y su renuencia era comprensible. Si había alguna ciudad en Estados Unidos que fuera territorio enemigo para el ministro presidente, ésa era Dallas. Aquélla era la ciudad en donde su amigo el presidente había sido asesinado y en donde vivían y trabajaban tantos de los líderes ultraconservadores y segregacionistas que impulsaban el movimiento que tenía como meta destituirlo de la Suprema Corte. El ministro presidente podía estar seguro de que en cualquier viaje que realizara a Dallas, era probable que se topara con pancartas que pugnaran en dicho sentido. Warren había afirmado entre sus amigos que nunca se había enfadado ante los carteles; era su esposa, Nina, a quien ofendían. "Yo podía sonreír al verlos", había declarado. "No era tan fácil, sin embargo, persuadir a mi esposa."

A pesar de su renuencia, Warren había aceptado viajar a Dallas para tomar el testimonio de Jack Ruby, una cita programada para suceder el domingo 7 de junio. La excursión también le daría la oportunidad de mirar Plaza Dealey y el Almacén de Libros Escolares de Texas en persona. Con la ayuda de Specter, Rankin comenzó a organizar el itinerario para una semana completa. Specter recordaría cómo el viaje habría estado originalmente "atiborrado de juntas e inspecciones". Warren se opuso, sin embargo; no pasaría tanto tiempo en Dallas. Rankin propuso entonces un fin de semana largo que giraría en torno del testimonio de Ruby; así, Warren despegaría de Washington durante el almuerzo del viernes para regresar el lunes siguiente, a tiempo para reanudar sus obligaciones en la Suprema Corte.

"Les doy el domingo", recordaría Specter que les dijo Warren. El viaje estaría limitado a un solo día. El ministro presidente no aceptaría pasar una sola noche en Dallas.

Specter se sentía mal por su colega Burt Griffin, el experto en Ruby de la comisión; Griffin se quedaría en Washington debido a la molestia que había provocado entre la policía de Dallas. Specter habría rechazado el viaje con gusto si Warren y Rankin se lo hubieran permitido; él hubiera preferido viajar a casa, a Filadelfia, para "pasar todo el fin de semana con mi esposa y mis pequeños hijos".

Rankin le había pedido a Specter que le ayudara a organizar el recorrido matutino por Dallas para el ministro presidente. Éste se enfocaría en Plaza Dealey, así como en la ruta que había recorrido Oswald a través de la ciudad hacia la escena del homicidio del oficial Tippit, y posteriormente al Cine Texas. Cuando el recorrido llegara al almacén de libros, Rankin quería que Specter le ofreciera una argumentación completa sobre la teoría de una sola bala, "justo desde el puesto del asesino en el sexto piso", recordaría Specter.

El viernes 5 de junio, Specter había hecho en Washington planes de último minuto para el viaje. Había esperado salir temprano de la oficina aquella tarde para tomar un tren a casa; quería pasar al menos parte del fin de semana con su familia antes de regresar a Washington para unirse al vuelo hacia Dallas el domingo por la mañana. Pero tenía que hablar con Rankin antes de irse a Filadelfia y Rankin estaba ilocalizable. Así que esperó. "Perdí el tren de las cuatro en punto, y luego el de las cinco."

Fue durante esa tarde que Warren y Rankin habían ido, sin decirle a Specter, al hogar de Jacqueline Kennedy en Georgetown para recoger su testimonio. Rankin regresó a las oficinas de la comisión poco después de las 5:00 pm; se encontró a Specter en el sanitario de hombres.

"Rankin me dijo que le dijeron que yo lo había estado buscando", recordaría Specter. "Le dije que había trabajado en los detalles para el viaje del domingo a Dallas."

Rankin le reveló, con renuencia, dónde había estado y Specter recordaría que Rankin se había "preparado" ya para la encendida respuesta del joven abogado.

Y Specter estaba furioso, reconocería. Había estado presionando durante meses para entrevistar a la viuda de Kennedy y ahora Warren y Rankin habían ido a hablar con ella sin siquiera tener la cortesía de avisarle.

"No dije nada", declararía Specter sobre aquel momento. "No tenía qué... Rankin sabía que estaba lívido."

Specter recordaría haber respirado profundamente. Había decidido que no tenía caso escalar en su protesta, por lo menos no en ese momento. "Estaba ya hecho." Trató de dejar su enojo de lado y enfocarse en su prioridad inmediata: pasar la noche en casa, en Filadelfia. Rankin también estaba de mal humor. Warren había insistido en que los acompañara en el viaje a Dallas, lo cual significaba que no podría trasladarse a su casa en Manhattan durante ese fin de semana para ver a su esposa. En cambio, estaría en Dallas, encerrado en una sala de interrogatorios con Jack Ruby y el ministro presidente. Al igual que Specter, Rankin se estaba cansando de pasar tanto tiempo en Washington. "Parece que voy a necesitar de una maldita cama hasta en los cielos", se quejó.

El domingo por la mañana, Specter estaba de regreso en Washington. Warren ofreció pasar a recogerlo a su hotel para llevarlo hasta la Base Andrews de la Fuerza Aérea en Maryland, en donde abordarían un pequeño avión JetStar del gobierno que los llevaría a Texas. El ministro presidente estaba de un humor inusualmente bueno, recordaría Specter. El en avión se habló de beisbol. Esa tarde, un partido entre los Gigantes de San Francisco, el equipo de Warren, y los Phillies de Filadelfia, el equipo de la ciudad natal de Specter, decidiría a la escuadra puntera de la Liga Nacional. "Así que las líneas de la batalla estaban claras", recordaría Specter.

Aterrizaron en Dallas a media mañana y comenzaron con el trabajo de inmediato. El congresista Ford y el abogado de la comisión Joe Ball habían viajado hasta ahí por separado y se reunieron con Warren, Rankin y Specter para el recorrido en el almacén de libros. La presencia del ministro presidente y su delegación en las calles de Dallas atrajo a una pequeña multitud amistosa. Haciendo uso del talento político que había afinado en California, "Warren bromeaba y charlaba con la soltura de un paseante", declararía Specter.

En el almacén de libros, Warren fue conducido al sexto piso, donde le fue mostrado el puesto de mira de Oswald. La escena del día del asesinato había sido recreada para la inspección, incluyendo el montón de cajas de bloques de madera para niños, las cuales Oswald aparentemente había apilado para esconder lo que estaba haciendo. A los bloques se les conocía como "Descubre Dados", debido a que cada bloque contenía letras y palabras que los niños podían mezclar para armar oraciones que podían leerse. Warren no se pudo resistir a sus instintos políticos, así que sacó algunos de los bloques de sus empaques para autografiarlos y repartirlos como recuerdos cuando regresara afuera; Specter conservaría uno con la firma de Warren.

Aproximadamente a las 11:00 am Specter y Warren se encontraron de pie junto a la ventana del sexto piso. "Warren asumió una pose silenciosa y pensativa junto a la ventana, lo cual asumí como una señal para empezar", recordaría Specter. "Durante aproximadamente ocho minutos, el ministro presidente no dijo una sola palabra mientras yo resumía" la teoría de una sola bala. Conforme hablaba, "Warren permaneció con los brazos cruzados sobre el pecho, con la mirada sobre Plaza Dealey", recordaría Specter. "Exceptuando la ausencia de las animadas multitudes y el desfile presidencial, nuestra vista de Plaza Dealey, la calle Elm y el paso triple a desnivel coincidía con el que Oswald había visto cuando se agazapó frente a esa ventana seis meses y medio en el pasado."

Specter comenzó la presentación recordándole a Warren sobre "la incontrovertible evidencia física" que respaldaba la culpabilidad de Oswald, incluyendo el descubrimiento de su rifle Mannlicher-Carcano en el sexto piso —a sólo algunos centímetros de donde Warren estaba parado en ese momento—, y la evidencia en balística que demostraba que la bala encontrada en el hospital Parkland había provenido de aquel rifle. Las huellas dactilares de Oswald se habían encontrado en el arma y los casquillos vacíos que se encontraron en el sexto piso coincidían con el rifle y las balas que éste había disparado.

Le recordó al ministro presidente los hallazgos asentados en el informe de la autopsia y cómo los patólogos de la marina demostraron que una bala había entrado en la base de la nuca de Kennedy desde atrás y había salido por su garganta, rasgando el nudo de su corbata. Specter entonces usó su dedo, apuntando hacia afuera a través de la ventana, para mostrar la trayectoria de la bala en el instante después de que ésta alcanzó el cuello del presidente. Explicó cómo las pruebas de campo que se habían efectuado dos semanas atrás mostraron que la misma bala habría entrado a la espalda de Connally, saliendo por su pecho antes de atravesar su muñeca para alojarse finalmente en su muslo. Warren había visto la filmación Zapruder en varias ocasiones, así que Specter no necesitaba recordarle al ministro presidente lo que había sucedido después, cuando una segunda bala impactó en la parte trasera de la cabeza del presidente.

"Cuando terminé mi discurso, el ministro presidente permaneció en silencio", recordaría Specter. "Dio un giro sobre sus talones y se alejó, aún sin decir nada." A Specter le había molestado entonces que Warren no hubiera procurado pronunciar palabra, aunque sólo fuera para elogiar la presentación. Pero el silencio de Warren, decidió entonces Specter, probablemente significaba que él había aceptado, por completo, la teoría de una sola bala.

Del almacén de libros, el grupo se dirigió al otro lado de la calle, a la prisión del condado de Dallas, en donde usarían la cocina del alguacil para tomar el testimonio de Ruby. Ford recordaría la habitación como relativamente pequeña, más o menos de tres por cinco metros y medio, "muy austera". Una mesa, de aproximadamente uno por dos metros y medio de longitud, había sido dispuesta al centro de la habitación, con sillas alrededor para Ruby y sus interrogadores.

Specter recordaría que Warren había solicitado específicamente una habitación pequeña para el testimonio de Ruby, para limitar el número de personas que podrían presenciar el suceso. "Había descendido un enjambre de peces gordos de Washington y Texas" a Dallas con la esperanza de ser parte de este momento histórico, declararía Specter. Pero no todos podían entrar. Había tan poco espacio que Warren se dio cuenta de que tendría que dejar a un miembro de su propia delegación fuera de la habitación. "Conforme el ministro presidente examinó la lista, sólo encontró a una persona a la que podía excluir: a mí", recordaría Specter. "Entonces, me senté en la oficina del alguacil para ver el partido de beisbol entre Filadelfia y San Francisco que transmitían por televisión nacional. En ese momento, no me importó demasiado. En retrospectiva, debió haberme importado."*

---

* Specter tenía otras razones para estar inquieto aquella tarde, dado que sus Phillies fueron derrotados por los Gigantes 4-3, en 10 entradas, lo cual le permitió a San Francisco mantenerse en la cúspide de la Liga Nacional.

Aproximadamente a las 11:45 am, los subalternos del alguacil trajeron a Ruby. Estaba usando un overol blanco de la prisión. Sus pies estaban cubiertos con sandalias, las cuales se les proporcionaba a los prisioneros que estaban bajo vigilancia por riesgo de suicidio en lugar de darles zapatos con cordones. Ford recordaría cómo Ruby tomó asiento y comenzó a jugar con un pequeño pedazo de pañuelo desechable y una bandita elástica. Lucía "rasurado, calvo, con nariz aguileña y tenía unas manos y unos pies un poco grandes para una persona pequeña y delgada", diría Ford. Uno de los abogados que lo habían defendido durante el juicio, Joe Tonahill, se hizo presente en la sala. Al principio, Ruby parecía "sorprendentemente racional y sereno, actuando de forma notoriamente distinta a la que sugerían los reportes psiquiátricos que había leído antes del viaje", recordaría Ford. Pero Ruby era también un tanto indescifrable. Tenía el "hábito de mirarte fijamente durante cierto tiempo" antes de mirar hacia otro lado, de modo que era "difícil saber lo que pensaba".

Incluso antes de que Warren le tomara el juramento, Ruby tenía una pregunta urgente para el ministro presidente:

—Sin un detector de mentiras en mi testimonio, en mis declaraciones verbales, ¿cómo sabe si estoy diciendo la verdad? —aventuró Ruby.

—No se preocupe por eso, Jack —atajó Tonahill.

Warren intervino:

—¿Quería pedir algo, no es así, señor Ruby?

—Quisiera poder someterme a una prueba con un detector de mentiras o suero de la verdad, sobre lo que me motivó para hacer lo que hice... señor Warren, no sé si usted confíe en las pruebas con detector de mentiras y el suero de la verdad, y ese tipo de cosas —respondió el convicto.

Warren después admitiría no haber pensado entonces lo suficientemente rápido, así que pronto se vio aceptando la solicitud de Ruby:

—Si usted y su consejo quieren someterse a cualquier tipo de prueba, me encargaré de arreglarlo. Lo haría con gusto, si usted así lo desea —dijo.

—Lo deseo —respondió Ruby complacido.

—Con gusto lo haremos —finalizó Warren.

Una vez arreglado eso, Ruby quería estar seguro de que tendría tiempo, en la presente visita, para contar su historia completa.

—¿Está limitado de tiempo? —preguntó.

—No, tenemos todo el tiempo que quiera —respondió Warren.

El testimonio no había sino comenzado, pero Ruby ya se hacía la siguiente pregunta:

—¿Lo estoy aburriendo?

—Adelante, no se preocupe, señor Ruby, cuéntenos su historia —replicó el ministro presidente.

El relato de Ruby sobre aquellos días, comenzando el 22 de noviembre, con las noticias del homicidio de Kennedy, y terminando el 24 de noviembre, cuando abatió a Oswald en el cuartel general de la policía, sería un relato intrincado y extenso. En él, Ruby declaró haber escuchado sobre el tiroteo en Plaza Dealey apenas segundos después de que éste ocurriera; había estado sólo a unas cuantas cuadras de distancia, en las oficinas de *The Dallas Morning News*, contratando anuncios publicitarios de fin de semana para el Club Carousel. La noticia de la muerte de Kennedy lo había destrozado, dijo. "Me conmovió profundamente... no podía dejar de llorar." Decidió de inmediato cerrar su club durante el fin de semana.

Aquella noche había aprovechado su amistad con varios oficiales de la policía de Dallas para escabullirse en el cuartel general para ver la rueda de prensa en la que Oswald fue presentado ante los reporteros. Ruby se había abierto paso en la sala de prensa argumentando ser un periodista israelí; si alguien hubiera cuestionado su presencia, él podía pronunciar algunas de las palabras en yiddish que había aprendido durante su infancia.

Para ese momento, su testimonio se había tornado tan inconexo que casi le era imposible a Warren seguirlo. Ruby mencionó nombres —de amigos, de miembros de su familia, de *strippers* y de otros empleados del Club Carousel—, lugares y fechas que no ayudaban en nada al ministro presidente y el resto de sus escuchas. Con todo, en breves momentos de coherencia, Ruby atinaba a negar que él hubiera sido parte de alguna conspiración para silenciar a Oswald. Él insistía en que no conocía a Oswald y que no había pensado en matarlo hasta que leyó un artículo en un periódico durante la mañana de aquel domingo en donde se sugería que la señora Kennedy probablemente tendría que regresar a Dallas para ofrecer testimonio. "Me puse muy emotivo, me quedé pensando en la señora Kennedy, en todas las dificultades por las que habría pasado", dijo Ruby. "Alguien le debía a nuestro amado presidente que ella no regresara para enfrentar este atroz juicio."

Matar a Oswald fue un acto impulsivo, dijo. Él estaba al tanto de los muchos rumores que decían que algunos de sus contactos en el crimen organizado podrían haberlo convencido de hacerlo, pero él fue firme al respecto: "Nadie me pidió hacer nada... Yo nunca hablé con nadie sobre que intentaría hacer algo. Ninguna organización subversiva me sugirió la idea. Ninguna persona del bajo mundo hizo ningún esfuerzo por contactarme".

Ford recordaría cómo el testimonio de Ruby había transcurrido razonablemente bien durante aproximadamente 45 minutos, hasta que Ruby y su abogado empezaron a discutir por razones que no estaban muy claras, así que el transcriptor dejó de registrar la sesión. La situación se tornó entonces "terriblemente tensa", aseguraría Ford. Que Ruby pudiera continuar era "algo impredecible". Warren, recordaría el congresista, "trató de reconfortarlo, fue muy paciente con su persuasión" a Ruby.

Al final del pasillo, Elmer Moore, un agente del Servicio Secreto asignado al viaje para proteger al ministro presidente, encontró a Specter en la oficina del alguacil mirando el partido de beisbol. Le anunció que era requerida su presencia en la cocina tan pronto como fuera posible. "Te necesitan", dijo. "Ruby quiere a un judío en la habitación." Specter conocía lo suficiente a Ruby como para saber cuánto valoraba su herencia judía y cómo se había obsesionado con la idea de que los judíos estaban siendo masacrados por su culpa.

Specter siguió a Moore por el pasillo. Cuando entró a la cocina, Specter pudo notar que Ruby lo estaba examinando. "Viéndome directamente, murmuró las palabras '¿Eres judío?'"

Specter guardó silencio. Nuevamente, Ruby preguntó: "¿Eres judío?" Y luego, lo hizo una tercera ocasión.

Specter diría sobre el suceso que él trató de permanecer rígido, sin hacer gesto alguno, ni siquiera quiso asentir con la cabeza. No deseaba que aquello fuera registrado por el transcriptor. "No me inmuté ni respondí de ninguna forma."

Justo en ese momento, recordaría Specter, al transcriptor se le terminó el papel y Ruby se puso de pie repentinamente. Jaló al ministro presidente hasta una esquina, haciéndole una seña a Specter para que se acercara. Joe Ball, el otro abogado de la comisión, se puso de pie e intentó integrarse a la conversación.

—¿Eres judío? —le preguntó Ruby.

—No —respondió Ball.

—Entonces vete —le dijo Ruby.

Ruby se dirigió entonces hacia el ministro presidente.

—Señor presidente, tiene que llevarme a Washington. Les están cortando los brazos y las piernas a niños judíos en Albuquerque y El Paso.

—No puedo hacer eso —repuso Warren.

Ruby le suplicó a Warren hablar con Abe Fortas, el reputado abogado de Washington que era cercano al presidente Johnson y quien pronto sería asignado a la Suprema Corte. Él era, además, judío.

—Contacte a Fortas —le dijo Ruby—. Él lo resolverá.

Ford pudo ver que Ruby se relajó ante la afirmación —no estaba claro por quién— de que Specter, en efecto, era judío. "Esto pareció darle confianza para continuar testificando."

Cuando el transcriptor estuvo listo para continuar, Ruby, Warren y Specter regresaron a sus asientos. Ruby notó que su abogado, Tonahill, deslizó una nota a Ford. Ruby insistió en que se le permitiera leerla, así que la conversación se detuvo mientras la nota llegaba a Ruby, quien sufría de la vista y le costaba trabajo distinguir las palabras en la página. El ministro presidente le prestó sus lentes a Ruby. "¿Ya vio?", había escrito Tonahill. "Le dije que estaba loco."

Ruby puso la nota a un lado, aparentemente sin preocuparse por el insulto de su abogado, y volteó de nuevo hacia el ministro presidente. Quería que Warren confirmara nuevamente que le permitiría someterse a una prueba de polígrafo o que se le inyectara el suero de la verdad: "Pentotal", dijo, refiriéndose al pentotal sódico, el depresor al que a veces se hacía referencia como el "suero de la verdad". Ruby pidió una vez más ser llevado a Washington:

—¿Estoy exagerando? ¿Acaso digo tonterías? —inquirió.

—No, usted está hablando con mucha, mucha sensatez —Warren trató de mantenerlo calmado.

—Quiero decir la verdad, pero no puedo decirla aquí —replicó Ruby, usando palabras que, en años futuros, sonarían ominosas al ser leídas por teóricos de conspiraciones.

Ésta era la primera vez que Specter, quien se había perdido el inicio del testimonio, escuchó sobre la solicitud de Ruby para someterse a una prueba de polígrafo y cómo Warren se la había concedido. Specter recordaría haber entendido en el acto que el ministro presidente había cometido un grave error. Sabía que Warren, al igual que la mayoría de las mentes serias de entre los veteranos dentro de la procuración de justicia, daba poca credibilidad al polígrafo; el ministro presidente, de hecho, había ya descartado la idea de someter a Marina Oswald a una prueba semejante. Y a pesar de ello, Warren acababa de prometer una —y lo había dejado por consignado en el registro— al asesino de Oswald, uno que parecía sufrir delirios.

Ruby intentó aumentar la presión sobre Warren, afirmando que, mientras permaneciera en Dallas, su vida estaba en peligro. Estaba convencido de que "otra gente" —probablemente miembros de la ultraconservadora Sociedad John Birch— estaba tratando de vincularlo a una conspiración para matar a Kennedy. Y debido a que él era judío, judíos por doquier estaban siendo asesinados en represalia por la muerte de Kennedy. "El pueblo judío está siendo exterminado en este mismo instante", dijo. "Me utilizan como chivo expiatorio. Me están tratando como si yo hubiera sido tan culpable como el propio asesino del presidente Kennedy. ¿Cómo puede remediar eso, señor Warren?" Si tan sólo pudiera ir a testificar a Washington, dijo Ruby, "quizá mi pueblo no sería torturado y mutilado".

Specter podía ver lo nervioso que estaba Warren. El ministro presidente le dijo a Ruby:

—Usted puede estar seguro de que el presidente y toda esta comisión harán todo lo que sea necesario para asegurarse de que su pueblo no sea torturado.

Después de más de tres horas así, Warren decidió detener el testimonio, insistiendo en que lo hacía por el propio bien de Ruby.

—Creo que hemos cansado al señor Ruby —dijo el ministro presidente—. Agradecemos su paciencia y su buena disposición para testificar de esta forma ante nosotros.

—Lo único que quiero es decir la verdad y la única forma en la que pueden saberla es con el polígrafo —sentenció Ruby.

—Eso haremos entonces, por usted —finalizó Warren.

Aún con la esperanza de partir de Dallas para el final del día, el ministro presidente salió a comer en el departamento de Robert Storey, antiguo presidente de la Barra de Abogados de Estados Unidos (ABA, por sus siglas en inglés). El final del almuerzo produjo lo que fue, para Specter, otra extraordinaria demostración de la torpeza del ministro presidente cuando se trataba de tomar decisiones rápidas. Tras salir del departamento de Storey, Warren notó un grupo de reporteros y fotógrafos al final del pasillo, ansiosos por escuchar sus comentarios sobre su día en Dallas. "En vez de girar a la izquierda y enfrentar a la jauría", recordaría Specter, "el ministro presidente se apresuró hacia un corredor a la derecha y descendió por unas escaleras para evitar hablar con ellos". Habría sido más fácil para Warren sonreír y ofrecer un educado "sin comentarios" a los reporteros. En cambio, ocasionó una confusa escena en la que el ministro presidente de Estados Unidos fue visto huyendo, casi presa de pánico, de un grupo de reporteros que querían hacerle unas preguntas de rutina.

Aquella noche, en el vuelo de regreso a Washington, Warren le dijo a Specter lo insatisfecho que estaba de haberle prometido una prueba de polígrafo a Ruby. "No creo en el polígrafo", dijo Warren. "No creo en el Gran Hermano."

Specter recordaría haberle dicho a Warren que no tenía otra opción; a menos que Ruby cambiara de opinión, la prueba tenía que realizarse. "Señor ministro presidente, usted le prometió una prueba de polígrafo", dijo Specter entonces. Sería "terrible que la comisión faltara a su palabra en una promesa que quedó en el registro". Si a Ruby se le negaba la posibilidad ahora, "en el mejor de los casos, parecería que la comisión no hizo por agotar todas las pistas". En el peor de los casos, recordaría haber dicho, parecería un encubrimiento diseñado para evitar que Ruby revelara la existencia de una conspiración en la muerte del presidente Kennedy. Que Warren no confiara en las pruebas de polígrafo no desaparecía las encuestas de opinión que apuntaban a que el público estadounidense sí les concedía credibilidad. "Señor ministro presidente", dijo Specter, "no lo puede ignorar".

41

Oficinas de la comisión
Washington, D. C.
Jueves 18 de junio de 1964

El director del Servicio Secreto, James Rowley, tenía motivos para pensar que perdería su empleo cuando testificara ante la Comisión Warren. Ciertamente tenía motivos para pensar que su agencia, de 99 años de antigüedad, no sobreviviría a la investigación de la comisión. Rowley, originario del Bronx, con 56 años de edad, fue el primer director del Servicio Secreto en presenciar el asesinato de un presidente bajo su mandato; él enfrentaría los más severos cuestionamientos que cualquier funcionario de gobierno de alto nivel habría de recibir por parte de la comisión. Otras agencias del orden público —el FBI, en particular— podrían haber intentado ocultar información de la investigación. Sin embargo, en el caso del Servicio Secreto, el encubrimiento parecía irrefutable. Warren contaba con evidencia de lo que consideraba como una indignante negligencia —la decisión por parte de varios agentes del Servicio Secreto del convoy presidencial en Dallas de salir a ingerir bebidas alcohólicas la noche anterior al asesinato— y de cómo Rowley trató de ocultar los detalles de dicho episodio al público. Parte de la furia del ministro presidente podría haber sido avivada por su amistad con Drew Pearson, quien había dado a conocer la historia de la francachela de los agentes en el programa de radio que usaba para promocionar su columna en el periódico. Sean cuales fueren las razones para esa furia, Warren entró en la sala de audiencias el día del testimonio de Rowley con la actitud de un abogado persecutor.

Poco después de las 9:00 am del 18 de junio, Rowley tomó juramento e inmediatamente fue confrontado con preguntas acerca del incidente de las bebidas alcohólicas. De hecho, fue la primera pregunta sustantiva de Rankin:

—¿Tuvo usted conocimiento, en relación con el viaje cuando ocurrió el asesinato, de que ciertos agentes del Servicio Secreto habían estado en el Club de Periodistas, en el lugar llamado el Sótano, en Fort Worth, la noche anterior? —inquirió Rankin.

—Bueno, yo supe de eso mediante la transmisión del señor Pearson; que los agentes se embriagaron la noche anterior —contestó Rowley, quien declaró haber enviado de inmediato a un inspector del Servicio Secreto a Texas para investigar.

—¿Y qué descubrió? —replicó Rankin.

Rowley admitió que mucho de lo que reportó Pearson era verdad, aunque declaró, a título personal, no creer que alguno de los agentes se hubiera embriagado, tal como Pearson afirmó. La investigación interna demostró que un total de nueve agentes estuvieron bebiendo; tres de ellos tomaron un escocés, mientras "el resto bebió dos o tres cervezas" cada uno. Al día siguiente, al menos cuatro de esos agentes fueron asignados al desfile en Dallas, incluyendo a Clint Hill, el agente que al parecer hubo salvado la vida de Jacqueline Kennedy. Rankin preguntó: "¿Descubrió si estos hombres incurrieron en violaciones al reglamento del Servicio Secreto?", un cuestionamiento para el que Rankin y Warren ya tenían respuesta.

—Sí, hubo una violación —contestó Rowley.

Para evidenciar el punto de la comisión lo más posible, a continuación Rankin le pidió a Rowley que citara la norma específica dentro del manual del Servicio Secreto que prohibía ingerir bebidas alcohólicas estando en servicio, y que la leyera en voz alta. A Rowley se le acercó una copia del manual de empleado; pasó las páginas hasta llegar al primer capítulo de la Sección 10: "Al empleado se le ordena, de la forma más estricta, abstenerse de ingerir bebidas alcohólicas durante las horas en las que se encuentre oficialmente en su puesto de servicio o cuando el empleado considere con sensatez que se le llamará para llevar a cabo un servicio oficial".

Las reglas eran más estrictas para los agentes asignados a la escolta personal del presidente. A Rowley se le pidió que leyera esas reglas en voz alta también: "Queda prohibido el uso de bebidas alcohólicas de cualquier tipo, incluyendo cerveza y vino, por parte de los miembros de la escolta de la Casa Blanca y los agentes especiales que trabajen con ellos, o por parte de agentes especiales con deberes similares mientras se encuentren en estatus de viaje". Rowley admitió, al leer el resto del reglamento, que ésta era una ofensa meritoria de despido: "La violación o falta de consideración de los párrafos anteriores, o el uso excesivo o impropio de bebidas alcohólicas en cualquier momento, será causal de destitución".

Rankin hizo la siguiente pregunta con agresividad, lo cual era poco habitual en él: ¿Cómo podía Rowley estar seguro de que sus agentes no podrían haber salvado la vida del presidente? "¿Cómo puede decir que el hecho de que salieran de esa forma la noche anterior... no tuvo nada que ver con el asesinato?", preguntó Rankin. "¿Ha tomado alguna acción disciplinaria contra estos hombres debido a las violaciones del reglamento del Servicio Secreto en las que incurrieron?"

Rowley se defendió a sí mismo y a los agentes. Dijo que, a su parecer, los agentes en la caravana habían tenido "un desempeño ejemplar", a pesar de cualquier secuela del alcohol. "Sí he considerado qué tipo de castigo será administrado", declaró. "Pero también he considerado el hecho de que de ninguna manera estos hombres tuvieron..., su conducta no estuvo vinculada con el asesinato." Castigarlos podría propiciar al público a creer que "ellos fueron responsables del asesinato del presidente. Yo consideré que esto no era justo y que ellos no se merecían eso... Yo no creí que a la luz de la historia ellos debieran ser estigmatizados por algo como eso, ni sus familias ni sus hijos".

Warren no aceptaría nada de eso: "¿No cree usted que si un hombre se duerme a una hora razonable sin que hubiera estado bebido la noche anterior, estaría más alerta que si se hubiera mantenido despierto hasta las tres, cuatro o cinco de la mañana, yendo y viniendo de tugurios de mala muerte y bebiendo en el proceso?" Warren apeló entonces a la descripción que Pearson utilizó para describir al Sótano, un club nocturno que permanecía abierto hasta el amanecer, al que se refirió como "tugurio de mala muerte".

Durante el avance del convoy presidencial por Dallas, los agentes del Servicio Secreto debían estar observando a la multitud y a los edificios durante la ruta en busca de amenazas, destacó Warren. La comisión escuchó el testimonio de testigos que declararon haber visto la boca de un cañón saliendo de la ventana del sexto piso del Almacén de Libros Escolares de Texas antes de que estallaran los disparos y, sin embargo, los agentes del Servicio Secreto fallaron por completo en detectarlo. "Algunas personas vieron un rifle arriba en ese edificio", dijo el ministro presidente. "¿No sería más probable que un agente del Servicio Secreto dentro del convoy, quien se supone que pone atención a este tipo de cosas, pudiera haber detectado algo como esto si hubiera estado libre de los efectos del alcohol o la falta de sueño? ¿No cree usted que hubieran estado mucho más alertas, más agudos?" "Sí, señor", concedió Rowley. "Pero no creo que ellos pudieran haber evitado el asesinato."

Warren no había terminado. La mala praxis iba más allá de los agentes, sugirió; se podía rastrear hasta el desempeño del propio Rowley, dado que el director del Servicio Secreto estaba aparentemente dispuesto a ignorar las faltas de sus propios empleados. "Me parece que a todos se les dio un certificado de completa salud", ironizó Warren. "Sólo me pregunto si es del todo congruente con los hechos que debería tener la comisión."

Rowley replicó: "Tal como mencioné anteriormente, no condonamos sus acciones, ni estamos tratando de minimizar la violación en la que incurrieron. Pero dadas las circunstancias, yo tomé la decisión que me pareció adecuada... No creo que se deba culpar a estas personas por la tragedia".

Semanas después, Warren quedó abatido cuando leyó los borradores de los capítulos del reporte final de la comisión relativos al Servicio Secreto y su desempeño en Dallas. Los borradores, escritos por Sam Stern, abogado de la comisión y anterior secretario de Warren en la Corte, no incluían ninguna crítica directa a los agentes del Servicio Secreto que se habían ido de copas. Stern tampoco incluyó en el borrador del capítulo ninguna crítica severa de cómo el agente del FBI James Hosty había fallado en alertar al Servicio Secreto acerca de la presencia de Oswald en Dallas. Meses después de haberse convertido en el especialista en cuestiones del Servicio Secreto dentro de la comisión, Stern aún no podía sentir ninguna indignación debido al incidente de las bebidas alcohólicas, y continuaba impresionándose por cuántos agentes del Servicio Secreto y sus supervisores parecían estar genuinamente afligidos por lo que sucedió en Dallas, sintiéndose en parte responsables por el asesinato. Para Stern, fue una sorpresa desagradable descubrir cuán diferente era el sentir del ministro presidente. Warren ordenó que los borradores de

Stern se volvieran a redactar para que incluyeran ataques directos a los agentes del Servicio Secreto y a Hosty. "Hubiéramos quedado en ridículo si no hubiéramos mencionado que los agentes del Servicio Secreto salieron a beber la noche anterior al asesinato", diría Warren posteriormente. "Habríamos dado una mala imagen si no señalábamos que el FBI había tenido motivos para investigar a Oswald antes de los acontecimientos, sabiendo todo lo que éste de hecho sabía."

Así como Warren quería ser duro con el Servicio Secreto, Gerald Ford quería serlo con el Departamento de Estado. El departamento era un enemigo recurrente para Ford y para otros republicanos conservadores en el Congreso, quienes lo consideraban un baluarte de universitarios liberales de la Liga Ivy sumamente ansiosos de lograr aceptación entre las naciones detrás de la Cortina de Hierro. Muchos funcionarios del departamento seguían traumatizados por los ataques del senador Joseph McCarthy hacia su lealtad en la década de 1950.

Ford le dijo al personal de asistentes que él creía que existía evidencia de incompetencia, o algo peor, dentro del departamento en lo referente a Oswald durante varios años, comenzando con la decisión tomada en 1962 de permitirle regresar a casa proveniente de Rusia. ¿Por qué se le debía permitir a Oswald reclamar todos sus derechos como ciudadano después de anunciar a los diplomáticos estadounidenses en Moscú, poco después de llegar ahí en 1959, que deseaba renunciar a su ciudadanía? El departamento no sólo le había permitido a Oswald regresar a Estados Unidos, trayendo consigo a su nueva esposa rusa, sino que también le había otorgado un préstamo de aproximadamente 400 dólares para pagar sus gastos de viaje. Ford comentó que también estaba escandalizado por las declaraciones públicas emitidas por el Departamento de Estado en Washington, pocas horas después del homicidio de Kennedy, las cuales afirmaban que no existía evidencia de una conspiración extranjera en el asesinato; un juicio emitido antes de que las pesquisas hubieran siquiera comenzado.

El secretario de Estado, Dean Rusk, fue convocado ante la comisión el miércoles 10 de junio, para responder preguntas acerca del desempeño de su departamento. David Slawson fue el abogado responsable de preparar la lista de preguntas para Rusk. Slawson siempre consideró a Rusk, hombre adusto de 55 años de edad, originario de Georgia, una figura excepcionalmente mediocre; a la postre, una opinión ampliamente compartida dentro de la administración Kennedy. "Rusk parecía actuar, deliberadamente, como un pelele", recordaría Slawson haber pensado sobre aquel sujeto.

Kennedy eligió a Rusk, un diplomático de carrera, para dirigir el Departamento de Estado por sobre varios candidatos de mayor perfil, y ciertamente más carismáticos, debido a que el presidente "tenía la intención de ser su propio secretario de Estado", según diría el amigo y consejero de Kennedy, Arthur M. Schlesinger Jr. Conforme pasó el tiempo, Kennedy se desesperó con la docilidad de Rusk y su negativa a tener opiniones propias. "Generalmente era imposible saber lo que pensaba", escribió Schlesinger al respecto. "Su mente era tan descolorida que casi parecía algo compulsivo." Jacqueline Kennedy comentó con Schlesinger, poco después del asesinato, que su esposo tenía la intención de reemplazar a Rusk en un segundo periodo. "Dean Rusk parecía invadido por la apatía y el miedo de tomar una decisión equivocada", dijo ella. "Era algo que exasperaba a Jack."

Rusk continuó en el departamento gracias a Johnson, quien pretendía demostrar con ello continuidad en la política exterior de Kennedy; Rusk, aparentemente más cómodo con un compañero sureño en la Casa Blanca, comenzó a ser más asertivo. Posteriormente se convirtió en el defensor público de los planes de Johnson para intensificar el compromiso en Vietnam.

En su testimonio ante la comisión, Rusk tenía poco que ofrecer más allá de lo que el Departamento de Estado había estado declarando constantemente desde la muerte de Kennedy: no creía que los soviéticos o los cubanos estuvieran involucrados en el asunto. "Sería un acto de precipitación y de locura que los líderes soviéticos emprendieran tal acción", dijo. "No es de nuestra apreciación que la locura haya caracterizado las acciones del liderazgo soviético en tiempos recientes." En cuanto a Cuba, "sería una locura aún mayor que Castro o su gobierno estuvieran involucrados".

Rankin intervino y le preguntó a Rusk si había leído los cables enviados a Washington inmediatamente después del asesinato del entonces embajador en México, Thomas Mann, quien estaba convencido de que Castro estuvo detrás del homicidio. Rusk reconoció que había leído las comunicaciones y que éstas habían "originado preguntas del más amplio espectro acerca de la posibilidad" de una conspiración extranjera, "de modo tal que yo estuve muy interesado personalmente en esa cuestión en ese momento". Pero la investigación de esas acusaciones por parte de la CIA y el FBI en México y otros lugares, desde entonces habían "seguido su curso", en palabras de Rusk, sin pruebas de la implicación cubana.

Ford escaló en la crítica de que el departamento se había apresurado en hacer declaraciones públicas inmediatamente después del asesinato, declaraciones que parecían descartar una conspiración extranjera. Rusk defendió las declaraciones: "En ese momento no teníamos ese tipo de evidencia, ni tampoco la tenemos ahora; las implicaciones de sugerir evidencia en la ausencia de evidencia habrían sido gigantescas".

—No lo entiendo —replicó Ford.

—Bueno, que si nosotros dábamos la impresión de que contábamos con evidencia que no podíamos describir o comentar, cuando de hecho no contábamos con la evidencia para un asunto de una importancia tan primordial, podría haber creado una situación muy peligrosa en lo referente a...

—¿No habría sido igual de efectivo declarar: 'sin comentarios'? —Ford interrumpió.

—Bueno, desgraciadamente, de acuerdo con las prácticas de la prensa, no haber declarado habría sido una confirmación de que existía evidencia —adujo Rusk.

Para el interrogatorio de Rusk, Ford estaba, como era costumbre, bien informado, así que decidió poner a prueba a Rusk sobre si el secretario de Estado se había siquiera molestado en familiarizarse con evidencia que aun podía indicar una conspiración comunista. Le preguntó a Rusk si estaba al tanto de los reportes de las noticias que decían que Castro, apenas algunas semanas antes del asesinato, había advertido públicamente que respondería con violencia a los líderes estadounidenses que habían convertido al dictador cubano y a sus colegas en blancos para un asesinato.

Rusk declaró recordar no haber leído nada, antes o después de la muerte del presidente, sobre las amenazas de Castro.

★ ★ ★

Después del testimonio de Rusk, Ford estaba convencido de que el Departamento de Estado no debía "salir ileso" en el informe final de la comisión. Dos días después, llamó por teléfono a Rankin para aclarar el punto. Rankin se encontraba fuera de su oficina, así que Ford insistió en hablar con Slawson, quien se encontraba entonces redactando listas de preguntas para otros funcionarios del departamento. "No podemos darnos el lujo de tomar las cosas a la ligera, de ser suaves con los testigos", le comentó Ford. "La carga de demostrar que actuaron con propiedad depende de ellos. Debemos dificultarles las cosas lo más que se pueda. El papel adecuado para nosotros es el de 'abogado del diablo'."

Ford le preguntó a Slawson qué opinaba del contacto que hubo entre el Departamento de Estado y Oswald a través de los años, y si el departamento podría haber hecho más para evitar que Oswald tuviera la oportunidad de matar al presidente. Slawson dijo que él no veía cómo el departamento tenía responsabilidad alguna en el asesinato. La decisión de permitirle a Oswald regresar a los Estados Unidos "parecía ser la correcta"; otros estadounidenses que habían desertado detrás de la Cortina de Hierro y que luego habían cambiado de opinión habían recibido un trato muy similar, comentó Slawson.

Ésa no era la respuesta que Ford esperaba. Él opinaba que la decisión del Departamento de Estado de permitir que Oswald regresara se había ejecutado con "un sospechoso descuido y de forma muy rutinaria". Ford dejó claro que si Slawson no iba a ser severo con los delegados de Rusk, él sí lo sería.

42

OFICINA DEL DIRECTOR
Buró Federal de Investigación
Washington, D. C.
Miércoles 17 de junio de 1964

J. Edgar Hoover insistió en revisar cada documento importante del FBI antes de que éste fuera enviado a las oficinas de la comisión. Si el FBI descubría nueva información relacionada con el asesinato, o si el buró contaba con una respuesta a las preguntas hechas por alguno de los comisionados o por algún miembro de su equipo de trabajo, la información se transfería a la comisión en la forma de una carta en papel membretado del buró firmada por el director. Hoover envió cientos de cartas a la comisión durante el curso de la investigación —con frecuencia, varias por día—; éstas tenían un formato estándar. Cada una de ellas estaba dirigida directamente a Lee Rankin ("Estimado señor Rankin") y eran despachadas mediante mensajeros armados a las oficinas de la comisión en Capitol Hill. Muchas de las cartas de Hoover estaban clasificadas como ULTRASECRETO, y rotuladas en cada página con dicha inscripción.

Cuando los documentos del FBI llegaban a la comisión, Rankin los compartía con Redlich, y si las cartas de Hoover eran particularmente interesantes o importantes, Redlich a su vez se las mostraba a su subalterno, Mel Eisenberg; ambos hombres, orgullosos neoyorquinos, se convirtieron en buenos amigos durante los meses de la investigación. "Compartíamos la oficina y platicábamos todo el tiempo", declararía Eisenberg. Para junio, Eisenberg había regresado a trabajar al bufete de abogados de Nueva York a tiempo parcial, pero aún estaba en Washington dos o tres días por semana. Cuando las cartas de Hoover tenían que ver con posibles implicaciones extranjeras en el asesinato, las cartas se enviaban rutinariamente a David Slawson.

El miércoles 17 de junio, de acuerdo con los archivos de Hoover, el director del FBI preparaba una carta especialmente delicada, ultrasecreta, dirigida a Rankin. La información de la carta era explosiva, o por lo menos tenía el potencial de serlo. De acuerdo con la carta de Hoover, parecía que los diplomáticos cubanos en la ciudad de México habían tenido conocimiento previo del plan de Oswald para matar a Kennedy, porque Oswald había tocado el tema. Si la información recabada por el buró era correcta, Oswald había marchado al interior de la embajada cubana en México en octubre de 1963 y anunciado: "Voy a matar a Kennedy".

Hoover podría haber temido la reacción de la comisión hacia esta carta. ¿Qué significaba que los diplomáticos cubanos en México supieran con semanas de anticipación los planes de Oswald para asesinar al presidente? ¿Era aquella carta evidencia que apuntaba a una conspiración extrajera, posibilidad que Hoover parecía tan dispuesto a descartar? Y más en relación con el FBI: ¿esta información sugería que el buró había metido la pata en su investigación en la ciudad de México y que podrían todavía existir personas allí que deberían ser rastreadas porque habían conocido, o incluso fomentado, los planes de Oswald?

La fuente original de la información en la carta era, increíblemente, el mismo Fidel Castro. Las palabras del dictador cubano habían sido transferidas al FBI mediante un informante "confidencial" del buró, quien había "suministrado información confiable en el pasado", escribió Hoover. De acuerdo con el informante, Castro había sido recientemente escuchado hablando sobre lo que sus diplomáticos en México sabían acerca de Oswald. "Nuestra gente en México nos dio detalles en un informe completo sobre la forma en la que actuó cuando estuvo en México", se citó a Castro.

Según Castro, Oswald enfureció cuando le dijeron, ahí mismo, que no se le otorgaría una visa para viajar a Cuba. Dirigió su furia no contra el gobierno cubano, sino contra el némesis de Castro: Kennedy. Oswald aparentemente culpaba al presidente estadounidense por la ruptura de las relaciones con Cuba, lo cual estaba ahora dificultándole tanto comenzar una nueva vida en La Habana. "Oswald entró enfurecido a la embajada, exigiendo su visa, y cuando se le negó, se precipitó a la salida diciendo: 'Voy a matar a Kennedy por esto'", se citó a Castro. Dijo que los diplomáticos cubanos en México no tomaron en serio a Oswald e ignoraron su amenaza contra la vida del presidente, creyendo que el joven era algún tipo de incitador de la CIA. El gobierno cubano, insistió Castro, no tuvo nada que ver con el asesinato del presidente.

En la carta, Hoover no ofrecía ninguna pista sobre la identidad de la fuente confidencial del buró en La Habana. Años después, el FBI revelaría que se trataba de Jack Childs, un hombre de Chicago que se hacía pasar por un devoto miembro del Partido Comunista de América pero que en realidad trabajaba para el FBI. Childs visitó a Castro en La Habana en junio de 1964, el mismo mes en el que Hoover redactó la epístola dirigida a Rankin. El hermano de Childs, Maurice, también miembro del Partido Comunista, de igual forma espiaba para el FBI. El trabajo de los hermanos Childs —el buró la llamó Operación Solo— sería considerado uno de los mayores logros del FBI en la Guerra Fría. Bajo la pantalla de promover la causa del comunismo, los hermanos viajaron por todo el mundo comunista, conociendo a Kruschev, a Mao y a Castro, entre otros, para luego informar al FBI lo que habían descubierto. Los registros del buró mostraban que la información de los hermanos Childs era extraordinariamente precisa.

Pero la comisión nunca tuvo la oportunidad de ponderar las implicaciones de todo esto —incluyendo la posibilidad de que Oswald anunciara a todo volumen a los diplomáticos cubanos en la ciudad de México que tenía la intención de matar al presidente— porque la carta de Hoover con fecha de junio de 1964 para Rankin aparentemente nunca llegó a la comisión. Lo que pasó con la carta fue un misterio durante décadas. La carta no se pudo encontrar en los archivos de la comisión, resguardados en el Archivo de la Nación, ni en los documentos personales de Rankin, lo cuales fueron donados, después de su muerte, por su familia al archivo. Los miembros originales del equipo de trabajo habían quedado perplejos cuando supieron de la existencia de la carta. Eisenberg no recordaba haberla visto o que Redlich o alguien más le hubiera contado de su existencia; se habría enterado de la carta si Redlich la hubiera visto, dada su obvia importancia, declararía. David Slawson estaba convencido de que nunca la había visto tampoco; recordaría un documento tan "explosivo", diría. Aunque nada dentro del registro público sugiere que la carta de Hoover llegó a la comisión, una copia de la misma sí llegó a otra agencia: la CIA. Décadas después de que la Comisión Warren concluyera su investigación, la carta apareció en los archivos de la agencia que fueron desclasificados como resultado de continuo debate sobre la muerte de Kennedy.*

★ ★ ★

Cuando la primavera se convertía en verano en la ciudad de México en 1964, el jefe de estación de la CIA, Winston Scott, y sus delegados en la embajada de Estados Unidos pudieron comenzar a relajarse. Aparentemente se escaparían de la crítica en el informe final de la Comisión Warren. La estación podría haber fallado en detectar la amenaza que representaba Oswald, pero el rumor que corría dentro de la agencia de espionaje era que el informe Warren no encontraría culpables en la operación de Scott.

La mayoría de sus delegados prácticamente no fueron sujetos a escrutinio alguno durante la investigación. Cuando los abogados de la comisión visitaron la ciudad de México en abril, las preguntas que hicieron a la CIA fueron respondidas casi exclusivamente por Scott en persona; no había ningún registro de que hubieran entrevistado a la mayoría de los delegados de Scott, incluyendo a Anne Goodpasture —la "mujer de confianza" de Scott— y David Atlee Phillips, uno de sus operadores encubiertos más confiables.

Phillips, un texano de 41 años de edad, quien había sido reclutado por la agencia mientras trabajaba como periodista en Chile en 1950, estaba a cargo de todas las operaciones de espionaje dirigidas contra la embajada cubana. Contaba con una amplia experiencia en lo referente a Cuba; había sido asignado dos veces como agente encubierto en La Habana durante la década de 1950 y estuvo involucrado en la planeación de la CIA para la operación en Bahía de Cochinos. Scott describiría a Phillips como "el mejor oficial de acción encubierta" con el que había trabajado. Por entonces, a principios de la década

---

* En 2012, a solicitud del autor, el Archivo de la Nación investigó la pregunta del porqué se encontró una copia de la carta de Hoover del 17 de junio de 1964 en los archivos desclasificados de la CIA pero no en los de la comisión. El Archivo de la Nación se declaró incapaz de determinar la respuesta.

de 1960, cuando James Bond era un nuevo fenómeno cultural, Phillips incluso se le parecía. Sorprendentemente apuesto de joven, Scott originalmente había perseguido una carrera en Nueva York como actor. Después de la segunda Guerra Mundial, se vería sin embargo atraído hacia una carrera muy diferente en la recién creada CIA, aunque ésta requiriera, en efecto, las propiedades de un actor.

Durante los muchos años que trabajó encubierto, Phillips podría haber sido perdonado por perder el rastro de los nombres falsos que debía usar para sí mismo. Contaba con dos seudónimos formales de la CIA (Michael C. Choaden y Paul D. Langevin), y él calculaba que, con el paso de los años, habría usado más de 200 nombres y alias.

Él creía tener un trabajo inusualmente importante en México. La embajada cubana ahí era una escala para que Castro "exportara sus ideas de revolución en América Latina", declararía Phillips años después. "Yo debía saber lo que estaban haciendo los cubanos en la ciudad de México, específicamente en su embajada, y tratar de obtener la mayor cantidad de información posible sobre sus intenciones." Tenía la responsabilidad de reclutar agentes para espiar a Cuba —principalmente dentro de la embajada cubana— así como monitorear a estadounidenses que contactaran dicha embajada quizá para ofrecerse como espías al servicio de Castro.

La CIA no estaba autorizada para vigilar a ciudadanos estadounidenses en México o en algún otro país "a menos que estén claramente involucrados en el juego de espías", comentaría Phillips después. Pero si uno visitaba la embajada cubana y parecía sospechoso, "sería imprudente no observarlos el tiempo suficiente para descubrir lo que traman". En algunos casos, recordaría, intentó interceptar a potenciales traidores estadounidenses en México antes de que tuvieran oportunidad de entregar secretos a los cubanos. Asimismo se jactaría, a principios de la década de 1960, de un éxito en particular; sobre la manera en que frustró los planes de traición de un "oficial militar estadounidense de grado medio", quien apareció en la ciudad de México con la intención de vender secretos de defensa a Cuba. En dicho caso, Phillips envió a un agente mexicano, quien "hablaba inglés con soltura y podía hacerse pasar por un miembro de la inteligencia cubana" para reunirse con el oficial. Haciéndose pasar por un espía cubano que estaba listo para pagar por los secretos estadounidenses, el agente mexicano le dijo al oficial que regresara a Estados Unidos para esperar instrucciones provenientes de La Habana. La investigación se transfirió entonces al FBI. "No sé cuál fue el resultado del caso", escribiría Phillips, "pero debió haber sido un fuerte impacto para el desleal militar cuando, eventualmente, alguien llamó a su puerta", y quien llamaba era el FBI.

Después del asesinato, Phillips insistiría en que Oswald nunca había caído en la categoría de alguien que llamara mucho la atención, incluso después de ser visto en las embajadas de Cuba y la Unión Soviética en México; Oswald era simplemente un "parpadeo en la pantalla del radar de la estación". Al momento de la visita de Oswald, comentaría, parecía ser simplemente un turista aventurero que quería una visa que le brindara la oportunidad de ver cómo era la vida en un país comunista. Sus hazañas anteriores, incluyendo su fallida deserción hacia la Unión Soviética, se sabrían tiempo después, luego de que Oswald abandonara México, cuando ya era demasiado tarde para que la CIA actuara, declararía Phillips. Antes del asesinato, reconocería, Phillips tuvo conocimiento del nombre de Silvia Duran. La estación de la CIA en la ciudad de México estaba consciente de su enredada vida amorosa, incluyendo su publicitado amorío con el ex embajador cubano en México. Phillips declararía haber creído leer una transcripción —en octubre, antes del asesinato— de una conversación telefónica intervenida entre Durán y algunos diplomáticos soviéticos sobre unas solicitudes de visa que implicaban a un hombre estadounidense, quien a la postre resultaría ser Oswald. Pero la conversación "no significó nada para mí, lamento decir, hasta después del asesinato".

Phillips aseguraría años después que llegó a la conclusión de que Oswald era "una persona un poco loca que decidió dispararle al presidente, y así lo hizo", y que "no había evidencia que demostrara que los cubanos o los soviéticos lo habían llevado a hacerlo".

Phillips pensó que se había reunido con algunos de los miembros del equipo de trabajo de la Comisión Warren cuando visitaron México, aunque el papeleo de la comisión no mencionara su nombre. Sus acciones no atraerían un escrutinio intenso sino hasta años posteriores, cuando los investigadores del Congreso y otros cuestionaron a Phillips acerca de si había mentido en relación con su conocimiento de Oswald. En los años venideros, Phillips se enfurecería cada vez más por las teorías de conspiración que sugerían que él y sus colegas de la CIA podrían haber tratado de reclutar a Oswald como espía contra Cuba, o que ellos habían estropeado una operación —similar a la que involucraba al traidor militar— en la cual habrían intentado interceptar a Oswald en la ciudad de México antes de que tuviera contacto con los cubanos. Phillips declararía que la idea de que él hubiera formado parte de un "encubrimiento del asesinato de uno de mis presidentes me perturba en grado sumo, a mí y para mis hijos".

Pero es posible que nadie —en la CIA o en cualquier otra parte del gobierno— hiciera más por confundir el registro acerca de Lee Harvey Oswald y lo que el gobierno sabía sobre él antes del asesinato de Kennedy. En ciertos momentos, el esfuerzo que hiciera Phillips para enturbiar el registro sobre lo que había sucedido en México parecía casi patológico. Él era, de profesión, un hombre que se especializaba en el engaño. Parecía, a veces, que simplemente era incapaz de decir la verdad, si es que la sabía, acerca de la visita de Oswald a México. Incluso mientras él continuaba insistiendo en que Oswald sólo fue un "parpadeo" en el radar de la CIA, la agencia eventualmente desclasificaría los cables que mostraban que a Oswald sí se le había rastreado en las calles de la capital mexicana, y que la CIA había alertado al FBI, al Departamento de Estado y a otras agencias —antes del asesinato— de sus actividades en ese lugar.

Más significativas resultaron, quizá, las repetidas declaraciones engañosas que Phillips sostuvo bajo juramento acerca de su paradero en septiembre y octubre de 1963, cuando Oswald se encontraba en México. Aunque inicialmente afirmó que había estado en México durante la visita de Oswald, los registros de la CIA demostraban que Phillips se encontró fuera de México durante gran parte, si no es que durante la totalidad, del periodo en cuestión. Phillips estuvo, en aquellos días, ya sea en Washington o en Miami. Durante su visita a Miami, trabajó en una oficina de la CIA que estaba ayudando a movilizar grupos de exiliados anticastristas, incluyendo por lo menos a uno de los grupos en los cuales Oswald había tratado de infiltrarse durante ese año.

Hacia el final de su vida, Phillips parecía dispuesto a sacar provecho de las teorías de conspiraciones en torno a Oswald. Parecía que deseaba atormentar con la posibilidad de que la CIA hubiera mentido sobre Oswald y que la agencia de hecho tenía parte de la culpa en la muerte de Kennedy. Cuando murió en 1988, Phillips dejó un manuscrito de ocho páginas escrito a máquina para una novela que sería un recuento dramatizado de su trabajo en México. El manuscrito hacía referencia a personajes basados en su persona y en Winston Scott —identificado en la novela como Willard Bell—, así como a un teórico de conspiraciones que evocaba a Mark Lane. Oswald era identificado con su nombre real, al igual que el antiguo director de la Agencia Central de Inteligencia —y miembro de la Comisión Warren—, Allen Dulles.

El borrador incluía un fragmento en el que el personaje basado en Phillips le cuenta a su hijo:

Yo era uno de los dos oficiales a cargo de Lee Harvey Oswald. Después de trabajar para establecer su filiación marxista, le dimos la misión de matar a Fidel Castro en Cuba. Le ayudé cuando vino a la ciudad de México para tramitar su visa, y cuando regresó a Dallas para esperar a que estuviera lista, en dos ocasiones me reuní con él en aquel lugar. Ensayamos el plan repetidamente: en La Habana, Oswald asesinaría a Castro con un rifle de francotirador desde la ventana de un piso superior de un edificio ubicado en la ruta por donde Castro solía conducir un jeep descapotado. Sobre si Oswald era un doble agente o un psicópata, no estoy seguro. Y no sé por qué mató a Kennedy. Lo que sé es que usó exactamente el plan que habíamos concebido contra Castro. Así fue como la CIA no anticipó el asesinato del presidente, pero sí fue responsable de él. Yo comparto esa culpa. Allen Dulles entregó a otro agente de la CIA y a mí 800 000 dólares en efectivo para financiar la operación y resolverle la vida a Oswald después de la muerte de Castro. Cuando el plan se desvió tan terriblemente, Dulles nos dijo que conserváramos el dinero; temía que hacer el esfuerzo de regresarlo a los fondos operacionales de la agencia pudiera causar problemas.

Puedes imaginar cómo esta triste historia me ha atormentado. Muchas veces he pensado en revelar la verdad, pero de algún modo no pude. Tal vez tú, que estás leyendo esto, decidirás cuándo será el momento para revelar la verdad.

Cerca de la costa de Cuba
Verano de 1964

William Coleman no escribió nada de la misión más arriesgada que hubo emprendido durante su larga carrera en el servicio público y durante el ejercicio de las leyes. Se le indicó, diría, que salvo informar al ministro presidente Warren, a Lee Rankin y posiblemente al presidente Johnson sobre de los resultados, no debía decir nada —nunca— sobre dicha misión. No se conservó ningún tipo de papeleo en los archivos de la comisión, por lo menos no en los archivos liberados al Archivo de la Nación.

La misión de ese verano comenzó en la costa atlántica de Florida, en donde Coleman, según contaría, fue transportado por avión desde Washington. Una vez ahí, se le transfirió a una embarcación del gobierno de Estados Unidos —"No sé si era una embarcación de la CIA o de la Marina"— para el viaje hacia aguas cubanas. La embarcación se detuvo, diría, a unos 30 kilómetros de la costa de Cuba, en cuanto tuvo a la vista un yate, el yate de Fidel Castro. En la embarcación iba Castro en persona. Estaba esperando ahí para responder la pregunta por la cual se había enviado a Coleman: ¿dio el líder cubano la orden para el asesinato de Kennedy?

Coleman pensaba que lo habían seleccionado para esta tarea debido a que era el abogado *senior* dentro del equipo de la "conspiración" y, de forma más importante, puesto que se sabía dentro de la comisión que él ya se había entrevistado con Castro anteriormente. Los presentaron por primera vez en la década de 1940 o de 1950 en Harlem, cuando Castro se encontraba en Nueva York durante una de varias visitas que hizo a Estados Unidos antes de llegar al poder. Fueran cuales fuesen sus reclamos posteriores acerca de cómo esa ciudad representaba la decadencia capitalista, Castro había declarado que amaba Nueva York. Él había pasado allí gran parte de su luna de miel en 1948 y había regresado en varias ocasiones durante la década siguiente. Al igual que Coleman, el futuro líder cubano tenía debilidad por los salones de baile de Harlem, donde podía pernoctar escuchando música hasta altas horas de la noche.

Como un hombre de raza negra, a Coleman no se le permitía la entrada a los clubes nocturnos del centro de Manhattan en aquella época, de modo tal que él y sus amigos esperaban más o menos hasta la 1:00 am, hora en que algunos de los artistas negros más populares de la época terminaban sus actuaciones en el centro de la ciudad y se dirigían a Harlem para montar sus espectáculos para el público de raza negra. La cantante Lena Horne se convirtió en una buena amiga de Coleman. Fue una época mágica, dijo. "Lena y toda esta gente tan talentosa iba a Harlem, a los clubes; los tenías a todos juntos en la misma habitación", recordaría Coleman. "Cualquiera hubiera dado su brazo derecho por estar ahí a las cuatro en punto de la madrugada." Fue en esos clubes de la calle 125 en donde Coleman, un republicano de toda la vida, se hizo amigo de Nelson Rockefeller, el futuro gobernador republicano del estado de Nueva York y un camarada amante del jazz.

Coleman recordaría haberse sentido impresionado por Castro, quien hablaba un poco de inglés. "Nunca pensé que se convertiría en el líder de ese país", declararía Coleman. "Pero sí que era un tipo impresionante. Contaba con estudios en leyes. Era un tipo muy atractivo e inteligente."

Ahora, después de todos estos años, Castro era el temido dictador de la Cuba comunista, el hombre que había llevado al mundo al borde de una guerra nuclear dos años antes y a quien John F. Kennedy había deseado tan desesperadamente quitar del poder. Coleman consideró una "irónica ironía" que se le hubiera seleccionado a él para llevar a cabo una misión secreta para ver a su viejo conocido de los clubes de jazz de Harlem para preguntarle si había matado al presidente.

Tal como se le explicó a Coleman, Castro había mandado decir a Washington que deseaba ofrecer un testimonio ante la comisión para convencerla de que él no había tenido nada que ver con el asesinato de Kennedy. "Castro indicó que deseaba encontrarse con alguien, y yo era la persona indicada para hacerlo", diría Coleman.

Años después, Coleman declararía que recordaba haber comentado la misión únicamente con Rankin y tal vez con Warren. "Estoy bastante seguro de que hablé con el ministro presidente al respecto", diría. "Todo el asunto era muy secreto." Se le ordenó que no mencionara nada acerca de la misión a Slawson, su compañero *junior* en el equipo de la comisión. Había buenas razones detrás de esta confidencialidad, recordaría; si la reunión se manejaba mal o se hacía del conocimiento público, ésta podría crear un escándalo o algo peor. "Si yo lo arruinaba, si yo decía algo mal", Castro podía tomarlo como una exoneración oficial del asesinato de Kennedy. "Al día siguiente podría organizar una conferencia de prensa y decir: 'Incluso el señor Coleman dijo que yo no lo hice'."*

Con todo, recordaría Coleman, sintió que la misión valió la pena: "Decidí que teníamos que hacerlo".

La habilidad de Coleman para ocultar, durante décadas, el secreto del viaje a la mayoría de sus colegas era una habilidad típica de él. William Thaddeus Coleman Jr., nacido y criado en Filadelfia, se enorgullecía de ser un "abogado de Filadelfia", un término que alguna vez fue ampliamente usado en todo Estados Unidos para describir a un abogado especialmente capaz y discreto; un abogado de abogados. El hecho de que Coleman, de 43 años de edad, hubiera llegado tan lejos en su profesión para 1964 y contra tantas adversidades, era una muestra de qué tan bueno era como abogado. Doce años antes, sin embargo, a pesar de haberse graduado como uno de los mejores de su clase en la Escuela de Leyes de Harvard y habiendo trabajado como secretario en la Suprema Corte bajo las órdenes del legendario Felix Frankfurter, no podía encontrar empleo en ningún bufete de

---

* Coleman afirmaría que el autor de este libro fue el primer periodista a quien contó acerca de aquella misión. Sin embargo, otros antiguos miembros del equipo de trabajo de la comisión ya le habían comentado haber escuchado rumores al respecto. Al ser confrontado sobre los rumores fue que Coleman confirmó la historia como verdadera. Dijo que no había hecho mención alguna de la reunión con Castro en sus memorias: *Counsel for the Situation: Shaping the Law to Realize America's Promise*, volumen publicado en 2010, porque tenía entendido que la información aún era clasificada.

su ciudad natal. Se empeñó en casi nunca quejarse con otros colegas sobre la discriminación que había enfrentado a lo largo de su carrera; en cambio, hablaba con orgullo de todo lo que había logrado a pesar del color de su piel. Su dificultad para encontrar trabajo en Filadelfia al inicio de su carrera fue la única vez que tan obvio y desagradable desplante de racismo lo hubo molestado. "Eso realmente me fastidió." Finalmente encontró empleo en 1949 en un bufete de Nueva York que crecía con velocidad, Paul Weiss, en donde se convirtió en el primer socio de raza negra en la historia de la firma, y uno de los primeros asociados de raza negra en cualquier bufete de importancia en el país. Aunque trabajaba en Nueva York, continuó siendo un devoto de Filadelfia y estableció su hogar allí, ello le exigió hacer trayectos diarios de dos horas y media, de ida y de vuelta, en tren a Manhattan y de regreso. Durante años, entre semana, su alarma sonó a las 5:50 todas las mañanas, y no regresaba a casa a cenar sino hasta las 8:30 de la noche, por muy temprano. En Paul Weiss, Coleman comenzó a ganarse su lugar en la historia del movimiento por los derechos civiles. En 1949, Thurgood Marshall —por entonces jefe del Fondo para la Defensa Legal de la Asociación Nacional para el Progreso de las Personas de Color (NAACP, por sus siglas en inglés) y posteriormente ministro de la Suprema Corte— le pidió que se involucrara en impugnaciones de la corte para terminar con la segregación en las escuelas públicas de la nación. Al poco tiempo, se le pidió a Coleman ayudar con la redacción de informes de la corte para representar a familias de raza negra en Kansas que estaban buscando poner fin a la segregación de las escuelas públicas de Topeka, el caso que se convertiría en "Brown vs. La Junta de Educación". Cuando llegó el momento para que Marshall defendiera el caso frente a la Suprema Corte en diciembre de 1953, invitó a Coleman, de 33 años de edad en aquel entonces, para se sentara junto a él en la mesa del consejo.

En 1952 Coleman finalmente cumplió su sueño de trabajar para un importante bufete de abogados en Filadelfia. Su contratación como socio de la firma Dilworth, Paxson, Kalish & Green llevó a un grupo de secretarias de raza blanca a encabezar una amenaza de renuncia ante la sola idea de trabajar para un hombre de raza negra. Según recordaría Coleman, el socio principal del bufete terminó con la protesta al decirles a las secretarias que podían renunciar si así lo deseaban porque "podemos encontrar a personas casi igual de competentes para reemplazarlas a ustedes". A Coleman, dijo, no se le podía reemplazar con tanta facilidad. "Una vez que lo conozcan, se darán cuenta de que es un ser humano decente." Las secretarias permanecieron en sus puestos.

Años después, Coleman declararía haber olvidado muchos de los detalles de su viaje para reunirse con Castro en su yate —no recordaba si el capitán y los marineros estaban armados, por ejemplo—, pero sí recordaba haberse subido a la embarcación cubana y ver por primera vez en años la imagen del barbado Castro. El líder cubano reconoció a Coleman de inmediato y le dio la bienvenida como a un amigo. "Ciertamente sabía que nos habíamos conocido en Nueva York... Fue una conversación muy animada."

La reunión duró aproximadamente tres horas, en la cuales Coleman presionó a Castro hacia cualquier situación en la que el gobierno cubano pudiera haber estado involucrado con el asesinato de Kennedy, incluso de forma indirecta. Castro negó cualquier vínculo de Cuba con el asesinato del presidente. De hecho, Coleman recordaría: "Dijo que admiraba al presidente Kennedy". A pesar de la invasión a Bahía de Cochinos y todos los otros esfuerzos del gobierno de Kennedy para forzarlo a que dejara el poder, o incluso para matarlo, Castro insistió que él "seguía sin pensar mal" de Kennedy.

Siendo siempre un abogado cuidadoso, Coleman no aceptó las negativas de Castro como la verdad y dijo que se retiró de la reunión sin estar seguro de nada. A su regreso a Washington, todo lo que pudo ofrecer a Rankin y a Warren fue su juicio de que no escuchó nada que socavara la declaración de Castro en cuanto a su inocencia en la muerte de Kennedy. "No digo que no lo haya hecho", declararía Coleman haber dicho. "Pero cuando regresé dije que no descubrí nada que me llevara a pensar que hay pruebas de que él *sí* lo hizo."

Earl Warren insistió a sus colegas de la comisión que él nunca filtró información de la investigación. Sin embargo, para finales de la primavera, alguien lo estaba haciendo, y a detalle, con respecto a la probabilidad de que la comisión concluiría que Oswald había actuado solo. Las filtraciones llegaron primero a Anthony Lewis, el corresponsal en la Suprema Corte para *The New York Times*, quien era cercano a Warren y a Rankin por los años que pasó dándoles cobertura en la corte. En 1963, Lewis había ganado un Premio Pulitzer por su cobertura en la corte y en junio de 1964 fue publicado su libro: *Gideon's Trumpet*, una historia del emblemático caso en la Suprema Corte: "Gideon *vs.* Wainwright". El libro fue efusivo en cuanto a su elogio al ministro presidente y a Rankin por su labor en el caso, en el cual la corte de Warren determinó que los indigentes acusados de un crimen debían ser provistos con abogados sin costo.

A los pocos días de la publicación del libro, la revista *Times* incluyó una historia de portada escrita por Lewis sobre la Comisión Warren, con el título: "PANEL LISTO PARA RECHAZAR TEORÍAS DE CONSPIRACIÓN EN LA MUERTE DE KENNEDY". El artículo decía que se esperaba que el informe final de la comisión, aún a meses para ser completado, "apoyara la creencia original de las autoridades del orden público de esta nación referente a que el presidente fue asesinado por un hombre que actuó en solitario: Lee H. Oswald". Gran parte de la historia estaba escrita sin atribuciones, como si la información se conformara por hechos indiscutibles. Lewis reportó que "un vocero de la comisión", anónimo en el artículo, confirmó que la comisión desacreditaría las muchas teorías de conspiración acerca del asesinato, particularmente las teorías difundidas por Mark Lane. Aunque era imposible identificar al "vocero" con precisión, los calendarios personales de Rankin mostrarían que él se había reunido con Lewis en las oficinas de la comisión, durante casi 40 minutos, tres días antes de que el artículo hiciera su aparición. Artículos similares basados en filtraciones aparecieron rápidamente en otros periódicos.

Los artículos indignaron a Ford. El ministro vio las fugas como un esfuerzo por parte de alguien dentro de la comisión para manipular el resultado de la investigación antes de tener todos los hechos sobre la mesa. Esto se había convertido en una queja recurrente entre los asesores tras bambalinas de Ford, a los cuales preocupaba que la comisión —Warren, en específico— estaba todavía ignorando evidencia que podía indicar la existencia de una conspiración comunista. Ford convocó una reunión urgente para dejar en claro sus protestas. Warren programó dicha reunión para el jueves 4 de junio. Las filtraciones eran el único asunto en el orden del día. Warren Dulles y McCloy asistieron a la reunión, junto con Ford.

Warren inmediatamente otorgó la palabra a Ford, quien advirtió sombríamente sobre la aparente existencia de un soplón entre ellos. "A mi parecer, alguien, en algún lado, está plantando o filtrando estas historias", dijo, añadiendo que él creía saber quién era el culpable. "Tengo algunas conclusiones personales, pero no puedo probarlas, así que no quiero hacer ninguna acusación." Dijo que las filtraciones tenían el propósito de prejuzgar los hallazgos de la comisión. "Están creando una atmósfera en todo el país que, en mi opinión, predeterminará a la opinión pública acerca de lo que podamos o no concluir", comentó. "No me gusta que se me cite cuando no he emitido un juicio final." Warren trató de tranquilizar a Ford. "En lo que a mí respecta, comparto por completo su sentir", dijo. "Me parece que la mayoría de todo esto proviene de la nada, de la mera especulación. No tengo conocimiento de que alguien esté hablando con otras personas." Ford instó a la comisión a que hiciera una declaración pública negando que hubieran llegado a conclusión alguna. Warren y el resto estuvieron de acuerdo. Al día siguiente, se emitió una breve declaración a la prensa diciendo que la comisión estaba por finalizar su investigación pero que "se está reflexionando acerca del contenido y la forma del informe" y que no había llegado a conclusión alguna.

Se llamaría a una ronda más de testigos para ofrecer declaración en Washington antes de que terminara la investigación. Algunos de los que ya habían comparecido serían llamados de nueva cuenta después de que quedara claro que su credibilidad estaba en duda. Pocos habían enfrentado más dificultades para probar su veracidad como Marina Oswald y Mark Lane; a ambos se les llamó para que explicaran los huecos en sus comparecencias previas.

En los cuatro meses posteriores a su primer llamado a testificar, la percepción de la honestidad de Marina y su buena reputación cambió drásticamente entre los comisionados, y lo hizo para mal. Desde su aparición en febrero, la comisión había escuchado muchos reportes poco favorecedores acerca de su aparentemente despreocupada vida amorosa y su afición a la bebida (el FBI había continuado con la intervención en su casa, incluyendo su alcoba). "Se convirtió en una fumadora compulsiva y en una aficionada al vodka", escribiría posteriormente William Manchester en su libro. Los comisionados tenían preocupaciones más sustanciales acerca de si ella había cometido perjurio en su testimonio anterior, especialmente respecto a su negación de si sabía con anterioridad acerca de los planes de su esposo para matar al presidente. Esa negativa estaba ahora en duda con el descubrimiento de que ella le había dicho a su manager y a su cuñado —pero no a la comisión— acerca de la conspiración de su esposo para matar a Nixon. Los abogados de la comisión ahora sospechaban acerca de que si Oswald le había contado a su esposa sobre sus planes para matar a Nixon y a Walker, también le habría contado sobre su plan para matar a Kennedy.

Marina Oswald regresó a las oficinas de la comisión el jueves 11 de junio. En esta ocasión, no hubo una declaración por parte de Warren para darle la bienvenida o para expresar su gratitud por el testimonio que ella rendiría. No hubo preocupación paternal por su bienestar o el de sus hijos. El interrogatorio, dirigido por Rankin, rayó frecuentemente en lo hostil.

—Señora Oswald, nos gustaría que nos contara sobre el incidente relacionado con el señor Nixon —preguntó Rankin.

Marina pareció entender el lío en el que se encontraba metida.

—Lamento mucho no haber mencionado esto antes —comenzó, hablando a través del intérprete de ruso—. Había olvidado por completo el incidente con el vicepresidente Nixon cuando estuve aquí por primera vez. No estaba tratando de engañarlos.

—¿Podría decirnos por qué no mencionó este incidente? —insistió el ministro Ford.

—Estaba muy cansada y sentí que lo había dicho todo —replicó Marina.

A continuación, ofreció lo que ella decía ser la historia completa sobre la amenaza contra Nixon; cómo, en abril de 1963, varios días después del conato de asesinato por parte de su esposo a Walker, Oswald le dijo que estaba a punto de salir a la calle en busca de Richard Nixon. Oswald, dijo ella, afirmó que Nixon estaba de visita en Dallas ese día. Él tomó la pistola que guardaba en casa y dijo: "Voy a salir a echar un vistazo y tal vez no use mi arma. Pero si veo una oportunidad, tal vez lo haré". Marina dijo que quedó aterrorizada por la amenaza y que trató de encerrar a su esposo en el baño para evitar que se fuera. "De hecho luchamos durante varios minutos y entonces se calmó", dijo ella. "Recuerdo que le dije que si salía, más le valdría matarme."

Incluso cuando ella trató de explicar cada hueco en su testimonio anterior, Marina estaba creando más confusión, especialmente dado que los miembros de la comisión habían determinado que Nixon no había visitado Dallas durante el abril de 1963. Algunos de los comisionados se preguntaban si ella no estaría confundiendo al ex vicepresidente Nixon con el entonces vicepresidente Lyndon Johnson, quien había estado en Dallas ese mes. No obstante, ella aseguró no estar confundida. "Recuerdo claramente el nombre Nixon", dijo. "Nunca había escuchado de Johnson antes de que fuera presidente."

—¿No se le ocurrió en ese momento que existía el peligro de que su esposo usara estas armas contra alguien más? —preguntó Allen Dulles, dado que Oswald había tratado ya de matar a Walker y había amenazado con matar a Nixon—. ¿Nunca dijo nada en contra del presidente Kennedy?

—Nunca —respondió ella—. Siempre tuvo un sentimiento favorable hacia el presidente Kennedy.

Marina apeló nuevamente a la compasión de los comisionados. Intentó explicar cómo falló en alertar a la policía —o a cualquier otra persona— de que su esposo era capaz de violencia política. Permaneció en silencio, dijo ella, porque estaba aterrorizada ante el panorama de que su esposo fuera algún día arrestado y encarcelado, dejándola a ella en un país donde tenía pocos amigos y nada de familia. Ella deseaba permanecer en los Estados Unidos y le preocupaba ser deportada a Rusia si entregaba a su esposo.

—Lee era la única persona que me estaba apoyando" —dijo—. No tenía amigos, no hablaba inglés, no podía trabajar y no sabía qué pasaría si lo encerraban.

Su esposo la había estado amenazando durante meses con la posibilidad de que ella fuera forzada a regresar a Rusia sin él, afirmó Marina. Él tenía un lado "sádico" y la obligaba a "escribir cartas a la embajada rusa diciendo que quería regresar a Rusia", dijo ella. "Le gustaba molestarme y atormentarme de esa forma... Varias veces me obligó a escribir cartas como ésas." Y a pesar de su protesta, él envió las cartas. Ella dijo que se había resignado a la posibilidad de un sombrío regreso a su tierra natal.

—Quiero decir, si mi esposo no quería más que viviera con él, si quería que yo me regresara, entonces iría de vuelta —declaró Marina—. No tenía ninguna opción.

Para el jueves 2 de julio, fecha en que Mark Lane asistiría a su segunda y última comparecencia ante la comisión, el abogado era tan conocido para el público estadounidense como la mayoría de los comisionados. A la edad 37 años, Lane era ya una celebridad, con admiradores en todo el mundo ansiosos de escucharlo explicar cómo Lee Harvey Oswald había sido incriminado y cómo el ministro presidente de la Suprema Corte estaba encubriendo la verdad. Cuando la comisión lo forzó a regresar a Washington bajo la amenaza de citatorio, Lane tuvo que interrumpir su gira por Europa, donde se encontraba dando discursos y recolectando dinero.

La razón declarada por la comisión para volver a llamarlo a testificar era exigir que revelara la fuente de algunas de sus acusaciones más estremecedoras, especialmente en cuanto a la afirmación de que un el oficial J. D. Tippit se reunió con un prominente activista anti-Kennedy en el Club Carousel una semana antes del asesinato. El grupo de trabajo de la comisión no había encontrado nada que respaldara el rumor, ni tampoco lo había hecho ninguno de los reporteros en Dallas, todos los cuales lo habían escuchado del mismo abogado alcohólico de Texas, quien había estado difundiendo la historia durante meses. La comisión también estaba todavía tratando de aclarar la confusión sobre la afirmación de Lane, la cual decía que la mesera de Dallas, Helen Markham, uno de los testigos del asesinato de Tippit, se había retractado en la identificación de Oswald como el asesino.

Después de tomar asiento en la mesa de testigos, Lane no perdió el tiempo: dejó claro que no contestaría ninguna de las principales preguntas de la comisión y declaró que no había forma alguna de obligarlo a responder.

Warren parecía tener problemas para contener su ira. A no ser que Lane revelara sus fuentes, "tenemos toda la razón en dudar de la veracidad de lo que nos ha dicho hasta ahora", dijo el ministro presidente a Lane, acusando así al joven abogado de perjurio. Lane se había sentido libre de involucrar a su propia "inquisición" en el asesinato y de repetir cualquier indignante rumor que se le ocurriera, afirmó Warren. "Lo único que usted ha hecho es obstaculizarnos", le espetó entonces.

Lane fue desafiante.

—No he dicho nada en público, señor ministro presidente, que no hubiera yo dicho primero ante esta comisión… Cuando yo hablo frente a una audiencia, me obligo a decir la verdad justo como lo hice al testificar ante esta comisión, donde también he dicho la verdad.

Con Lane, la comisión no llegaría más lejos.

TERCERA PARTE

El informe

El ministro presidente Warren entrega el informe
de la comisión al presidente Johnson,
24 de septiembre de 1964

44

Hogar de Earl y Nina Warren
Hotel Sheraton Park
Washington, D. C.
Junio de 1964

La devota esposa de Warren, Nina, era quien más se preocupaba. Ella decía que el ministro presidente, que había cumplido 73 años en marzo, estaba trabajando tanto que estaba arriesgando su salud. Durante la primavera, el trabajo de la comisión había inundado cada minuto libre de todos los días y todas las noches que no había estado en la corte. Cada noche, antes de dormir, se sentaba en la cama para tratar de revisar la creciente montaña de las transcripciones de testimonios recientes ante la comisión.

Durante la década que había transcurrido desde su llegada a Washington, Warren había intentado mantenerse en buena condición. Le gustaba nadar para hacer ejercicio. Drew Pearson pensaba que el fornido y encanecido ministro presidente se parecía a un viejo pero satisfecho león marino al deslizarse en el agua. Sin embargo, durante casi todo 1964, Warren había tenido que renunciar a sus visitas vespertinas a la piscina del Club University de Washington; sencillamente no había tiempo. "La Comisión Warren era un lastre para él", diría Bart Cavanaugh, antiguo alcalde de Sacramento, California, y uno de los amigos más cercanos de Warren. "Era una presión terrible." Cavanaugh había visitado a los Warren aquella primavera. "La señora Warren dijo que él estaba terriblemente desgastado, que había perdido mucho peso." Le rogó a Cavanaugh que le ayudara a distraer a su esposo del trabajo sacándolo de la ciudad. "La señora Warren nos dijo: '¿Por qué no se escapan los dos y se van a Nueva York durante el fin de semana?', y así lo hicimos", afirmaría Cavanaugh. "Condujimos hasta Nueva York, fuimos a ver el partido." Pero a la semana siguiente, de vuelta en Washington, la presión de los dos trabajos de tiempo completo caería nuevamente sobre Warren.

Su exasperación aumentaba conforme se escapaba cada una de las fechas límite que había establecido para la comisión. Había comenzado a preocuparle que tal vez no tendría vacaciones de verano ese año.

Ya desde junio, sólo el siempre eficiente Arlen Specter —operando sin ayuda ni obstáculos por parte de su compañero *senior* Francis Adams, ausente desde hace tiempo— había terminado el borrador de su porción del informe; la crónica de los eventos del día del asesinato. La mayoría de los otros equipos sabían, desde hacía semanas, que el cumplimiento de las fechas límite ya no tenía remedio.

El ministro presidente ya había dejado de esconder la furia que le provocaban los retrasos. Slawson recordaba la ira de Warren cuando no se cumplió con las fechas límite, inicialmente trazadas para junio. El 29 de mayo, el último viernes de mayo, Rankin se dio cuenta de que habría que comunicarle a Warren, de una vez por todas, que el equipo de trabajo no sería capaz de cumplir con la fecha límite —el siguiente lunes, 1º de junio— para concluir el borrador de los capítulos del informe. Cuando Rankin se preparaba para irse a casa durante el fin de semana, le pidió a Willens que diera la noticia: "Será mejor que le digas al jefe que no va a estar listo". El ministro presidente estaba "furioso", recordaría Slawson. Willens declararía a su vez que la furia de Warren era comprensible. Después de todo, durante la mayor parte de su vida, el ministro presidente había controlado su propio programa de actividades, así como el de la gente que trabajaba para él. Ahora, su programa estaba a la merced de un grupo de jóvenes abogados, a los cuales apenas si conocía. Se sentía "un prisionero del equipo de trabajo", diría Willens.

Warren, quien normalmente se escapaba de Washington cada julio y agosto para evitar el pantanoso calor de la capital, acortó sus vacaciones a sólo un mes. Planeó partir el 2 de julio para ir a pescar a su amada Noruega, la tierra de los ancestros de su familia, y regresar a principios de agosto, a tiempo para supervisar la redacción final del informe. Antes de partir, tuvo tiempo para responder algunas de las cartas de reprimenda que había estado recibiendo todo el año de parte de abogados prominentes de todo el país, quienes querían comunicarle el grave error que había cometido al aceptar el trabajo de dirigir la comisión. En sus tardías respuestas, Warren les dijo a quienes lo criticaban que tenían razón y que había aceptado la encomienda debido a la insistencia del presidente Johnson. "Comparto su opinión acerca de que no le atañe a los miembros de la corte el aceptar encargos fuera de sus funciones", escribió a Carl Shipley, un abogado hacendario de Washington. "Yo me he expresado al respecto dentro y fuera de los círculos de la corte." Warren citó su frase favorita del presidente Grover Cleveland, para arrojar luz sobre el porqué había aceptado el trabajo. "A veces, como bien sabe, nos enfrentamos —tal como dijo Grover Cleveland— con una condición y no una teoría. En esta situación, el presidente me impresionó de tal forma con la gravedad de la situación en ese momento, que sentí sinceramente que no me podía negar."

La Suprema Corte apenas había terminado con otro periodo lleno de acontecimientos, en el cual los ministros decidieron sobre varios casos emblemáticos, incluyendo "New York Times *vs.* Sullivan", una decisión unánime anunciada en marzo en la cual la corte falló sobre los temas de libertad de expresión y derechos civiles. La resolución debilitó la habilidad de los funcionarios públicos para usar las leyes de libelo para castigar a periodistas. En aquel entonces, dichas leyes se usaban para llevar a la quiebra a organizaciones noticiosas que reportaban abusos a los derechos civiles en el sur de Estados Unidos. El 22 de junio, en el caso "Escobedo *vs.* Illinois", la corte sostuvo que los sospechosos criminales tenían derecho a asesoría legal durante las interrogaciones policiales, una extensión de las protecciones otorgadas a los acusados en la resolución unánime para el caso "Gideon *vs.* Wainwright" el año anterior. A diferencia de los casos Sullivan y Gideon, Escobedo había sido una decisión difícil: el fallo tuvo una mayoría de apenas 5-4. El margen de un voto sugería a algunos abogados que la campaña del ministro presidente para aumentar los derechos de los acusados estaba perdiendo fuerza.

Warren diría después que siempre había comprendido que sería difícil lograr la unanimidad en la comisión, para conciliar diferencias entre siete hombres, quienes, bajo otras circunstancias, estarían de acuerdo casi en nada. "Políticamente, teníamos tantos criterios opuestos como personas había", recordaría. "Estoy seguro de que yo era un anatema para el senador Russell debido a las decisiones raciales de la corte." Warren estaba también impactado por cuánta hostilidad existía entre el congresista demócrata Hale Boggs y su homónimo republicano, Gerald: "No congeniaban, no existía camaradería entre ellos". El ministro presidente respetaba mucho más a Boggs que a Ford, incluso a pesar de que Boggs era mucho menos activo en la investigación. "Boggs fue un buen comisionado", declararía el ministro presidente. "Abordaba las cosas objetivamente. Lo encontré muy útil." Boggs tenía también la mejor disposición, pensaba. "Boggs era amigable y Ford antagónico." Warren diría también que llegó a tener un gran respeto por el sentido común de John McCloy, quien parecía estar siempre más allá de cualquier partidismo. "Era alguien objetivo y sumamente útil." Y, a pesar de su excentricidad y su tendencia a quedarse dormido durante las reuniones, Allen Dulles fue "también muy útil... Era un poco parlanchín pero trabajaba bien; fue un buen elemento".

Para finales de la primavera, Warren pensó que se había ganado a la mayoría de los comisionados para que compartieran su convicción de que Oswald había actuado solo. "La teoría de la no-conspiración era probablemente la decisión medular del caso." La persona más abiertamente reticente, diría, era Ford, quien continuaba sugiriendo la posibilidad de que Oswald había sido parte de una conspiración, probablemente relacionada con Cuba. "Ford quería salirse por la tangente siguiendo un complot comunista", recordaría Warren. Tampoco estaba seguro con qué saldría Russell, en vista de lo poco que el senador se había involucrado en la investigación.

La tarea de redactar el informe se le dejó casi en su totalidad al equipo de trabajo, típico en una comisión federal de ligas mayores. Warren y los comisionados decidieron que ponderarían las cosas después de que se les presentara el borrador de los capítulos. Tal como se lo había planeado tiempo atrás, Redlich, ahora seguro en su trabajo gracias al ministro presidente, asumió el papel de editor principal del informe, con Willens y Alfred Goldberg a su lado. Rankin se reservó para sí las decisiones finales de la edición, por lo menos hasta que los borradores llegaran a los comisionados. Su meta, diría, era editar el informe para lograr un estilo sobrio y uniforme, apegándose así lo más posible a los hechos del caso contra Oswald, sin exagerarlos. "Quería que todo fuera lo más preciso posible", recordaría. Al personal que deseara quejarse por la forma en que se reescribieron sus capítulos, se le otorgaría una audiencia en automático, anunció Rankin entonces.

Las líneas generales del informe se conocían entre el equipo de abogados desde semanas atrás: la comisión concluiría que Oswald había asesinado al presidente Kennedy y que probablemente había actuado solo. El debate principal era sobre con cuánta fuerza se debían respaldar esas conclusiones y si la comisión debía reconocer que existía evidencia no-concluyente acerca de la culpabilidad de Oswald. El equipo tendría que decidir, por ejemplo, si mencionaría —y cómo— las declaraciones de los testigos en Plaza Dealey, quienes estaban convencidos de que las balas habían sido disparadas desde el frente de la limusina de Kennedy y no desde el Almacén de Libros Escolares de Texas, ubicado a espaldas del vehículo.

Por primera vez, Rankin comenzó a preocuparse seriamente sobre el presupuesto, especialmente sobre cómo pagaría la comisión por la publicación de lo que probablemente sería un informe final descomunal, acompañado de varios volúmenes adicionales de declaraciones testimoniales. Durante los primeros meses de la investigación, el presidente Johnson había cumplido su palabra: la Casa Blanca proporcionó todo el dinero y cualquier otro recurso que necesitara la comisión. Bastaba una breve llamada de parte del equipo secretarial de Rankin a la Casa Blanca para que decenas de miles de dólares fueran transferidas a las cuentas bancarias de la comisión. "Recibíamos todo el dinero que necesitábamos, en ningún momento se nos dijo que debíamos limitarnos", recordaría Rankin con gratitud.

Pero después de reunirse con la Oficina Gubernamental de Impresión durante esa primavera, Rankin quedó perplejo por el cálculo del costo de publicar el informe completo y los volúmenes adicionales: por lo menos un millón de dólares. "Cuando se lo comuniqué al ministro presidente, quedó muy impactado", declararía Rankin.

"Dios, no podemos gastar tanto dinero así como así", dijo el notoriamente frugal Warren.

Rankin le recordó a Warren el juramento de transparencia que hizo la comisión. Era importante, dijo Rankin, que la comisión publicara no solamente su informe final, sino la mayor parte de los testimonios y la evidencia que fuera posible.

"Bueno, eso lo decidirá el Congreso", respondió Warren, negándose a aprobar el presupuesto por sí mismo. "No sé si aprobarán algo así, si gastarán tal cantidad de dinero." Instruyó a Rankin para que hablara con los cuatro miembros del Congreso dentro de la comisión y les preguntara si podrían convencer a sus colegas en la Cámara y en el Senado de aprobar el desembolso.

Rankin comenzó con Russell, quien, como cabeza del Comité de Servicios Armados del Senado, supervisaba millones de dólares al año destinados a programas militares.

—¿Cuánto va a costar? —preguntó Russell.

Un millón de dólares, le dijo Rankin.

Russell prometió reunir el dinero:

—Adelante —le dijo—. Les conseguiremos esa cantidad.

Para un senador que supervisaba el presupuesto del Departamento de Defensa, un millón de dólares significaba apenas un error de redondeo.

Rankin le preguntó a Russell si necesitaba consultar por separado a los otros legisladores: Boggs, Ford y Cooper.

—Hablaré con ellos —dijo Russell—. Conseguiremos el dinero.

Durante aquella primavera, Rankin estaba también ansioso por todos los escritorios vacíos que se observaban en las oficinas de la comisión. David Belin había regresado a Iowa a finales de mayo y Leon Hubert había partido poco después. Arlen Specter dejaría de trabajar de tiempo completo en Washington ese junio, después de terminar el borrador de su capítulo. De entre los abogados del equipo de trabajo que habían estado ahí desde el principio, sólo Griffin, Liebeler y Slawson aparecían en sus escritorios casi todos los días de ese verano, junto con más o menos una docena de secretarias y demás personal administrativo. Para poder terminar el informe final, Rankin sabía que necesitaba contratar más abogados, y rápido. Warren estuvo de acuerdo en enviar a varios secretarios de la Suprema Corte para que ayudaran y comenzaran con el cotejo de la información y la preparación de notas adicionales para el informe. El ministro Arthur Goldberg permitió que uno de sus secretarios, Stephen G. Breyer, de veinticinco años, graduado de la Escuela de Leyes de Harvard, se uniera al personal de la comisión temporalmente.*

Rankin quería un nuevo asistente de tiempo completo, dado lo ocupados que estarían Redlich y Willens en la redacción del informe. El 12 de mayo, el día de su vigésimo segundo cumpleaños, el

---

* Breyer se incorporaría como ministro asociado de la Suprema Corte en 1994.

estudiante de la Escuela de Leyes de Columbia Murray Laulicht recibió una llamada en su residencia en Nueva York pidiéndole que se reportara de inmediato en Washington para una entrevista de trabajo; un estudiante de tercer año que estaba a punto de graduarse como el primero de su clase, estaba libre para asistir, recordaría; ese mismo día había contestado su último examen, uno sobre hacienda y crédito público. A la mañana siguiente estaba en la oficina de Rankin, se le ofreció un trabajo ahí mismo. "Rankin quería que empezara ese mismo día", diría Laulicht, trayendo a la memoria la brusquedad con que le fue presentada la oferta. Le "rogó" a Rankin que le diera unos días. "No traigo ni un cambio de ropa", recordaría decirle a Rankin. "Le prometo que la noche en la que me gradúe de la escuela de leyes, regresaré."

Llegaron a un acuerdo. Laulicht acordó empezar el 4 de junio, el día después de recibir su título. "Así que, la noche que me gradué de Columbia, literalmente, regresé" a Washington. Sus nuevos colegas le dieron la bienvenida; su presencia traería ojos frescos ante la evidencia del asesinato que ellos habían estado analizando durante meses. Y lo que él les dijo fue reconfortante. Después de revisar varios capítulos del borrador del informe, percibió que la comisión tenía razón en concluir que Oswald actuó solo. Escuchó los debates sobre la teoría de "una sola bala" y le pareció sensata.

Estaba emocionado por trabajar en Washington, aunque también intimidado —siendo él un devoto judío— por motivos culturales. La ciudad no le facilitaba las cosas a cualquiera que siguiera una dieta kosher; en una ocasión, recordaría haber pedido una ensalada de frutas en un restaurante cerca de la oficina de la comisión sólo para descubrir que la servían con gelatina, la cual estaba prohibida según las normas de alimentación judías, dado que ésta se hace con derivados animales. Durante el resto del verano "comí muchas papas fritas y cosas por el estilo". En las oficinas de la comisión, quedó sorprendido al descubrir una máquina sacada directamente de la ciencia ficción, "una fenomenal tecnología nueva llamada fotocopiadora Xerox". Estaba tan impresionado que, de vuelta en Nueva Jersey, le suplicó a su familia que invirtiera en la compañía. "Mi madre compró algunas acciones de Xerox y le fue muy bien."

Rankin tenía una tarea inicial para Laulicht. Se le solicitó que ayudara a Burt Griffin a completar la investigación sobre Jack Ruby, específicamente a escribir la biografía de Ruby que se incluiría en el informe. Por lo que había leído de la evidencia, Laulicht declararía que no tenía ningún problema en creer que el asesinato de Oswald a manos de Ruby fue impulsivo y que había actuado solo. "Él era lo suficientemente impulsivo como para hacerlo." Ruby estaba tan obsesionado con vengar a Kennedy que se le podría comparar con un sobreviviente del Holocausto, pensó entonces Laulicht. "Es algo que haría un sobreviviente si viera a un nazi."

El conocimiento de Laulicht entorno a la cultura judía fue útil para resolver un misterio persistente sobre Ruby. Griffin y Hubert, que no eran judíos, no habían podido entender el origen del apodo de la niñez de Ruby: *Yank*, o algo que sonaba parecido cuando lo pronunciaban los vecinos de Ruby en Chicago, quienes hablaban yidish. ¿Era una abreviación de *Yankee*, una referencia a alguna fuerte postura pro-estadounidense que Ruby mantuviera de niño? No, se percató Laulicht. El verdadero apodo de Ruby era *Yunk*, una versión corta de la traducción del nombre Jack en yidish: *Yunkle*. Misterio resuelto, dijo Laulicht.

Otra llegada tardía al equipo de trabajo fue Lloyd Weinreb de veintisiete años, un egresado de la Escuela de Leyes de Harvard desde hacía dos años, quien no compartía el grado de entusiasmo de Laulicht por trabajar ahí. Después de concluir un periodo como secretario de la Suprema Corte para el ministro John Marshall Harlan, Weinreb había sido contratado ese verano en la División Criminal del Departamento de Justicia bajo las órdenes de Howard Willens. Dado que Willens seguía asignado a la comisión, le pidió a Weinreb que le ayudara con la investigación. "Me preguntó si podía ir allá durante algunas semanas, lo cual en el fondo yo no quería hacer", recordaría Weinreb. Pero debido a que Willens "iba a ser mi jefe, pensé que sería insensato negarme".

Weinreb quedó alarmado desde el momento en que entró al edificio VFW. Observó todos los escritorios vacíos y rápidamente descubrió, gracias a los abogados restantes, cuánto trabajo quedaba por hacer. "Recuerdo haber tenido la sensación de encontrarme en una oficina de la que todo el mundo estaba huyendo", con unos pocos "pobres perdedores que fueron dejados atrás", recordaría. A la postre resultaría ser un "trabajo perfectamente horrible", con personal del que se esperaban jornadas de trabajo de catorce a quince horas al día, siete días a la semana durante todo el verano, hasta que el informe quedara terminado. Quedó alarmado al descubrir que las oficinas no contaban con aire acondicionado durante los fines de semana, a pesar de que las temperaturas, durante el cenit del verano, llegaban a los 38 °C en Washington. "Era un edificio lamentable", diría. "Creo que gran parte de la baja calidad de los informes Warren fue provocada precisamente por esas cuestiones tan banales."

Se le dio la tarea de redactar la biografía de Oswald, la cual se incluiría en el informe final. La biografía originalmente era responsabilidad de Albert Jenner, pero Jenner había demostrado ser incapaz de terminarla, dada su obsesión por confirmar hasta el mínimo detalle la historia de vida de Oswald. "Jenner continuaba rastreando pistas totalmente remotas", diría Weinreb. "No podía desprenderse de ello." Él, Jenner afirmaría, "sencillamente no tenía idea de cómo armar una historia. Tenía la concepción de que la simple mención de alguien en cualquier momento —digamos, sobre un primo en quinto grado a quien Oswald jamás había conocido— tenía que ser verificada".

Weinreb tenía la fuerte sensación de que, para mediados del verano, era Willens quien estaba atando la investigación, asumiendo responsabilidades que deberían haber sido de Rankin. "Para entonces Howard estaba básicamente a cago del equipo", diría. "Willens era una persona mucho más poderosa intelectualmente que Rankin", afirmaría. "Rankin parecía ser un burócrata de nivel medio." Weinreb no tenía contacto con Warren, lo cual no le resultó una sorpresa dado que conocía los "perímetros de protección" que establecía el ministro presidente en su trato con sus secretarios y demás personal administrativo en la corte.

Con todo, a Weinreb sí le pareció interesante la labor de redactar la biografía de Oswald. En un principio, fue en búsqueda de todos los informes sobre los antecedentes de Oswald, incluyendo los archivos ultrasecretos de la CIA sobre el tiempo que pasó en Rusia. Ésta era la primera vez que Weinreb veía documentos clasificados de seguridad nacional. "Recuerdo haber pensado: 'Vaya, éstos son asuntos de intriga y misterio'." La mayor parte del material biográfico de Oswald se encontraba en largos documentos —de unos diez o doce centímetros de espesor— que se habían compilado de informes del FBI y la CIA. Sin embargo, conforme empezó a hojearlos, Weinreb detectó un problema. Gran parte de las secciones que esperaba encontrar no estaban ahí, aparentemente habían sido sustraídas por otros miembros del equipo de trabajo como apoyo para la redacción de sus respectivas secciones del informe. "No había orden alguno en la evidencia", declararía Weinreb. Algunos abogados del equipo parecían estar acaparando documentos por miedo a que desaparecieran en el escritorio de alguien más. "Literalmente tenías que caminar por los pasillos para ver si podías tener acceso a algo y luego lo escondías en tu gaveta inferior para poder quedártelo. Lo ponías allí porque no querías que nadie más lo tomara."

Weinreb no sufrió en redactar la biografía; era conocido entre sus compañeros de la Suprema Corte como un escritor elegante y rápido. Se enorgullecía de no tener la necesidad de reescribir su trabajo; su primer borrador era con frecuencia su borrador final. Y no sufrió, afirmaría, ante la pregunta de si Oswald había matado al presidente o si había sido parte de una conspiración. Por todo lo que leía en los archivos de la comisión, parecía que Oswald había sido, en efecto, el asesino solitario. Weinreb podía entender por qué las teorías de conspiración habían surgido, pero, en su opinión, la evidencia acumulada en contra de Oswald resultaba abrumadora. "Se hubiera necesitado mucho para hacerme pensar lo contrario."

Richard Mosk empezó a hacer planes para dejar de ser parte del equipo de trabajo de la comisión a mediados de agosto, pues se le había llamado para que regresara a sus funciones en la guardia aérea nacional. Antes de irse, concluyó un estudio detallado sobre las habilidades de Oswald como tirador. No le costaba ningún trabajo creer que Oswald contaba con la habilidad necesaria para haber efectuado los disparos que mataron a Kennedy e impactaron en Connally. El rifle Mannlicher-Carcano era "un arma muy precisa", escribió.

Mosk había revisado el testimonio de cuatro tiradores expertos, incluyendo el del mayor Eugene Anderson, subcomandante de la División de Francotiradores del cuerpo de Marines de Estados Unidos. Anderson testificó que los disparos que impactaron en el cuello y la cabeza de Kennedy no eran "particularmente difíciles", considerando especialmente la velocidad a la que desfilaba el convoy del presidente. Un especialista en armas de fuego del FBI, Robert Frazier, había declarado ante la comisión que Oswald "no habría tenido dificultad alguna en acertar" en su objetivo, especialmente debido a que su rifle había sido equipado con una mira telescópica. "Quiero decir que no se necesita ningún tipo de entrenamiento para disparar un arma con una mira telescópica", declaró Frazier. Un tirador sólo tiene que "colocar el centro de la mira sobre el blanco" y jalar el gatillo. "Eso es todo lo que se necesita."

45

Ese verano, Silvia Odio estaba tratando de continuar con su vida. La refugiada cubana de veintisiete años dijo que había guardado silencio sobre lo que pasó en diciembre, cuando dos agentes del FBI se presentaron sin previo aviso en las oficinas de la compañía de químicos en la que trabajaba. Los agentes querían que les contara la historia que ella había relatado a algunos de sus amigos, acerca de cómo Oswald y dos jóvenes latinos aparecieron en el umbral de su departamento de Dallas antes del asesinato. La forma en que los agentes del FBI la contactaron —el hecho de enviar agentes a su oficina en vez de mandarlos a su casa— había alarmado a Odio, y ciertamente la visita había alterado a su jefe. "Me trajo muchos problemas en el trabajo", declararía posteriormente. "La gente estaba atemorizada en aquellos días. En mi compañía, algunos de sus integrantes, estaban muy preocupados de que el FBI hubiera venido a verme." Y después de la entrevista de diciembre, Odio afirmaba que no volvió a saber nada del FBI. El hecho de que el buró desechara completamente su relato —una historia ratificada entonces por su hermana adolescente, Annie— le resultaba desconcertante e injurioso.

Ese junio, sin embargo, Odio descubrió que la Comisión Warren podría haber estado tomando su declaración con mayor seriedad. Wesley Liebeler llamó desde Washington. Preguntó si ella estaría dispuesta a rendir un testimonio jurado cuando él visitara Dallas durante ese verano. Ella aceptó, aunque también dijo que le seguía preocupando que, si su historia se hacía pública, sus padres podrían estar en peligro, dado que seguían bajo custodia en Cuba como prisioneros políticos.

Su padre, Amador, había sido un prominente hombre de negocios en la década de 1950 —la revista *Time* lo había descrito como "el magnate del transporte" de su país— que se había convertido en un franco opositor de Castro. Había liderado un relativamente moderado grupo anticastrista conocido como JURE (Junta Revolucionaria Cubana). Aun en el exilio, Silvia continuaba siendo miembro.

Liebeler había planeado comenzar su viaje para ver a Odio y otros testigos en Dallas y Nueva Orleans en cuanto terminara su borrador del capítulo del informe de la comisión, un análisis de los posibles motivos de Oswald para matar al presidente. Llegó a la página 98 del borrador el 23 de junio. En ella, ofrecía su opinión en cuanto a que Oswald no había empezado a pensar en matar a Kennedy sino hasta poco antes del asesinato, tal vez sólo horas antes y probablemente no antes del martes 19 de noviembre, el día en el que se anunció por primera vez la ruta del desfile de Kennedy en los periódicos de Dallas.

Reconoció en su manuscrito que nadie podía decir con certeza por qué Oswald mató a Kennedy. En lugar de eso, ofreció una lista de motivos, enlazando la difícil niñez de Oswald, su frecuente deseo por obtener fama mundial y su compromiso con el marxismo y con la revolución de Castro en Cuba. "Lee Harvey Oswald era un hombre profundamente ajeno al mundo en el que vivía", escribió Liebeler. "Parece que nunca pudo relacionarse significativamente con ninguna parte de él. Su vida estuvo caracterizada por el aislamiento, la frustración, la sospecha y el fracaso en casi todo lo que intentó hacer y, cada vez con mayor fuerza, por un sistema delirante y fantasioso diseñado para protegerse a sí mismo de su propia impotencia y fracaso." El marxismo de Oswald lo hizo hostil hacia los líderes del gobierno estadounidense y "aumentó el aislamiento de la sociedad que lo rodeaba".

Sin embargo, incluso al haber escrito esas palabras, Liebeler admitió ante sus colegas del equipo de trabajo de la comisión que podía estar equivocado y que podría existir evidencia que se les había escapado que apuntara a una conspiración. Le preocupaban especialmente, declaró entonces, los muchos huecos en la información que tenía la comisión sobre las actividades de Oswald durante los meses previos al asesinato. Sabía lo preocupado que estaba Slawson por la incapacidad del FBI y la CIA para dar cuenta de días completos del viaje de Oswald a México; había huecos similares en la cronología de sus actividades en Nueva Orleans y Dallas. Y el relato de Silvia Odio, en caso de ser cierto, implicaba que Oswald había estado viajando en compañía de exiliados anticastristas semanas antes del asesinato y que podría haber hablado abiertamente sobre su deseo de ver muerto al presidente Kennedy.

★ ★ ★

Liebeler fue primero a Nueva Orleans, donde fue recibido por el fuerte calor y la humedad que explicaba por qué la sabiduría popular dice que sólo los locos, los pobres y los ricos con aire acondicionado permanecen en la "Big Easy"* en pleno verano. La ciudad, lugar de origen de Oswald, había sido su hogar nuevamente durante varios meses desde abril de 1963. Marina pensaba que se había mudado allí por miedo a enfrentar un arresto en Texas como resultado del fallido intento de homicidio en contra de Edwin Walker.

Fue en Nueva Orleans donde Oswald intentó por primera vez hacerse de un nombre como paladín de la revolución de Castro al identificarse con la causa del Comité Pro Trato Justo a Cuba. Esa primavera, Oswald pretendió establecer la filial del comité en Nueva Orleans. Usó uno de sus seudónimos —Lee Osborne— para imprimir formatos de membresía, así como folletos que portaban el lema "NO INTERVENCIÓN EN CUBA".

Al parecer fue entonces cuando Oswald intentó infiltrarse en grupos anticastristas en Nueva Orleans, posiblemente para reunir información de inteligencia que luego podría compartir con el go-

---

* "The Big Easy", quizá podría traducirse como "La gran ciudad acogedora". Existen muchas teorías sobre por qué Nueva Orleans comenzó a ser llamada de esa forma por sus colonos, desde la que apunta a un mote establecido por músicos en los albores del siglo XX, quienes encontraban rápido resguardo en la ciudad para desarrollar su profesión, hasta las versiones que apuntan al periodo de la Prohibición, o de la ley seca en Estados Unidos (1920-1933), al ser Nueva Orleans una de las ciudades donde sus correligionarios se podían "expresar" con "mayor libertad" al respecto. Aunque quizá la versión más aceptada sea la que atribuye el término a Betty Gillaud, columnista de *The Times-Picayune*, quien en la década de 1970 acuñó el término en contraposición al neoyorquino "The Big Apple / La gran manzana", queriendo transmitir la idea de que, a diferencia de Manhattan, en Nueva Orleans todo es más tranquilo, simple y amigable. [N. de T.]

bierno cubano como una demostración de su lealtad hacia Castro. El 5 de agosto, determinó el FBI, Oswald visitó a Carlos Bringuier, un abogado nacido en Cuba activo dentro del movimiento anticastrista, y le pidió unirse a la lucha de los exiliados.* Bringuier le dijo al FBI que Oswald se identificó como un ex marine con adiestramiento en tácticas de guerrilla. El día posterior a su primera reunión, Oswald le entregó a Bringuier su manual del cuerpo de Marines como prueba de su pasado militar.

Si Oswald estaba de hecho intentando infiltrarse en grupos anticastristas, aquella misión terminó violentamente algunos días después, cuando Bringuier y otros dos exiliados cubanos se lo encontraron en una esquina repartiendo folletos del Comité Pro Trato Justo a Cuba. Se inició una pelea que terminó con su arresto. Oswald, quien pasó la noche en la cárcel, pidió hablar con un agente del FBI, aparentemente para influir en la creación de un registro oficial dentro del buró acerca de lo que estaba haciendo. Le dijo al agente que él era miembro del comité y que el presidente de la sucursal local era un hombre que identificaba con el nombre de A. J. Hidell, el mismo seudónimo que Oswald usaría para comprar el rifle Mannlicher-Carcano con el que dispararía a Kennedy. Marina Oswald había dicho que pensaba que su esposo usaba el seudónimo Hidell porque rimaba con Fidel. Liebeler había recogido el testimonio de Bringuier en Nueva Orleans en abril y le pareció creíble.

Durante su regreso a Nueva Orleans en julio, Liebeler se reunió con otras personas que, en su opinión, tenían mucha menos credibilidad pero que de todas formas tenían que ser entrevistadas para estar seguros de que el registro de la comisión estaría completo. Esto incluía a Dean Andrews Jr., un extravagante abogado de poca monta quien parecía vivir en un perpetuo estado de Mardi Gras.** Incluso

---

* Miembros de la cédula anticastrista de Bringuier, el Directorio Revolucionario Estudiantil (DRE), participaron en las operaciones militares en Bahía de Cochinos. A pesar de que sus líderes eran conocidos por guardar un amargo rencor hacia Kennedy por haber fallado en derrocar a Castro, el grupo continuó aceptando dinero y otra clase de apoyos del gobierno de Estados Unidos, la mayoría de los cuales les eran proporcionados a través de la CIA.

** Afamado carnaval de Nueva Orleans, celebrado cada año el martes previo al Miércoles de Ceniza, fecha que marca el inicio de la cuaresma cristiana en preparación a la Semana Santa. [N. de T.]

en la exótica Nueva Orleans, era difícil no notarlo, tanto por su apariencia —era obeso y usaba lentes de sol constantemente, aun en espacios cerrados— como por su inusual forma de expresarse. Andrews hablaba en la lengua de un sofisticado cajún;* para él un hombre con estilo era un "gato alegre" y un buen bar era un "tugurio alucinante".

A los pocos días del asesinato de Kennedy, Andrews contactó al FBI para reportar que Oswald había visitado su despacho en el verano de 1963, buscando ayuda para revertir su baja del cuerpo de Marines, el cual lo había tachado como "indeseable". Esa parte de la historia de Andrews resultó coherente para el FBI y para la Comisión Warren, dado que era conocido entre ellos que Oswald había estado inquieto por una baja menos que honorable. Sin embargo, el relato que Andrews ofreció ante el FBI fue mucho más lejos. Oswald, dijo, visitó su oficina en compañía de tres latinos homosexuales —"tres muchachitos gay"—, y que Oswald mismo parecía ser homosexual. "Venía con los chicos", dijo Andrews. "Él no se contoneaba pero Dios los hace y ellos se juntan."

Además, Oswald, al parecer, tenía un misterioso mecenas en Nueva Orleans. Apenas unas horas después del asesinato, aseguró Andrews, recibió una llamada telefónica de un abogado local que conocía por el nombre de Clay Bertrand, quien de alguna forma estaba conectado con los "tres muchachitos gay", siendo él mismo conocido como bisexual, y quien le pidió a Andrews ir a Dallas inmediatamente a ofrecer asesoría legal a Oswald. La comisión había presionado al FBI para que le diera seguimiento a la historia de Andrews, especialmente para que rastreara a Bertrand, pero el buró se declaró incapaz de encontrar rastro alguno que probara incluso su existencia. Además, la descripción de Andrews sobre Bertrand había seguido cambiando, incluso para el 21 de julio, día en que rindió testimonio bajo juramento a Liebeler.

Liebeler le pidió, nuevamente, que le diera una descripción física de Bertrand.

—Mide aproximadamente 1.76 m. Tiene cabello color arena, los ojos azules y la tez rubicunda —respondió Andrews.

---

* Los arcadianos o cajunes son un grupo étnico apostado al sur del estado de Louisiana. Su lengua, el cajún, es un dialecto derivado del francés con fuerte influencia anglosajona. [N. de T.]

Liebeler regresó a los informes del FBI de sus entrevistas con Andrews y vio que inicialmente había declarado que la altura de Bertrand era de 1.86 m, quizá 1.89. ¿Cómo podía Bertrand ser diez centímetros más bajo de lo que Andrews había calculado originalmente?

—Ahora mismo estoy adivinando —admitió Andrews.*

Ese día, Liebeler tomó el testimonio de un cantinero cubano, Evaristo Rodríguez, una declaración que a su consideración fue más útil. El cantinero le dijo al FBI que Oswald había visitado su bar en la Calle Decatur, el bar Habana, en algún momento durante 1963. Oswald estuvo entonces en compañía de otros dos hombres, uno de ellos claramente latino. Rodríguez recordó que Oswald parecía estar ebrio y que "se tendió" sobre la barra antes de pedir una limonada. El latino pidió tequila. "Entonces le dije que el precio del tequila era de 50 centavos", recordó Rodríguez. "El hombre protestó por el precio, consideró que era muy elevado y dijo algo referente a su condición de cubano... junto con palabras que aseveraban que el propietario del bar debía ser un capitalista."

Aunque otros testigos habían insistido en que Oswald nunca bebió en exceso después de su regreso desde Rusia, a Liebeler le impactó la idea de que Oswald podría haber estado en el bar en compañía de un cubano que era tan franco en compartir sus opiniones anticapitalistas. Le pidió una descripción física del cubano. Rodríguez dijo que le pareció que el hombre estaba en la segunda mitad de sus veinte y que tenía una línea de cabello irregular; que se estaba quedando calvo de una forma extraña en el área de la frente. Liebeler recordó que en sus entrevistas anteriores con el FBI, Silvia Odio había descrito a uno de los hombres latinos que viajaba con Oswald —un tal *Leopoldo*— como poseedor de un inusual espacio calvo en la frente.

---

* El testimonio de Dean Andrews podría haber sido fácilmente ignorado de no ser por el fiscal de distrito de Nueva Orleans, Jim Garrison, quien en 1967 afirmó que Clay Bertrand era un seudónimo usado por un respetable empresario local, Clay Shaw, a quien Garrison estaba acusando en ese momento por su implicación en el asesinato de Kennedy. Mucho tiempo antes de la exoneración de Shaw, el caso ya era visto como una impactante demostración de mala praxis por parte de una fiscalía. Aun así, Garrison, interpretado por Kevin Costner, fue el héroe de la película de Oliver Stone *JFK* (1991) acerca del asesinato de Kennedy. Andrews fue representado en el filme por el comediante John Candy.

Durante meses, el FBI supo de reportes que afirmaban que la comisión estaba haciendo un mal manejo de documentos clasificados. Gerald Ford fue el primero que estuvo bajo sospecha, con rumores de que estaba filtrando archivos secretos e incluso vendiéndolos, todo lo cual él negó furiosamente. El primer caso documentado de una violación de seguridad grave por parte de un comisionado se centró alrededor del congresista Boggs, quien en abril dejó una copia de un documento ultrasecreto de la Casa Blanca —que hablaba del asesinato— en el asiento delantero de su sedán Mercury, proporcionado por el gobierno. Boggs estacionó su coche, el cual estaba marcado para mostrar que se encontraba bajo el servicio de su oficina de la Cámara de Representantes, en el Aeropuerto Internacional de la Amistad en Baltimore, no lejos de Washington. Un hombre de Pensilvania que se estacionó enfrente del auto notó el documento en el asiento delantero, con la clara leyenda ULTRASECRETO, y llamó al FBI. El hombre pudo observar que las puertas del auto no tenían puesto el seguro.

Sin embargo, fue mucho más grave la violación de seguridad cometida por Wesley Liebeler debido a su flagrancia, y puesto que llamó directamente la atención de J. Edgar Hoover. El director del FBI descubrió la violación de seguridad mediante una carta que se le envió a su nombre en junio de parte de James R. David, un oficial retirado de la marina estadounidense, desde Wilmette, Illinois, quien quería reportar lo que había presenciado a bordo del vuelo de Aerolíneas Northeast que partió de Keane, New Hampshire, con destino a Nueva York, el domingo 31 de mayo, precisamente durante el fin de semana en el que se conmemoraba el Día de los Caídos. David se sentó en uno de los dos asientos ubicados al fondo del avión. El vuelo estaba lleno y el último asiento fue ocupado por un hombre "pelirrojo, rubicundo y con una barba roja bastante crecida". David no pudo determinar el nombre del sujeto, pero observó que traía consigo "un delgado maletín negro" grabado con las iniciales W. J. L. Casi en cuanto el hombre pelirrojo se sentó, escribió David, abrió el maletín y sustrajo un informe con una portada que lo identificaba de la forma siguiente: "DEPARTAMENTO DE JUSTICIA DE EE.UU., COPIA NO. 10 DE 10, COMISIÓN PRESIDENCIAL SOBRE EL ASESINATO DEL PRESIDENTE KENNEDY". David dijo que quedó impactado cuando el hombre comenzó, "de forma indiscreta", a hojear algo que claramente era un documento altamente clasificado. "Cada página estaba identificada en la parte superior e inferior con grandes letras de molde en tinta roja que decían ULTRA SECRETO", escribió David. "Sin mucha dificultad, habría podido leer la mayor parte de este informe. Sin embargo, debido a la clasificación de seguridad de este documento, no tenía ningún interés en hacerlo, con la excepción de que, para poder autentificarlo mejor, intenté memorizar una oración en la parte superior de la página 412, la cual, según recuerdo, decía lo siguiente:

"'Señor Rankin: ¿Él tomaba dinero de la cartera de vez en cuando?

"'Señora Oswald: No.'"

El FBI identificó de inmediato al hombre pelirrojo como Liebeler, quien estaba en el vuelo de regreso a Nueva York desde su casa de campo en Vermont.

Hoover transmitió la información a Rankin, aparentemente dejándole a la comisión —por el momento— la decisión de cómo lidiar con Liebeler. Hoover envió también una nota de agradecimiento a título personal a David por alertar al FBI de lo que había visto en el avión. Los archivos de Hoover mostrarían posteriormente que se efectuó una revisión de los antecedentes de David para estar seguros de que él mismo no significara un riesgo de seguridad. La revisión no desveló información desfavorable alguna.

Otros abogados del equipo de trabajo declararían haber estado sólo vagamente conscientes del incidente, puesto que Rankin se había mostrado ansioso de acallar dicho incidente por miedo a que se convirtiera en un escándalo; ciertamente podría haber temido que

Hoover filtrara la información sobre la violación de seguridad en un momento oportuno para el buró. Slawson declararía al respecto que había entendido que Rankin había "sacado del juego de forma muy, muy fuerte" a Liebeler y que "Warren le hizo saber, mediante Rankin, que estaba extremadamente disgustado". Ninguno de los abogados del equipo de trabajo recuerda que Liebeler hubiera estado especialmente alarmado por el incidente.

Liebeler estaba mucho más ansioso, dijeron sus colegas, sobre la forma en que la comisión pretendía reescribir, o incluso eliminar, su capítulo del borrador sobre los motivos que tenía Oswald para matar al presidente. Liebeler había trabajado duro en el borrador durante semanas y ahora —en gran medida por insistencia de Redlich, pensó él— casi todo su trabajo sería expulsado del informe final. Redlich y Rankin estuvieron de acuerdo en que el borrador de Liebeler equivalía a un esfuerzo por psicoanalizar a un hombre muerto y que sería imposible para la comisión concluir, a diferencia de lo que afirmaba Liebeler, que el marxismo de Oswald y su apoyo a Castro podrían haber tenido algo que ver con la decisión de asesinar a Kennedy. Rankin pensaba que la búsqueda de fama de Oswald —y no su marxismo— era una explicación mucho más plausible, una opinión compartida por algunos de los comisionados. A Rankin le preocupaba que algunos legisladores conservadores pudieran apropiarse de los dichos de Liebeler para culpar a Cuba por el asesinato.

El borrador de Liebeler circuló entre algunos de los comisionados. Ford le pasó su copia a Francis Fallon, el joven estudiante de la Escuela de Leyes de Harvard, originario de Michigan, quien ya revisaba documentos de la comisión por petición de Ford. A finales de julio, Fallon regresó el borrador de Liebeler con una nota que sugería que Ford no debía molestarse en leerlo. El borrador "está ejecutado con pobreza y... está siendo reescrito por completo".

El viaje de verano a Nueva Orleans y Dallas le dio a Liebeler oportunidad de enfocar su mente en otra cosa que no fueran sus luchas internas en la comisión. Después de completar sus entrevistas en Nueva Orleans, voló a Texas, en donde se reunió con Silvia Odio y Marina Oswald. Dedicó la mayor parte del 22 de julio, un miércoles, a recoger el testimonio de Odio en las oficinas del fiscal de Estados Unidos en Texas. El viernes sería reservado para interrogar a Marina Oswald, a quien se le harían preguntas de seguimiento sobre el tiroteo de Walker y acerca de la vida junto a su esposo en Nueva Orleans.

Odio declararía haberse sentido nerviosa por su interrogatorio, el cual comenzó a las 9:00 am, así que se aseguró de llegar a tiempo. Atrajo varias miradas al entrar al edificio. Era tan hermosa como dejaban ver las fotografías que Liebeler había observado en Washington.

—Quiero hacerle algunas preguntas acerca de la posibilidad de que haya visto a Lee Harvey Oswald —comenzó Liebeler.

—Antes de empezar, permítame darle una carta que mi padre escribió en la prisión. Puede quedársela —atajó la joven.

Ella le entregó una hoja de papel escrita a mano por una sola cara. Fechada el 25 de diciembre y escrita en español, en la carta que les había enviado a ella y a sus otros nueve hijos, el padre de Silvia les deseaba una feliz Navidad. Por lo general, el gobierno de Castro había prohibido a los prisioneros políticos el acceso a correo exterior, con la excepción de una sola carta familiar con motivo de los días festivos.

La carta era importante, explicó, porque ahí su padre respondía a una pregunta que ella le había planteado en octubre, un mes antes del asesinato de Kennedy. En su carta, ella le había mencionado el extraño encuentro en el umbral de su puerta con el hombre estadounidense que ella ahora creía se trataba de Oswald y sus dos compañeros latinos. Le preguntó a su padre si era verdad que él conocía a esos hombres. Su padre le respondió que no los conocía y que tuviera cuidado. "Dime quién es esta persona que dice ser mi amigo", escribió su padre. "Ten cuidado." La carta le daba credibilidad a su historia, dado que parecía proporcionar más pruebas de que el encuentro en el departamento de Odio, o algo muy parecido, de hecho había ocurrido.

Durante las horas que duró el testimonio, Odio se mostró como una mujer inteligente y sofisticada que creía realmente en la veracidad de sus declaraciones. "Odio podría tener razón", se dijo Liebeler para sus adentros, preguntándose por qué el FBI había insistido tanto en que ella estaba equivocada. El buró había descartado el relato porque creía que Oswald se encontraba en México en el momento en que Odio declaró haberlo visto en su departamento. Sin embargo, después de lidiar con el FBI durante meses, Liebeler había aprendido que no debía aceptar la información de sus agentes al pie de la letra. Se preguntó si el FBI había malinterpretado el calendario o si no había entendido el itinerario de Oswald desde y hacia México. Cuando regresara a Washington, decidió, le pediría permiso a Rankin para presionar al buró para que revisara la cronología de los viajes de Oswald. También pediría que el FBI comenzara a buscar con seriedad a *Leopoldo* y al otro hombre latino.

Lo que pasó en Dallas durante la noche en que Odio rindió testimonio ante Liebeler sería guardado como un secreto por ella durante años. Decidió no decirle a nadie porque podría haber significado un escándalo que podía dañarla a ella y a su familia, ya que enfrentaría su palabra contra la del abogado.

Liebeler, afirmaría Odio, trató de seducirla.

El problema empezó inmediatamente después de que terminara de rendir su testimonio, cuando Liebeler la invitó a cenar. "Eso me sorprendió, pero tenía miedo, y fui." Cenaron en el hotel Sheraton en el centro de Dallas, que era donde Liebeler se estaba hospedando. A la mesa se unió un hombre a quien ella recordaba como uno de los abogados de Marina Oswald; años después, no podría recordar su nombre.

"Había una especie de doble significado en la conversación entre él y el [otro] abogado", recordaría Odio. "No estaba segura de que ellos quisieran que escuchara la conversación." Pronto, sin embargo, la conversación se tornó extrañamente combativa, toda vez que Liebeler se dirigió hacia Odio y le exigió saber si ella le había mentido en su testimonio. Él sugirió que ella estaba ocultando información, tal vez sobre su implicación en otros grupos anticastristas. "Yo no estaba ocultando nada", replicaría ella al recordar el momento. Entonces le había parecido que Liebeler estaba metido en "un jueguito" para poner a prueba su credibilidad. Pero Liebeler "continuó amenazándome con someterme a la prueba del polígrafo".

Los tres estaban bebiendo, declararía ella. Liebeler parecía esperar que "tal vez si yo tomaba un poco y la conversación se tornaba más casual, yo le ofrecería voluntariamente información que él pensaba que yo estaba ocultando". Odio dio gracias, diría, por haberse limitado a consumir una sola copa, un Bloody Mary. Ella recuerda haberse sentido aliviada esa noche. "Gracias a Dios que no estoy tan borracha", pensó entonces. Ella también recordaría haber pensado: "Silvia, ha llegado el momento de que guardes silencio. Ellos no quieren saber la verdad".

Liebeler siguió presionándola. Trató de atraerla con lo que parecían ser injuriosas afirmaciones acerca de la investigación de la comisión. Ella recordaría que Liebeler le dijo al otro hombre: "En caso de que descubramos que esto es una conspiración, tú sabes que el ministro presidente Warren nos dio órdenes de encubrir todo". Años después, un investigador del Congreso le preguntaría a Odio si Liebeler había usado esas exactas palabras aquella noche. "Sí, señor, se lo puedo jurar", afirmaría Odio.

Después de la cena, el otro abogado se fue a casa y Liebeler le pidió a Odio que lo acompañara a su habitación del hotel para revisar algunas fotografías relacionadas con la investigación. "Me invitó a subir a su habitación", diría, reconociendo de inmediato que ella no había sido ingenua; de hecho, sospechaba que la invitación de Liebeler no tenía nada que ver con el trabajo de la comisión; él estaba tratando de seducirla.

"Así que fui", dijo ella. "Fui a su habitación. Quería ver hasta dónde llegaría un investigador del gobierno y qué estarían dispuestos a hacerle a un testigo." Cuando estuvieron en la habitación, "él comenzó su avance", diría ella. "Por supuesto que no pasó nada gracias a que yo estaba en mis cinco sentidos... Le dije que estaba loco."

Ella declararía que entonces Liebeler trató de halagarla, diciéndole que sus colegas en Washington estaban celosos. "Mencionó que habían visto mi fotografía y que incluso en la Comisión Warren habían bromeado, diciendo cosas como: 'Qué chica tan bonita vas a visitar, Jim', y cosas por el estilo."

Odio declararía haber quedado impactada al verse a sí misma, una testigo supuestamente importante para la investigación del asesinato del presidente, convertida en un objetivo sensual para uno de los investigadores. "Yo esperaba el máximo respeto", diría ella. "No esperaba ninguna broma dentro de la investigación sobre el asesinato de un presidente." Para Liebeler, declararía ella, "todo era un juego... Y yo estaba siendo usada en ese juego".

Cuando Liebeler regresó a Washington, no comentó nada a los otros abogados acerca de lo que fuera un encuentro incómodo con Odio. Pero sí hizo un alarde extraño de lo que había pasado cuando se reunió con Marina Oswald en Dallas el 24 de julio, dos días después del testimonio de Odio.

Anunció que había intentado —sin éxito— seducir a la viuda de Oswald. Él "tenía una sonrisa en el rostro" conforme describía el encuentro, declararía al respecto Slawson, quien recordaría cómo él y sus colegas no dudaron ni un momento de la veracidad de la historia. Ésa era la naturaleza de Liebeler; no podía controlarse si había una mujer bonita cerca.

Años después, algunos de los entonces compañeros de Liebeler estaban avergonzados de admitir que —en ese momento, durante el verano de 1964— les pareció divertido, mas no ofensivo, que Liebeler hubiera tratado de acostarse con la viuda del asesino del presidente. Pensándolo, diría Slawson, "eso fue, por supuesto, imprudente y estúpido". Sin embargo, Slawson estaba más horrorizado de imaginar el intento de seducción que Liebeler había emprendido en torno a Silvia Odio. Dentro del equipo de trabajo de la comisión había sido él, más que cualquier otro, quien había percibido la importancia potencial de Odio como testigo; él entendía cómo podría ella vincular a Oswald con una conspiración relacionada con exiliados cubanos anticastristas. Él sabía de las dificultades que había tenido como una joven refugiada en Dallas y su decisión de buscar ayuda psiquiátrica. Habría sido "simplemente cruel" que Liebeler la hubiera elegido como presa, afirmaría Slawson. Tiempo después, pensó cuánta suerte había tenido Liebeler de que las acusaciones de Odio no salieran a la luz pública en ese momento. Eso podría haber terminado con su carrera.

47

Oficinas del fiscal de Estados Unidos
Dallas, Texas
Miércoles 22 de julio de 1964

Durante su viaje a Dallas, Liebeler entrevistó a varios testigos más, incluyendo a Abraham Zapruder, el fabricante local de ropa para mujeres cuya cámara capturó los momentos esenciales y trágicos del asesinato. Zapruder —bajo juramento y entre sollozos cuando recordó la escena en Plaza Dealey— casi cometió perjurio al ser interrogado al respecto.

Warren, en particular, había estado alarmado durante meses debido a la decisión de Zapruder de vender los derechos de su filmación a la revista *Life*; así, a Liebeler se le ordenó que presionara a Zapruder hasta averiguar cuánto dinero se le había pagado. Warren pensaba que la venta de la película había establecido un terrible precedente para la comercialización de evidencia.

—Quisiera pedirle, si sería tan amable en decirnos cuánto le pagaron por la película —preguntó Liebeler a Zapruder—. La comisión cree que será de utilidad.

Zapruder se resistió.

—Sólo me pregunto si debería contestar o no, porque implica muchas cosas y no es solamente un precio —dijo.

Liebeler insistió.

—Recibí 25 000 dólares —respondió Zapruder, explicando que todo ese dinero había sido donado a un fondo local de beneficencia para policías y bomberos de Dallas, con la sugerencia de que el dinero fuera a dar a la viuda del oficial J. D. Tippit.*

---

* Aplicando el ajuste de inflación, 25 000 dólares en 1963 equivaldrían a aproximadamente 190 000 dólares en 2013.

—¿Donó usted los 25 000 dólares? —reviró Liebeler.
—Sí —afirmó Zapruder—. Me sorprende que no lo sepa. No me gusta hablar mucho al respecto.

Liebeler parecía impresionado por la generosidad de Zapruder.

—Agradecemos mucho su respuesta —dijo—. Sólo quiero decirle que su filmación ha sido una de las cosas más útiles para el trabajo de la comisión.

Liebeler le explicó entonces a Zapruder cómo se usó su filmación para determinar los hechos "con bastante exactitud" en cuanto a la evidencia en balística.

—No ha sido nada —Zapruder insistió modestamente.

Sin embargo, Zapruder no había dicho a Liebeler toda la verdad sobre la venta del pietaje. Años después, la revista *Life* reconoció haber aceptado —pocos días después del asesinato— pagar a Zapruder por lo menos 150 000 dólares por los derechos de la filmación, una cantidad que sería abonada en transferencias anuales de 25 000 dólares.* Zapruder había vendido la filmación a la revista *Life* tras habérsela mostrado a varias organizaciones noticiosas —incluyendo a CBS *News*, el *Saturday Evening Post* y la agencia Associated Press— y después de haber ponderado sus ofertas. Richard B. Stolley, el jefe del buró de la revista *Life* en Los Ángeles, quien negoció el trato, declararía posteriormente que a Zapruder le preocupaba la "explotación" a la que sería sometido el material, así que la revista le prometió tratar las imágenes con el mayor respeto posible. Sin embargo, Zapruder también "había entendido el valor de la filmación para el futuro financiero de su familia", afirmaría Stolley.

En Dallas, Liebeler también tomó el testimonio de Edwin Walker, el general retirado del ejército que aparentemente había sido blanco de Oswald siete meses antes de la muerte del presidente. Kennedy había obligado a Walker —abierto segregacionista y un importante miembro de la ultraconservadora Sociedad John Birch— a salir de la milicia en 1961 después de descubrir que éste había distribuido material de la Sociedad Birch entre las tropas bajo su mando en

---

* En 2009 el gobierno federal compró los derechos a los herederos de Zapruder por 16 millones de dólares, luego de rechazar la solicitud inicial de la familia, de 30 millones.

Alemania. Walker recordó cómo apenas logró escapar de recibir un tiro en la cabeza cuando una bala entró en su casa en Dallas la noche del miércoles 10 de abril. "Estaba sentado detrás de mi escritorio", testificó Walker. "Fue justo a las 9:00, la mayoría de las luces en la casa estaban encendidas y las persianas estaban abiertas." Walker se encontraba agachado sobre el escritorio, ocupado con el pago de sus impuestos, cuando escuchó un estallido sobre su cabeza. Volteó sólo para observar el impacto de una bala en la pared.

Marina Oswald le había dicho a la comisión que su esposo le confesó a ella esa misma noche haber sido el responsable del atentado. De acuerdo con Marina, Oswald se refirió a Walker como "fascista" y lo comparó con Adolf Hitler. Dijo además que el asesinato de Walker se justificaba por sus opiniones políticas. Se encontraron fotos de la casa de Walker entre las posesiones de Oswald.

A pesar de que Marina había declarado estar convencida de que su esposo actuó solo en su intento de matar a Walker, el general retirado tenía sus dudas. Walker declaró a Liebeler que había estado haciendo su propia investigación para determinar si Oswald había gozado de la ayuda de más conspiradores, incluyendo a Jack Ruby. El militar, cuyo antisemitismo era bien conocido, se refirió a Ruby sólo por su nombre de nacimiento, Rubenstein. "Los indicios parecen ser no sólo los míos, sino que existen a lo largo de todo el país, sobre que Rubenstein y Oswald estaban vinculados de alguna forma." Presionado por Liebeler, Walker admitió que no contaba con evidencia alguna que apuntara a la existencia de conspiración alguna, al menos no más allá de las teorías de Mark Lane y otros.

El hecho de que Walker testificara ante la comisión fue por iniciativa del propio Walker. El militar en retiro lo había exigido en un telegrama a Warren semanas antes: dijo que quería testificar en parte porque deseaba terminar con las especulaciones de que él y sus simpatizantes de derecha en Texas habían tenido algo que ver con la muerte de Kennedy. "Estoy cansado de que se culpe a la derecha; ya he tenido suficiente, es hora de que la comisión limpie el nombre de la ciudad de Dallas", le comentaría Walker a Liebeler.

Algunos días antes, Arlen Specter también había estado en Dallas por asuntos de la comisión, supervisando la prueba de polígrafo de Ruby. A Specter le molestaba que Warren le hubiera comisionado dicha tarea porque —a juicio de Specter— había sido el ministro presidente quien había cometido el "estúpido error" de acceder a la petición de Ruby seis semanas antes. La prueba de polígrafo se había programado para el sábado 18 de julio, lo cual significaba que Specter tendría que pasar otro sofocante fin de semana en Texas.

El FBI había estado renuente a ejecutar la prueba del polígrafo. La gente de Hoover había dicho a la comisión que sería impropio someter a un hombre con sentencia de muerte —en especial tratándose de un hombre que parecía estar mentalmente enfermo— a dicha prueba. Sin embargo, la comisión insistió, así que el buró envió a uno de sus más experimentados especialistas en polígrafo, Bell Herndon, para realizar la prueba en Dallas. El lugar elegido fue la prisión del condado. Specter inició la sesión a las 11:00 am preguntándole a Ruby si realmente quería proceder. Si Ruby había cambiado de parecer, diría Specter, la comisión estaba lista para cancelar la prueba ahí mismo. "Eso terminaría con el asunto, en lo que a la comisión respecta."

Uno de los abogados defensores de Ruby, Clayton Fowler, le había aconsejado a su cliente no hacer la prueba del polígrafo, así que salió de la habitación para discutir la cuestión con Ruby por última vez. "Si él insiste, no puedo y no voy a detenerlo", advirtió Fowler al tiempo que se dirigía afuera. Él y Ruby regresaron algunos minutos después. "Dice que va a someterse a la prueba, a pesar de lo que le aconsejan sus abogados", anunció Fowler.

Specter se dirigió a Ruby, le recordó que los resultados del polígrafo podrían ser utilizados por los fiscales para socavar la apelación en contra de su sentencia. Sin embargo, Ruby estaba seguro de su decisión; dijo que la haría con gusto. "Contestaré cualquier pregunta, sin renuencia", dijo. "No tengo nada que ocultar. Quiero responder a todo."

Se sentó en la silla que había sido preparada con el sistema del polígrafo. Herndon, el examinador, sacó un tubo de hule y lo colocó alrededor del pecho de Ruby para monitorear su respiración. Pequeños sensores fueron sujetados a sus dedos para medir los patrones eléctricos en su piel; una banda le fue colocada en el brazo izquierdo para monitorear su presión. Atado a las máquinas, Ruby repitió lo que había declarado a Warren el mes pasado, que él había matado a Oswald por impulso. "No hubo conspiración", dijo. "Me dejé llevar tanto que, en un momento dado de la gran tragedia, sentí que de alguna forma, y a mi propio modo, podía evitarle a la señora Kennedy el sufrimiento de regresar, aquí, al juicio."

—¿Todo lo que usted declaró ante la Comisión Warren es verdad? —preguntó Specter.

—Sí —respondió Ruby.

Specter tenía dos listas de preguntas para Ruby, una preparada por él y otra preparada por Ruby y sus abogados. Juntas, las listas eran tan largas y las respuestas de Ruby tan inconexas, que una prueba que normalmente hubiera tomado aproximadamente 45 minutos duró casi nueve horas. Specter recordaría que, en su momento, sólo había exagerado un poco cuando la hubo descrito como "la más larga prueba de polígrafo en la historia". El interrogatorio no terminó sino hasta las 9:00 pm. Al día siguiente Specter y Herndon tomaron un vuelo de regreso a Washington. Herndon le comunicó a Specter que Ruby "había pasado la prueba sin problemas y que claramente no estaba involucrado en el asesinato". A pesar de que Specter se mantuvo escéptico en cuanto a la precisión de las pruebas del polígrafo, estaba también convencido de que Herndon tenía razón.

★ ★ ★

El FBI y la comisión estaban tratando de atar otros cabos sueltos en Dallas. Existía todavía confusión acerca de por qué el departamento de policía de la ciudad y su lamentable jefe, Jesse Curry, no habían hecho más por proteger a Oswald en la mañana de su asesinato, especialmente después de que tanto el departamento de policía como el FBI habían recibido un número considerable de amenazas telefónicas que ponían en riesgo la vida de Oswald apenas horas antes de su muerte.

Curry, de 50 años de edad, era blanco de burlas en la comisión. Había sido Curry quien permitió que el cuartel general de la policía de Dallas se convirtiera en un circo durante los días posteriores al asesinato, con Jack Ruby, armado, merodeando en sus pasillos prácticamente a su antojo. Curry y el fiscal de distrito de la ciudad, Henry Wade, habían declarado repetidamente información errónea a los reporteros durante las horas siguientes al homicidio de Kennedy, declaraciones que habían complicado el trabajo de la comisión y que servirían a Mark Lane y a otros para alegar la existencia de un gran encubrimiento. Uno de los peores errores cometidos durante una de aquellas declaraciones sucedió la noche misma del asesinato, cuando Wade declaró ante la prensa que la policía había recuperado un rifle Mauser de facturación alemana del Almacén de Libros Escolares de Texas; el arma de Oswald era, de hecho, un rifle Mannlicher-Carcano de factura italiana. Wade admitió el error en su momento pero ya era demasiado tarde para detener a Lane, quien argumentaría durante décadas que un rifle Mauser había sido encontrado en la ubicación del asesino, una prueba más de que Oswald no podía haber sido el asesino del presidente.

La comisión no había podido resolver una grave discrepancia entre los relatos dados al FBI por parte de Curry y uno de sus oficiales, el capitán W. B. Frazier, sobre los acontecimientos en las primeras horas de la mañana antes de la muerte de Oswald. Frazier trabajó en el turno nocturno que inició la noche del sábado y se alarmó cuando se le comunicó un informe aparentemente creíble que sugería que una multitud de por lo menos cien personas se reuniría ese domingo en el centro de la ciudad para matar a Oswald. Lo consultó con el jefe de la División de Homicidios del Departamento de Justicia, quien dijo que debía notificársele a Curry de inmediato para que el departamento pudiera reforzar la seguridad para Oswald esa mañana. Frazier intentó repetidamente telefonear a casa de Curry entre las 5:45 y las 6:00 de la mañana. La línea se mostraba ocupada así que Frazier pidió ayuda a una operadora. Ella le comunicó que aparentemente dicha línea se encontraba fuera de servicio. Para las 6:00 am, hora en que terminó su turno, Frazier aseguró que la llamada seguía sin enlazarse por lo que dejó el asunto en manos del oficial de relevo para que éste tratara de contactar al jefe de policía y le advirtiera que, aparentemente, la vida de Oswald corría peligro.

Interrogado por el FBI después del asesinato de Oswald, Curry insistió en que el teléfono de su casa funcionaba bien y que no recibió ninguna llamada relacionada con amenazas hacia Oswald. El relato de Frazier, dijo, era erróneo.

En julio, la comisión le pidió al FBI que resolviera la discrepancia entre los dos relatos. En una entrevista con el buró el 17 de julio, Curry anunciaría la necesidad de corregir el registro. Resultó, declararía, que su esposa había descolgado el teléfono ese sábado por la noche para que la pareja pudiera dormir. Él reconocería lo que esto implicaba: durante la última noche de la vida de Lee Harvey Oswald, y sólo dos noches después de que el presidente de Estados Unidos fuera abatido en las calles de Dallas, el jefe de la policía de esa ciudad no podía ser contactado.

48

Oficinas de Herrick, Langdon,
Sandblom & Belin
Des Moines, Iowa
Agosto de 1964

La comisión sufrió problemas de relaciones públicas durante el año.

Y ningún traspié fue tan dañino, era evidente para el equipo de trabajo de la comisión, como la declaración que Warren había hecho ante la prensa en febrero cuando dijo que toda la verdad acerca del asesinato tal vez no saldría a la luz "en lo que a ustedes les resta de vida". Durante el verano, David Belin, ya de regreso en su bufete en Iowa, le escribió a Willens en agosto para decirle que el comentario del ministro presidente había hecho tanto daño que tenía que ser mencionado —y repudiado formalmente— en el informe de la comisión. El informe debía dejar en claro que Warren había cometido un grave error, dijo. "Es la única forma en la que se me ocurre que podamos desterrar el temor que tantas personas manifiestan de que estemos dándole vueltas a las cosas y de que no les estemos diciendo la verdad de los hechos."

Pero esa recomendación, al igual que muchas otras ofrecidas por Belin, no tendría impacto en el informe final, el cual no haría referencia alguna al desliz de Warren. Mientras que Belin y el resto del joven equipo de abogados parecían no tener forma de saber el alcance de aquello, la comisión de hecho sí había empezado a censurar fuertemente sus registros durante aquella primavera. Aún más significativo fue el hecho de que ésta dejara abruptamente de llevar un registro palabra por palabra de sus propias deliberaciones.

Durante los primeros seis meses de la investigación, un taquígrafo transcribió cuidadosamente las reuniones a puerta cerrada de la comisión, bajo el entendimiento de que esas transcripciones quedarían clasificadas como ultrasecretas y no se darían a conocer públicamente durante años, o tal vez nunca. La decisión se tomó para dar confianza a los comisionados de que podían hablar con franqueza pero también para dar la seguridad al público de que existiría un registro completo que pudiera ser consultado por futuros investigadores. Warren contrató los servicios de Ward & Paul, una respetada compañía privada de transcriptores jurídicos en Washington que trabajaba frecuentemente para la CIA y el FBI cuando las agencias necesitaban tomar testimonios que implicaban material clasificado. La compañía contrató a varios taquígrafos que ya habían trabajado con altos niveles de autorización.

Sin embargo, esa situación cambió en junio cuando la comisión, debido a razones que no se explicaron, terminó el convenio con Ward & Paul y repentinamente dejó de llevar transcripciones de sus deliberaciones internas. Los archivos de la comisión no revelarían quién tomó la decisión. Una que significaba que el público estaría privado eternamente de saber qué se dijo entre los comisionados en sus debates más importantes, los definitivos, y de qué tan cerca había estado la comisión de crear un informe final a decisión dividida.

La última reunión de la comisión que se transcribió completamente fue la de la tarde del martes 23 de junio, la cual contó con la asistencia de tres de sus miembros: Warren, Ford y Allen Dulles. La reunión se centró en una cuestión de censura: ¿debía la comisión eliminar las referencias a Yuri Nosenko, el desertor ruso, en el informe final? La campaña de cabildeo para censurar el material Nosenko fue efectiva y hubo muy poco debate entre los tres comisionados. "Ha sido de mi conocimiento, por gente que creo muestra saber al respecto, que existen serias dudas sobre la confiabilidad de la afirmación de que el señor Nosenko sea un desertor auténtico", dijo Ford. "Yo dudaría fuertemente en cómo utilizar todo lo que dijo de Oswald", añadió. Warren estuvo de acuerdo: "Yo soy alérgico a los desertores y simplemente creo que no deberíamos depositar nuestra confianza en ninguno de ellos, a menos que se sepa sin asomo de duda que Nosenko nos está diciendo la verdad y de que ello se pueda corroborar en cada aspecto. Pero no podemos corroborar nada de este hombre en absoluto".

La siguiente sesión ejecutiva se pactó para el lunes 29 de junio, que sería cuando la comisión comenzaría a discutir seriamente las conclusiones del informe final. A ella asistieron los siete comisionados.

En lugar de una transcripción, la comisión redactó un resumen de nueve páginas sobre los puntos a discusión durante aquella sesión; sin embargo, incluso ese resumen desaparecería de los archivos de la comisión. Décadas después, una copia del mismo sería hallada entre los documentos personales de Rankin.

De acuerdo con el resumen, casi toda la reunión se centró en la discusión de una lista de 72 preguntas que el equipo de trabajo pensaba que debían ser contestadas por el informe, esta lista incluiría la importantísima pregunta de si existía o no evidencia que apuntara a la existencia de una conspiración detrás de la muerte del presidente Kennedy. Conforme revisaron la lista, los comisionados casi siempre se mostraron de acuerdo con su equipo de abogados en cuanto a las conclusiones a las que habían llegado. Aunque el debate sobre la teoría de una sola bala continuaba, estuvieron de acuerdo en que las evidencias mostraban que los tres disparos en contra de la caravana del presidente habían sido efectuados desde la parte trasera de la limusina de Kennedy (y que por lo menos dos de ellos habían acertado), que todos los disparos provinieron del sexto piso del almacén de libros y que Oswald fue el único tirador.

Sin embargo, los comisionados externaron sus dudas cuando llegaron a la pregunta 48: "¿Existe evidencia de conspiración extranjera alguna?" De acuerdo con la minuta de la reunión, la comisión "se reservó la respuesta a esta pregunta, y afirmó que dicho asunto se resolverá después".

Los comisionados rechazaron además, de una vez por todas, el borrador del capítulo encomendado a Liebeler sobre los motivos que tendría Oswald para matar a Kennedy. Según el resumen, los comisionados "no estaban dispuestos a asignar algún motivo en particular o a involucrarse en teorías o terminología psiquiátricas". El borrador "era muy indulgente y compasivo con Oswald".

Había un tipo diferente de censura que permeaba en la comisión. La mayor parte de dicha censura se enfocaba en presentar un informe final que no incomodaría a lectores sensibles. Rankin quería que éste quedara limpio de cualquier cosa que se pudiera considera de mal gusto, descortés o una violación a la privacidad de los involucrados, e incluso a la privacidad de Oswald.

David Slawson instó una vez más a la comisión a que revelara que Oswald contrajo una enfermedad venérea cuando perteneció al cuerpo de Marines. En un memo dirigido a Rankin, Slawson se preguntaba si la gonorrea de Oswald había sido tratada adecuadamente y si ello podría haber afectado su salud mental: "¿Valdría la pena preguntarle, de forma confidencial, a un médico especializado en este tipo de enfermedad, o en un área relacionada, para averiguar si la gonorrea, en particular, puede ocasionar este tipo de secuelas?" De hecho, tal como descubriría Slawson posteriormente, no tratar la gonorrea podía conducir a complicaciones físicas devastadoras, pero no directamente a una enfermedad mental. Tal como había decretado ya Rankin, el reporte final no contendría referencia alguna a la gonorrea de Oswald.

A Stuart Pollak, un joven abogado del Departamento de Justicia asignado a la comisión, le fue delegada la tarea de revisar los borradores de los capítulos, así como de algunas de las transcripciones de las declaraciones de los testigos que se publicarían más tarde, para asegurarse de que no hubiera en ellos secciones en las que permeara el mal gusto o se violara la privacidad de los involucrados. En memorándums, Pollak dejó registro de su revisión del informe, en donde citó, página por página, cada ocasión en la que alguien de quien se hiciera mención fuera acusado de un crimen, indiscreción sexual o algún otro defecto de carácter. No le sorprendieron los varios ejemplos de material subido de tono relacionado con el Club Carousel de Ruby y las descripciones de testigos acerca de sus *strippers* y el desempeño de éstas en el escenario. En un memo, Pollak cuestionó si el informe debería conservar la descripción de una de las *strippers* más populares de Ruby, Janet *Jada* Conforto, de quien se decía era "un poquito indecente en su acto", el cual incluso obligaba a Ruby a solicitar que se "apagaran las luces de vez en cuando para decirle que lo 'adecentara' un poco".

Pollak citó, pues, todo caso de impudicia. "El registro incluye varias obscenidades de nivel medio, tal como las referencias a los 'maldito'", escribió. También cuestionó si el informe debía incluir algunos de los detalles más explícitos sobre el cadáver del presidente y su ropa ensangrentada. Pollak preguntó: ¿Era realmente necesario "incluir una descripción de la ropa interior del presidente?"

En cuanto al supuesto asesino, Pollak escribió: "Supongo que todo lo que tenga que ver con Lee Harvey Oswald es territorio permitido, esencial para una evaluación completa del individuo". Aun así, se preguntó si la comisión debía citar todos los detalles desagradables que había descubierto sobre la vida privada de Oswald, especialmente con respecto a su sexualidad. "Tal vez se debería poner atención a las referencias que se hacen sobre su posible homosexualidad... así como a sus insatisfactorios encuentros sexuales con Marina."

Rankin también le pidió al equipo de trabajo que censurara algunas de las descripciones más explícitas de los experimentos militares que se efectuaron, a petición de la comisión, para tratar de reproducir las heridas de Kennedy y de Connally. Los comisionados se mostraron quisquillosos, sugeriría Rankin, en cuanto a cómo describir las pruebas en las que se les disparó a cabras vivas. Pidió que "las palabras 'carne animal' se sustituyeran por el término 'cabra' siempre que apareciera". De forma similar, diría Rankin, los comisionados no querían revelar que el ejército hizo disparos a las muñecas de un cadáver humano para tratar de reproducir las heridas que Connally recibió en las suyas. La comisión, escribiría al respecto Rankin, "ordenó que cuando hubiera referencias a 'muñeca del cadáver' se sustituyera por 'estructura ósea' o alguna otra expresión".

★ ★ ★

Ese verano, se otorgó el derecho de solicitar cambios al registro escrito de su testimonio a los testigos de alto rango del gobierno que comparecieron ante la comisión. Pocos aprovecharon la oferta, aunque sí hubo una edición de último minuto por parte del director del Servicio Secreto, James Rowley. En una breve nota para la comisión enviada durante aquel mes de junio, Rowley solicitó un sutil pero revelador cambio a su respuesta a una pregunta sobre los agentes del Servicio Secreto en Texas que salieron a beber la noche anterior al asesinato. Era sobre un pasaje en el que el ministro presidente, claramente agitado, había preguntado si los agentes hubieran podido proteger mejor al presidente si no se hubieran ido de copas horas antes.

La declaración original de Rowley fue: "Sí, señor, pero no sé qué más podrían haber hecho que no hubieran realizado".

En su nota, Rowley pidió que esas palabras se reemplazaran con: "Sí, señor, pero aun así, no creo que ello evitara o hubiera podido evitar la tragedia".

Con esta corrección, Rowley estaba calificando la defensa de sus agentes. Ahora parecía sugerir que los agentes podrían haber hecho algo más para salvar al presidente si hubieran permanecido completamente sobrios la noche anterior. Después de consultar con Warren, Rankin aceptó corregir la transcripción usando palabras ligeramente diferentes, para que la respuesta de Rowley a la posteridad fuera: "Sí, señor, pero no creo que ellos pudieran haber evitado el asesinato".

49

El hombre polaco parecía nervioso cuando se paró a dirigir una pregunta a Robert Kennedy, lo que él describió como "una pregunta personal". El joven, un oficial del partido comunista local en Cracovia, la segunda ciudad más grande del país, dijo que sus compatriotas querían escuchar la "versión del asesinato" por boca de Kennedy. Él parecía atónito. Durante casi siete meses se las había ingeniado para evitar todo comentario público sobre el homicidio de su hermano. La creación de la Comisión Warren le había dado al fiscal general una excusa para guardar silencio; así él podía insistir en que no quería predisponer la investigación o influenciar los hallazgos de Warren. Pero el triunfante viaje de Kennedy a Europa en junio —primero a Alemania, en donde develó una placa en honor a su hermano en la recién bautizada Plaza John F. Kennedy en Berlín, y ahora a Polonia— aparentemente le había levantado el ánimo. Las multitudes en la Polonia comunista habían aclamado repetidamente el nombre de su hermano.

De modo tal que decidió responder la pregunta del joven polaco.

El presidente Kennedy, dijo, fue asesinado por un "inadaptado" llamado Lee Harvey Oswald, quien había sido motivado por su furia contra la sociedad estadounidense. "No hay duda alguna" sobre la culpabilidad de Oswald, declaró. "Era un comunista profeso, pero los comunistas no tienen nada que ver con él, debido a su actitud." Kennedy continuó: "Lo que hizo, lo hizo por sus medios y por cuenta propia... La ideología, en mi opinión, no motivó sus acciones... Fue el acto en solitario de una persona que estaba protestando en contra

de la sociedad". Sus comentarios se convirtieron instantáneamente
en encabezados de prensa en Estados Unidos, dado que el fiscal general parecía estar sugiriendo la conclusión a la que se esperaba que
la Comisión Warren llegara en su informe final.

Durante buena parte de 1964, Kennedy se había mostrado inconsolable; de hecho, había buscado ocultarse. Había aceptado la oferta de
Johnson de continuar como fiscal general, argumentando que estaba
comprometido con seguir la agenda de su difunto hermano en el
Departamento de Justicia, especialmente con respecto a los derechos
civiles. Sin embargo, Kennedy había ignorado sus responsabilidades
en el departamento, manteniéndose alejado del edificio de las oficinas centrales en la Avenida Pennsylvania durante varios días seguidos.
En cambio, pasaba su tiempo en Hickory Hill, la mansión de la época de la Guerra Civil que él y Ethel le habían comprado a Jack en
1957, o en Georgetown con Jacqueline y sus sobrinos. Parecía que
sólo hallaba consuelo en compañía de su familia, especialmente la de
sus ocho hijos; por entonces Ethel cargaba en su vientre al noveno.

A Kennedy se le hizo costumbre vestir la ropa de su difunto hermano; literalmente, se envolvió en el desconsuelo. Cuando hacía una
de sus habituales visitas al sepulcro de Jack en el Cementerio Nacional de Arlington, algunas veces se le vio usando la chaqueta de cuero
favorita de su hermano o el viejo abrigo del presidente caído. Antes
de su viaje a Europa, cuando el tema del asesinato de su hermano
salía a relucir, Kennedy insistía en que no seguía con puntualidad el
trabajo de la Comisión Warren y que le interesaba poco la pregunta
de si Lee Harvey Oswald había actuado solo o no. "¿Por qué debería
importarme?", era la respuesta que rutinariamente ofrecía cuando se
le preguntaba sobre el trabajo de la comisión. "Nada de eso nos va a
devolver a Jack."

Pero sus asistentes y sus amigos más cercanos sabían que esos comentarios estaban diseñados en gran medida para el consumo público. Años después, ellos admitirían que Kennedy nunca dejó de sospechar que había existido una conspiración para matar a su hermano.
Durante 1964, algunos de sus subordinados en el Departamento de
Justicia —así como amigos suyos de todas partes— continuaron en
búsqueda, a petición expresa, de evidencia que pudiera ensombre-
cer la afirmación categórica de que Lee Oswald había actuado por

cuenta propia. Kennedy parecía preocupado, particularmente, sobre la posibilidad de que Castro o la mafia estuvieran detrás del asesinato.

Kennedy sabía que existía una terrible coherencia en las teorías sobre la posible implicación cubana en el homicidio de su hermano, dado que Estados Unidos había tratado de asesinar a Castro desde hacía mucho tiempo, a veces con ayuda de la mafia. Para 1964 sabía, por lo menos desde hacía dos años, sobre los planes para matar al voluntarioso cubano, tal como lo demostrarían a la postre los registros gubernamentales. Después de la debacle en Bahía de Cochinos en abril de 1961, su hermano lo puso a cargo de la guerra secreta del gobierno en contra de Castro, conocida en la CIA como Operación Mangosta. Entre los oficiales que tomaron parte en la operación, había pocas dudas de que la operación tenía por objetivo ocasionar la muerte violenta de Castro.

Kennedy había estado al tanto de la implicación de la mafia en las intrigas de la CIA en contra de Castro por lo menos desde mayo de 1961 —apenas cuatro meses después de haber jurado como fiscal general—, cuando J. Edgar Hoover le advirtió en un memorándum que la agencia estaba involucrada en "asuntos sucios" en Cuba con el capo de la mafia de Chicago, Sam Giancana. Kennedy evidentemente había leído el memo del FBI porque escribió en él una nota al margen: "Espero que se le dé un vigoroso seguimiento a este asunto". Un año después, se le comunicó de forma explícita que dichos "asuntos sucios" incluían maquinaciones de la CIA para asesinar a Castro. En una reunión en mayo de 1962 solicitada por él mismo, informadores de la CIA le comunicaron a Kennedy los nombres de los miembros del crimen organizado, incluyendo a Giancana. De acuerdo con un resumen del encuentro conservado por la CIA, Kennedy dejó en claro al personal de la agencia de espías que la implicación de la mafia en los planes no era una sorpresa agradable: "Tengo la confianza de que si alguna vez intentan hacer negocios con el crimen organizado nuevamente —con gánsteres—, el fiscal general será puesto sobre aviso". Pero ¿realmente se trataba de una sorpresa, considerando el informe que Hoover le había proporcionado con todo un año de antelación? Y aunque los amigos de Kennedy insistieran después que el fiscal general nunca habría aprobado la orden de asesinar a un líder extranjero, el hecho es que los esfuerzos de la CIA por asesinar a Castro habían continuado hasta las últimas horas de la administración Kennedy, en la época en la que Robert Kennedy dirigía la guerra secreta contra Cuba. De hecho, el inspector general de la CIA, el perro vigía interno de la agencia, determinaría años después que, el 22 de noviembre de 1963, el día del asesinato del presidente, un oficial de la CIA se había reunido en París con un agente cubano para entregarle una pluma envenenada —un bolígrafo modificado con una aguja hipodérmica que podía ser rellenado con un veneno mortal, disponible comercialmente, conocido como Blackleaf 40— para ser llevada de vuelta a La Habana. El inspector general escribió en su informe: "Es posible que en el mismo momento en que el presidente Kennedy era asesinado, un oficial de la CIA se reuniera con un agente cubano... a quien entregaba un dispositivo letal para ser usado contra Castro". Incluso después de la muerte de su hermano, Kennedy continuaba recibiendo informes sobre los esfuerzos por parte de la mafia, con o sin el apoyo de la CIA, para matar a Castro. En junio de 1964, aproximadamente cuando el fiscal general se encontraba de viaje por Alemania y Polonia, la CIA reenvió un memorándum detallado a su oficina sobre los reportes de una nueva oferta por parte de "elementos de la Cosa Nostra", que trabajaban junto con cubanos anticastristas, para asesinar al líder cubano. "Ofrecieron asesinar a Castro por 150000 dólares", podía leerse en el documento interno de la agencia.

Si el presidente Johnson tenía conocimiento, en 1964, sobre los planes para asesinar a Castro es un asunto que nunca podrá determinarse con certeza, a pesar de que las grabaciones —mantenidas en secreto durante mucho tiempo— de sus conversaciones telefónicas en la Casa Blanca sugieren que la CIA no le informó nada sobre los complots y la implicación de la mafia en ellos sino hasta 1967. Con todo, durante los primeros meses de su presidencia, Johnson parecía albergar fuertes sospechas de que el asesinato había sido de algún modo un acto de venganza ejecutado por un gobierno extranjero. Aquel invierno, Johnson le comunicó a su secretario de prensa, Pierre Salinger, quien había trabajado también en dicho cargo durante el mandato de Kennedy, que el asesinato había sido "retribución divina" tras los reportes de la implicación estadounidense en la muerte de Rafael Trujillo, el dictador de República Dominicana, y de Ngo Dinh Diem, presidente de Vietnam del Sur: el líder vietnamita había sido asesinado tan sólo tres semanas antes que Kennedy, durante un golpe de Estado respaldado por Estados Unidos.

El comentario de Johnson llegó con rapidez a oídos de Kennedy, tal como el presidente habría sospechado, y el fiscal general estaba furioso. "¿Retribución divina?", preguntó Kennedy atónito. En una conversación en abril de 1964 con su amigo el historiador Arthur M. Schlesinger, Kennedy describió el comentario de Johnson como "lo peor que Johnson" había dicho en su vida.

Pero, ¿estaba Johnson equivocado? A pesar de su enojo contra el nuevo presidente, Kennedy albergaba la sospecha de que un líder extranjero que había sido convertido en blanco por el gobierno de Kennedy, simplemente había atacado primero: Fidel Castro. Ese otoño, Schlesinger declararía haberle preguntado a Kennedy —"probablemente sin mucho tacto"— si realmente creía que Oswald había actuado por cuenta propia. "Me dijo que no podía haber ninguna duda seria de que Oswald fuera culpable, pero que seguía siendo válido el argumento sobre si éste lo había hecho por sí mismo o si había sido parte de una trama mayor, orquestada por Castro o por gánsteres."

Así pues, ese junio Kennedy se enfrentó con un dilema cuando recibió una carta del ministro presidente Warren, quien escribía de parte de la comisión para preguntar si el fiscal general tenía "alguna información que sugiriera que el asesinato del presidente Kennedy fue ocasionado por una conspiración nacional o extranjera".

¿Debía Kennedy revelar lo que sabía sobre los planes contra Castro y sus sospechas de una conspiración que podría incluir a Cuba? ¿Cuál sería el impacto de que se supiera que él estuvo consciente, durante años, de que la CIA no sólo había intentado matar a Castro, sino que había reclutado para ello a capos del crimen organizado, los mismos mafiosos que supuestamente eran sujetos de persecución por parte de su Departamento de Justicia?

Los estrategas políticos de Kennedy ciertamente no habrían agradecido que esa información se hiciera pública, especialmente durante el verano de 1964, cuando ellos intentaban promover —en ocasiones de forma extraña, al parecer— las especulaciones de que el fiscal general era la opción natural para ser compañero de fórmula para las elecciones presidenciales de ese noviembre. Aunque no hizo mucho por esconder su aversión a Johnson, Kennedy tampoco acalló las especulaciones sobre su candidatura. Las encuestas de opinión lo colocaban, por un amplio margen, como la opción más popular para fungir como el número dos en la candidatura demócrata.

Kennedy retrasó su respuesta a la carta de Warren. "¿Qué hago?", escribió a mano en una pequeñísima nota —sin fecha— a uno de sus ayudantes, quien habría de recordarle semanas después que la comisión aún esperaba su respuesta.

Finalmente, el 4 de agosto Kennedy firmó una carta de una sola página dirigida al ministro presidente en la cual no ofreció señales de lo que realmente sabía o sospechaba:

Quiero declarar de forma definitiva que no es de mi conocimiento ninguna evidencia creíble que respalde las acusaciones de que el asesinato del presidente Kennedy fue ocasionado por una conspiración nacional o extranjera. Quiero asegurarle de que toda la información en posesión del Departamento de Justicia relacionada de algún modo con el asesinato del presidente John F. Kennedy ha sido remitida a la Comisión Presidencial para su adecuado escrutinio y consideración. En este momento no cuento con sugerencias en lo referente a cualquier investigación adicional que debiera emprender la comisión previo a la publicación de su informe.

En vista de lo que después se descubriría sobre las sospechas de Kennedy, la carta fue, en el mejor de los casos, evasiva y, en el peor, un intento por alejar a la comisión del rastro de una posible conspiración. La redacción de la carta podría ser literalmente cierta, pero enmascaraba sus oscuros temores de que Oswald no había actuado solo. Kennedy podría no tener "evidencia creíble" que apuntara a la existencia de una conspiración, pero tenía muchas sospechas al respecto. Tal vez no estaba consciente de evidencia "en posesión del Departamento de Justicia" que lo sugiriera, pero esa evidencia podía existir en otros lados, en la CIA especialmente.

Aunque la comisión ya había descartado la necesidad de su testimonio, Kennedy cerró su carta con la oferta de comparecer ante el panel para contestar preguntas; fue una oferta que él podía estar seguro de que no sería aceptada: Excluyendo al presidente Johnson, el fiscal general fue el funcionario de mayor nivel en el gobierno a quien no se le requirió para rendir testimonio bajo juramento durante la investigación.

50

Oficina del director
Buró Federal de Investigación
Washington, D. C.
Agosto de 1964

Lee Rankin estaba genuinamente avergonzado por las exigencias que la comisión imponía al FBI. Las solicitudes de información y de asistencia habían continuado sin parar durante el verano de 1964, incluso cuando la comisión estaba por terminar su informe. El 18 de agosto, Rankin telefoneó a Alex Rosen, el jefe de la División General de Investigación del buró, para agradecerle al FBI por su disposición para resolver peticiones, "sin importar lo ridícula que hubiera parecido la petición".

Durante las últimas semanas de la investigación, agentes del FBI en Texas y del otro lado de la frontera con México fueron desplegados para seguir las nuevas pistas de la comisión. Se les pidió a los agentes en la inmensa ciudad de México que exploraran todos los locales que comercializaban plata en la ciudad en búsqueda de aquel que pudiera haberle vendido a Oswald el brazalete que le regaló a Marina. La comisión quería que se efectuara la pesquisa aunque su equipo de trabajo estaba convencido de que el brazalete era en realidad de manufactura japonesa y de que Oswald lo había comprado después de regresar a Estados Unidos. La oficina del FBI en la ciudad de México recibió una petición similar para conducir una investigación en busca de cada estudio fotográfico donde Oswald podría haberse tomado fotos tamaño pasaporte para utilizar en su solicitud de visa a Cuba.

Y de forma más importante, la comisión solicitó al FBI efectuar una detallada reinvestigación sobre los dichos de Silvia Odio. "La confiabilidad de la señora Odio ha sido respaldada por parte de varias personas respetables que la conocen", escribió Rankin a Hoover el 24 de julio, añadiendo que la comisión quería que Annie Odio, la hermana de Silvia, volviera a ser interrogada tan pronto como fuera posible. Hoover respondió el 12 de agosto para reportar que el FBI había entrevistado a Annie Odio y que, aunque ella apoyaba el relato de su hermana, el buró sostenía su convicción de que la investigación se encontraba en un callejón sin salida. "No se tiene contemplada ninguna otra acción en este asunto en particular debido a la ausencia de una solicitud específica por parte de la comisión", escribió Hoover.

Wesley Liebeler se dijo atónito tras leer la carta. ¿Por qué tenía el FBI tan poco interés en darle seguimiento a un testigo aparentemente creíble y cuyo relato podría indicar la existencia de conspiradores adicionales detrás del homicidio del presidente? Inició entonces su propia revisión detallada de las afirmaciones de Odio, comparando el relato con lo que se sabía de la cronología del viaje de éste a México. El resultado le sugirió a Liebeler que, aunque los tiempos hubieran estado sumamente justos, Oswald podría haber realizado el viaje a Dallas hacia finales de septiembre. Si hubiera tenido acceso a un automóvil privado o si hubiera volado en avión, Oswald podría haber parado en Dallas, aunque fuera solamente durante unas horas, antes de cruzar la frontera hacia México.

A finales de agosto, Liebeler redactó el borrador de una carta detallada, que debía ser firmada por Rankin, en la cual la comisión exigiría, de forma efectiva, que el FBI reabriera el caso y volviera a investigar cada parte de la historia de Odio. Rankin podría estar seguro de que la carta no sería bien recibida por Hoover, pero la envió de cualquier forma. "Es una cuestión de importancia para la comisión que las afirmaciones de la señora Odio sean comprobadas o refutadas", decía la carta. "¿Serían tan amables de efectuar la investigación necesaria para determinar a quién vio la señora Odio durante finales de septiembre o principios de octubre de 1963?" La carta ofrecía el profuso análisis de Liebeler sobre el itinerario en los viajes de Oswald, y destacaba las similitudes entre la descripción que Odio había ofrecido sobre uno de los dos hombres latinos que se presentaron a su puerta —*Leopoldo*— y un hombre a quien se reportó haber sido visto en compañía de Oswald en un bar de Nueva Orleans.

La petición fue remitida a la oficina regional del FBI en Dallas y la tarea de darle seguimiento al asunto fue encomendada al agente especial James Hosty, el mismo agente que había investigado —y desestimado— las afirmaciones de Odio el pasado mes de diciembre. Posteriormente, Hosty declararía haber torcido la boca tras recibir el encargo; tendría que examinar exactamente la misma evidencia que había repasado ocho meses antes. Hasta cuándo, se preguntó, "terminará esta pesadilla". Hosty había sido una figura pública en Dallas durante ese verano por todas las razones equivocadas, declararía. Cualquier persona en la ciudad que leyera los periódicos a detalle conocía su nombre; todos sus vecinos sabían que él era el atormentado agente del FBI que había investigado a Oswald antes del asesinato y que había fallado en darse cuenta de la amenaza que representaba. Hoover y sus ayudantes en Washington parecían estar decididos a probar que Oswald había actuado sin ayuda en la muerte de Kennedy, y nada de lo que Hosty había descubierto desde el asesinato debilitaba ese argumento. Se necesitaría ser muy "valiente, si no estúpido", para atreverse a sugerir, desde la posición de un agente del FBI, que Hoover estaba equivocado. "¿Por cuánto tiempo tendré que escuchar el nombre Lee Harvey Oswald?", se preguntó Hosty para sus adentros. "Estaba harto."

Para finales del verano, el desprecio que Hoover demostraba hacia Warren y varios de los comisionados era casi total, incluso cuando seguía temiendo el tratamiento que el informe final acabaría dándole al FBI. Los archivos internos de Hoover se habían convertido en un comentario constante, y venenoso, sobre la comisión y su trabajo. Sus opiniones frecuentemente se veían expresadas en breves notas escritas, con su distintiva y serpenteante letra cursiva, al calce de los memos de sus ayudantes.

Muchos de sus comentarios más encolerizados eran provocados por la cobertura que la prensa hacía sobre el trabajo la comisión. A juzgar por la lectura de una de sus notas manuscritas, parecía que Hoover suponía que cualquier artículo que apareciera en un periódico o revista importante en el cual se criticara al FBI por sus acciones antes o después del asesinato había sido sembrado por la comisión y, en algunos casos, por el propio ministro presidente. Después de que la revista *The Nation* hubiera cuestionado aquel invierno si Oswald había ejercido alguna vez como informante del FBI, Hoover había escrito a sus subalternos que quería un sesudo análisis sobre quién estaba proporcionando información a la revista. Él sospechaba del ministro presidente: "*The Nation* es la biblia de Warren", escribió. Cuando el *Dallas Times-Herald* reveló detalles de la investigación de la comisión para saber si Oswald tenía propensión a la violencia cuando formó parte del cuerpo de Marines, un ayudante de Hoover redactó un resumen del artículo, en el cual afirmó que dicha información aparentemente se basaba en una "filtración por parte de un miembro de la comisión". En la parte inferior del memo Hoover escribió: "Suena a Warren".

El director del buró pensaba que, en vez de terminar con los rumores que apuntaban a que Oswald podría haber estado involucrado en una posible conspiración para matar a Kennedy, la comisión no había hecho sino alimentarlos, especialmente después de la declaración de Warren ante la prensa acerca de que no se sabría la verdad completa del asesinato "en lo que a ustedes les resta de vida". "Si Warren hubiera mantenido su bocota cerrada sobre el asunto, semejantes conjeturas no se hubieran levantado", escribió el director.

Hoover se había convencido también de que el FBI era víctima de la incompetencia —y la corrupción, dijo— del departamento de policía de Dallas y de la oficina del fiscal de distrito de dicha localidad. Él creía que los oficiales del orden público de la ciudad continuaban alimentando a la comisión con información desdeñosa sobre el buró con la esperanza de obtener un trato más indulgente en el informe final. Durante algún tiempo a principios de ese año, Hoover había ordenado, con cautela, a la sucursal del FBI en Dallas que cortara todo contacto con el principal fiscal de homicidios de la ciudad, William Alexander, porque Hoover creía que Alexander era quien propagaba el rumor de que Oswald había servido de informante para el FBI. También sospechaba del jefe de Alexander, el fiscal de distrito Henry Wade. "Este tipo simplemente es un rastrero h. d. p.*", escribió Hoover sobre Alexander. "Ordenen a nuestra oficina de Dallas que evite todo contacto con Wade y que tengan mucho cuidado con él."

Conforme la investigación de la comisión comenzó a amainar, Hoover les confesó a sus subalternos que el buró no se había conducido con propiedad ante la comisión, con frecuencia creando sospe-

---

* H. d. p. abreviatura de "hijo de puta"; "s. o. b." versión corta de "Son of a bitch", en el original [N. de T.]

chas donde en realidad él consideraba que no habían estado justificadas. Después de un incidente en el que algunos oficiales de rango medio del FBI habían hecho una lectura descuidada a una solicitud para verificar información sobre los antecedentes de Jack Ruby, provocando con ello protestas por parte de la comisión acerca de por qué se le había retenido documentación, Hoover escribió que estaba "cada vez más preocupado por nuestros fracasos en lidiar adecuadamente con este asunto". Hoover escribiría en un memorándum posterior: "No entiendo por qué abordamos de forma estrecha las solicitudes de la comisión".

En marzo, uno de los principales ayudantes de Hoover, William Branigan, escribió una recomendación para que el FBI rechazara la petición de la comisión para vigilar más de cerca las apariciones públicas de Mark Lane y Marguerite Oswald. Sugirió el potencial de escándalo que significaría que se supiera que la investigación de Warren estaba vigilando a sus críticos. "Las solicitudes de la comisión son extremadamente amplias y, si se interpretan literalmente, podrían representar una grave carga investigativa para nosotros, lo cual implicaría también un gran riesgo de hacer el ridículo", escribió Branigan. Sin embargo, Hoover se mostró muy precavido en desatender a la comisión. "No me gusta esta constante renuencia de nuestra parte para cumplir cabalmente con las peticiones de la comisión. Me doy cuenta de lo imprácticas y absurdas que son muchas de ellas", escribió. "Pero es un hecho que por lo menos Warren es hostil hacia el buró y que le estamos dando motivos con nuestras equivocaciones."

Rankin declararía después que gran parte de su energía ese año tuvo que enfocarse en tratar de subsanar la relación con el buró. Tras bambalinas, la investigación se había enfrentado con las repetidas amenazas de Hoover y el buró de cancelar la asistencia ofrecida por el FBI. Esa primavera había existido una confrontación sobre la decisión de la comisión de solicitar que especialistas externos revisaran parte de la evidencia física que ya había sido inspeccionada por el laboratorio del FBI, incluyendo las balas y los fragmentos de bala encontrados en las escenas del crimen en Dallas. Los subalternos de más alto nivel de Hoover vieron esto como una afrenta al buró, pues dicho gesto sugería que la comisión no confiaba en los hallazgos de su laboratorio. Hoover parecía estar ofendido también: "Coincido en que cada vez se hace más y más intolerable lidiar con esta Comisión Warren".

En un momento dado, Hoover aparentemente autorizó al subdirector Alex Rosen para amenazar con cancelar por completo la asistencia del laboratorio en las pesquisas de la comisión. "Le señalé al señor Rankin que nuestro laboratorio estaba sumamente agobiado con una gran cantidad de trabajo y que si los análisis que habíamos practicado no se iban a tomar en cuenta, parecía no existir razón alguna para que nuestros expertos del laboratorio continuaran atados con la realización de esas pruebas", escribió Rosen.

Rankin habría tratado de reparar el daño. Habló repetidamente por teléfono con Rosen y se disculpó por las muchas "solicitudes poco razonables" hechas por la comisión. Rankin intentó ser conciliador y elogió al laboratorio del FBI, insistiendo en que los especialistas externos simplemente confirmarían la exactitud de los hallazgos del buró. Finalmente, tras recibir más súplicas de Rankin, incluyendo declaraciones que afirmaban "el respeto que yo tenía por el FBI y el trabajo de su laboratorio", el buró retiró su amenaza. Empero, Hoover sintió que la disputa serviría para recordarles a sus ayudantes que ignoraran todo elogio u otro tipo de "palabras dulces" que escucharan por parte de Rankin y sus colegas en la comisión. "No doy credibilidad a ninguna declaración elogiosa hecha por Warren o sus comisionados", escribió Hoover en una copia de uno de los memorándums despachados por Rosen. "Ellos están buscando "lagunas' en el FBI y, como no han encontrado ninguna, ahora intentan ser 'cariñosos'."

Fuera cual fuere su hostilidad contra Warren, Hoover trabajó para mantener una buena relación con el comisionado que, él sentía, defendería al FBI durante la redacción del informe: Gerald Ford. Sus archivos mostrarían que había conocido a Ford durante una fiesta celebrada en abril en la casa de Cartha DeLoach. Al día siguiente, Hoover mantuvo contacto al enviar una nota a Ford: "Quiero comunicarle lo mucho que disfruté conversar anoche con la señora Ford y con usted durante la fiesta en la casa de DeLoach. Particularmente, me agradó mucho discutir de ese modo tan informal algunos de los asuntos que son vitales tanto para usted como para el FBI". La carta no revelaría cuáles eran estos "asuntos vitales". "Resulta siempre alentador saber que contamos con congresistas alertas y vigorosos como usted, que están conscientes de las necesidades y los problemas que enfrenta nuestro país", continuó. "Cuando tenga oportunidad, estaría encantado de que la señora Ford y usted pudieran pasar por las oficinas centrales del FBI para ofrecerles un recorrido especial por nuestras instalaciones. Y me gustaría, por supuesto, que se sintiera con la libertad de llamarme siempre que necesite nuestra ayuda o cuando podamos ser de utilidad."

El buró también mantuvo bajo vigilancia a William Manchester durante ese año, toda vez que éste se encontraba acumulando investigación para el libro que preparaba sobre el asesinato. DeLoach solicitó que se efectuara una revisión de los antecedentes de Manchester, y los resultados fueron alentadores. Como corresponsal en Washington para *The Baltimore Sun*, Manchester había tenido tratos con el buró ocasionalmente y una revisión de los registros del FBI había mostrado que "nuestras relaciones con él han sido de lo más cordiales en el pasado", reportó entonces DeLoach. Durante aquella primavera, Robert Kennedy le solicitó a Hoover reunirse con Manchester; la solicitud llegó a los oídos del director del FBI mediante Edwin Guthman, el secretario de prensa de Kennedy, cuya oficina se encontraba asistiendo en organizar el calendario de citas del autor. Hoover, quien casi nunca se mostró de humor para hacerle favores al fiscal general, se negó inicialmente a ser entrevistado para el libro. En cambio, Manchester fue invitado a mediar palabra con DeLoach. La oficina de Kennedy organizó la reunión para el 22 de abril.

Mientras repasaba el plan que seguiría para su investigación, Manchester presionó a DeLoach en busca de una oportunidad para hablar de forma directa con Hoover, alegando que quería llegar a comprender por completo lo que había sucedido en Washington durante las horas posteriores al homicidio del presidente, incluyendo la secuencia exacta de llamadas telefónicas intercambiadas entre Hoover y Robert Kennedy, cuando el director del FBI dio la noticia del asesinato. (Kennedy le había dicho ya a Manchester lo impactado que había quedado por el frío, casi robótico tono que Hoover había mostrado durante las llamadas.) Manchester insinuó a DeLoach que Hoover corría el riesgo de que el otro lado de la historia —el relato de Kennedy— resultara poco favorecedor para él si decidía no contar su versión de la misma. El escritor dejó en claro cuánto sabía al respecto. De acuerdo con DeLoach, Manchester declaró haber "visitado la casa del fiscal general y la alberca en donde se encontraba parado el fiscal general cuando el director le llamó".

Hoover accedió a la entrevista; reservó una hora para Manchester a principios de junio. Tal como era de esperarse, la mayor parte del encuentro se enfocó en las conversaciones telefónicas que sostuvo con Robert Kennedy durante el día del asesinato. Hoover describió su tono en las llamadas como profesional, no frío, y sugirió, al parecer, que había sido Kennedy quien finalizó las conversaciones iniciales, y no él. Después de decirle a Kennedy durante la primera de las llamadas que su hermano había sido víctima de un atentado con arma de fuego y que estaba siendo llevando de urgencia al hospital, recordó Hoover, "el fiscal general se mantuvo en silencio durante algunos momentos y luego solicitó", antes de terminar la llamada, que el FBI "lo mantuviera informado de cualquier otro hecho". El fiscal general, declaró Hoover, no era "del tipo explosivo" y, dadas las circunstancias, parecía razonablemente calmado durante la comunicación.

Hoover ofreció a Manchester su eterna defensa sobre la supuesta falla del FBI en alertar al Servicio Secreto sobre la presencia de Oswald en Dallas —"teníamos en efecto alguna información concerniente a Oswald; sin embargo, ésta era de una naturaleza bastante endeble"—, al tiempo que reforzó su argumento sobre la incompetencia de la policía de Dallas: "Si el FBI hubiera tomado bajo custodia a Lee Harvey Oswald... Jack Ruby nunca lo hubiera asesinado", dijo. "Todo eso se podría haber evitado si la policía de Dallas hubiera tomado las medidas adecuadas."

La entrevista terminó con lo que Hoover y sus ayudantes podrían haber considerado una pregunta incómoda por parte de Manchester: ¿Por qué Hoover no había asistido a los servicios funerales o al sepelio del presidente, los cuales se habían efectuado a pocas cuadras de los cuarteles generales del FBI en el centro de Washington? Habría sido imposible, respondió Hoover; había demasiado trabajo por hacer, ya fuera en la gestión de la investigación en Dallas y en la ciudad de México —"las pistas llegaban hasta México"— o en la supervisión de las medidas de seguridad para los muchos dignatarios extranjeros que viajaron a Washington ese fin de semana para asistir a las ceremonias funerales. Según explicó Hoover, él había "estado en su escritorio constantemente".

51

One Chase Manhattan Plaza
Nueva York, Nueva York
Jueves 21 de julio de 1964

Durante gran parte del verano, John McCloy, al igual que la mayoría de los comisionados, trabajó en la investigación a distancia. Lo hizo desde sus lujosas oficinas en One Chase Manhattan Plaza, el rascacielos de acero blanco de 60 pisos apostado en la parte baja de Manhattan, hogar del Chase Manhattan Bank —presidido por McCloy de 1953 a 1960— y el selecto bufete legal que exhibía su apellido: Milbank, Tweed, Hadley & McCloy. Su nombre era de tal manera sinónimo del banco y la firma jurídica, que no había necesidad de especificar el número de piso si uno quería dar con su despacho. El edificio alojaba cientos de oficinas y empleaba a miles de trabajadores, pero una carta dirigida simplemente a "John McCloy, One Chase Manhattan Plaza, Nueva York", llegaba sin falta a su escritorio.

Después de leer algunos de los borradores del informe que le habían sido enviados desde Washington, McCloy decidió que la comisión simplemente debía aceptarlo: Oswald podría haber sido entrenado como espía por la KGB. Eso no significaba que hubiera una conspiración rusa para matar a Kennedy, en absoluto. McCloy les había dicho a los otros comisionados estar de acuerdo con que Oswald había sido el único tirador en Plaza Dealey y que era difícil imaginarse que la Unión Soviética hubiera tenido algo que ver con el asesinato. Pero era posible que los rusos en algún momento hubieran considerado usar a Oswald como un agente "inactivo" quien, después de regresar a Estados Unidos, estaría a la espera, probablemente durante años, para llevar a cabo una operación en nombre de Moscú. El hecho de que Oswald pareciera conocer algunas tácticas de espionaje —había utilizado nombres falsos para abrir apartados postales, por ejemplo— sugería que él podría haber recibido adiestramiento de la KGB. El informe de la comisión se fortalecería, era la opinión de McCloy, en cuanto éste reconociera que aún se ignoraba mucho sobre el misterioso pasado de Oswald.

El 21 de julio, McCloy dictó una carta dirigida a Lee Rankin; le pidió a su secretaria que la marcara como PERSONAL. En ella alabó el más reciente borrador del capítulo en el que la comisión discutía —y descartaba— la posibilidad de la existencia de una conspiración extranjera en el asesinato de Kennedy. "Creo que este borrador es mucho mejor que el anterior", dijo McCloy a Rankin. Sin embargo, tenía una sugerencia. "En algún sitio", escribió, "siento que debería añadirse algo como esto":

La comisión ha notado que Oswald de hecho mostró una tendencia en el uso de prácticas de encubrimiento, lo cual levanta la sospecha de que efectivamente recibió algún tipo de instrucción rudimentaria en actividades encubiertas... No es completamente inverosímil que las autoridades soviéticas pudieran haber considerado usarlo como una especie de agente "inactivo" en Estados Unidos, uno al que podrían llamar en algún momento en el futuro; sin embargo, nuestra mejor opinión es que, incluso con esta posibilidad, ellos habrían albergado serias dudas sobre la confiabilidad de Oswald.

En otras palabras, la KGB podría haber considerado usar a Oswald como espía pero, finalmente, los rusos habían sido demasiado listos para tener algo que ver con "ese vándalo", como McCloy se refería con frecuencia a Oswald.

Aquella carta habría desaparecido, de facto, tan pronto llegó a Washington. Ni los registros de la comisión ni el informe final reflejarían si la sugerencia de McCloy causó debate dentro de la comisión. La carta, que varios de los abogados del equipo de trabajo declararían nunca haber visto, viajó junto con los documentos personales de Rankin al Archivo de la Nación, donde permaneció aparentemente en el olvido. Años después, los abogados del equipo declararían que no habría resultado una sorpresa que el ministro presidente se hubiera resistido a la sugerencia presentada por McCloy referente a dejar abierta la posibilidad de que existieran vínculos entre Oswald y la KGB. Durante aquel verano, Warren parecía decidido a presentar un informe final que terminara con toda especulación sobre Oswald que no lo pintara como un joven delirante y violento, ajeno a toda persona o institución; alguien que el Kremlin ciertamente no consideraría con potencial para fungir como espía.

* * *

David Slawson había escrito gran parte del borrador que leyó Mc-Cloy y el joven abogado estaba complacido con la manera en la que su material había tomado forma. Al comenzar la redacción de su parte, Slawson estaba sinceramente convencido de que no había ninguna conspiración extranjera, o por lo menos ninguna evidencia verosímil que apuntara en dicho sentido. Se reservó hacer un juicio final sobre esta interrogante hasta que el FBI concluyera su revisión, a finales de aquel verano, de las declaraciones que Silvia Odio había hecho en Dallas. Si su relato sobre que ella había conocido a Oswald resultaba verdadero, el asunto cambiaba y la investigación tendría que ser reabierta. Sin embargo, si las afirmaciones de Odio resultaban falsas, Slawson se sentía cómodo con la conclusión que había redactado, en un borrador con fecha del 15 de julio, en el que se afirmaba que la comisión había investigado "todos los rumores y acusaciones" y que "no había encontrado ninguna evidencia verosímil que indicara que la Unión Soviética, Cuba o cualquier otra nación extranjera estuviera involucrada en el asesinato. Se han examinado todos los hechos sobre la vida de Lee Harvey, literalmente desde su nacimiento hasta su muerte, en búsqueda de evidencia que lo vincule con agentes subversivos extranjeros".

Eso no significaba que estuviera por completo satisfecho, admitiría Slawson. Aún le preocupaba que tanta información sobre el viaje de Oswald a México se le atribuyera directamente —por órdenes de la comisión— a la testigo central, a quien no se le había permitido entrevistar: Silvia Durán. En el informe, a ella se le identificaba por nombre en más de 30 ocasiones; se hacía referencia a las declaraciones que había ofrecido —bajo coerción, incluso bajo posible amenaza de tortura— a la policía mexicana. El personal había delineado la redacción final sobre su credibilidad. Odio sería etiquetada como "una fuente importante de información" cuyo relato había sido confirmado por "fuentes de una confiabilidad extremadamente alta", esto último, una críptica referencia al uso de micrófonos ocultos y operaciones de intervención telefónica conducidos por la CIA en la ciudad de México. "Su testimonio resultó veraz y preciso en todos los aspectos pertinentes", concluiría el informe.

Su compañero, William Coleman, fue el encargado de redactar la cronología del viaje de Oswald a México. Su borrador haría declaraciones de gran alcance que sugerían que él, incluso más que Slawson, tenía la seguridad de que la CIA y el FBI habían compartido toda la información en sus manos. "Confiaba en la CIA especialmente", declararía Coleman tiempo después.

De acuerdo con el borrador de 25 páginas sobre el viaje a México, fechado el 20 de julio:

> La comisión emprendió una investigación intensiva para determinar las actividades y el propósito de Oswald durante su viaje. Como resultado, la comisión ha podido reconstruir la mayoría de sus acciones durante este periodo… La comisión confía en que lo que sabe sobre las actividades de Oswald en México resulta representativo de todas sus acciones en ese lugar y que, mientras estuvo en México, Oswald no hizo ningún contacto que tuviera relación alguna con el asesinato.

Conforme el verano palidecía, los abogados del equipo de trabajo comenzaron a clasificarse en dos campos: aquellos que estaban conformes con la forma en la que Rankin y sus delegados estaban editando sus borradores, y quienes estaban insatisfechos, incluso furiosos. Parecía que no había un punto medio. Arlen Specter sentía que su resumen de los sucesos del día del asesinato y la explicación que proporcionó sobre gran parte de la evidencia médica estaba siendo editado con cuidado y respeto. Otros consideraban a Redlich como alguien malhumorado y territorial, pero Specter sólo tenía para él alabanzas; ellos serían amigos el resto de sus vidas. "Norman fue el arquitecto del informe y dejó que, en esencia, permaneciera mi trabajo", recordaría Specter al respecto. "Hay que recordar que el informe se armó en muy poco tiempo. Le doy mucho crédito a Redlich."*

529

Sería hasta después de que los borradores de los capítulos fueran editados que Specter se daría cuenta de la renuencia que algunos de los comisionados habían presentado para aceptar la teoría de una sola bala, o por lo menos la forma en la que ésta se había presentado. En junio, después de leer los borradores de los capítulos sobre balística, McCloy le escribió a Rankin para advertirle que la comisión debía tener cuidado de no exagerar en la confianza que habían puesto en la teoría. "Creo que se ha invertido mucho esfuerzo en intentar probar que la primera bala que hirió al presidente también fue responsable de todas las heridas de Connally", dijo. "En muchos aspectos, este capítulo es el más importante en el informe y debería ser el más convincente." McCloy adjuntó a su carta un memo de ocho páginas escrito a máquina en el que se proponían 69 cambios de edición en el informe, muchos con la intención de modificar lo que él consideraba un fraseo excesivo. Dijo que se había alarmado por el uso de giros idiomáticos innecesariamente dramáticos en los borradores, incluyendo una referencia al "fatídico día" del asesinato. "Si esto va a ser un documento histórico, no hay necesidad de usar frases tales como 'fatídico día', de hecho parecería impropio." Dicha frase sería eliminada. Un ataque más directo a la teoría de una sola bala provino del senador Cooper, quien de otra forma habría sido una figura secundaria en la investigación. El 20 de agosto envió un memorándum a Rankin en el que sugería que la teoría era, simplemente, errónea. Cooper había quedado impresionado con el testimonio que había ofrecido Connally ante la comisión. "¿Con qué bases se afirma que un disparo ocasionó todas las heridas?", preguntaba Cooper. "Me parece que la declaración del gobernador Connally niega una conclusión semejante. Yo no puedo estar de acuerdo con esta declaración."

Senado en rechazo a la nominación de Robert Bork, un juez federal de cortes de apelaciones y ex profesor de leyes en la Universidad de Yale, para incorporarse a la Suprema Corte. En una entrevista no publicada acontecida en 1996, Specter declaró que se había ofendido por los reportes de un incidente ocurrido años atrás en el que el conservador Bork había ridiculizado al muy liberal Redlich durante un discurso en una cena en Nueva York, estando Redlich presente en la audiencia. "Redlich había estado muy enfermo entonces y acudió a la cena como una cortesía" a Bork, recordaba Specter. "Cuando Redlich me comentó lo que había sucedido entre ellos, me quedé con una opinión muy negativa sobre Bork, lo cual no le ayudó nada" durante sus audiencias en búsqueda de la confirmación por parte del Senado.

Nadie parecía estar más furioso por la forma en la que estaba siendo editado el informe que David Belin. Ahora, de vuelta en su firma legal en Des Moines, comenzó a enfurecerse cada vez más conforme leía los borradores que llegaban desde Washington. En respuesta, se quejó en cartas despachadas a Rankin de que el informe estaba generando preguntas innecesarias sobre la confianza que la comisión ponía en sus propios hallazgos. El informe, dijo, estaba escrito de forma defensiva, enfocándose demasiado en refutar las teorías de conspiración difundidas por Mark Lane y otros. Belin dijo haber quedado impactado al descubrir que se dedicaría un capítulo entero a probar que todos los disparos hechos a la caravana de Kennedy habían venido del Almacén de Libros Escolares de Texas y no, como argumentaban los teóricos de conspiraciones, del así llamado montículo de césped o algún otro lugar. "La evidencia sobre el origen de los disparos es una de las evidencias más fuertes que existen para demostrar que Oswald fue el asesino", escribió Belin. "Ponerlo en un capítulo por separado constituiría un exceso de argumentación." Lane y los otros teóricos de conspiraciones "han logrado meter a la comisión en un falso supuesto", escribió Belin. "No debe existir duda alguna sobre el origen de los disparos; no se necesita mecanografiar 69 páginas para probarlo."

A Belin lo había enfurecido, también, descubrir que la comisión pretendía ignorar la investigación que había conducido él solo aquella primavera para resolver un misterio que lo había estado atormentando desde el inicio de la investigación: ¿A dónde se había dirigido Oswald después del ataque? Se sabía que Oswald había abandonado el almacén de libros minutos después del asesinato y que se habría dirigido a su pensión del otro lado de la ciudad; primero en autobús y luego en taxi cuando éste se detuvo en el repentino y caótico tráfico. Allí se habría armado con su revólver Smith & Wesson calibre .38 y comenzado a caminar hacia el este; fue entonces cuando se encontró con el oficial Tippit, a quien asesinó antes de huir a toda prisa. La pregunta era entonces: ¿Hacia dónde? La ausencia de cualquier ruta de escape obvia había alimentado los rumores de que Oswald conocía a Ruby puesto que éste se habría dirigido al departamento del segundo, ubicado aproximadamente a un kilómetro en la misma dirección en la que entonces caminaba. Belin, sin embargo, estaba convencido en la falsedad de los rumores. "Hicimos todo lo posible para descubrir evidencia verosímil sobre un posible vínculo entre Oswald y Ruby", dijo Belin. "No se encontró ninguna."

¿Sería posible que Oswald no tuviera planeada una ruta de escape? Algunos de los colegas de Belin sospechaban que Oswald no tenía ningún destino en mente ya que siempre tuvo la intención de ser capturado o abatido. Eso podría explicar por qué esa mañana había dejado para Marina dinero en su cartera: 170 dólares; y había dejado también su anillo de bodas. Pero Belin estaba convencido de que Oswald estaba huyendo a un lugar en específico y que un pequeño pedazo de papel encontrado en sus bolsillos arrojaba pistas al respecto: un boleto de transbordo de autobús, despachado durante los minutos posteriores al asesinato. Para Belin, aquel boleto sugería que Oswald —quien rutinariamente viajaba en transporte público en Dallas y quien se sabía los horarios de memoria— planeaba transbordar a otro autobús que lo sacaría de la ciudad. "Debió haber una razón para que conservara ese boleto."

Belin pensaba que el destino más probable de Oswald habría sido México, y luego Cuba. Liebeler le había recordado el testimonio de uno de los compañeros de Lee del cuerpo de Marines, quien había declarado haber escuchado a Oswald hablar sobre sus planes de viajar a Cuba, pasando primero por México, si alguna vez se metía en problemas con la ley. Era importante, consideraba Belin, que Oswald le hubiera mentido tan descaradamente a la policía de Dallas sobre el viaje a México cuando éste fue interrogado tras su detención: Oswald había negado haber ido a México. "¿No es razonable asumir que la negación de su viaje a México es evidencia circunstancial muy fuerte que apunta hacia la existencia de alguien en México que hubiera estado involucrado de algún modo, directa o indirectamente, en el asesinato?", se preguntaba Belin. "¿Quién sería esa persona?" Él pensaba que esas preguntas conducían nuevamente a la visita de Oswald a la embajada cubana en México durante el pasado otoño, en donde Oswald casi seguramente se hubiera encontrado con diplomáticos cubanos y otras personas que veían en el gobierno de Kennedy una amenaza mortal. Él pensaba que, por lo menos, existía la posibilidad de que, durante su estadía en México, "Oswald hubiera mantenido una conversación con un agente o simpatizante de Castro que había versado sobre cómo regresarle el gesto a Kennedy, y que se le hubiera prometido apoyo financiero y de otro tipo si alguna vez tenía éxito" en matar al presidente. Alguien podría haber estado esperando a Oswald en la frontera para ayudarlo, y esa persona habría sido, por definición, aparentemente, un conspirador en el asesinato. Todo ello era "pura especulación", admitía Belin, pero resultaba admisible.

Con la ayuda del FBI, Belin analizó las rutas de autobús que salían de Dallas para ver si Oswald habría tenido alguna forma sencilla de llegar a México. Después de días con mapas y tablas de horarios esparcidos por su escritorio, Belin creyó haber identificado una ruta probable, y ésta no era tan complicada. Con el boleto de transbordo, Oswald podría haber llegado a un punto de abordaje de la línea de autobuses Greyhound, que ese día tenía programado un autobús que salía de Dallas a las 3:15 pm con destino a Laredo, Texas, en la frontera con México.

Belin expuso su teoría en un detallado memorándum dirigido a Rankin y Redlich. Ofreció una explicación de por qué Oswald había dejado dinero para Marina en lugar de guardarlo para la tarifa del autobús; no habría necesitado de él pues estaba armado. "Incluso si no tenía suficiente dinero para llegar a México, la pistola le hubiera ayudado a obtener un poco", dijo. Después de haber asesinado sin piedad a Tippit, ¿por qué Oswald tendría algún escrúpulo en robar a mano armada a algún peatón, o incluso un banco? Belin reconocía en el memorándum que no podía probar que el objetivo de Oswald habría sido llegar a México, pero pensaba que era importante para el informe de la comisión sugerir por lo menos hacia dónde se habría dirigido el asesino de Kennedy, aunque sólo fuera para apagar los rumores sobre un posible encuentro con Ruby. Sería Norman Redlich quien objetaría con mayor ahínco dedicar cualquier mención a dicha teoría en el informe. Sin pruebas, le comunicó Redlich, la comisión no debía generar preguntas que no tendrían respuesta sobre la ruta que habría tomado Oswald, especialmente para sugerir que éste se dirigía a México, donde se habían generado tantas preguntas que no se habían podido responder.. "Norman argumentó que, debido a que se trataba de una teoría y no un hecho confirmado, no debería hacerse ninguna mención de ello en el informe final", recordaría Belin al respecto. "Norman ganó la discusión."

Alfred Goldberg quedó estupefacto ese verano cuando descubrió lo que el ministro presidente pretendía hacer con los archivos internos de la comisión; quería que fueran destruidos o incinerados. "Warren quería destruir todo registro", recordaría Goldberg. "Él pensaba que estos registros agitarían las cosas más de lo debido", proporcionándole evidencia a los teóricos de conspiraciones sobre las disputas internas entre el personal de la comisión, lo cual sería usado por Mark Lane y otros de forma selectiva para provocar dudas sobre la culpabilidad de Oswald. Warren tenía además otros motivos para destruir los archivos, recordaría Goldberg. Le preocupaba mucho que el papeleo entregado a la comisión por las agencias gubernamentales, la CIA en particular, revelara secretos de seguridad nacional que habían estado relacionados con el homicidio del presidente sólo tangencialmente. "Pensaba que el país y el mundo estarían mejor si esas cuestiones nunca se hicieran del dominio público", declararía Goldberg, entonces consciente de que tenía que moverse rápido, y con cautela, para convencer a Warren de cambiar de opinión. Como historiador, a Goldberg le aterraba la idea de que tanta evidencia en bruto sobre semejante acontecimiento en la historia de Estados Unidos no sería sometida al escrutinio de futuros investigadores. O incluso peor, estaba convencido de que si el público alguna vez llegaba a descubrir lo que había pasado, las teorías de conspiración se saldrían de control; Lane y el resto utilizarían la destrucción de los documentos como una prueba más de la existencia de un gran encubrimiento.

Goldberg pensaba que si alguien podía cambiar la opinión de Warren, ése era Richard Russell. A pesar de las diferencias entre Warren y el senador, el político oriundo de Georgia era uno de los hombres más respetados de la capital, y el ministro presidente tomaría en cuenta su opinión. "Nadie en Washington se atrevía a ignorar un consejo del senador Richard Russell", recordaría Goldberg. Se entrevistó entonces con Alfreda Scobey, la representante de Russell dentro del equipo de trabajo de la comisión, para pedir su ayuda. Ella, a su vez, acudió con Russell, quien aceptó hablar con el ministro presidente. Y Russell convenció a Warren de que, a pesar del riesgo de divulgar secretos gubernamentales, "sería mucho peor si se destruyeran los documentos". Warren retiró rápidamente su orden. Russell, diría Goldberg, había "salvado el día".

Aquél fue el verano más atareado en la vida de Goldberg. En las semanas finales de la investigación, se prometió a sí mismo llegar a casa todas las noches para dormir algunas horas pero, a partir de junio, lo normal fue que tuviera jornadas de trabajo de 14 horas, siete días a la semana. Durante aquella época tuvo un solo día libre, el 4 de julio; Rankin insistió en que el equipo celebrara quedándose en casa. Goldberg no abandonaba entonces su oficina hasta bien pasada la media noche: "La mayoría de nosotros permanecíamos ahí hasta la 1, 2 o 3 de la mañana".

Especialmente durante las horas nocturnas, él y otros abogados de la comisión estaban agradecidos por las reglas cada vez menos rígidas con respecto al tratamiento de documentos clasificados. "Podíamos simplemente apilar cosas en las mesas", recordaría Goldberg. "En mi opinión, eso era estupendo." Los agentes del FBI que visitaron las oficinas a mediados de septiembre reportaron a sus superiores en el cuartel general del buró haber encontrado "una completa falta de organización en lo referente a los registros" sin "control de ningún tipo en el resguardo de la documentación, sea ésta clasificada o no". "Cualquier empleado o miembro del personal" usa las fotocopiadoras Xerox de la comisión para reproducir los archivos, incluyendo muchos de los que mostraban el rotulado ULTRASECRETO.

Goldberg tomó varios encargos de redacción. Escribió el capítulo especial que enlistaba —y refutaba— todo rumor importante y teoría que sugería la existencia de una conspiración. Dividió los rumores en 10 categorías, que iban desde el origen de las balas que impactaron contra la caravana del presidente hasta los sucesos en la escena del homicidio del oficial Tippit y las muchas acusaciones respecto a los posibles nexos entre Oswald y Ruby. Restringió la lista a 122 "especulaciones y rumores" para acto seguido responder a cada uno de ellos con "los hallazgos de la comisión" que arrojaban la verdad, tal y como había sido establecida por la investigación. En su introducción al capítulo, Goldberg destacó que todos los asesinatos importantes habían producido teorías de conspiración y que éstas comenzaban a circular casi de inmediato. "Los rumores y las teorías sobre el asesinato de Abraham Lincoln que aún se publicitan hasta hoy se difundieron en su mayor parte a los pocos meses de su muerte."

Como parte de su investigación, Goldberg había intentado leer cada uno de los cientos de artículos publicados por revistas y periódicos que sugerían una explicación alternativa para el homicidio de Kennedy. "Se había escrito muchísimo", recordaría Goldberg. "Había una red subterránea operando que arrojaba todo tipo de acusaciones, especulaciones y rumores." Había quedado escandalizado después de leer el primero de los libros importantes que abundarían sobre las teorías de conspiraciones: ¿*Quién mató a Kennedy?*, de Thomas Buchanan, el escritor estadounidense en el exilio, colaborador de *L'Express*. El libro, lanzado en Estados Unidos por la editorial G. P. Putnam's Sons, alegaba por la presencia de por lo menos dos tiradores en Plaza Dealey. Buchanan daba a entender que la conspiración habría sido maquinada por hombres de negocios texanos de derecha. "Me pareció que eran tonterías, como la mayoría de esos libros", declararía Goldberg. Le ofendía que muchos investigadores y periodistas supuestamente legítimos ni siquiera se habían molestado en investigar los hechos básicos del asesinato antes de apresurar historias que enviarían a imprenta. "Era una buena forma de hacer dinero para mucha gente", recordaría Goldberg. Los teóricos de conspiraciones, diría, "eran, en su mayoría, ignorantes, deshonestos o estaban locos". Goldberg creía entonces que Mark Lane, Buchanan y el resto estaban lucrando con la confusión de millones de estadounidenses a quienes les costaba trabajo creer que "un hombrecito tan patético" como Lee Harvey Oswald pudiera haber terminado con el hombre más poderoso del mundo. "Se sentirían mucho más cómodos sabiendo que su muerte había sido el resultado de alguna conspiración, que algunas figuras de importancia estaban involucradas", diría Goldberg. "¿Cómo podía este pelagatos haberlo hecho?"

Goldberg estaba orgulloso de que su propio trabajo detectivesco hubiera acallado un conjunto específico de rumores muy publicitados. Durante meses, Mark Lane y otros habían alertado sobre la desaparición de un hombre texano llamado Darryl Click, quien había sido identificado como el taxista que habría conducido a Oswald de vuelta a su casa tras el asesinato. *The New York Times, The Washington Post* y otros periódicos habían publicado transcripciones de una rueda de prensa del 24 de noviembre en la que el fiscal del distrito de Dallas, Henry Wade, había hecho referencia al trayecto en taxi en donde aparentemente había identificado a Click por nombre. Sin embargo, Lane y otros no pudieron encontrar señal de Click en las guías telefónicas u otros registros públicos. La confusión sobre Click y su paradero fue "aprovechada por toda la gente conspiratoria", recordaría Goldberg. "Había allí indicios de un oscuro misterio." Para tratar de resolverlo, Goldberg obtuvo una cinta con la grabación de la declaración de Wade en aquella rueda de prensa. "La escuché una y otra vez", declararía. "La repasé 75 veces." Y encontró el error. Éste había sido cometido por el transcriptor; lo había confundido el marcado acento texano en la cansina voz de Wade. La transcripción publicada en el *Times*, entre otras publicaciones, citaba que el fiscal de distrito de Dallas había dicho que Oswald había "abordado a un conductor de taxi, un Darryl Click", quien lo habría conducido a la pensión donde se hospedaba. Lo que en realidad había dicho Wade era que Oswald había "abordado un taxi a Oak Cliffs" que lo llevaría a casa. La pensión se ubicaba en el vecindario de Oak Cliffs. Para un oído no acostumbrado al acento texano, "Oak Cliffs" habría sonado como "Darryl Click". No había tal Darryl Click.

Durante la preparación del apéndice sobre los "rumores", Goldberg utilizó el informe final preparado por el abogado del equipo de Richard Mosk y el supervisor del IRS, Philip Barson, un contador contratado por la comisión para completar la investigación acerca de si Oswald habría contado con el apoyo de recursos provenientes de posibles conspiradores. Goldberg estaba impresionado. En su reporte, listo el mes de julio, Mosk y Barson habían sido capaces de rastrear —casi hasta el último centavo— todo el dinero que había salido y entrado de los bolsillos de Oswald durante las últimas semanas de su vida, desde el 25 de septiembre, el día en que se reportó que abandonó la ciudad de Nueva Orleans para viajar a México. Sus ingresos, incluyendo su salario y su seguro de desempleo, sumaban un total de 3 665.89 dólares, mientras que sus gastos, incluyendo el costo del viaje a México, alcanzaron un total de 3 497.79 dólares. Ello dejaba una diferencia de 168 dólares, suma que aparentemente estaba justificada, dado que Oswald había dejado 170 dólares en efectivo para Marina en un cajón en el tocador del dormitorio.

Después de percatarse de que, desde enero, había pasado casi cada hora de su tiempo pensando en la difícil vida de Jack Ruby, Burt Griffin finalmente estaba dispuesto a aceptar la conclusión que la comisión parecería adoptar; que con el homicidio de Oswald, Ruby no había participado en una conspiración. Con todo, le habían irritado los primeros borradores de los capítulos tocantes a Ruby. Pensaba que la comisión había ido demasiado lejos al sugerir que todas las interrogantes sobre el pasado de Ruby habían sido resueltas. "Me parece que es un error que la comisión haga cualquier declaración que indique que su investigación a este respecto ha sido exhaustiva", le escribió Griffin a Willens el 14 de agosto.

Durante aquel mes, se le pidió a Griffin y a los otros abogados del equipo que habían permanecido en Washington que comenzaran a leer los borradores de los capítulos que no habían sido escritos por ellos mismos, actuando como editores y verificadores de la información unos de los otros. Como era de esperarse, nadie abordó el trabajo con más ahínco —y de forma más agresiva— que Liebeler. Él se convirtió, en muchos sentidos, en el principal inquisidor dentro de la comisión. Tal como lo describiría Griffin, Liebeler se había convertido en "el revisor que buscaba las debilidades" que los críticos de la comisión encontrarían. "Quería que el informe estuviera tan bien redactado y que la evidencia fuera tan precisa que un abogado con la postura opuesta no pudiera decir que el equipo de trabajo de la comisión había realizado una labor inadecuada o que había sacado conclusiones injustificadas."

Griffin y sus colegas declararían no haber tenido idea de ello en su momento, pero al establecerse a sí mismo como el principal crítico interno, Liebeler estaba a punto de crear un rastro de enfurecidos documentos que los teóricos de conspiraciones citarían décadas después para argumentar que la comisión —y Liebeler mismo— había participado de un colosal encubrimiento.

52

Oficinas de la comisión
Washington, D. C.
Agosto de 1964

La energía de Norman Redlich era casi sobrehumana. Funcionaba con pocas horas de sueño, muchas veces menos de cuatro horas por noche, y podía devorar una comida en su escritorio durante los pocos minutos que le tomaba a una de sus secretarias cambiar la cinta de la máquina de escribir. Se sentía honrado de haber sido comisionado como el escritor y editor principal del informe. Era probable que el documento fuera estudiado y leído durante siglos en el futuro —por sus nietos y los hijos de sus nietos "y así sucesivamente"—, le había dicho a su familia. Más que cualquier otra cosa que pudiera hacer durante su carrera, Redlich —de 38 años de edad y más joven que la mayoría de sus colegas en la escuela de leyes de la Universidad de Nueva York— entendía que éste bien podría ser el hecho por el que sería recordado.

Su esposa, Evelyn, recordaría que, muy al principio de la investigación, su esposo se había convencido ya de que Oswald había actuado por cuenta propia. "Norman nunca consideró posibilidad alguna de conspiración", diría ella. "Ninguna." Por lo tanto, resultaría más sencilla la tarea que le fue encomendada aquel verano por el ministro presidente Warren: terminar el informe lo más rápido posible y acallar los agitados rumores en torno al asesinato

La presión para terminar no sólo provenía de Warren. Aunque el ministro presidente insistía en que el presidente Johnson no había impuesto fechas límite, los abogados de la comisión habían escuchado algo distinto. En repetidas ocasiones durante ese verano les había llegado el rumor de que el presidente, a través sus subalternos de mayor rango, estaba exigiendo que el informe estuviera terminado para finales de agosto, antes de la Convención Nacional Demócrata que se celebraría entonces en Atlantic City, Nueva Jersey, y en donde Johnson recibiría la candidatura de su partido para gobernar por un periodo completo de cuatro años; su contrincante republicano para las elecciones de noviembre sería Barry Goldwater, senador por el estado de Arizona. Johnson, se les habría dicho a los abogados, no quería que nada dentro del informe lo tomara por sorpresa previo a la campaña. "De vez en cuando, alguien nos decía: 'Johnson acaba de enviar un mensaje'", recordaría Lloyd Weinreb. "Y el mensaje era: '¿Dónde está el maldito informe?'"

Y el personal sintió la presión. Weinreb declararía sobre aquello que una tía suya, por entonces de visita en Washington, al verlo tan agotado le exigió que se tomara un fin de semana de descanso con su esposa. "Ella me dijo: 'Lloyd, tienes que escaparte'", recordaría Weinreb. "Incluso nos dio un poco de dinero para hacerlo." El abogado planeó una escapada de una sola noche el domingo al cercano puerto de Annapolis, Maryland. "Así que al mediodía del domingo condujimos hasta Annapolis a un motel para quedarnos esa noche", declararía. Pero casi en cuanto llegaron, sonó el teléfono. "Recibimos una llamada de Lee Rankin diciéndonos que más nos valía regresar a Washington." No había tiempo ni para una noche fuera; la pareja regresaría a su hogar de inmediato. "Me enfurecí bastante", recordaría Weinreb. Era una bendición, comentaría, que su esposa fuera tan poco propensa a enojarse. "Mi esposa es una persona muy afable."

Por primera vez, los temperamentos empezaron a caldearse entre algunos de los abogados. Weinreb recordaría haber protagonizado varios exabruptos durante aquel verano con Wesley Liebeler, especialmente sobre la forma en la que el informe debía describir el autoproclamado marxismo de Oswald y la posibilidad de que éste lo hubiera motivado a matar a Kennedy. "Ésa era una fuente de gran controversia entre nosotros", recordaría. "Liebeler era un sujeto de derecha" que argumentaba que la motivación de Oswald "era totalmente política, que tenía que ver con Castro". Weinreb estaba convencido de que Liebeler se equivocaba. "No creía que fuera un asunto relacionado con la política, sigo sin creerlo."

Las batallas entre Liebeler y Redlich, sin embargo, fueron mucho más desagradables. Más allá de la rigurosa diferencia en sus opiniones políticas, los dos hombres nunca se habían llevado bien y ahora discutían sobre la redacción del informe. Liebeler advirtió que Redlich habría estado tan ansioso por terminar el informe para complacer a Warren que estaba de hecho maniobrando para cerrar líneas importantes de investigación que habían surgido de último minuto acerca de la existencia de una conspiración tras el asesinato. Liebeler traería a la memoria varios ejemplos. Varios miembros del equipo de trabajo se habían alarmado, por ejemplo, al descubrir durante aquel verano que el FBI nunca había determinado el origen de las huellas digitales encontradas en las cajas de cartón provenientes del sexto piso del Almacén de Libros Escolares de Texas; las cajas de cartón que, aparentemente, Oswald había apilado alrededor del lugar desde el cual había fungido de francotirador. Por lo menos 11 de las huellas no pertenecían a Oswald.

Independientemente de qué tan poco tiempo quedara para la investigación, Liebeler y otros abogados en el equipo sentían que el FBI tenía que determinar a quién pertenecían esas huellas. Sin embargo, Redlich se resistió, por lo que había intentado redactar el borrador del informe dándole la vuelta, como si el asunto no fuera de importancia. Griffin se unió entonces a Liebeler en su protesta contra Redlich: "No se pueden descartar 11 huellas digitales. Debemos averiguar de quién son esas huellas". Era posible que éstas identificaran a otros a conspiradores en el asesinato. "Carajo, podría haber estado un equipo de futbol entero allí", advirtió Griffin. Murray Laulicht, recién llegado al personal, recordaría cómo Redlich sentía que ya era demasiado tarde para preocuparse por las huellas, especialmente si ello significaba retrasar el informe. "¿Acaso le quieren tomar las huellas dactilares a toda la ciudad de Dallas?", habría sido la irritada respuesta de Redlich al respecto.

Redlich se resistía también a preguntarle al FBI sobre el conflicto de si se había identificado la impresión de la palma de la mano de Oswald en el cañón del rifle encontrado en el almacén de libros. Un experto en huellas digitales de la policía de Dallas había afirmado que la huella parecía pertenecer a Oswald, mientras que un experto del FBI que había inspeccionado el rifle posteriormente habría dicho no haber encontrado presencia de huella alguna. Liebeler creía que ambos asuntos —el origen de las huellas en las cajas de cartón y la discrepancia sobre la huella en el rifle— debían resolverse. "El registro no se podía dejar en la condición en la que estaba", había declarado entonces. Finalmente Rankin se puso del lado de Liebeler y firmó cartas dirigidas a J. Edgar Hoover, aquel agosto, presionando para obtener respuestas sobre las huellas. Las respuestas llegarían durante los días finales de la investigación: el buró reportaría que la mayoría de las huellas previamente no identificadas pertenecían a un ayudante adscrito al FBI y a un oficial de la policía de Dallas, quienes habían manipulado las cajas de cartón como evidencia. El FBI afirmaría también la existencia de una huella con la palma de Oswald en el cañón del rifle, tal como había descubierto la policía de Dallas. El experto del FBI que había inspeccionado el rifle con anterioridad aparentemente habría ignorado que la policía de Dallas había preservado la huella levantándola del cañón con un pedazo de cinta adhesiva.

Liebeler tenía una queja de mayor alcance: sentía que Redlich estaba redactando el informe final como un "reporte de un abogado acusador", sin dejar duda alguna sobre la culpabilidad de Oswald. Liebeler les habría comentado entonces a sus colegas que estaba de acuerdo con la conclusión de que Oswald había actuado por cuenta propia; sin embargo, dijo, el informe debería dejar en claro la existencia de evidencia que podría haberlo puesto en duda en caso de que Oswald hubiera enfrenado un juicio.

A finales de agosto, la frustración de Liebeler había alcanzado el punto de ebullición en lo tocante a las conversaciones que mantenía con Redlich y Willens; en ellas, los dos abogados habrían sugerido, aparentemente, que Liebeler merecía cierta culpabilidad de que a la comisión se le hubiera escapado evidencia que apuntara a la existencia de una conspiración interna en el asesinato de Kennedy. "A mí personalmente no se me puede hacer responsable por la condición actual del trabajo que habla sobre la conspiración", había escrito Liebeler en un enfadado memorándum dirigido a ambos a finales de agosto. "Estoy más que dispuesto, si me es posible, a aceptar toda la responsabilidad que me corresponde por el trabajo de este equipo. Sin embargo, no puedo permitirme quedar en la posición que insinúan las... declaraciones orales hechas por ustedes dos. Espero que reflexionen sobre estas declaraciones y puedan admitir que son falsas e injustas."

Con supuestamente sólo algunos días restantes para el fin de la investigación, Liebeler estaba asombrado de cuánto trabajo faltaba por hacer. En agosto, fue sorprendido por las noticias de que Marina Oswald había recordado apenas recientemente —según ella— que aún había recuerdos del viaje de Oswald a México dentro de un pequeño maletín café que había conservado después del asesinato. El FBI, dijo ella, no se había molestado en inspeccionar el maletín. Para el personal de la comisión, esto representaba una nueva alarma de último minuto sobre la competencia del buró; Liebeler se preguntaba qué otra evidencia se le podría haber escapado al FBI debido a los errores o la pereza de sus agentes. Se encontraron varios artículos dentro del maletín, incluyendo el talón de un boleto de autobús del viaje de Oswald a México.

El viernes 4 de septiembre, conforme Liebeler se preparaba para pasar el fin de semana del Día del Trabajo en su casa de campo en Vermont, llegaron a él las pruebas de galeras de la versión editada por Redlich del capítulo 4, aquel que se enfocaba en la evidencia que establecía a Oswald como el asesino. Habría poco tiempo para que Liebeler disfrutara de los días festivos porque, conforme avanzaba en la lectura, se sentía cada vez más inquieto por lo que Redlich había hecho, o para ser más precisos, por lo que Redlich había permitido que el capítulo conservara de los borradores antiguos.

A Liebeler le afligían, en primer lugar, los muchos errores factuales, grandes y pequeños, que detectó. Él pensaba que algunos de los errores eran comprensibles debido al gran número de personas involucradas en "el extremadamente laborioso proceso" de redacción y edición. Él estaba más disgustado, recordaría posteriormente, por el tono general del informe y la forma en la que aún se estaba "reescribiendo" para sugerir que Oswald había sido de tal manera culpable que los lectores no tenían que preocuparse por los hechos que pudieran indicar lo contrario. "Contenía declaraciones que en verdad no podían ser apoyadas", diría Liebeler. Había una tendencia a "minimizar o a no darle el mismo énfasis a la evidencia contraria".

Liebeler decidió hacer algo dramático en protesta. Se sentó frente a una máquina de escribir que guardaba en su casa de Vermont y comenzó a mecanografiar un memorándum de 26 páginas, que contendría un total de más de 6 700 palabras, encaminado a desmontar el capítulo, párrafo por párrafo. Señaló docenas de ejemplos que describió como errores o exageraciones. El memorándum era, a su propio modo, una obra maestra, prueba de la aguda inteligencia de Liebeler y de su fenomenal memoria; podía recordar hasta cada mínimo detalle de la evidencia del testimonio de los testigos y compararlos con lo que estaba leyendo en el escrito.

En lo que sería probablemente la parte más polémica del documento, Liebeler se mostró en grave desacuerdo con Redlich y otros miembros del personal que sugerían que el adiestramiento en armas de Oswald en el cuerpo de Marines había hecho del disparo en la Plaza Dealey algo fácil para él. Liebeler sentía que el informe debía mencionar que los compañeros de Oswald en los Marines se habían burlado de él durante las prácticas de tiro y que por lo menos un examen de tiro lo había pasado con dificultad. La evidencia, decía él, tendía "a indicar que Oswald no era un buen tirador y que no se había interesado en su rifle mientras estuvo en el cuerpo de Marines", sin embargo esa conflictiva evidencia había sido expulsada del capítulo. "Francamente, seleccionar la información del registro de ese modo podría afectar seriamente la integridad y la credibilidad de todo el informe." Y continuó: "La solución más honesta y sensata, dado el estado presente del registro sobre las capacidades de Oswald con el rifle, sería escribir una sección muy corta que indique que hay testimonios de ambos lados sobre varios puntos. La comisión podría entonces concluir que la mejor evidencia de que Oswald tenía de hecho la capacidad de disparar su rifle a la velocidad con la que lo hizo para dar en el blanco es el hecho de que efectivamente así ocurrió. Podría haberse tratado de una mera cuestión de suerte. Y probablemente lo fue en gran medida. Pero sucedió".

Cuando regresó de Vermont ese fin de semana, Liebeler dejó el memorándum sobre el escritorio de Redlich. Inicialmente no escuchó respuesta. "Realmente no hubo respuesta alguna durante un periodo considerable de tiempo", recordaría Liebeler.

Entonces, varios días después, nuevas páginas de pruebas para el capítulo llegaron a las oficinas de la comisión, así que Liebeler comenzó a leer en busca de cambios que se le hubieran hecho, si era el caso, como resultado de su memo. La respuesta, recordaría, fue casi nula; sus quejas más graves habían sido ignoradas. Marchó hasta la oficina de Rankin para levantar su protesta. Al ver lo enojado que estaba, Rankin aceptó revisar el capítulo junto con él, en ese mismo instante. Le pidió a Liebeler que consiguiera una copia de su memo, trajera consigo un juego de las pruebas de galeras y regresara a su oficina. "Nos sentamos, uno junto al otro, y empezamos a revisar el capítulo", recordaría Liebeler. Willens se unió al grupo, aparentemente no sin antes telefonear a Redlich, quien se encontraba en Manhattan ese día en su escritorio de la Universidad de Nueva York. Al darse cuenta de que su edición estaba siendo intervenida, Redlich corrió al aeropuerto LaGuardia para tomar un vuelo a Washington. Llegó a las oficinas de la comisión esa misma tarde. Los cuatro "pasaron el resto de ese día y gran parte de esa noche repasando las consideraciones del memorándum y las páginas de pruebas, y mi impresión es que consideramos y discutimos todos los puntos", recordaría Liebeler. Él obtuvo cambios, pero muchos menos de los que había solicitado. Durante las dos semanas siguientes, bombardearía a Rankin y al resto de abogados con más sugerencias, sumando un total de 8000 palabras adicionales.

Liebeler sabía que sus voluminosos memorándums de aquel verano crearían un registro permanente de cuán duramente había peleado —por lo que él consideraba cuestiones de principios— durante la redacción del informe. Por lo que, en un momento dado, decidió conservar copias de sus memos para su uso personal. Comenzó a extraer las copias de las oficinas de la comisión, llevándoselas dentro de su portafolio para luego archivarlas en casa, inicialmente en su departamento en Washington. Si alguna vez llegaba el momento en el que el legado de la comisión fuera atacado y necesitara defender su propia reputación, Liebeler contaría con todos sus memorándums y documentos; tendría la posibilidad de hacerlos públicos.

El senador Richard Russell se había disculpado siempre sobre todas las reuniones de la comisión a las que había faltado. Tal como había predicho desde un inicio, 1964 resultaría ser un año espantoso en su larga carrera en el Senado. Había pasado casi la totalidad de los primeros seis meses del año tratando —sin éxito— de bloquear la trascendental legislación en derechos civiles que Johnson había ofrecido como tributo a Kennedy, en especial la Ley de Derechos Civiles de 1964. Algunos de los compañeros segregacionistas de Russell habían tenido la esperanza de que su cercana amistad con Johnson pudiera convencer a la Casa Blanca de debilitar la ley. Sin embargo, Russell había presentido desde un inicio que sería inútil. Describió la votación del Senado sobre la propuesta de ley, acontecida el 19 de junio de aquel año, como "el último acto del más largo debate y la mayor tragedia representada en el Senado de Estados Unidos". La ley había sido aprobada con una mayoría apabullante de 73 a 27 y promulgada por Johnson el 2 de julio. El presidente había alabado la labor de Russell después de que el representante georgiano urgiera repetidamente a sus compañeros sureños a acatar pacíficamente la nueva legislación. "La oposición y la violencia no pueden sustituir a la campaña de razón y coherencia que debemos esgrimir", había dicho Russell.

La ausencia de Russell en la comisión habría significado la renuncia en los hechos a su habilidad para controlar el curso de la investigación, incluyendo las decisiones acerca de cómo se elegía a los miembros del equipo de trabajo y qué se les asignaba a cada uno de ellos. La controversia sobre Norman Redlich durante aquella primavera le había ocasionado problemas a Russell entre los votantes conservadores de su estado. En respuesta a ello, Russell había redactado el borrador de una carta que sería enviada a sus conciudadanos de Georgia que hubieran escrito para lanzar algún reclamo. "Permítanme decirles nuevamente que no tuve conocimiento de que Redlich estuviera trabajando para la comisión hasta que las audiencias prácticamente habían concluido", escribió Russell, trasladando la culpa a Lee Rankin, el responsable directo de la contratación. "Cuando el asunto se presentó ante la comisión, dejé en claro que de haber sido consciente de su trayectoria y sus antecedentes, me habría opuesto vigorosamente a su contratación; fue así que le comuniqué al señor Rankin cómo, a mi parecer, había actuado con descuido." En mayo, se había quejado directamente con Johnson sobre Redlich: "Me quedé hasta las 11:30 leyendo los informes del FBI sobre un hijo–de–puta que había sido contratado por este tipo Rankin aquí en la Comisión Warren", constaba en una conversación telefónica grabada con el presidente. "Todo el mundo está haciendo un gran alboroto, quejándose de que es un comunista y todo lo demás… un izquierdista."

Pero incluso aunque participara poco en el trabajo diario de la comisión, Russell continuaba monitoreando la investigación con la ayuda de Alfreda Scobey. Cada noche, insistió Russell, se llevaba a casa transcripciones del testimonio de los testigos de la comisión. Leía los documentos de la comisión "hasta que pensé que mis ojos iban a incendiarse", se había quejado con uno de sus asistentes. Y, desde lejos, a Russell no le gustaba lo que estaba leyendo. Repetidamente le dijo a su equipo de asesores en el Senado que le consternaba la forma en la que Warren estaba dirigiendo la "comisión del asesinato". (Su antiguo secretario de prensa, Powell Moore, declararía tiempo después que el senador se había negado llamarla la "Comisión Warren". "El senador Russell insistió siempre en llamarla la 'comisión del asesinato'.") Aunque la comisión estaba llegando a la conclusión de que Oswald había actuado por cuenta propia, Russell nunca estuvo seguro de ello; había declarado que le costaba trabajo creer que Oswald "pudiera haber hecho todo esto él solo". Le preocupaba lo que leía sobre la visita de Oswald a México y sobre la amistad que éste habría fraguado con un grupo de jóvenes cubanos mientras vivía en la ciudad rusa de Minsk.

La aprobación de la Ley de Derechos Civiles había permitido a Russell involucrarse —de mala gana, reconocería— en el trabajo de la comisión. Anunció entonces que quería ver la escena del asesinato por sí mismo y que quería entrevistar a Marina Oswald. Le pidió a Rankin que organizara un viaje a Dallas. Los otros dos legisladores sureños de la comisión —el senador Cooper, de Kentucky, y el Congresista Boggs, de Louisiana— aceptaron unírsele. Cooper recordaría sobre aquel momento que Russell habría tenido la esperanza de quebrantar la voluntad de la viuda de Oswald y convencerla de que le contara los secretos que había ocultado hasta entonces a la comisión. Warren, se quejaba Russell, la había tratado con demasiada gentileza, incluso después de que hubieran quedado expuestas todas sus mentiras. El ministro presidente había sido "demasiado paternal", le había comentado a su secretaria en el Senado. "A ella se le debería haber aplicado algo más parecido a un interrogatorio de tercer grado."

La delegación llegó a Dallas el sábado 5 de septiembre y al día siguiente hizo un recorrido por el almacén de libros. Fue entonces cuando Russell casi ocasionó pánico en las calles afuera del almacén. *The Dallas Morning News* reportó que aproximadamente 150 excursionistas habían quedado "sorprendidos" cuando elevaron su mirada y observaron a un hombre de edad avanzada al pie de la ventana del sexto piso armado con un rifle, aparentemente apuntando hacia donde ellos se encontraban. Se les explicó que aquel hombre era el senador Russell, quien sujetaba el arma en un esfuerzo por imaginar lo que Oswald habría visto. "Bueno, sólo espero que no esté usando balas reales", exclamó una mujer al tiempo que buscaba resguardo. Esa tarde, la delegación fue a una base militar cercana para conocer a Marina Oswald. Russell llegó con una larga lista manuscrita de preguntas. La sesión duró más de cuatro horas en las que el congresista no descubrió casi nada que no hubiera sido revelado con antelación. Russell enfocó sus preguntas en la relación entre la señora Oswald y su esposo; habría intentado provocarla, sugiriendo que Oswald de hecho había sido un "marido muy devoto" que habría merecido la lealtad de su esposa.

—No —respondió ella—. Él no fue un buen marido.

Russell le recordó entonces lo que ella había testificado, acerca de que Oswald le había ayudado con el trabajo de la casa y que era bueno con sus hijas.

—Bueno, también testifiqué el hecho de que me golpeó en muchas ocasiones —respondió—. No era bueno cuando me golpeaba.

—¿La golpeó en muchas ocasiones? —continuó Russell.

—Muchas —sentenció Marina.

En seguida el senador la presionó en relación con aspectos de su vida en Rusia, antes de que conociera a Oswald, incluyendo sus lazos con el partido comunista y sobre un tío suyo que trabajaba para el Ministerio del Interior ruso. Ella pudo ver hacia dónde se dirigían las preguntas; aparentemente él estaba sugiriendo que ella misma era algún tipo de espía.

—Quiero asegurarle a la comisión que el gobierno soviético nunca me asignó ninguna misión —declaró.

La única sorpresa en su testimonio surgiría cuando la viuda de Oswald ofreció su nueva teoría acerca de que su esposo no habría tenido la intención de matar al presidente; en realidad había apuntado su rifle hacia el gobernador Connally. El gobernador de Texas era el blanco, dijo ella, porque él, como secretario de la Armada, se había rehusado a anular su menos que honorable baja del cuerpo de Marines.

Russell manifestó sus dudas al respecto: "Creo que usted ha confundido terriblemente su evidencia".

La señora Oswald se apresuró a reconocer que su teoría era sólo especulación. "No puedo ofrecer pruebas de ningún tipo", dijo ella.

Su aspecto reflejaba una seguridad recién descubierta. En sus comparecencias anteriores ante la comisión, siempre se había hecho acompañar por un abogado. Esta vez no lo hizo. "El abogado me cuesta demasiado dinero", dijo ella.

Durante el interrogatorio, Russell, tal como había hecho Warren antes que él, pareció ablandarse en presencia de la bonita y joven viuda rusa. Le dijo que le daba gusto que ella estuviera escribiendo sus memorias y que hubiera encontrado tantas formas distintas de vender su historia a los periódicos y las revistas, dado que le había provisto de una forma de mantenerse, a ella y a sus hijas. "Esperaba que usted hubiera encontrado alguna forma de comercializarla con gente de la industria cinematográfica o en el mundo editorial."

En cuestiones de seguridad nacional, Russell era casi sin lugar a dudas el hombre mejor informado del Congreso, y así había sido durante años. En 1965, Russell cumpliría 10 años al frente del Comité de Servicios Armados del Senado. En ese escaño, tenía acceso a la información de seguridad nacional de mayor secrecía compilada por el Pentágono y la CIA; en aquel entonces, los presupuestos de las dos agencias estaban bajo su supervisión.

Después de que Fidel Castro subiera al poder en La Habana en 1959, Russell había participado de muchos secretos, especialmente en torno a Cuba. Sabía cómo el gobierno de Kennedy había luchado desde su primer día para derrocar al gobierno cubano. Eso parecía explicar por qué, en sus conversaciones con el presidente Johnson y otros después del asesinato, Russell había señalado, casi inmediatamente, que Castro podría haber estado involucrado, si no personalmente, sí por medio de algún elemento del gobierno cubano que podría estar operando en su representación. No había mostrado sospechas similares sobre la Unión Soviética.

Russell había también presentado que, fuera cual fuere la verdad sobre el asesinato, la CIA y el FBI no necesariamente estaban ansiosos por descubrirla, acaso debido a que deseaban protegerse a sí mismos de descubrir la existencia de una conspiración tras el asesinato que las dos agencias habrían podido evitar. En los archivos de su oficina, Russell conservó una pequeña nota ominosa que escribió para sí después de la primera reunión de la comisión celebrada en diciembre. "Algo extraño está sucediendo", había escrito, refiriéndose a la investigación de la CIA y el FBI sobre la visita que Oswald había hecho a México. La investigación apenas se estaba poniendo en marcha, pero ya parecía existir prisa por demostrar que Oswald había actuado en solitario, más allá de la evidencia; prisa por demostrar que Oswald había sido "el único alguna vez considerado" como el asesino, escribió Russell. "Para mí, ésta es una posición indefendible."

Russell sabía que la CIA y el FBI habían insistido desde el principio en que no habían podido encontrar evidencia de una conspiración extranjera. Pero gracias a su amplia experiencia, también sabía que las agencias eran capaces de mentir, o de enturbiar los hechos a tal grado que nadie nunca podría descifrar la verdad. Para Russell también era alarmante la posibilidad de que Warren estuviera siendo informado, en privado —por ¿la CIA?, ¿la Casa Blanca?, ¿el presidente mismo?—, al respecto de elementos delicados en la investigación. En esa primera reunión de diciembre, escribió, el ministro presidente parecía saber más sobre la posibilidad de la implicación cubana en el asesinato de lo que estaba diciendo. Warren parecía saber, por ejemplo, sobre el reporte no confirmado de la CIA de que Oswald podría haber recibido miles de dólares en la embajada cubana en México. A Russell le había sorprendido que a Warren ya se le hubiera comunicado aquello. El ministro presidente "sabía todo lo que yo sabía y más sobre [la] CIA".

El viaje de último minuto realizado por Russell a Dallas no había terminado con sus sospechas sobre la existencia de una conspiración. Y el viaje tampoco había terminado con su escepticismo sobre la teoría de una sola bala. Russell respetaba al gobernador Connally y si Connally creía que a él lo había herido una bala diferente, Russell no iba a dudar de él. Así que después de regresar a Washington, Russell sabía que enfrentaría un dilema conforme la comisión se preparaba para aprobar un informe final. Russell necesitaba considerar si podía incluir su nombre en conclusiones que él mismo no podía aceptar. A mediados de septiembre, llamó a una secretaria y comenzó a dictar su desacuerdo formal, un documento que permanecería oculto en sus archivos del Senado hasta años después de su muerte.

Russell comenzó rechazando la teoría de una sola bala:

No comparto el hallazgo de la comisión en cuanto a la probabilidad de que el presidente Kennedy y el gobernador Connally hayan sido alcanzados por la misma bala… Al revisar la filmación Zapruder varias veces pude reafirmar mi convicción de que la bala que pasó por el cuerpo del gobernador Connally no fue la misma bala que atravesó la espalda y el cuello del presidente.

Russell luego continuó sobre las interrogantes sobre si Oswald había actuado en solitario:

> Aunque coincido con mis colegas en lo referente a la conclusión de que no existe evidencia clara y definitiva que conecte a cualquier persona o grupo en una conspiración con Oswald para asesinar al presidente, existen algunos aspectos en este caso en los que no me puedo pronunciar con certeza absoluta.

Dijo cómo se había alarmado por los reportes que hablaban sobre los vínculos de Oswald con estudiantes cubanos en Minsk y por la falta de un "recuento detallado de todos los movimientos, contactos y asociaciones de Oswald en su visita secreta a México". Escribió que no comulgaba "con el hallazgo categórico de que Oswald planeó y ejecutó el asesinato sin los conocimientos, el apoyo o la asistencia de otra persona".

En los días finales de la edición del informe, el personal por fin obtuvo una respuesta del FBI sobre Silvia Odio y su afirmación de haber conocido a Oswald en el umbral de su puerta en Dallas. El buró dijo que contaba con nueva información para probar que la joven cubana estaba equivocada. Los agentes del FBI finalmente habían identificado a los tres hombres que fueron vistos en la puerta de Odio, y Oswald no era uno de ellos. Las noticias llegaron el 21 de septiembre mediante una carta de J. Edgar Hoover. De acuerdo con Hoover, el buró había rastreado a un camionero cubano-estadounidense de 34 años de edad llamado Loran Eugene Hall, quien afirmaba ser uno de los militantes anticastristas que fueron a ver a Odio. Hall se identificó además como un mercenario profesional que se había puesto en contra de Castro después de haber servido en su ejército de guerrilla. Durante septiembre de 1963, declaró Hall, había estado viajando en Dallas con dos colegas guerrilleros anticastristas —Lawrence Howard, mexicano-estadounidense, y William Seymour, que no era latino y sólo sabía algunas palabras en español— para reunir fondos para la causa y habían ido a la casa de una mujer que él creía era Odio. Hall pensó que Odio podría haber confundido a Seymour con Oswald. Hoover reconoció que se trataba de una investigación en curso y que los agentes del FBI seguían en busca de Seymour y Howard. Con todo, las noticias de último minuto procedentes del FBI habían generado una sensación unánime de alivio entre los abogados del equipo de trabajo. Ahora el informe final podía descartar el que hasta entonces parecía ser el testimonio más fuerte de un testigo al respecto de que Oswald podría haber contado con la ayuda de otros conspiradores.

David Slawson, quien había presionado tan vigorosamente para perseguir las afirmaciones de Odio, declararía, años después, no poder recordar si había leído la carta de Hoover, y tampoco el cómo había resuelto el buró, aparentemente, las afirmaciones de Odio. Al igual que sus colegas, Slawson simplemente habría estado demasiado ocupado con su labor de terminar la parte que le correspondía del informe. No hubo discusión, o por lo menos ninguna que Slawson pudiera recordar, sobre enviar a alguien de la comisión a entrevistar a Hall; no había tiempo. "Sólo podíamos asumir que el FBI lo había hecho ya."

Con la carta de Hoover en mano, las porciones del informe que tenían que ver con Odio se reescribieron apresuradamente para explicar —y refutar— lo que ella había afirmado. En el informe, la comisión se homenajeaba a sí misma por haber presionado al FBI para que reconsiderara la historia de Odio: "A pesar del hecho de que parecía casi una certeza que Oswald no podía haber estado presente en Dallas durante el momento en que la señorita Odio así lo sugirió, la comisión solicitó al FBI que realizara una investigación más a fondo para determinar la validez del testimonio de la señorita Odio". El informe resaltó el éxito del FBI en rastrear a Loran Hall y cómo había sido él, junto con sus dos compañeros, quienes se habían presentado a la puerta de Odio. "Aunque el FBI aún no había completado su investigación sobre este asunto en el momento en que el informe llegó a la imprenta, la comisión ha concluido que Lee Harvey Oswald no estuvo presente en el departamento de la señorita Odio en septiembre de 1963."

Aunque la comisión estaba a punto de cerrar sus puertas y ya no podía monitorear la investigación del FBI, el buró continuó la indagatoria sobre Odio; el relato que había proporcionado a la comisión se desmoronó casi de inmediato. Con el tiempo, Loran Hall cambiaría su historia varias veces, insistiendo finalmente —bajo juramento, a los investigadores del Congreso— que el FBI había malinterpretado sus declaraciones y que él nunca había visitado el departamento de Silvia Odio. Él pensaba que los agentes del FBI que lo habían entrevistado inicialmente podrían haber urdido entonces una historia falsa para apaciguar a la comisión. Seymour y Howard serían también localizados; ambos insistirían no conocer a Odio y que nunca habían estado en su departamento. Existía, además, evidencia que apoyaba sus declaraciones. El FBI pudo confirmar que Seymour había estado trabajando en Florida durante la noche en la que se le había situado en Texas.

Los agentes del FBI en Dallas visitaron nuevamente a Odio el 1° de octubre, una semana después de que fuera emitido el informe de la comisión; le mostraron fotografías de Hall, Seymour y Howard. No reconoció a ninguno de ellos e insistió nuevamente —al igual que insistiría durante décadas— en que había sido a Lee Harvey Oswald a quien ella había visto a la puerta de su hogar en Dallas aquel mes de septiembre de 1963.

53

OFICINAS DEL CONGRESISTA
GERALD R. FORD
CÁMARA DE REPRESENTANTES
Washington, D. C.
Septiembre de 1964

Cada vez era más difícil para Gerald Ford mantener en secreto su proyecto de libro. Un círculo cada vez más grande de editores en la industria editorial de Nueva York estaba consciente de los planes de Ford para escribir un libro que sería un relato interno de la investigación y el cual sería publicado poco después de que el informe de la comisión se hiciera público. Ford y su amigo y coautor, Jack Stiles, habían contratado a la agencia de talento William Morris para negociar un trato con la editorial Simon & Schuster.

El contrato final consiguió para Ford el pago de un adelanto de 10 000 dólares y hasta 15% de regalías sobre el precio de venta al público por cada libro vendido después de que el monto del adelanto fuera cubierto; el contrato para los derechos de publicación en formato de bolsillo se negociaría después. Sólo el adelanto equivalía a casi la mitad de su salario anual en la Cámara: 22 500 dólares.*

El libro, que se centraría en la historia de la vida de Oswald y sus posibles motivos para asesinar a Kennedy, llevaría el título *Portrait of the Assassin* (*Retrato del asesino*), aunque Ford había sugerido inicialmente *Kennedy's Killer* (*El asesino de Kennedy*). Ford había llegado a la editorial por recomendación del editor de la revista *Life*, Edward K.

---

* El salario de los miembros de la Cámara de Representantes en 1963 —22 500 dólares al año— equivaldría en 2013, calculando un ajuste por inflación, a aproximadamente 168 000 dólares. El adelanto de Ford por 10 000 dólares sería equivalente a aproximadamente 75 000 dólares en 2013.

Thompson, quien deseaba publicar un extracto del libro al tiempo que el informe final de la comisión fuera emitido.

Simon & Schuster decidió publicar el libro a pesar de los reparos internos sobre la calidad de los manuscritos que les eran enviados —"una redacción de suspenso laboriosa e incómoda", fue el comentario de un editor— y sobre qué tan propio era que Ford emprendiera el proyecto en primer lugar. "Me sigue perturbando la idea de que un miembro de este prestigioso organismo escriba una 'historia tras bambalinas' a título propio", escribió al respecto otro editor.

Ford había trabajado durante todo el verano para mantener a la revista *Life* y a Simon & Schuster interesados en el proyecto. Había invitado incluso a los editores de la revista y de la editorial para que viajaran a Washington a leer documentos internos de la comisión que almacenaba en su oficina. Hizo la oferta incluso en un momento en el que sabía que el FBI se preguntaba si había sido él quien había filtrado el "Diario Histórico" de Oswald a la revista *Life*. "Jerry Ford me llamó por teléfono...", escribió Thompson, el editor de la revista, a un executivo de Simon & Schuster el 8 de julio. "Sugirió que alguien podría querer ver algunos de los documentos fundamentales en su oficina de Washington... si tú crees que eso debe hacerse, déjame saberlo." Thompson apartó su propia curiosidad periodística y dejó pasar la oferta de mirar la documentación secreta. Le había recordado a Ford, escribió entonces, que los documentos por sí mismos no vendían libros. A los lectores les interesaría leer la "contribución personal" de Ford, sus propios pensamientos sobre la investigación y sobre Oswald. "No le vi mucho el caso a recibir un citatorio por haber revisado los documentos, los cuales provienen, hasta ahora, únicamente de la comisión."

Al escuchar críticas posteriores que afirmaban que estaba tratando de hacer dinero a expensas del asesinato, Ford insistía en que el libro significaba una valiosa contribución para el recuento histórico. Ford no veía tampoco nada malo, declararía, en su decisión de permitir que Stiles y sus otros asesores informales —incluyendo a John Ray, el congresista retirado, y a Francis Fallon, el estudiante de leyes de Harvard— revisaran documentos clasificados. "Hacían buen equipo", diría Ford sobre su círculo de asesores. "Jack era escritor, John abogado. Preparaban las preguntas que pronunciaba en las audiencias de la comisión, analizaban las transcripciones, buscando discrepancias." Sin ellos, declararía, se hubiera rezagado mucho en su trabajo en la comisión.

El año había demostrado ser inusualmente atareado para Ford. Como miembro del Comité Presupuestal de la Cámara, había estado permanentemente abrumado por el trabajo; además, durante 1964 se había visto involucrado profundamente en los asuntos políticos de la nación. Se había reportado con gran difusión, aquel verano, que el congresista formaba parte de la corta lista de candidatos a vicepresidente que Barry Goldwater estaba considerando. Fallon, quien cumplió 23 aquel año, había quedado impresionado por el compromiso que Ford mostraba en la investigación, a pesar de sus múltiples obligaciones en el Congreso. Pensaba que la única falla de Ford como comisionado era su tendencia en suponer lo mejor de J. Edgar Hoover y el FBI.

Conforme el verano llegaba a su fin, Fallon instó a Ford a presionar a la comisión para que siguiera buscando evidencia que apuntara a la existencia de una conspiración. En un memorándum con fecha 31 de julio, le comunicó a Ford su preocupación acerca de que el informe estuviera siendo redactado con el propósito de tratar con ligereza la evidencia que sugería que Oswald había sido adiestrado en espionaje en la Unión Soviética. "No permita un trabajo de encubrimiento", le dijo a Ford. "Simplemente no tenemos suficiente información en demasiadas áreas. De ser posible, intente obtener más información. Asegúrese de que se cite el origen de las declaraciones que se atribuyen a 'fuentes confidenciales'." Stiles, amigo de Ford, había expresado sospechas aún más fuertes. El 4 de septiembre, cuando la investigación estaba por llegar a su fin, instó a Ford a que considerara de nueva cuenta la posibilidad de que Oswald había fungido como el espía de alguien. "¿Tenemos alguna prueba contundente de que Oswald no fuera un agente? No tenemos pruebas que apunten a que sí lo fuera, pero es algo totalmente distinto cerrar las puertas al tema."

Ford insistía en que no estaba cerrando puertas prematuramente. Luego declararía que había ponderado con cuidado todas las teorías de conspiración, incluyendo algunas que no habían sido ampliamente compartidas entre el público. En mayo, un reportero del *Detroit Free Press*, el mayor periódico matutino en el estado natal de Ford, lo contactó para preguntarle lo que opinaba sobre los rumores de que Oswald hubiera sido parte de una conspiración para matar a Kennedy que se habría gestado en Nueva Orleans durante el tiempo en que Oswald vivió ahí, en 1963. Los rumores eran difíciles de comprender y estaban aderezados con elementos procaces, lo cual explicaba por qué tantos reporteros fuera de Louisiana habían rechazado seguirlos.

Los rumores se enfocaban en un hombre de Nueva Orleans que estaba involucrado en grupos derechistas que buscaban el derrocamiento de Castro: un ex piloto de las Aerolíneas Eastern llamado David Ferrie, quien había sido interrogado por la policía de Nueva Orleans y por el FBI poco después del asesinato. En su adolescencia, Oswald había pertenecido a un escuadrón de la Patrulla Aérea Civil (CAP, por sus siglas en inglés) de Louisiana, un grupo de voluntarios patrocinado por la Fuerza Aérea de Estados Unidos para alentar a los aficionados de la aviación. Los registros mostraban que Oswald había sido miembro del escuadrón local durante el mismo momento en el que Ferrie ayudaba a dirigirlo; Ferrie negaría rotundamente haber conocido a Oswald, a pesar de que, años después, se encontrara una fotografía que parece mostrarlos juntos en una reunión de la CAP.

Ford garabateó notas para sí mismo conforme escuchaba la cada vez más extraña historia sobre Ferrie —deletreó mal el nombre; lo escribió como "Ferry"—, quien había sido despedido por la aerolínea "por actividades homosexuales" que involucraban a jóvenes adolescentes, y quien —reportaba el periodista— "usa peluca y cejas postizas". (Ferrie padecía de alopecia, una enfermedad que ocasiona la pérdida de vello corporal.) De acuerdo con el reportero de Detroit, Ferrie habría estado involucrado también con figuras del crimen organizado; había trabajado como investigador de medio tiempo para el abogado de Nueva Orleans que representaba a un capo de la mafia local, Carlos Marcello; se rumoraba además que Ferrie había traído de vuelta a Marcello en un vuelo a Estados Unidos después de que el Departamento de Justicia intentara deportarlo durante el gobierno de Kennedy.

"Probablemente conoció a O en CAP", escribió Ford en sus notas, en referencia a Oswald y a la Patrulla Aérea Civil. "Lee Harvey Oswald-¿Homosexual?" Intentó imaginarse cómo todos estos detalles podrían ser atados: si Oswald hubiera tenido lazos con Ferrie, posiblemente mediante una orientación sexual compartida o por medio de grupos de exiliados cubanos, ¿podía ello significar que habría estado involucrado también con un capo de la mafia, quien podría haber querido vengarse de Kennedy?

Dentro del personal de la comisión, la investigación de los rumores sobre Ferrie —y sobre la posibilidad de otros lazos entre Oswald y figuras del crimen organizado en Nueva Orleans— estaba asignada a Wesley Liebeler. Durante su viaje a Nueva Orleans en julio, Liebeler no había descubierto nada que apoyara la idea de alguna conspiración que involucrara a Ferrie o a la mafia. Como resultado, no se hizo mención alguna sobre todos los rumores alrededor de Ferrie en el informe final de la comisión. "El FBI hizo un muy buen trabajo con Ferrie", declararía Liebeler posteriormente. "Éste simplemente no condujo a nada."*

Para el final de la investigación, Ford admitiría que terminó aceptando que las teorías de conspiración sobre el asesinato habían sido inevitables en vista de "la complejidad de los sucesos y las extrañas coincidencias de los hechos" que la comisión había desvelado. "En retrospectiva, parecía imposible que tan increíble secuencia de coincidencias sucediera, y sin embargo así fue." En conversaciones con Stiles, Ford había intentado explicar todas las posibles conspiraciones. Habían descubierto formas útiles de plantear la discusión, especialmente después de que se percataran de que la mayoría de las teorías de conspiración requerían que Oswald fuera un "cebo" plantado en el Almacén de Libros Escolares de Texas. ¿Podía ser cierto aquello? Repasaron los hechos acerca de cómo había obtenido el trabajo en octubre; cómo, ante la súplica de Marina Oswald, Ruth Paine había telefoneado a un supervisor en el almacén de libros, quien había aceptado reunirse con Oswald para después contratarlo. El almacén de libros tenía dos bodegas en Dallas. A menos de que el supervisor hubiera de algún modo formado parte de la conspiración, había sido una cuestión de suerte que fuera asignado al edificio con vista a Plaza Dealey.

---

* Liebeler investigó también las acusaciones de que Oswald y Marcello estuvieran conectados a través de un tío de Oswald que vivía en Nueva Orleans, Charles *Dutz* Murret, un corredor de apuestas acusado de mantener vínculos con la red criminal de Marcello. La comisión no encontraría tampoco vínculo alguno entre Murret y el asesinato del presidente Kennedy.

Ford había descubierto, sin embargo, otra forma efectiva para plantear el debate al analizar los calendarios para los meses finales de 1963. Si Oswald y sus conspiradores habían de alguna forma hecho arreglos para que obtuviera el trabajo en el almacén de libros, ellos habrían necesitado saber para entonces que la caravana de Kennedy pasaría enfrente del edificio. Ford había revisado la cronología del viaje de Kennedy a Texas y la forma en la que la Casa Blanca lo había organizado. Las líneas de tiempo mostraban que los planes del presidente para visitar Texas el 21 y 22 de noviembre eran del conocimiento público desde finales de septiembre. Sin embargo, la inclusión de la ciudad de Dallas en el itinerario del viaje no se confirmaría sino hasta el 9 de noviembre, tres semanas después de que Oswald hubiera sido contratado en el almacén de libros. Además, no fue sino hasta el 19 de noviembre, únicamente 3 días antes de la llegada de Kennedy, que se hizo público que la caravana pasaría frente al almacén de libros. Había sido "simple coincidencia" que Oswald fuera empleado en un edificio desde donde tendría la posibilidad de dirigir un disparo cómodo al presidente, concluyó Ford. "El destino lo puso en el lugar correcto en el momento adecuado para jugar su oscuro papel."

De forma similar, Ford sintió que la cronología de los hechos del domingo 24 de noviembre, el día que Oswald fue asesinado, probaba que Ruby no había sido parte de una conspiración. Había sido "mera casualidad" que Ruby hubiera tenido tiempo suficiente para llegar al sótano del cuartel general de la policía para abatir a Oswald. El traslado de Oswald a la prisión del condado se había visto retrasado de último minuto a petición de un inspector federal de correos que deseaba hacerle algunas preguntas al presunto asesino; el inspector había asistido a servicios religiosos dominicales y no había podido llegar antes. Ese breve retraso le dio a Ruby —quien estaba del otro lado de la calle en una oficina de Western Union, enviando un giro postal por 25 dólares a una de sus *strippers*— el tiempo que necesitaba. Si el traslado de Oswald hubiera sucedido dos o tres minutos antes, Ruby habría llegado demasiado tarde.

El fracaso de la comisión por aclarar los motivos de Oswald había ocasionado gran frustración en Ford. En su libro —escrito junto con Stiles— y en sus comentarios posteriores sobre el asesinato, Ford ofrecería su mejor acercamiento sobre lo que habría llevado a

Oswald a matar al presidente Kennedy; ésta demostraría ser la más detallada y, en muchos sentidos, la más razonada de las explicaciones que ofrecería cualquiera de los comisionados.

En la opinión de Ford, muchas de las respuestas podían encontrarse en el "Diario Histórico" de Oswald. La política nunca había sido un móvil principal en sus actos, pensaba Ford. Su "supuesto marxismo" era "una ensalada de dialéctica revolucionaria y sueños de una mejor sociedad que no atinaba articular". En cambio, creía Ford, a Oswald lo motivaba un desesperado deseo de atención y una infantil necedad que le impedían retractarse de un acto con el que se hubiera comprometido. Ford era padre de cuatro hijos, tres de los cuales eran varones, así que pensaba conocer lo suficiente sobre psicología infantil para percibir que Oswald no había superado los impulsos de la juventud. El "Diario Histórico" resultaba, pues, el "vívido autorretrato de un joven que, cuando no podía hacer las cosas a su modo, recurría a acciones melodramáticas e impulsivas para llamar la atención", escribió Ford. "Cuando una persona ordinaria queda frustrada por las circunstancias, esa persona puede golpear con su puño una mesa o, mejor aún, aprender algo. Pero Lee Harvey Oswald no... Era como un niño que, al fracasar en obtener la atención que deseaba, descubre que destrozar un juguete o hacer un desastre es la forma más fácil de obtener reconocimiento."

Ford pensaba que algo más había motivado a Oswald, aunque no lo incluyó en su libro ni lo dijo públicamente. Tenía que ver con su sexualidad. La comisión había escuchado de testigos, varias veces, sobre los problemas sexuales de Oswald. Ford estimaba que Oswald era impotente y que las burlas de Marina sobre su desempeño sexual frente a otras personas lo habrían humillado de tal modo que se dispuso a probar su masculinidad con un rifle. "Tengo el presentimiento, y creo que otros lo comparten, de que Marina aguijoneaba a Oswald por su impotencia", declararía Ford durante una entrevista en el año 2003 que no sería publicada sino hasta después de su muerte. "Tenía que hacer algo para demostrar su hombría."

Conforme Ford y sus asesores avanzaban en la lectura de los capítulos preliminares del informe, redactaron largas listas de sugerencias de edición que serían enviadas a la comisión con la firma del congresista. Aquellos cambios serían fáciles de rastrear ya que Ford los envió —para cada capítulo del borrador— a Rankin en cartas escritas sobre papel membretado de la Cámara. Muchas de las sugerencias de Ford fueron bienvenidas debido a que con frecuencia detectaban errores, reflejando así la detallada lectura que sus asesores dieron a los borradores. El 2 de septiembre, Ford le escribió a Rankin para insistir en que la comisión corrigiera una declaración que sugería que Oswald casi nunca bebía alcohol, afirmación que posiblemente debilitaría los testimonios de testigos posiblemente confiables, quienes aseguraban haberlo visto en bares en Nueva Orleans y Dallas. "En el registro está claro que bebía licor, a veces en exceso, en Rusia y también en Nueva Orleans en 1963." Tal como sugería Ford, el texto fue eliminado.

Ford instó por otro cambio que después se volvería controversial, al pedir que un enunciado clave sobre la evidencia médica se reescribiera para aclarar la ubicación de la herida de entrada que ocasionó la primera bala en el cuerpo de Kennedy; aquella que aparentemente había herido también a Connally. El borrador decía originalmente que "una bala entró en su espalda por un punto ligeramente arriba del hombro y a la derecha de la columna". En su copia, Ford tachó esas palabras y las cambió por: "Una bala entró por la base de la nuca ligeramente a la derecha de la columna". El cambio fue hecho. Ford explicaría años después aquel cambio: estaba tratando de aclarar la ubicación de la herida. "Para cualquier persona razonable, 'arriba del hombro y a la derecha' suena muy arriba y muy hacia un lado, y así es como a mí me sonó." Los teóricos de conspiraciones posteriormente argumentarían que el verdadero móvil de Ford había sido tratar de engañar a los lectores sobre la trayectoria del proyectil en un esfuerzo por reforzar la teoría de una sola bala. De hecho, el cambio de Ford parecía reflejar la continua confusión que permeaba en la comisión sobre dónde habían impactado con exactitud las balas.

Décadas después, una revisión autorizada por el Congreso efectuada por un equipo de expertos médicos independientes determinaría que los patólogos de la Marina que llevaron a cabo la autopsia habían de hecho cometido sorprendentes errores, entre los cuales se hallaba una interpretación errónea en la ubicación de las dos heridas de entrada en el cuerpo de Kennedy. Cuando las fotos de la autopsia fueron finalmente mostradas a patólogos externos, ellos concluirían que el primer disparo había impactado más abajo de lo que sugería el informe de la autopsia y que la herida de entrada en la cabeza se ubicaba 10 cm enteros más arriba.

Warren recordaría haberse alarmado al mirar el calendario aquel mes de septiembre y haberse dado cuenta de los pocos días que quedaban para el primer lunes de octubre —lunes 5 de octubre, para ese año—, fecha en que daría comienzo un nuevo periodo de sesiones en la Suprema Corte. Él y Rankin anunciaron un programa para concluir el trabajo de la comisión. La sesión ejecutiva final se programó para celebrarse el viernes 18 de septiembre a las 10:00 am en la sala de audiencias del edificio VFW, cuando los comisionados reservarían su día entero para debatir y aprobar el informe. Después de eso, la edición final sería enviada a la Oficina Gubernamental de Impresión, de tal modo que una copia en tapa dura del informe estaría lista para ser entregada al presidente Johnson en la Casa Blanca el siguiente jueves 24 de septiembre.

Warren estaba más decidido que nunca a crear un informe unánime; cualquier otro resultado podría llevar al público a la conclusión de que los hechos sobre el homicidio del presidente aún eran inciertos o que estaban siendo encubiertos. "Habría sido desastroso si no hubiéramos sido unánimes", le haría saber a Drew Pearson, a quien, le recordaría, una vez más, y con gran orgullo, cómo había organizado una campaña tras bambalinas para conseguir un fallo unánime en el emblemático caso "Brown vs. La Junta de Educación" hacia 1954. Le recordaría cuán satisfecho se había sentido durante los momentos en los que el fallo Brown era pronunciado en la corte, por su propia boca: "Cuando se escuchó la palabra 'unánime', una ola de emoción recorrió la sala", diría Warren. Era una "instintiva manifestación emocional difícil de describir".

Pero para obtener un veredicto unánime en un caso importante de la Suprema Corte, Warren muchas veces necesitaba meses de planeación... y coerción. En el caso Brown, había organizado algo que fue, de hecho, una agresiva campaña de cabildeo durante varios meses para convencer a sus colegas de firmar el fallo, incluso compareciendo al lado de la cama de un juez en el hospital para hacer presión en el caso. Sin embargo, para obtener unanimidad en el informe del asesinato, el ministro presidente sólo tendría algunas semanas, incluso días. Si Warren quería cumplir con las fechas límite que se había propuesto, la sesión ejecutiva final del 18 de septiembre sería su última oportunidad para convencer a los comisionados de que debían hablar con una sola voz sobre la muerte del presidente.

Puesto que la comisión no se encontraba ya conservando transcripciones de sus deliberaciones en privado, por lo menos ninguna que se fuera a hacer pública, no habría forma de decir con certeza cómo fue que Warren logró unanimidad en el informe, o qué tan cerca habría estado de fracasar en su intento. Sin embargo, al paso del tiempo, algunos de los comisionados proporcionarían relatos sobre lo que aconteció aquel día.

Russell revelaría cómo había caminado hacia la reunión dispuesto a firmar un desacuerdo —después de todo ya había redactado uno— y sospechaba que otros comisionados podrían unírsele en su desafío a Warren. En efecto, durante semanas había estado proclamando su incredulidad acerca de la teoría de una sola bala, un argumento que no estaba dispuesto a apoyar. A pesar de ello, los borradores de los capítulos que le habían sido mostrados antes de la reunión la señalaban como verdadera. Russell, además, tenía una opinión casi igual de fuerte respecto de que la comisión tenía que dejar abierta la posibilidad de que Oswald hubiera sido parte de una conspiración; de igual forma, los borradores eran contundentes acerca de que Oswald no había recibido ayuda alguna.

Después de la junta, Russell les dijo a algunos asistentes que Warren se había, al principio, negado obstinadamente a alterar el informe de forma tal que provocara dudas sobre la teoría de una sola bala. "Warren simplemente no cedería", le comunicó a su veterana secretaria en el Senado. "Se mostró inflexible: así iban a ser las cosas." De acuerdo con el relato de Russell, Warren explicó la necesidad de tener un informe unánime e instó a la comisión a que adoptara los hallazgos tal como los había expuesto su equipo de trabajo: Russell recordaba cómo Warren había recorrido con la mirada la sala, observando a los comisionados, a quienes dijo, antes de invitar discusión alguna: "Estamos todos de acuerdo y vamos a firmar el informe".

Fue entonces cuando Russell alzó la voz para corregir —y desafiar— al ministro presidente. *No* existía tal acuerdo. Habría un desacuerdo, advirtió, especialmente sobre la teoría de una sola bala. "Nunca firmaré ese informe si esta comisión afirma categóricamente que el segundo disparo pasó a través de ambos", Kennedy y Connally, declaró. Le ofendía, dijo, la idea de que la comisión desafiara la certeza con la que Connally había declarado haber sido herido por una bala diferente. El senador Cooper habló entonces en apoyo al argumento de Russell; él creía también en la declaración de Connally y firmaría, por tanto, el desacuerdo. Russell recordaba además que el congresista Boggs se mostró, a su vez, reticente en aceptar por completo los postulados de la teoría de una sola bala.

En el día que esperaba fuera la última jornada importante de trabajo para la comisión, Warren súbitamente se vio enfrentado por una rebelión y la posibilidad de emitir un informe dividido. Dos, quizá tres comisionados estaban dispuestos a firmar un desacuerdo.

En los años posteriores a la investigación, Warren apelaría con frecuencia a la ferviente convicción que había depositado sobre la teoría de una sola bala; había entendido a cabalidad el apasionado argumento desarrollado por el equipo de trabajo de la comisión acerca de que si Oswald había actuado solo, la teoría tenía que ser verdadera. Pero Warren había pasado casi toda su carrera no en la banca sino en la política. Sabía —probablemente al igual que cualquiera dentro de aquella habitación— que aunque una concesión podía ser desagradable cuando implicaba matizar la verdad, muchas veces significaba el precio a pagar para conseguir que algo fuera hecho. Así que aceptó negociar.

El resultado fue una formulación, aprobada por Warren y Russell, que diluía el texto original y dejaba abierta la posibilidad de que Connally hubiera sido alcanzado por un proyectil diferente, una afirmación que el equipo de trabajo de la comisión encontraría simplemente absurda. La extraña y comprometida formulación incluida en el informe, dice lo siguiente:

> Aunque no resulta necesario para ningún hallazgo esencial de la comisión determinar exactamente cuál fue el disparo que impactó al gobernador Connally, los peritos proporcionaron evidencia muy persuasiva acerca de que fue la misma bala que perforó la garganta del presidente la que ocasionó también las heridas del gobernador Connally. Sin embargo, el testimonio del gobernador Connally y ciertos factores han dado pie a algunas diferencias de opinión en cuanto a esta probabilidad, no obstante no existe entre los miembros de la comisión duda alguna acerca de que todos los disparos que ocasionaron las heridas del presi-

dente y del gobernador Connally fueron detonados desde la ventana del sexto piso del Almacén de Libros Escolares de Texas.

Russell quería otros cambios en el informe. Anunció nuevamente que estaba preparado para disentir si la comisión no dejaba abierta la posibilidad de la existencia de una conspiración tras el asesinato del presidente Kennedy. Dijo que estaba de acuerdo con que Oswald aparentemente había sido el único tirador, pero declaró que era incorrecto sugerir que no existía ni una remota posibilidad de que Oswald fuera asistido por conspiradores en Dallas o en algún otro lugar. "Estoy por completo de acuerdo con los hechos que tenemos frente a nosotros, pero no podemos asegurar que en algún momento en el futuro no existirá evidencia distinta", dijo Russell a Warren. "No podemos cerrar la puerta categóricamente a los hechos que pudieran surgir."

Esta vez, dijo Ford, fue él quien dio un paso al frente para apoyar a Russell y la reescritura en este punto fue menos ultrajada. En lugar de hacer una declaración sin reservas de que no había existido una conspiración, el informe se reescribió para que dijera que la comisión "no encontró evidencia" que apuntara hacia la existencia de una conspiración, dejando abierta la posibilidad de que nueva evidencia pudiera surgir algún día. Fue con ello que el ministro presidente obtuvo lo que quería: un informe unánime que, esperaba él, terminara por siempre con los oscuros rumores sobre el asesinato de un presidente al que tanto había querido y admirado. Warren anunció que los siete comisionados se reunirían nuevamente dentro de seis días en la Casa Blanca para presentar el informe al presidente Johnson.

Lee Rankin salió de la reunión para explicarles a sus delegados, Howard Willens y Norman Redlich, lo que había sucedido. Willens estaba en shock. Al retractarse de dar su total apoyo a la teoría de una sola bala, varios abogados concertaron en que la comisión estaba siendo básicamente deshonesta. "Rankin hizo el esfuerzo de explicarnos la decisión de la comisión a Redlich y a mí, pero no podíamos aceptar las excusas que nos ofrecía", recordaría Willens. Estaba claro que los cambios había sido hechos en "atención a Connally" y no porque estuvieran comprometidos con la verdad. Era comprensible que el gobernador de Texas hubiera errado en su aseveración de que había sido alcanzado por una bala distinta; que él lo afirmara no hacía la pifia menor. Ahora la comisión estaba sugiriendo que Connally quizá tenía razón, lo cual dejaría abierta —para siempre— la posibilidad de que hubiera de hecho existido un segundo tirador presente aquel día en Plaza Dealey. "La concesión era imperdonable y ponía en peligro la credibilidad del informe", declararía Willens tiempo después. "Ofreció más preguntas que respuestas y brindó un espacio de confort para los teóricos de conspiraciones de las décadas por venir."

Ninguno de los comisionados reportó ningún debate importante en la reunión sobre la dureza con que la redacción del informe criticaba al FBI y el Servicio Secreto. Las agencias serían castigadas por su fracaso en compartir información sobre las posibles amenazas al presidente; en particular, la oficina del buró en Dallas y el agente James Hosty del FBI serían señalados por haber pasado por alto mencionar el nombre de Oswald al Servicio Secreto previo a la visita de Kennedy. "El FBI adoptó una opinión exageradamente restrictiva sobre su papel en el trabajo preventivo de inteligencia antes del asesinato", concluiría el informe. "Si el FBI hubiera coordinado con mayor cuidado el tratamiento del caso Oswald, el resultado bien podría haber sido que las actividades de Oswald atrajeran la atención del Servicio Secreto."

El Servicio Secreto fue criticado más duramente y la comisión hizo un llamado a una "completa reforma" en la manera en la que la agencia reunía información sobre amenazas potenciales para el presidente. El informe haría un llamado al presidente Johnson para que estableciera un comité a nivel gabinete para monitorear el desempeño del Servicio Secreto. Tal como Warren había insistido, el informe relataba cómo los agentes del Servicio Secreto asignados al desfile en Dallas habían salido a beber la noche anterior al asesinato; el informe parecía sugerir, pero no de forma explícita, que los agentes podrían haber salvado la vida del presidente: "Es concebible que esos hombres que tuvieron pocas horas de sueño y que habían consumido bebidas alcohólicas, incluso de forma limitada, podrían haber estado más alertas".

A pesar de su franco apoyo a Hoover, Ford declararía posteriormente que no buscó ablandar la crítica que hacía el informe sobre el FBI; él pensaba que Hoover se sentiría aliviado de que el Servicio Secreto fuera un blanco mucho mayor para el informe. De la lectura que le dio a los hallazgos, diría Ford, "aproximadamente el 80% de nuestras críticas" estaba dirigido al Servicio Secreto. "Concluimos que las fallas del FBI eran sólo de grado menor."

Tampoco hubo discusión alguna, recordarían los comisionados, sobre la dura crítica que dirigió el informe a los oficiales de las fuerzas del orden en Dallas, especialmente al departamento de policía local y la incompetencia que permitió que Oswald fuera asesinado mientras se transmitía el suceso en directo vía televisión nacional. Al respecto, Russell declararía, aparentemente con cierta mordacidad: "Me parece que el departamento de policía de Dallas estaba decidido a permitir que Oswald fuera ejecutado sin un juicio".

Una agencia federal prominente se escapó de las críticas de la comisión: la CIA. El informe no lo decía directamente, pero la comisión parecía aceptar la evaluación de la agencia de espionaje tocante a que ésta se había desempeñado de forma competente en la limitada vigilancia que hubo establecido sobre Oswald a través de los años, incluyendo su estancia en la ciudad de México. Al término de la investigación, la CIA aparentemente contaba con el respeto de la mayoría de los comisionados y de su equipo de trabajo, aunque la razón hubiera sido sólo porque la agencia —a diferencia del FBI— se había mostrado tan dispuesta a cooperar.

El único registro oficial existente de la última sesión ejecutiva de la comisión fue un resumen de siete páginas redactado con sequedad, el cual no hizo mención sobre los acalorados debates que serían descritos posteriormente por Russell y Ford. Al tratar de explicar lo que había sucedido en la reunión, el resumen fundamentalmente faltaba a la verdad. El documento escrito a máquina —y cuyo autor no sería identificado— no hizo mención alguna sobre la disputa alrededor de la teoría de una sola bala. No describió el debate que condujo a la comisión a dejar abierta la posibilidad de la existencia de una conspiración en el asesinato. El resumen no mencionó, en absoluto, las amenazas de Russell sobre un posible desacuerdo. Lo único que constató el registro fue la aprobación del informe, y que ese acuerdo resultó unánime.

54

Viernes 18 de septiembre de 1964

El presidente Johnson quería hablar con su viejo amigo Richard
Russell, así que ordenó que el conmutador de la Casa Blanca rastreara a Russell hasta su hogar en Georgia, donde el senador había partido
a pasar el fin de semana. La reunión final de la Comisión Warren para
aprobar su informe había tenido lugar más temprano durante ese día y
Russell —exhausto, a memoria suya— había volado de Washington
pocas horas después.

La grabación que se hizo de la llamada telefónica no dejaba claro
si Johnson estaba siquiera consciente de que la reunión de la comisión había tenido lugar aquel día. Parecía mucho más ansioso por
hablar con Russell, su viejo mentor, como cabeza del Comité de
Servicios Armados del Senado. Durante todo ese día, a Johnson lo
habían inundado informes que reportaban el enfrentamiento entre
un par de destructores estadounidenses y cuatro buques patrulleros
norvietnamitas en el mar de China meridional. Apenas un mes antes, una escaramuza entre un buque de guerra estadounidense y uno
norvietnamita en el Golfo de Tonkin había llevado a Johnson a ordenar un bombardeo a los complejos militares de Vietnam del Norte.
Aquello dio pie a que el Congreso aprobara la llamada Resolución
del Golfo de Tonkin, la cual otorgó amplios poderes de maniobra
a Johnson para responder ante la amenaza del norte comunista. La
resolución finalmente le permitiría a Johnson ordenar los primeros
grandes despliegues de tropas estadounidenses en Vietnam.

Para el final del viernes, Johnson se sentía aliviado por las noticias
que informaban que se habían exagerado los reportes iniciales del

enfrentamiento de esa mañana con los norvietnamitas. A pesar de ello, con las elecciones presidenciales en puerta —a seis semanas de ocurrir— y con Vietnam como un detonante potencial dentro de la campaña, Johnson quería discutir la situación en el sureste asiático —y sus implicaciones políticas— con Russell, con cuyo apoyo deseaba contar en caso de que fuera necesario escalar en el conflicto con Vietnam.

Johnson contactó a Russell antes de las 8:00 pm.

—Vaya, siempre está usted huyendo de la ciudad —le dijo Johnson al senador en tono de broma—. No le ha de gustar estar aquí.

—Pues, usted también se fue —respondió Russell, refiriéndose a un viaje que Johnson había hecho a la Costa Oeste algunos días antes—. No, resulta que ese dichoso asunto de la Comisión Warren me ha agotado mucho.

Russell le explicó al presidente cómo la comisión había aprobado la redacción del informe final aquella tarde.

—¿Sabe qué fue lo que hice? Fui para allá, me subí al avión y regresé a casa. Ni siquiera llevaba cepillo de dientes. Tengo unas poquitas cosas aquí. Ni siquiera cargué con mis antihistamínicos para cuidar de mi enfisema.

—¿Por qué tenía tanta prisa? —preguntó Johnson.

—Pues es que estaba muy agotado, discutiendo sobre ese maldito informe.

—Bueno, pues se hubiera tomado otra hora para ir por su ropa.

—No, no —respondió Russell—. Es que estaban tratando de probar que la bala que primero alcanzó a Kennedy fue la misma que impactó después a Connally... pasó a través de él y a través de su mano, su hueso, su pierna y todo lo demás.

—¿Qué diferencia hace saber qué bala hirió a Connally?

—Pues no mucha, pero ellos creen... la comisión cree, que la misma bala que hirió a Kennedy alcanzó también a Connally. ¡Yo no me lo creo! —dijo Russell.

—Yo tampoco —respondió Johnson, un comentario que parecía reflejar más su respeto hacia Russell, y no un entendimiento a detalle de la teoría de una sola bala.

—Yo no iba a firmarlo así —continuó Russell—. Les recordé que el gobernador Connally había testificado exactamente lo contrario y que no podría aprobar eso. Finalmente los obligué a decir que existía una diferencia en la comisión en cuanto a que algunos de ellos no creían que ese fuera el caso.

Johnson quiso saber qué diría el resto del informe:

—¿Cómo está armado el asunto? ¿Qué es lo que dice? ¿Que Oswald lo hizo y lo hizo por alguna razón?

—Bueno —contestó Russell—, sólo dice que él era un tipo misántropo cualquiera que… nunca estuvo satisfecho en ningún lugar del planeta, ni en Rusia ni aquí, y que tenía el deseo de que su nombre quedara grabado en la historia y todo eso. Yo creo que no te va a desagradar el informe. Es demasiado largo, pero…

—¿Unánime? —interrumpió Johnson.

—Sí, señor —contestó Russell.

—Hmmm.

—Hice mi mejor esfuerzo por obtener una discrepancia —continuó Russell—, pero me rodearon hasta conseguir que abandonara mi postura concediéndome un trazo en el asunto.

Aparentemente Russell se refirió entonces a la concesión que Warren hizo para asentar en el informe un "trazo" de duda acerca de la teoría de una sola bala como de la existencia de una posible conspiración en el asesinato. Habiendo dicho lo anterior, la conversación derivó entonces hacia los acontecimientos en Vietnam.

Los últimos días antes de la publicación del informe fueron un frenesí. Los abogados del equipo de trabajo de la comisión que aún se encontraban en las oficinas —y el equipo de secretarios de la Suprema Corte, que fueron llamados para ayudar— estaban vueltos locos revisando y volviendo a revisar el texto. "Los últimos días trabajé como un perro", recordaría David Slawson sobre aquellos momentos. Su bufete de abogados en Denver estaba desesperado por que regresara a trabajar en un caso antimonopolio muy importante —los socios del bufete originalmente habían creído que Slawson estaría de vuelta a mediados de primavera—, así que Slawson declaró que ese viernes 18 de septiembre sería su último día en la oficina. El mismo día en que los comisionados aprobaron el informe.

Durante sus horas finales al frente de su escritorio, Slawson comenzó a sentirse enfermo. "Oh, cielos, aquí viene un resfriado", recordaría haber pensado. Pero no se trataba de gripe, Slawson estaba tan cansado que se encontraba al borde del colapso. "Cuando partí aquel viernes por la noche, me fui a dormir y... no me levanté hasta el domingo. Durante dos días no comí nada, sólo dormí." Aquel domingo se sintió lo suficientemente bien como para emprender el viaje de tres días en coche que lo llevaría de vuelta a Denver.

John McCloy declaró sentirse perturbado, ligeramente, por la urgencia que había apresurado el fin de la investigación. Pensaba que la comisión había llegado a las conclusiones correctas pero que el informe podría haber tenido una forma más limpia, estar mejor redactado. "No teníamos prisa en cuanto al juicio", recordaba, pero "había algunas cuestiones de estilo... tenía la sensación de que al final nos estábamos apresurando un poco". Eso ayudó a explicar los errores y descuidos que plagaron el informe, incluyendo varias notas al pie no atribuidas, nombres mal deletreados y muchos casos en los que la información presente en un capítulo era repetida, casi al pie de la letra, en otro capítulo diferente.

Al prepararse para cerrar las puertas de la oficina, la comisión determinó qué abogados del personal habían trabajado más duro —midiendo los días laborales por los que habían cobrado en la comisión— y quiénes casi no lo habían hecho. No fue sorpresa para nadie que Frank Adams, el muy ausente compañero de Specter, resultara ser quien hubo trabajado menos, con un total de 16 días con cinco horas. Aunque laboró cuatro veces más que Adams, un total de 64 días, fue Coleman el segundo puesto con menos horas de trabajo. Entre los abogados *junior*, había sido Burt Griffin quien trabajó más —225—, seguido por Liebeler con 219 y Slawson con 211 días. El abogado *senior* del equipo de trabajo con la mayor cantidad de días trabajados fue Lee Rankin, con 308, lo cual significaba que, de hecho, desde su contratación en diciembre, él había trabajado a diario más de una jornada completa, incluyendo los fines de semana. Pocos dentro del equipo albergaron dudas al respecto.

En las semanas finales de la investigación, el trío de mujeres que, más que nadie, habían atraído la atención del panel —Jacqueline Kennedy, Marina Oswald y Marguerite Oswald— hicieron contacto con la comisión. La señora Kennedy envió un mensaje mediante intermediarios diciendo que quería tomar custodia de la ropa ensangrentada de su esposo. En su sesión ejecutiva final, los comisionados dieron su consentimiento, siempre y cuando ella estuviera de acuerdo en tener la ropa disponible para investigaciones posteriores, "respaldando con ello el trabajo que ha hecho la comisión".

Warren declararía después haberse rehusado a entregar la ropa incondicionalmente. "La joven señora Kennedy me pidió la ropa del presidente", le dijo a Drew Pearson, testificó éste en su diario. "Yo sospechaba que ella quería destruirla, pero yo me rehusé. No podíamos quedar en una posición en la que se suprimiera o destruyera evidencia alguna." Finalmente, ella no se llevaría el vestuario de su esposo. "Al final, enviamos la ropa, las placas de rayos x y las fotografías al Departamento de Justicia con instrucciones de que no debían ser mostradas al público", habría dicho Warren. La ropa sería entregada posteriormente al Archivo de la Nación, donde sería resguardada a perpetuidad.

La viuda y la madre de Oswald también quedarían insatisfechas. Hasta los días finales del trabajo de la comisión, Marina Oswald pidió que le fueran regresaran todas las pertenencias de su esposo, incluyendo el rifle Mannlicher-Carcano y la pistola Smith & Wesson. La solicitud sobre las armas de fuego le fue denegada, una decisión sencilla luego de que se descubriera que estaba intentando venderlas a coleccionistas.

Los abogados del personal declararían no haberse sorprendido cuando a mediados de agosto llegó a las oficinas de la comisión una carta escrita por un agente literario de Manhattan que decía representar los intereses de Marguerite Oswald. La señora Oswald, apuntó el agente, insistía en bloquear a la comisión el uso, sin su consentimiento, de cualquier parte del testimonio que ella había ofrecido, así como cualquier material que ella hubiera proporcionado en el curso de la investigación: "fotografías, documentos o cualquier otro tipo de propiedad suya". Para tal efecto la comisión necesitaría de su "consentimiento por escrito, del cual no gozan actualmente", advertía el agente. Por si acaso, el agente despachó copias de la carta dirigida a la Casa Blanca, al portavoz de la Cámara y al presidente del Senado; la señora Oswald, dejó claro, deseaba notificar a todos en el gobierno federal sobre sus exigencias. Sin embargo, todo fue en vano: la comisión ignoró la carta y publicó el testimonio en su totalidad.

Al igual que su nuera, la señora Oswald había estado ocupada vendiendo recuerdos de la vida de su hijo. Por un monto reportado de 4000 dólares, vendió a la revista *Esquire*, tiempo antes, durante ese año, 16 cartas que su hijo le había escrito desde Rusia; las cartas se publicaron junto con fotos de la señora Oswald tomadas por la aclamada fotógrafa Diane Arbus. Aquel año la madre de Oswald grabó también un disco fonográfico. En él, leyó el contenido de las cartas en voz alta.

La mañana del jueves 24 de septiembre, el ministro presidente Warren levantó la caja azul marino que contenía una copia del informe final —de 10 centímetros de grosor, con 888 páginas y 296000 palabras— y se la entregó al presidente Johnson en la Sala del Gabinete en la Casa Blanca. Un enjambre de reporteros y fotógrafos capturaron la escena. "Está muy pesada", comentó el presidente, aquellas fueron las únicas palabras que los reporteros pudieron distinguir con claridad. Ese día, la Casa Blanca hizo pública una carta que el presidente le había escrito a Warren: "La comisión, lo sé, ha sido guiada por la determinación de descubrir y contar toda la verdad sobre estos terribles acontecimientos".

Los otros seis miembros de la comisión acompañaron a Warren en la ceremonia. Bajo un acuerdo con los corresponsales de prensa de la Casa Blanca, el informe no fue emitido al público ese día. Johnson había planeado llevarlo consigo a su rancho en Johnson City, Texas, para leerlo durante el fin de semana. El sábado se les darían copias a las empresas noticiosas bajo el entendimiento de que no podrían emitir reportes al respecto sino hasta las 6:30 pm del domingo, tiempo de la Costa Este. Las tres cadenas de televisión anunciaron planes para emitir programas en vivo que revelarían las conclusiones del informe. CBS News planeó un especial de dos horas que incluiría entrevistas con muchos de los testigos que habían presenciado el asesinato del presidente Kennedy o el del oficial Tippit. "Acabamos teniendo 26 testigos, todos los cuales habían comparecido ante la comisión y quienes nos contaron la misma historia que habían contado a la comisión", recordaría Leslie Midgley, el productor del programa. The New York Times anunció sus planes para publicar el informe íntegro en su edición del lunes; dos días después estaría a la venta como un libro en edición rústica con un precio al público de 2 dólares, un esfuerzo que encabezaba la organización noticiosa en conjunto con Bantam Books. Para los lectores en Washington que no querían esperar, el informe oficial publicado por la Oficina Gubernamental de Impresión estaría a la venta a las 8:30 de la mañana del lunes, a un precio de 3.25 dólares por la edición en pasta dura y 2.50 por la edición rustica. La comisión anunció planes para lanzar los 26 volúmenes del apéndice —que contenían gran parte de la evidencia de la investigación y los testimonios de los testigos— más adelante durante ese mismo año.

El encabezado en *The New York Times* aquel lunes ocupó toda la primera plana en letras negras, sólo ligeramente más pequeñas que las utilizadas 10 meses en el pasado para anunciar la muerte del presidente Kennedy:

COMISIÓN WARREN DECLARA A OSWALD CULPABLE
Y AFIRMA QUE EL ASESINO Y RUBY ACTUARON SOLOS;
REPRENDE AL SERVICIO SECRETO, SOLICITA SU RENOVACIÓN

Anthony Lewis del *Times*, el destinatario de muchas de las filtraciones de la comisión, escribió un extenso artículo de 3000 palabras publicado en la primera plana. En su párrafo introductorio, el artículo recuperó los hallazgos del informe como hechos incontrovertibles, como si no existiera duda sobre la veracidad de los hallazgos de la investigación:

WASHINGTON, 27 de sept.- El asesinato del presidente Kennedy fue trabajo de un solo hombre, Lee Harvey Oswald. No existió conspiración alguna, foránea o interna.

El artículo elogiaba el informe por su "meticuloso nivel de detalle, su imparcialidad y neutralidad" y "su genuino estilo literario". El artículo continuaba: "Pocos de los que amaban a John Kennedy, o a este país, serán capaces de leerlo sin conmoverse". En su artículo editorial, el *Times* declaraba que el informe era "exhaustivo y convincente", y añadía: "Los hechos —reunidos exhaustivamente, verificados con independencia y armados de forma contundente— destruyen los fundamentos sobre los cuales han crecido las teorías de conspiración que han crecido como hierba en este país y en el extranjero".

La revista *Time* ofreció también innumerables elogios a la comisión: "En su formato final, el informe de la comisión fue asombroso en su nivel de detalle, extraordinario en su sensata cautela y restricción y sin embargo por completo convincente en sus más importantes conclusiones".

Hubo algunas notas discordantes en los diarios más importantes del país. James Reston, el respetado columnista de *Times* en Washington, sugirió que aunque la Comisión Warren había "intentado, en servicio a la historia, descubrir la verdad", el informe era decepcionante porque dejaba muchas preguntas sin responder. "El misterio central de quién mató al presidente ha sido resuelto por la comisión únicamente en el proceso de crear un nuevo catálogo de misterios", incluyendo la razón por la que Oswald lo hizo; sus motivos sólo se adivinan en el informe. Ante esa pregunta, concluía Reston, "los distinguidos miembros de la comisión y su personal claramente se dieron por vencidos".

Warren estaba complacido con la respuesta de la familia Kennedy. Semanas antes de la emisión del informe, Robert Kennedy había abandonado su cargo como fiscal general para competir en las elecciones en busca de un escaño en el Senado como representante de Nueva York, su recién adoptado hogar. El día de la publicación del informe, proporcionó a los cuerpos de prensa una declaración escrita en la que él afirmaba creer que la Comisión Warren había establecido la verdad sobre el homicidio de su hermano. Su alabanza era incondicional. Mencionó: "No he leído el informe, ni tengo intención de hacerlo". Sencillamente sería demasiado doloroso, comentaron sus amigos. "Pero se me ha informado al respecto y estoy completamente satisfecho con que la comisión investigara todas las pistas y examinara cada parte de la evidencia. La indagación de la comisión fue exhaustiva y concienzuda... Tal como dije en Polonia el verano pasado, estoy convencido de que Oswald fue el único responsable de lo que sucedió y que no tuvo ninguna ayuda o asistencia externa. Era una persona insatisfecha que no podía llevarse bien con las personas aquí ni en la Unión Soviética."

A petición suya, su hermano menor, senador Edward Kennedy, representante del estado de Massachusetts, leyó el informe y pactó un encuentro con el ministro presidente en las oficinas de la comisión para ser informado sobre cómo había la comisión llegado a sus conclusiones. "Bobby me pidió que lo hiciera... porque él no podría hacerlo", recordaría Kennedy en sus memorias. "Cuando lo contacté vía telefónica, Warren me dijo que estaría encantado de informarme sobre el tema y que repasaría conmigo las partes del informe que resultaban particularmente polémicas". El ministro presidente "me ofreció un informe detallado, tal como se lo solicité", afirmaría. "Le hice muchas preguntas, todo el proceso duró alrededor de cuatro horas." Recordaría cómo Warren "me dijo con cierto tono persuasivo que él sentía una gran responsabilidad con la nación para hacerlo como se debe".Y Kennedy diría que salió de la reunión convencido de que la comisión lo había conseguido; Oswald había actuado solo, por voluntad propia. "Le reporté a Bobby que yo aceptaba el informe de la comisión y pensaba que él debía aceptarlo también. Bobby estuvo de acuerdo de inmediato." De acuerdo con el relato de Edward Kennedy, al menos, su hermano "no quería seguir investigando sobre la muerte de Jack".

Para Warren también hubo una alentadora respuesta inicial por parte del público. Las encuestas de opinión sugerían que la investigación había convencido a millones de estadounidenses de que no había tenido lugar conspiración alguna. La encuestadora Harris Survey efectuó sondeos en septiembre de 1964, justo antes del lanzamiento del informe, y en octubre, justo después de que se emitiera. Las encuestas mostraban que después del informe, 87% de los encuestados creía que Oswald había matado al presidente, más de 76% mostrado en los días anteriores. La porción de los encuestados que creía que Oswald había contado con cómplices descendió a 31%, desde el 40% que había arrojado un sondeo previo a la publicación del informe. Sería la última vez que una encuesta nacional mostraría que una pluralidad de estadounidenses aceptaba la idea de que Oswald había actuado sin ayuda.

Algunos de los comisionados se regocijaron en los prontos elogios. El congresista Boggs fue citado por la publicación semanal *The National Observer* el 5 de octubre diciendo que él estaba considerando la pertinencia de escribir un libro sobre el asunto, ya que había conservado un extenso compendio de notas. "Fue él quien escribió muchas de las 300 000 palabras que se dan cita en el informe final", declaraba el periódico, una declaración que provocó algunas sonrisas entre los abogados del personal que sabían la verdad.

Uno de los comisionados, sin embargo, buscó distanciarse casi de inmediato del informe: Richard Russell. El senador otorgó una entrevista al *Atlanta Constitution*, la publicación noticiosa más grande de su estado, para un artículo que sería publicado dos días después del lanzamiento del informe. Aunque en ella describiría el informe como "lo mejor que podríamos haber emitido", expresó su escepticismo con respecto a que la comisión supiera toda la verdad sobre el tema. Aún se ignoraba, declaró entonces, si Oswald había actuado "con el estímulo o los conocimientos de alguien más". La especulación sobre la muerte de Kennedy, agregó, "continuará durante cientos de años o más".

J. Edgar Hoover obtuvo su copia del informe el 24 de septiembre, el mismo día que el presidente Johnson, e inmediatamente se la entregó al subdirector James Gale, el jefe del Departamento de Asuntos Internos del FBI. Hoover adjuntó una nota en el paquete: "Quiero que esto se revise cuidadosamente dado que está relacionado con los fallos del FBI. El capítulo 8 nos hace pedazos".

Para Hoover, las noticias eran tan malas como había temido durante mucho tiempo. Como él lo veía, el buró había sido deshonrado e incluso podría ser desmantelado, como resultado del informe, dada la sugerencia de que el FBI había perdido la oportunidad de prevenir el asesinato del presidente. La comisión no acusó directamente a Hoover de haber cometido alguna falta personal, incluso cuando luego se sabría, por sus archivos personales, que él había mentido repetidamente, y lo había hecho bajo juramento. Su mentira más obvia había sido que en repetidas ocasiones declaró que los agentes del FBI no habían sido negligentes durante la investigación a la que sometieron a Oswald tiempo antes del asesinato, a pesar de que él ya había movido sus piezas para disciplinar con cautela a esos mismos agentes.

Después de leer el informe, Gale instó a Hoover el 30 de septiembre para que iniciara una segunda ronda de castigos a los empleados del FBI. El informe, escribió Gale, "ahora ha establecido de una forma muy incriminatoria algunas de las flagrantes debilidades por las que disciplinamos previamente a nuestro personal, tal como la falta de una investigación vigorosa después de que habíamos establecido que Oswald había visitado la embajada soviética en México". Gale dijo que era "apropiado en este momento considerar medidas administrativas adicionales contra aquellos que fueran principalmente culpables por las negligencias en este caso, las cuales ahora han tenido el efecto de avergonzar públicamente al buró".

Hoover estuvo de acuerdo. En la nueva ola de acciones disciplinarias, 17 agentes del FBI, entre otros, serían degradados o castigados de alguna otra forma; todos ellos, excepto tres, habían sido disciplinados ya desde la primera ronda. El agente James Hosty fue degradado y transferido inmediatamente a Kansas City. "No tengo la menor duda de que hayamos fracasado en llevar a cabo algunos de los aspectos más destacados de la investigación Oswald", escribió Hoover a un grupo de sus experimentados asistentes el 12 de octubre. "Debe ser una lección para todos nosotros, pero dudo que algunos se han dado cuenta, incluso ahora."

Al igual que con la primera ronda de castigos, algunos dentro del círculo interno de Hoover temían que las noticias se filtraran. "Creo que estamos cometiendo un error estratégico al tomar esta acción disciplinaria para este caso en este momento", escribió el subdirector Alan Belmont a Hoover en octubre. "El informe de la Comisión Warren apenas fue emitido. Contiene críticas al FBI. Actualmente estamos tomando medidas agresivas para impugnar los hallazgos de la Comisión Warren en lo que respecta al FBI. Por ende, es de suma importancia que no ayudemos a que nuestros críticos se afiancen o a que el público en general pueda decir que de hecho 'la comisión está en lo correcto'."

Hoover se mostró en desacuerdo con enfado; no habría ningún retraso. "Estábamos equivocados", le respondió a Belmont. "La acción administrativa que aprobé seguirá en pie. No pretendo mitigar acciones que han tenido como resultado la destrucción permanente del buró como la organización investigadora del más alto nivel." En una nota diferente despachada a uno de sus delegados el 6 de octubre, escribió que "el FBI nunca se librará de esta difamación, la cual se podría haber evitado fácilmente si hubiera habido una apropiada supervisión e iniciativa".

Incluso si él estaba, aunque fuera secretamente, de acuerdo con gran parte de las críticas que la comisión le imputaba al buró, Hoover arremetió contra el informe. En una serie de cartas dirigidas a la Casa Blanca y al fiscal general interino Nicholas Katzenbach, Hoover se quejó de que el informe era "gravemente inexacto en lo referente a su tratamiento del FBI". Ofreció una lista detallada de lo que dijo que eran los errores de la representación del buró por parte de la comisión.

La oficina de Hoover dio instrucciones al inspector del FBI James Malley, el enlace con la comisión en el día a día, para que telefoneara a Rankin de parte de Hoover. A Malley se le instruyó que informara a Rankin que él "le había hecho un gran daño al buró y que los había perseguido aun peor de como lo hacía McCarthy". Hoover también se preparaba para contraatacar, si fuera necesario, a los miembros del equipo de trabajo de la comisión. Después de leer un artículo halagador publicado por el *The Washington Post* a finales de septiembre que describía a Rankin y a los abogados del equipo —el artículo fue encabezado como: "SE ALABA AL PERSONAL INVOLUCRADO EN EL INFORME WARREN"—, Hoover ordenó que los archivos del FBI "se revisaran" para buscar en ellos información sobre los antecedentes de las 84 personas dentro de la nómina original de la comisión, incluyendo a secretarias y dependientes, una jugada que fue entendida por los asistentes de Hoover como una orden para buscar información desdeñosa. El 2 de octubre, se le informó a la oficina de Hoover que las búsquedas de antecedentes habían sido completadas y que "los archivos del buró contenían información desfavorable concerniente a los siguientes individuos" que habían trabajado para la comisión —16 en total— "y sus parientes".*

Las oficinas de la comisión en Capitol Hill cerraron sus puestas de forma definitiva aquel mes de diciembre. Los dos pisos del espacio rentado para las oficinas regresaron a los Veteranos de Guerras en el Extranjero. Alfred Goldberg fue uno de los últimos miembros del equipo en irse. Se había quedado para compilar los 26 volúmenes de evidencia, declaraciones de testigos y transcripciones de audiencias que se divulgaron al público en noviembre.

Antes de partir de Washington, Rankin protagonizaría una última confrontación con Hoover; algunos de los abogados del equipo de trabajo de la comisión se reirían a voz viva cuando se enteraron. El 23 de octubre, conforme se preparaba la publicación de los 26 volúmenes de

---

* El autor eligió no enlistar todos los nombres, dado que casi toda la información "desfavorable" aparentemente no resultaba desfavorable en absoluto. La entrada más larga en el memorándum pertenecía, tal como era de esperarse, a Norman Redlich. Joseph Ball figuraba en la lista, en parte, debido a que el FBI lo consideraba un "libertario de los derechos civiles" que se había "introducido constantemente en el apoyo al movimiento de los derechos civiles".

apéndice, Hoover le envió una furibunda carta a Rankin, expresando que la comisión estaba a punto de violar la privacidad de tantas personas que habían sido identificadas en archivos sin procesar del FBI y que la comisión estaba a punto de hacer públicas en dichos volúmenes. Parecía que, de pronto, J. Edgar Hoover se había convertido en un paladín de la intimidad. Los archivos "contienen una cantidad considerable de información de naturaleza sumamente personal, la cual se proporcionó a nuestros agentes durante la investigación de estos casos", advertía Hoover. "Nuevamente quiero llevar su atención específicamente a este asunto y enfatizar la responsabilidad que debe asumir la comisión en caso de que estos documentos se pongan a disposición del público."

La respuesta de Rankin fue enviada el 18 de noviembre. Le dijo a Hoover que al tiempo que le proporcionaba al público "un registro de la investigación lo más completo posible", la comisión tenía la intención de "minimizar el uso de la información que fuera de naturaleza sumamente personal".

Ese mismo día, Rankin despachó otra carta a Hoover, una cuya redacción probablemente habría disfrutado. Hoover había dado su palabra públicamente de que continuaría con la investigación del homicidio del presidente de forma indefinida y que el buró daría un seguimiento agresivo a las nuevas pistas. Así pues, la segunda carta del 18 de noviembre representaba el último encargo de la comisión para el FBI, una última pista que el buró debía seguir.

"En vista de su continua investigación del asesinato del presidente Kennedy, deseo atraer su atención a lo siguiente", escribió Rankin. Conforme las oficinas de la comisión se preparaban para cerrar, un miembro del personal recibió una llamada telefónica de un hombre de Nueva York, identificado como Louis Kleppel, quien reportó que necesitaba compartir "información de vital importancia referente al asesinato del presidente", escribió Rankin.

"El señor Kleppel declaró ser un enfermo mental, específicamente un esquizofrénico, sin embargo, él sentía que el gobierno no tenía nada que perder si tomaba su declaración."

Rankin pedía la ayuda de los hombres de Hoover para conducir dicha investigación.

En 1964, el senador Russell contaba con una última forma de demostrar lo mucho que reprobaba el informe de la comisión. Tal vez el escrito incluiría su nombre, pero eso no significaba que tuviera que portar su firma real, en tinta fresca.

Como recuerdo de la investigación, Warren quiso darle a cada uno de los comisionados —y a todos los miembros en el equipo de trabajo— una copia del informe final con la rúbrica de los siete comisionados. (La portada del informe mostraba una versión impresa de sus firmas.) También quiso darles a todos una copia autografiada de la fotografía grupal oficial de los comisionados. De modo tal que se apartaron más de 100 copias del informe y de la foto para ese propósito. Los comisionados fueron invitados a pasar a la oficina a su conveniencia para firmar los ejemplares.

El 7 de diciembre, después de que todos los comisionados habían acudido a firmar las copias del informe y la fotografía, Julia Eide, la secretaria de Rankin, le comunicó que se había dado por vencida con Russell. El senador se había rehusado a firmar, insistiendo durante semanas que había estado demasiado ocupado con los asuntos del Senado como para cruzar la calle hasta las oficinas de la comisión. Ella había llamado a la oficina de Russell el 7 de diciembre y habló con una de sus secretarias, quien le dijo que el senador había partido hacia Georgia y que no planeaba regresar hasta después de año nuevo.

"Creo que se tendrán que enviar sin su firma", le escribió Eide a Rankin, dándole a entender que sabía lo cerca que había estado la comisión de emitir un informe con un fallo dividido por culpa de Russell. "¿Y qué diferencia hace?", escribió ella. "No me pareció que él hubiera hecho nada excepto ocasionarnos problemas, así que tal vez los libros no merezcan su 'John Henry'."

CUARTA PARTE

Repercusiones

Vista desde la embajada de Estados Unidos
en la ciudad de México, 1963

Casi inmediatamente después de que la Comisión Warren emitiera su informe final, en septiembre de 1964, comenzó a surgir información en documentación gubernamental clasificada que sugería la necesidad de reescribir la historia del asesinato. La mayoría de esa información permanecería oculta durante décadas. Sin embargo, las preguntas sin respuestas que aún rondaban el asesinato del presidente Kennedy ocasionarían que el movimiento conspiratorio cobrara fuerza durante la década de 1960, convenciendo al público estadounidense de que Lee Harvey Oswald no había actuado solo. El legado de la comisión enfrentaría severos ataques por parte de los críticos quienes, eventualmente, incluirían en sus acusaciones a algunos de los hombres que ayudaron a escribir el informe de la comisión.

55

Se sentía alivio —deleite, incluso— en la CIA durante los días posteriores a la publicación del Informe Warren. El miedo de que se acusara a la agencia de haber metido la pata en su supuestamente agresiva vigilancia sobre Oswald en México un año antes —de que la agencia de espionaje habría podido, de algún modo, haber evitado el asesinato—, parecía haberse olvidado. El resultado fue mérito, pensaba la agencia, del jefe de la estación de la ciudad de México, Win Scott, que asumió un papel protagónico al convencer a la comisión de que la CIA había hecho su trabajo adecuadamente.

En un cable dirigido a la estación de la ciudad de México el 25 de septiembre, el día después de que el informe de la comisión se le presentó al presidente Johnson, el cuartel general de la CIA ofreció sus felicitaciones y agradecimiento a Scott: "Todos los elementos del cuartel general involucrados en el asunto OSWALD desean expresar su gratitud a la estación por su esfuerzo en este y otros aspectos del caso OSWALD". El nombre del viejo amigo de Scott, James Angleton, quien había controlado con sigilo la información que se compartió con la comisión, no estaba incluido en la felicitación despachada desde Langley. Eso se apegaba a la personalidad de Angleton, quien parecía preferir merodear en las sombras, incluso dentro de los mismos pasillos de la CIA.

Así que, después de todas las buenas noticias provenientes de Washington y de sus viejos amigos en Langley, el informe que aterrizaría en el escritorio de Scott apenas dos semanas después debió haber sido recibido con sorpresa.

El informe, con fecha del 5 de octubre, provenía de un informante de la CIA y su información, de ser cierta, significaría que Scott y sus colegas —y por extensión, la Comisión Warren— nunca supieron en realidad la historia completa del viaje de Oswald a la ciudad de México. La informante, June Cobb, una mujer estadounidense radicada en México, tenía un pasado complicado. Traductora del idioma español, oriunda del estado de Oklahoma, en el pasado Cobb vivió en Cuba durante la década de 1960, donde había trabajado, de hecho, para el gobierno de Castro; en aquel entonces, aparentemente, simpatizaba con la Revolución cubana. Ahora en la ciudad de México, rentaba una habitación en la casa de Elena Garro, una escritora mexicana cuya fama había crecido en 1963 con la publicación de su muy elogiada novela *Los recuerdos del porvenir*. Scott reconoció el nombre de la talentosa y obstinada Garro del círculo de reuniones diplomáticas.

Cobb describió haber escuchado una conversación entre Garro, su hija de 25 años de edad, Helena, y la hermana de Elena, Deva Guerrero, suscitada por las noticias de Washington sobre la reciente publicación del informe de la Comisión Warren. Las mexicanas contaron entonces una historia extraordinaria: recordaron cómo las tres se habían encontrado con Oswald y sus dos amigos estadounidenses "de apariencia *beatnik*" en una fiesta ofrecida por la familia de Silvia Durán, en septiembre de 1963, apenas algunas semanas antes del asesinato. Las Garro eran primas políticas de Durán.

Cuando Elena y su hija "comenzaron a hacer preguntas sobre los estadounidenses, que permanecieron de pie, juntos, y que no bailaron en lo absoluto, ellos fueron llevados a otra habitación", reportó Cobb. Elena dijo que ella continuó preguntando sobre los estadounidenses y que el esposo de Silvia le dijo que él "no sabía quiénes eran", más allá de que habían sido invitados por Silvia. Cuando Elena presionó nuevamente para conocer a los estadounidenses, le dijeron que no había tiempo para presentárselos. "Los Durán respondieron que los muchachos se irían de la ciudad muy temprano a la mañana siguiente", según Cobb. Resultó que no partieron de la ciudad tan rápido; Elena y su hija dijeron haberlos visto al día siguiente caminando por una de las vialidades principales de la ciudad México, la Avenida de los Insurgentes.

Entonces las tres mujeres describieron su asombro al ver las fotografías de Oswald en los periódicos mexicanos y en la televisión en las horas posteriores al asesinato de Kennedy; inmediatamente recordaron haberlo visto en la "fiesta de twist". Al día siguiente, descubrieron que Durán y su esposo, Horacio, habían sido consignados por la policía mexicana; los arrestos destacaron su certeza de que Oswald había estado en aquella fiesta. De acuerdo con el relato de Cobb, Elena dijo no haberle reportado ninguna información a la policía concerniente a Oswald por miedo a que ella y su hija fueran arrestadas de igual forma. Pero sí hicieron para distanciarse lo más pronto posible de los Durán. Las Garro estaban "tan asqueadas" de pensar que Silvia Durán y su familia pudieran haber tenido algún tipo de conexión con el asesino del presidente Kennedy, que "rompieron relaciones con los Durán".

Scott podría haber esperado que la publicación del informe final de la Comisión Warren dejara atrás las interrogantes sobre Oswald, y la amenaza que alguna vez parecieron representar para la carrera de Scott; sin embargo, dada la información potencialmente explosiva proporcionada por June Cobb, él sabía que la embajada tenía que darle seguimiento. El trabajo fue asignado al agregado jurídico del FBI, Clark Anderson. Había sido él quien, en las secuelas inmediatas del asesinato de Kennedy, se había encargado de la investigación local de las actividades de Oswald en México. Si alguien debería haber rastreado a las Garro, ése era Anderson.

La historia que las Garro contaron a Anderson era congruente, hasta los mínimos detalles, con la historia que Cobb había escuchado por casualidad. Elena Garro dijo que la fiesta se había celebrado el lunes 30 de septiembre de 1963, o en alguna de las dos fechas siguientes: el martes 1° de octubre o el miércoles 2 de octubre; ella recordaba haber pensado lo inusual que era ofrecer una fiesta-baile en un día entre semana. A la fiesta que se llevó a cabo en la casa de Rubén Durán, el cuñado de Silvia, asistieron aproximadamente 30 personas. Fue alrededor de las 10:30 pm, aseguró Garro, que los "tres jóvenes estadounidenses blancos llegaron a la fiesta. Los recibió Silvia Durán y hablaron exclusivamente con ella. Ellos más o menos se aislaron del resto de la fiesta y, por lo que pude ver, no conversaron con nadie más". Garro dijo que los estadounidenses "parecían tener entre 22 y 24 años de edad". (Oswald tenía entonces 23.) Oswald, dijo, tenía puesto un suéter negro y parecía tener una estatura de aproximadamente 1.80. (Justo ésa era la estatura de Oswald.) Uno de sus compañeros estadounidenses "medía aproximadamente 1.82, tenía cabello rubio y lacio, la barbilla alargada y una apariencia un tanto 'beatnik'".

Anderson le preguntó a Garro si recordaba a alguien más en la fiesta. En efecto, recordaba a alguien: un joven mexicano que había coqueteado con su hija. El hombre fue contactado por el FBI y confirmó algunos elementos de la historia de las Garro, aunque, insistió, no había visto a nadie que empatara con la descripción de Oswald.

Anderson envió su informe a Washington el 11 de diciembre y, según lo que sugieren sus archivos, no hizo nada más. No existen registros de que se hubiera realizado ningún esfuerzo por contactar a la hermana de Garro, quien había asistido también a la fiesta. Anderson no sacó ninguna conclusión en el informe pero sugirió que las Garro simplemente se habían equivocado acerca de haber visto a Oswald. Era una opinión basada en gran medida en el hecho de que Oswald no habría estado en la ciudad de México en dos de las tres fechas posibles ofrecidas por Elena Garro para la fiesta, suponiendo que también se le hubiera visto paseando por la calle durante el día siguiente. "Se hace mención de que la investigación ha establecido que Lee Harvey Oswald salió de la ciudad de México en autobús a las 8:30 am del 2 de octubre de 1963 y no podría haber sido idéntico al estadounidense supuestamente avistado por la señora Paz en la fiesta si dicha fiesta tuvo lugar la noche del 1° de octubre o el 2 de octubre", reportó Anderson. No mencionó un hecho que resultaba obvio: que en la primera fecha ofrecida por Garro, el 30 de septiembre, Oswald se encontraba en la ciudad y que podría haber sido visto en la calle al día siguiente.

No quedó claro en los archivos de Scott si él habría notificado al cuartel general de la CIA sobre cualquier parte de este recuento a su debido tiempo. Una posterior cronología interna de la estación de la CIA en la ciudad de México sugeriría que ninguna parte del material llegó a Langley en 1964. De ser cierto, eso significaba que el cuartel general de la CIA no sabría nada de las Garro —ni de la "fiesta de twist"— durante un año.

Como era su costumbre, tal parecía que Wesley Liebeler no se pudo resistir a ocasionar problemas.

Durante el verano de 1965 aceptó reunirse con un graduado de la Universidad de Cornell, Edward Jay Epstein, quien quería entrevistarlo sobre la Comisión Warren. Epstein, de 30 años de edad, estaba escribiendo una tesis de maestría sobre el gobierno, usando a la comisión como un caso de estudio para responder a una pregunta formulada por uno de sus profesores: "¿Cómo funciona una organización gubernamental en una situación extraordinaria en la que no hay reglas o precedentes que se puedan usar como guía?" Liebeler invitó a Epstein a su casa de descanso en Vermont, donde siempre le había resultado más fácil pensar.

En los 10 meses que habían pasado desde la publicación del informe de la comisión, Liebeler, ahora de 34 años de edad, hizo muchos cambios en su vida. En vez de reanudar su prometedora carrera en un bufete legal de Manhattan, se mudó al oeste, aceptando un nombramiento como profesor de leyes, especializado en legislación antimonopolio, en la Universidad de California, en Los Ángeles. El estilo de vida del sur de California había seducido a Liebeler, al igual que todas las lindas jovencitas que poblaban el campus.

Liebeler estaba intrigado por las credenciales de la Liga Ivy de Epstein. Éste era un académico, no un reportero vendedor de escándalos, y Liebeler pensaba que a través de la investigación de Epstein podría ayudar a debilitar a los muchos teóricos de conspiraciones que continuaban tratando de socavar los hallazgos de la comisión. Se estaban gestando varios libros nuevos que promovían las teorías de conspiración detrás de la muerte de Kennedy, incluyendo uno firmado por Mark Lane. Liebeler sabía que no sería el único en hablar con Epstein, quien también solicitó entrevistas con los siete comisionados. Epstein finalmente hablaría con cinco de ellos, todos excepto Warren, quien se rehusó, y el senador Russell, quien se vio forzado a cancelar la cita debido a problemas de salud. Epstein se entrevistaría también con Lee Rankin, Norman Redlich y Howard Willens.

Liebeler le dijo a Epstein que, aunque apoyaba las conclusiones del informe de la comisión, era crítico respecto a la investigación. Sus comentarios fueron, tal como se esperaba de él, típicamente sucintos e indiscretos; en el cuerpo de su tesis, Epstein lo citaría por nombre. Liebeler explicó entonces cómo los abogados del equipo de trabajo de la comisión habían hecho prácticamente todo el verdadero trabajo detectivesco. Cuando Epstein le preguntó cuánto trabajo habían hecho los siete comisionados, Liebeler respondió: "En una palabra, nada".* Epstein recordaría posteriormente —en comenta-

---

* Liebeler declararía después no recordar haber hecho semejante comentario a Epstein, aunque en ningún momento refutó la precisión del postulado.

rios que no se publicaron en su trabajo académico— cómo Liebeler "se burlaba de los siete comisionados, recordando que el personal les llamaba 'Blancanieves y los siete enanos' debido a su renuencia a cuestionar las afirmaciones de la esposa rusa de Oswald, Marina, quien era 'Blancanieves'". Liebeler tenía una lista ligeramente diferente a la de algunos de sus compañeros para identificar a qué enano correspondía cada comisionado. Él pensaba que "'Tontín' era Warren, quien descartaba cualquier testimonio que impugnara la credibilidad de Marina", mientras que "Dormilón" era Allen Dulles "porque frecuentemente se quedaba dormido durante el interrogatorio de los testigos y, cuando despertaba, hacía preguntas inapropiadas". John McCloy era "Gruñón" porque "se enojaba cuando los abogados del personal no ponían suficiente atención a sus teorías sobre una posible implicación extranjera" en el homicidio de Kennedy.

Liebeler reveló las intensas restricciones de tiempo que enfrentó el equipo de trabajo, una situación que se hacía peor por la incompetencia del FBI; describió la investigación inicial del buró sobre el asesinato como "una broma". Le contó a Epstein sobre la pésima elección de Rankin de un comentario que hizo al final de la investigación sobre la necesidad de llevar a término el trabajo, incluso si existían preguntas sin responder: "Deberíamos estar cerrando puertas, no abriéndolas". Esa cita, después de haber sido publicada por Epstein, sería recuperada con regularidad por teóricos de conspiraciones como prueba de que la investigación se había acelerado para llegar a una conclusión predestinada.*

Liebeler fue todavía más lejos en ayuda de Epstein: le entregó copias de casi todos, si no es que todos, los archivos internos que había tomado de la comisión, incluyendo los memorándums que escribió para protestar que el informe se estaba redactando como un "informe para la acusación" de Oswald. En su tesis, el agradecido Epstein no identificó a Liebeler por nombre como la fuente de los archivos internos, dando las gracias únicamente a un "miembro del

---

* Liebeler después le diría a Vincent Bugliosi, el autor e historiador del asesinato Kennedy, que el comentario de Rankin de hecho "no fue inapropiado en ese momento" dado que Rankin lo hizo el mismo día en que se estaba distribuyendo el borrador final del informe de la comisión entre los comisionados. "Desde el principio, todos estábamos buscando la verdad y no había limitantes con eso", Liebeler le dijo a Bugliosi.

equipo" anónimo. Años después, Epstein recordaría la emoción que
sintió cuando Liebeler aceptó darle dos cajas de cartón grandes llenas
de "informes del personal, borradores de los capítulos... y dos volúmenes de pasta dura azul de informes preliminares del FBI, que no se
habían hecho públicos".

Liebeler les dijo a sus amigos que él no pudo predecir lo que
estaba a punto de suceder. Resultó que Epstein había encontrado
a una editorial respetada, Viking Press, para que convirtiera su tesis
en un libro, *Inquest: The Warren Commission and the Establishment of
Truth (Investigación: la Comisión Warren y el establecimiento de la verdad)*, con su publicación programada para 1966, apenas dos meses
después de haber enviado su tesis a sus tutores en Cornell. La fecha
de publicación significaba que su libro llegaría a las librerías antes
que el libro *Rush to Judgment (Apresurar un juicio)* de Mark Lane,
cuyo lanzamiento estaba programado para aquel verano. Antes de
la publicación, Epstein tenía una actitud tímida en cuanto a lo que
se incluiría en *Inquest*. "Podría ser aburrido, ya veremos qué pasa",
fue la declaración que ofreció a *The New York Times*. Los reseñistas
estaban intrigados de que la introducción del libro fuera escrita por
Richard Rovere, el corresponsal de *The New Yorker* en Washington.
El libro parecía ser cosa seria.

Inquest resultó ser un fiero ataque hacia la Comisión Warren, alegando que ésta había ignorado evidencia que apuntaba a un segundo tirador presente en Plaza Dealey. En su acusación más alarmante,
Epstein sugería que el informe de la autopsia de Kennedy se había
alterado para que se ajustara a la teoría de una sola bala y que la
teoría misma podría ser ficticia. Sus acusaciones se centraron en las
discrepancias existentes entre el informe de la autopsia y un par de
memorándums del FBI, elaborados a las pocas semanas del asesinato,
con respecto a qué era lo que había pasado con la primera bala que
alcanzó al presidente: la bala que el equipo de trabajo de la comisión
estaba seguro había herido también a Connally. Los memos del FBI
declaraban que la bala sólo había penetrado una corta profundidad
en el cuerpo del presidente desde atrás, posiblemente antes de que la
bala saliera y se cayera. Los abogados de la comisión, especialmente
Arlen Specter, habían estado convencidos desde el inicio de la investigación de que los documentos del buró estaban equivocados y reflejaban la confusión primaria que había surgido entre los patólogos

del hospital naval de Bethesda en cuanto a la trayectoria de la bala; dos agentes del FBI que presenciaron la autopsia habían tomado las especulaciones incorrectas de los médicos como un hecho. Sin embargo, para Epstein las diferencias entre los memos del FBI y el informe de la autopsia eran evidencia potencial que apuntaba en la dirección de un encubrimiento. Si los informes del buró eran correctos, la bala no podría haber impactado a Connally.

Epstein dijo haber encontrado otras lagunas en la investigación; identificó a testigos importantes que nunca fueron interrogados por la comisión. Y parecía tener la mejor evidencia posible para respaldar sus ataques: registros de la comisión previamente no publicados, especialmente los detallados y duramente críticos escritos internos de Liebeler.

El libro fue toda una sensación, que dio pie a respetuosos artículos en la prensa, al igual que a notables reseñas en periódicos y revistas importantes. En su introducción, Rovere elogiaba a Epstein como un "brillante joven académico" que había probado que la investigación de la Comisión Warren "estaba muy lejos de ser exhaustiva" y que la evidencia que supuestamente demostraba que Oswald había sido el único tirador era "sumamente vulnerable". *Inquest* sería recordado como el libro que dio credibilidad al movimiento de teorías conspiratorias. Bajo el encabezado "La caja de pandora", Eliot Fremont-Smith, un crítico de *The New York Times*, lo describió como "el primer libro en abrir los hallazgos de la Comisión Warren a un cuestionamiento serio en las mentes de los individuos pensantes". Para la edición de bolsillo de *Inquest*, la cubierta se rediseñó para hacerla más atractiva, con la silueta de un hombre armado con un rifle de pie detrás de una fotografía de Oswald, con las palabras, en rojo: "¿Anda suelto uno de los asesinos de John F. Kennedy?"

La obvia cooperación de Liebeler en el libro enfureció a algunos de sus antiguos colegas; ahora era uno de los suyos, pensaban, quien estaba fomentando el movimiento de las teorías de conspiración. Albert Jenner, quien ya detestaba a Liebeler desde que trabajaron juntos en la comisión, le escribió a David Belin que "le dio una ojeada a las partes en las que la odiosa diatriba de Epstein cita copiosamente a Herr Liebeler" y pudo ver que "Jim es aún un hombre frustrado, envidioso y plagado de complejos de inferioridad". Y continuó: "Podría perdonarle esto si hubiera mostrado buen gusto". En su opinión,

"Epstein y sus supervisores del doctorado en Harvard deberían estar, pero lo más seguro es que no lo estén, sumamente avergonzados". (Epstein había entrado a un programa doctoral en la Universidad de Harvard.) Norman Redlich le escribió al asesor de tesis de Epstein en Cornell para protestar por el libro, al que describió como un "trabajo completamente engañoso". Dijo que se le había citado extremadamente mal. "Francamente", escribió, "estoy horrorizado por las inexactitudes del libro y las declaraciones que me atribuye pero que nunca hice". Belin dijo que él había presentido, durante la investigación, que Liebeler haría algo así. "Cuando me fui de Washington estaba seguro, por las conversaciones que tuve con Jim Liebeler, de que él iba a hablar con alguien", declararía Belin posteriormente. "El hecho de que así lo haya hecho y que haya intentado retratarse a sí mismo como el héroe de la investigación no es una sorpresa." En los meses posteriores a la publicación de *Inquest*, Liebeler intentó, fútilmente, al parecer, distanciarse del libro, insistiendo en cartas a amigos que él no cuestionaba los hallazgos centrales de la comisión. Describió el libro de Epstein como un "trabajo trivial, superficial y poco pensado".

El daño, sin embargo, estaba hecho. A finales de julio, Richard Goodwin, un antiguo redactor de discursos de Kennedy, se convirtió en el primer miembro de alto nivel del equipo del finado presidente en la Casa Blanca en pedir una reexaminación oficial de los hallazgos de la Comisión Warren. *Inquest*, dijo Goodwin, "no sólo formula preguntas, también exige investigaciones y respuestas".

En la Suprema Corte, Warren se rehusaba a verse arrastrado a cualquier nuevo debate sobre el asesinato y ordenó a la oficina de prensa de la Corte no hacer ningún comentario a los reporteros sobre el libro. A pesar de ello, las preguntas alcanzarían al ministro presidente, pues se le presentaron en su cara. Warren pareció sorprendido a finales de junio de 1966 cuando, minutos después de descender de un avión en Israel, a donde había ido a participar en la develación de un monumento al presidente Kennedy, fue confrontado por un reportero con preguntas sobre *Inquest*. "No me interesa hacer comentarios", le dijo Warren. "Redactamos nuestro informe; fue lo mejor que pudimos hacer después de 10 meses de intensa investigación... Fue unánime."

En agosto, *Rush to Judgment* salió a la venta. El libro de Lane no tuvo el arrollador recibimiento elogioso del que Epstein había disfrutado; Lane simplemente era demasiado controversial y muchos reporteros habían aprendido de primera mano a no confiar en lo que decía el hombre. Pero el libro sí obtuvo algunas buenas críticas. *The Houston Post* lo describió como "una absorbente, poderosa y apasionadamente patriótica súplica en nombre de la verdad descarnada". *The New York Times* dijo que, a pesar de que el libro padece de "estridencia y prejuicios", se trataba de un "elocuente sumario de la posición de la defensa".Y el libro se convirtió en un *best seller* masivo, mucho mayor que *Inquest*, y llegó a ser el número uno en la lista de *The New York Times* en la categoría de no ficción.Y permanecería en dicha lista durante 26 semanas.*

Después de la comisión, David Slawson había regresado a trabajar en su bufete en Denver, pero se quedó sólo brevemente en Colorado antes de regresar a Washington. Al igual que Liebeler, quien seguiría siendo su amigo durante el resto de su vida, Slawson decidió que no quería pasar el resto de su carrera detrás de un escritorio en una firma legal. Él también deseaba una carrera en la docencia. Decidió comenzar a enviar solicitudes para puestos docentes en facultades de leyes importantes mientras tomaba otra ligera desviación hacia el servicio público. En el verano de 1965 quedó encantado con una oferta para unirse al personal de la prestigiosa Oficina de Asesoría Jurídica del Departamento de Justicia.

Slawson sintió algo de remordimiento por haberse perdido la oportunidad de trabajar en el departamento bajo el liderazgo de Robert Kennedy, quien había sido electo para servir en el Senado; los años de Kennedy en el departamento obviamente habían sido un periodo emocionante. Slawson también estaba decepcionado de contar con tan pocas oportunidades para volver a tener contacto con un apreciado y viejo amigo de Denver que ahora trabajaba para Kennedy: Joseph Dolan."Estimaba muchísimo a Joe", recordaría Slawson."Era una persona maravillosa, con un gran sentido del humor irlandés."

Slawson y Dolan habían sido muy activos en la política demócrata de Colorado. Se conocieron cuando trabajaron juntos en la campaña presidencial de John Kennedy, en 1960; los presentó el coor-

---

* El libro de Gerald Ford, *Portrait of the Assassin* sobre Oswald, publicado en 1965, tuvo ventas decepcionantes y nunca recuperó el adelanto de 10 000 dólares que Simon & Schuster otorgó al senador. Bajo los términos del contrato, se le permitió conservar el monto total del adelanto.

dinador de la campaña de Kennedy en ese estado, Byron *Whizzer* White, el mentor de Slawson en su bufete de abogados. Después de la victoria de Kennedy, White y Dolan se fueron para ser contratados en el Departamento de Justicia en Washington. White primero había trabajado como asistente del fiscal general bajo las órdenes de Robert Kennedy para después recibir su nominación para formar parte de la Suprema Corte. Dolan había surgido como uno de los leales asistentes de la "mafia irlandesa" de Robert Kennedy en la oficina del fiscal general, a quien luego siguió a Capitol Hill, donde dirigió al equipo de Kennedy en el Senado.

En sus primeros meses en el Departamento de Justicia, Slawson normalmente enfrentaba una marejada de rostros ajenos en las calles laterales de avenida Pennsylvania al salir del trabajo. Siempre eficiente, regularmente podía terminar todo su trabajo a las 5:00 pm y unirse a la multitud de trabajadores federales que se dirigían a sus casas durante la hora pico vespertina. Así que resultó una grata sorpresa para Slawson, al salir una tarde de la oficina, un rostro que le resultaría conocido.

Era Dolan, a la distancia, de pie sobre la acera. Rápidamente comenzó a caminar hacia Slawson, con el brazo extendido.

"¿Joe? ¿Aquí? ¿Qué está haciendo aquí?" Pensó Slawson para sus adentros.

Declararía que casi instantáneamente se dio cuenta de que su encuentro no había sido mera coincidencia; Dolan no era el tipo de persona que te encuentras perdiendo el tiempo en una acera a media tarde, o por lo menos ya no. Dolan, al parecer, había estado parado allí esperando a que Slawson saliera del edificio.

El rostro de Dolan reflejaba que aquél no era un encuentro fortuito. Si aquella hubiera sido una sorpresa, Dolan habría sido todo sonrisas. En cambio, conforme se dirigía a Slawson, "se veía serio, con un propósito en mente".

—Dave, qué gusto verte —dijo Dolan—. ¿Tienes un segundo? ¿Podemos hablar?

—Por supuesto —respondió Slawson.

—El senador me envió para hacer algunas preguntas.

—Claro, Joe, seguro —dijo Slawson, tratando de imaginar qué podría querer saber Kennedy de él y por qué querría el senador que la información se recopilara de esta forma tan misteriosa: cerca de una calle con mucha actividad en hora pico, con ningún registro formal de que la conversación hubiera ocurrido.

Dolan fue directo al grano.

—Dave, es acerca del asesinato de su hermano. Es sobre la Comisión Warren.

Aquello lo tomó por sorpresa.

—Dave, esto debe quedar entre nosotros; al senador aún le preocupa que hubiera existido una conspiración. Le he contado al senador sobre tus responsabilidades en la comisión, que tú investigaste de cerca el asunto de la conspiración. Me pidió que te pregunte: ¿estás seguro que la Comisión Warren realizó un buen trabajo? ¿Estás seguro de que Oswald no recibió ayuda?

Slawson intentó imaginarse qué había dado pie a esto. Kennedy insistió públicamente, más de una vez, que creía en los hallazgos de la comisión. ¿Kennedy había descubierto algo que lo hizo cambiar de opinión?

—Joe, todavía pienso que lo hicimos bien —le dijo Slawson a Dolan—. Yo creo que Oswald lo hizo solo.

Conforme permanecieron ahí, de pie, con el zumbido del tráfico de la tarde a sus espaldas, Slawson ofreció una versión condensada de cómo él y la comisión llegaron a la conclusión de que no había existido conspiración alguna detrás del asesinato.

Dolan escuchó con atención y asintió con gestos que denotaban estar de acuerdo.

—Gracias, Dave —dijo—. Le comunicaré esto al senador. Le dará gusto escucharlo —los dos hombres estrecharon manos y Dolan se fue caminando, aparentemente satisfecho.

Charles Thomas y su esposa, Cynthia, habían llegado a amar a la ciudad de México, donde Charles fue asignado en abril de 1964 como representante político en la embajada de Estados Unidos. "Nos sentíamos como las personas más afortunadas del mundo", recordaría Cynthia, entonces de 27 años de edad, sobre el tiempo en que la pareja de recién casados llegó a México. Se habían casado dos meses antes, después de un tórrido romance que comenzó al conocerse por casualidad en una fiesta organizada por un amigo mutuo, un diseñador de vestuario de Broadway, en Nueva York; Cynthia había estado trabajando en Manhattan como investigadora para la revista

Time e intentando arrancar una carrera como actriz. Después de la boda, sus adinerados padres organizaron una recepción para la pareja a la luz de las velas en el Hotel Plaza en Nueva York. Su primera hija, Zelda, llamada así en honor de la difunta madre de Charles, nació en México en 1965.

Los diplomáticos estadounidenses de mediados de la década de 1960 consideraban que la ciudad de México era un nombramiento importante y agradable. La ciudad en aquel entonces tenía una población relativamente manejable de aproximadamente cuatro millones de personas, una cifra que explotaría en las décadas siguientes. Los Thomas encontraron una elegante y espaciosa hacienda de techos altos cerca de la embajada. Mediante una amiga, Guadalupe Rivera, hija del famoso pintor Diego Rivera, contrataron a uno de los mejores cocineros de la ciudad. "Nuestros invitados sabían que servíamos la comida mexicana más exquisita de la ciudad", recordaría Cynthia. El embajador Fulton Freeman consideraba a Thomas uno de sus delegados más talentosos y Freeman frecuentemente asistía a fiestas en casa de los Thomas. El embajador estaba encantado con Cynthia: "Además de ser una actriz extraordinariamente atractiva y consumada, es una excelente anfitriona" que había "abierto las puertas de la embajada a grupos intelectuales, culturales e histriónicos de jóvenes mexicanos con los que habíamos tenido poco o ningún contacto".

La pareja hizo buenos amigos en la embajada, aunque Cynthia a veces se descubría a sí misma siendo "un poco precavida" en sus encuentros con Win Scott; era bien sabido entre las familias de los diplomáticos que Scott era "el hombre de la CIA" en la embajada, que operaba encubierto como un representante político del Departamento de Estado. Scott podía ser encantador y frecuentemente elogiaba a Charles frente a su esposa. "Charles en realidad debería estar en París y podría hacer un muy buen trabajo con su extraordinario conocimiento del francés", le dijo a ella en una fiesta. Pero a ella le resultaba inquietante que Scott le preguntara si le podía ayudar a reunir inteligencia mediante sus contactos con mexicanos prominentes. Sentía como si la estuviera reclutando para trabajar para la agencia. "Me parecía muy incómodo", recordaría ella.

Los Thomas eran muy apreciados entre la comunidad de escritores y artistas plásticos. "Charles era un hombre extraordinario", recordaría Elena Poniatowska, escritora mexicana de libros de ficción y no ficción que se convertiría en una de las más celebradas periodistas de investigación de su país. "Era un intelectual. Podía hablar sobre cualquier tema." Los Thomas se volvieron particularmente cercanos a otra talentosa escritora mexicana: Elena Garro. Cynthia recordaba a Garro como una "mujer inteligente, encantadora y cortés. Llena de vida".

Fue en una fiesta, en diciembre de 1965, cuando Garro habló con Charles Thomas para contarle la sorprendente historia sobre Oswald y la "fiesta de twist". Ella explicó cómo había compartido la historia un año antes con la embajada estadounidense y no había vuelto a escuchar nada desde entonces. Le ofreció a Thomas otro pequeño pedazo de información sorprendente que no le había dicho a la embajada; era sobre su prima Silvia Durán. Garro le dijo que había existido una relación de tipo sexual entre Oswald y Durán, y que otros en la ciudad de México estaban al tanto de eso. Ella había sido la "amante" del asesino.

Thomas se preguntaba si aquello sería cierto. Sabía que Garro era excepcionalmente inteligente y bien informada, pero ¿qué significaba que el hombre que mató a Kennedy hubiera tenido una aventura, apenas algunas semanas antes del asesinato, con una empleada del gobierno de Castro, en un momento en que Oswald supuestamente estaba bajo la estricta vigilancia de la CIA en México? Thomas registró el relato de Garro en un memorándum con fecha del 10 de diciembre de 1965, que se le presentó a Scott y a otros en la embajada. "Ella estaba muy renuente a discutir el asunto, pero finalmente contó" la historia, escribió Thomas. En el memo, Thomas también narró la extraña historia de lo que le había sucedido a Garro los días posteriores al asesinato. Después de descubrir el arresto de Oswald, dijo ella, inmediatamente supuso que Cuba estaba involucrada, dado lo que ella sabía sobre los contactos de Oswald en la embajada cubana. Escandalizada, Garro y su hija condujeron hasta la embajada aquel sábado, el día después del asesinato del presidente y se paró afuera del complejo y gritó: "Asesinos", a los cubanos que estaban en el interior. Más tarde, ese mismo día, ella y su hija recibieron una visita de un amigo que era un oficial de la Secretaría de Gobernación de México. El amigo, Manuel Calvillo, les dio las noticias cobre el arresto de Silvia Durán —no se había anunciado públicamente— y les advirtió que estaban en peligro debido a los "comunistas". Calvillo les dijo que debían ocultarse. "Él tenía órdenes de llevarlas a un pequeño hotel desconocido en el centro de la ciudad", escribió Thomas. Garro intentó protestar. "Le dijo a Calvillo que quería ir a la embajada estadounidense para explicar lo que sabía sobre las conexiones de Oswald con los comunistas mexicanos y los cubanos aquí", reportó Thomas. Pero Calvillo advirtió que la embajada "estaba llena de espías comunistas". Asustada de que no podía confiar ni siquiera en la embajada estadounidense, Garro y su hija aceptaron ocultarse y no decir nada. Las escoltaron hasta a un pequeño y anodino hotel, donde permanecieron durante ocho días.

Después de leer el informe de Thomas, Win Scott inmediatamente comenzó a crear un rastro de documentos en la embajada que se burlara de Elena Garro y descartara su historia. Scott quería que se estableciera —en el registro oficial— que estaba acusando a Garro de haberlo inventado todo.

"¡Qué imaginación tiene!", escribió sobre el memorándum de Thomas.

Scott correría un riesgo al ignorar el memo por completo, dada la sugerencia —una vez más— de que a la CIA podría habérsele escapado mucha información sobre los contactos de Oswald en México. Invitó a Thomas a una reunión en su oficina junto con Nathan Ferris, el nuevo agregado jurídico del FBI. Scott y Ferris "hicieron énfasis en que había habido muchísimos rumores sobre Oswald cuando sucedió el asesinato, que algunos de ellos no se habían podido verificar y que otros habían resultado ser falsos", escribió Thomas después. "Sin embargo, me pidieron que intentara conseguir un recuento más detallado de la historia de la señora Garro."

En una reunión el día de Navidad, Thomas habló nuevamente con Garro y le dio seguimiento con un detallado memorándum de cinco páginas —escrito a máquina aquel mismo día— para sus colegas de la embajada. En la nueva conversación, Garro habló de lo frustrante que había sido para ella intentar contar su historia en la embajada el año anterior. "Los oficiales de la embajada no hicieron mucho caso a nada de lo que ellas les contaron", lo cual explicaba por qué Garro "no se había molestado en ofrecer una historia muy completa", escribió Thomas.

Garro intentó recordar más detalles sobre el pequeño hotel en el que se había ocultado. No podía acordarse del nombre, pero recordaba en términos generales por dónde se encontraba. Llevó a Thomas en un recorrido en automóvil hasta que lo encontraron: el Hotel Vermont,* en la delegación Benito Juárez. Garro también explicó por qué su hermana, Deva, nunca había aparecido para confirmar el avistamiento de Oswald en aquella fiesta. De acuerdo con Elena, Deva recibió la visita de dos "comunistas" después del asesinato, quienes la amenazaron y le advirtieron que nunca revelara que había visto a Oswald.

El memorándum de Thomas enviado en Navidad llegó a Scott y a Ferris; la información no les pareció especialmente reveladora. Ferris envió un memo al embajador Freeman el 27 de diciembre, en el cual decía que no tenía ninguna intención de reabrir la investigación. "En vista del hecho de que las afirmaciones de la señora Garro de Paz ya han sido verificadas con anterioridad, sin encontrar en ellas fundamento, no se tomará ninguna otra acción en lo que respecta a su reciente reiteración de esas afirmaciones." Scott envió un cable por separado a Langley para reportar la decisión del buró de no dar seguimiento a la historia de Garro. Uno de sus subalternos, Allen White, adjuntó una nota a dicho cable. Él cuestionaba si la embajada le había dado suficiente seguimiento a las afirmaciones de Elena Garro: "No sé qué hizo el FBI en noviembre de 1964, pero las Garro han estado hablando de esto durante mucho tiempo y se dice de Elena que es una mujer en extremo brillante", escribió White.

"También está 'chiflada'", escribió Win Scott como respuesta.

---

* En 1966 el FBI le confirmó esa parte de su historia a Scott; de hecho ella estuvo registrada en el hotel del 23 al 30 de noviembre de 1963.

56

En el otoño de 1966, a Lyndon Johnson le preocupaba que su mandato presidencial estuviera siendo mancillando con los crecientes ataques a la Comisión Warren; que dichos ataques pudieran incluso dañar su esperanza de reelección para 1968. Él veía la mano de sus enemigos políticos en las teorías de conspiración sobre el asesinato de Kennedy, especialmente dado que algunas de las teorías continuaban apuntando hacia él como uno de los sospechosos. Les dijo a algunos de sus asistentes que estaba convencido de que Robert Kennedy y sus estrategas políticos estaban tratando de mantener vivas las teorías de conspiración. Johnson se había escandalizado también por una encuesta de opinión realizada en octubre de 1966 —después de la publicación de los libros de Epstein y Lane—, en la cual el 2% de los encuestados dijo creer que el actual presidente había sido responsable de alguna forma de la muerte de Kennedy. Aunque ese porcentaje representaba un muy pequeño margen de la gente encuestada, Johnson estaba asombrado de que hubiera alguien que todavía lo creyera capaz de un acto tan horrible. La compañía de encuestas dirigida por Louis Harris fue la que había llevado a cabo la encuesta. "Lou Harris es simplemente manejada por Bobby", Johnson se quejó con un amigo.

Johnson quería que Warren alzara la voz en defensa de la comisión. Envió a un asistente de la Casa Blanca, Jake Jacobsen, a la Suprema Corte para instar al ministro presidente a responder públicamente si los ataques a la comisión se volvían cosa seria.

El presidente pidió la ayuda del colega más nuevo de Warren en la magistratura: el ministro asociado Abraham *Abe* Fortas, quien había sido nominado para la Corte por Johnson el año anterior. Fortas, un antiguo profesor de leyes en la Universidad de Yale que había fundado un poderoso bufete legal en Washington, había sido amigo y asesor político de Johnson durante años. Para la consternación de algunos de sus colegas en la Corte que conocían la cercana relación entre ellos, Fortas había continuado ofreciendo su asesoría política a Johnson y le habría ayudado incluso a redactar el informe presidencial de 1966. Fortas pudo ver el problema que habían creado los ataques a la Comisión Warren. En octubre de 1966 le dijo a Johnson en una llamada telefónica que había acudido al ministro presidente para pedirle que escribiera un libro para defender a la comisión. "Le dije que mi opinión era que alguien debía hacerlo... de inmediato", dijo Fortas. "Él piensa que el mejor hombre para hacerlo sería Lee Rankin." Warren estaba "a fuego lento" por las críticas a la comisión.

Johnson le dijo a Fortas que también estaba alarmado por el inminente lanzamiento del muy esperado libro *The Death of a President (La muerte de un presidente)*, de William Manchester, autorizado por la familia Kennedy. Su publicación estaba programada para algún momento de 1967. Después de permitir que leyera el libro antes de su publicación, la revista *Look* acordó pagar un precio récord de 665 000 dólares por los derechos para publicar pasajes completos del libro. Eso le sugería a Johnson que la obra debía contener divulgaciones explosivas. Sus asistentes habían escuchado —y confirmado— que incluía una descripción tosca, poco favorecedora, de Johnson, especialmente sobre las interacciones que había mantenido con Jacqueline y Robert Kennedy el día del asesinato.

El libro se publicó la primavera siguiente, no sin que antes Jacqueline y Robert Kennedy entablaran una demanda en Nueva York para intentar impedir su publicación. Ellos reclamaban que Manchester necesitaba, y no tenía, su aprobación. Aunque ella nunca explicó qué había sido lo que la ofendía tanto, la viuda de Kennedy, quien quedaba retratada en el libro con una luz casi santificadora, parecía sentir que revelaba demasiados detalles cruentos y dolorosos sobre el asesinato de su esposo, y demasiada información personal sobre ella; el libro revelaba, por ejemplo, sus hábitos fumadores, algo que ella, como primera dama, había tratado de mantener en secreto.

El libro de Manchester no era tan dañino para Johnson como él temía. Y la confrontación en la corte, que terminó con un acuerdo entre Manchester y los Kennedy para editar el equivalente a siete páginas de un manuscrito de 654 páginas, acabó funcionando en beneficio político del presidente, dado que el pleito legal se percibió como un esfuerzo de la familia Kennedy de tener mano dura para censurar el registro histórico. Las encuestas de opinión mostraron que la popularidad de Jacqueline y Robert Kennedy resintió el proceso. En una infortunada elección de palabras, Johnson expresó su deleite por el resultado de la encuesta con un amigo: "Dios, está masacrando a Bobby y a Jackie. Simplemente los masacra".

Asimismo, el ministro presidente tenía motivos para estar complacido con *Death of a President*, dado que Manchester acogió los hallazgos de la comisión que afirmaban que Oswald había sido el único tirador en Plaza Dealey. Con todo, al igual que como había actuado con el resto de los libros publicados sobre el tema, Warren no quería declarar nada públicamente. "No puedo quedar en la posición de responder a estos libros", le dijo a Drew Pearson. "Y no voy a hacerlo. El informe va a caer o a quedar en pie por su propio contenido."

En enero de 1967 Drew Pearson solicitó hablar con el ministro presidente en persona. Era urgente y Warren inmediatamente aceptó ver a su viejo amigo. Pearson estaba al borde de una de las exclusivas más importantes de su carrera. Desgraciadamente para el ministro presidente era una exclusiva que también amenazaba con dañar el legado de Warren.

Era sobre el asesinato de Kennedy y sobre la posibilidad de que Castro estuviera detrás del homicidio del presidente. Conforme Warren escuchaba, Pearson explicó que una fuente confiable le había dicho que la Casa Blanca de Kennedy había ordenado a la CIA matar a Castro; que Robert Kennedy había dado la orden directamente a la agencia y —quizás la acusación más sorprendente— que ésta había reclutado a miembros de la mafia para efectuar el asesinato. Según lo que entendía la fuente de Pearson, Castro se dio cuenta de las intrigas en su contra, acorraló a los asesinos potenciales en Cuba antes de que pudieran actuar y luego contraatacó enviando a un equipo de asesinos a los que encomendó matar a Kennedy.

Si los elementos de la historia eran ciertos, comprobaban que la CIA y Kennedy habían ocultado información a la Comisión Warren aquella información había representado un motivo claro para que Castro matara a Kennedy, debido a que el dictador cubano sabía que éste estaba intentando terminar con él. Eso también significaba que un miembro de la comisión, Allen Dulles, que se encontraba a la cabeza de la CIA durante el momento de la conspiración contra Castro, probablemente había sido parte del encubrimiento. Pearson reveló su fuente a Warren: un influyente abogado de Washington llamado Edward Morgan, quien entonces representaba los intereses de Jimmy Hoffa, el líder del Sindicato de Camioneros. Morgan había descubierto las intrigas contra Castro —y la posibilidad de que Kennedy hubiera sido asesinado en represalia— mediante otro de sus clientes, Robert Maheu, un antiguo agente del FBI que se convirtió en un investigador privado que había sido contratado por la CIA para organizar el asesinato del mandatario cubano.*

Morgan dijo que se sentía angustiado por no saber si comunicarle todo esto a Pearson y, a través de él, al ministro presidente. "Luché con esta decisión durante mucho tiempo", recordaría. Como abogado litigante, declararía, los horribles secretos que le contaban sus clientes en casos penales no le quitaban mucho el sueño. "Si dejas que lo hagan, no vives mucho. Pero esto me perturbaba terriblemente." Declararía que finalmente se había decidido a actuar porque estaba desesperado por proteger a Warren, a quien veía como un héroe. "Finalmente me dije a mí mismo: ¿cómo podría por lo menos comunicarle esta información al ministro presidente?"

Morgan recordaría haber visitado a Pearson en su palaciega casa de veraneo que se ubicaba a varias cuadras de la Casa Blanca. "Dije: 'Drew, tengo que contarte algo que quiero que quede sellado con sangre'... Fuimos a la habitación interior y básicamente le conté lo que sabía" sobre los planes de la CIA. La reacción del columnista, recordaría, "fue de completa incredulidad". Él "pegó el grito en el cielo". Morgan no quería que Pearson escribiera nada de esto en su columna, por lo menos no inmediatamente, pero sí quería que le advirtiera al "pobre diablo" de Warren sobre el riesgo que corría de ser humillado por la divulgación de que la comisión se había equivocado y de que había existido una conspiración en la muerte de Kennedy. "Dormiré mejor si sé que el ministro presidente...

---

* La CIA eventualmente admitiría que a Maheu, que había hecho otros trabajos para la agencia de espionaje, se le había pedido organizar el homicidio de Castro. Fue Maheu quien reclutó entonces a las figuras de la mafia, incluyendo a un gánster de la costa Oeste llamado John *Guapo Johnny* Roselli, para llevar a cabo el asesinato. Edward Morgan representaría, también a Roselli.

está enterado de esto", le dijo Morgan a Pearson. "Podría socavar la validez del informe e incluso su reputación." Warren era una "presa fácil" para el escándalo.

Pearson hizo lo que se le pidió. En su reunión con el ministro presidente el jueves 19 de enero, expuso la complicada historia sobre los planes de la CIA contra Castro y de cómo éste podría haber matado a Kennedy en represalia. Warren, dijo, se mostró "decididamente escéptico", insistiendo que le parecía creíble que el líder cubano ordenara la muerte de Kennedy y que luego enviara a un solo asesino a Dallas, especialmente uno tan inestable como Oswald. "No habría sido un trabajo para un solo hombre", le dijo el ministro presidente. Warren no aceptó reunirse con Morgan, pero estaba dispuesto a ofrecer la información a las agencias del orden público. Le preguntó a Pearson qué agencia debería ser alertada. Pearson dijo que Morgan, quien mantenía una complicada relación con J. Edgar Hoover, prefería que la información se le transmitiera al Servicio Secreto en lugar de al FBI. El ministro presidente contactó al director del Servicio Secreto, James Rowley, pidiéndole que se reuniera con él en privado en la Suprema Corte. La reunión tuvo lugar a las 11:15 am el martes 31 de enero, según los registros de Rowley. Era la primera vez que se había reunido con Warren en un asunto oficial desde el incómodo testimonio de Rowley para la comisión. Éste recordaría años después que la reunión en enero de 1967 con Warren en la Corte duró aproximadamente media hora y que el ministro presidente pensó que las acusaciones sobre las intrigas contra Castro se debían tomar con seriedad, incluso si sonaban improbables. "Dijo que pensaba que esto era lo suficientemente serio y etcétera, pero que quería que se lo quitaran de las manos."

Pearson había compartido noticias de los planes de asesinato conducidos por la CIA con otra persona: el presidente Johnson. A pesar de sus diferencias en el pasado, Pearson había apoyado, en general, el mandato de Johnson y el columnista había sido recompensado con fácil acceso a la Oficina Oval.* El 16 de enero, tres días antes de re-

---

* A pesar de que Pearson y otros periodistas e investigadores del Congreso habían continuado alegando sobre el rastro de las malas prácticas ejercidas por Johnson y Bobby Baker, el cabildero de Washington y su antiguo subalterno en el Senado conocido como "Little Lyndon" ("El pequeño Lyndon"), el escánda-

unirse con Warren, Pearson visitó a Johnson en la Casa Blanca para contarle sobre los complots contra Castro y cómo podrían haber estado vinculados con el asesinato de Kennedy. "Lyndon escuchó con mucha atención y no hizo ningún comentario", escribió Pearson en su diario. "No podía decir gran cosa." Las grabaciones secretas de sus llamadas en la Oficina Oval sugerían que en el momento de la visita de Pearson, a más de tres años de haber subido al poder como presidente, Johnson aún no sabía que la CIA había conspirado durante años para matar a Castro.

El lunes 20 de febrero, Johnson alertó al fiscal general interino Ramsay Clark sobre los "rumores." Su conversación telefónica habría comenzado con un alarmante artículo publicado tres días antes en un diario de Nueva Orleans en el que se afirmaba que el fiscal de distrito de la ciudad, Jim Garrison, había abierto una investigación local del asesinato Kennedy. En Washington, las razones que tenía Garrison para iniciar aquella investigación eran un misterio. Clark especuló que la investigación implicaba algún suceso acontecido durante el breve periodo en que Oswald radicó en Nueva Orleans hacia 1963. Por lo que sabía sobre el excéntrico fiscal, Clark dijo que existía la posibilidad de que Garrison estuviera "completamente fuera de sus cabales".

Entonces Johnson mencionó lo que había escuchado sobre los planes contra Castro.

—¿Conoces la historia esa que anda circulando por ahí sobre que la CIA intentó enviar gente para matar a Castro?

—No —respondió Clark. Johnson ofreció un resumen de lo que había escuchado de Pearson, sugiriendo que no creía que la CIA hubiera tratado de asesinar a Castro. "Es increíble", dijo. "No creo absolutamente nada de eso y pienso que no deberíamos considerarlo seriamente. Pero me pareció que debías estar al tanto."

Días después, Garrison generó encabezados en todo el mundo con el anuncio de que había descubierto una conspiración en el asesinato

---

lo perdió fuerza tras el asesinato del presidente Kennedy; además, Johnson nunca fue directamente implicado en ninguno de los crímenes cometidos por Baker. En 1967, éste fue sentenciado a pasar tres años en prisión bajo los cargos de evasión de impuestos, robo y fraude en un caso de corrupción sin parentesco.

de Kennedy. El 1° de marzo de 1967, Garrison acusó formalmente a un respetado hombre de negocios y filántropo, Clay Shaw, de ser parte central del complot.

En Washington, los encabezados de Nueva Orleans preocuparon a Jack Anderson, el compañero reportero de Pearson en la columna "El Carrusel de Washington". Aparentemente, a Anderson, de 44 años de edad le encantaban las exclusivas, incluso más que a Pearson, y temía que Garrison les ganara la noticia sobre las intrigas de la CIA y la mafia.* Anderson no podía discutir nada de esto con Pearson, al menos no con facilidad, dado que Pearson estaba a miles de kilómetros de distancia, recorriendo Sudamérica con su amigo el ministro presidente; Warren se encontraba realizando una visita oficial a las naciones andinas. Los dos hombres acababan de llegar a Lima, Perú, cuando les llegó el rumor de lo que Anderson había publicado en "El Carrusel de Washington" el 3 de marzo. El asunto estaba redactado en el siempre emocionante estilo de la columna:

WASHINGTON.- El presidente Johnson está sentado sobre una bomba nuclear de alcances políticos. Un reporte no confirmado afirma que el senador Robert Kennedy, (D-N.Y.) podría haber aprobado un complot de asesinato que posiblemente se revirtió en contra de su difunto hermano.

Funcionarios de alto nivel, interrogados por esta columna, aceptaron que un plan para asesinar al dictador cubano Fidel Castro de hecho se "consideró" en los más altos niveles de la Agencia Central de Inteligencia cuando Bobby dirigía a la manada en la agencia. A pesar de ello, los funcionarios no llegaron a un consenso al respecto de si el plan se aprobó y fue implementado.

Una versión afirma que figuras del bajo mundo fueron reclutadas para ejecutar la intriga. Otro rumor señala que tres asesinos contratados fueron capturados en La Habana, donde un único sobreviviente languidece en prisión. Estas historias fueron investigadas y descartadas por el FBI.

---

* Anderson, alguna vez descrito de forma memorable por J. Edgar Hoover como alguien "más bajo que la porquería que regurgitan los buitres", heredó la columna después de la muerte de Pearson, en 1969. En 1972 ganó un Premio Pulitzer por su cobertura sobre la diplomacia secreta entre Estados Unidos y Pakistán durante la Guerra indo-pakistaní de 1971.

El rumor persiste, sin embargo, entre susurros, proferidos por las personas en posición de conocer, y éstos afirman que Castro, al enterarse de una conspiración estadounidense para atentar contra su vida, decidió contraatacar al presidente Kennedy. Este reporte podría haber motivado al extravagante fiscal de distrito de Nueva Orleans, Jim Garrison, a abrir una investigación sobre el asesinato Kennedy.

Pearson no se mostraría contento ante la publicación del artículo por parte de Anderson. "En primer lugar, era una historia muy pobre y en segundo lugar estaba violando una confidencia", escribió Pearson el 20 de marzo en su diario, después de regresar a casa. "Finalmente atacaba a Bobby Kennedy sin montar un buen caso en su contra." Pero el artículo pondría a girar engranes que rápidamente le probarían a Pearson —a Warren y a Johnson— que muchos de los elementos fundamentales de la historia eran verdaderos. La CIA sí había maquinado intrigas durante años enfiladas a terminar con Castro, y había reclutado para ello incluso a miembros de la mafia. Robert Kennedy estaba al tanto de ellos e incluso podría haber sido responsable de algunos. Y aparentemente a la Comisión Warren no se le había comunicado nada al respecto.

Alguien más había sabido sobre los planes contra Castro: J. Edgar Hoover. El 6 de marzo, tres días después de la publicación de la columna, el FBI presentó a la Casa Blanca un informe clasificado con un desorbitante título: "Las intenciones de la Agencia Central de Inteligencia de enviar matones a Cuba para asesinar a Castro". El reporte resumía lo que el FBI había sabido —durante años— sobre los planes de la CIA. En el reporte se mencionaba incluso que Hoover había alertado personalmente a Robert Kennedy en 1961 sobre la implicación de la mafia.

En abril, el presidente Johnson llamó a Pearson para felicitarlo por la exclusiva. "Creemos que hay algo de cierto" en el asunto de los planes de la CIA y la mafia dijo Johnson. "Hubo algunos intentos para asesinar a Castro a través de la Cosa Nostra, y todo apunta a tus amigos en el Departamento de Justicia."

Pearson entendía a lo que Johnson quería llegar. "Usted se refiere a *un* amigo en el Departamento de Justicia", dijo Pearson. El presidente se estaba refiriendo a Robert Kennedy. Johnson posteriormente sería citado diciendo que se había quedado sorprendido al descubrir que durante el gobierno de Kennedy, "habíamos estado operando un condenado 'Asesinatos Inc.' en el Caribe".

El impacto de la exclusiva de Pearson fue limitado al principio, dada la incapacidad de otros reporteros de Washington para confirmar información tan altamente clasificada y debido a que los reportes de Pearson resultaban con frecuencia tan endebles que era fácil para el resto de las organizaciones noticiosas ignorar sus informaciones. Y si a Warren le molestó que nadie le hubiera dicho nada a la comisión bautizada con su nombre sobre los planes contra Castro, él no diría nada al respecto públicamente. No existía ninguna sugerencia en su correspondencia o en su agenda de citas en la Corte que mostrara que había contactado a Dulles para preguntarle al otrora jefe de la red de espionaje lo que éste sabía sobre aquellas intrigas, y en todo caso por qué Dulles podría haberle ocultado información a sus compañeros comisionados. Allen Dulles fallecería en 1969.

La aparente calma de Warren no era compartida por los antiguos miembros del equipo de trabajo de la comisión, quienes comenzaron a alegar públicamente que se les había mentido y que a la comisión se le había negado información que podría haber apuntado a una conspiración en la muerte de Kennedy. Lee Rankin, poco propenso a enfurecerse, aseguró tiempo después a investigadores del Congreso haberse sentido ultrajado cuando descubrió lo que se les había ocultado; tanto por la CIA, que había organizado los planes contra Castro, como por el FBI, que tenía conocimiento sobre éstos. Lamentaba haber sido "tan ingenuo" cuando estuvo en la comisión como para "pensar que cuando el presidente de Estados Unidos le ordenó a todo el mundo que cooperara con nosotros, ellos entenderían que era una orden y un mandato". La comisión "cometió un grave error al creer que el FBI no ocultaría información. Cometió un error al creer que la CIA no retendría información".

John Whitten, el oficial veterano de la CIA que había sido el primer enlace entre la agencia y la Comisión Warren, dijo que se sintió furioso cuando se enteró de los complots contra Castro, porque a él tampoco se le había dicho nada sobre ello en 1964, cuando supuestamente él le estaba proporcionando a la comisión absolutamente toda la inteligencia de los archivos de la CIA que pudiera estar relacionada con el asesinato del presidente. "De haber sabido, mi investigación hubiera sido totalmente diferente", se quejaría Whitten años después. "Creo que efectivamente podría resultar que los cubanos hayan emprendido como represalia este asesinato por nuestras operaciones para asesinar a Castro."

Whitten estaba rabioso, en particular, con Richard Helms, a quien el presidente Johnson había ascendido como director de Inteligencia Central en 1966. El Congreso finalmente determinaría que Helms había aprobado personalmente los planes contra Castro, incluyendo aquéllos que implicaban a la mafia. Whitten declararía posteriormente que creía que Helms le había ocultado la información a la Comisión Warren porque "se dio cuenta que sería una muy mala imagen para la agencia y para él". La decisión de Helms, apuntaría, "fue un acto moralmente reprobable que no puede justificar de ninguna forma bajo el juramento de su cargo".

Helms declaró haber visto el asunto de forma muy distinta cuando fue llamado a comparecer ante el Congreso en la década de 1970 para justificar los planes contra Castro y explicar por qué no le había contado a la comisión sobre ellos. En su carrera como espía, Helms había sido responsable, principalmente, de guardar secretos. Él declararía haber determinado, en su propia mente, que los planes contra Castro maquinados por la CIA no tenían nada que ver con el asesinato Kennedy y que, por tanto, no había razón alguna para contárselo a la comisión; o a Whitten, su subalterno, en todo caso. "Nunca se me ocurrió", declararía. "Nunca hablamos con nadie fuera de la agencia sobre ninguna operación encubierta de ningún tipo." Además, preguntaría Helms después, ¿por qué había sido su responsabilidad contarle a la comisión sobre los planes contra Castro si él estaba seguro de que uno de los comisionados, Dulles, sabía todo sobre ellos, al igual que Robert Kennedy? "Mucha gente sabía sobre estas operaciones en las altas esferas del gobierno", aduciría Helms con enojo. "¿Por qué se me señala a mí como el tipo que debería haber subido al estrado a identificar una operación del gobierno para deshacerse de Castro?"

Hugh Aynesworth, el reportero de *The Dallas Morning News*, en realidad nunca se alejaría del "rastro del asesinato", como lo llegaron a conocer los periodistas de Dallas. Año tras año, una y otra vez, se veía envuelto nuevamente en la historia. Para enero de 1967 se había cambiado a un nuevo trabajo como corresponsal nacional en *Newsweek*, con la intención de que se encargaría de todo tipo de asignaciones que se le dieran en su nueva base en Houston. Pero apenas se había instalado en la revista cuando sonó el teléfono, con una llamada urgente de Nueva Orleans. Era el fiscal de distrito Jim Garrison, el cual invitó a Aynesworth a visitar la ciudad para hablar de la nueva información que había reunido sobre el asesinato de Kennedy.

"Me topo con tu nombre constantemente; creo que tienes información que me podría ayudar", le dijo Garrison. "Quiero compartir algunas cosas contigo. Tienes que venir." Intrigado, Aynesworth viajó a Nueva Orleans para reunirse con Garrison en su casa, un encuentro que describiría como "uno de los días más extraños de mi vida". Con su estruendosa voz, Garrison, que alcanzaba una altura de 1.95, podría haber tenido momentos de impresionante lucidez, pero éstos eran fugaces. Garrison estaba "trastornado", concluyó Aynesworth rápidamente. La conversación fue "chiflada y perturbadora por el hecho de que un funcionario electo de alto nivel pudiera creer las tonterías que profesaba creer Garrison".*

A través de los años, Garrison nunca pudo señalar con contundencia quién exactamente había sido responsable por el asesinato. Su lista de sospechosos incluía, de un momento a otro y en ningún orden en particular, homosexuales, "asesinos adrenalínicos" sadomasoquistas, narcotraficantes, exiliados cubanos anti y pro castristas, el Departamento de Defensa, el Departamento de Justicia, petroleros texanos que habían respaldado la carrera política del presidente Johnson, el presidente mismo. Garrison acusó al ministro presidente Warren, y a otros miembros de la comisión del asesinato, de haber orquestado el encubrimiento. La CIA y los "maricas" figuraban como conspiradores en muchas de las teorías de Garrison; él afirmaba que por lo menos seis hombres involucrados en la conspiración eran homosexuales. Oswald, dijo, era "un bisexual que no podía satisfacer a su esposa... todo eso está en el informe Warren". El asesinato, dijo, lo llevó a cabo un "equipo de guerrilleros de precisión" formado por un mínimo de siete tiradores ubicados alrededor de Plaza Dealey.

---

* En la película de Oliver Stone de 1991, *JFK*, la cual sugería que Garrison había estado cerca de revelar la verdad sobre una vasta conspiración en el asesinato, el verdadero Jim Garrison interpretó el papel del ministro presidente Earl Warren.

En su primera reunión, Garrison le ofreció a Aynesworth presentarle a un testigo clave en la acusación. "Tienes suerte de estar en la ciudad", dijo. "Acabamos de verificar a este tipo y créeme, es dinamita." Un asistente del fiscal de distrito llegó a la casa de Garrison con el testigo: "Un pequeño y delgado tipo de Houston, un pianista que procedió a relatar cómo sabía que Ruby y Oswald habían sido amantes homosexuales desde hacía mucho tiempo". Recordó cómo Oswald y el hombre que posteriormente lo mataría habían sido echados de un club de Houston porque se estuvieron "manoseando el uno al otro toda la noche". Aynesworth no le dijo a Garrison, pero ya había visto al pianista antes, en Dallas, a los pocos días posteriores al asesinato Kennedy. "Había aparecido tres días después del asesinato, contándole exactamente la misma historia a la policía de Dallas." En aquel entonces, a Aynesworth le quedó muy claro, al igual que ahora, que el pianista era uno de los desesperados y delirantes robacámaras que estaban decididos a fingir que habían tenido algún papel personal en el gran drama del asesinato de Kennedy. "La última vez que vi al pianista, estaba gritando y peleándose en la puerta de la estación de policía de Dallas."

Los otros testigos de la acusación de Garrison también incluirían a un hombre que se hacía llamar Julio César, un antiguo residente de un hospital psiquiátrico que se vestía, tal como lo sugería su nombre, con una toga roja y sandalias. César afirmaba haber visto a Oswald y a Ruby en compañía del hombre que se convertiría en el punto focal de la investigación del fiscal de distrito: Clay Shaw, quien entró en el radar de Garrison en gran parte debido a que se sabía que era homosexual. Los objetivos del fiscal de distrito incluían a otro homosexual de Louisiana, David Ferrie, el ex piloto de Aerolíneas Eastern quien —podría o no— haber conocido a Oswald en la década de 1950. Perseguido por la oficina del fiscal de distrito, Ferrie fue encontrado muerto en su departamento de Nueva Orleans el 22 de febrero; el forense descartó cualquier acto criminal o suicidio, aunque Ferrie había dejado notas que sugerían que estuvo bajo tanta presión que estaba considerando la idea de suicidarse.

En su publicación con fecha del 15 de mayo de 1967, *Newsweek* publicó un devastador artículo bajo la firma de Aynesworth, la primera divulgación importante de las tácticas posiblemente ilegales del fiscal de distrito de Nueva Orleans. El artículo citaba evidencia de que Garrison le había ofrecido un soborno a un testigo por un testimonio falso que vincularía a Ferrie con Shaw. El artículo, que aparecía bajo el encabezado "La 'conspiración' JFK", comenzaba así:

Jim Garrison tiene razón. Una conspiración se ha gestado en Nueva Orleans, pero es un complot fabricado por Garrison mismo. Es una argucia para urdir una fantasiosa "solución" a la muerte de John F. Kennedy; en este caso, el fiscal de distrito y su equipo han jugado un papel indirecto en la muerte de un hombre, y han humillado, atormentado y destripado financieramente a muchos otros.

Aynesworth dijo que Garrison lo llamó furioso después de que fuera publicado el artículo, acusó al reportero de tratar de socavar la "búsqueda de la verdad" y le advirtió que se arriesgaba a ser arrestado si se atrevía a regresar a Nueva Orleans. "Espero que *Newsweek* tenga buenos abogados... Usted podría llevarse una sorpresa cuando regrese a la ciudad."

El 1º de marzo de 1969, dos años después del arresto de Clay Shaw bajo los cargos de conspirar en el asesinato Kennedy, un jurado de Nueva Orleans tardó menos de una hora en exonerarlo.

57

Junio de 1967 – 1971

En junio de 1967, Win Scott estaba ansioso —incluso desesperado— por minimizar la importancia del nuevo reporte que un informante había hecho sobre Silvia Durán. Una segunda fuente había salido a la luz para reportar que Oswald tuvo una relación de tipo sexual con Durán durante su visita a la ciudad de México.

Habían pasado casi tres años desde que la CIA escuchó por primera vez la historia de la "chiflada" Elena Garro. Esta vez, sería mucho más difícil para Scott atacar la credibilidad de la fuente, dado que esta nueva información venía de uno de los propios informantes confiables de la CIA, identificado en los archivos de la agencia con el nombre clave de LIRING/3. Todos los informantes de la agencia en la ciudad de México tenían nombres clave que comenzaban con "LI". En junio de 1967, LIRING/3 reportó que había escuchado sobre los hechos de la breve aventura de Oswald con Durán de la mejor fuente posible: Durán en persona.*

El informante, un pintor mexicano cuyo círculo de amigos incluía a diplomáticos cubanos y quien fue amigable con Durán en otras ocasiones, le dijo a su contacto en la CIA que había hablado recientemente por teléfono con Durán y que luego visitó su casa. Durante esas conversaciones, él declaró que ella le reveló su aventura con Oswald, en 1963, añadiendo que ella había admitido aquella

---

* LIRING/3 fue identificado en los registros de la CIA que fueron desclasificados décadas después. Dado que no hay forma de confirmar si los registros de la agencia son precisos, el autor ha elegido no publicar el nombre del informante. Contactado por teléfono en 2013, el pintor confirmó haber conocido a Durán, aunque negó haber mantenido alguna relación con la CIA. También negó que Durán alguna vez le hubiera dicho que ella mantuvo una relación de tipo sexual con Oswald.

relación ante la policía mexicana durante los brutales interrogatorios a los que fue sometida en los días posteriores al asesinato de Kennedy.

De acuerdo con el informe presentado por el contacto de la CIA para LIRING/3:

> Silvia Durán le informó que ella conoció por primera vez a Oswald cuando éste acudió a solicitar una visa; ella salió con él en varias ocasiones debido a que él le agradó desde el principio. Ella admitió haber tenido relaciones sexuales con Oswald... Cuando salieron las noticias del asesinato, ella fue inmediatamente consignada por la policía mexicana. Fue interrogada exhaustivamente y golpeada hasta que admitió haber tenido una aventura con Oswald. Ella añadió que desde entonces había cortado todo contacto con los cubanos, particularmente desde que su esposo Horacio, quien quedó muy alterado por todo el asunto, tuvo un ataque de ira y le prohibió verlos.

Ella continuó insistiendo en que "no tenía idea" de los planes de Oswald de matar a Kennedy.

El reporte del informante llegó en un momento de ansiedad para la CIA, dado el furor de los medios de información mundiales creados por la investigación de Garrison en Nueva Orleans y su afirmación de que la agencia estaba involucrada en el asesinato de Kennedy. A pocos días del informe de LIRING/3, Scott recibió una carta de un colega en Langley que le ordenaba a la estación de la ciudad de México guardar silencio sobre el tema del asesinato:

> La investigación Garrison del asesinato de Kennedy ha ocasionado una racha de acusaciones y cargos espectaculares, algunos en contra de la CIA. Aunque el "caso" de Garrison es endeble y aparentemente en gran medida fabricado basándose en los rumores no confirmados de una rara selección de personajes poco respetables, se está haciendo todo lo posible para rechazar todos esos cargos y tener los hechos a la mano. En esta situación, usted comprenderá, por supuesto, que es esencial que todos nosotros seamos particularmente precavidos en evitar hacer cualquier tipo de declaración o dar indicación alguna, de opinión o de hechos, a personas no autorizadas de las que alguna persona o entidad se pudieran aprovechar, inocentemente o no.

Scott reflexionó su siguiente movimiento. ¿Cuál sería el efecto de una muy atrasada divulgación que estableciera que Oswald, supuestamente monitoreado por la CIA en México, de hecho había escapado de la vigilancia de la agencia para llegar hasta la cama de una empleada local del gobierno de Castro? ¿Qué haría Garrison si descubriera que la agencia había sabido —pero había fallado en dar seguimiento durante años— de las afirmaciones sobre la aventura? ¿Cómo reaccionarían los críticos a la divulgación de que la CIA no había hecho nada por intentar identificar a la pareja de jóvenes estadounidenses de apariencia "*beatnik*" que habían sido señalados como acompañantes de Oswald en su viaje a México?

Scott y sus colegas estaban obligados por el reglamento de la agencia a archivar un informe que resumiera todo encuentro importante con informantes pagados, así que necesitaría enviar un informe a Langley sobre el reporte más reciente de LIRING/3. Scott se enfrentó con la pregunta de si debía —cómo— mencionar la aparente confesión de Durán sobre la aventura. Se le ocurrió una solución; escondió la confesión de Durán muy profundamente en su informe, en un pasaje fuera de contexto, descartando así su importancia. Se ubicaría en el sexto de un informe de ocho párrafos:

> El hecho de que Silvia DURÁN mantuvo encuentros sexuales con Lee Harvey OSWALD en varias ocasiones cuando el sujeto en cuestión se encontraba en México es probablemente nuevo, pero poco añade al caso OSWALD. La policía mexicana no detalló a la estación el alcance de la relación DURÁN-OSWALD.

Eso fue todo. Los analistas de la CIA en el cuartel de la agencia que no habían leído nada sobre el tema podrían suponer que "el hecho" de una aventura entre Oswald y Durán eran noticias viejas y poco importantes. Ciertamente, parecía, eso era lo que quería Scott que creyeran.

Había más noticias preocupantes para Scott esa primavera. En mayo de 1967 un diplomático estadounidense que trabajaba en el consulado de Estados Unidos en la ciudad mexicana portuaria de Tampico reportó el encuentro con un reportero de un periódico local, Óscar Contreras, quien afirmaba haber pasado varias horas con Oswald en septiembre de 1963. En aquel entonces, Contreras se encontraba estudiando derecho en la Universidad Nacional Autónoma de México en la capital mexicana. Dijo que él y un grupo de amigos izquierdistas, todos ellos conocidos en el campus por su simpatía con el movimiento de Castro, fueron abordados por Oswald, quien les pidió ayuda para convencer al consulado cubano de otorgarle una visa. Contreras dijo que no le fue posible ayudarlo con la visa, aunque él y sus amigos pasaron esa noche y gran parte del día siguiente con el joven estadounidense. No estaba claro quién había enviado a Oswald a hablar con los estudiantes, aunque Contreras afirmó haber tenido muchos amigos en la embajada cubana.

El relato, de ser cierto, ofrecía otro ejemplo tardío de las lagunas existentes en la vigilancia de la CIA sobre Oswald en México, o alternativamente, lo poco que Scott y sus colegas decidieron comunicar al cuartel general sobre lo que realmente sabían. Si el relato del reportero mexicano era preciso, Oswald había evadido la vigilancia de la agencia por lo menos durante un día y medio, aproximadamente un cuarto del total de su tiempo en la ciudad de México.

Fue durante ese tiempo en 1967 que Scott comenzó a hablar abiertamente con sus colegas sobre sus planes para retirarse de la CIA. Después de 20 años en la agencia, la mayoría de los cuales pasó en México, dijo que quería dejar el gobierno para comenzar a hacer dinero de verdad. Tenía la intención de permanecer en México y establecer una firma consultora, lo cual le permitiría ganar dinero valiéndose de sus muchos contactos en el gobierno mexicano. También tenía la intención de escribir sus memorias, incluyendo su relato personal sobre lo que había ocurrido en torno a Oswald.

Scott siempre se había considerado a sí mismo un escritor. Especialmente amaba la poesía y había publicado por sí mismo una colección de poemas de amor bajo un seudónimo en 1957. Exponer la historia de su propia vida en papel, por tanto, había sido una idea natural, especialmente tras haber vivido tantas aventuras como espía. En lo que parecía ser una grave violación a la normas de seguridad de la CIA, Scott envió un resumen detallado de sus memorias —vía correo postal— a un amigo en Nueva York que trabajaba como editor para *Reader's Digest*. Le dijo al editor que el libro seguiría su carrera de espía desde sus inicios en la Segunda Guerra Mundial, cuando entabló una temprana amistad con Allen Dulles; en el escrito revelaría cómo él y Dulles habían redactado un estudio de las agencias de inteligencia británicas que fue utilizado en 1947 como la maqueta sobre la que se crearía la CIA. Gran parte del libro se enfocaría en México. "Durante mis 13 años en México, tuve muchas experiencias, muchas de las cuales puedo describir con detalle", le escribió Scott al editor. "Una de ellas atañe a Lee Harvey Oswald... Sé mucho sobre sus actividades, desde el momento en que llegó a México."

El título preliminar para el libro, It Came to Little (No llega a ser mucho), estaba inspirado en un pasaje de la biblia: "Esperabas mucho y he aquí, [lo que cosechaste] no llega a ser mucho", y reflejaba su desencanto con la CIA. "Mi tema es que con todo nuestro trabajo, los dólares que se gastaron y las miles de horas invertidas en la lucha contra el comunismo, nosotros que estábamos y los que aún están en la CIA tendrían que admitir que 'no llegamos a ser mucho', si somos honestos", escribió. "Estados Unidos cada vez es más tímido en su confrontación al comunismo", incluso a pesar de que "somos permeados cada vez más por los comunistas". Finalmente se decidiría por otro título —The Foul Foe (El enemigo incómodo)— que publicaría bajo el seudónimo de Ian Maxwell. El mismo que había utilizado para firmar sus poemas de amor.

Cuando decidió postularse para la presidencia en 1968, Robert Kennedy sabía que podría enfrentarse con preguntas sobre el asesinato de su hermano. La posibilidad, como siempre, parecía atroz.

Su último comentario importante sobre la Comisión Warren llegó en marzo, mientras estaba en campaña electoral en California. En una estridente reunión con estudiantes universitarios cerca de Los Ángeles, fue cuestionado en relación con si haría públicos los registros de la comisión como respuesta a las muchas teorías de conspiración sobre el asesinato. Los reporteros informaron cómo en un principio Kennedy habría intentado ignorar la pregunta, pero después de dudarlo un momento, reconsideró. "Si me convierto en presidente, no reabriré el informe Warren", declaró entonces. "He visto todo lo que hay. Apoyo a la Comisión Warren." Y añadió: "Nadie está más interesado que yo en saber quién fue responsable por la muerte del presidente Kennedy".

Tres meses después, el 6 de junio, la noche en que ganó las elecciones primarias para la nominación demócrata a la presidencia, Kennedy fue asesinado en Los Ángeles. Fue abatido por un joven palestino de 24 años de edad, de nombre Sirhan Sirhan, quien dijo haber castigado a Kennedy por el apoyo mostrado a Israel.

El asesinato tuvo repercusiones inmediatas en la Suprema Corte. Una semana después, un alterado ministro presidente Warren solicitó una reunión con el presidente Johnson donde le anunciaría su intención de retirarse, dándole así tiempo para nombrar a un sucesor antes de las elecciones presidenciales de ese otoño. Johnson no había buscado la reelección y con la muerte de Robert Kennedy las probabilidades de que el candidato republicano, el antiguo vicepresidente Richard Nixon, ganara la presidencia habían aumentado considerablemente. Warren claramente no quería que Nixon, su viejo némesis, tuviera la oportunidad de elegir su remplazo.

La situación no resultó como Warren había esperado. Johnson nominó a Abe Fortas como sucesor de Warren, pero Fortas encontró gran oposición, mucho de lo cual estaba ligado a acusaciones de conflictos de interés provocadas por su continua asesoría política al presidente. La nominación fue retirada en octubre y Johnson anunció que le había pedido a Warren permanecer en la Corte hasta que el sucesor de Johnson, demócrata o republicano, estuviera en el poder para hacer una nominación. Después de la elección de Nixon, el nuevo presidente anunció haber seleccionado a Warren Burger, un conservador juez de corte de apelaciones de Minnesota, como ministro presidente. El senador ratificaría a Burger en junio de 1969.

Warren concedió pocas entrevistas después de su retiro y cuando hablaba con reporteros e historiadores prefirió enfocarse siempre en su legado a la Corte y en su papel como gobernador de California, no en su papel como presidente de la comisión. Cuando las preguntas sobre el asesinato eran demasiado insistentes, declaraba nunca haber dudado en su opinión acerca de que Oswald había actuado en solitario. Se dijo indiferente hacia las encuestas de opinión que apuntaban que una parte cada vez mayor del público dudaba de los hallazgos de la comisión. "La gente sigue debatiendo sobre el asesinato de Lincoln", recordaría. "Es comprensible."

Ya retirado, tomó una decisión que complació a los antiguos miembros de la comisión: decidió colaborar con un libro que Lee

Rankin y Alfred Goldberg planearon escribir como una defensa formal de la comisión. Otorgó una larga entrevista a Goldberg el 26 de marzo de 1974, la cual fue grabada. Sería una de sus últimas entrevistas; Warren fallecería en Washington menos de cuatro meses después, el 9 de julio, a la edad de 83 años. En la entrevista, Warren sugirió que no se arrepentía de nada relacionado con la forma en la que efectuó la investigación, fuera de que la comisión hubiera tenido una entrevista cara a cara con el presidente Johnson. Se mantuvo firme en cuanto a su decisión de bloquear el acceso a las fotos de la autopsia y a las placas de rayos x de Kennedy. "Para bien o para mal, asumo toda la responsabilidad al respecto", dijo. "No podía concebir que estas cosas fueran enviadas por todo el país y se les exhibiera en museos." Dijo que aún seguía convencido de que la teoría de una sola bala era correcta y que el gobernador Connally había estado equivocado en pensar que lo había herido una bala distinta. "Un disparo puede entorpecer las emociones o las reacciones de uno." Siguió estando convencido de que todos los disparos hechos a la limusina de Kennedy habían provenido del Almacén de Libros Escolares de Texas, y no del así llamado montículo de pasto o desde el paso a desnivel ferroviario, tal como alegaban muchos de los teóricos de conspiraciones. "Nadie podría haber disparado del montículo o del paso a desnivel sin haber sido visto."

Rankin y Goldberg abandonarían sus planes para concretar el libro después de haber sido incapaces de interesar a las editoriales importantes. "Las casas editoriales sólo querían un libro sobre una conspiración para matar a Kennedy", recordaría Goldberg. "Eso no era lo que estábamos escribiendo."

En octubre de 1968, con sólo un mes para elegir a su sucesor, Johnson otorgó una entrevista de despedida de amplia cobertura al veterano presentador de ABC News, Howard K. Smith. Con las cámaras apagadas, Johnson ofreció contarle al periodista un secreto que, por ahora, Smith no podría contar a nadie más. Smith estuvo de acuerdo.

"Te voy a contar algo que te va a estremecer", dijo Johnson. Fidel Castro, dijo, era responsable del asesinato. "Kennedy estaba tratando de matar a Castro, pero Castro se le adelantó."

Smith, que sabía que Johnson era capaz de "lisonjear", rogó que le diera más información. "Sí que me estremeció", dijo. "Le rogué que me diera detalles. Se rehusó, diciendo que algún día todo saldría a la luz."

En septiembre de 1969, ya retirado en su enorme hacienda afuera de Austin, Texas, Johnson sería entrevistado por el presentador de CBS News, Walter Cronkite, para una serie de programas acerca de su presidencia. Al hablar sobre el asesinato Kennedy, Cronkite le preguntó a Johnson si aún creía que la Comisión Warren había dado en el blanco en su argumentación de que no existió conspiración alguna tras la muerte de Kennedy.

—No puedo decir con sinceridad que alguna vez me haya sentido por completo aliviado del hecho de que hubieran existido implicaciones internacionales en el asunto —declaró entonces Johnson.

—¿Quiere decir que aún cree que podría haber existido una conspiración? —preguntó Cronkite.

—No lo he descartado por completo.

Cronkite sonó sorprendido.

—Bueno, eso parece indicar que no confía plenamente en la Comisión Warren —dijo.

—No, yo creo que el estudio de la Comisión Warren… —el ex presidente hizo una pausa—. Creo, en primer lugar, que lo redactó un grupo de hombres, de los más capaces, sensatos y bipartidistas del país. En segundo lugar, creo que ellos tenían un solo objetivo: hallar la verdad. En tercer lugar, creo que fueron competentes y que hicieron lo mejor que estuvo a su alcance. Pero no creo que ellos o yo o cualquier otra persona hubiera estado siempre por completo seguro de todo aquello que pudo haber motivado a Oswald, o a otros que podrían haber estado involucrados.

Cronkite sabía que tenía una exclusiva, una de alcances históricos. Sin embargo, antes de que la entrevista pudiera transmitirse, Johnson insistió en que sus comentarios sobre la comisión y sus miedos al respecto de la existencia de una conspiración, fueran editados fuera de la entrevista por motivos de "seguridad nacional". Después de una feroz batalla interna, CBS aceptó sacar el material, a pesar de que el rumor sobre los dichos de Johnson llegaron a oídos de otras organizaciones noticiosas, incluyendo a *The New York Times* y *The Washington Post*.

Nunca quedó totalmente claro qué fue lo que llevó a Johnson a dudar tan profundamente de la Comisión Warren. Joseph Califano, su asistente en política interna en la Casa Blanca de 1965 hasta 1969, recordaría cómo Johnson había dicho con frecuencia en privado a sus delegados que él había estado convencido de que Oswald había protagonizado una conspiración. Era una opinión compartida por Califano, quien fue el consejero general del ejército durante el gobierno Kennedy y era miembro de un pequeño equipo de asesores de Robert Kennedy al cual se le había pedido planear la destitución de Castro —y, de ser posible, matarlo— como parte de la Operación Mangosta. "Robert Kennedy estaba totalmente decidido a asesinar a Castro", declararía Califano años después. "Los Kennedy estaban obsesionados con eso." Califano siempre sospechó que había algo de cierto en el rumor de que Castro, una vez que se enteró de los planes que atentarían contra su vida, contraatacó ordenando el asesinato de Kennedy. Califano dijo que creía que Robert Kennedy había supuesto lo mismo. "Creo que Robert Kennedy experimentó ese inmenso dolor después de la muerte de su hermano porque creía que estaba vinculado con sus esfuerzos —los de Bobby— para matar a Castro."

Cynthia Thomas estaba más impactada que su esposo por las noticias de que su carrera en el Departamento de Estado hubiera terminado. Ciertamente estaba más furiosa. Charles siempre fue el más fatalista de los dos. Ambos sabían que todo el asunto no tenía sentido. Los embajadores que habían trabajado con Charles durante sus 18 años en el Servicio Exterior lo elogiaban de forma entusiasta y uniforme. Las malas noticias le llegaron mientras se encontraba en Washington en 1969. Dado que había fallado en ganar un ascenso con el paso del tiempo, se le estaba despidiendo, se estaba "optando por dejarlo fuera". "Parecía algo sin sentido", recordaría Cynthia. "Charles era el mejor tipo de diplomático estadounidense."

Fue entonces, en su último acto como empleado en la nómina del Departamento de Estado, que Thomas mecanografió una carta que enviaría al secretario de Estado, William Rogers, en julio de 1969, con una última súplica para que alguien revisara las afirmaciones hechas por Elena Garro. "Tal vez una cuidadosa investigación de estas afirmaciones podría ayudar a explicarlas", escribió Thomas. "Sin embargo, hasta entonces, su divulgación pública podría reabrir el debate sobre la verdadera naturaleza del asesinato de Kennedy y dañar la credibilidad del informe Warren."

En la carta, Thomas especulaba —aparentemente por primera vez en papel— por qué la CIA no había querido llegar al fondo del asunto en la ciudad de México: "Algunas de las personas que aparecían en el escenario de la historia de Elena Garro bien podrían haber sido agentes de la CIA". No identificó quiénes podrían haber sido los posibles agentes de la agencia o cómo podrían haber interactuado con Oswald en México.

Un mes después, el 28 de agosto, la División de Seguridad Protectora del Departamento de Estado entregó su carta a la CIA, con un oficio conductor solicitando que la agencia de espionaje considerara darle seguimiento a sus afirmaciones. La respuesta que ofreció la agencia al Departamento de Estado fue fechada el 16 de septiembre. Con un total de 46 palabras, el oficio difícilmente podría haber sido más breve:

ASUNTO: Charles William Thomas
En referencia al memorándum del 28 de agosto de 1969. Hemos examinado la documentación adjunta; no vemos necesidad de implementar acción futura. Una copia de esta respuesta ha sido enviada al Buró Federal de Investigación y al Servicio Secreto de Estados Unidos.

El memorándum estaba firmado por el director de contrainteligencia de la CIA, James Angleton, y su subalterno, Raymond Rocca. El nombre de Angleton no significaba nada para Cynthia Thomas y, décadas después, ella declararía que éste no habría significado nada tampoco para su esposo. "No creo que tuviéramos idea de quién era Angleton", diría. "¿Por qué lo habríamos hecho?"

Ese verano, Thomas comenzó con una difícil búsqueda de trabajo que sólo terminaría con su suicidio dos años después. La búsqueda fue mucho más difícil de lo que se podría haber imaginado, declararía Cynthia al respecto. Cuando los posibles empleadores le preguntaban a Thomas por qué había dejado el Departamento de Estado poco antes de tener edad para el retiro, se sentía obligado a decirles la verdad: lo habían forzado a irse. Intentó encontrar trabajo en alguna otra parte del gobierno, incluyendo a la CIA, pero fracasó. Su esposa recordaría cómo en la ciudad de México Win Scott había ofrecido "redactar cartas de recomendación para él" pero "nunca lo hizo". Ella llegó a la conclusión de que existía un "esfuerzo concertado por el Departamento de Estado" para impedir a su esposo encontrar trabajo en Capitol Hill. El dinero pronto se convirtió en un problema. La familia no contaba con ahorros significativos. Los Thomas y sus dos jóvenes hijas vivían en una casa rentada en Washington. Para tener por lo menos un pequeño ingreso, Thomas puso a trabajar su título en leyes medio tiempo para defender acusados penales indigentes en las cortes municipales de Washington. La paga era de 7.50 dólares la hora. Él era "demasiado orgulloso" para pedir la ayuda de alguien en su búsqueda de un trabajo permanente, recordaría Cynthia.

Aunque el Departamento de Estado y la CIA se habían rehusado a su solicitud de reabrir la investigación en México, Thomas trató de darle seguimiento por sí mismo. A finales de 1969 comenzó a buscar a Garro. Ésta se había ido de la ciudad de México el año anterior como resultado del furor que había creado con comentarios públicos en los que afirmaba que los intelectuales izquierdistas tenían parte de culpa por haber instigado grandes protestas antigubernamentales aquel otoño; el gobierno mexicano había apagado las protestas de forma brutal, provocando la muerte de decenas, acaso cientos, de protestantes y transeúntes. Thomas finalmente daría con Garro, en la ciudad de Nueva York, donde vivía, de forma menesterosa, acompañada por una de sus hijas.

Las notas manuscritas de sus conversaciones telefónicas con Garro —archivadas en un fólder con la palabra KENNEDY que sería encontrado después de su muerte en su portafolio negro— sugerían que Garro no tenía nada nuevo qué decir sobre el lejano encuentro con Oswald. Estaba demasiado atemorizada, y paranoica. "Ella había estado ocultándose", aparentemente temiendo correr peligro si regresaba a México, escribió Thomas. "Dijo que 'ellos' la estaban persiguiendo una vez más." A solicitud de Thomas, una amistad suya en Nueva York invitó a Garro y a su hija a cenar. Ésta le reportó que "nunca había visto a alguien tan atemorizado".

El 12 de abril de 1971, el día en que acabó con su vida al disparar un arma contra su cabeza en el baño del segundo piso de su hogar, llegaron otras tres cartas de rechazo por correo, incluyendo una para un trabajo como jefe de departamento en el Comité de Asuntos Exteriores de la Cámara. Se le comunicó que el comité se había decidido por un hombre más joven. Thomas se suicidó con un arma que había comprado años antes como un recuerdo de una visita a Cuba, en la década de 1950.

En el portafolio, después de su muerte, Cynthia encontraría el fólder marcado con la etiqueta KENNEDY declararía no haber entendido su relevancia en ese momento. El archivo también estaba lleno de recortes de periódicos y revistas sobre las continuas disputas sobre los hallazgos de la Comisión Warren. Charles había almacenado artículos sobre Richard Russell y su creencia de que el informe de la comisión había errado. Años después, Cynthia Thomas declararía saber "casi absolutamente nada" de las afirmaciones de Garro sobre Oswald y Silvia Durán. Era normal que su esposo no hubiera compartido información tan delicada con ella en aquel entonces, recordaría. "Tenía razón en no decirme... Este era trabajo de la embajada y era delicado. Dios mío, era sobre el asesinato del presidente Kennedy. Charles no debía traer algo como esto a casa para compartirlo con su familia."

Después del suicidio, Cynthia Thomas iniciaría una campaña en solitario para probar que su esposo había sido víctima de una injusticia dentro del sistema de ascensos del Departamento de Estado y para luchar por la reintegración póstuma al Servicio Exterior, así como por los sueldos caídos y su respectiva pensión. Se trataba de una campaña motivada, en parte, por la desesperada condición financiera de su familia. A la edad de 35 años, y con dos hijas pequeñas, ella se había quedado con un solo bien material de algún valor: un Plymouth sedán 1967 con valor comercial de 500 dólares. Sus deudas ascendían a 15 000 dólares, incluyendo 744.02 dólares que debía a una casa funeraria de Washington por el entierro de su esposo.

Comenzó a escuchar rumores, casi inmediatamente, de que había más implicaciones sobre la salida forzada del gobierno de su esposo de las que se le habían dicho a la familia: que la CIA estaba involucrada y que de alguna forma el asunto estaba relacionado con su nombramiento en México. Sus notas de aquel entonces muestran que un reportero bien conectado en Washington le había dicho que "altas fuentes" en el gobierno de Estados Unidos creían que Thomas había sido destituido porque alguien esparció rumores falsos que conectaban a Thomas con la "izquierda mexicana". Más específicamente, se le alertó que Stanley Watson, subalterno de Scott en la estación de la CIA en la ciudad de México, de alguna forma había "dañado", tras bambalinas, las expectativas de carrera de Charles.* Se había reportado en círculos diplomáticos en México que Watson, posiblemente a instancia de Scott, inició una campaña de murmuraciones en contra de Thomas, sugiriendo que éste era demasiado cercano a socialistas mexicanos. Décadas después, la amiga de los Thomas, Guadalupe Rivera, una profesora de leyes que luego sería electa para el Senado mexicano, recordó haber escuchado las noticias en 1971 sobre el suicidio de Thomas y haberlo relacionado instintivamente con la campaña de rumores iniciada por Watson, la cual había llegado hasta ella, también. Se le escuchó en una fiesta en la ciudad de México discutiendo sobre el suicidio; ella habría dicho lo siguiente: "Fue ese cerdo, Stanley Watson". Cynthia se dijo ignorante de las razones por las cuales Watson, o Scott, o cualquier otra persona dentro de la CIA, habría estado tan decidida a forzar a su esposo fuera del gobierno.

Después de su suicidio, sus colegas del Departamento de Estado declararían haber quedado pasmados al descubrir que la carrera de Thomas también podría haber sido desviada por lo que el departamento decía que era un inocente error administrativo: la sobresaliente evaluación del desempeño laboral preparada en 1966, mientras Thomas estuvo en México, aparentemente se había traspapelado. En ella se describía a Thomas como "uno de los oficiales más valiosos" en el Servicio Exterior y recomendaba su inmediato ascenso. El departamento dijo que el reporte fue colocado erróneamente en el archivo de otro diplomático que también tenía el nombre de Charles Thomas. El reporte se colocaría en el archivo adecuado dos días después de que el comité de ascensos rechazara la petición de Thomas. El comité eligió entonces no reconsiderar su decisión, dado que la falla en el archivo no había sido un error suyo.

La campaña de Cynthia Thomas, combinada con el furor interno en el Departamento de Estado sobre el tratamiento dado a su difun-

---

* En vista de las acusaciones imputadas al señor Watson, el autor de esta obra intentó localizarlo a través de la CIA y de la Asociación de ex Oficiales de Inteligencia (AFIO, por sus siglas en inglés), un grupo apostado en el área de Washington dedicado a velar por los intereses de los antiguos empleados de las agencias, ahora ya en retiro. Ambas organizaciones dijeron no tener información sobre Watson, incluyendo si éste se encuentra todavía con vida. "No hemos sido capaces de encontrar a alguien que mantenga una relación con el señor Watson y/o con sus familiares", fue la respuesta proporcionada por un vocero de la CIA.

to esposo, forzó al departamento a renovar sus políticas de ascensos para el cuerpo diplomático. En 1973 un juez federal en Washington decretó que el proceso de ascensos del departamento era inconstitucional por violar el debido proceso de la ley; el decreto llegó en forma de una demanda financiada por donaciones del Fondo para la Defensa de Charles William Thomas, el cual había sido establecido por su viuda y algunos de sus antiguos colegas.

En enero de 1975 el Congreso le hizo a la señora Thomas un poco de justicia; aprobó una así llamada propuesta de ley privada que restauró póstumamente a su esposo al servicio activo en el Servicio Exterior, lo cual significaba que ella y sus dos hijas tendrían derecho al salario que él había dejado de percibir hasta el momento de su muerte, al igual que a los beneficios que le otorgaba su seguro de trabajador. El total de la compensación ascendió a unos 51 000 dólares. Asimismo, el Departamento de Estado contrató a la señora Thomas como oficial del servicio exterior. Llegó a trabajar como diplomática en la India y en Tailandia antes de retirarse, en 1993.

Después de la aprobación de la ley, en 1975, la señora Thomas recibió una carta de la Casa Blanca: una disculpa formal por el tratamiento que el gobierno le había dado a su esposo. "No hay palabras que puedan aligerar la carga que ha llevado todos estos años", iniciaba la carta. "Las circunstancias que rodearon la muerte de su esposo son la fuente del más profundo arrepentimiento del gobierno al que sirvió con tanta lealtad y de tan buena forma y sólo espero que las medidas que resultaron de esta tragedia eviten que asuntos como éste vuelvan a ocurrir en el futuro." El presidente Gerald R. Ford firmó la carta.

Charles Thomas no fue el único veterano de la embajada de Estados Unidos en México en morir en abril de 1971. Dos semanas después del suicidio de Thomas, Winston Scott murió en su casa en la capital mexicana, a la edad de 62 años, después de lo que se reportó como una caída accidental. Aparentemente Scott sucumbió a lesiones internas después de haberse caído de una escalera en su patio trasero.

Las noticias de su muerte llegaron al cuartel general de la CIA casi de inmediato y uno de sus ex subalternos en México, Anne Goodpasture, que ahora vivía en Estados Unidos, supo que tenía que actuar. A las pocas horas, recordaría, contactó a Angleton para advertirle casi con toda seguridad que Scott había almacenado documentos clasificados en su casa en la ciudad de México. Era bien sabido entre los delegados de Scott que éste solía llevarse archivos a casa y no siempre los regresaba. Goodpasture recordaba que Scott tenía por lo menos una gran caja fuerte en su domicilio. Ella no descartaba la posibilidad de que hubiera "puesto a buen recaudo" por lo menos la copia de una grabación de vigilancia de la CIA en 1963 de algunas de las llamadas telefónicas que Oswald realizó en México.

Angleton tomó un vuelo a México a tiempo para el funeral. Años después le recordaría a los investigadores del Congreso que Richard Helms, otro viejo amigo de Scott, lo había enviado al funeral. "Dick me asignó como oficial para ir", como muestra del respeto que la agencia le tenía, diría Angleton. Reconoció, sin embargo, que el viaje había tenido un segundo propósito. "Win iba a escribir un libro, un manuscrito", declararía Angleton. "Era una especie de última voluntad, el testamento de un operador." Dado que Scott no había enviado el libro a la CIA para la necesaria revisión de seguridad antes de su publicación, "mi propósito era ir y conseguir todas las copias", reconocería Angleton. "Yo era uno de sus amigos cercanos, conocía a su esposa y todo." Helms después afirmaría tener un vago recuerdo del viaje de Angleton y los motivos que lo habían motivado. "Podría haber habido cierta preocupación de que tal vez Scott tuviera algo en su caja fuerte que pudiera afectar el trabajo de la agencia", recordaría Helms, sugiriendo que la decisión de entrar a la casa de Scott para vaciar su caja fuerte era una acción de rutina. "La agencia sólo quería comprobar que no había ninguna cosa de ese tipo ahí dentro."*

---

* Angleton se había encargado de una tarea extrañamente similar después del asesinato de una pintora miembro de la alta sociedad de Washington en 1964, Mary Pinchot Meyer, quien después sería identificada como una antigua amante del presidente Kennedy. Horas después del asesinato, Angleton, un amigo de la familia, fue encontrado dentro de la casa por el periodista de Washington, Ben Bradlee, cuñado de Meyer y futuro editor ejecutivo de *The Washington Post*. Angleton explicó que había ido a buscar el diario de ella, debido a que le había dicho a algunos amigos que quería que ese diario fuera destruido después de su muerte. Angleton aparentemente había forzado la cerradura, recordaría Bradlee. Cuando el diario fue encontrado después en el estudio de pintura de Meyer, la esposa de Bradlee se lo entregó a Angleton para que fuera destruido. Bradlee le había echado un vistazo al diario y declaró que éste contenía "algunas descripciones manuscritas" de lo que había sido "obviamente una aventura con el presidente".

La familia de Scott recordaría el inesperado llamado a la puerta de su casa en la ciudad de México y cómo la viuda de Scott, Janet, al atender la puerta miró a Angleton ahí parado, afuera. El hombre anunció entonces que había ido a recoger material clasificado que podría estar en la casa. La familia se sometería a la inspección y Angleton se llevó varias cajas de documentos de vuelta a Langley, incluyendo dos copias de las memorias de Scott.

Gran parte del manuscrito de Scott permanecería clasificado en los archivos de la CIA décadas después de su muerte; sin embargo, un capítulo que se enfocaba en la vigilancia de la CIA sobre Oswald en México fue desclasificado silenciosamente en 1994 y liberado para la familia de Scott, como parte de la riada de millones de páginas de documentos gubernamentales relacionadas con el asesinato de Kennedy que serían desclasificadas por el gobierno en la década de 1990, en gran medida como una respuesta a la gran popularidad de la cinta *JFK*, de Oliver Stone, estrenada en 1991; una película repleta de guiños a las teorías de conspiración.

Y lo que contenía ese capítulo impactaría a los antiguos investigadores de la Comisión Warren cuando lo vieron finalmente en 2012 y 2013.* Lejos de proveer confort en relación con que la CIA no había guardado secretos, las memorias de Scott apuntalaban cuánta información le había sido intencionalmente ocultada a la Comisión Warren, muchas veces por Scott mismo. Existían alarmantes diferencias entre lo que Scott escribió en su libro y lo que la CIA había compartido con la comisión años antes.

Scott había asegurado a la comisión en 1964 que el gobierno no había encontrado ninguna evidencia verosímil, ciertamente nada en México, que sugiriera una conspiración para matar al presidente. Sin embargo, en su autobiografía, Scott ofrecería precisamente la opinión opuesta. Lo que pasó en México, escribió, levantó la sospecha de que Oswald de hecho había trabajado como "agente" de un gobierno comunista —Scott se inclinaba por la Unión Soviética— que podría haber tenido instrucciones de matar a Kennedy. "Antes que nada, las visitas de Oswald a las embajadas comunistas de Cuba y la Unión Soviética en la ciudad de México durante su breve es-

---

* Dicha documentación les fue mostrada a ellos en 2012 y 2013 por el autor de este libro.

tancia de cinco días, de septiembre-octubre de 1963, son, junto con lo que se sabe que sucedió durante estas visitas, suficiente para convertirlo en un agente sospechoso, actuando en representación de los soviéticos, en muchas aspectos, posiblemente incluyendo el asesinato del presidente Kennedy", escribió Scott. "Es evidente que hay datos suficientes por lo menos para sospechar que Oswald trabajaba para los soviéticos."

Sus memorias revelaban que, a pesar de su insistencia a la comisión de que no existían fotografías de la vigilancia sobre Oswald en la ciudad de México, la CIA de hecho había obtenido fotos de él afuera de la embajada cubana y de la embajada soviética. "La gente que vigilaba estas embajadas fotografió a Oswald conforme entraba y salía de cada una de ellas, y cronometró el tiempo que pasó dentro en cada visita", escribió Scott. También sugirió que existían carretes de cintas de audio derivadas de las intervenciones de la CIA que habían capturado la voz de Oswald durante las llamadas telefónicas que sostuvo con el personal de las embajadas, cintas que él mismo afirmó habían sido borradas en 1963 y 1964. "Oswald era de gran interés para nosotros", escribió Scott. "Sus conversaciones con el personal de estas embajadas se estudiaron con detenimiento."

Aunque afirmaba que "toda información concerniente a Lee Harvey Oswald se reportó inmediatamente" al cuartel general de la CIA en el momento del viaje de Oswald a México, la autobiografía de Scott de hecho era una confesión a la Comisión Warren y a algunos de sus colegas en la CIA por haber mentido sobre la existencia de evidencia que grabó momentos clave en el viaje.

En 1976 la Cámara de Representantes estableció un comité especial para investigar de nueva cuenta los asesinatos, tanto del presidente Kennedy como del líder de los derechos civiles, Martin Luther King. Durante los siguientes dos años, los investigadores del Comité Especial de la Cámara para Asesinatos rastrearon por lo menos a tres oficiales de la CIA que recordaban haber visto fotos de la vigilancia sobre Oswald en la ciudad de México. Entre ellos se encontraba Stanley Watson, el antiguo subalterno de Scott, quien recordaría haber presenciado la existencia de una sola foto de vigilancia que retrataba a Oswald, solo, tomada desde la retaguardia: "Básicamente una toma de su oreja y su espalda". Watson declararía creer capaz a Scott de esconder o destruir material que no quería compartir con sus colegas de la CIA. Recordaría cómo Scott había llevado a su casa contenido de su caja fuerte de la embajada cuando se retiró; Watson también se había enterado de que Angleton viajó a la ciudad de México tras la muerte de Scott para apoderarse de material que éste resguardaba en su casa. En su opinión, Scott era capaz de "falsificar" evidencia. "Jamás le creía a Win Scott a la primera."

En 1992 el Congreso estableció una Junta de Revisión de Expedientes sobre el Asesinato para agilizar la desclasificación de virtualmente todos los registros relacionados con el asesinato de Kennedy. La junta forzó a la CIA a hacer públicos algunos de los registros de la red de informantes que mantuvieron Scott y sus colegas en la ciudad de México. En la lista de los informantes de Scott se encontraba un ex funcionario de la Secretaría de Gobernación de México, Manuel Calvillo, un nombre que le habría resultado familiar a Elena Garro y a su hija. Calvillo había sido el hombre que, inmediatamente después del asesinato, contactó a las Garro para pedirles que se refugiaran en el anonimato. Si el relato que las Garro le contaron a Charles Thomas era cierto, significaba que el funcionario mexicano que le dijo a Elena Garro y a su hija que no le dijeran nada a nadie sobre Oswald —sobre Silvia Durán, sobre la fiesta, sobre el par de acompañantes con apariencia *"beatnik"* de Oswald— trabajaba también, entonces, para la CIA.*

---

* Los registros de la CIA identificaron a Calvillo como un agente "involuntario" al servicio de la CIA, lo cual sugiere que él no había sido consciente de que su operario de hecho trabajaba para la CIA. Los investigadores del Comité Especial de la Cámara para Asesinatos, en conjunto con el gobierno mexicano, fueron incapaces de rastrear a Calvillo en México. Ya había fallecido para entonces.

58

En febrero de 1975, David Slawson, ahora en la escuela de leyes de la Universidad del Sur de California, se sentía afortunado de haber rechazado la oferta de trabajo que le había propuesto Robert Kennedy una década antes. La oferta llegó mediante Joe Dolan, por aquel entonces asistente suyo en el Senado, cuando Slawson aún pertenecía a la nómina del Departamento de Justicia en Washington. Kennedy había querido que Slawson fuera contratado como asesor jurídico en su oficina del Senado, con planes para que Slawson se uniera después a su campaña presidencial en 1968. Slawson recordaba cómo le había provocado escalofríos pensar que, de haberse unido a la campaña, podría haber atestiguado el asesinato de Kennedy en el hotel Ambassador en Los Ángeles. El hotel se encontraba sobre la misma calle de la oficina de Slawson en la universidad.

También le alegraba no haberse asociado con el séquito político de Kennedy después de todas las terribles revelaciones sobre el posible papel del político en las intrigas de asesinato que la CIA había dirigido contra Castro. Un comité especial del Senado dirigido por el senador Frank Church, representante del estado de Idaho, confirmó de una vez por todas, a mediados de la década de 1970, que la CIA había urdido múltiples planes de asesinato contra varios líderes extranjeros. El inspector general de la CIA identificó ocho escenarios diferentes encaminados a terminar con Castro tan sólo durante los gobiernos de Eisenhower y Kennedy; los detalles de algunos de estos planes parecían sacados de una mala novela de espionaje, con un arsenal de armas mortales que serían contrabandeadas a territorio cubano. La lista incluía bolígrafos emponzoñados, píldoras venenosas, un traje de buzo infectado con hongos y un habano explosivo.

James Angleton, un testigo central ante el Comité Church, nunca estuvo vinculado directamente con los planes contra Castro, aunque el comité sí descubriría por lo menos a un bien ubicado oficial de la CIA que parecía estar convencido de la implicación de éste en el asunto: John Whitten, el veterano de la agencia que había sido apartado por Angleton en la investigación sobre Oswald en 1964. Whitten declararía ante los investigadores del Congreso que él había entendido que Angleton "era una de varias personas en la agencia que estaban tratando de servirse de la mafia para las operaciones en Cuba". Whitten recordaba cuando, mucho antes del asesinato de Kennedy, se había visto forzado a cancelar una operación en Panamá para rastrear los depósitos bancarios de mafiosos estadounidenses porque Angleton simplemente lo había "vetado". Whitten declararía cómo en aquel momento se le dijo que "Angleton mismo tiene vínculos con la mafia y no le gustaría deshonrarlos". Angleton sería forzado a renunciar a su puesto en la agencia a finales de 1974 como resultado del destape que establecía cómo, durante años, supervisó una masiva operación de espionaje ilegal que había reunido información sobre ciudadanos estadounidenses, incluyendo la inspección de su correo.

En Los Ángeles de la década de 1970, Slawson admitiría que no podía seguir el rastro de todos los giros y vueltas en las investigaciones del Congreso sobre las fechorías de la CIA. Él estaba ocupado con sus clases en la universidad y había veces, diría, en las que el Sur de California parecía existir en un universo distinto al de Washington. Sin embargo, sí se alarmaba cada vez que leía algo sobre alguna nueva divulgación de las actividades de la agencia que debería habérsele revelado a la Comisión Warren una década antes, especialmente aquellas que tenían que ver con los planes para asesinar a Castro. A pesar de que aquellos planes no tenían necesariamente conexión con la muerte de Kennedy, la CIA había abdicado en su responsabilidad de contarle a la comisión sobre ellos. "La decisión de retener esa información fue moralmente equivocada", aseguraría Slawson.

Durante algún tiempo, no había estado tan enojado como para querer que lo arrastraran al "circo" en el que se había convertido el debate nacional sobre el asesinato. Durante años, se sentiría satisfecho de haberle dejado el debate público a algunos de sus viejos amigos en la comisión, especialmente a David Belin, quien se había convertido en una figura habitual en las emisiones de radio y televisión, donde acudía para defender los hallazgos de la Comisión Warren; Belin escribiría dos libros sobre el tema.

Sin embargo, Slawson terminaría con su silencio de una vez por todas en febrero de 1975, cuando fue contactado por un corresponsal de Washington para el *The New York Times*, quien le pidió que le diera un vistazo a un interesante documento del FBI que acababa de ser desenterrado del Archivo de la Nación. Era un memorándum escrito por J. Edgar Hoover en 1960 para el Departamento de Estado, tres años antes de la muerte de Kennedy. El memo, que se centraba en Oswald, quien por entonces vivía en Rusia, cuestionaba si un "impostor" podría de alguna forma estar usando el acta de nacimiento de Oswald; la cuestión aparentemente había sido planteada por primera vez a agentes del FBI en Dallas por la siempre impulsiva, propensa a creer en teorías conspiratorias, madre de Oswald, Marguerite.

Conformé leyó el memorándum de 15 años de antigüedad, Slawson conocía lo suficiente sobre la madre de Oswald como para saber casi con total certeza que aquel alegato no tendría la menor importancia. Slawson no había escuchado durante su trabajo en la Comisión Warren nada que hubiera sugerido que alguien se había hecho pasar por Oswald en Rusia. Aun así, Slawson montó en cólera porque estaba seguro de que dicho memo no se le había mostrado, de haber sido así, lo recordaría. Y en definitiva caía dentro de sus competencias en la Comisión Warren.

Así que aceptó ofrecer declaraciones para el *Times*; tanto para atacar a la CIA como para unirse a los crecientes llamados a establecer una nueva investigación sobre el asesinato Kennedy, aunque sólo fuera para conocer por qué se había retenido este documento y tanta otra información similar, especialmente relacionada con los planes contra Castro. Para los antiguos miembros de la comisión, los comentarios de Slawson representarían un punto de no retorno: el investigador en jefe de la Comisión Warren que estuvo a cargo de investigar si el presidente Kennedy había muerto como parte de una conspiración extranjera, ahora creía que la pregunta debía plantearse de nuevo. "No sé a dónde nos hubiera conducido la noción del impostor, quizá a ningún lado, como tantas otras pistas", declararía Slawson al *Times*. "Pero el punto es que no sabíamos sobre ello. ¿Y por qué no?" Se preguntó si la CIA había estado detrás de la decisión de retener el memorándum de 1960, justo como lo había hecho con la información sobre los planes contra Castro. La CIA "podría haber encubierto esto", declararía.

A los pocos días de haber sido publicado el artículo en el *Times*, el teléfono sonó en la casa de Slawson, en Pasadena. Recordaría que ocurrió, tal vez, un domingo por la mañana. Nunca antes había escuchado la voz de la persona que llamaba. Era enfática. Al principio, se mostró amigable.

"Habla James Angleton", dijo la persona del otro lado del auricular. Slawson no estaba seguro de haber identificado, en aquel momento, quién era exactamente Angleton. "Creo que sólo sabía que tenía un puesto importante en la CIA." El papel de Angleton en la operación de espionaje doméstico de la agencia, la Operación Caos, había sido expuesta por el *Times* apenas algunos meses antes, resultando en su renuncia en diciembre de 1974.

Sin embargo, Angleton no partiría físicamente de sus oficinas en el cuartel general de la CIA sino hasta algunos meses después de su renuncia. Y en aquel momento le dejó claro a Slawson que, incluso en su retiro forzado, continuaba monitoreando cómo él y la agencia quedaban retratados en la prensa, especialmente en cuanto al asesinato de Kennedy.

Angleton quería hablar sobre el artículo del *Times* tocante a Oswald y el memorándum de Hoover. Explicó brevemente su contexto y experiencia. "Realmente relató todo lo importante y aristocrático que era", recordaría Slawson.

Luego, Angleton continuó para dejar claro que era un viejo amigo del rector de la Universidad del Sur de California, John Hubbard, un antiguo diplomático estadounidense y, por definición, el jefe de Slawson. "Preguntó cómo le iba al rector, como si yo fuera un gran amigo suyo", recordaría Slawson, quien, de hecho, casi no conocía a Hubbard.

Fue entonces que la conversación se tornó amenazante. Angleton quería saber si Slawson había sido citado con exactitud en el artículo del *Times*. Quería saber qué era exactamente lo que le había dicho Slawson al reportero del *Times* y si era cierto que él deseaba que se abriera una nueva investigación de los elementos del asesinato de Kennedy.

La amenaza quedaba más clara debido al siniestro tono utilizado por Angleton que por las palabras que había empleado, aseguraría Slawson.

Angleton sugirió que la CIA necesitaba de su ayuda —de su continua ayuda— como "socio". "¿Socio en qué?", preguntó Slawson con cautela. "Queremos que sepa lo mucho que apreciamos el trabajo que ha hecho con nosotros", dijo Angleton. Slawson se recordó a sí cómo nunca había trabajado para la CIA; lo que él había hecho era investigarla. "Esperamos que continúe siendo un amigo", dijo Angleton. "Esperamos que continúe siendo nuestro socio." Angleton pronunció las palabras con lentitud, introduciendo pausas para permitir que Slawson asimilara lo que se le estaba diciendo.

Cuando colgó el teléfono, Slawson pensó que el mensaje era obvio: "El mensaje era: sabemos todo lo que estás haciendo. Lo vamos a descubrir. Sólo recuérdalo. La CIA te está vigilando". Tanto él como su esposa, Kaaren, quedaron alarmados por la llamada. ¿Qué significaba que esta figura aparentemente poderosa en la CIA los contactara de la nada para sugerir que Slawson estaba haciendo demasiadas preguntas sobre el asesinato de Kennedy? Slawson estaba convencido de que Angleton le estaba dando una advertencia: "Mantén la boca cerrada".

Durante aquel verano en Washington, el director del FBI, Clarence Kelley, comenzando su tercer año a cargo del buró, pensaba que estaba progresando en distanciar a la institución del cada vez más oscuro legado de su predecesor, el difunto J. Edgar Hoover. "Lo lamentamos con sinceridad", declararía Kelley públicamente, disculpándose por la avalancha de revelaciones póstumas de los abusos de poder de Hoover, los cuales incluían el hostigamiento ilegal, durante décadas, por parte del FBI, en contra de líderes del movimiento de derechos civiles y protestantes antigubernamentales; los abusos cesaron sólo tras la muerte de Hoover en 1972. "Ningún director del FBI debería tolerar intromisiones en las libertades del pueblo", había declarado Kelley.

A pesar de ello, en sus años al frente del buró, Kelley, antiguo jefe de policía de St. Louis, Missouri, poseedor de una quijada prominente, se vio arrastrado una vez tras otra en las investigaciones internas de las fechorías, y muchas veces los crímenes, cometidos por agentes del FBI y otros empleados del buró durante el mandato de Hoover. Esos crímenes, descubrió Kelley para su asombro en el verano de 1975, incluían la destrucción de evidencia crítica sobre el asesinato de Kennedy por parte de agentes del FBI en Dallas.

En julio, Tom Johnson, el editor de *Dallas Times Herald*, el segundo periódico más importante en esa ciudad, solicitó una reunión cara a cara con Kelley. El director del FBI aceptó y Johnson tomó un vuelo a Washington al día siguiente. Escoltado a la oficina de Kelley, recordaría Johnson posteriormente, tras tomar asiento, no perdió tiempo en revelarle a Kelley el motivo de su visita: su periódico estaba trabajando en una historia que sugería un encubrimiento gigantesco en Dallas sobre lo que el FBI había sabido sobre Lee Harvey Oswald. Después de muchos años de escuchar "tantos disparates y tantas teorías de conspiración" sobre el asesinato, dijo Johnson, esta "espantosa" historia parecía ser cierta. La empresa noticiosa tenía conocimiento de que, en noviembre de 1963, un aparentemente enfurecido Oswald penetró sin previo aviso al interior de la oficina regional del FBI en Dallas, y que partió de allí habiendo dejado una nota amenazante escrita a mano. En esa nota, aparentemente Oswald se había quejado de la vigilancia del buró sobre su familia; la redacción exacta de la amenaza —y el blanco de la misma— permanecían como un misterio debido a que ésta desapareció tras el asesinato. El FBI había ocultado la existencia de la nota y guardado silencio sobre aquella visita de Oswald; además, no había comunicado en ningún momento a la Comisión Warren sobre el asunto. Había sido el editor texano quien recibió la pista sobre la nota y su aparente desaparición —la información había sido proporcionada por un oficial del FBI en Dallas, quien se negó a identificar—, así que él planeaba escribir la historia personalmente junto con el reportero Hugh Aynesworth, el largamente maestro de las exclusivas del *The Dallas Morning News,* quien ahora se encontraba trabajando para el *Times-Herald.*

"Kelley volteó a verme y su expresión iba más allá del asombro", recordaría Johnson. "Se veía perplejo." Kelley juró investigar. Le pidió a Johnson: "Envíeme la historia completa por escrito y deme un poco de tiempo para verificarla".

Le tomó poco tiempo a Kelley determinar que "la peor parte de ella era dolorosamente cierta". Pudo establecer que Oswald efectivamente había entregado una nota manuscrita a la oficina regional del FBI en Dallas, a principios de noviembre de 1963, y que ésta fue hecha trizas y arrojada al retrete por el agente especial James Hosty, quien seguía órdenes de su supervisor, Gordon Shanklin, durante las horas posteriores al asesinato de Oswald.

Kelley estaba en *shock*. "Enterrado durante 12 años, ahí estaba este encubrimiento del FBI", escribiría posteriormente. "¿Por qué hizo esto gente del FBI? La razón, por lo menos al principio, era fácil de entender: esconder las noticias a Hoover." Podía imaginar cómo, tras el asesinato, Hosty y Shanklin habían entrado en pánico por la existencia de la nota. "Para todo el mundo, a la distancia, debieron haber razonado, podría parecer que el FBI había tenido al asesino a su alcance y lo había dejado marcharse. A J. Edgar Hoover, en Washington, ciertamente eso es lo que le hubiera parecido." Kelley se imaginó cómo la divulgación de semejante acontecimiento "habría encendido un infernal deseo de represalias en Hoover".

Kelley llamó a Johnson a Dallas y le comunicó que podía publicar la historia, porque era cierta. El artículo apareció el 31 de agosto de 1975 y "fue una sensación de costa a costa", recordaría Kelley.

El incidente llevó a Kelley a acelerar lo que sería una investigación propia e informal sobre lo que se había ocultado en los archivos en bruto de la investigación del FBI sobre el asesinato de Kennedy, y sobre qué otras cosas no se le había permitido ver a la Comisión Warren. El asesinato era un tema en el que siempre se había considerado un detective de escritorio. "Consideraba al asesinato de Kennedy como una pieza de un asunto pendiente a nivel personal", aseguraría. Al igual que casi todos los oficiales de carrera en las fuerzas del orden, Kelley había "sido testigo de una cantidad considerable de tragedias descorazonadoras... No es que uno se vuelva necesariamente inmune a ellas, pero de alguna forma quedas protegido de ellas". No había sido así aquel noviembre de 1963. "La muerte del presidente Kennedy me dejó conmocionado", recordaría.

Él había seguido de cerca las muchas teorías de conspiración sobre el asesinato. "Leí una cantidad enorme de los llamados 'libros del asesinato'", escribiría posteriormente. "El archivo del FBI sobre el asesinato es el más grande que ha creado el buró sobre un solo tema... Como director, tenía acceso a todo lo que ahí se guardaba y, conforme me lo permitía el tiempo, fui revisando partes del mismo."

A través de los años, conforme fue reuniendo y revisando los documentos en bruto del buró, se preocupó particularmente, declararía él, por un tema: la visita de Oswald a la ciudad de México. Kelley leyó sobre la operación de vigilancia que la CIA orquestó ahí alrededor de Oswald y cómo la información de la CIA había sido

gestionada con descuido después de transferirla al FBI en el otoño de
1963. Algo importante había sucedido en México, concluyó Kelley.
"La estadía de Oswald en la ciudad de México aparentemente dio
forma al pensamiento de este hombre de una forma irrevocable."
Kelley encontró la carta ultrasecreta de Hoover de junio de 1964
dirigida a la comisión — aquella carta que los abogados de la comisión declararían nunca llegó a las oficinas del edificio VFW— sobre
la declaración de Oswald en la embajada cubana, en la ciudad de
México, en la que dijo que tenía la intención de matar a Kennedy.
A juzgar por lo que estaba leyendo Kelley, no había duda de que el
incidente había sucedido. "Oswald en definitiva se ofreció a matar
al presidente Kennedy", dijo él. Y por lo que encontraría en otra
parte de los archivos del buró, Kelley llegaría a la conclusión de que
Oswald había hecho una amenaza idéntica cuando se reunió con diplomáticos —y espías— en la embajada soviética en México, incluyendo al temido agente de la KGB, Valeriy Kostikov. "La importancia
de Kostikov no se puede exagerar", dijo entonces Kelley. Mucho
antes del asesinato de Kennedy, Kostikov era bien conocido en la CIA
y por los analistas de inteligencia soviética en el cuartel general del
FBI como un especialista en asesinatos.

Eso no significaba, sin embargo, que los cubanos o los soviéticos
estuvieran detrás del asesinato de Kennedy, enfatizaría Kelley. Kostikov también tenía deberes diplomáticos de rutina en la embajada
como parte de su fachada. "Yo creo personalmente que los soviéticos
le informaron a Oswald que no querían ser parte de su plan", aseguraría Kelley. En cuanto a Castro, el FBI determinó que "el dictador
podría haber pensado en su momento que la oferta era una provocación intencional del gobierno de Estados Unidos o que Oswald
estaba simplemente desequilibrado" y que los diplomáticos cubanos
en México probablemente no habían tenido más qué ver con él.

A pesar de ello, lo que se encontraba en los archivos del FBI —y
que nunca fue compartido con la Comisión Warren— era ya de sí
sorprendente. Sugería que la embajada cubana y la embajada soviética
en México habían sabido durante semanas que Oswald estaba hablando muy abiertamente sobre sus intenciones de matar al presidente.

Lo que le siguió al viaje de Oswald a México fue una serie de
retrasos burocráticos y errores del FBI que evitó que gran parte de la
información, incluyendo el hecho de que Oswald se había reunido

en México con un experto en asesinatos de la KGB, llegara a la oficina del buró en Dallas. En Washington, el FBI y la CIA "tenían suficiente información en conjunto sobre la excursión de Oswald a la ciudad de México como para subrayar su nombre en una lista de amenazas de seguridad presidencial", declararía Kelley. Pero a Hosty "se le mantuvo en las tinieblas". Al agente de Dallas se le dio únicamente información incompleta sobre el viaje a la ciudad de México; no se le dijo nada sobre la verdadera identidad de Kostikov. "Aparentemente, en la maquinaria del buró, los responsables simplemente no sumaron dos más dos lo suficientemente rápido", recordaría Kelley.

Después del asesinato, descubrió Kelley, los supervisores del FBI en Washington y en Dallas —y, creía él, la Casa Blanca, encabezada por Johnson— decidieron ocultarle todos esos detalles a Hosty y a sus colegas en Dallas por miedo a crear una crisis internacional ocasionada por la posibilidad de la existencia de una conspiración comunista en la muerte de Kennedy. Kelley determinó que por lo menos dos memorándums sobre los sucesos en México fueron extraídos de la carpeta del caso de Oswald en Dallas durante los días posteriores al asesinato con la esperanza de que Hosty aún no los hubiera leído. Kelley declararía haber determinado que la orden de extraer dichos memos provino del número tres en el FBI, subdirector William Sullivan, quien habría actuado bajo las órdenes de la Casa Blanca, la cual "aparentemente consideraba que el riesgo de una confrontación con la Unión Soviética por el asesinato de Kennedy era demasiado grande". En sus memorias, publicadas en 1979, dos años después de su muerte ocasionada por un accidente de caza, Sullivan no abordaría las acusaciones imputadas por Kelly pero sí admitiría que el FBI y la CIA nunca llegaron al fondo de muchos de los misterios del asesinato del presidente, especialmente aquellos vinculados con el viaje que Oswald realizara a México. "Había unas brechas enormes en el caso, brechas que nunca cerramos", escribió Sullivan. "Nunca descubrimos qué sucedió entre Oswald y los cubanos en la ciudad de México."

Kelley llegó a ver a Hosty como una víctima. Estaba convencido de que si a Hosty se le hubiera informado todo lo que el cuartel general del FBI sabía sobre el viaje de Oswald a México, él hubiera alertado al Servicio Secreto sobre la obvia amenaza que representaba Oswald para el presidente. El FBI, declararía Kelley, "indudablemente habría tomado todos los pasos necesarios para neutralizar a Oswald". Y aquella era la conclusión de mayor alcance formulada por Kelley; el asesinato del presidente Kennedy se podría haber evitado, sin mayor esfuerzo, quizá. A pesar de que Hoover había insistido en que Oswald actuó como un lobo solitario cuyos planes para matar al presidente nunca podrían haber sido detectados por el buró, la verdad indicaba lo contrario. Si la oficina regional del FBI en Dallas hubiera estado consciente de lo que se sabía en otras instancias del FBI y la CIA sobre Oswald durante aquella época, "sin lugar a dudas JFK no habría muerto en Dallas el 22 de noviembre de 1963", aseguraría Kelley. "La historia habría tomado un rumbo diferente."

Nota del autor

En 1977, el ex embajador de Estados Unidos en México, Thomas Mann, realizó una petición extraordinaria: solicitó una investigación del Congreso. Entonces, mientras vivía su retiro en Texas, le dijo a miembros del Comité Especial de la Cámara para Asesinatos que revelaría la verdad acerca de lo ocurrido en la ciudad de México los días posteriores al asesinato —información que le había ocultado a la Comisión Warren—, y que lo haría sólo si el entonces presidente Jimmy Carter acordaba personalmente otorgarle inmunidad ante un juicio. Al igual que James Angleton, Mann parecía saber que existía mucha más información sobre el asesinato de Kennedy, datos que el gobierno —en particular la CIA— deseaba esconder para siempre; él no la revelaría sin la aprobación directa de la Oficina Oval.

El informe de los investigadores de la Cámara, que se mantuvo clasificado años después de que éstos viajaran a Texas para tomar la declaración de Mann, muestra que el otrora embajador proporcionó indicios de lo que estaba listo para decir bajo juramento en caso de obtener inmunidad; cómo, durante los días que siguieron al homicidio de Kennedy, el secretario de Estado, Dean Rusk, le había ordenado personalmente que cerrara cualquier investigación en México que pudiera "confirmar o desmentir rumores sobre la participación de Cuba en el asesinato". Mann afirmó que Winston Scott, delegado de la CIA, y Clark Anderson, agregado jurídico del FBI, probablemente recibieron la misma orden "increíble" de sus superiores en Estados Unidos. "Mann no creía que el gobierno de Estados Unidos quisiera detener la investigación por el solo motivo de que crearía una situación convulsa con los cubanos", se lee en un resumen de la entrevista, clasificado durante largo tiempo. "Mann aseveró que... si tenía que hacer alguna conjetura, había un 99% de posibilidades de que la investigación se hubiese detenido porque habría conducido al descubrimiento de acciones encubiertas del gobierno estadounidense" en México, que de algún modo tenían a Castro como blanco. Mann concluyó que Silvia Durán "probablemente era un agente de la CIA". También dijo que Robert Kennedy "estaba muy involucrado en la actividad de contrainteligencia en 1964", aunque el documento no abunda en el punto.

Mann murió en 1999, y los dos investigadores del Congreso que tomaron su declaración tampoco pertenecen ya a este mundo. Los miembros del Comité Especial de la Cámara para Asesinatos que aún viven aseguran no recordar por qué el comité no consiguió que la Casa Blanca brindara inmunidad a Mann a fin de que éste pudiera testificar. Pese a que los encargados de la Comisión Warren lo entrevistaron brevemente, Mann nunca fue llamado para dar un testimonio formal, bajo juramento. En cambio, el testigo principal del Departamento de Estado ante la comisión fue el secretario Rusk, quien juró no tener conocimiento de evidencia alguna que apuntara a la existencia de una conspiración que involucrara a Cuba o a otro gobierno. Rusk murió en 1994.

El comité sí obtuvo, en 1978, el testimonio jurado de Ray Rocca, quien, sin percatarse de ello, ofreció nueva evidencia de las mentiras que la CIA había expuesto ante la Comisión Warren. A pesar de que Win Scott aseguraba a la comisión, en 1964, que la estación de la CIA en la ciudad de México no albergaba sospechas de consideración acerca de una conspiración, al parecer se había dedicado a externar justo lo opuesto entre sus colegas de la agencia. Scott no sólo había revelado sus sospechas sobre si Oswald habría actuado por su cuenta en sus jamás publicadas memorias; se lo había externado también a Rocca. "Él estaba tan convencido —Win lo estaba, a nivel personal— de la implicación de Cuba", afirmó Rocca, quien parecía ignorar que Scott había declarado lo contrario a la Comisión Warren. "No puedo creer —en lo absoluto— que él pudiera guardárselo."

Conversé en una sola ocasión con James Angleton, cuando yo era un joven reportero que trabajaba para las oficinas de Washington de *The New York Times*. No recuerdo ya en qué historia estaba trabajando por aquel entonces pero debe de haber sido a comienzos de la década de 1980 y estar de alguna manera relacionada con la CIA. Mi editor pensó que Angleton, quien a lo largo de los años se había hecho amigo de varios de los editores más insignes del *Times*, podría brindarme una perspectiva útil. Igual que Angleton y muchos otros miembros de la CIA, mi editor era un orgulloso egresado de la Universidad de Yale. Por aquel entonces, Angleton llevaba algunos años viviendo en un retiro forzado.

Lo que recuerdo de la entrevista es que Angleton hablaba de modo enigmático sin ofrecer respuesta alguna a mis preguntas; en cambio, me sugirió encaminarme hacia una verdad de mayor alcance sobre la forma en que Estados Unidos debía protegerse de sus adversarios del otro lado de la Cortina de Hierro. La conversación fue por completo extravagante (y no muy diferente a la conversación telefónica que David Slawson declaró haber sostenido con él en 1975). Lo cierto es que yo atribuí su comportamiento a que Angleton pudo haber estado ebrio durante la entrevista; al final de su carrera, su debilitante alcoholismo era bien conocido en los círculos de inteligencia. Angleton murió en 1987, a la edad de 69 años.

En los años posteriores a esa extraña llamada telefónica, han surgido innumerables detalles sobre su carrera de tres décadas como espía, y queda claro que el legado de Angleton en la CIA fue singularmente desastroso. Fue el cazador de soplones que jamás halló a uno pero cuya paranoia sobre la infiltración comunista en la agencia de espionaje y el resto del gobierno —paranoia embebida de alcohol y atizada de nicotina— destruyó muchas vidas, incluyendo las de algunos de sus colegas a quienes acusó, con éxito, de traición. Hubo otros que le generaron la sospecha de ser posibles agentes soviéticos: Henry Kissinger, el ex primer ministro británico Harold Wilson y su último jefe en la CIA, el director de Inteligencia Central, William Colby.

Los registros exhiben a Angleton complacido en crear un halo de amenaza y misterio a su alrededor y en promover un sentido de romance trágico en torno al trabajo de contrainteligencia. En dicha labor fue indiscutiblemente exitoso. A partir de su muerte se convirtió en un personaje de la cultura popular, representado en el cine, entre otros, por Matt Damon en *The Good Shepherd* (*El buen pastor*). Se han escrito varias biografías importantes de Angleton, y más están por venir. Sospecho que le habría resultado divertido, quizá gratificante, que medio siglo después del asesinato de Kennedy, un periodista como yo se hubiera pasado años inmerso en la "selva de espejos" que él ayudó a crear.

Cuando comencé este proyecto no tenía idea —y creo que muchos historiadores serios tampoco la tuvieron— de que Angleton había jugado un papel importante en la investigación del asesinato de Kennedy. Lo mismo le ocurrió a David Slawson y a los demás abogados de la Comisión Warren, la cual recibió información de la CIA sólo después de que ésta hubiera pasado el filtro de Angleton y su equipo. Fue cuando compartí los resultados de mis pesquisas para este libro con Slawson que él advirtió el control que Angleton, cuyo nombre no conocía en 1964, había ejercido sobre el trabajo de la comisión.

No se trata de una especulación: Angleton y sus colegas, especialmente su viejo amigo Win Scott en la ciudad de México, *en efecto* enturbiaron los hechos relativos al asesinato, logrando que hoy resulte imposible conocer toda la verdad, especialmente en lo tocante a la pregunta fundamental de si Oswald fue exhortado, o incluso recibió órdenes, para apuntar aquel rifle en Dallas. Existe un ejemplo tras otro de cómo Angleton y Scott intentaron moldear —o mejor dicho, deformar— la historia oficial del asesinato. Esto es lo que sabemos:

- A inicios de 1964 Angleton obligó a un colega de alto rango a hacerse a un lado en su manejo del flujo de información que se le proporcionaba a la Comisión Warren, aun cuando mantenía discretas líneas de comunicación con sus amigos del FBI y con un miembro de la comisión, Allen Dulles, quien había sido su jefe en la CIA. John Whitten, el colega de la CIA a quien había desplazado, estaba convencido de que Angleton se hallaba involucrado en los planes de la CIA para derrocar a Castro, intrigas que involucraban a la mafia.

- Angleton se presentó en la ciudad de México en 1971 durante los días posteriores a la muerte de Scott, a fin de apoderarse de sus memorias. En ellas, Scott revelaba la gran cantidad de información que se le había ocultado a la Comisión Warren, además de su sospecha en el sentido de que bien podría haber existido una conspiración extranjera detrás del homicidio de Kennedy.

- En 1969 Angleton firmó la carta que rechazó la solicitud del diplomático Charles Thomas en la que se pedía abrir una nueva investigación en torno a las declaraciones de Elena Garro sobre la "fiesta de twist" en México y en relación con el vínculo sexual entre Oswald y Silvia Durán. Ese solo acto significó que los reclamos de Garro no serían atendidos sino hasta después de que ella y la mayoría de la gente que podía respaldar su testimonio hubieran fallecido.

En cuanto a Scott, sus antiguos colegas de la CIA en la ciudad de México trajeron a la memoria las cintas de audio y las fotos que dan cuenta de la vigilancia ejercida sobre Oswald. Los registros muestran que en reiteradas ocasiones Scott desechó la evidencia proporcionada por Elena Garro que Thomas le había brindado, incluso después de que él mismo reuniera, de manera independiente, información de inteligencia que confirmaba elementos del relato de Garro, incluyendo lo que después Scott describiría como "el hecho" de la aventura que habían mantenido Oswald y Durán. Mientras tanto, Scott se dedicó a elaborar un informe en el que cuestionaba la estabilidad mental de Garro, al tiempo que su antiguo subalterno lanzaba una campaña de rumores en la ciudad de México cuyo objetivo era desacreditar a Charles Thomas.

He aquí una especulación que claramente designo como tal: ¿es posible que Angleton o Scott hubieran tenido algo que ver en la desaparición de la explosiva carta que J. Edgar Hoover envió a la Comisión Warren en junio de 1964, carta en la que se reportaba que Oswald había irrumpido en la embajada de Cuba en México y declarado su intención de matar al presidente Kennedy, historia que presuntamente llegó al FBI por boca del propio Fidel Castro? Al parecer, la carta de Hoover nunca arribó a la comisión, pese a que se encontró décadas después en los archivos de la CIA.

Existe otro documento, preparado en la CIA después de 1968, que merece atención en la tentativa de comprender lo que había sido ocultado por la agencia. Se trata de una meticulosa cronología clasificada de 132 páginas que especifica todo lo que la estación de la agencia en la ciudad de México supo acerca de Oswald, y cuándo. La primera entrada, perteneciente al 27 de septiembre de 1963, destaca cuando Oswald fue detectado por primera vez en la embajada soviética en México. Los registros de la CIA parecen sugerir que Anne Goodpasture, antigua subordinada de Scott, fue la encargada de preparar aquella cronología. Ésta documenta la línea del tiempo, al menos tal como Scott la presentó, que constituyó el recuento de Garro sobre la "fiesta de twist" y su creencia de que Durán había sido la "amante" de Oswald. A un costado de la cronología se hallan breves comentarios mecanografiados por el autor del documento, quien se pregunta —aparentemente con desesperación— por qué la agencia se había mostrado tan escéptica en lo referente a Garro, incluso después de que algunas de sus declaraciones encontraban sustento en otro sitio. "¿Cómo es que Elena GARRO sabe que Silvia era amante de OSWALD? Esto ocurrió en 1965", se lee en una de las notas, en la que se recuerda que la CIA había escuchado lo mismo de uno de sus informantes en 1967. La cronología señala que el buró pudo ratificar también la imputación de Garro acerca de que un hombre —identificado posteriormente como un informante pagado por la CIA— la ocultó durante ocho días en un pequeño hotel de la ciudad de México tras el asesinato. "Esto es lo que Elena GARRO afirmó y nadie quiso creer", se lee en una nota adjunta a esa entrada. En otra parte del documento, el autor apunta: "La Comisión Warren no llevó a cabo un trabajo de investigación adecuado... Es difícil creer que la comisión haya servido a la gente de manera eficaz. Lejos de silenciar todos los rumores, dispuso el escenario para una nueva y más grave era de especulaciones".

Gracias a otros archivos desclasificados de la CIA, sabemos con certeza un dato secreto sobre Oswald que Angleton habría guardado con ansia: el equipo de élite, dedicado a la contrainteligencia, a las órdenes de Angleton, había mantenido bajo vigilancia —ilegal— a Oswald desde 1959, cuatro años antes del asesinato. En noviembre de 1959, un mes después de que Oswald arribara a Moscú y anunciara su voluntad para desertar en pos de la Unión Soviética, el equipo de Angleton lo colocó en una lista de gente bajo observación, lista rotulada con la etiqueta "SÓLO PERSONAL AUTORIZADO", que incluía a unos 300 estadounidenses cuya correspondencia internacional sería inspeccionada. Todo un año antes del plazo que la CIA le dio a la Comisión Warren como el momento en que la agencia abrió el primer expediente sobre Oswald. El deseo de Angleton de mantener en secreto su espionaje previo tenía sentido porque incluso dentro de la CIA se sabía que el programa de inspección de correspondencia, conocido con el nombre en clave de HK-LINGUAL, era ilegal; la agencia no contaba con autorizaciones aprobadas por la Corte para abrir la correspondencia de los ciudadanos estadounidenses. (Al paso de los años, la lista de gente bajo observación incluyó a personajes como

Martin Luther King, John Steinbeck y al ex vicepresidente Hubert Humphrey.) ¿Por qué el equipo de Angleton seleccionó a Oswald como blanco casi inmediatamente después de su llegada a Rusia, mientras que otros desertores de las filas militares estadounidenses jamás figuraron en esa lista? Se trata de otra interrogante que no puede contestarse con certeza.

Comencé a trabajar en este libro en 2008 y me encuentro escribiendo la presente nota a finales del verano de 2013. Durante todo ese tiempo entrevisté a cientos de personas —a algunas en más de una ocasión— y viajé a lo largo de Estados Unidos y a diversos sitios del extranjero para nutrir mi investigación. Me ha sido permitido mirar documentos clasificados, cartas privadas, transcripciones, fotografías, películas y una gran variedad de otros materiales que, según tengo entendido, no han sido mostrados a ningún otro escritor. Cada aseveración o cita expuesta en este volumen se encuentra respaldada por su respectiva fuente, tal como las notas al pie y las notas finales muestran con detalle. Lo que me queda claro es que en los últimos 50 años —en realidad, más de 50 años puesto que existen fragmentos de esta narración que se sitúan mucho antes del 22 de noviembre de 1963—, incontables funcionarios de alto nivel en el gobierno de Estados Unidos, especialmente dentro la CIA, han mentido sobre el asesinato y los acontecimientos que condujeron a él.

Algunos ex funcionarios cargan con un grado especial de responsabilidad en la trama de las teorías de conspiración que probablemente nos acosarán por siempre. En la cima de esa lista figura otro veterano de la CIA, el ex director de Inteligencia Central, Richard Helms, quien tomó la decisión de no informar a la Comisión Warren sobre los planes de asesinato que maquinaba la agencia en contra de Castro. Y fue Helms, por supuesto, quien designó al artero Angleton la tarea de controlar la información que llegaba a la comisión. Por otro lado, durante las horas que siguieron al asesinato, J. Edgar Hoover y sus subalternos en el FBI se afanaron en no reunir la evidencia que quizá habría propiciado el descubrimiento de que Oswald había contado con la ayuda de conspiradores. Había sido para Hoover mucho más sencillo incriminar a un perturbado joven inadaptado que no contaba con un historial de violencia, que aceptar la posibilidad de que en efecto existió una conspiración para matar al presidente, un plan que el FBI habría estado en posibilidad de evitar. Fue el propio sucesor de Hoover, Clarence Kelley, quien declaró con toda certeza que el presidente Kennedy no habría muerto si el FBI hubiera actuado sirviéndose sólo de la información existente en sus archivos en noviembre de 1963.

Otros dos nombres pertenecen a la lista; se trata de figuras que con frecuencia reciben homenajes por sus logros en la vida pública: el ministro presidente Earl Warren y Robert Kennedy. El ministro presidente tuvo la sabiduría de rechazar, en un inicio, la petición del presidente Johnson de encabezar la comisión. Warren tenía razón para temer que el trabajo de la investigación podía ensuciar su legado. Estaba en lo cierto. Así ocurrió, para decepción de personas como yo que crecimos venerándolo por sus logros en la Suprema Corte. ¿Qué dice de esta comisión presidencial el hecho de que sus hallazgos hayan sido rechazados, finalmente, por el propio presidente? Debemos reprocharle a Warren, sobre todo, que le haya negado el acceso a evidencia clave y la interrogación de importantes testigos al equipo de trabajo de la comisión. Sus fallas monumentales incluyeron su negativa a que la comisión examinara las fotos de la autopsia y las placas de rayos x del presidente —decisión que no hizo sino garantizar que la evidencia médica permanezca en un estado de irremediable confusión hasta el día de hoy—, y la orden, aún más desconcertante, que le impidió al equipo entrevistarse con Silvia Durán.

No siento más que admiración cuando pienso en la mayoría de los entonces jóvenes abogados del equipo de trabajo de la comisión, quienes a todas luces batallaron para dar con la verdad sobre el asesinato. Me refiero a hombres como David Slawson, Burt Griffin, David Belin, Mel Eisenberg y Sam Stern; creo que realmente llegaron a Washington sin una auténtica noción de la adversidad que afrontarían. Es imposible elogiar a Wesley Liebeler si existe al menos un indicio de verdad en los reportes sobre sus insinuaciones sexuales a las mujeres que fungieron como testigos, pero estoy convencido de que él también se habría entusiasmado ante la posibilidad de descubrir que Oswald había tenido cómplices en el asesinato de Kennedy, a quienes habría rastreado. Arlen Specter estaba dispuesto a correr el riesgo de confrontar —y a menudo ofender— al ministro presidente de la Suprema Corte de Estados Unidos para insistir en determinada evidencia que Specter sentía que necesitaba para hacer su trabajo. Si se le hubiese permitido analizar las fotos de la autopsia y las placas de rayos X de Kennedy, muchos de los debates en torno a la evidencia médica y alrededor de la teoría de una sola bala quizá se habrían resuelto hace mucho tiempo.

Y luego, tal vez para nuestra mayor sorpresa, resulta claro que Robert Kennedy es altamente responsable de que, según las encuestas de opinión, la mayoría de los estadounidenses estén convencidos de que medio siglo después del asesinato se les continúa negando la verdad acerca del homicidio del presidente. Nadie estuvo en mejor posición que Robert Kennedy para exigir la verdad, primero como fiscal general, posteriormente como senador de Estados Unidos y, ante todo, como hermano del presidente asesinado. Sin embargo, en los casi cinco años transcurridos entre la muerte violenta de su hermano y la suya propia, Robert Kennedy no dejó de insistir públicamente en que apoyaba sin reservas los hallazgos de la Comisión Warren al tiempo que comentaba entre amigos y familiares estar convencido de que la comisión había errado el camino. Si alguien dudaba de su falta de franqueza, tales escrúpulos se desmoronaron en enero de 2013: su hijo y homónimo, Robert Jr., al parecer dejó pasmada a una audiencia en Dallas —en un foro organizado para honrar el legado de Robert Kennedy— cuando reveló que, desde la perspectiva de su padre, el reporte de la comisión "fue una burda pieza de artesanía". Declaró que su padre creía que ciertos miembros de la mafia pudieron haber perpetrado el asesinato como represalia por la mano dura que el Departamento de Justicia ejerció contra el crimen organizado durante la administración de Kennedy, o que el asesinato pudo haber estado relacionado con Cuba, o incluso con "miserables agentes de la CIA".

Robert Jr. ofreció una explicación sobre por qué su padre engañó a la gente durante años. A mediados de la década de 1960, señaló, su progenitor sentía que no tenía la capacidad para llevar a cabo la investigación por sí mismo, y le preocupaba que si exponía su recelo públicamente, tal vez desviaría la atención de asuntos nacionales de la mayor importancia, especialmente del movimiento por los derechos civiles. "Realmente no había nada que pudiera hacer en ese momento", explicó Robert Jr. "En cuanto Jack murió, él perdió todo su poder."

Descubrí que hay un sitio donde todavía existe la esperanza de resolver algunos de los misterios que rodean al homicidio del presidente:

la ciudad de México. Admito que no sabía nada —en absoluto— acerca del viaje de Oswald a México hasta que empecé a trabajar en este libro. En dos extensas travesías periodísticas a la capital mexicana, intenté seguir los movimientos de Oswald en esa ciudad descomunal. Entonces estaba realizando lo que el FBI y la CIA aparentemente se rehusaron a hacer durante las semanas posteriores al asesinato, incluyendo el trabajo de intentar localizar a Silvia Durán para hablar con ella. También tenía la expectativa de dar con gente que hubiera conocido a Elena Garro, quien murió víctima de enfisema en 1998, a la edad de 77 años.

En abril de 2013 mi contacto en México, la estupenda corresponsal Alejandra Xanic von Bertrab —quien ese año obtuvo un Premio Pulitzer compartido por su trabajo en *The New York Times*— localizó a Durán en la ciudad de México, donde aún vive, ya retirada; tras haber abandonado su empleo en el consulado cubano casi enseguida de su detención en 1963, trabajó en la función pública mexicana, donde sirvió en el rubro de seguridad social. Durán cumplirá 76 años el 22 de noviembre de 2013. Su cumpleaños coincide con el aniversario del asesinato de Kennedy. En un principio se resistió a conceder una entrevista en detalle, eludiendo llamadas telefónicas y comunicaciones postales. De modo que le envié un voluminoso paquete con la documentación sobre ella que conseguí en los archivos gubernamentales desclasificados tanto de Estados Unidos como de México. Entre esos papeles se encontraba un reporte detallado de la CIA, hecho en 1967, en el que un informante de la agencia —un artista mexicano que Durán reconoce como su amigo— describió la forma en que ella le comunicó voluntariamente que había tenido una breve aventura con Oswald. También le proporcioné los registros de vigilancia de la policía secreta mexicana, que al parecer documentaron sus relaciones extramaritales con diversos hombres durante el año previo al asesinato de Kennedy; entre esos hombres figuran al menos otros dos visitantes estadounidenses. Le envié, a su vez, los reportes de la CIA que pretendieron documentar una relación amorosa entre ella y un antiguo embajador de Cuba en México. Parece que, debido a su trabajo en el consulado cubano y, tiempo atrás, en el Instituto Mexicano-Cubano de Relaciones Culturales, tanto la CIA como el gobierno mexicano la mantuvieron bajo vigilancia mucho antes del asesinato. Los reportes resultaban ofensivos por definición y probaban hasta qué grado la privacidad de Durán había sido violada durante años. Pensé que era cuando menos justo que Durán conociera los elementos que me habían provocado una intensa sensación de alarma e intriga. Si ella deseaba rebatir cualquier dato, estaba ansioso por escucharla.

Mientras esperábamos la respuesta de Durán, Xanic y yo hallamos a la hija de Elena Garro, Helena Paz, quien tiene 74 años de edad y vive en un complejo médico a las afueras de la ciudad de México, a una hora de camino en automóvil. Pese a que nos dijeron que su salud mental estaba en perfectas condiciones, durante años Helena ha padecido las consecuencias de una apoplejía. Rechazó someterse a una entrevista a través de un primo suyo, quien funge como su representante legal. Le suplicamos a éste que accediera a preguntarle si respaldaba su antigua declaración —una versión apoyada también por su madre— en relación con que ambas se encontraron con Oswald y los dos estadounidenses con apariencia "*beatnik*", así como con Silvia Durán, en la "fiesta de twist". Así lo hizo. "Lo que ella afirmó en los sesenta es la verdad", apuntó su primo. "Sigue siendo la verdad."

Prolongué mi estadía en la ciudad de México algunos días con la esperanza de hablar con Durán, pero ella nunca contestó al envío de documentos. Entonces, en una última y desesperada tentativa de interrogarla, Xanic y yo nos dirigimos a la casa de su familia el martes 9 de abril. Sus parientes nos dijeron que estaría fuera toda la tarde, de modo que decidimos esperar su regreso en la calle. Finalmente arribó en un taxi, cargando bolsas de supermercado. Se molestó al vernos y trató de abrir la elevada verja de hierro e introducirse en su casa sin prestarnos atención. Sin embargo, cedió cuando le imploramos que nos diera unos pocos minutos de su tiempo. Con el ceño fruncido, estuvo de acuerdo en responder algunas preguntas, quizá anhelando que tras aquel encuentro la dejaríamos en paz.

Aun cuando habían pasado cinco décadas, no cabía duda de que esa mujer era Silvia Durán. Reconocimos su rostro a partir de las fotos tomadas a principios de 1960. Su atuendo, cómodo y a la moda, resaltaba con una larga bufanda de colores pastel y patrón a cuadros que portaba alrededor del cuello. Llevaba además unas gafas de sol marca Chanel. Su cabello, negro en el pasado y ahora gris casi en su totalidad, ostentaba esencialmente el mismo estilo de corte que usaba en 1963. Aunque con frecuencia recurría al español, seguía siendo competente en su inglés; lo que inició como una entrevista de banqueta acabó transformándose en una conversación de poco menos de una hora en el portal de su casa, con las bolsas de la compra posadas en el suelo. Incluso mientras discutía, era encantadora, divertida e inteligente. Para nuestra sorpresa, no tuvimos que ejercer demasiada presión para que nos permitiera tomarle una fotografía.

Negó, como lo había hecho durante tantos años, haber mantenido un encuentro sexual con Oswald; aseguró que simplemente no lo encontró atractivo en absoluto. Dijo que la hipótesis de que se hubiese acostado con él le parecía insultante. "¡Please!", exclamó en inglés, en tono de burla. "¿Dicen que fue mi amante? Por favor. Oswald era de este tamaño", dijo, extendiendo la mano para sugerir que Oswald era bajito. (Medía 1.80 metros.) "¿Cómo podría ser amante de este hombre tan insignificante?" Negó los innumerables informes y rumores, investigados pero nunca confirmados por la Comisión Warren y las subsecuentes pesquisas del gobierno de Estados Unidos, que la acusaban de haber trabajado como espía para Cuba, o incluso para la CIA.

Afirmó que recordaba la fiesta descrita por Elena Garro y que Oswald no estaba allí. Recordó que asistieron algunos estadounidenses, incluida una "estrella de cine" cuya identidad no quiso revelar, aduciendo que creía que el actor seguía vivo y prefería no causarle problemas. Cuando le preguntamos por qué Elena inventaría una historia tan extraordinaria y habría proclamado que ella y Oswald habían tenido una aventura, Durán dijo que su prima estaba "loca, totalmente chiflada... No creo que me odiara tanto. Creo que estaba loca". ¿Por qué, entonces, la hija de Garro aseguraba lo mismo? "Tenía muchos problemas psicológicos", replicó Durán. Elena y su hija "siempre estuvieron bastante locas".

Le mencioné que no sólo Garro y su hija habían alegado que esa aventura había tenido lugar. Los informes de interrogatorios preparados por la policía secreta mexicana muestran que, tras el asesinato, a Durán se le preguntó reiteradamente si había mantenido "relaciones íntimas" con Oswald, lo cual daría a entender que la policía contaba con evidencia del hecho. ¿Por qué su amigo, el artista, aseveró en 1967 que ella le había hablado de una aventura? Durán replicó que tal vez fue víctima de las múltiples mentiras de hombres celosos que habían deseado acostarse con ella pero fueron rechazados. "Yo estaba casada", dijo. "Por eso me enfurecí tanto cuando leí todo aquello. No son más que chismes... Les gusta decir que medio mundo era mi amante: el embajador, el cónsul." Volvió a insistir —como hizo durante años— en que ella vio a Oswald sólo dentro de los confines del consulado cubano durante las dos visitas que éste realizó al complejo en un solo día de septiembre de 1963. "No hice nada fuera de lo normal" en la asistencia que le prestó durante el trámite de su solicitud de visado, dijo. "Solo lo vi dentro del consulado. Nunca lo vi fuera; nunca, nunca, nunca."

Pocas semanas después localizamos a una nueva testigo que contradijo un elemento importante del relato que Durán acababa de ofrecernos: su ex cuñada, Lidia Durán Navarro, una coreógrafa mexicana de renombre. Lidia tiene 85 años y su memoria de varios pormenores correspondientes a las semanas previas y posteriores al asesinato se ha desvanecido. Pese a que su difunto hermano y Silvia Durán se habían divorciado décadas atrás, Lidia expresó sólo afecto hacia Silvia. Dijo que siempre dudó de que Silvia hubiese tenido una aventura con Oswald. Su razonamiento fue el mismo que el que ofreció su ex cuñada: Oswald era muy poco atractivo físicamente como para tomarlo por amante. "Es absurdo", dijo ella. "Él era un títere enclenque con cara de idiota."

Sin embargo, Lidia evocó con claridad algo que Silvia le había confiado décadas atrás. A pesar de haber proclamado lo contrario una y otra vez, Silvia tuvo al menos una cita con Oswald en la ciudad de México. Según Lidia, Oswald, embelesado con Silvia, la invitó a almorzar en un restaurante Sanborns próximo al consulado de Cuba. (Recordó, de modo inequívoco, que se trataba de un Sanborns, perteneciente a una popular cadena mexicana de restaurantes.) Y Silvia, dijo, aceptó la invitación. "No debió haber aceptado la invitación de un estadounidense", adujo Lidia sobre aquella decisión. Los diplomáticos de la embajada de Cuba se pusieron furiosos cuando descubrieron que Durán había osado exhibirse en una cita con un estadounidense, aunque fuera alguien que se consideraba un devoto simpatizante de la revolución de Castro. "Los cubanos la reprendieron", recordó.

Si el relato de Lidia es correcto, Silvia jamás ha dicho la verdad en su afirmación de que "nunca, nunca, nunca" se encontró con Oswald fuera del consulado cubano y de que hablaron sólo acerca de la solicitud de su visa. De hecho, según lo que narra Lidia, Silvia Durán mantuvo un encuentro —por lo menos en una ocasión— con un hombre que aparentemente estaba deseoso de impresionarla a partir de su apoyo a la Revolución cubana, y que menos de dos meses después mataría al presidente de Estados Unidos.

En junio de 2013 Xanic y yo ubicamos a dos hombres, ambos destacados periodistas mexicanos, quienes habían mantenido una buena relación con Silvia en la década de 1970. Ellos destaparían huecos aún más grandes en la historia de Durán. El primero, Óscar Contreras, columnista del periódico mexicano *El Mañana*, fue quien en 1967 se dirigió a las autoridades para testificar que cuatro años antes, siendo estudiante de derecho y un ferviente simpatizante de Castro en una universidad de la ciudad de México, pasó tiempo con Oswald, quien buscaba su ayuda para obtener un visado cubano. Hasta aquí, era una versión de la historia que Contreras había contado ya años atrás.

Pero lo que declaró en 2013 tuvo alcances mucho más profundos y sugirió un contacto mucho más amplio entre Oswald y los agentes cubanos en México, contacto que, de acuerdo con Durán, nunca sucedió. Contreras apuntó que no sólo se encontró con Oswald en la universidad; también lo vio, días más tarde, en una recepción que tuvo lugar en la embajada cubana. "Lo vi a la distancia, conversando con gente", expresó Contreras, quien afirmó no haberse acercado a Oswald porque ciertos amigos cubanos le habían advertido que podría tratarse de una suerte de infiltrado de la CIA. ¿Por qué Contreras no compartió con los funcionarios estadounidenses en México aquella misteriosa aparición de Oswald en una recepción diplomática cubana? La respuesta era sencilla, afirmó Contreras: los diplomáticos nunca preguntaron.

Fue entonces que hallamos al testigo presumiblemente más importante y con mayor credibilidad: Francisco Guerrero Garro, sobrino de Elena, un prominente periodista mexicano quien, en el momento en que Kennedy fue asesinado, tenía 23 años y cursaba estudios universitarios. Él había guardado silencio durante medio siglo sobre lo que sabía acerca de Lee Harvey Oswald.

Guerrero, hoy de 73 años, fundador y editor, ya en retiro, del diario *La Jornada* —un importante periódico de tendencia izquierdista en México—, manifestó que durante décadas no dijo nada acerca de

Oswald por temor a poner en peligro a su familia. "Nunca quise hablar", dijo. "En aquel entonces nos asustamos al percatarnos de que mucha gente involucrada en el caso Kennedy moría" en circunstancias misteriosas.

¿Cuál era el secreto de Guerrero? Declaró haber asistido a la fiesta en la que su tía se encontró con Oswald y Silvia Durán. De hecho, fue él quien condujo el vehículo que llevó a su tía y a su madre —Deva Guerrero, hermana de Elena— a la fiesta. Y aseguró con toda certidumbre que él también vio a Oswald. "Estaba ahí, de pie, junto a la chimenea", dijo. "Su rostro era inconfundible... tenía una apariencia sombría. Simplemente estaba ahí parado, mirando a la gente, como si la escudriñara... Puedo jurar que él estuvo allí."

En las horas posteriores al asesinato de Kennedy, cuando las primeras imágenes de Oswald se hicieron públicas, Guerrero recuerda que su madre y su tía, Elena, conversaron por teléfono. Ambas eran presas del pánico.

"Escuché a mi mamá decir en el teléfono: '¡No es posible! ¡No es posible! ¡De verdad, Elena, no es posible! ¿Estás segura?...Voy para allá'." A continuación, la madre de Guerrero le ordenó que se trepara al automóvil de la familia. "Entonces me dijo: 'Llévame a la casa de Elena'". Guerrero protestó, alegando que debía ir a clases, y su madre replicó: "No importa. Llévame a la casa de Elena".

Se dirigieron directamente a la casa de Elena Garro, quien tenía televisión, y juntos observaron las primeras noticias procedentes de Dallas, incluyendo las primeras tomas que mostraban a un Oswald bajo arresto. Guerrero recordó que su madre y Elena se miraron una a la otra y se pusieron histéricas al darse cuenta de que habían visto al asesino del presidente en una fiesta familiar pocas semanas antes. "¡Sí, sí, es él, es él!", recuerda haberlas escuchado gritar. "Su rostro aparecía en televisión una y otra vez. Mi mamá insistía: '¡Es él! ¡Es él!'"

Guerrero recordó haber preguntado entonces, casi a gritos, si la policía secreta mexicana intentaría implicarlos de alguna forma en el asesinato de Kennedy en caso de que se supiera que habían acudido a una fiesta donde Oswald estuvo presente. "¿Qué demonios tenemos que ver con esto? Sólo fuimos a una fiesta a la que asistió este hombre. Nosotros no lo llevamos ahí."

Su madre juró guardar silencio para siempre sobre lo que había visto en esa fiesta, aseguró Francisco. Ella era una ferviente comunista —la antítesis política de su hermana Elena— y sabía cómo guardar secretos en un periodo en el que ser un marxista declarado en México podía resultar peligroso. El resto de los invitados también decidió enmudecer, recordó. "Hubo un consenso de que se trataba de él [Oswald]", declaró. "Pero nadie quiso hablar del tema. Creo que tenían miedo. Yo mismo tenía miedo."

El asunto se volvió "tabú", dijo. "Nadie habló de aquello."

Aseguró que la única persona que informó a las autoridades acerca de la fiesta y de Oswald fue su tía, Elena, quien además acudió a la embajada de Estados Unidos a hablar con alguien —"con quién, no sé"— el día después del asesinato o el siguiente. Guerrero dijo que la acompañó uno de sus tíos, Albano Garro, hermano de Elena, quien ya murió. Recordó que su tío se molestó porque Elena, cuyo propósito era estar sólo 15 minutos en la embajada, permaneció allí casi cuatro horas. Guerrero supo, a través de su madre, que a partir de entonces Elena recibió "en varias ocasiones" llamadas telefónicas de alguien de la embajada, "como si se tratara de una cuestión importante".

No existen pruebas concluyentes en los archivos de la CIA ni en los del gobierno mexicano acerca de que Silvia Durán haya servido como espía para alguien, pese a que en 1963 y 1964 había, sin duda, incontables presunciones al respecto. Durán insiste el día de hoy, tal como lo hizo en el pasado, en que no mantuvo encuentro alguno con Oswald fuera de las cuatro paredes del consulado cubano. Sin embargo, si Durán ha dicho la verdad durante todos estos años, mucha, mucha gente debió de haber mentido, incluyendo a sus familiares y amigos cercanos, algunos de los cuales siguen con vida. ¿Por qué continuarían mintiendo medio siglo después?

La credibilidad de las personas que localicé en México para elaborar este libro se enfatiza en la medida en que ninguna de ellas ha intentado lucrar, a diferencia de tantos otros en Estados Unidos y otras partes del mundo, con el conocimiento que poseen acerca del asesino de Kennedy. Estas personas no han escrito crónicas vivenciales y no han tratado de vender entrevistas. Lo mismo puede decirse de los sobrevivientes de Charles William Thomas. Su viuda, Cynthia, y otros miembros de su familia, también se han rehusado durante décadas a hablar con periodistas acerca de lo que le ocurrió a un hombre íntegro cuya preciada carrera, y cuya vida, finalizaron de manera tan cruel por motivos que nunca comprendieron del todo. Me honra que toda esta gente se haya arriesgado a hablar conmigo, sin otra promesa que mi compromiso de tratar de determinar si lo que Elena Garro le contó a Charles Thomas tantos años en el pasado era verdad; que Silvia Durán invitó a Lee Harvey Oswald a una fiesta en la ciudad de México a la que asistieron diplomáticos y espías cubanos, así como simpatizantes mexicanos del gobierno de Castro; y que en dicho baile algunos invitados hablaron abiertamente de sus esperanzas de que alguien asesinara a John F. Kennedy para así garantizar la supervivencia de la Revolución cubana, régimen que el mandatario estadounidense había estado intentando desmantelar con desesperación. "El hecho es que vimos a Oswald en la fiesta", insiste Francisco Guerrero Garro el día de hoy. "Nos encontramos, vimos y hablamos con alguien que luego fue y mató al presidente de Estados Unidos."

Washington, D. C.
Septiembre de 2013

Notas

La Comisión Warren (Comisión Presidencial sobre el Asesinato del Presidente Kennedy) publicó un informe final de 888 páginas, así como 26 volúmenes de apéndice con las transcripciones de las audiencias y los informes de evidencias. Por motivos de simplificación, ambas partes se identifican en estas notas finales como Informe Warren (para el cuerpo del volumen) y Apéndice Warren (volúmenes del 1 al 26). En la década de 1970 se llevaron a cabo dos grandes investigaciones del Congreso que examinaron el trabajo de la Comisión Warren. Una fue conducida por el Comité Especial del Senado para el Estudio de Operaciones Gubernamentales Relacionadas con Actividades de Inteligencia (mejor conocido como Comité Church, en referencia a su presidente, el senador demócrata por el estado de Idaho, Frank Church); la otra, por el Comité Especial de la Cámara para Asesinatos (House Select Committee on Assassinations). Estas dos investigaciones se identifican en las presentes notas como Comité Church y HSCA (por sus siglas en inglés),* respectivamente. En 1992, esencialmente en respuesta a las teorías de conspiración atizadas por el filme *JFK* de Oliver Stone, el Congreso creó la Junta de Revisión de Expedientes sobre el Asesinato (Assassination Records Review Board), para indagar y dar a conocer documentos vinculados con el homicidio. En estas notas nos referimos a la junta como ARRB. La mayoría de los informes de la Comisión Warren se encuentran en el Archivo de la Nación (National Archives) y en el Registro Público (Records Administration) que en lo sucesivo llamaremos NARA. Otra documentación de valor sobre el trabajo de la comisión se halla en la Biblioteca del Congreso (Library of Congress; LOC), en la Biblioteca Presidencial de Gerald R. Ford, en Ann Arbor, Michigan (en lo sucesivo Biblioteca Ford); en la Biblioteca Presidencial de Lyndon Baines Johnson, en Austin, Texas (en lo sucesivo Biblioteca LBJ); en la Biblioteca Presidencial de John F. Kennedy, en Boston (en lo sucesivo Biblioteca JFK), y en la Biblioteca Richard B. Russell, parte del acervo de la Biblioteca de la Universidad de Georgia, en Athens, Georgia (en lo sucesivo Biblioteca Russell).

---

* En lo sucesivo, y en el cuerpo de las notas finales, en obediencia al nombre original de los documentos, se conservarán en las referencias, según el caso, las siglas en inglés de la mayoría de las instituciones sobre las que se habla. [N. de T.]

En las décadas posteriores al asesinato, prácticamente todos los archivos internos del FBI, relativos a la Comisión Warren y al asesinato de Kennedy, se desclasificaron e hicieron públicos. La mayoría se han resguardado en soportes electrónicos, y buena parte en orden cronológico. Los responsables de preservarlos de ese modo son la Fundación Mary Ferrell, otras organizaciones privadas dedicadas a la investigación del asesinato y el Archivo de la Nación. Los documentos relacionados con el asesinato que pertenecen al archivo del FBI (en lo sucesivo FBI) están disponibles en línea hasta cierto punto. Pueden consultarse en el sitio web de la Fundación Mary Ferrell: http://www.maryferrell.org/wiki/index. php/JFK_Documents_-_FBI.

He sido el primer investigador externo en tener acceso a las transcripciones originales de las entrevistas, sin censurar, que se mantuvieron con el difunto senador Arlen Specter para sus memorias *Passion for Truth* (*Pasión por la verdad*), volumen publicado en el año 2000. Dichas transcripciones se resguardan en el recién abierto Centro Arlen Specter para las Políticas Públicas, en la Universidad de Filadelfia. En las transcripciones completas de aquellas entrevistas Specter ofrece opiniones que él prefirió reservarse para su inclusión en este libro, incluyendo una dura crítica al ministro presidente Warren y a elementos del trabajo de la comisión. Por otra parte, tuve el privilegio de entrevistarlo en persona. Para un mejor entendimiento de estas notas finales, las entrevistas que fueron concedidas por Specter para la redacción de sus memorias se identifican como Transcripciones de las Memorias de Specter. Asimismo, el material procedente de las entrevistas que yo realicé se identifica como Entrevistas a Specter.

PRÓLOGO

18 **En el cuerpo del documento:** El material biográfico de Garro está disponible en diversas fuentes, incluyendo Cypess, *Uncivil Wars*, y la necrología de Garro en *The New York Times*, 28 de agosto de 1998.

21 **Thomas se cercioraba:** El material biográfico de Scott y la información sobre su amistad con Angleton están disponibles en Morley, *Our Man in Mexico*, la biografía definitiva de Scott.

23 **Después de su suicidio, dos años más tarde:** *The Washington Post*, 14 de abril de 1971.

23 **"Siempre creí que...":** Entrevista a quien fuera investigador de la Cámara de Representantes. La fuente habló bajo acuerdo de confidencialidad.

23 **El antiguo senador por Indiana:** Entrevista a Bayh.

24 **Llamaba alguien desconocido para mí hasta entonces:** Entrevista a un abogado que perteneció al equipo de trabajo de la Comisión Warren. La fuente habló bajo acuerdo de confidencialidad.

25 **En entrevistas poco antes:** Entrevistas a Hosty.

26 **Los expedientes de la Comisión Warren:** "Introduction to the Records of the Warren Commission", sitio web de NARA: http://www.archives.gov/research/jfk/warren-commission-report/intro.html (consultado el 10 de junio de 2013).

26 **El traje de color rosa vestido:** *The Washington Post*, 5 de febrero de 2011. El comentario del presidente Kennedy está registrado en "Remembering Jackie", *The New Yorker*, 30 de mayo de 1994.

27 **Otra bóveda:** Associated Press, 2 de abril de 1997.

27 **Gran parte de la documentación personal de Warren:** "Collection Summary: Earl Warren, 1864-1974", sitio web de LOC: http://lccn.loc.gov/mm82052258.

CAPÍTULO 1

31 **El comandante naval:** Deposición del doctor James Joseph Humes, ARRB, 13 de febrero de 1996, p. 138 (en lo sucesivo Deposición de Humes). Humes dio testimonio o entrevistas sobre la autopsia a varias investigaciones gubernamentales, incluyendo una entrevista con un panel de expertos médicos presentada ante el Comité Especial de la Cámara para Asesinatos (HSCA) el 16 de septiembre de 1977 en Washington (en lo sucesivo, Entrevista a Humes), y un testimonio menos detallado al HSCA el 7 de septiembre de 1978 (en lo sucesivo, Testimonio de Humes).

31 **Cerca de las 11:00 horas de aquella noche:** Deposición de Humes, p. 135. Descripción de la casa, en entrevista con el hijo de Humes, James Jr.

32 **"No es necesario que se haga":** Jacqueline Kennedy, tal como fue citada por Burkley en una entrevista para la Biblioteca JFK, 17 de octubre de 1967, p. 8.

32 **Él le recordó:** El relato más fehaciente de la conversación que tuvo lugar a bordo del *Air Force One* fue obtenido por William Manchester para su libro *The Death of a President*, historia que la familia Kennedy autorizó

en un inicio, pp. 349-350. Véase también la entrevista de Burkley con la Biblioteca JFK, *passim*.

33 **El comandante J. Thornton Boswell:** Deposición de J. Thornton Boswell, ARRB, 26 de febrero de 1996, p. 15 (en lo sucesivo, Deposición de Boswell).

33 **Ni Humes ni Boswell:** Ibídem, p. 18.

33 **Como carta de recomendación:** Deposición de Humes, p. 51.

33 **La sala de autopsias:** Ibídem, p. 57.

33 **El cuerpo del presidente arribó:** Deposición de Boswell, p. 14.

34 **La autopsia fue:** Ibídem, p. 46. Véase también Deposición de Humes, entrevista.

34 **"Su estado emocional era tal...":** Deposición de Boswell, p. 101.

34 **Sabía que la familia Kennedy:** Ibídem, p. 24. Véase también la entrevista de Burkley con la Biblioteca JFK.

35 **"Que vean lo que han hecho":** Manchester, *Death*, p. 348.

35 **Burkley tenía una petición más:** Deposición de Humes, p. 29.

35 **"Le prometió a George Burkley...":** Deposición de Boswell, p. 11.

36 **Días después de la autopsia:** Deposición de Humes, p. 38.

36 **"Me señaló sin cortapisas...":** Ibídem, p. 148.

36 **Los médicos comenzaron a sentirse inquietos:** Deposición de Boswell, p. 109.

36 **El paradero del cerebro de Kennedy (nota al pie):** "Medical and Firearms Evidence", HSCA, vol. VII, marzo de 1979.

37 **"No había manera de que saliéramos de la sala":** Entrevista a Humes, p. 243.

37 **"Sometí el cuerpo del presidente a un examen con rayos x...":** Deposición de Humes, pp. 34, 113.

38 **"En el momento en que mencionó ese hecho...":** Entrevista a Humes, p. 257.

38 **La noche de aquel sábado:** Deposición de Humes, pp. 125, 126; Deposición de Boswell, p. 111.

38 **"Me senté...":** Testimonio de Humes, p. 5.

39 **"Cuando me di cuenta...":** Deposición de Humes, p. 126.

39 **Humes hojeó por última vez las notas:** Ibídem, pp. 133-135.

39 **El viernes, pocas horas después:** Testimonio de la esposa de Lee Harvey Oswald, 5 de febrero de 1964, Apéndice Warren, vol. 1, p. 79. Véase también la prueba documental 1788 de la comisión en el Apéndice Warren, vol. 23, "FBI report setting forth circumstances surrounding the publication in *Life* magazine and other publications of Oswald holding rifle", pp. 400-401.

40 **Su suegra insistiría después:** Testimonio de la señora Marguerite Oswald, 10 de febrero de 1964, Apéndice Warren, vol. 1, p. 152.

41 **Cerca de las 6:00 pm del domingo:** Entrevistas a Hosty; Hosty, *Assignment: Oswald*, pp. 29, 59.

42 **Hosty tenía mucho que proteger:** Hosty, *Assignment*, pp. 16, 83.

CAPÍTULO 2

43 **El llamado a la pesada puerta de madera:** Warren, *The Memoirs of Chief Justice Earl Warren,* p. 351.

43 **"El presidente fue presa de un ataque..."**: El texto de la nota se reproduce tal como lo hallamos en Warren, *Memoirs,* p. 351. (Las necrologías de McHugh ofrecen un texto ligeramente distinto: "Se informó que el presidente ha sido presa de un ataque con armas de fuego mientras su auto avanzaba en una caravana en Dallas, Texas.")

44 **Los miembros de la Corte:** Warren, *Memoirs,* p. 352.

44 **Warren y los demás ministros:** Ibídem, pp. 351-352.

44 **Durante la campaña de 1960:** *The New York Times,* 5 de noviembre de 1960.

45 **Warren recordaría sobre la recepción en la Casa Blanca:** Ibídem.

45 **"En el recuerdo de los colegas":** Manchester, *Death,* p. 205.

45 **El magnicidio fue:** Warren citado en Weaver, *Warren, the Man, the Court, the Era,* p. 300.

45 **"Los días y las noches..."**: Carta sin fecha que Warren le escribió al periodista Jim Bishop, archivos de correspondencia de la Comisión Warren, documentos de Earl Warren, LOC.

46 **Era el cumplimiento:** Warren, *Memoirs,* p. 260.

46 **Eisenhower lamentaría:** El comentario "el más estúpido error que cometí" se le ha atribuido reiteradamente a Eisenhower, incluso la necrología dedicada a Earl Warren que publicó *The New York Times* el 10 de julio de 1974. Pese a que los amigos y consejeros de Eisenhower afirman que el comentario reflejó su visión de Warren, se ha establecido un debate en torno a la pregunta de si el ex presidente en efecto utilizó justo esas palabras.

47 **Pocas horas después del magnicidio:** Declaraciones de Warren, 22 de noviembre de 1963, documentos de Warren, LOC.

47 **El pronunciamiento fue entregado a los reporteros:** Warren, *Memoirs,* p. 352; Johnson, *The Vantage Point,* p. 26.

49 **Cerca de las 9:00 pm:** Warren, *Memoirs,* pp. 352-353.

50 **"John Fitzgerald Kennedy, un gran y honesto..."**: Tal como se publicó en Warren, *Memoirs,* pp. 353-354.

51 **Robert Kennedy comentaría:** Schlesinger, *Robert Kennedy and His Times,* p. 611. (Schlesinger sugiere que tuvo acceso a una transcripción de las entrevistas de William Manchester con Kennedy, entrevistas que éste realizó para su libro *The Death of a President.* La Biblioteca JFK de Boston no ha hecho públicas las transcripciones de Manchester.)

51 **El senador Richard Brevard Russell Jr.:** Nota de Russell, 5 de diciembre de 1963, Biblioteca Russell.

52 **Algunos reporteros recordaban:** Mudd, *The Place to Be,* p. 127.

52 **Pronto, sin embargo, Russell tendría una razón:** Holland, *The Kennedy Assassination Tapes,* pp. 196-206.

52 **En un trágico giro del destino:** Thomas, *Robert Kennedy: His Life,* p. 276.

52 **Segundos después de ser informado:** Manchester, *Death*, p. 196.

53 **Años después, Robert Kennedy:** Schlesinger, *Robert Kennedy*, p. 608.

53 **Morgenthau recordaría al paso del tiempo:** Manchester, *Death*, p. 196.

54 **"Ha habido tanto odio":** Guthman, *We Band of Brothers*, p. 244.

55 **Después de la debacle:** *The New York Times*, 25 de abril de 1966. El artículo expuso: "Cuando tuvo noticias de la enormidad del desastre en la Bahía de Cochinos, el presidente Kennedy le dijo a uno de los oficiales de mayor rango en su administración que quería 'partir a la CIA en mil pedazos y arrojarlos al viento'".

55 **"Le pregunté a McCone...":** Walter Sheridan, *RFK Oral History Project*, Biblioteca JFK, 2 de junio de 1979. Tal como fue citado por Schlesinger, *Robert Kennedy*, p. 616.

56 **En lugar de esperar a que otros investigaran:** Thomas, *His Life*, p. 277. (El libro de Thomas provee el más completo relato, el que está escrito con la mayor autoridad, sobre lo que aconteció en Hickory Hill la tarde del asesinato.)

CAPÍTULO 3

57 **Con frecuencia se había sentido humillado:** El apodo "tío Pan-de-elote", que usaban los colaboradores de Kennedy, es descrito en varios fragmentos de Caro, *The Passage of Power, passim*.

57 **Ahora, en Dallas, en sus primeros minutos marcados:** Tal como lo narró Johnson en una conversación telefónica con el colaborador Bill Moyers, 26 de diciembre de 1966, publicado en Holland, *The Kennedy Assassination Tapes*, p. 363.

58 **Una de las primeras órdenes:** Manchester, *Death*, p. 220.

58 **Temerosos de que hubiera francotiradores:** Johnson, *The Vantage Point*, p. 12.

59 **Aunque los agentes del Servicio Secreto:** Ciertos elementos de esta escena fueron recopilados en Johnson, *The Vantage Point*; Manchester, *Death*, y Caro, *Passage*.

59 **El fotógrafo de la Casa Blanca que captó:** Manchester, *Death*, p. 320.

60 **Después de un trayecto de sólo siete minutos en helicóptero:** Ciertos elementos de esta escena fueron recopilados en Johnson, *The Vantage Point*; Manchester, *Death*, y Caro, *Passage*.

60 **"Los necesito a ustedes más...":** Caro, *Passage*, p. 410.

61 **A puerta cerrada, lo describía como "mezquino":** Guthman y Shulman (eds.), *Robert Kennedy, in His Own Words*, pp. 417, 411.

62 **La tarde del jueves:** Diarios de Pearson, noviembre de 1963, documentos de Pearson, Biblioteca LBJ. (Pearson cometió un error en la fecha de su entrada: escribió que el 21 de noviembre era viernes, cuando en realidad era jueves.)

63 **En 1942 compró:** Woods, *LBJ: Architect of American Ambition*, p. 533. Véase también Caro, *Master of the Senate*.

63 **"Era mi vecino cercano...":** Comentarios de Johnson en honor a Hoover, 8 de mayo de 1964, obtenidos de *The American Presidency Project*,

http://www.presidency.ucsb.edu/ws/?pid=26236. Véase también "President Johnson's Dogs", ensayo contenido en la página web de la Biblioteca LBJ, http://www.lbjlib.utexas.edu/johnson/archives.hom/faqs/dog/doghouse.asp.

64 **Los motivos de Johnson no eran:** *Time*, 5 de febrero de 1973.

64 **"Eres más que la cabeza...":** Conversación telefónica entre Johnson y Hoover, 29 de noviembre de 1963, en Holland, *The Kennedy Assassination Tapes*, p. 147.

64 **Johnson le pidió a la secretaria de Kennedy:** Caro, *Passage*, p. 374.

64 **Cerca de las 10:00 am, Johnson:** Holland, *The Kennedy Assassination Tapes*, pp. 68-73.

67 **Entre las decenas de millones:** Ibídem, pp. 87-89.

69 **Le confió a un amigo:** Conversación telefónica entre Johnson y el columnista Joseph Alsop, 25 de noviembre de 1963, en Holland, *The Kennedy Assassination Tapes*, p. 98.

69 **Asesinado Oswald:** Johnson, *The Vantage Point*, p. 26.

CAPÍTULO 4

71 **Dos de sus tres matrimonios:** La historia de la familia Oswald, incluyendo la de Marguerite Oswald, se ofrece detalladamente en el Informe Warren, pp. 69-80.

71 **A los tres años de edad:** Robert Oswald, *Lee: A Portrait of Lee Harvey Oswald*, pp. 32-33.

72 **"A mí me pareció..."** Ibídem, p. 33.

72 **La tarde del asesinato:** Bob Schieffer, "A Ride for Mrs. Oswald", *Texas Monthly*, enero de 2003.

73 **"Así habría ocurrido en Rusia":** Oswald, *Lee: A Portrait*, p. 178.

74 **"No había nada en particular que pudiera señalar...":** Testimonio de Robert Edward Lee Oswald, 20 de febrero de 1964, Apéndice Warren, vol. 1, p. 346.

76 **Ella recordaría que durante el año nuevo:** Declaración de Marina Oswald, 19 de febrero de 1964 en Dallas, Texas, transcripción del FBI, tal como fue reproducida en Aynesworth, *JFK: Breaking the News*, p. 146.

76 **La señora Martin se presentó:** Lewis, *The Scavengers and Critics of the Warren Report*, p. 65.

77 **"La señora Oswald llamó...":** Entrevista a Lane, en Lewis, *Scavengers*, p. 24.

CAPÍTULO 5

78 **Claire Booth Luce:** Martin, *A Hero for Our Times*, p. 159, tal como fue citado en Caro, *Passage*, p. 115.

79 **La noche del asesinato:** Johnson, *The Vantage Point*, pp. 26-27.

79 **En la tarde del viernes 29 de noviembre:** Warren, *Memoirs*, pp. 355-356.

79 **Cox describía a Warren:** *Time*, 17 de noviembre de 1967.

79 **"Les externé que...":** Warren, *Memoirs*, p. 356.

80 **El entonces ministro presidente Harlan Stone:** Conot, *Justice at Nuremberg*, p. 63.

80 **"Desde muy temprano en mi vida...":** Johnson, *The Vantage Point*, p. 27.

80 **Cerca de las 3:30 de esa tarde:** Warren, *Memoirs*, p. 356.

80 **El ministro estaba a punto de verse sometido:** Para una explicación de "el Tratamiento Johnson", véase Tom Wicker, "Remembering the Johnson Treatment", *The New York Times*, 9 de mayo de 2002.

80 **"Fui escoltado dentro":** Warren, *Memoirs*, p. 357.

81 **El mandatario le dijo a Warren:** Johnson, *The Vantage Point*, p. 27; Warren, *Memoirs*, p. 357.

81 **De acuerdo con Warren:** Warren, *Memoirs*, p. 357.

81 **Expuso sus motivos:** Johnson, *The Vantage Point*, p. 27; Warren, *Memoirs*, p. 358.

82 **Johnson informó al ministro presidente Warren:** Warren, *Memoirs*, p. 358.

82 **"Si Kruschev procediera contra nosotros...":** Conversación telefónica entre Johnson y el senador Thomas Kuchel, 29 de noviembre de 1963, tal como fue citada en Holland, *The Kennedy Assassination Tapes*, p. 193. Véase también la entrevista que Drew Pearson le hizo a Johnson, documentos de Pearson, Biblioteca LBJ. En dicha entrevista, carente de fecha, Johnson afirma que le advirtió a Warren sobre ciertos reportes que indicaban un pago de 6500 dólares a Oswald.

82 **"Usted fue soldado...":** Warren, *Memoirs*, p. 358.

82 **"El presidente de Estados Unidos te dice...":** Johnson, *The Vantage Point*, p. 27.

83 **La verdad era que:** Ídem.

83 **En aquella primera llamada:** Holland, *The Kennedy Assassination Tapes*, pp. 153-159.

83 **Tenía dos noticias incómodas:** Ibídem, pp. 196-206.

83 **¿Dick?:** Ídem.

86 **La semana siguiente, en la Suprema Corte:** Warren, *Memoirs*, p. 356.

86 **Después le confiaría a su amigo:** Diarios de Pearson, noviembre de 1963, documentos de Pearson, Biblioteca LBJ.

CAPÍTULO 6

89 **Los hijos de Warren:** Entrevistas con Robert Warren (28 de enero de 1971) y Earl Warren Jr. (8 de julio de 1970), realizadas para la Oficina Regional de Historia Oral de la Biblioteca Bancroft, Universidad de California en Berkeley. Pueden hallarse en la página web: http://archive. org/stream/warrengovfamilywa00earlrich/warrengovfamilywa00earl-rich_djvu.txt.

92 **Hoover había llegado a considerar:** Memorándum de Hoover dirigido a Tolson *et al.*, 22 de junio de 1964 ("Re: Justice Edward Tamm"), FBI.

92 **Cada vez que el gobernador viajaba:** Gentry, *J. Edgar Hoover: The Man and the Secrets*, p. 410.

92 **Warren le revelaría posteriormente a Drew Pearson:** "The 'Chief'", semblanza inédita de Warren escrita por Drew Pearson, que se basó en extensas entrevistas con el personaje, puede encontrarse en los documentos de Pearson, Biblioteca LBJ.

93 **Sería un "circo":** Conversación telefónica entre Johnson y Hoover, 25 de noviembre de 1963, tomado de Holland, *The Kennedy Assassination Tapes*, p. 95.

93 **Sin embargo, haber elegido a Olney:** Memorándum de DeLoach dirigido a Mohr, 7 de febrero de 1964, "Subject: Assassination of the President– Allegations that Oswald was an FBI Informant", FBI. Pese a que Hoover negaría que el FBI fue responsable de socavar la elección de Olney, los memorándums de DeLoach y otra documentación interna muestran lo contrario.

94 **Warren programó la primera reunión:** Transcripción de la sesión ejecutiva de la Comisión Warren, 5 de diciembre de 1963, NARA.

94 **El FBI arguyó:** Memorándum de Belmont dirigido a Tolson, 3 de diciembre de 1963, FBI.

94 **El 3 de diciembre:** Associated Press, "FBI Report on Oswald Nearly Ready", tal como se publicó en el *Star News* de Pasadena, California, 3 de diciembre de 1963 (consultado vía newspaperarchive.com).

95 **"Es casi seguro que provenga del FBI":** Sesión ejecutiva de la Comisión Warren, 5 de diciembre de 1963, NARA.

95 **El asistente del fiscal general Katzenbach:** Sesión ejecutiva de la Comisión Warren, 6 de diciembre de 1963, p. 8.

95 **La reunión de aquel jueves:** Sesión ejecutiva de la Comisión Warren, 5 de diciembre de 1963, p. 8.

95 **"Estamos a punto de emprender un deber solemne y triste":** Ibídem, p. 1.

95 **En seguida pasó a exponer:** Ibídem, pp. 1-3.

96 **"Creo que nuestro trabajo...":** Ibídem, pp. 1-2.

96 **Si la comisión celebrase:** Ibídem, p. 2.

96 **"Si tenemos facultades de citación...":** Ibídem, p. 40.

96 **Si la comisión no cumplía con la expectativa:** Ibídem, pp. 40, 42.

96 **El buzón de Warren:** Ibídem, p. 2.

97 **McCloy, un abogado:** *Esquire*, mayo de 1962. Pese a que el artículo fue escrito en tono sarcástico, no cabía duda de que McCloy merecía el título.

97 **McCloy no empleó la expresión:** Sesión ejecutiva de la Comisión Warren, 5 de diciembre de 1963, p. 37.

97 **"Hay una posible culpabilidad...":** Ídem.

97 **Warren se equivocaba:** Ídem.

97 **La investigación tenía una obligación:** Ídem.

97 **Boggs y Ford estuvieron de acuerdo:** Ídem.

97 **"Si el resto de ustedes...":** Ibídem, p. 39.

97 **En seguida, Russell objetó:** Ibídem, p. 53.

97 **Le recordó a Warren los peligros:** Ídem.

98 **McCloy sugirió:** Ibídem, p. 39.

98 **El ministro presidente dedicó varios minutos:** Ibídem, pp. 43-46, 55.

98 **Olney, en sus palabras:** Ibídem, p. 45.

98 **Olney era quizás:** Ibídem, pp. 46-47.

98 **"No deseo que la comisión...":** Ibídem, p. 46.

98 **"Presiento que debemos...":** Ibídem, p. 48.

99 **"Creo que el presidente de la comisión...":** Ibídem, p. 50.

99 **El ministro presidente afirmó:** Ibídem, pp. 55, 62.

99 **Formuló su petición:** Ibídem, p. 62.

99 **La junta de trabajo terminó:** Ibídem, p. 68.

99 **Ford, Dulles y McCloy:** Sesión ejecutiva de la Comisión Warren, 6 de diciembre de 1963, p. 21.

99 **"No me gustaría...":** Ibídem, pp. 4-6.

99 **Durante la noche anterior, McCloy:** Ibídem, p. 4.

100 **Escuchar ese nombre:** Ibídem, p. 6.

100 **Como procurador general:** Ídem.

100 **En un empleo anterior:** *Brown v. Board of Education*, 347 U.S. 483 (1954).

100 **"Pudimos apreciar...":** Sesión ejecutiva de la Comisión Warren, 6 de diciembre de 1963, p. 6.

100 **Rankin, dijo Warren:** Ibídem, p. 10.

100 **Russell recomendó que:** Ibídem, p. 20.

100 **Antes de que la reunión terminara:** Ibídem, p. 12.

100 **"No, no lo he hecho":** Ídem.

100 **"Lo tienen":** Ídem.

100 **"Por supuesto que lo haremos"** Ídem.

CAPÍTULO 7

101 **Gerald Ford convocó:** Memorándum de DeLoach dirigido a Mohr, 12 de diciembre de 1963, FBI. Tras el conocimiento público del memorándum de DeLoach, décadas más tarde, Ford no discutió su contenido, aunque dijo que, después de diciembre de 1963, no tuvo un contacto sustancial con el FBI en torno al trabajo de la comisión.

101 **A sus 50 años de edad, Jerry:** Biografía de Gerald R. Ford, Biblioteca Ford, http://www.fordlibrarymuseum.gov/grf/fordbiop.asp.

102 **Aquel invierno aprovechó uno de sus primeros discursos:** Discurso de Ford, 8 de julio de 1949, Archivo del Congreso, Cámara de Representantes.

103 **"Ford me hizo saber...":** Memorándum de DeLoach dirigido a Mohr, 12 de diciembre de 1963, FBI.

103 **El antiguo subdirector William Sullivan:** Sullivan, *The Bureau*, p. 53.

104 **El domingo 24 de noviembre:** Memorándum de Jenkins para los archivos, 24 de noviembre de 1963, 4:00 pm, tal como fue citado en el Comité Church, vol. 5, pp. 32-43.

104 **El martes 26 de noviembre:** Hoover, tal como fue registrado en el informe final del HSCA, p. 244.

104 **Tres días después, el 29 de noviembre:** Ídem.

105 **Su cálculo resultó ser sumamente optimista:** El informe completo del FBI, "Investigation of Assassination of President John F. Kennedy", 9 de diciembre de 1963, está disponible en línea, en el sitio web de la Fundación Mary Ferrell: http://www.maryferrell.org/mffweb/archive/viewer/showDoc.do?docId=10402&relPageId=4.

105 **Warren y los demás comisionados:** Sesión ejecutiva de la Comisión Warren, 16 de diciembre de 1963, NARA.

105 **"Ha estado conmigo…":** Ibídem, pp. 1-2.

106 **"Estamos en marcha":** Ibídem, p. 2.

106 **"Las estructuras gramaticales":** Ibídem, p. 12.

106 **"Señores, para ser muy franco…":** Ibídem, p. 11.

107 **"El tema de las balas…":** Ibídem, p. 12.

107 **"Hay todo tipo de preguntas…":** Ídem.

107 **Incluso Ford:** Ibídem, p. 33.

107 **"Será necesario bastante tiempo…":** Ibídem, pp. 19-20.

108 **Warren estaba ahora listo también:** Ibídem, p. 22.

108 **Uno de los miembros del equipo:** Ibídem, p. 24.

109 **"Ésta es una preocupación seria…":** Ibídem, pp. 25-26.

109 **Boggs insinuó que:** Ibídem, p. 10.

109 **McCloy tenía preguntas:** Ibídem, pp. 35, 55.

110 **Warren vaciló al respecto:** Ibídem, p. 54.

110 **"La mente te engaña…":** Ibídem, p. 55.

110 **"Hay que decirles algo…":** Ibídem, p. 57.

111 **"Como entenderán, los reportes…":** Ibídem, p. 59.

111 **Al día siguiente, convocó:** Memorándum de Hoover dirigido a Tolson, 22 de diciembre de 1963, FBI.

112 **Al día siguiente de la reunión:** Memorándum de Tolson dirigido a Mohr, 17 de diciembre de 1963, FBI.

CAPÍTULO 8

113 **Roger, su hijo adolescente:** Entrevista a James Rankin.

113 **"Jamás expresó…":** Entrevista a Sara Rankin.

114 **J. Lee Rankin:** *The New York Times*, 30 de junio de 1996.

115 **Rankin, graduado:** Entrevistas a James y Sara Rankin.

115 **"Si se te iba un dedazo…":** Entrevista a Sara Rankin.

116 **"Las decisiones sustanciales…":** Deposición de J. Lee Rankin, HSCA, 17 de agosto de 1978 (en lo sucesivo, Deposición de Rankin), NARA.

116 **Pocas horas después de la llamada de Warren:** Entrevistas a James y Sara Rankin.

117 **Willens llegó a la oficina de la comisión:** Testimonio de Howard P. Willens, HSCA, 17 de noviembre de 1977, p. 312.

117 **"Nadie podría asegurar con seriedad…":** Ibídem, p. 327.

118 **"Reconozco que predominan aquí…":** Ibídem, p. 322.

118 **En opinión de Rankin:** Redlich admitió que carecía de experiencia en legislación penal y trabajo de investigación en un testimonio brindado al HSCA, 8 de noviembre de 1978, p. 109.

119 **Su participación en temas de justicia social:** Véase el panegírico a Redlich preparado por Richard Reversz, decano de la Escuela de Leyes de la Universidad de Nueva York, 13 de junio de 2011. Puede consultarse en línea: https://www.law.nyu.edu/ecm_dlv3/groups/public/@nyu_law_website__news__media/documents/documents/ecm_pro_069050.pdf.

CAPÍTULO 9

120 **El sobre sellado:** Warren, *Memoirs*, p. 371.

120 **Un inventario preparado:** "Autopsy of Body of President John Fitzgerald Kennedy", FBI, 26 de noviembre de 1963. Puede consultarse en el sitio web de History Matters: http://www.history-matters.com/archive/jfk/arrb/master_med_set/md44/html/Image0.htm.

120 **"Miré las fotografías...":** Warren, *Memoirs*, pp. 371-72.

124 **Arlen Specter era un joven:** Entrevistas a Specter. Véase también Specter, *Passion for Truth*, p. 36, y "Court Refuses Appeal of 6 Convicted for Union Fraud", *The New York Times*, 10 de noviembre de 1964.

125 **La llamada para reclutarlo:** Entrevistas a Specter; Specter, *Passion*, pp. 43-45.

125 **"Estaban todos muy emocionados...":** Entrevistas a Specter. Véase también Specter, *Passion*, *passim*.

CAPÍTULO 10

127 **En los primeros días de enero de 1964:** Entrevistas a Slawson.

128 **No había mucho que pensar:** Entrevistas a Slawson.

133 **"Al principio, de verdad creí...":** Entrevistas a Coleman. Véase también Coleman, *Counsel for the Situation*, pp. 171-178.

133 **"Tomó su remoción con mucha dignidad...":** Guthman y Shulman, *Robert Kennedy*, p. 252.

134 **Seguía teniendo el aspecto:** Helms, *A Look over My Shoulder*, pp. 59-60.

134 **Robert Kennedy recordaría que Dulles:** Schlesinger, *Robert Kennedy*, p. 446.

CAPÍTULO 11

135 **En las primeras horas después del asesinato:** Los pormenores de la reunión pueden encontrarse a lo largo del testimonio que Whitten le brindó al Comité Church el 7 de mayo de 1976 (en lo sucesivo, Testimonio de Whitten al Senado), y en su testimonio ante el HSCA el 16 de mayo de 1978 (en lo sucesivo, Testimonio de Whitten al HSCA), NARA.

135 **El nombre real de Whitten:** Testimonio de Whitten al Senado, *passim*.

135 **En el momento en que el presidente Johnson:** La descripción de la personalidad y la experiencia profesional de Whitten procede de Jefferson Morley, "The Good Spy", *Washington Monthly*, diciembre de 2003, pp. 40-

44; la descripción del trabajo y las responsabilidades que asumió en la CIA procede del Testimonio de Whitten al Senado.

136 **Al igual que muchos de sus colegas:** El hecho de que Whitten examinó el archivo sobre Oswald que poseía la agencia procede del Testimonio de Whitten a la Cámara y el Testimonio de Whitten al Senado, *passim*.

136 **Mucho más intrigantes le parecieron a Whitten:** Testimonio de Whitten a la Cámara, p. 1-136/001918.

136 **En la junta de trabajo del 23 de noviembre:** El hecho de que Helms le dijo a los demás que Whitten gozaría de "amplias facultades" procede del Testimonio de Whitten a la Cámara, *passim*.

136 **Helms anunció que Whitten "estaría a cargo...":** Testimonio de Whitten al Senado, p. 76000140417.

136 **"Yo había investigado...":** La cita procede del Testimonio de Whitten a la Cámara, p. 1-112/001894.

136 **Entre los presentes en la oficina de Helms:** El nombre de quien asistió a la reunión procede del Testimonio de Whitten al Senado, p. 76000-140429.

136 **Ambos habían tenido:** Testimonio de Whitten al Senado, p. 76000-140459; Testimonio de Whitten a la Cámara, p. 1-71/001852.

137 **"Ninguno de los oficiales experimentados...":** Cita tomada del Testimonio de Whitten a la Cámara, p. 1-74/001855.

137 **Whitten lo consideraba:** Angleton estaba paranoico. Testimonio de Whitten a la Cámara, p. 1-167/001949.

137 **Angleton padecía:** La cita procede del Testimonio de Whitten a la Cámara, p. 1-167/001949.

137 **Angleton, educado en Yale:** Martin, *Wilderness of Mirrors*, p. 10.

137 **"Cada actividad que Angleton realizaba...":** Las dos citas de este párrafo fueron recuperadas del Testimonio de Whitten a la Cámara, p. 1-71/001852.

137 **"Tenía contactos de enorme...":** Testimonio de Whitten a la Cámara, p. 1-169/001951.

138 **"Una de las razones...":** Testimonio de Whitten al Senado, p. 76000140472.

138 **"El FBI podía llegar...":** Ibídem, p. 76000140473.

138 **La influencia de Angleton:** El hecho de que Angleton tenía una relación cercana con Dulles puede encontrarse en el Testimonio de Whitten al Senado, p. 76000140469, y en el Testimonio de Whitten a la Cámara, p. 1-73/001854.

138 **Whitten admitiría:** Testimonio de Whitten al Senado, p. 76000140459.

138 **"Fuimos inundados...":** Testimonio de Whitten a la Cámara, p. 1-131/001913.

138 **"Hicimos a un lado casi todo lo demás...":** *Ídem*.

138 **Una gran parte del material:** Ibídem, p. 1-135/001917.

138 **Whitten afirmaba desconocer:** Testimonio de Whitten al Senado, p. 76000140473; Testimonio de Whitten a la Cámara, pp. 1-30/001811 y 1-47/001828.

139 **Ello no era una sorpresa:** Testimonio de Whitten a la Cámara, pp. 1-15/ 001796 y 1-103-A/001885.

139 **Eran detectados con tal frecuencia** Ibídem, p. 1-50/001832.

139 **Whitten compartía la admiración:** Ibídem, p. 1-18/001799.

139 **Según Whitten, Scott:** Testimonio de Whitten al Senado, p. 76000140458.

139 **Whitten revelaría:** Testimonio de Whitten a la Cámara, pp. 1-51/001833 y 1-56/001837.

139 **Whitten recordaba que de inmediato:** Ibídem, pp. 1-129/001911, a través de 1-131/0013.

140 **"Nos aseguraríamos de entregarles...":** Ibídem, p. 1-163/001945.

140 **"Nos planteábamos si revelarles...":** Ibídem, p. 1-161/001943.

140 **"No había ninguna razón perversa...":** Ídem.

140 **La estación había grabado de forma secreta:** Ibídem, pp. 1-61/ 001837, a través de 1-68/001849.

141 **Scott era una verdadera autoridad:** Véase Morley, *Our Man in Mexico*, para consultar la biografía definitiva de Scott.

141 **Entre sus subalternos en México:** Entrevista a Anne Goodpasture, HSCA, 20 de noviembre de 1978, documentos de JFK, número de registro: 180-10110-10028, NARA (en lo sucesivo, Entrevista de la Cámara a Goodpasture).

141 **Ella también había comenzado:** Morley, *Our Man*, p. 84.

141 **En años posteriores, Goodpasture negaría:** Deposición de Anne Goodpasture, ARRB, p. 36, NARA (en lo sucesivo, Deposición de Goodpasture). Véase también Morley, *Our Man*, para hallar la biografía definitiva de Goodpasture.

141 **Algunas veces Goodpasture era confundida:** Entrevista de la Cámara a Goodpasture, p. 31.

141 **No era una espía de calle:** Deposición de Goodpasture, p. 14.

142 **"Mantenía su propio...":** Véase Morley, *Our Man*, *passim*; Deposición de Goodpasture; y Entrevista de la Cámara a Goodpasture, *passim*.

142 **"Win jamás confió en nadie":** Entrevista de Morley a Goodpasture, 2-3 de mayo de 2005, citada en *Our Man*, p. 257.

142 **Con el paso del tiempo, fue un paso adelante:** Memorándum del agente de la CIA Scott Breckinridge, "Memo for the Record: Conversation with Ann [*sic*] Goodpasture", 18 de julio de 1978, NARA (documento 1993.08.09.10:37:28:500060). Véase también Deposición de Goodpasture, pp. 27, 32, y Morley, *Our Man*, *passim*.

CAPÍTULO 12

144 **Whitten preparó un reporte:** Testimonio de John Scelso (seudónimo de John Whitten), Testimonio de Whitten al Senado, p. 76000140416, NARA, disponible en www.maryferrell.org (consultado el 13 de mayo de 2013).

144 **Whitten creía que Oswald:** Testimonio de John Scelso, Testimonio de Whitten a la Cámara, pp. 1-114/001896, a través de 1-116/001898.

144 **Whitten no advertía ninguna evidencia:** Testimonio de Whitten al Senado, pp. 76000140443 y 76000140446.

144 **Al terminar el reporte:** Whitten Senate Testimony, p. 76000140417; Testimonio de Whitten a la Cámara, p. 1-73/001854.

144 **Confrontó a Angleton:** Testimonio de Whitten a la Cámara, p. 1-74/001855.

145 **Sin que Whitten lo supiera:** Testimonio de Whitten al Senado, p. 76000 140469; Testimonio de Whitten a la Cámara, pp. 1-73/001854, a través de 1-74/001855.

145 **Helms le indicó a Whitten "ve y dile":** Testimonio de Whitten a la Cámara, p. 1-74/001855.

145 **Whitten comenzó a preocuparse:** Testimonio de Whitten a la Cámara, pp. 1-74/1855 y 1-114/001896 a través de 1-116/001898; Testimonio de Whitten al Senado, pp. 76000140417, a través de 76000140418.

145 **Whitten también quedó asombrado al descubrir:** Testimonio de Whitten a la Cámara, p. 1-114/001896.

145 **A medida que seguía leyendo:** "Vasta cantidad de información", Testimonio de Whitten al Senado, p. 76000140473; "al mismo tiempo resultaba caduco...", Ibídem, p. 76000140469; "inútil", Ibídem, p. 76000140470. Este episodio también figura en el Testimonio de Whitten a la Cámara, pp. 1-115/001897 a través de 1-116/001898.

146 **La situación:** Este episodio se resume en el Testimonio de Whitten a la Cámara, pp. 1-115/001897 a través de 1-116/001898; "tan lleno de errores..." y "nunca se planeó...", Testimonio de Whitten al Senado, p. 76000140470.

146 **Angleton instó:** Testimonio de Whitten al Senado, p. 76000140472.

146 **Whitten quedó pasmado:** Ídem.

146 **...recordaría Whitten con amargura:** Al respecto del enojo de Whitten, véase ibídem, pp. 76000140441, 76000140466 y 76000140495; Testimonio de Whitten a la Cámara, pp. 1-137/001918 y 1-153/001935.

146 **Dentro de la CIA:** Testimonio de Richard Helms, HSCA, 1978, documentos sobre el asesinato de JFK, CIA NARA, número de registro: 104-10051-10025, p. 9 (en lo sucesivo, Testimonio de Helms a la Cámara). Véase también Testimonio de Whitten al Senado, pp. 76000140471 a través de 76000140471, y Testimonio de Whitten a la Cámara, pp. 1-115/001897 a través de 1-116/001898.

146 **Whitten era especialista en México y América Latina:** Testimonio de Whitten a la Cámara, pp. 1-4/001784 y 1-5/001785; "ésta se había ampliado...", Testimonio de Whitten al Senado, pp. 76000140471 a través de 76000140472, y Testimonio de Whitten a la Cámara, pp. 1-135/001917 a través de 1-138/001920.

147 **Era típico de él terminar:** Powers, *The Man Who Kept the Secrets*, p. 3.

147 **"Todo el empuje de la agencia...":** Testimonio de Helms a la Cámara, p. 10.

147 **"El mundo es un caos":** Ibídem, 22 de septiembre de 1978, HSCA, p. 172.

147 **David Slawson, aún nuevo en su trabajo:** Entrevistas a Slawson. Véase también Testimonio de W. David Slawson, 15 de noviembre de 1977, HSCA.

Texto tomado de *HSCA Security Classified Testimony*, disponible en Assassination Archives and Research Center (consultado el 22 de mayo de 2013).

147 **Estaba sorprendido por la gran cantidad:** Entrevistas a Slawson.

148 **Slawson pensaba que la** CIA: Entrevistas a Slawson. Véase también Testimonio de Raymond Rocca, 17 de julio de 1978, HSCA. Texto tomado de *HSCA Security Classified Testimony*, disponible en Assassination Archives and Research Center (consultado el 22 de mayo de 2013).

148 **Rocca, originario de San Francisco:** Véase la necrología de Rocca, "Raymond Rocca, CIA Deputy and Specialist on Soviets, 76", *The Washington Post*, 14 de noviembre de 1993.

148 **Slawson recordaba que le divertía:** Entrevistas a Slawson.

150 **El** SAS **contaba con sus propios analistas:** Comité Church, "The Investigation of the Assassination of President John F. Kennedy", vol. 5, pp. 57-58.

150 **El 20 de febrero:** "Memorandum for Chief, Subject; Documents Available in Oswald's 201 File", 20 de febrero de 1964, tal como se reproduce en la transcripción del Testimonio de Helms a la Cámara, 22 de septiembre de 1978.

CAPÍTULO 13

152 **"Lo único que me hizo pensar…":** Entrevista de Warren con Alfred Goldberg, 26 de marzo de 1974, tal como se encuentra en los archivos de la Comisión Warren, documentos de Warren, LOC.

152 **"En ningún momento aposté…":** Ídem.

153 **"Nunca le escuché decir nada…":** Deposición de Rankin.

153 **"Yo di por hecho…":** Belin, *Final Disclosure*, p. 50.

153 **"Me parecía que era muy probable…":** Belin, *November 22, 1963; You Are the Jury*, p. 4.

154 **"Mi reacción inicial…":** Entrevistas a Griffin.

154 **Al ingresar a la escuela de leyes:** Entrevistas a Griffin.

155 **"Yo pensaba que el** FBI…": Entrevistas a Griffin. Véase también el Testimonio de Griffin ante el HSCA, 17 de noviembre de 1977.

155 **En su oficina no cabía ni un alfiler:** Entrevistas a Griffin.

155 **Cuando se presentó con el resto de sus compañeros:** Entrevistas a Griffin.

156 **"Fue como cuando conocí a mi esposa":** Entrevistas a Eisenberg.

157 **La excepción era Wesley James Liebeler:** Entrevistas a Griffin, Slawson y Specter. Véase también Transcripciones de Entrevistas a Specter.

157 **Le dijo a Specter que sospechaba:** Entrevistas a Specter.

CAPÍTULO 14

160 **Hugh Aynesworth:** Entrevistas a Aynesworth. Véase también Aynesworth, *JFK: Breaking the News*, passim.

160 **En un primer momento, Aynesworth:** Entrevistas a Aynesworth.

161 **Aynesworth entendía el riesgo:** Entrevistas a Aynesworth; Aynesworth, *JFK: Breaking*, p. 7.

161 **"Me sentí mal..."**: Entrevistas a Aynesworth; Aynesworth, *JFK: Breaking*, pp. 6-7.

161 **El periódico estaba bajo el control:** Es posible acceder a la historia de *The Dallas Morning News* en el sitio web de Texas State Historical Association, http://www.tshaonline.org/handbook/online/articles/eed12 (consultado el 15 de junio de 2013).

163 **Jacqueline Kennedy:** Manchester, *Death*, p. 121.

163 **Aynesworth contaba con muchos talentos:** Descripción de Aynesworth tomada de William Broyles, "The Man Who Saw Too Much", *Texas Monthly*, marzo de 1976.

163 **No llevaba consigo su libreta:** Entrevistas a Aynesworth; Aynesworth, *JFK: Breaking*, p. 22.

164 **"Me percaté de que estaba muerto de miedo":** Entrevistas a Aynesworth; Aynesworth, *JFK: Breaking*, p. 29.

165 **Helen Markham, una mesera:** Aynesworth, *JFK: Breaking*, p. 33.

165 **Aynesworth observó:** Entrevistas a Aynesworth; Aynesworth, *JFK: Breaking*, p. 47.

165 **"Era un lunático":** Entrevistas a Aynesworth; Aynesworth, *JFK: Breaking*, pp. 104-116.

166 **Aynesworth estaba horrorizado:** Entrevistas a Aynesworth.

166 **El primero, decía, se presentó en su casa:** Aynesworth, *JFK: Breaking*, pp. 69, 216.

166 **En la segunda categoría:** Ibídem, p. 217; Entrevistas a Aynesworth.

167 **"Me indicó..."**: Entrevistas a Aynesworth; Aynesworth, *JFK: Breaking*, pp. 222-223.

168 **Entre los más asiduos:** Aynesworth, *JFK: Breaking*, pp. 126-127.

169 **El artículo estaba firmado por Hudkins:** *The Houston Post*, 1º de enero de 1964.

169 **En su columna del lunes 2 de diciembre:** "El Carrusel de Washington" (en lo sucesivo, Washington Merry-Go-Round, su nombre original en inglés), 2 de diciembre de 1963, disponible en los archivos de Drew Pearson que conserva la Universidad Americana, http://dspace.wrlc.org/doc/bitstream/2041/50086/b18f09-1202zdisplay.pdf#search=".

170 **Cualquier acción disciplinaria:** Testimonio de James Rowley, Apéndice Warren, vol. 5, 18 de junio de 1964, *passim*.

170 **En su diario personal, Pearson revelaría:** Diarios de Pearson, diciembre de 1963, documentos de Pearson, Biblioteca LBJ.

171 **Posteriormente, en diciembre mismo:** Washington Merry-Go-Round, 14 de diciembre de 1963, http://dspace.wrlc.org/doc/bitstream/2041/50099/b18f09-1214zdisplay.pdf#search=".

CAPÍTULO 15

172 **Antes de Navidad:** Memorándum de Willens dirigido a Rankin, "Outline of Commission's Work", 30 de diciembre de 1963, archivos del equipo de trabajo, Comisión Warren, NARA.

172 **"Tenemos un trabajo importante que hacer"**: Memorándum de Rankin dirigido al equipo de trabajo, 13 de enero de 1964, archivos del equipo de trabajo, Comisión Warren, NARA.

173 **Warren abrió la sesión:** Sesión ejecutiva de la Comisión Warren, 21 de enero de 1963, NARA, p. 8.

173 **Gerald Ford:** Ibídem, pp. 34-35.

174 **"No es prematuro..."**: Ibídem, p. 12.

174 **Le preguntó a Russell:** Ibídem, pp. 24-25.

175 **Hoover afirmó que había tenido:** Comité Church, vol. 5, p. 47.

176 **"Para que ellos sólo nos mintieran"**: Deposición de Rankin, pp. 15-16.

176 **Rankin recordaba el entusiasmo:** Ibídem, p. 129. Véase también la sesión ejecutiva de la Comisión Warren, 22 y 27 de enero de 1964, NARA.

177 **Ford se encontraba en una audiencia:** Ford, *Portrait of the Assassin*, pp. 15-16.

177 **...y no dejaba de sorprenderle:** Ibídem, p. 21.

178 **"Nadie seleccionaría..."**: Sesión Ejecutiva de la Comisión Warren, 22 de enero de 1964, NARA, p. 6.

178 **"Encontraron a su hombre"**: *Ídem*.

178 **"Habrá gente que va a pensar..."**: Ibídem, p. 12.

179 **La revista *Time* estaba también:** Sesión ejecutiva de la Comisión Warren, 27 de enero de 1964, NARA, p. 152.

179-180 **"Estamos frente a un sucio rumor..."**: Ibídem, p. 139.

180 **Warren y Rankin habían considerado:** Ibídem, pp. 160, 137.

180 **"Yo sería franco..."**: Ibídem, p. 137.

180 **El ministro presidente declaró:** Ibídem, pp. 152-154.

181 **"No existe un hombre..."**: Ibídem, p. 158.

181 **—Si le decimos que iremos:** Ibídem, p. 164.

182 **—Ya juzgaron el caso:** Ibídem, p. 171.

CAPÍTULO 16

183 **Rankin fue recibido:** Agenda de Hoover, 24 de enero de 1964, FBI, consultada en el sitio web de la Fundación Mary Ferrell, http://www.maryferrell.org/mffweb/archive/viewer/showDoc.do?docId=141177&relPageId=16.

183 **El subdirector Cartha:** DeLoach, *Hoover's FBI*, p. 12.

183 **En una oficina externa:** Ibídem, p. 29.

183 **El efecto:** Ibídem, p. 13.

183 **Los empleados del FBI:** Ibídem, p. 24.

184 **Al igual que el ministro presidente Warren:** Testimonio de J. Lee Rankin, HSCA, 21 de septiembre de 1978 (en lo sucesivo, Testimonio de Rankin), p. 19.

184 **"Le dije a Rankin..."**: Memorándum de Hoover dirigido al señor Tolson, 31 de enero de 1964, FBI.

184 **La actitud del buró:** Deposición de Rankin, p. 19.

185 **Hoover había aprendido:** Véase la biografía de Hoover en el sitio web de la Fundación J. Edgar Hoover, http://www.jehooverfoundation.org/hoover-bio.asp (consultada el 15 de junio de 2013).

185 **"No hubo ningún elemento...":** Testimonio de J. Edgar Hoover, 14 de mayo de 1964, Apéndice Warren, vol. 5, p. 112.

185 **A finales de noviembre, le solicitó:** Comité Church, vol. 5, p. 50.

185 **La respuesta llegó:** La descripción de Gale como *La Barracuda* fue tomada de Entrevistas a Hosty. Véase también Hosty, *Assignment: Oswald*, p. 179.

186 **Impondría sanciones:** Comité Church, vol. 5, pp. 50-51.

186 **"Nubarrones de tormenta..."** DeLoach, *Hoover's FBI*, p. 149.

186 **La omisión:** Comité Church, vol. 5, pp. 51-52.

187 **Tal como declaró ante la comisión:** Testimonio de J. Edgar Hoover, Apéndice Warren, vol. 5, p. 159.

187 **La División de Inteligencia:** Comité Church, vol. 5, p. 37.

188 **No recordaba haber leído:** "Castro Blasts Raids on Cuba", *The Times-Picayune* de Nueva Orleans, 9 de septiembre de 1963.

188 **Anderson había recibido:** Testimonio de Clark Anderson, 4 de febrero de 1976, Comité Church (en lo sucesivo, Testimonio de Anderson).

189 **El 18 de octubre:** Ibídem, p. 15.

189 **"No creo que haya habido ninguna reunión...":** Ibídem, p. 59.

189 **No recuerdo que Scott:** Ibídem, p. 24.

190 **"No recuerdo que fuéramos capaces de establecer..."** Ibídem, p. 22.

190 **Sus agentes sí determinaron:** El nombre y la tarifa de la habitación del Hotel del Comercio fueron tomados del Informe Warren, p. 433.

190 **Anderson, quien había trabajado:** Testimonio de Anderson, p. 32.

190 **Mann declararía después que casi desde el momento:** Cable enviado por Mann al Departamento de Estado, "AMEMBASSY MEXICO CITY to SECSTATE", 28 de noviembre de 1963, número de registro: 104-10438-10208, NARA (en lo sucesivo, Cable de Mann).

191 **El embajador le comunicó a sus colegas:** Ídem.

191 **En un memo enviado a Washington dos días después:** Comité Church, vol. 5, p. 40.

191 **Un espía del gobierno nicaragüense:** Para conocer los antecedentes de Alvarado, véase Bugliosi, *Reclaiming History*, p. 1286.

192 **En un cable urgente:** Cable de Mann.

192 **"Lo negó todo":** "Cable: Translation of a Transcript of Telephone Conversation between Cuban President and Cuban Ambassador", 26 de noviembre de 1963, CIA, número de registro: 14-10429-10227, NARA.

192 **En un cable dirigido a Washington:** Cable de Mann.

192 **En Washington:** Comité Church, vol. 5, p. 42.

193 **Keenan, quien había pertenecido:** Entrevista a Keenan. Muchos de los alegatos de Keenan se hicieron públicos por primera vez en un filme documental de producción alemana en 2006, *Rendezvous mit dem Tod: Warum John F. Kennedy sterben musste* (*Cita con la muerte: por qué John F. Kennedy*

tenía que morir), del cineasta Wilfried Huismann. La película se transmitió en el canal alemán ARD en enero de 2006. Véase *Financial Times*, 6 de enero de 2006. Véase también Anthony y Robbyn Summers, "The Ghosts of November", *Vanity Fair*, diciembre de 1994.

193 **Keenan recibió instrucciones:** Testimonio de Laurence P. Keenan, 8 de abril de 1976, Comité Church, vol. 1, p. 7, número de registro: 157-10014-10091, NARA.

193 **La primera:** Ibídem, pp. 42, 9, 10, 83, 61.

195 **El 30 de noviembre el gobierno mexicano:** "Cable: Re Gilberto Alvarado Story re Lee Oswald Received Money in Cuban Embassy Being False", 30 de noviembre de 1963, número de registro: 104-10404-10098, NARA.

195 **Al desdecirse Alvarado:** Testimonio de Keenan, Comité Church, vol. 1, p. 58.

195 **En el buzón de la oficina de Keenan esperaba:** Ibídem, pp. 71, 53.

196 **Mann también salió de la ciudad:** *The New York Times*, 15 de diciembre de 1963.

196 **En uno de sus últimos comunicados:** "Telegram: Mexican Authorities Have Informed Us That the Nicaraguan", telegrama de Mann dirigido al Departamento de Estado, 30 de noviembre de 1963, número de registro: 104-104380-10210, NARA.

196 **Un periodista estadounidense citaría:** Entrevista que Thomas Mann le concedió al escritor Dick Russell, 5 de julio de 1992, tal como fue citada en Morley, *Our Man*, p. 334. Véase también Russell, *The Man Who Knew Too Much*.

CAPÍTULO 17

197 **...y Arlen Specter, su compañero:** Entrevistas a Specter; Specter, *Passion*, pp. 49-58.

197 **Durante su agitado mandato:** Véase la necrología de Adams en *The New York Times*, 21 de abril de 1990.

198 **Specter recordaría un desayuno con Adams:** Specter, *Passion*, pp. 49-58.

199 **"Era uno de los mejores hombres...":** Joseph Ball y Judith Fischer, "A Century in the Life of a Lawyer", *California Western Law Review*, otoño de 1999.

200 **Specter, por el contrario, insistiría:** Entrevistas a Specter.

200 **"Debieron pedirle a Adams...":** Belin, *You Are the Jury*, p. 15.

200 **Specter recordaba a Ball:** Specter, *Passion*, pp. 57, 76-78.

201 **Había delineado cientos:** "Proposed Questioning of Marina Oswald", documento sin fecha hallado en los archivos cronológicos del equipo de trabajo de la Comisión Warren, NARA.

202 **En un memo adjunto:** Memorándum de Specter dirigido a Rankin, "Subject: Suggestions on Questioning of Marina Oswald", 30 de enero de 1964, archivos del equipo de trabajo, Comisión Warren, NARA.

203 **Warren le solicitó al director:** Entrevistas a Goldberg.

204 **"Eran incompetentes...":** Entrevistas a Slawson.

CAPÍTULO 18

207 **Durante aquella conferencia de prensa:** *The New York Times*, 15 de enero de 1964.

207 **James Martin, su manager:** *The New York Times*, 8 de enero de 1964.

208 **Los reporteros se enteraron:** *Time*, 14 de febrero de 1964.

208 **—Señora Oswald, ¿tuvo un buen viaje?:** Todas las citas proceden del Testimonio de Marina Oswald, 3 de febrero de 1964, Apéndice Warren, vol. 1, pp. 1-126.

213 **El 3 de febrero:** Véase "Telephone Conversation between Mr. Norman Redlich and Mrs. Margaret [*sic*] Oswald", 4 de febrero de 1964, archivo del equipo de trabajo acerca de Marguerite Oswald, Comisión Warren, NARA.

214 **Rankin la llamó al día siguiente:** "Conversation between Mr. Rankin and Mrs. Margaret [*sic*] Oswald", 5 de febrero de 1964, archivo del equipo de trabajo acerca de Marguerite Oswald, Comisión Warren, NARA.

215 **La mañana del lunes:** "Testimony of Mrs. Marguerite Oswald", 10 de febrero de 1964, Apéndice Warren, vol. 1, pp. 127-264.

215 **El congresista Ford recordaría:** Ford, *Portrait*, pp. 61-62.

217 **"Debo guardarme algo…":** *Time*, 21 de febrero de 1964.

218 **Lane y la señora Oswald:** *The New York Times*, 19 de febrero de 1964.

218 **Lane después diría (nota al pie):** Entrevista a Lane.

219 **De regreso en Washington:** Véanse los comentarios de McCloy en las transcripciones de las sesiones ejecutivas de la Comisión Warren que tuvieron lugar en diciembre de 1963 y enero de 1964, NARA.

219 **Había comenzado el 29 de noviembre:** Véase la necrología de Jacqueline Kennedy en *The New York Times*, 20 de mayo de 1994.

219 **El 9 de enero, Kennedy:** Telegrama de Kennedy dirigido a Warren, archivos de correspondencia, documentos de Earl Warren, LOC.

219 **El 5 de febrero el escritor y periodista:** Manchester, *Controversy and Other Essays in Journalism*, p. 5.

220 **Manchester recordaría:** Ibídem, pp. 6-7.

221 **Pocos días después, Rankin:** Véase la nota sin firma que el equipo de trabajo le entregó a Warren en la Suprema Corte, 21 de mayo de 1964. "El señor Rankin aparentemente no comparte su punto de vista en lo que se refiere a proporcionarle al señor Manchester parte del material de la comisión. Manchester afirma que, dadas las circunstancias, abandonará el asunto a menos de que escuche de usted o el señor Rankin lo contrario." Archivos de la Comisión Warren, documentos de Earl Warren, LOC.

CAPÍTULO 19

222 **Lejos de la comisión:** Véase carta de Russell dirigida a Paul R. Eve, 17 de enero de 1967, archivos de correspondencia personal, Biblioteca Russell.

222 **"Por alguna razón…":** Nota de Russell, 7 de enero de 1964, Biblioteca Russell.

223 **comenzó a redactar:** El boceto de la carta de Russell, dirigida al presidente Johnson y fechada el 24 de febrero de 1964, puede hallarse en los archivos de oficina de Russell, Biblioteca Russell.

224 **"La única persona que no asistió…":** Chief Justice Earl Warren Oral History, Biblioteca LBJ, 21 de septiembre de 1971, p. 13. Véase también la entrevista que Warren le concedió a Alfred Goldberg, 26 de marzo de 1974, documentos de Earl Warren, LOC.

224 **Si Russell se separaba:** Deposición de Rankin, p. 6.

225 **Scobey era una abogada:** Véase la necrología de Scobey en *Atlanta Constitution*, 9 de diciembre de 2001.

225 **El columnista Murray Kempton:** "Boy, Don't You Know I'm on Camera?", *New Republic*, 29 de febrero de 1964.

226 **El momento más bajo:** *The New York Times*, 6 de marzo de 1964.

226 **El representante de Ruby:** Belli, *Dallas Justice, passim*.

226 **Para su defensa Belli recurrió:** Ídem. Véase también Brown, *Dallas and the Jack Ruby Trial*, p. 60.

227 **"El tonto del pueblo…":** Associated Press, 19 de febrero de 1964.

227 **"Agradezco a este jurado…":** *The New York Times*, 15 de marzo de 1964.

228 **"El hecho de que se abriera paso…":** Entrevistas a Griffin.

228 **Grabaciones de llamadas telefónicas:** Memorándum de Hubert y Griffin dirigido a "Members of the President's Commission" (miembros de la comisión), 20 de marzo de 1964, archivos del equipo de trabajo, Comisión Warren, NARA.

229 **"Ése era el primer momento…":** Entrevistas a Griffin.

229 **A mediados de marzo, Hubert:** Memorándum de Hubert y Griffin dirigido a miembros de la comisión, 20 de marzo de 1964, archivos del equipo de trabajo, Comisión Warren, NARA.

230 **"Hubert y yo nos encontrábamos…":** Entrevistas a Griffin.

231 **Hubert se estancó:** Memorándum de Hubert dirigido a Rankin, "Checking Persons Who Left or Entered the United States", 19 de febrero de 1964. Véase también memorándum de Hubert dirigido a Rankin, 27 de febrero de 1964, archivos del equipo de trabajo, Comisión Warren, NARA.

232 **"Estaba desmoralizado":** Entrevistas a Griffin.

CAPÍTULO 20

233 **"Pura invención":** Earl Warren Oral History, Biblioteca LBJ, 21 de septiembre de 1971, p. 14.

234 **El buró había comenzado:** Memorándum de Willens dirigido a Rankin, "Re: Mark Lane", 26 de febrero de 1964, archivos del equipo de trabajo, Comisión Warren, NARA.

234 **En otro memo, a finales de febrero:** Memorándum de Willens dirigido a Rankin, "Re: Interrogation of Mark Lane", 27 de febrero de 1964, archivos del equipo de trabajo, Comisión Warren, NARA.

235 **Cuando se le prometió inmunidad:** Belin, *You Are the Jury*, p. 79.

235 **"¿Puede darme sólo un minuto de su tiempo?"**: Entrevista telefónica que Helen Markham le concedió a Lane, tal como se publicó en el Apéndice Warren, vol. 20, p. 571.

236 **"Me dio una descripción más detallada..."**: Testimonio de Mark Lane, 4 de marzo de 1964, Apéndice Warren, vol. 2, p. 51.

236 **En opinión de David Belin:** Belin, *You Are the Jury*, p. 471.

236 **Jim Liebeler comparó:** Bugliosi, *Reclaming History*, p. 1001.

236 **Años después, Lane insistiría (nota al pie):** Entrevista a Lane.

236 **En su informe final, la comisión describiría (nota al pie):** Informe Warren, p. 168.

239 **"Sería ridículo obsesionarse..."**: Entrevistas a Eisenberg. Véanse también los memorándums de Eisenberg sobre criminología, 4 de marzo de 1964 (balística) y 7 de marzo de 1964 (valor de las declaraciones del testigo), archivos del equipo de trabajo, Comisión Warren, NARA.

239 **Aunque a Craig se le invitó (nota al pie):** Informe Warren, pp. XIV-XV.

CAPÍTULO 21

242 **La comisión comparó:** Memorándum de Willens dirigido a Rankin, 9 de marzo de 1964, archivos del equipo de trabajo, Comisión Warren, NARA.

243 **En febrero, se dirigió por escrito:** Carta de Rankin dirigida a McCone, 12 de febrero de 1964, archivos del equipo de trabajo, Comisión Warren, NARA.

243 **La comisión recibió respuesta:** Memorándum de Willens dirigido a Rankin, 9 de marzo de 1964, archivos del equipo de trabajo, Comisión Warren, NARA.

244 **...si la CIA no tenía nada que ocultar:** Memorándum oficial de Slawson, "Conference with the CIA", 12 de marzo de 1964, archivos del equipo de trabajo, Comisión Warren, NARA.

245 **Slawson los leyó:** Memorándum oficial de Coleman y Slawson, "Mexico: Questions Raised by Ambassador Mann", 2 de abril de 1964, archivos del equipo de trabajo, Comisión Warren, NARA.

246 **Stern recibió un inventario:** Entrevistas a Stern; memorándum de Stern dirigido a Rankin, "CIA File on Oswald", 27 de marzo de 1964, archivos del equipo de trabajo, Comisión Warren, NARA.

247 **"Dejaron en claro..."**: Entrevistas a Slawson.

248 **Yuri Ivanovich Nosenko:** Para conocer la historia profesional de Nosenko, véase su necrología en *The New York Times*, 28 de agosto de 2008. Véase también Martin, *Wilderness*.

248 **La defección de Nosenko:** *The New York Times*, 15 de febrero de 1964.

249 **Le preocupaba, en especial:** Martin, *Wilderness*, *passim*.

249 **Rocca le insistió a Slawson:** Entrevistas a Slawson.

250 **No recibía ningún tipo:** *The Washington Post*, 1° de septiembre de 2008.

250 **La petición tenía que ser:** Testimonio de W. David Slawson, HSCA, 15 de noviembre de 1977, *passim*.

CAPÍTULO 22

253 **Fue a principios del mes:** Testimonio de Norman Redlich, HSCA, 8 de noviembre de 1977.

254 **"Por supuesto que creímos...":** Entrevistas a Slawson.

254 **"Era una maniobra de autoprotección...":** Specter, *Passion*, p. 93; Entrevistas a Specter.

254 **Griffin vio ese episodio:** Entrevistas a Griffin. Véase también Testimonio de Griffin a la Cámara, 17 de noviembre de 1977.

254 **"Huelga decir...":** Carta de Rankin dirigida a Hoover, 20 de febrero de 1964.

255 **Como Hosty lo describiría:** Entrevistas a Hosty; Hosty, *Assignment: Oswald*, p. 234.

255 **En diciembre, había recibido:** Carta de Hoover dirigida a Hosty, 13 de diciembre de 1963, tal como se imprimió en Hosty, *Assignment: Oswald*, p. 101.

255 **"Vas a ser el chivo":** Hosty, *Assignment: Oswald*, p. 118.

256 **"Yo no estaba al tanto..."** Ibídem, p. 36.

257 **En los meses posteriores:** Ibídem, p. 83.

257 **Hosty entrevistó a Odio:** Ibídem, pp. 132-134.

258 **De acuerdo con la descripción de Odio:** Testimonio de Silvia Odio, 9 de julio de 1964, Apéndice Warren, vol. 11, p. 367 y *passim*.

259 **Durante su entrevista con Hosty:** Memorándum de Griffin dirigido a Slawson, 12 de julio de 1964, archivos del equipo de trabajo, Comisión Warren, NARA. Véase también Hosty, *Assignment: Oswald*, p. 132 y *passim*.

259 **Contactó al psiquiatra de Odio:** Testimonio del doctor Burton Einspruch, HSCA, 11 de julio de 1978, *passim*.

260 **En las semanas posteriores al asesinato:** Hosty, *Assignment: Oswald*, p. 133.

CAPÍTULO 23

261 **El buró no los había marcado:** Entrevistas a Slawson.

264 **En Estados Unidos, una pluma más seria:** Memorándum de Redlich dirigido a Rankin, 11 de febrero de 1964, archivos del equipo de trabajo, Comisión Warren, NARA.

264 **El 12 de febrero, *Tocsin*:** Véase la fotocopia de la portada de *Tocsin*, hallada en los archivos de correspondencia del Congreso, Biblioteca Ford.

265 **En cuestión de días, el congresista:** Carta de Baldwin dirigida a Ford, 12 de febrero de 1964, archivos de correspondencia del Congreso, Biblioteca Ford.

265 **Estableció contacto con:** Véase carta de Francis J. McNamara, del Comité de Actividades Antiestadounidenses de la Cámara, dirigida a Ford, 27 de febrero de 1964, archivos de correspondencia del Congreso, Biblioteca Ford.

265 **Cuando los reporteros:** *The New York Times*, 5 de febrero de 1964; Associated Press, 4 de febrero de 1964. Véase también Newton, *Justice for All*, p. 434.

266 **Arlen Specter diría:** Entrevistas a Specter; Specter, *Passion*, p. 59.

266 **The Columbus Enquirer:** Adjunto a una carta de Harold Callaway dirigida a Ford, 10 de febrero de 1964, archivos de correspondencia del Congreso, Biblioteca Ford.

266 **El ministro presidente fue denunciado:** Véase la transcripción de los comentarios de Johansen, 6 de febrero de 1964, hallada en los archivos de correspondencia del Congreso, Biblioteca Ford.

267 **Un veterano editor de la revista Newsweek:** Carta de Graham dirigida a Warren, 18 de febrero de 1964, y carta de Bernstein dirigida a Warren, 14 de febrero de 1964, archivos de correspondencia, documentos de Warren, LOC.

268 **El lunes 17 de febrero:** Carta de Hoover dirigida a Rankin, 17 de febrero de 1964, archivos del equipo de trabajo, Comisión Warren, NARA.

268 **Rankin reaccionó de inmediato:** Carta de Rankin dirigida a Hoover, 18 de febrero de 1964, archivos del equipo de trabajo, Comisión Warren, NARA.

268 **En aquel momento, Rankin observó:** Véase memorándum de Charles N. Schaffer, "Memorandum for the Record", 17 de febrero de 1964, archivos del equipo de trabajo, Comisión Warren, NARA.

269 **"Tomé un baño...":** Declaración de Marina Oswald al FBI, 19 de febrero de 1964, tal como se imprimió en Aynesworth, *JFK: Breaking*. Véase también carta de Hoover dirigida a Rankin, 20 de febrero de 1964, archivos del equipo de trabajo, Comisión Warren, NARA.

270 **"¿Sería posible que Marina...":** Ford, *Portrait*, p. 511.

270 **Robert testificó:** Testimonio de Robert Oswald, 20 de febrero de 1964, Apéndice Warren, vol. 1, pp. 264-502.

271 **"El señor Rankin manifestó...":** Memorándum de Hoover dirigido a Tolson *et al.*, 24 de febrero de 1964, FBI.

272 **En cuestión de días, ocho agentes:** Memorándum de las oficinas del FBI en Dallas dirigido a las oficinas centrales del FBI, "Recommendations for Installation of Telephone and Microphone Surveillance", 2 de marzo de 1964, FBI.

272 **El siguiente testigo ante la comisión:** Testimonio de James Herbert Martin, 27 de febrero de 1964, Apéndice Warren, vol. 1, pp. 469-502.

273 **"Tal como indica la declaración testimonial de Martin...":** Memorándum de Redlich dirigido a Rankin, 28 de febrero de 1964, archivos del equipo de trabajo, Comisión Warren, NARA.

274 **Dos días después, DeLoach:** Memorándum de DeLoach dirigido a Ford, 14 de febrero de 1964, archivos de correspondencia del Congreso, Biblioteca Ford.

274 **Lane sugirió que eso para él era motivo de orgullo (nota al pie):** Entrevista a Lane.

CAPÍTULO 24

275 **Como principal investigador:** Entrevistas a Stern.

276 **Era una coincidencia macabra:** Para conocer la historia del Servicio Secreto, véase Kessler, *In the President's Secret Service, passim*. Véase también Blaine, McCubbin, y Hill, *The Kennedy Detail, passim*.

276 **La limusina empleada en Dallas:** Para conocer los antecedentes de la limusina de Kennedy, véase el sitio web del Museo Henry Ford: www. thehenryford.org/research/kennedyLimo.aspx.

276 **"No se diseñó para ser...":** Entrevistas a Stern; memorándum de Stern dirigido a Rankin, "Report on Security Measures to Protect the President", 17 de febrero de 1964, archivos del equipo de trabajo, Comisión Warren, NARA.

278 **"Fue horrible":** Entrevistas a Stern.

278 **Dentro de la agencia había:** Informe Warren, p. 430; memorándum de Stern para el registro, 17 de febrero de 1964, y "Memorandum of Interview" de Stern, 20 de marzo de 1964, archivos del equipo de trabajo, Comisión Warren, NARA.

279 **Stern se lamentaba:** Entrevistas a Stern.

280 **Stern percibía:** Entrevistas a Stern. Para una descripción de la fiesta en el Club Metropolitan, véase Peppers y Ward, *In Chambers: Stories of the Supreme Court Law Clerks and Their Justices.*

CAPÍTULO 25

282 **En marzo, Ford le escribió a Rankin:** Carta de Ford dirigida a Rankin, 28 de marzo de 1964, archivos del equipo de trabajo, Comisión Warren, NARA.

282 **El ministro presidente nunca fue descortés:** Specter, *Passion*, p. 56.

284 **John Stiles:** Para conocer la historia profesional de Stiles, véase su necrología en *Grand Rapids (Michigan) Press*, 15 de abril de 1970.

284 **En marzo, Ford recibió:** "Checklist of Questions Raised by Mark Lane", 6 de marzo de 1964, archivos de correspondencia del Congreso, Biblioteca Ford.

285 **James D. Weaver, congresista:** Carta de Weaver dirigida a Ford, 23 de abril de 1964, archivos de correspondencia del Congreso, Biblioteca Ford.

285 **Un memo dirigido a Ford:** Memorándum sin firma dirigido a Ford, "Memorandum for Honorable Gerald R. Ford", 17 de marzo de 1964, archivos de correspondencia del Congreso, Biblioteca Ford.

286 **"¿Cómo fue que...?"** Carta de Poff dirigida a Ford, 20 de abril de 1964, archivos de correspondencia del Congreso, Biblioteca Ford.

286 **Un médico texano:** Nota del doctor George H. Kakaska dirigida a Ford, 23 de abril de 1964, archivos de correspondencia del Congreso, Biblioteca Ford.

286 **El 3 de abril, Rankin:** Carta de Rankin dirigida a Ford, 3 de abril de 1964, archivos de correspondencia del Congreso, Biblioteca Ford.

286 **Ford le había escrito a Rankin:** Carta de Ford dirigida a Rankin, 7 de abril de 1964, archivos de correspondencia del Congreso, Biblioteca Ford.

286 **En otra carta dirigida a Rankin:** Carta de Ford dirigida a Rankin, 24 de abril de 1964, archivos de correspondencia del Congreso, Biblioteca Ford.

286 **Preparó incluso un diagrama:** Memorándum de Ray dirigido a Ford, sin fecha, archivos de correspondencia del Congreso, Biblioteca Ford.

287 **Un memo sin firma dirigido a Ford:** "Observations: Re: Mr. R.", 7 de abril de 1964, archivos de correspondencia del Congreso, Biblioteca Ford.

288 **Durante junio, la oficina de Ford:** Carta de H. L. Hunt dirigida a Ford, 25 de enero de 1964, archivos de correspondencia del Congreso, Biblioteca Ford.

288 **"Cuando me enteré de esa posibilidad..."**: Entrevistas a Goldberg.

289 **La esforzada labor de Ford:** Véase el material preliminar del libro de Ford, *Portrait of the Assassin*, en los archivos de correspondencia de Ford, Biblioteca Ford. En tales archivos también hay una copia del contrato de edición del libro.

CAPÍTULO 26

291 **"He tenido que alterar..."**: Carta de Belin dirigida a sus colegas en Herrick, Langdon, Sandblom & Belin, 27 de enero de 1964, archivos de Belin en la Comisión Warren, Biblioteca Ford.

291 **Criado en Sioux City:** *Des Moines Register*, 15 de junio de 2000.

292 **Despachó otra carta a Des Moines:** Carta de Belin a sus colegas en Herrick, Langdon, Sandblom & Belin, 11 de febrero de 1964, archivos de Belin en la Comisión Warren, Biblioteca Ford.

293 **"Cuando dos o más personas..."**: Belin, *You Are the Jury*, p. 175.

293 **Cuando se les preguntó:** Ibídem, pp. 4-5.

293 **Había diferencias:** Ibídem, pp. 5-8.

293 **"Yo no estaba preparado en realidad..."**: Carta de Belin dirigida a sus colegas en Herrick, Langdon, Sandblom & Belin, 26 de marzo de 1964, archivos de Belin en la Comisión Warren, Biblioteca Ford.

294 **Sus amigos en el cuerpo de policía:** Véase *The New York Times*, 25 de noviembre de 1963, y el vasto material biográfico incluido en un sitio web dedicado a la memoria de la familia Tippit: www.jdtippit.com.

296 **Para la prueba, Belin y Ball:** Belin, *You Are the Jury*, pp. 139-140.

297 **Belin realizó una prueba más:** Ibídem, pp. 261-263.

297 **"Apenas podía creer..."**: Ibídem, p. 42.

298 **..."escuché un estallido..."**: Testimonio de Howard Brennan, 24 de marzo de 1964, Apéndice Warren, vol. 3, pp. 140-211.

299 **Más o menos en los días:** Belin, *You Are the Jury*, p. 136.

300 **El testimonio de Holland era:** Entrevistas a Stern.

301 **Si Howard Brennan era el testigo:** Belin, *You Are the Jury*, p. 69.

301 **Warren le habría deslizado:** La nota elaborada a mano, sin fecha, se encuentra en los archivos de correspondencia del Congreso, Biblioteca Ford. Se identificó como una nota escrita por el ministro presidente, quien deslizó el trozo de papel a Ford durante el testimonio de Markham.

301 **Markham admitió:** Testimonio de Helen Markham, 26 de marzo de 1964, Apéndice Warren, vol. 3, pp. 304-322.

302 **¿Podía Lane haberse hecho pasar...?:** Belin, *You Are the Jury*, pp. 340-342.

304 **A finales de febrero, la revista *Life*:** Ibídem, pp. 302-305.

CAPÍTULO 27

307 **De los 93 testigos:** Entrevistas a Specter; Specter, *Passion*, p. 107.

308 **Las dividió en siete categorías:** Memorándum de Specter dirigido a Rankin, "Outline of Suggested Questions for Mrs. Jacqueline Kennedy", 31 de marzo de 1964, archivos del equipo de trabajo, Comisión Warren, NARA.

308 **"El ministro presidente había adoptado...":** Entrevistas a Specter. Véase también Specter, *Passion, passim.*

309 **Kellerman, a decir de Specter:** Entrevistas a Specter; Specter, *Passion*, pp. 66-69.

310 **Cuando Jacqueline Kennedy:** Gallagher, *My Life with Jacqueline Kennedy*, p. 341. Mary Barelli Gallagher fue la secretaria personal de la señora Kennedy en la Casa Blanca.

310 **Posteriormente, cuando William:** Manchester, *Death*, p. 290.

311 **Specter consideraba:** Specter, *Passion*, pp. 63-69. Véase también Hill y McCubbin, *Mrs. Kennedy and Me: An Intimate Memoir*, p. 281.

312 **Hill también le habría:** Testimonio de Clint Hill, 9 de marzo de 1964, Apéndice Warren, vol. 2, pp. 132-143.

313 **Un alarmado reportero:** Manchester, *Death*, p. 222.

313 **Ninguna empresa noticiosa:** Ibídem, pp. 165, 345.

314 **"Se mostraba muy desconfiado":** Specter, *Passion*, p. 77.

315 **Un reporte del buró fechado en diciembre:** El reporte inicial sobre la autopsia, fuente de la información esencial que se reeditó en los reportes de diciembre y enero, fue preparado por Francis X. O'Neill y James W. Sibert, quienes observaron el procedimiento. El reporte completo, fechado el 26 de noviembre de 1963, fue publicado por la ARRB y está disponible en línea: http://www.history-matters.com/archive/jfk/arrb/master_med_set/md44/html/Image0.htm.

315 **Fue entonces, al decir de:** Specter, *Passion*, p. 78. Véase también Testimonio de Humes y Entrevista a Humes.

316 **Más tarde, Specter recordaría:** Specter, *Passion*, p. 80.

317 **"Veo que el gobernador Connally...":** Testimonio de James J. Humes, 16 de marzo de 1964, Apéndice Warren, vol. 2, pp. 347-376.

319 **"Era peligroso":** Belin, *You Are the Jury*, pp. 345-346.

320 **A la familia Kennedy le preocupaba:** Specter, *Passion*, p. 84.

CAPÍTULO 28

321 **"El ministro presidente no dejaba...":** Entrevistas a Specter; Specter, *Passion*, pp. 90-99.

322 **Dicho error:** Testimonio del doctor Ronald Coy Jones, 24 de marzo de 1964, Apéndice Warren, vol. 6, pp. 51-57.

324 **El testimonio clave:** Testimonio de Darrell Tomlinson, 20 de marzo de 1964, Apéndice Warren, vol. 6, pp. 128-134.

325 **Una posibilidad sólida:** Informe Warren, pp. 111-112.

326 **La ropa había sido:** Entrevistas a Specter; Specter, *Passion*, pp. 69-75.

326 **"No soportaba ver la sangre":** Nellie Connally y Mickey Herskowitz, *From Love Field*, p. 119.

327 **La proyección le pareció:** Ibídem, pp. 120-121.

328 **Specter recordaría que la discussion:** Entrevistas a Specter; Specter, *Passion*, p. 72.

328 **La señora Connally pidió:** Belin, *You Are the Jury*, pp. 308-309.

328 **"Ni siquiera las balas 'mágicas'...":** Connally y Herskowitz, *From Love Field*, p. 120.

329 **"Russell iba impecable...":** Entrevistas a Specter.

329 **"Escuché un ruido...":** Testimonio del gobernador John Connally, 16 de marzo de 1964, Apéndice Warren, vol. 4, pp. 131-146.

330 **La escena produjo:** Entrevistas a Specter.

332 **Connally, decidió Warren:** Entrevista que Warren le concedió a Alfred Goldberg, 26 de marzo de 1974, tal como se halló en los archivos de la Comisión Warren, documentos de Warren, LOC.

CAPÍTULO 29

333 **"Debo haberlos visto...":** Entrevistas a Pollak.

334 **"Ahí estaba":** Entrevistas a Goldberg.

335 **"El ministro presidente no era una lumbrera...":** Entrevistas a Pollak.

336 **La primera tarea de Richard Mosk:** Entrevistas a Mosk.

337 **A finales de abril, Mosk:** Memorándum de Mosk dirigido a Slawson, 23 de abril de 1964, archivos del equipo de trabajo, Comisión Warren, NARA.

337 **Dos años antes había realizado:** Véase la necrología de Ely en *The New York Times*, 27 de octubre de 2003.

338 **Ely había recibido instrucciones:** Memorándum de Ely dirigido a Jenner y Liebeler, "Lee Harvey Oswald's Marine Career", 22 de abril de 1964, archivos del equipo de trabajo, Comisión Warren, NARA.

338 **El aparentemente pudoroso:** Memorándum de Ely dirigido a Rankin, 5 de mayo de 1964, archivos del equipo de trabajo, Comisión Warren, NARA.

CAPÍTULO 30

339 **Dean había relatado:** Testimonio de Patrick T. Dean, 24 de marzo de 1964, Apéndice Warren, vol. 12, pp. 415-449. Véase también *The Dallas Morning News*, 25 de marzo de 1979.

340 **Griffin no era la única persona:** Aynesworth, *JFK: Breaking*, pp. 176-179. Véase también Huffaker, *When the News Went Live, passim*.

341 **Cuando Griffin tomó declaración a Dean:** Testimonio de Patrick T. Dean, 24 de marzo de 1964, Apéndice Warren, vol. 12, pp. 415-449.

342 **Dean declararía después:** *The Dallas Morning News*, 25 de marzo de 1979.

342 **"Ningún integrante...":** Testimonio de Patrick T. Dean, 8 de junio de 1964, Apéndice Warren, vol. 5, pp. 254-258.

343 **Inmediatamente después de una junta:** Memorándum de Griffin dirigido a Willens, 4 de abril de 1964, archivos del equipo de trabajo, Comisión Warren, NARA.

343 **"No creemos...":** Ídem.

344 **"Debemos continuar...":** Memorándum de Willens dirigido a Rankin, 6 de abril de 1964, archivos del equipo de trabajo, Comisión Warren, NARA.

344 **"Creemos que existe...":** Memorándum de Hubert y Griffin dirigido a Rankin, "Adequacy of Ruby Investigation", 14 de mayo de 1964, archivos del equipo de trabajo, Comisión Warren, NARA.

344 **El memo, en esencia:** Memorándum de Willens dirigido a Griffin, "Re: Adequacy of Ruby Investigation", 1° de junio de 1964, archivos del equipo de trabajo, Comisión Warren, NARA.

345 **Le dijo a Rankin que necesitaba:** Memorándum de Hubert dirigido a Rankin, 1° de junio de 1964, archivos del equipo de trabajo, Comisión Warren, NARA.

345 **De acuerdo con David:** Belin, *Final Disclosure*, p. 46.

345 **El 26 de abril:** Carta del Dr. Louis West dirigida a Henry Wade, 7 de mayo de 1964, archivos del equipo de trabajo, Comisión Warren, NARA.

347 **Ruby reconoció de buen grado:** Carta del doctor Robert Stubblefield dirigida al juez Joe B. Brown, 15 de mayo de 1964, archivos del equipo de trabajo, Comisión Warren, NARA.

CAPÍTULO 31

348 **"Durán podría ser mi testigo...":** Entrevistas a Slawson.

348 **El día previo a su partida:** Memorándum oficial de Slawson, "Trip to Mexico City", 22 de abril de 1964, archivos del equipo de trabajo, Comisión Warren, NARA.

350 **"La CIA me comunicó...":** Entrevistas a Slawson. Véase también Testimonio de W. David Slawson, HSCA, 15 de noviembre de 1977.

352 **Los abogados de la comisión le preguntaron:** Memorándum de Slawson para el registro, "Trip to Mexico City", 22 de abril de 1964, archivos del equipo de trabajo, Comisión Warren, NARA.

355 **"Aún conservamos las cintas":** Entrevistas a Slawson.

356 **Coleman habría añadido:** Entrevistas a Coleman.

358 **El sábado en la noche:** Entrevistas a Slawson.

CAPÍTULO 32

360 **"*Señor Manchester*":** Manchester, *Controversy*, pp. 11-15.

362 **Cuatro días después:** Manchester, *Death*, pp. x-xiii.

362 **La declaración de 2025 palabras:** Declaración del presidente Lyndon B. Johnson, 10 de julio de 1964, Apéndice Warren, vol. 5, pp. 561-564.

362 **"Creo que hubiera sido...":** Chief Justice Earl Warren Oral History, Biblioteca LBJ, 21 de septiembre de 1971, p. 12.

363 **"Di una última mirada...":** Declaración de la esposa de Lyndon B. Johnson, 16 de julio de 1964, Apéndice Warren, vol. 5, pp. 564-565.

363 **Warren mismo aceptó:** Manchester, *Death*, pp. X–XI.

363 **A Manchester también:** Manchester, *Controversy*, p. 10.

364 **"Jackie ha estado reinando...":** Diarios de Pearson, noviembre y diciembre de 1963, documentos de Pearson, Biblioteca LBJ.

366 **"Los televidentes del funeral...":** Washington Merry-Go-Round, 10 de diciembre de 1963, disponible en los archivos de Drew Pearson que conserva la Universidad Americana. Esta columna en concreto puede hallarse en http://dspace.wrlc.org/doc/bitstream/2041/50094/b18f09-1210zdisplay.pdf#search=".

367 **La columna ocasionó:** Diarios de Pearson, noviembre y diciembre de 1963, documentos de Pearson, Biblioteca LBJ.

367 **De acuerdo con su contrato:** Manchester, *Controversy*, p. 8.

367 **Warren había sentido siempre:** Entrevistas a Goldberg.

367 **La mayor parte del informe:** Memorándum de Goldberg dirigido a Rankin, "Proposed Outline of Report", 13 de abril de 1964, archivos del equipo de trabajo, Comisión Warren, NARA.

368 **El 16 de marzo:** Memorándum de Goldberg dirigido a Rankin, "Proposed Outline of Report", 13 de marzo de 1964, archivos del equipo de trabajo, Comisión Warren, NARA.

369 **"Todos ellos se habían graduado...":** Entrevistas a Goldberg.

369 **"Desde un punto de vista global...":** Carta de Belin dirigida a Willens, 19 de marzo de 1964, archivos del equipo de trabajo, Comisión Warren, NARA.

369 **El 28 de abril, finalizó:** Memorándum de Goldberg dirigido a Rankin, 28 de abril de 1964, archivos del equipo de trabajo, Comisión Warren, NARA.

CAPÍTULO 33

370 **El joven abogado había escuchado:** Entrevistas a Slawson.

373 **Warren, por su parte, confirmaría:** Entrevista que Warren le concedió a Alfred Goldberg, 26 de marzo de 1974, tal como fue hallada en los archivos de la Comisión Warren, documentos de Warren, LOC.

374 **En junio, el ministro presidente:** *Ídem.*

376 **"Si el incidente del suicidio...":** Memorándum de Slawson dirigido a Specter, 13 de marzo de 1964, archivos del equipo de trabajo, Comisión Warren, NARA.

376 **El 6 de abril, en un memo dirigido a sus colegas:** Memorándum de Slawson dirigido a Hubert y Griffin, "Re: Silvia Odio", 6 de abril de 1964, archivos del equipo de trabajo, Comisión Warren, NARA.

377 **"Einspruch declaró...":** Memorándum de Griffin dirigido a Slawson, "Interview with Dr. Burton C. Einspruch", 16 de abril de 1964, archivos del equipo de trabajo, Comisión Warren, NARA.

CAPÍTULO 34

378 **Rankin recordaría a Liebeler:** Deposición de Rankin, *passim.*

378 **"En cuestiones políticas...":** Testimonio de Wesley Liebeler, HSCA, 16 de noviembre de 1977 (en lo sucesivo, Testimonio de Liebeler).

378 **Slawson lo describiría:** Entrevistas a Slawson, Griffin y Specter. Véase también Transcripciones de las Memorias de Specter.

379 **"Era una enorme...":** Deposición de Rankin.

380 **Con el paso de los años, su hijo menor:** Entrevista a Eric Liebeler.

380 **"Finalmente decidí...":** Testimonio de Liebeler.

381 **Mientras que Liebeler:** Entrevistas a Specter.

381 **De vuelta, en Chicago:** Para conocer la historia profesional de Jenner, véase su necrología en *The New York Times*, 25 de junio de 1974.

381 **Alfred Goldberg recordaría haber leído:** Entrevistas a Goldberg; Entrevistas a Specter; Entrevistas a Slawson.

382 **Si existía alguna duda:** Memorándum de Ely dirigido a Jenner y Liebeler, 9 de marzo de 1964, archivos del equipo de trabajo, Comisión Warren, NARA.

382 **A Ely se le pidió también:** Memorándum de Ely dirigido a Jenner y Liebeler, "Lee Harvey Oswald's Military Career", 22 de abril de 1964, archivos del equipo de trabajo, Comisión Warren, NARA.

385 **Un detective de homicidios de Dallas:** Testimonio de Guy Rose, 8 de abril de 1964, Apéndice Warren, vol. 7, pp. 227-231.

386 **"Éramos muy cercanos":** Testimonio de George S. de Mohrenschildt, 22 de abril de 1964, Apéndice Warren, vol. 9, pp. 166-264.

387 **—Sra. Paine, ¿es usted...:** Testimonio de Ruth Hyde Paine, 18 de marzo de 1964, Apéndice Warren, vol. 2, pp. 430-517.

389 **"De vez en cuando se ha originado..."** Testimonio de George S. de Mohrenschildt, 22 de abril de 1964, Apéndice Warren, vol. 9, pp. 166-264.

390 **La comisión determinaría posteriormente:** Pese a que Moore no fue identificado por su nombre en el volumen central del informe final de la comisión, aparentemente en deferencia a la CIA, su nombre sí figura en la documentación interna de la comisión y en la transcripción pública oficial del testimonio de De Mohrenschildt.

CAPÍTULO 35

391 **Jugaban bromas:** Entrevistas a Specter; Transcripciones de las Memorias de Specter.

391 **Slawson, el abogado del equipo:** Entrevistas a Slawson; Entrevistas a Specter.

392 **Fue entonces que el agente del FBI:** Specter, *Passion*, pp. 83-84.

393 **"Yo creo que los comisionados nunca supieron...":** Entrevistas a Specter.

394 **"Yo le hice la vida imposible a Rankin":** Specter, *Passion*, p. 87; Entrevistas a Specter.

395 **Los Kennedy, diría:** Belin, *You Are the Jury*, p. 347.

395 **"No se trataba...":** Entrevistas a Specter; Transcripciones de las Memorias de Specter.

395 **El memorándum, con fecha del 30 de abril:** Memorándum de Specter dirigido a Rankin, "Autopsy Photographs and x-Rays of Pre-

sident John F. Kennedy", 30 de abril de 1964, archivos del equipo de trabajo, Comisión Warren, NARA.

396 **"El equipo de trabajo siente..."**: Sesión ejecutiva de la Comisión Warren, 30 de abril de 1964, pp. 5860-5892.

399 **Thomas Kelley, el inspector:** Specter, *Passion*, pp. 88-89; Entrevistas a Specter.

400 **De vuelta en Washington, a Alfred:** Entrevistas a Goldberg.

400 **"Las fotos son espantosas...": (nota al pie):** Ibídem, p. 89.

CAPÍTULO 36

401 **En un discurso:** Para conocer las frases de Gurney, véase la columna, publicada a nivel nacional por varios medios, de Fulton Lewis Jr., tal como fue publicada en el *Lebanon Daily News*, Lebanon, Pennsylvania, 8 de mayo de 1964 (consultada a través de www.newspaperarchive.com).

401 **"Es absolutamente inconcebible...":** Véase la reproducción del editorial del *The St. Louis Globe-Democrat* en el *News Tribune* de Jefferson City, Missouri, 10 de mayo de 1964 (consultada a través de www.newspaperarchive.com).

402 **"La comisión no tiene conocimiento...":** Entrevistas a Eisenberg.

402 **Se preparó, además, un guión:** Una copia sin fecha del documento se encuentra en los archivos del equipo de trabajo, Comisión Warren, NARA.

402 **La investigación del FBI sobre los antecedentes:** Para conocer antecedentes adicionales, véase la necrología de Redlich en *The New York Times*, 11 de junio de 2011.

403 **Eisenberg, tan cercano a Redlich:** Entrevistas a Eisenberg; Entrevistas a Slawson.

403 **La esposa de Redlich:** Entrevista a Evelyn Redlich.

404 **Warren inició la reunión:** Sesión ejecutiva de la Comisión Warren, 19 de mayo de 1964.

408 **La gratitud de Redlich:** Entrevista a Griffin.

CAPÍTULO 37

409 **El teléfono sonó:** Entrevistas a Hosty; Hosty, *Assignment: Oswald*, pp. 117-120.

411 **Hosty pasó gran parte:** Hosty, *Assignment: Oswald*, pp. 139-156.

413 **"¿No se le ocurrió...":** Testimonio de James Hosty, 5 de mayo de 1964, Apéndice Warren, vol. 4, pp. 440-476.

414 **"Varios meses después de que se publicó el informe Warren..." (nota al pie):** Hosty, *Assignment: Oswald*, p. 146.

415 **El 5 de mayo, Rankin:** Carta de Rankin dirigida a Hoover, 5 de mayo de 1965, archivos del equipo de trabajo, Comisión Warren, NARA.

416 **El jueves 14 de mayo:** Testimonio de J. Edgar Hoover, 14 de mayo de 1964, Apéndice Warren, vol. 5, pp. 97-119.

417 **Aquel día, inmediatamente después:** Testimonio de John A. McCone y Richard M. Helms, 14 de mayo de 1964, Apéndice Warren, vol. 5, pp. 120-29.

417 **En Dallas, durante el mes de junio, Hugh:** *The Dallas Morning News*, 27 de junio de 1964.

417 **Dos semanas después de la exclusiva:** *Life*, 10 de julio de 1964.

418 **A Slawson le preocupaba:** Memorándum de Slawson dirigido a Rankin, "Publication of Oswald's Historic Diary", 6 de septiembre de 1964, archivos del equipo de trabajo, Comisión Warren, NARA.

418 **La revista *Life* insistió:** *Life*, 10 de julio de 1964.

419 **En un memorándum del 8 de julio:** Carta de Hart dirigida al capitán W. P. Gannaway, del departamento de policía de Dallas, 8 de julio de 1964, Archivo Municipal de Dallas, Oficina de la Secretaría de la Ciudad.

419 **El subdirector del FBI, Cartha:** Memorándum de DeLoach dirigido a Mohr, "Lee Harvey Oswald", 24 de agosto de 1964 (referente a una entrevista con Ford el 17 de agosto de 1964), FBI.

419 **La verdad, esclarecida al paso del tiempo:** Entrevistas a Aynesworth; Aynesworth, *November 22, 1963: Witness to History*, pp. 134-135.

CAPÍTULO 38

420 **"Warren se oponía a muerte":** Entrevistas a Specter; Transcripciones de las Memorias de Specter.

421 **Specter recibiría más buenas noticias:** Informe Warren, p. 95.

421 **El Arsenal Edgewood:** Olivier y Dziemian, *Wound Ballistics of 6.5-MM. Mannlicher-Carcano Ammunition*, mayo de 1964, publicado por Arsenal Edgewood, Departamento del Ejército, encontrado en los archivos del equipo de trabajo, Comisión Warren, NARA.

422 **Al igual que sus colegas y muchos:** Entrevistas a Specter; Transcripciones de las Memorias de Specter.

423 **Había "frustración sobre todo el curso...":** Carta de Belin dirigida a Willens, 20 de octubre de 1966. Archivos de correspondencia de Belin, documentos de Belin, Biblioteca Ford.

424 **"Si ella se niega...":** Memorándum de Belin dirigido a Rankin, "Examination of Marina Oswald", 29 de enero de 1964, archivos del equipo de trabajo, Comisión Warren, NARA.

424 **Belin había considerado:** Belin, *You Are the Jury*, pp. 431-433.

CAPÍTULO 39

426 **David Slawson sabía lo importante:** Entrevista a Slawson.

427 **Después de consultar con Kennedy:** Memorándum de Willens dirigido a Rankin, "Proposed Exchange of Letters", 4 de junio de 1964, y memorándum de Willens dirigido a Katzenbach, "Proposed Letters to the President's Commission", 12 de junio de 1964, archivos del equipo de trabajo, Comisión Warren, NARA.

427 **La carta de Warren:** Carta de Warren dirigida a Robert Kennedy, 11 de junio de 1964, archivos del equipo de trabajo, Comisión Warren, NARA.

428 **Fuera del fiscal general:** Specter, *Passion*, pp. 120-122.

428 **El relato de O'Donnell:** Testimonio de Kenneth P. O'Donnell, 18 de mayo de 1964, Apéndice Warren, vol. 7, pp. 440-457.

429 **Specter supuso que O'Donnell:** Specter, *Passion*, pp. 120-122.

430 **Se decía que, en conversaciones:** Ibídem, p. 107.

431 **El viernes 5 de junio, poco después de las 4:00 pm:** Testimonio de la esposa de John F. Kennedy, 5 de junio de 1964, Apéndice Warren, vol. 5, pp. 178-181.

431 **"Lo compartiré contigo":** La cita apareció en el manuscrito original de *Death*, de Manchester, pero fue suprimida en 1966 durante las negociaciones que mantuvo el autor con la familia Kennedy. Manchester entrevistó a Ethel Kennedy en abril de 1964. Véase Thomas, *Robert Kennedy*, pp. 278, 451.

435 **La transcripción del testimonio:** Para una descripción de cómo se obtuvieron las palabras exactas de la transcripción, a través de una solicitud hecha por un cineasta canadiense que apeló a la Ley de Libertad de la Información (FOIA, por sus siglas en inglés), véase *Ottawa Citizen* (Ottawa, Canadá), 14 de agosto de 2001.

CAPÍTULO 40

436 **"Yo podía sonreír al verlos":** Chief Justice Earl Warren Oral History, Biblioteca LBJ, 21 de septiembre de 1971, p. 12. Véase también Warren, *Memoirs*.

436 **A pesar de su renuencia, Warren:** Specter, *Passion*, pp. 105-108.

440 **Del almacén de libros, el grupo:** Reporte de Ford sobre el viaje y testimonio de Ruby, "Dallas Trip, June 7, 1964", tal como se hallan en los archivos de correspondencia del Congreso, Biblioteca Ford.

440 **"Conforme el ministro presidente...":** Specter, *Passion*, p. 112.

441 **—Sin un detector de mentiras:** Testimonio de Jack Ruby, 7 de junio de 1964, Apéndice Warren, vol. 5, pp. 181-213.

443 **Al final del pasillo:** Entrevistas a Specter; Specter, *Passion*, p. 113.

444 **Ford pudo ver:** Reporte de Ford sobre el viaje, "Dallas Trip, June 7, 1964", tal como se halla en los archivos de correspondencia del Congreso, Biblioteca Ford.

444 **"¿Ya vio?":** Specter, *Passion*, p. 114.

446 **"En vez de girar...":** Entrevistas a Specter; Transcripciones de las Memorias de Specter.

446 **Aquella noche, en el vuelo de regreso:** Specter, *Passion*, p. 115.

CAPÍTULO 41

447 **Rowley, originario del Bronx:** Véase la necrología de Rowley en *The New York Times*, 3 de noviembre de 1992.

447 **Poco después de las 9:00 am:** Testimonio de James Rowley, 18 de junio de 1964, Apéndice Warren, vol. 5, pp. 449-485.

451 **El departamento no sólo:** Informe Warren, p. 113. La cantidad exacta de préstamo fue: 435.71 dólares.

451 **El secretario de Estado, Dean Rusk:** Véase la necrología de Rusk en *The New York Times*, 22 de diciembre de 1994.

452 **"Rusk parecía...":** Entrevistas a Slawson.

452 **Kennedy eligió a Rusk:** Schlesinger, *A Thousand Days*, p. 435.

452 **Jacqueline Kennedy comentó:** Michael Beschloss (ed.), *Jacqueline Kennedy: Historic Conversations on Life with John F. Kennedy*, p. 112.

453 **Después del testimonio de Rusk:** Memorándum de Slawson dirigido a Rankin, "Subject: Taking Testimony of Remaining State Department Witnesses", 12 de junio de 1964, archivos del equipo de trabajo, Comisión Warren, NARA.

CAPÍTULO 42

455 **Cuando los documentos del FBI:** Entrevistas a Eisenberg; Entrevistas a Slawson; Entrevistas a Griffin.

456 **El miércoles 17 de junio:** Carta de Hoover dirigida a Rankin, 17 de junio de 1964, CIA, NARA. (Este documento aparece en los archivos desclasificados de la CIA y no en los archivos de la comisión preservados en el Archivo de la Nación.)

457 **Años después, el FBI revelaría:** Barron, *Operation Solo*, pp. 112-114. El FBI ha desclasificado varios de sus documentos internos referentes a la Operación Solo, y están disponibles en línea en el sitio web del buró: http://vault.fbi.gov/solo.

458 **Phillips, un texano:** Véase la necrología de Phillips en *The New York Times*, 10 de julio de 1988.

459 **Contaba con dos seudónimos:** Testimonio de David Atlee Phillips, 25 de abril de 1998, HSCA.

459 **La embajada cubana ahí:** Testimonio de David Atlee Phillips, 27 de noviembre de 1976, HSCA.

459 **La CIA no estaba autorizada:** Phillips, *The Night Watch*, pp. 162-164.

460 **Antes del asesinato, reconocería:** Testimonio de David Atlee Phillips, 27 de noviembre de 1976, HSCA, pp. 103-135.

461 **Más significativas resultaron:** Testimonio de David Atlee Phillips, 25 de abril de 1978, HSCA, pp. 51-53.

462 **Yo era uno de los dos oficiales a cargo:** Morley, *Our Man*, p. 336. Véase también Kaiser, *The Road to Dallas*, p. 288. (Kaiser declaró que obtuvo el borrador de manos de Morley.); Anthony y Robbyn Summers, "The Ghosts of November", *Vanity Fair*, diciembre de 1994. El autor del presente volumen obtuvo la copia de una fuente que entregó el documento bajo acuerdo de confidencialidad.

CAPÍTULO 43

463 **William Coleman no escribió:** Entrevistas a Coleman.

463 **Los presentaron:** Coleman, *Counsel*, p. 58.

466 **En Paul Weiss:** Entrevistas a Coleman; Coleman, *Counsel*, *passim*.

466 **Cuando llegó el momento:** Coleman, *Counsel*, p. 149.

466 **En 1952 Coleman:** Coleman, *Counsel, passim.*

467 **Las filtraciones llegaron primero:** Véase la necrología de Lewis en *The New York Times,* 25 de marzo de 2013.

468 **A los pocos días de la publicación:** *The New York Times,* 1° de junio de 1964.

468 **Aunque era imposible identificar:** Registro de llamadas telefónicas y citas que Julia Eide elaboró para Rankin, 29 de mayo de 1964, 2:00-2:40 pm, archivos del equipo de trabajo, Comisión Warren, NARA.

468 **Warren inmediatamente otorgó:** Sesión ejecutiva de la Comisión Warren, 4 de junio de 1964.

469 **"Se convirtió en una fumadora...":** Manchester, *Death,* p. 635.

470 **Marina Oswald regresó:** Testimonio de Marina Oswald, 11 de junio de 1964, Apéndice Warren, vol. 5, pp. 387-408.

471 **Para el jueves 2 de julio:** Testimonio de Mark Lane, 2 de julio de 1964, Apéndice Warren, vol. 5, pp. 546-561.

CAPÍTULO 44

475 **"La Comisión Warren era un lastre...":** Transcripción de una entrevista a Cavanaugh hallada en Fry, *Hunting and Fishing with Earl Warren,* pp. 1-69. Disponible en línea en http://openlibrary.org/books/OL7213177M/Hunting_and_fishing_with_Earl_Warren.

476 **El 29 de mayo:** Testimonio de Howard Willens, 17 de noviembre de 1977, HSCA.

477 **"Comparto su opinión...":** Carta de Warren dirigida a Carl L. Shipley, 6 de julio de 1964, archivos de correspondencia personal, documentos de Warren, LOC.

477 **La Suprema Corte apenas había terminado:** "New York Times Co. vs. Sullivan", número de caso: 376 U.S. 254; "Escobedo vs. Illinois", número de caso: 378 U.S. 478.

477 **Warren diría después:** Entrevista que Warren le concedió a Alfred Goldberg, 26 de marzo de 1974, tal como se encontró en los archivos de la Comisión Warren, documentos de Warren, LOC.

478 **Rankin se reservó:** Testimonio de J. Lee Rankin, 17 de agosto de 1978, HSCA.

479 **Pero después de reunirse:** Tomando en cuenta los efectos de la inflación, un millón de dólares en 1964 equivaldría a unos siete millones y medio en 2013.

480 **El 12 de mayo:** Entrevistas a Laulicht.

482 **Otra llegada tardía:** Entrevistas a Weinreb.

484 **Antes de irse:** Memorándum de Mosk dirigido a Redlich, 7 de junio de 1964, archivos del equipo de trabajo, Comisión Warren, NARA.

484 **Mosk había revisado el testimonio:** Testimonio de Eugene D. Anderson, 24 de julio de 1964, Apéndice Warren, vol. 11, pp. 301-304.

484 **Un especialista en armas:** Testimonio de Robert A. Frazier, Apéndice Warren, vol. 3, pp. 390-441, y vol. 5, pp. 58-74.

CAPÍTULO 45

486 **"Me trajo muchos problemas..."**: Testimonio de Silvia Odio, 22 de julio de 1964, Apéndice Warren, vol. 11, pp. 367-389.

487 **Su padre, Amador:** *The Dallas Morning News,* 5 de mayo de 1962.

487 **Llegó a la página 98 del borrador:** Borrador del capítulo elaborado por Liebeler, "Possible Personal Motive", 23 de junio de 1964, archivos del equipo de trabajo, Comisión Warren, NARA.

488 **Al parecer fue entonces:** Informe Warren, pp. 407, 727-729.

489 **El 5 de agosto:** Testimonio de Carlos Bringuier, 7 y 8 de abril de 1964, Apéndice Warren, vol. 10, pp. 32-50.

489 **Esto incluía a Dean Andrews:** Testimonio de Dean Adams Andrews Jr., 21 de julio de 1964, Apéndice Warren, vol. 11, pp. 325-339.

489 **Miembros de la cédula anticastrista (nota al pie):** "Anti-Castro Activities", HSCA, vol. x, marzo de 1979.

491 **Ese día, Liebeler tomó el testimonio:** Testimonio de Evaristo Rodríguez, 21 de julio de 1964, Apéndice Warren, vol. 11, pp. 339-345.

491 **Liebeler recordó:** Testimonio de Silvia Odio, 22 de julio de 1964, Apéndice Warren, vol. 11, p. 383.

CAPÍTULO 46

492 **El primer caso documentado:** Memorándum de las oficinas del FBI en Baltimore dirigido a las oficinas centrales del FBI, "TO: DIRECTOR FBI, FROM SAC BALTIMORE, RE: ASSASSINATION OF PRESIDENT JOHN FITZGERALD KENNEDY", 7 de abril de 1964, FBI. Asimismo, memorándum de las oficinas del FBI en Washington, D. C., dirigido a las oficinas centrales del FBI, "TO DIRECTOR FBI, FROM SAC WFO", 8 de abril de 1964, FBI.

492 **El director del FBI descubrió:** Memorándum de Belmont dirigido a Rosen, "Subject: James R. David, Information Concerning Security Violation", 9 de junio de 1964, FBI.

493 **Hoover envió también:** Carta de Hoover dirigida a James R. David, 9 de junio de 1964, FBI.

493 **Otros abogados del equipo de trabajo declararían:** Entrevistas a Slawson.

494 **Liebeler había trabajado duro:** Testimonio de Wesley J. Liebeler, 15 de noviembre de 1977, HSCA.

494 **Ford le pasó su copia:** Memorándum de Fallon dirigido a Ford, 31 de julio de 1964, archivos de correspondencia del Congreso, Biblioteca Ford.

495 **—Quiero hacerle algunas preguntas...:** Testimonio de Silvia Odio, 22 de julio de 1964, Apéndice Warren, vol. 11, pp. 367-389.

495 **Ella le entregó:** Carta de Hoover dirigida a Rankin, 7 de agosto de 1964, archivos del equipo de trabajo, Comisión Warren, NARA.

496 **Lo que pasó en Dallas:** Notas de Gaeton Fonzi, investigador del HSCA, procedentes de la entrevista que le concedió Silvia Odio, 16 de enero de 1976, archivos del equipo de trabajo, HSCA, número de registro: 180-10001-10132, NARA.

498 **Anunció que había intentado:** Entrevistas a Slawson; entrevistas del equipo de trabajo a otros de sus miembros concedidas bajo acuerdo de confidencialidad.

CAPÍTULO 47

499 **—Quisiera pedirle...:** Testimonio de Abraham Zapruder, 22 de julio de 1964, Apéndice Warren, vol. 7, pp. 569-576.

500 **Años después, la revista** *Life:* *Los Angeles Times,* 4 de agosto de 1999.

500 **Richard B. Stolley:** Richard Stolley, "Shots Seen Round the World", *Entertainment Weekly,* 17 de enero de 1992.

500 **Kennedy había obligado a Walker:** Véase la necrología de Walker en *The New York Times,* 2 de noviembre de 1993.

501 **"Estaba sentado detrás de mi escritorio":** Testimonio del mayor general Edwin A. Walker, 23 de julio de 1964, Apéndice Warren, vol. 11, pp. 404-428.

501 **A Specter le molestaba:** Entrevistas a Specter; Transcripciones de las Memorias de Specter.

502 **"Eso terminaría con el asunto...":** Testimonio de Jack Ruby, 18 de julio de 1964, Informe Warren, pp. 807-813.

503 **Juntas, las listas:** Entrevistas a Specter; Specter, *Passion,* pp. 116-117.

504 **La comisión no había podido resolver:** Informe de la entrevista que el capitán W. B. Frazier le concedió a James W. Bookhout y George W. H. Carlson, agentes especiales del FBI, en Dallas, 7 de diciembre de 1963, FBI; carta de Hoover dirigida a Rankin, 30 de julio de 1964, archivos del equipo de trabajo, Comisión Warren, NARA.

CAPÍTULO 48

506 **"Es la única forma...":** Carta de Belin dirigida a Willens, 25 de agosto de 1964, archivos del equipo de trabajo, Comisión Warren, NARA.

507 **"Ha sido de mi conocimiento...":** Sesión ejecutiva de la Comisión Warren, 23 de junio de 1964.

508 **Décadas después, una copia:** El resumen se encontró en los documentos de J. Lee Rankin donados al Archivo de la Nación en 1999, caja 22, carpeta 350, Comisión Warren, NARA.

509 **David Slawson instó:** Memorándum de Slawson dirigido a Rankin y Willens, "Re: Possible Medical Testimony on Oswald", 2 de junio de 1964, archivos del equipo de trabajo, Comisión Warren, NARA.

509 **No le sorprendieron:** Memorándum de Pollak dirigido a Rankin, "Subject: Comments on Volumes 1-4, 6, 7", 18 de junio de 1964, archivos del equipo de trabajo, Comisión Warren, NARA.

510 **Pidió que "las palabras...":** Memorándum de Rankin dirigido a Willens, 17 de agosto de 1964, archivos del equipo de trabajo, Comisión Warren, NARA.

510 **En una breve nota para la comisión:** Memorándum de Rankin dirigido a Stern, 30 de junio de 1964, archivos del equipo de trabajo, Comisión Warren, NARA.

CAPÍTULO 49

512 **El hombre polaco:** *The New York Times*, 30 de junio de 1964.

513 **A Kennedy se le hizo costumbre vestir:** Véase Thomas, *Robert Kennedy*, pp. 282, 333.

514 **Kennedy había estado al tanto:** Informe del Comité Church, "Alleged Assassination Plots Involving Foreign Leaders", 20 de noviembre de 1975, pp. 98, 126-134.

515 **De hecho, el inspector general de la** CIA: Ibídem, pp. 88-89.

515 **En junio de 1964:** Associated Press, 12 de octubre de 2012.

516 **En una conversación en abril de 1964:** Schlesinger, *Robert Kennedy*, pp. 649, 615; Véase también Entrevista a Califano.

517 **"¿Qué hago?":** Thomas, *Robert Kennedy*, p. 284. Información basada en un memorándum de Harold Reis, adscrito al Departamento de Justicia, al fiscal general, 12 de junio de 1964.

517 **Quiero declarar de forma definitiva:** Carta de Kennedy dirigida a Warren, 4 de agosto de 1964, archivos del equipo de trabajo, Comisión Warren, NARA.

CAPÍTULO 50

518 **"La confiabilidad de la señora Odio...":** Carta de Rankin dirigida a Hoover, 24 de julio de 1964, archivos del equipo de trabajo, Comisión Warren, NARA.

519 **Hoover respondió el 12 de agosto:** Carta de Hoover dirigida a Rankin, 12 de agosto de 1964, archivos del equipo de trabajo, Comisión Warren, NARA.

519 **"Es una cuestión...":** Carta de Rankin dirigida a Hoover, 23 de agosto de 1964, archivos del equipo de trabajo, Comisión Warren, NARA.

519 **La petición fue remitida:** Entrevistas a Hosty.

520 **Después de que la revista:** Nota escrita a mano por Hoover, hallada en un cable de las oficinas del FBI en Dallas dirigido a las oficinas centrales del FBI, "TO DIRECTOR FBI, FROM DALLAS", 14 de marzo de 1964, FBI.

521 **"Este tipo...":** Nota escrita a mano por Hoover, hallada en un memorándum de las oficinas del FBI en Dallas, un memo dirigido a Sullivan, 13 de febrero de 1964, FBI.

522 **Después de un incidente:** Nota escrita a mano por Hoover, hallada en una carta de Rankin dirigida a Hoover, 3 de marzo de 1964, FBI.

522 **Hoover escribiría en un memorándum posterior:** Memorándum de Rosen dirigido a Belmont, 16 de marzo de 1964. Véase también el memorándum de Rosen dirigido a Belmont, "Subject: President's Commission", 4 de abril de 1964, FBI.

522 **En marzo, uno de los principales:** Notas escritas a mano por Hoover, halladas en un memorándum de Branigan dirigido a Sullivan, "RE: LEE HARVEY OSWALD INTERNAL SECURITY", 3 de marzo de 1964, FBI.

522 **Hoover parecía estar ofendido:** Notas escritas a mano por Hoover, halladas en un memorándum de Jevons dirigido a Conrad, "RE: ASSASSINATION OF PRESIDENT JOHN F. KENNEDY", 12 de marzo de 1964, FBI.

523 **"No doy credibilidad a ninguna declaración..."**: Notas escritas a mano por Hoover, halladas en un memorándum de Rosen dirigido a Belmont, "Subject: President's Commission", 4 de abril de 1964, FBI.

523 **"Quiero comunicarle lo mucho que disfruté..."**: Carta de Hoover dirigida a Ford, 17 de abril de 1964, FBI.

524 **DeLoach solicitó:** Memorándum de DeLoach dirigido a Mohr, 22 de abril de 1964, FBI.

525 **Hoover accedió:** Memorándum de DeLoach dirigido a Mohr, "Subject: William Manchester, Author of Kennedy Book", 4 de junio de 1964, FBI.

CAPÍTULO 51

526 **Lo hizo desde sus lujosas oficinas:** Véase el obituario de McCloy en *The New York Times*, 12 de marzo de 1989. Para conocer la historia del rascacielos One Chase Manhattan Plaza, véase *The New York Times*, 6 de junio de 2013.

526 **Pero era posible que los rusos:** Carta de McCloy dirigida a Rankin, 21 de julio de 1964, archivos del equipo de trabajo, Comisión Warren, NARA.

528 **David Slawson había escrito:** Entrevistas a Slawson.

528 **Sin embargo, si las afirmaciones:** Borrador de un capítulo sin firma, titulado "Foreign Conspiracy", 15 de julio de 1964, archivos del equipo de trabajo, Comisión Warren, NARA. Véase también memorándum de Coleman y Slawson dirigido a Rankin, "Subject: Suggested Changes in the Foreign Conspiracy [sic], Dated July 15, 1964", archivos del equipo de trabajo, Comisión Warren, NARA.

528 **El personal había delineado:** Informe Warren, p. 305.

529 **"Confiaba en la CIA especialmente":** Entrevistas a Coleman.

529 **De acuerdo con el borrador:** Memorándum de Coleman, "Oswald's Trip to Mexico City September 26, 1963, to October 3, 1963", 20 de julio de 1964, archivos del equipo de trabajo, Comisión Warren, NARA.

529 **Arlen Specter sentía que su resumen:** Entrevistas a Specter. Véase también Specter, *Passion, passim*.

530 **En junio, después de leer:** Carta de McCloy dirigida a Rankin, 24 de junio de 1964, archivos del equipo de trabajo, Comisión Warren, NARA.

530 **El 20 de agosto, envió:** Carta y memorándum de Cooper dirigidos a Rankin, 20 de agosto de 1964, archivos del equipo de trabajo, Comisión Warren, NARA.

530 **"Redlich había estado muy enfermo..." (nota al pie):** Entrevistas a Specter.

531 **"La evidencia sobre...":** Carta de Belin dirigida a Rankin, 7 de julio de 1964, archivos del equipo de trabajo, Comisión Warren, NARA.

531 **"Hicimos todo lo posible...":** Belin, *Final Disclosure*, pp. 213-16. Véase también Belin, *You Are the Jury*, pp. 425-440.

533 **Alfred Goldberg quedó estupefacto:** Entrevistas a Goldberg.

535 **Los agentes del FBI que visitaron:** Memorándum de las oficinas del FBI en Washington dirigido a las oficinas centrales del FBI, "SAC WFO TO

DIRECTOR, FBI RE: LEE HARVEY OSWALD", 17 de septiembre de 1964, FBI. Véase también memorándum de Rosen dirigido a Belmont, "SUBJECT: LEE HARVEY OSWALD", 21 de septiembre de 1964, FBI.

535 **Como parte de su investigación:** Entrevistas a Goldberg.

536 *The New York Times, The Washington Post: The New York Times*, 26 de noviembre de 1963; *The Washington Post*, 26 de noviembre de 1963.

537 **En su reporte, listo al mes de julio:** Memorándum de Barson y Mosk dirigido a Rankin, 9 de julio de 1964, archivos del equipo de trabajo, Comisión Warren, NARA.

537 **Después de percatarse:** Entrevistas a Griffin.

538 **"Me parece que es un error...":** Memorándum de Griffin dirigido a Willens, "Re: Memo on Ruby Conspiracy Portion of Chapter VI", 14 de agosto de 1964, archivos del equipo de trabajo, Comisión Warren, NARA.

CAPÍTULO 52

539 **Su esposa, Evelyn:** Entrevista a Evelyn Redlich.

540 **"De vez en cuando...":** Entrevistas a Weinreb.

540 **Las batallas entre Liebeler y Redlich:** Testimonio de Wesley Liebeler, HSCA, 15 de noviembre de 1977, pp. 209-261.

542 **Finalmente Rankin:** Memorándum de Liebeler dirigido a Rankin, 28 de agosto de 1964, archivos del equipo de trabajo, Comisión Warren, NARA. Véase también Testimonio de Liebeler, HSCA, 15 de noviembre de 1977, *passim.*

542 **A finales de agosto, la frustración:** Memorándum de Liebeler dirigido a Willens y Redlich, "Subject: Conspiracy", 27 de agosto de 1964, archivos del equipo de trabajo, Comisión Warren, NARA.

543 **En agosto, fue sorprendido:** Memorándum de Rankin dirigido a Hoover, 3 de septiembre de 1964, archivos del equipo de trabajo, Comisión Warren, NARA. Véase también memorándum de Liebeler dirigido a Willens, "Re: Relevant Property Remaining in Possession of Marina Oswald", 2 de septiembre de 1964, archivos del equipo de trabajo, Comisión Warren, NARA.

543 **Habría poco tiempo para que Liebeler:** Memorándum de Liebeler, "Memorandum Re: Galley Proofs of Chapter IV", 6 de septiembre de 1964, archivos del equipo de trabajo, Comisión Warren, NARA.

544 **"Realmente no hubo respuesta...":** Testimonio de Wesley Liebeler, HSCA, 15 de noviembre de 1977, pp. 209-261.

546 **Describió la votación del Senado:** Associated Press, 18 de junio de 1964.

546 **"La oposición y la violencia...":** Fite, *Richard B. Russell, Jr., Senator from Georgia*, p. 46.

546 **"Permítanme decirles...":** Carta de Russell dirigida a C. R. Nichols, 30 de junio de 1964, archivos de correspondencia, Biblioteca Russell.

546 **En mayo, se había quejado:** Holland, *The Kennedy Assassination Tapes*, p. 240.

547 **Leía los documentos:** *Atlanta Constitution*, 28 de septiembre de 1964.

547 **Su antiguo secretario de prensa:** Entrevista a Powell A. Moore, "Oral History Interview #7", 6 de marzo de 1971, Biblioteca Russell.

547 **El ministro presidente había sido "demasiado paternal":** Entrevista a Barboura G. Raesly, "Oral History Interview #157", 16 de junio de 1974, Biblioteca Russell.

547 *The Dallas Morning News* **reportó:** *The Dallas Morning News*, 7 de septiembre de 1964.

548 **Russell enfocó sus preguntas:** Testimonio de Marina Oswald, 6 de septiembre de 1964, Apéndice Warren, vol. 5, pp. 588-620.

550 **La investigación apenas:** Nota escrita a mano por Russell en un papel de libreta membretado del Senado de Estados Unidos, 5 de diciembre de 1963, archivos personales, Biblioteca Russell.

550 **A mediados de septiembre:** Borrador de la declaración de desacuerdo de Russell, "Assassination Commission", 16 de septiembre de 1964, Biblioteca Russell.

551 **Las noticias llegaron el 21 de septiembre:** Carta de Hoover dirigida a Rankin, 21 de septiembre de 1964, archivos del equipo de trabajo, Comisión Warren, NARA.

552 **David Slawson, quien había presionado:** Entrevistas a Slawson.

552 **"A pesar del hecho...":** Informe Warren, pp. 322-324.

553 **Con el tiempo, Loran Hall:** Testimonio de Loran Hall, 5 y 6 de octubre de 1977, HSCA, número de referencia: 180-10118-10115, NARA.

553 **Los agentes del FBI en Dallas visitaron:** Véase Apéndice de Audiencias, vol. 10, "Anti-Castro Activities and Organizations", marzo de 1979, HSCA, pp. 19-35.

CAPÍTULO 53

554 **El contrato final:** "Publishing Agreement between Simon and Schuster and Gerald R. Ford", 9 de octubre de 1964, archivos de la Comisión Warren, Biblioteca Ford. El contrato completo y otro papeleo relacionado con el libro se encuentran en la Biblioteca Ford.

555 **Simon & Schuster decidió publicar el libro:** "Editorial Department Report, Simon and Schuster", 29 de julio de 1964, archivos de la Comisión Warren, Biblioteca Ford.

555 **"Jerry Ford me llamó por teléfono...":** Carta de Thompson dirigida a Peter Schwed, ejecutivo de Simon & Schuster, 8 de julio de 1964, archivos de la Comisión Warren, Biblioteca Ford.

556 **Se había reportado con gran difusión:** *The New York Times*, 7 de julio de 1964.

556 **En un memorándum con fecha del 31 de julio:** Memorándum de Fallon dirigido a Ford, 3 de julio de 1964, archivos de la Comisión Warren, Biblioteca Ford.

556 **Stiles, amigo de Ford:** Memorándum de Stiles dirigido a Ford, 4 de septiembre de 1964, archivos de la Comisión Warren, Biblioteca Ford.

556 **En mayo, un reportero:** Notas escritas a mano por Ford, "Gene Roberts, *Detroit Free Press*, 5/9/64", archivos de la Comisión Warren, Biblioteca Ford.

558 **"El FBI hizo un muy buen trabajo...":** *The New York Times*, 23 de febrero de 1967.

558 **Para el final de la investigación:** Ford, *Portrait*, pp. 53-60.

559 **Las líneas de tiempo:** Ibídem, pp. 301-314, 335, 390-399, 483.

560 **Ford estimaba que Oswald:** Entrevista a Gerald R. Ford, "Oral History Interview by Vicki Daitch", 18 de julio de 2003, Biblioteca JFK.

561 **El 2 de septiembre, Ford:** Carta de Ford dirigida a Rankin, 2 de septiembre de 1964, archivos del equipo de trabajo, Comisión Warren, NARA.

561 **El borrador decía originalmente:** Associated Press, 2 de julio de 1997.

561 **Décadas después, una revisión:** Testimonio del doctor Michael Baden, 17 de septiembre de 1978, HSCA.

562 **"Habría sido desastroso...":** Diarios de Pearson, octubre de 1966, documentos de Pearson, Biblioteca LBJ.

562 **"Cuando se escuchó...":** Warren, *Memoirs*, p. 3.

563 **"Warren simplemente no cedería":** Entrevista a Barboura G. Raesly, "Oral History Interview #157", 16 de junio de 1974, Biblioteca Russell.

564 **Aunque no resulta necesario:** Informe Warren, p. 19.

565 **"Rankin hizo el esfuerzo...":** Propuesta, sin fecha, de Howard Willens de elaborar un libro que se titulara *The Assassination*. En 2013, Willens anunció que planeaba escribir un libro sobre su experiencia en la Comisión Warren; el nuevo título sería *History Will Prove Us Right: Inside the Warren Commission Investigation into the Assassination of John F. Kennedy*.

566 **"El FBI adoptó una opinión...":** Informe Warren, p. 24.

566 **El Servicio Secreto fue criticado:** Ibídem, p. 26.

566 **"Es concebible...":** Ibídem, p. 451.

566 **De la lectura que le dio a los hallazgos:** Artículo presentado por Ford a la Cámara de Comercio del Estado de California, "Why the President Died", 30 de diciembre de 1964, archivos de la Comisión Warren, Biblioteca Ford. El artículo se basó en un discurso que Ford había pronunciado ante la cámara.

567 **El único registro oficial:** Sesión ejecutiva de la Comisión Warren, 18 de septiembre de 1964, NARA.

CAPÍTULO 54

568 **El presidente Johnson quería:** Holland, *The Kennedy Assassination Tapes*, pp. 247-251.

570 **"Los últimos días trabajé...":** Entrevistas a Slawson.

571 **John McCloy declaró:** Entrevista a John McCloy, "*Face the Nation*, July 2, 1967", CBS News.

571 **No fue sorpresa para nadie:** "The Warren Commission"; Apéndice de Audiencias, vol. 11, marzo de 1979, HSCA, p. 78.

572 **Warren declararía después:** Diarios de Pearson, octubre de 1966, documentos de Pearson, Biblioteca LBJ.

572 **Los abogados del personal declararían:** Carta de Oscar Collier dirigida a la comisión, 14 de agosto de 1964, archivos del equipo de trabajo, Comisión Warren, NARA.

572 **Al igual que su nuera:** *Esquire*, mayo de 1964.

573 **"Está muy pesada":** *The New York Times*, 25 de septiembre de 1964.

573 **"Acabamos teniendo 26 testigos...":** Ídem.

574 **El encabezado en *The New York Times*:** *The New York Times*, 28 de septiembre de 1964.

574 **La revista *Time* ofreció:** *Time*, 2 de octubre de 1964.

575 **"El misterio central...":** *The New York Times*, 28 de septiembre de 1964.

575 **El día de la publicación:** Ídem.

575 **A petición suya:** Edward M. Kennedy, *True Compass: A Memoir*, pp. 211-212.

576 **Las encuestas mostraban:** *Public Perspective*, octubre-noviembre de 1998.

576 **El congresista Boggs fue citado:** *The National Observer*, 5 de octubre de 1964.

576 **El senador otorgó una entrevista:** *Atlanta Constitution*, 27 de septiembre de 1964.

577 **Hoover adjuntó una nota:** Nota escrita a mano por Hoover en un memorándum de DeLoach dirigido a Mohr, "Subject: THE PRESIDENT'S COMMISSION", 25 de septiembre de 1964, FBI.

577 **Gale dijo que era "apropiado...":** Memorándum de Gale dirigido a Tolson, "Subject: SHORTCOMINGS IN HANDLING LEE HARVEY OSWALD MATERIAL BY FBI PERSONNEL", 30 de septiembre de 1964, FBI.

578 **"Creo que estamos cometiendo...":** Memorándum de Belmont dirigido a Tolson, 1° de octubre de 1964, FBI.

578 **"Estábamos equivocados":** Nota escrita a mano por Hoover en un memorándum de Belmont dirigido a Tolson, 1° de octubre de 1964, FBI.

578 **En una nota diferente:** Nota escrita a mano por Hoover en un memorándum de DeLoach dirigido a Mohr, "SUBJECT: CRITICISM OF THE FBI", 6 de octubre de 1964, FBI.

578 **Hoover se quejó:** Carta de Hoover dirigida a Walter Jenkins, asistente especial del presidente, 30 de septiembre de 1964, FBI.

579 **La oficina de Hoover dio instrucciones:** Memorándum de Rosen dirigido a Belmont, "SUBJECT: PRESIDENT'S COMMISSION", 2 de octubre de 1964, FBI.

579 **Después de leer un halagador artículo:** *The Washington Post*, 29 de septiembre de 1964.

579 **El 2 de octubre, se le informó:** Memorándum de Rosen dirigido a Belmont, "SUBJECT: PRESIDENT'S COMMISSION", 2 de octubre de 1964, FBI.

580 **Los archivos "contienen...":** Carta de Hoover dirigida a Rankin, 23 de octubre de 1964, archivos del equipo de trabajo, Comisión Warren, NARA.

580 **Le dijo a Hoover:** Carta de Rankin dirigida a Hoover, 8 de noviembre de 1964, archivos del equipo de trabajo, Comisión Warren, NARA.

581 **El 7 de diciembre:** Memorándum de Eide dirigido a Rankin, 7 de diciembre de 1964, archivos del equipo de trabajo, Comisión Warren, NARA.

CAPÍTULO 55

585 **"Todos los elementos..."**: "SILVIA TIRADO BOZÁN DE DURÁN", sin fecha, Archivo de Trabajo de Russ Holmes, CIA, número de referencia: 104-10404-10123. Véase también "Mexico City Chronology", actualizado, CIA, número de referencia: 104-10086-10001, NARA.

587 **El informe, con fecha del 5 de octubre:** "MEXICAN COMMUNISTS WHO HAD CONTACT WITH OSWALD", 5 de octubre de 1964, CIA, número de referencia: 104-10404-10332. Véase también "SILVIA TIRADO BOZÁN DE DURÁN", sin fecha, Archivo de Trabajo de Russ Holmes, CIA, número de referencia: 104-10404-10123; "Mexico City Chronology", actualizado, CIA, número de referencia: 104-10086-10001. June Cobb fue identificada como la informante por Dan Hardway y Edwin López en su reporte, sin fecha, para el Comité Especial de la Cámara para Asesinatos: "Report on Lee Harvey Oswald's Trip to Mexico City", HSCA, número de referencia: 180-10110-10484 (en lo sucesivo, Reporte López, como fue conocido entre los miembros del equipo de trabajo del comité).

588 **Asistieron aproximadamente:** Memorándum del agregado jurídico del FBI, "Lee Harvey Oswald", 11 de diciembre de 1964, número de referencia: 104-10404-10330.

588 **No quedó claro:** La nota "¿Por qué no se envió esto al CG?" se encuentra escrita por el autor de la cronología en "Mexico City Chronology", actualizado, CIA, número de referencia: 104-10086-10001, NARA.

588 **Epstein, de 30 años de edad:** Epstein, *Inquest*, p. 3.

589 **Cuando Epstein le preguntó:** Ibídem, p. 20.

589 **Epstein recordaría posteriormente:** "Wesley Liebeler: The File Keeper, June 30, 1965", ensayo disponible en el sitio web de Epstein: http://edwardjayepstein.com/liebeler.htm.

590 **Liebeler después le diría a Vincent Bugliosi (nota al pie):** Bugliosi, *Reclaiming History*, p. 358.

591 **Antes de la publicación, Epstein:** *The New York Times*, 4 de abril de 1966.

592 **En su introducción, Rovere:** Epstein, *Inquest*, pp. IX-XIV.

592 *Inquest* **sería recordado:** *The New York Times*, 6 de julio de 1966.

592 **Albert Jenner, quien:** Carta de Jenner dirigida a Belin, 13 de julio de 1966, archivos de la Comisión Warren, documentos de Belin, Biblioteca Ford.

593 **"Francamente", escribió:** Carta de Redlich dirigida a Andrew Hacker, Universidad Cornell, 2 de junio de 1966, adjunta a una carta de Redlich dirigida a Belin, 15 de julio de 1966, archivos de la Comisión Warren, documentos de Belin, Biblioteca Ford.

593 **Describió el libro de Epstein:** En un intercambio con el autor del presente volumen, vía correo electrónico, Epstein declaró que, a pesar de las quejas manifestadas por Liebeler acerca de su libro *Inquest*, ambos

hombres siguieron en contacto y que él había "visto a Liebeler muchas veces después de la publicación" de su libro. Cuestionado sobre la crítica que su obra había recibido por parte de otros miembros del equipo de trabajo de la comisión, Epstein declaró que estaba preparado para "discutir a cabalidad el sustento de mi investigación" pues éste estaría contenido en su "diario del asesinato", el cual, dijo, estaba programado para ser publicado en septiembre de 2013.

593 **Richard Goodwin:** *The New York Times*, 24 de julio de 1966.

593 **Warren pareció sorprendido:** *The New York Times*, 1° de julio de 1966.

594 *The New York Times* **dijo que:** *The New York Times*, 16 de agosto de 1966.

594 **Después de la comisión, David:** Entrevistas a Slawson.

594 **Slawson también estaba decepcionado:** Véase la necrología de Dolan en *The Denver Post*, 5 de septiembre de 2008.

596 **Charles Thomas y su esposa:** Entrevistas a Cynthia Thomas.

597 **"Charles era un hombre extraordinario":** Entrevista a Poniatowska.

598 **Thomas registró el relato de Garro:** Las copias de los memorándums de Thomas se obtuvieron gracias a su viuda, Cynthia. Dichas copias también se encuentran en los archivos del Comité Especial de la Cámara para Asesinatos, NARA.

599 **Garro intentó recordar:** Reporte López, p. 225.

600 **Ferris envió:** Memorándum de Ferris dirigido a Freeman, "INTERVIEW WITH MRS. ELENA GARRO DE PAZ", 27 de diciembre de 1965, tal como se halla en un reporte de la CIA titulado "SILVIA TIRADO BOZÁN DE DURÁN", sin fecha, Archivo de Trabajo de Russ Holmes, CIA, número de referencia: 104-10404-10123.

600 **Uno de sus subalternos, Alan White:** Cable de la CIA en la ciudad de México dirigido a la CIA, "CABLE RE: LEGAL ATTACHE MEXI INTERVIEW ELENA GARRO DE PAZ", 29 de diciembre de 1965, CIA, número de referencia: 104-10404-10320, NARA.

CAPÍTULO 56

601 **Johnson se había escandalizado:** *The Washington Post*, 3 de octubre de 1966.

601 **"Lou Harris…":** Holland, *The Kennedy Assassination Tapes*, pp. 312-313.

602 **Después de permitir:** *The New York Times*, 17 de diciembre de 1966.

602 **El libro de Manchester:** "A Clash of Camelots", *Vanity Fair*, octubre de 2009.

603 **"No puedo quedar…":** Diarios de Pearson, octubre de 1966, documentos de Pearson, Biblioteca LBJ.

603 **En enero de 1967:** Diarios de Pearson, enero de 1967, documentos de Pearson, Biblioteca LBJ.

604 **Morgan dijo:** Testimonio de Edward P. Morgan, 19 de marzo de 1976, Comité Church, número de referencia: 157-10011-10040.

604 **La CIA eventualmente admitiría que Maheu (nota al pie):** *The New York Times*, 6 de agosto de 2008.

605 **Warren, dijo, se mostró "decididamente escéptico":** Diarios de Pearson, enero de 1967, documentos de Pearson, Biblioteca LBJ.

605 **La reunión tuvo lugar:** Testimonio de James J. Rowley, 13 de febrero de 1976, Comité Church, número de referencia: 157-10014-10011.

606 **"Lyndon escuchó...":** Diarios de Pearson, enero de 1967, documentos de Pearson, Biblioteca LBJ.

606 **El lunes 20 de febrero:** Holland, *The Kennedy Assassination Tapes*, pp. 389-398.

607 **El 1° de marzo de 1967:** *The New York Times*, 2 de marzo de 1967.

607 WASHINGTON. **El presidente Johnson:** Washington Merry-Go-Round, 3 de marzo de 1967, disponible en los archivos de Drew Pearson que conserva la Universidad Americana. Esta columna en concreto puede hallarse en http://dspace.wrlc.org/doc/bitstream/2041/53102/b20f02-0303zdisplay.pdf#search=".

608 **Pearson no se mostraría contento:** Diarios de Pearson, marzo de 1967, documentos de Pearson, Biblioteca LBJ.

608 **El 6 de marzo, tres días después:** "Central Intelligence Agency's Intentions to Send Hoodlums to Cuba to Assassinate Castro", 6 de marzo de 1967, FBI, tal como se cita en "SUMMARY OF FACTS: INVESTIGATION OF CIA INVOLVEMENT IN PLOTS TO ASSASSINATE FOREIGN LEADERS", sin fecha, hallado en los archivos del equipo de Richard Cheney, jefe del asesores de la Casa Blanca durante la administración de Ford, Biblioteca Ford. El documento está disponible en línea en el sitio web de la biblioteca: http://www.fordlibrarymuseum.gov/library/document/0005/7324009.pdf.

608 **En abril, el presidente Johnson:** Diarios de Pearson, abril de 1967, documentos de Pearson, Biblioteca LBJ.

609 **..."habíamos estado operando un condenado...":** *The New York Times*, 17 de junio de 1973.

609 **Lamentaba haber sido "tan ingenuo":** Testimonio de J. Lee Rankin, 21 de septiembre de 1978, HSCA. Véase también Executive Session Deposition of J. Lee Rankin, 17 de agosto de 1978, HSCA.

609 **John Whitten, el oficial veterano:** Testimonio de Whitten a la Cámara, 16 de mayo de 1978. Véase también Testimonio de Whitten al Senado, 7 de mayo de 1976.

610 **"Nunca se me ocurrió":** Testimonio de Helms a la Cámara, 22 de septiembre de 1978.

610 **Para enero de 1967:** Entrevistas a Aynesworth.

611 **"Me topo...":** Aynesworth, *JFK: Breaking*, p. 232.

611 **La CIA y los "maricas" figuraban:** Phelan, *Scandals, Scamps, and Scoundrels*, pp. 150-151.

612 **"Tienes suerte de estar en la ciudad":** Aynesworth, *JFK: Breaking*, p. 234.

612 **Los otros testigos:** Ibídem, p. 235.

612 **Perseguido por la oficina:** *The New York Times*, 23 de febrero de 1967.

613 **"Espero que *Newsweek* tenga buenos abogados..."**: Aynesworth, *JFK: Breaking*, p. 244.

613 **El 1° de marzo de 1969:** *The New York Times*, 2 de marzo de 1967.

CAPÍTULO 57

614 **Esta vez, sería mucho:** Cable de Scott dirigido al ministro presidente, División del Hemisferio Occidental, CIA, "The LIRING/3 Operation", 13 de junio de 1978, CIA, número de registro: 104-10437-10102.

615 **La investigación Garrison:** Carta de Thomas W. Lund, CIA, dirigida a Scott, "LETTER: AS YOU ARE AWARE, THE GARRISON INVESTIGATION OF THE KENNEDY ASSASSINATION HAS PROMPTED A RASH OF SPECTACULAR ALLEGATIONS AND CHARGES", 14 de junio de 1967, CIA, número de registro: 104-10247-10418, NARA.

616 **El hecho de que Silvia DURÁN:** Cable de Scott dirigido al ministro presidente, División del Hemisferio Occidental, CIA, "The LIRING/3 Operation", 13 de junio de 1978, CIA, número de registro: 104-10437-10102.

616 **En mayo de 1967:** Carta de Benjamin Ruyle, Consulado de Estados Unidos, Tampico, dirigida a Wesley Boles, Departamento de Estado, 11 de mayo de 1967, CIA, número de registro: 104-10433-10011.

617 **Le dijo al editor:** Carta de Scott dirigida a John Barron, *Reader's Digest*, 25 de noviembre de 1970, hallada en "INFORMATION FOR HSCA FROM WIN SCOTT'S PERSONAL FILE", HSCA, número de registro: 1993.08.12.15:08:41:650024.

618 **El título preliminar para el libro:** "Esperabas mucho y he aquí, [lo que cosechaste] no llega a ser mucho", *Ageo* 1, 9.

618 **Finalmente se decidiría:** Morley, *Our Man*, p. 276.

618 **"Si me convierto..."**: *Los Angeles Times*, 25 de marzo de 1968. Véase también United Press International, 25 de marzo de 1968.

619 **El asesinato tuvo repercusiones:** Newton, *Justice for All*, p. 490.

620 **Otorgó una larga:** Entrevista que Warren le concedió a Alfred Goldberg, 26 de marzo de 1974, hallada en los archivos de la Comisión Warren, documentos de Warren, LOC.

620 **Warren fallecería en Washington:** *The New York Times*, 10 de julio de 1974.

621 **Después de una feroz:** *The New York Times*, 29 de abril de 1970; *The Washington Post*, 28 de abril de 1970.

621 **Joseph Califano:** Entrevista con Califano. Véase también Califano, *Inside: A Public and Private Life*, pp. 124-127.

622 **Cynthia Thomas estaba más impactada:** Entrevistas a Cynthia Thomas.

622 **"Tal vez una cuidadosa..."**: Las copias de los memorándums de Thomas están disponibles gracias a su viuda, Cynthia. Dichas copias también se encuentran en los archivos del Comité Especial de la Cámara para Asesinatos, NARA.

623 **Un mes después, el 28 de agosto:** Carta de Bert M. Benningham, Departamento de Estado, dirigida al director adjunto de planeación, CIA, 28

de agosto de 1969, tal como fue hallada en "CHARLES THOMAS", sin fecha, CIA, número de referencia: 1993.06.22.19:24:22:430330.

623 ASUNTO: **Charles William Thomas:** Memorándum de Angleton dirigido al asistente del subsecretario de Estado, "SUBJECT: Charles William Thomas", 16 de septiembre de 1969, CIA, número de referencia: 1993.08.11.19:02:46:030031.

623 **El nombre de Angleton:** Entrevistas a Cynthia Thomas.

623 **Intentó encontrar trabajo:** Algunos teóricos de conspiraciones han intentado sugerir que Charles Thomas era en realidad un empleado de la CIA que operaba encubierto como un empleado en la nómina del Departamento de Estado. El expediente personal de Thomas, sin embargo, deja en claro su estatus de funcionario en la misión extranjera. Las acusaciones de que Thomas trabajaba como espía para la agencia fueron socavadas por testimonios que permanecieron largo tiempo clasificados, incluyendo el de Anne Goodpasture, la delegada de Win Scott, quien identificó a sus colegas de la CIA por nombre, dejando en claro que Thomas no perteneció a esa lista. Los reportes que indican que la agencia quería dañar la reputación de Thomas en México suman también al argumento de que él nunca trabajó para la CIA.

624 **Aunque el Departamento de Estado:** Notas escritas a mano por Thomas, tal como fueron halladas en el archivo "KENNEDY", contenido en su portafolio. Cynthia Thomas permitió que el autor de este volumen accediera a ese archivo y a otros materiales.

624 **El 12 de abril de 1971:** Certificado de defunción, Departamento de Salud del Distrito de Columbia.

626 **La campaña de Cynthia Thomas:** *The Washington Post*, 12 de diciembre de 1973.

627 **En enero de 1975:** "Private Bill for the Relief of Charles William Thomas", 2 de enero de 1975, Re. 93.18-JAN. 2 1975.

627 **"No hay palabras...":** Carta de Ford dirigida a Cynthia Thomas, 2 de enero de 1975. Cynthia Thomas le proporcionó una copia de la carta al autor de este libro.

627 **Dos semanas después del suicidio:** Morley, *Our Man*, pp. 256-257.

627 **A las pocas horas, recordaría:** Testimonio de Ann [*sic*] Goodpasture, 20 de noviembre de 1978, HSCA, número de referencia: 180-10110-10028.

628 **"Dick me asignó...":** Testimonio de James Angleton, 5 de octubre de 1978, HSCA, número de referencia: 180-10110-10006.

628 **Horas después del asesinato, Angleton (nota al pie):** Entrevista realizada a Ben Bradlee; los fragmentos fueron tomados de "Booknotes," C-SPAN, 5 de octubre de 1995.

629 **Scott le había asegurado:** "CHAPTER XXIV FROM DRAFT MANUSCRIPT OF 'THE FOUL FOE'", CIA, número de referencia: 1993.08.12.15:27:41:250024, NARA.

630 **Durante los siguientes dos años, los investigadores:** Reporte López, pp. 90-100.

631 **En la lista de los informantes: de Scott** "CALVILLO, MANUEL (LICHANT-1)", sin fecha, CIA, número de referencia: 104-10174-10067.

CAPÍTULO 58

632 **En febrero de 1975, David:** Entrevistas a Slawson.

633 **Whitten testificaría ante los investigadores del congreso:** Testimonio de Whitten a la Cámara.

634 **Sin embargo, Slawson terminaría con su silencio:** *The New York Times*, 23 de febrero de 1975; Entrevistas a Slawson.

636 **Durante aquel verano en Washington:** Véase la necrología de Kelley en *The New York Times*, 6 de agosto de 1997.

636 **"Lo lamentamos con sinceridad":** *The Washington Post*, 9 de mayo de 1976.

637 **En julio, Tom Johnson:** Entrevistas a Johnson.

637 **Le tomó poco tiempo:** Kelley y Davis, *Kelley: The Story of an FBI Director*, pp. 249-297.

637 **En sus memorias, publicadas en 1979:** Sullivan y Brown, *The Bureau: My Thirty Years in Hoover's FBI*, p. 51.

NOTA DEL AUTOR

643 **Entonces, mientras vivía su retiro en Texas:** Entrevista a Thomas C. Mann, 29 de noviembre de 1977, HSCA, número de registro: 180-10142-10357, NARA.

644 **"Él estaba tan convencido...":** Desacuerdo de Raymond C. Rocca, 7 de noviembre de 1978, HSCA.

645 **A partir de su muerte:** *The Good Shepherd* (2006), http://www.imdb.com/title/tt0343737/.

647 **He aquí una especulación:** Carta de Hoover dirigida a Rankin, 17 de junio de 1964, FBI, número de registro: 104-10095-10412, NARA.

647 **Existe otro documento, preparado:** "Mexico City Chronology", sin fecha, CIA, número de registro: 104-10086-10001, NARA.

648 **En noviembre de 1959:** "MISCELLANEOUS ISSUES – HTLINGUAL INDEX CARDS", 26 de diciembre de 1976, HSCA, número de registro: 180-10142-10334, NARA. Para un informe definitivo de la vigilancia que el programa HT-LINGUAL ejerció sobre Oswald, véase Newman, *Oswald and the CIA*, pp. 52-57. Véase también Martin, *Wilderness*, pp. 68-72.

651 **Si alguien dudaba de su falta de franqueza:** *The Dallas Morning News*, 13 de enero de 2013, y *The Washington Post*, 13 de enero de 2013.

653 **Rechazó someterse:** Entrevistas a Rubén Garro.

654 **Negó, como lo había hecho durante tantos años:** Entrevista a Silvia Durán.

655 **Lidia tiene 85 años:** Entrevistas a Lidia Durán Navarro.

656 **El primero, Óscar:** Entrevistas a Contreras.

656 **Guerrero, hoy de 73 años:** Entrevistas a Guerrero.

Bibliografía

LIBROS

Anson, Robert Sam. *"They've Killed the President!" The Search for the Murderers of John F. Kennedy*. Nueva York: Bantam Books, 1975.

Arévalo, Juan José. *The Shark and the Sardines*. Nueva York: Lyle Stuart, 1961.

Aynesworth, Hugh. *JFK: Breaking the News*. Richardson, Texas: International Focus Press, 2003.

———. *November 22, 1963: Witness to History*. Dallas, Texas: Brown Books, 2013.

Baden, Michael M. *Unnatural Death: Confessions of a Medical Examiner*. Nueva York: Random House, 1989.

Bagley, Tennent H. *Spy Wars: Moles, Mysteries and Deadly Games*. New Haven, Connecticut: Yale University Press, 2007.

Barron, John. *Operation Solo: The FBI's Man in the Kremlin*. Washington, D. C.: Regnery Publishing, 1995.

Belin, David. *Final Disclosure: The Full Truth About the Assassination of President Kennedy*. Nueva York: Charles Scribner's Sons, 1988.

———. *November 22, 1963: You Are the Jury*. Nueva York: Quadrangle, 1973.

Belli, Melvin M., y Maurice C. Carroll. *Dallas Justice: The Real Story of Jack Ruby and His Trial*. Nueva York: David McKay Company Inc., 1964.

Benson, Michael. *Who's Who in the JFK Assassination*. Nueva York: Citadel Press, 1993.

Beschloss, Michael R. *Taking Charge: The Johnson White House Tapes, 1963-1964*. Nueva York: Simon & Schuster, 1997.

Bird, Kai. *The Chairman: John J. McCloy and the Making of the American Establishment*. Nueva York: Simon & Schuster, 1992.

Bishop, Jim. *The Day Kennedy Was Shot*. Nueva York: Funk & Wagnalls, 1968.

Bissell, Richard. *Reflections of a Cold Warrior: From Yalta to the Bay of Pigs.* Nueva Haven, Connecticut: Yale University Press, 1996.

Blaine, Gerald, y Lisa McCubbin. *The Kennedy Detail.* Nueva York: Gallery Books, 2010.

Blakey, G. Robert, y Richard N. Billings. *Fatal Hour: The Assassination of President Kennedy by Organized Crime.* Nueva York: Times Books, 1992. (También publicado bajo el nombre *The Plot to Kill the President.* Nueva York: Berkeley Books, 1992.)

Brennan, Howard L., y J. Edward Cherryholmes. *Eyewitness to History: As Seen by Howard Brennan.* Waco, Texas: Texian Press, 1987.

Brinkley, Douglas. *Cronkite.* Nueva York: HarperCollins, 2012.

———. *Gerald R. Ford.* Nueva York: Times Books, 2007.

Brown, Joe E., y Diane Holloway (eds.). *Dallas and the Jack Ruby Trial.* Lincoln, Nebraska: Authors Choice Press, 2001.

Brownell, Herbert, y John P. Burke. *Advising Ike: The Memoirs of Howard Brownell.* Lawrence, Kansas: University Press of Kansas, 1993.

Buchanan, Thomas G. *Who Killed Kennedy?* Nueva York: G. P. Putnam, 1964. (También publicado como *Who Killed Kennedy?* Nueva York: MacFadden Books, 1965.)

Bugliosi, Vincent. *Reclaiming History: The Assassination of President John F. Kennedy.* Nueva York: W. W. Norton & Company, 2007.

Burden, Wendy. *Dead End Gene Pool: A Memoir.* Nueva York: Gotham Books, 2012.

Burleigh, Nina. *A Very Private Woman: The Life and Unsolved Murder of Presidential Mistress Mary Meyer.* Nueva York: Bantam Books, 1998.

Califano, Joseph A. Jr. *Inside: A Public and Private Life.* Nueva York: PublicAffairs, 2004.

Cannon, James. *Time and Chance: Gerald Ford's Appointment with History.* Ann Arbor, Michigan: University of Michigan Press, 1998.

Caro, Robert A. *Master of the Senate.* Nueva York: Alfred A. Knopf, 2002.

———. *The Passage of Power.* Nueva York: Alfred A. Knopf, 2012.

Colby, William, y Peter Forbath. *Honorable Men: My Life in the* CIA. Nueva York: Simon & Schuster, 1978.

Coleman, William T. Jr., y Donald T. Bliss. *Counsel for the Situation: Shaping the Law to Realize America's Promise.* Washington, D. C.: Brookings Institution Press, 2010.

Compston, Christine. *Earl Warren: Justice for All.* Nueva York: Oxford University Press, 2011.

Connolly, John, y Mickey Herskowitz. *In History's Shadow: An American Odyssey*. Nueva York: Hyperion, 1993.

Connally, Nellie, y Mickey Herskowitz. *From Love Field: Our Final Hours with President John F. Kennedy*. Nueva York: Rugged Land, 2003.

Conot, Robert. *Justice at Nuremberg*. Nueva York: Harper & Row, 1983.

Cornwell, Gary. *Real Answers: The True Story*. Spicewood, Texas: Paleface Press, 1998.

Corry, John. *The Manchester Affair*. Nueva York: G. P. Putnam's Sons, 1967.

Cray, Ed. *Chief Justice*. Nueva York: Simon & Schuster, 1997.

Cronkite, Walter. *A Reporter's Life*. Nueva York: Alfred A. Knopf, 1996.

Cypess, Sandra Messinger. *Uncivil Wars. Elena Garro, Octavio Paz, and the Battle for Cultural Memory*. Austin, Texas: University of Texas Press, 2012.

Dallek, Robert. *Lyndon B. Johnson: Portrait of a President*. Nueva York: Oxford University Press, 2004.

———. *An Unfinished Life: John F. Kennedy*. Boston: Little, Brown, 2003.

Davison, Jean. *Oswald's Game*. Nueva York: W.W. Norton & Company, 1983.

DeFrank, Thomas M. *Write It When I'm Gone: Remarkable Off-the-Record Conversations with Gerald R. Ford*. Nueva York: G. P. Putnam's Sons, 2007.

DeLillo, Don. *Libra*. Nueva York: Viking, 1988.

DeLoach, Cartha (*Deke*). *Hoover's FBI*. Washington, D. C.: Regnery Publishing, 1995.

DiEugenio, James, y Lisa Pearse (eds.). *The Assassinations: Probe Magazine on JFK, RFK, MLK and Malcolm X*. Nueva York: Feral House, 2012.

Dulles, Allen. *The Craft of Intelligence*. Nueva York: Signet Books, 1965.

Epstein, Edward Jay. *The Assassination Chronicles: Inquest, Counterplot and Legend*. Nueva York: Carroll & Graf, 1992.

———. *Inquest: The Warren Commission and the Establishment of Truth*. Nueva York: Bantam, 1966. (También publicado como *Inquest: The Warren Commission and the Establishment of Truth*, Nueva York: Viking, 1966.)

Feldstein, Mark. *Poisoning the Press: Richard Nixon, Jack Anderson, and the Rise of Washington's Scandal Culture*. Nueva York: Farrar, Straus and Giroux, 2010.

Fenster, Mark. *Conspiracy Theories: Secrecy and Power in American Culture*. Minneapolis, Minnesota: University of Minnesota Press, 1999.

Fite, Gilbert C. *Richard B. Russell Jr., Senator from Georgia*. Chapel Hill, Carolina del Norte: University of North Carolina Press, 1991.

Fonzi, Gaeton. *The Last Investigation: A Former Federal Investigator Reveals the Man Behind the Conspiracy to Kill JFK*. Nueva York: Thunder's Mouth Press, 1994.

Ford, Gerald R. *A Time to Heal: The Autobiography of Gerald R. Ford.* Nueva York: Harper & Row, 1979.

Ford, Gerald R., y John R. Stiles. *Portrait of the Assassin.* Nueva York: Ballantine Books, 1965. (También publicado como *Portrait of the Assassin,* Nueva York: Simon & Schuster, 1965.)

Fox, Sylvan. *The Unanswered Questions about President Kennedy's Assassination.* Nueva York: Award Books, 1965.

Fuhrman, Mark. *A Simple Act of Murder: November 22, 1963.* Nueva York: William Morrow, 2006.

Gallagher, Mary Barelli. *My Life with Jacqueline Kennedy.* Nueva York: Paperback Library, 1970.

Garrison, Jim. *On the Trail of the Assassins: My Investigation and Prosecution of the Murder of President Kennedy.* Nueva York: Warner Books, 1988.

Gentry, Curt. *J. Edgar Hoover: The Man and the Secrets.* Nueva York: W. W. Norton & Company, 1991.

Goldberg, Robert Alan. *Enemies Within: The Culture of Conspiracy in Modern America.* New Haven, Connecticut: Yale University Press, 2001.

Goldsmith, John A. *Colleagues: Richard B. Russell and His Apprentice, Lyndon B. Johnson.* Macon, Georgia: Mercer University Press, 1998.

Groden, Robert J. *The Killing of a President.* Nueva York: Viking Penguin, 1993.

Grose, Peter. *Gentleman Spy: The Life of Allen Dulles.* Nueva York: Houghton Mifflin, 1994.

Guthman, Edwin. *We Band of Brothers: A Memoir of Bobby Kennedy.* Nueva York: Harper & Row, 1971.

Guthman, Edwin O., y Jeffrey Shulman (eds.). *Robert Kennedy, in His Own Words.* Nueva York: Bantam Books, 1988.

Helms, Richard, con William Hood. *A Look over My Shoulder: A Life in the Central Intelligence Agency.* Nueva York: Random House, 2003.

Hersh, Seymour M. *The Dark Side of Camelot.* Boston: Little, Brown, 1997.

Hill, Clinton. *Mrs. Kennedy and Me: An Intimate Memoir.* Nueva York: Gallery Books, 2012.

Hofstadter, Richard. *The Paranoid Style in American Politics.* Nueva York: Alfred A. Knopf, 1965.

Holland, Max. *The Kennedy Assassination Tapes.* Nueva York: Alfred A. Knopf, 2004.

Hosty, James, y Thomas Hosty. *Assignment: Oswald.* Nueva York: Arcade Publishing, 1996.

Huffaker, Bob, y Bill Mercer *et al. When the News Went Live.* Lanham, Maryland: Taylor Trade Publishing, 2007.

Hurt, Henry. *Reasonable Doubt: An Investigation into the Assassination of John F. Kennedy.* Nueva York: Holt, Rinehart & Winston, 1985.

Hutchinson, Dennis J. *The Man Who Once Was Whizzer White: A Portrait of Justice Byron R. White.* Nueva York: Free Press, 1998.

Isaacson, Walter, y Evan Thomas. *The Wise Men.* Nueva York: Simon & Schuster, 1986.

Joesten, Joachim. *Oswald: Assassin or Fall Guy?* Nueva York: Marzani & Munsell, 1964.

Johnson, Lyndon Baines. *The Vantage Point: Perspectives of the Presidency, 1963-1969.* Nueva York: Holt, Rinehart & Winston, 1971.

Kaiser, David. *The Road to Dallas: The Assassination of John F. Kennedy.* Cambridge, Massachusetts: Belknap Press of Harvard University Press, 2008.

Kantor, Seth. *The Ruby Cover-Up.* Nueva York: Kensington Publishing, 1978.
———. *Who Was Jack Ruby?* Nueva York: Everest House, 1978.

Kearns, Doris. *Lyndon Johnson & the American Dream.* Nueva York: Signet, 1977.

Kelley, Clarence M., y James Kirkpatrick Davis. *Kelley: The Story of an FBI Director.* Kansas City, Missouri: Andrews McMeel Publishing, 1987.

Kelley, Kitty. *His Way: The Unauthorized Biography of Frank Sinatra.* Nueva York: Bantam Books, 1986.

Kennedy, Edward M. *True Compass: A Memoir.* Nueva York: Twelve, 2009.

Kennedy, Jacqueline (conversaciones con Arthur M. Schlesinger Jr.). *Historic Conversations on Life with John F. Kennedy.* Nueva York: HarperCollins, 2011.

Kessler, Ronald. *The Bureau: The Secret History of the FBI.* Nueva York: St. Martin's Press, 2002.

Kirkwood, James. *American Grotesque: An Account of the Clay Shaw-Jim Garrison Affair in the City of New Orleans.* Nueva York: Simon & Schuster, 1968.

Kluckhorn, Frank, y Jay Franklin. *The Drew Pearson Story.* Chicago: Chas. Halberg & Company, 1967.

Klurfeld, Herman. *Behind the Lines: The World of Drew Pearson.* Englewood Cliffs, Nueva Jersey: Prentice-Hall, 1968.

Lambert, Patricia. *False Witness: The Real Story of Jim Garrison's Investigation and Oliver Stone's Film JFK.* Nueva York: M. Evans and Company, 1998.

Lane, Mark. *Citizen Lane.* Chicago, Lawrence Hill Books, 2012.
———. *A Citizen's Dissent: Mark Lane Replies.* Nueva York: Holt, Rinehart & Winston, 1968.
———. *Rush to Judgment.* Nueva York: Holt, Rinehart & Winston, 1966.

Latrell, Brian. *After Fidel*. Nueva York: Palgrave Macmillan, 2005.

―――. *Castro's Secrets: The CIA and Cuba's Intelligence Machine*. Nueva York: Palgrave Macmillan, 2012.

Lewis, Anthony. *Gideon's Trumpet*. Nueva York: Random House, 1964.

Lewis, Richard Warren, y Lawrence Schiller. *The Scavengers and Critics of the Warren Report*. Nueva York: Dell, 1967.

Lifton, Davis S. *Best Evidence: Disguise and Deception in the Assassination of John F. Kennedy*. Nueva York: Macmillan, 1980.

McAdams, John. *JFK Assassination Logic: How to Think About Claims of Conspiracy*, Washington, D. C.: Potomac Books, 2011.

McMillan, Priscilla Johnson. *Marina and Lee*. Nueva York: Harper & Row, 1977.

Mailer, Norman. *Oswald's Tale: An American Mystery*. Nueva York: Random House, 1995.

Mallon, Thomas. *Mrs. Paine's Garage and the Murder of John F. Kennedy*. Nueva York: Pantheon Books, 2002.

Manchester, William. *Controversy and Other Essays in Journalism*. Boston: Little, Brown, 1975.

―――. *The Death of a President*. Nueva York: Harper & Row, 1967.

―――. *Portrait of a President*. Boston: Little, Brown, 1962.

Mangold, Tom. *Cold Warrior: James Jesus Angleton*. London: Simon & Schuster, 1991.

Marrs, Jim. *Crossfire: The Plot That Killed Kennedy,* Nueva York: Carroll & Graf, 1989.

Martin, David C. *Wilderness of Mirrors*. Connecticut: Lyons Press, 1980. (También publicado bajo el nombre *Wilderness of Mirrors: How the Byzantine Intrigues of the Secret War between the CIA and KGB Seduced and Devoured Key Agents James Jesus Angleton and William King Harvey*. Nueva York: Harper & Row, 1980.)

Martin, Ralph G. *A Hero for Our Times: An Intimate Story of the Kennedy Years*. Nueva York: Scribner, 1983.

McKnight, Gerald. *Breach of Trust: How the Warren Commission Failed the Nation and Why*. Lawrence, Kansas: University of Kansas Press, 2005.

Meagher, Sylvia. *Accessories After the Fact: The Warren Commission, the Authorities and the Report*. Nueva York: Vintage, 1976.

Mellen, Joan. *Our Man in Haiti: George de Mohrenschildt and the CIA in the Nightmare Republic*. Walterville, Oregon: Trine Day, 2012.

Morley, Jefferson. *Our Man in Mexico: Winston Scott and the Hidden History of the CIA*. Lawrence, Kansas: University Press of Kansas, 2008.

Mudd, Roger. *The Place to Be: Washington,* CBS *and the Glory Days of Television News.* Nueva York: PublicAffairs, 2008.

Newman, Albert H. *The Assassination of John F. Kennedy.* Nueva York: Clarkson N. Potter Inc., 1970.

Newman, John. *Oswald and the* CIA. Nueva York: Carroll & Graf, 1995.

Newton, Jim. *Justice for All: Earl Warren and the Nation He Made.* Nueva York: Riverhead Books, 2006.

O'Donnell, Kenneth P., David F. Powers y Joe McCarthy. *Johnny, We Hardly Knew Ye: Memories of John Fitzgerald Kennedy.* Boston: Little, Brown, 1972.

O'Neill, Francis X. Jr. *A Fox Among Wolves: The Autobiography of Francis X. O'Neill Jr., Retired* FBI *Agent.* Brewster, Massachusetts: Codfish Press, 2008.

O'Reilly, Bill, y Martin Dugard. *Killing Kennedy.* Nueva York: Henry Holt and Company, 2012.

Oswald, Robert L., y Myrick Land y Barbara Land. *Lee: A Portrait of Lee Harvey Oswald by His Brother.* Nueva York: Coward-McCann, 1967.

Pearson, Drew. *Diaries: 1949-1959.* Nueva York: Holt, Rinehart & Winston, 1974.

Phelan, James. *Scandals, Scamps and Scoundrels: The Casebook of an Investigative Reporter.* Nueva York: Random House, 1982.

Philby, Kim. *My Secret War: The Autobiography of a Spy.* Nueva York: Modern Library, 2002. (También publicado bajo el título *My Secret War.* Londres: MacGibbon & Kee, 1968.)

Phillips, David Atlee. *The Night Watch.* Nueva York: Ballantine Books, 1977. (También publicado bajo el título *The Night Watch: 25 Years of Peculiar Service,* Nueva York: Atheneum, 1977.)

Pilat, Oliver. *Drew Pearson: An Unauthorized Biography.* Nueva York: Pocket Books, 1973.

Popkin, Richard H. *The Second Oswald.* Nueva York: Avon Books, 1966.

Posner, Gerald. *Case Closed: Lee Harvey Oswald and the Assassination of JFK.* Nueva York: Anchor Books, 1994. (También publicado como *Case Closed: Lee Harvey Oswald and the Assassination of JFK.* Nueva York: Random House, 1993.)

Powers, Thomas. *The Man Who Kept the Secrets: Richard Helms and the* CIA. Nueva York: Alfred A. Knopf, 1979.

Rather, Dan, y Mickey Herskowitz. *The Camera Never Blinks: Adventures of a TV Journalist.* Nueva York: William Morrow, 1977.

Reston, James. *Deadline: A Memoir.* Nueva York, Random House, 1991.

Russell, Dick. *The Man Who Knew Too Much: Hired to Kill Oswald and Prevent the Assassination of JFK.* Nueva York: Carroll & Graf, 1992.

Russo, Guy, y Stephen Molton. *Brothers in Arms: The Kennedys, the Castros, and the Politics of Murder.* Nueva York: Bloomsbury, 2008.

Schieffer, Bob. *This Just In: What I Couldn't Tell You on TV.* Nueva York: Putnam, 2003.

Schlesinger, Arthur M. Jr. *Robert Kennedy and His Times.* Nueva York: First Mariner Books, 2002. (También publicado como *Robert Kennedy and His Times.* Boston: Houghton Mifflin, 1978.)

———. *A Thousand Days: John F. Kennedy in the White House.* Boston: Houghton Mifflin, 1965.

Schorr, Daniel. *Clearing the Air.* Boston: Houghton Mifflin, 1978.

Scott, Peter Dale. *Deep Politics and the Death of JFK.* Berkeley: University of California Press, 1993.

Semple, Robert B. (ed.). *Four Days in November: The Original Coverage of the John F. Kennedy Assassination by the Staff of* The New York Times. Nueva York: St. Martin's Press, 2003.

Shesol, Jeff. *Mutual Contempt: Lyndon Johnson, Robert Kennedy, and the Feud that Defined a Decade.* Nueva York: W. W. Norton & Company, 1997.

Specter, Arlen, y Charles Robbins. *Passion for Truth: From Finding JFK's Single Bullet to Questioning Anita Hill to Impeaching Clinton.* Nueva York: William Morrow, 2000.

Stafford, Jean. *A Mother in History: Three Incredible Days with Lee Harvey Oswald's Mother.* Nueva York: Farrar, Straus and Giroux, 1966.

Stone, Oliver, y Zachary Sklar. *JFK: The Book of the Film.* Nueva York: Applause Books, 1992.

Sullivan, William C., y Bill Brown. *The Bureau: My Thirty Years in Hoover's FBI.* Nueva York: W. W. Norton & Company, 1979.

Summers, Anthony. *Conspiracy.* Nueva York: Paragon House, 1989.

———. *Not in Your Lifetime.* Nueva York: Marlowe, 1998.

Talbot, David. *Brothers: The Hidden History of the Kennedy Years.* Nueva York: Free Press, 2007.

Thomas, Evan. *Robert Kennedy: His Life.* Nueva York: Simon & Schuster, 2000.

———. *The Very Best Men.* Nueva York: Simon & Schuster, 1995.

Thompson, Josiah. *Six Seconds in Dallas: A Micro-study of the Kennedy Assassination.* Nueva York: Bernard Geis Associates, 1967.

Toruño-Haensly, Rhina. *Encounter with Memory.* Bloomington, Indiana: Palibrio, 2011.

Waldron, Lamar, y Thom Hartmann. *Ultimate Sacrifice: John and Robert Kennedy, the Plan for a Coup in Cuba and the Murder of JFK.* Nueva York: Carroll & Graf, 2005.

Warren, Earl. *The Memoirs of Chief Justice Earl Warren.* Langham, Maryland: Madison Books, 2001. (También publicado como *The Memoirs of Earl Warren.* Garden City, Nueva York: Doubleday, 1977.)

Weaver, John Downing. *Warren, the Man, the Court, the Era.* Boston: Little, Brown, 1967.

Weisberg, Harold. *Case Open.* Nueva York: Carroll & Graf, 1994.

———. *Never Again! The Government Conspiracy in the JFK Assassination.* Nueva York: Carroll & Graf, 1995.

———. *Whitewash: The Report on the Warren Commission.* Hyattstown, Maryland: Self-published, 1965.

Weiner, Tim. *Enemies: A History of the FBI.* Nueva York: Random House, 2012.

———. *Legacy of Ashes: The History of the CIA.* Nueva York: Random House, 2007.

White, G. Edward. *Earl Warren: A Public Life.* Nueva York: Oxford University Press, 1982.

Widmer, Ted, y Caroline Kennedy. *Listening In: The Secret White House Recordings of John F. Kennedy.* Nueva York: Hyperion, 2012.

Woods, Randall B. *LBJ: Architect of American Ambition.* Cambridge, Massachusetts: Harvard University Press, 2007.

INFORMES GUBERNAMENTALES

Alleged Assassination Plots Involving Foreign Leaders, An Interim Report of the Select Committee to Study Governmental Operations with Respect to Intelligence Activities, United States Senate, Together with Additional Supplemental and Separate Views. XCIV Legislatura del Congreso de Estados Unidos, Primera Sesión, Informe del Senado núm. 94-465. Washington: Oficina Gubernamental de Impresión, 1975. (Comité Church.)

Final Report of the Assassination Records Review Board. Washington: Oficina Gubernamental de Impresión, 1998. (ARRB.)

Final Report of the Select Committee on Assassinations, U. S. House of Representatives, Ninetyfifth Congress, Second Session, Summary of Findings and Recommendations. Informe de la Cámara 95-1828. Washington: Oficina Gubernamental de Impresión, 1979. (HSCA.)

Hearings Before the President's Commission on the Assassination of President Kennedy, Volumes 1-26. Washington: Oficina Gubernamental de Impresión, 1964. (Apéndice Warren vol. 1-26.)

The Investigation of the Assassination of President John F. Kennedy: Performance of the Intelligence Agencies. Book V. Final Report of the Select Committee to Study Governmental Operations with Respect to Intelligence Activities. XCIV Legislatura del Congreso de Estados Unidos, Segunda Sesión, Informe del Senado núm. 94-755. Washington: Oficina Gubernamental de Impresión, 1976. (Comité Church.)

Report of the President's Commission on the Assassination of President Kennedy. Washington: Oficina Gubernamental de Impresión, 1964. (Informe Warren.)

Report to the President by the Commission on CIA Activities within the United States. Nueva York: Manor Books, junio de 1975. (Comisión Rockefeller.)

Agradecimientos

Comencé este proyecto con reservas. El asesinato de Kennedy es el acontecimiento de la historia moderna sobre el cual se ha vertido más tinta al respecto. Es, al mismo tiempo, sin lugar a dudas, sobre el que menos se ha llegado a comprender. Sé también que es muy probable que nunca lleguemos a conocer la verdad sobre muchos de los misterios que rodearon aquel 22 de noviembre de 1963. Como explico en algunas páginas del presente volumen, llegué a proponerme la realización de este proyecto luego de haber publicado mi primer libro, acerca de la comisión investigativa que se organizó luego de los ataques del 11 de septiembre de 2001. Me pareció natural hacer mi próximo libro sobre la Comisión Warren, la otra emblemática investigación de alcance federal sobre una tragedia nacional que a mí me tocó vivir. Con todo, algo me preocupaba. ¿Caería en el agujero del conejo mientras perseguía la historia que todo periodista desea desvelar? Como reportero, normalmente arranco una investigación con la confianza de que, cuando ésta haya terminado, habré obtenido la mayoría de las respuestas que había estado buscando. En este proyecto, no me sentía tan confiado. Después de cinco años de investigación estoy convencido de que *JFK: Caso abierto* de hecho revela nueva evidencia en torno al asesinato.

Tan pronto como me puse a trabajar en la investigación para este libro, me asaltó la sensación de que, por comparación, la terrible historia detrás de los ataques del 11 de septiembre había avanzado con naturalidad; en realidad había sido sencilla. El debate en torno a la muerte de Kennedy es, por otra parte, un oscuro pantano, en buena medida a causa de las deficiencias de la Comisión Warren, la cual apresuró sus pesquisas y dejó tantas preguntas sin responder a pesar del entusiasmo de su joven equipo de abogados por encontrar la verdad. (Estoy impactado por el hecho de que la Comisión 9/11 tuviera 20 meses para completar su trabajo y no comenzara sus labores sino hasta después de que el Congreso hubiera finalizado su propia exhaustiva indagación. La Comisión Warren "terminó" en la mitad de ese tiempo y se estableció apenas siete días después de que se escucharan las detonaciones en Plaza Dealey.) Algunas de las teorías conspirativas sobre el asesinato de Kennedy no son tan inverosímiles, especialmente dada la definición legal de "conspiración": ésta existe cuando dos personas planean un ilícito. Si una sola persona hubiera asistido a Oswald en sus planes para terminar con la vida de Kennedy, el acto calificaría, por definición, como una conspiración.

Así pues, comienzo esta breve nota agradeciendo a un puñado de escritores, historiadores e investigadores cuya obra me proporcionó una importantísima ventaja para tratar de entender la que es ya la historia más complicada a la que le he dedicado mi atención. En vista de que estoy llegando a los superlativos, comienzo por darle crédito a los autores del que podría ser el informe gubernamental más fascinante que he visto, el realizado por Dan Hardway y Edwin López Soto, por entonces dos jovencísimos estudiantes de leyes de la Universidad Cornell quienes fueron reclutados en la década de 1970 para formar parte de la investigación en el equipo del Comité Especial de la Cámara para Asesinatos. Su informe, titulado "Oswald, the CIA and Mexico City" ("Oswald, la CIA y la ciudad de México"), que no se desclasificaría sino hasta finales de la década de 1990, fue el que me proporcionó las directrices básicas para dar con la historia de Charles Thomas, Elena Garro y la "fiesta de twist" en la capital mexicana. Dan y Edwin fueron muy generosos con el tiempo que me concedieron para este libro.

De los más de 2000 títulos publicados en torno al asesinato, sólo un puñado de ellos serán leídos por las generaciones futuras. Y aunque estoy fundamentalmente en desacuerdo sobre las conclusiones de algunos de estos autores, sé que cualquier librería básica incluirá siempre en su repertorio el extraordinario libro *Our Man in Mexico* (*Nuestro hombre en México*) de Jefferson Morley, el cual me puso sobre alerta con mayor ímpetu sobre las preguntas sin respuesta acerca del tiempo que Oswald pasó en territorio mexicano; *The Last Investigation* (*La última investigación*) de Gaeton Fonzi; *Case Closed* (*Caso cerrado*) de Gerald Posner; *Brothers in Arms* (*Compañeros de armas*) de Gus Russo y Stephen Molton; *Castro's Secrets* (*Los secretos de Castro*) de

Brian Latell; *Conspiracy* (*Conspiración*) de Anthony Summers; *Inquest* (*Investigación*) de Edward Jay Epstein; *Oswald and the CIA* (*Oswald y la CIA*) de John Newman; *Brothers* (*La conspiración: La historia secreta de John y Robert Kennedy*) de David Talbot y el elegantemente redactado y revelador libro de Evan Thomas: *Robert Kennedy: His Life* (*Robert Kennedy: Su vida*). Admiro profundamente el trabajo de dos de los mejores historiadores de la nación sobre el asesinato: Max Holland, cuyo libro: *The Kennedy Assassination Tapes* (*Las cintas del asesinato de Kennedy*), tal vez sea el mejor inicio para cualquiera que efectúe una investigación en este tema; y Vincent Bugliosi, cuya obra maestra de 1612 páginas, *Reclaiming History* (*Recuperando la historia*), ha estado sobre mi escritorio durante la mayor parte de los últimos cuatro años. He leído y releído la brillante novela *Libra* de Don DeLillo y me maravillo en pensar lo cerca que, escribiendo él ficción, habría estado de la verdad.

He contado con una excelente compañera en esta tarea, Kathy Robbins, mi querida amiga y agente literario, en ese orden. Ella es una editora nata y ha moldeado este libro sin descanso, dándome siempre ánimos cuando el proyecto amenazaba con agobiarme. Ella cuenta con el apoyo de otro magnífico editor, en su vida y en su hogar; su esposo, Richard Cohen, cuyas sugerencias han mejorado la factura de este volumen, haciéndolo mucho más amigable a la lectura.

Agradezco la ayuda del legendario Stephen Rubin, editor cabeza de Henry Holt and Company, por ver la promesa en este libro, y por su paciencia. Steve es un ave extraña: un auténtico caballero. Hay muchas otras personas en Holt, o que están asociadas de alguna otra forma con Steve, a quienes quiero agradecerles. La lista incluye a Maggie Richards, Phyllis Grann, Pat Eisemann, Kenn Russell, Muriel Jorgensen, Emi Ikkanda, Meryl Levavi y Michael Cantwell.

En Robbins Office, agradezco los sabios consejos de David Halpern, Louise Quayle, Katherine DiLeo y sus ex colegas Micah Hauser y Mike Gillespie. Gracias a la investigadora fotográfica Laura Wyss y al restaurador Matthew Brazier por ayudarme a organizar una gama de imágenes tan robusta. Laura y yo agradecemos a Rex Bradford de la Fundación Mary Ferrell y a Mark Davies de The Sixth Floor Museum at Dealey Plaza por toda su ayuda con las fotografías. Agradezco también a JoAnne Hakala–Applebaugh, asistente de investigación imaginativa e inteligente, y una grata voz de aliento.

Mi mayor suerte fue descubrir a Alejandra Xanic von Bertrab, gracias a mi amiga Ginger Thompson, antigua colega en *The New York Times*. Xanic, quien trabaja frecuentemente para el *Times* desde la ciudad de México, es una periodista fenomenal. Ella fue capaz de rastrear a muchos de los personajes centrales en la enredada historia de la visita de Oswald a México; personas que el FBI y la CIA ignoraron o pasaron por alto durante medio siglo. No fue para mí ninguna sorpresa, sino un deleite, cuando llegó a mis oídos la noticia de que Xanic sería reconocida con un Premio Pulitzer en 2013 por el papel que jugó en el *Times* para exponer cómo Walmart utilizó sobornos para tomar control de gran parte de la venta al menudeo en México.

El talentoso autor de Washington, Charles Robbins, accedió a describir su entendimiento de algunas partes de los mecanismos internos de la Comisión Warren; conocimientos que obtuvo cuando fungió como asesor cercano del senador Arlen Specter y como coautor de sus memorias: *Passion for Truth* (*Pasión por la verdad*). Charles me ayudó a concertar dos de las últimas entrevistas que Specter daría en su vida (murió en 2012) para exponer su papel clave en la comisión. Charles también me ayudó gentilmente a rastrear a algunos de los abogados que pertenecieron al equipo de trabajo de la comisión y a otros personajes que ya había entrevistado para el libro del senador.

Tuve la fortuna de encontrarme con archivistas y bibliotecarios talentosos quienes me guiaron a través de una montaña de documentos relacionados con el asesinato:

Mary Kay Schmidt del Archivo de la Nación en College Park, Maryland; William H. McNitt de la Biblioteca Presidencial Gerald Ford en Ann Arbor, Michigan; Karen M. Albert del Centro Arlen Specter para las Políticas Públicas en la Universidad de Filadelfia; Sheryl B. Vogt de la Biblioteca Richard B. Russell en la Universidad de Georgia; Brian C. McNerney de la Biblioteca Lyndon Baines Johnson en Austin, Texas; y Stefanie Lapka, Margaret L. Schlankey y Aryn Glazier del Centro Briscoe en la Universidad de Texas, también en Austin. Marie Fonzi, la viuda de Gaeton, cuenta con una valiosa colección de material reunido por su difunto esposo a partir de su labor en el Comité Especial de la Cámara para Asesinatos.

Me sentí aliviado al descubrir la existencia de grupos privados de investigación que han creado bibliotecas digitales de material desclasificado sobre el asesinato, especialmente por el trabajo de la

Fundación Mary Ferrell (www.maryferrell.org), que cuenta con un archivo de fácil acceso de más de un millón de documentos relacionados con las muertes de John y Robert Kennedy, así como la de Martin Luther King. La cuota de investigación de la fundación, de 99 dólares al año, fue una de las mejores inversiones que hice para este libro. Entre los otros grupos que cuentan con archivos electrónicos impresionantes sobre este tema se encuentran History Matters (www.history-matters.com) y Assassination Archives and Research Center (www.aarclibrary.org).

Las familias de varias de mis fuentes han sido impresionantemente gentiles en cuanto a la intromisión que he hecho en sus vidas, especialmente Kaaren Slawson, la esposa de David; Paula Aynesworth, la esposa de Hugh, y Laura y Tom Belin, los hijos de David.

La amorosa dedicación de Laura y Tom al legado de su padre es inspiradora. Tengo una deuda especial de agradecimiento con la familia de Charles William Thomas, especialmente con su viuda, Cynthia, quien corrió un riesgo tan grande al hablar conmigo sobre los sucesos más traumatizantes de su vida, después de haber decidido no hacerlo con ningún reportero o escritor durante décadas. Tengo una enorme admiración por la hija de Cynthia, Zelda Thomas-Curti, quien posee el instinto propio de un reportero y quien presintió, años atrás, que la verdadera historia sobre su padre estaba siendo ocultada. Tuve el placer de que me presentaran con la otra hija de Charles, Jeanne-Marie Thomas Byron, mientras se encontraba en las últimas etapas de la redacción de su libro. Descubrí que ella, también, estaba en busca de la verdad.

Aunque sé que no estará de acuerdo con el retrato que de él hago en estas páginas, agradezco que Mark Lane me haya recibido en su hogar en Virginia y que me otorgara una larga entrevista para este libro. A pesar de la discordia entre nuestros argumentos, ahora sé que el título de su afamado libro, el bestseller sobre la Comisión Warren: *Rush to Judgment* (*Apresurar el veredicto*), fue apropiado.

Con mi madre, Philippa Shenon y el resto de mi familia en California y en cualquier otro lugar, me disculpo por las prolongadas ausencias en la mesa debido al "proyecto de libro" —este libro—, el cual intenté mantener en secreto durante tantos años. A mis amigos Desmond Davis, Darnell Harvin, Betty Russell, Dino Sciulli y Julian Wells, en Washington, D. C., gracias por hacerme compañía durante tan largos días y noches de escritura.

Índice de mapas y diagramas

Índice onomástico

TAMBIÉN DE VINTAGE ESPAÑOL

LA AUDACIA DE LA ESPERANZA
Reflexiones sobre cómo restaurar el sueño americano
de Barack Obama

En *La audacia de la esperanza*, el presidente Barack
Obama reclama una política diferente —una política
para quienes están cansados del agrio partidismo, una
política que se basa en la fe, la participación de todos y
la nobleza de espíritu que es parte esencial de "nuestro
improbable proyecto de democracia". En el corazón
de este libro está la visión del senador Obama de cómo
podemos superar nuestras divisiones para enfrentar
los problemas concretos. Él examina la creciente inse-
guridad económica de las familias estadounidenses,
las tensiones raciales y religiosas dentro del cuerpo
político y las amenazas transnacionales —desde el ter-
rorismo hasta las pandemias— que se congregan más
allá de nuestras costas. En sus anécdotas acerca de su
familia, amigos y conocidos políticos, existe un poderoso deseo de establecer conexiones: la plataforma de
un consenso político radicalmente optimista. Como
presidente de los Estados Unidos, senador y abogado,
profesor y padre, cristiano y escéptico, y sobre todo
como estudioso de la historia y de la naturaleza humana, el senador Obama ha escrito un libro de un poder
transformador.

Memorias

MI VIDA
de Bill Clinton

Mi vida, del presidente Clinton, es un impresionante y sorprendentemente honesto retrato de un líder global que decidió cuando era joven que dedicará sus dotes intelectuales y políticas, y su extraordinaria capacidad para el trabajo duro, al servicio de los ciudadanos. Nos muestra el avance de un americano notable que, gracias a sus enormes energías y su esfuerzo, logró realizar el improbable viaje desde Hope, Arkansas, hasta la Casa Blanca —un trayecto alimentado por su apasionado interés en el proceso político que se manifestó en cada etapa de su vida. Nos hallamos frente a la vida de una destacada figura nacional e internacional, que nos es revelada con todos sus talentos y contradicciones, contada abiertamente, con su voz personal y reconocible. Un libro excepcional de un americano excepcional.

Memorias

NOCTURNO DE LA HABANA
Cómo la mafia se hizo con Cuba y la acabó perdiendo en la revolución
de T. J. English

Para los líderes de los bajos fondos, Cuba era la mejor esperanza para el futuro del crimen organizado norteamericano en los años posteriores a la Prohibición. La mafia —con el gobierno de Fulgencio Batista en su bolsillo— era la dueña de los hoteles de lujo y los casinos más grandes de La Habana, empezando un *boom* turístico sin precedentes, con las estrellas más famosas, las mujeres más hermosas y juego en abundancia. Pero los sueños de los mafiosos chocaron con los de Fidel Castro, Che Guevara y otros que dirigieron una insurrección del pueblo contra el gobierno de Batista y sus socios extranjeros.

Historia/Crimen Verdadero

SIN FIDEL

Los últimos años de Fidel Castro, sus enemigos y el
futuro de Cuba

de Ann Louise Bardach

Un esclarecedor relato del último capítulo de la vida
de Fidel Castro: su cercano encuentro con la muerte
en 2006, sus enemigos y la planeada sucesión de su
hermano Raúl. Desde 1959, Fidel Castro ha presidido
uno de los más controversiales y combativos gobiernos del mundo, enfrentando a los Estados Unidos y
afincado en el centro de una cultura divida entre dos
ciudades: Miami y La Habana. A partir de casi dos
décadas de periodismo en profundidad y de incontables entrevistas con los protagonistas, Ann Louise
Bardach ofrece en este fascinante libro una crónica
deslumbrante sobre la confrontación política entre los
Estados Unidos y Cuba, donde figuran tanto los hermanos Castro y otros miembros de la familia, como
cubanos corrientes y oficiales y políticos en Miami,
La Habana y Washington. El resultado es un doble
retrato inolvidable del clima político de la isla más
importante del Caribe: una investigación clave sobre
su presente y su futuro tras medio siglo de dictadura,
división y conflicto.

Historia

VINTAGE ESPAÑOL
Disponibles en su librería favorita.
www.vintageespanol.com